산업 및 조직 심리학

| Paul E. Spector 저 | 박동건 역 |

Industrial and Organizational Psychology 6th ed.

학지사

Industrial and Organizational Psychology: Research and Practice, 6th edition
International Student Version
by Paul E. Spector

역자 서문

서울 올림픽이 열렸던 1988년에 박사학위를 받고 귀국하여 한국 산업 및 조직 심리학회에 참석했을 때 외국 학회에 비해서 규모가 작은 데 놀랐던 기억이 난다. 미국 산업 및 조직 심리학회 연차대회에는 3,000~4,000명의 사람이 운집하기 때문에 대회가 열리는 지역에서는 숙소를 구하기 어려울 정도다. 요즈음 한국 산업 및 조직 심리학회 연차대회에도 300여 명의 인원이 참석하지만 인원수로만 보면 아직도 시대의 요구에 부응하지 못하고 있다는 느낌이다. 그러나 뒤집어 생각해 보면 산업 및 조직 심리학이 외연을 넓힐 잠재력이 크다는 반증도 되므로 후학들에게는 기회의 분야라고 말해 주곤 한다.

현재 우리나라에서 이 분야는 이론적인 측면에서 발전했을 뿐만 아니라 이전에 비해서 사회적으로 더 많은 공헌을 하고 있다. 거의 모든 기업은 산업심리학자가 개발한 선발 도구와 절차를 사용하고 있으며, 조직심리학자는 조직 구성원의 동기와 리더십 역량을 키우고 조직 개발을 하는 작업에 많은 역할을 하고 있다. 예들 들어, 각종 국가고시에는 산업심리학자가 고안한 심리검사와 면접을 선발 절차의 일환으로 이미 사용하고 있으며, 고위직 공무원 승진을 위한 평가 도구도 산업심리학자에 의해 만들어졌다. 이러한 상황에서 학부와 대학원의 학생들은 물론이거니와 일반인도 산업 및 조직 심리학을 개론 수준에서 상식적으로 알아 두는 것이 좋을 것이다.

산업 및 조직 심리학은 일터에서의 인간의 행동을 연구하는 심리학의 한 분야다. 심리학에는 여러 분야가 있지만 그중에서도 역사가 가장 오랜 분야에 속한다. 산업화에 따라 여러 형태의 조직이 생기고 자연히 조직이 효과적으로 운영되는 것에 관심을 갖게 되었다. 조직의 효과성은 물리적 변인에 의해서도 영향을 받지만, 조직에서 활동하는 인간이 조직의 효과성에 절대적으로 영향을 준다. 그러므로 조직 내 인간 행동을 미시적으로 연구하는 산업 및 조직 심리학이 심리학 분야 중에서 일찌부터 발달한 것은 당연하다고 할 수 있다. 그러나 이 분야는 조직 효과성 향상에만 관심을 두지 않고 구성원의 행복과 복리 증진에도 동시에 관심을 기울인다. 최근에는 구성원의 건강과 복리에 영향을 주는 변인에 대한 연구가 활발히 이루어지고 있으며, 이 책의 저자는 이러한 추세를 충분히 반영하는 것을 목표로 삼고 있다.

산업 및 조직 심리학 개론을 강의해 오면서 교재를 채택할 때는 늘 고민을 한다. 이 분야의 전통적인 주제와 최근에 부상한 주제를 아우르는 교재가 있었으면 좋겠다는 생각을 늘 해 왔다. 또한 개론을 배우는 학생들이나 이 분야에 흥미를 느끼는 일반 독자가 질릴 정도로 내용이 너무 많아 읽기도 전에 버겁게 느끼는 개론서가 아니라, 책의 부피는 상대적으로 작지만 알아 두어야 할 내용은 모두 다루고 있는 교재가 있었으면 하는 바람이 있었다. 이런 고민을 해 오던 중에 Spector 박사의 이 책을 접했고 나의 고민을 꽤 충족시켜 주는 책이라는 판단이 들었다. 그 후 이 책을 교재로 채택하여 원서로 강의를 했지만, 아무래도 영어로 된 책은 학생들에게 부담을 주는 것이 사실이다. 그래서 이 책을 번역하기로 마음먹고 Spector 박사에게 연락하니 흔쾌히 번역을 허락하였다. 그리고 5판에 대한 번역서를 2009년에 내놓게 되었다. 최근에 6판이 발간되면서 내용이 많이 첨가되어 번역을 새롭게 해야 할 필요성이 생겼다. 따라서 이번에 6판에 대한 번역서를 다시 내놓게 되었다. 그동안 영문 번역에 관한 여러 지침서를 읽으며 자연스럽고 우리말답게 번역하려고 노력했지만 아직도 부족한 점이 많은 것 같다.

앞서 언급한 바와 같이, 이 책은 거의 모든 산업 및 조직 심리학의 전통적인 주제를 다루고 있고, 더불어 최근에 부상하는 주제도 충분히 다루고 있다는 장점이 있다. 또한 미국인이 집필한 책들 대부분은 미국에서 이루어진 연구 결과에 대한 내용이 주를 이루는 것이 보통이다. 그러나 이 책에서는 미국 이외의 국가에서 행해진 연구도 별도의 칼럼으로 소개하여, 미국에서 이루어진 연구가 미국 이외의 국가에 그대로 적용되는 것이 아니라는 비교 문화적인 사실을 깨닫게 해 준다. 번역서를 내는 입장에서는 독자에게 미국적인 내용만 소개하는 것보다 미국 이외의 국가에서 행해진 연구를 소개한다는 것 자체도 큰 의의가 있다고 본다. 또한 본문에 언급된 문헌 중 중요하고 흥미로운 내용은 '연구 상세히 보기' 에서 자세히 소개하여 독자가 연구 주제에 대해 깊이 이해하도록 하는 배려도 하고 있다. 산업 및 조직 심리학은 과학자-실무자 모형을 따르고 있다. 다시 말하면, 이 분야는 현학적 이론 연구뿐만 아니라 이론을 현장에 적용하는 것도 중요한 목표로 삼고 있다. 그런 면에서 각 장에서 소개하는 '산업 및 조직 심리학 현장 연구' 는 이 분야가 추구하는 과학자-실무자 모형을 명확히 보여 주는 전형적인 사례들이다. 또한 각 장의 맨 끝에 제시된 '체험학습' 을 통해서도 현장에서의 산업 및 조직 심리학의 흔적을 찾아보며 살아 있는 지식을 키울 좋은 기회가 될 것이다. 이 책을 산업심리학 분야와 조직심리학 분야로 나눈다면 7장까지가 산업심리학 분야이고 8장 이후가 조직심리학 분야다. 따라서 학부에서 산업심리학과 조직심리학을 학기를 나누어 가르치는 경우에는 이를 참고하면 좋을 것이다.

번역 기간 동안 산업 및 조직 심리학 전공 석·박사 과정 학생들이 번역의 마무리에 도움을 주었다. 또한 정현선 박사는 5판 번역서를 학부 교재로 사용하면서 오역과 서투르게 번역된 부분을 지적해 주었다. 수고한 지도학생 모두에게 고마운 마음을 전하고 싶다. 6판에 대한 번역판을 내놓을 수 있도록 허락해 준 학지사의 김진환 사장님과 바쁜 일정 가운데에서도 우선적으로 편집을 해 준 학지사 편집부에도 감사드린다. 마지막으로, 옆에서 삶의 든든한 버팀목으로 나를 지탱해 주고 있는 나의 아내와 두 딸 기희, 선영에게도 고맙고 사랑한다는 말을 전하고 싶다.

혹시 아직도 내용상 오류와 투박한 번역이 있을까 가슴 졸이며 이 책을 내보낸다. 책의 내용에 오류나 서투른 번역이 있으면 언제든지 역자에게 연락하기 바란다. 앞으로 독자의 지적과 조언에 힘입어 덜 부끄러운 개정판으로 거듭났으면 하는 바람이 있다.

2015년 입춘에 안암동 연구실에서

박동건

한국 독자들에게

산업 및 조직 심리학 개론서를 박동건 교수가 한글로 다시금 번역하고 수정 보완하여 최신판인 6판을 한국 독자들에게 소개하게 되어 기쁘게 생각한다. 영어판은 최신판으로 개정되었으나 번역판은 이전 판 그대로인 경우가 흔한데 번역판이 영어판에 곧이어 출간되는 것은 이례적인 일이다. 박동건 교수는 한글판이 영어판에 시기적으로 뒤처지지 않도록 마음을 썼고 이 독자 서문을 새로이 쓰고 있는 현재 가장 최신판인 6판을 한글로 번역하기에 이른 것이다.

이 책의 초판에서부터 줄곧 나의 목표는 전 세계 독자에게 적합한 산업 및 조직 심리학 개론서를 집필하는 것이었다. 산업 및 조직 심리학이 세계 어디에나 존재하며 보편적으로 적용할 수 있는 분야라는 사실을 보여 주기 위해서 세계 각국의 자료들을 저서에 포함시켰다. 3장부터 14장까지에 미국 이외의 국가에서 행해진 연구를 포함시킨 의도는 오늘날의 많은 연구가 미국과 영어권 이외의 국가로부터 나온다는 사실을 강조하기 위한 것이다. 영어 사용국으로부터 다른 언어를 사용하는 국가로 독자층을 확대하는 것은 그러한 목표를 달성하는 데 큰 도움이 된다.

산업 및 조직 심리학 분야는 초기에 주로 영국과 미국을 포함한 영어 사용권 국가와 독일을 비롯한 소수의 서구 국가들에 국한되었다. 1990년대 중반 이 책의 초판이 발간될 당시에는 산업 및 조직 심리학 분야에서 전문적 훈련을 받을 수 있는 곳은 아시아 지역에서는 소수에 불과했다. 그러나 현재는 그러한 훈련을 한국과 홍콩 및 중국 등지의 여러 대학에서 받을 수 있다. 이제 산업 및 조직 심리학 분야는 명백히 아시아를 포함하여 전 세계적으로 중요한 분야가 되었다.

산업 및 조직 심리학이 국제적 분야로 도약하게 된 계기는 통신의 발달, 주로 이메일과 인터넷 덕분이었다. 전 세계의 동학들은 연구 아이디어를 나누고 공동 연구를 할 수 있게 되었다. 영어로 된 학술 저널에서도 비영어권 국가의 저자들이 늘고 있다. 미국 산업 및 조직 심리학회를 포함한 북미에서 개최되는 전문 학회의 연차대회에는 과거에는 미국과 캐나다 사람들이 주로 참석했지만 현재는 전 세계 사람들이 참석하기에 이르렀다.

산업 및 조직 심리학은 여러 가지로 흥미롭고 매력적인 분야다. 첫째, 이 분야는 사람들의 삶과 밀접한 관계가 있다. 실무에 종사하는 산업 및 조직 심리학자는 조직이 자신의 성공과 종업원 복지를 향상시키기 위하여 더 나은 작업환경을 조성하는 일을 도와준다. 산업 및 조직 심리학자의 연구를 통해 일터에서의 사람들을 이해하고 직장을 더 좋게 만드는 법을 깨닫게 된다. 둘째, 이 분야는 전 세계적으로 빠르게 성장하는 분야다. 빠른 성장 덕분에 이 분야에서 석 · 박사학위를 받은 학생들의 취업 기회가 많아졌다. 셋째, 이 분야는 새로운 연구 영역과 실무 영역을 계속해서 확장해 가고 있다. 과거에는 산업 및 조직 심리학의 주요 관심사는 사람들의 직무성과를 높이는 데 국한되었다. 그러나 오늘날은 사람들의 건강과 복지로 관심 영역이 넓어졌다. 마지막으로, 산업 및 조직 심리학 분야는 많은 연구 영역에서 학제적이다. 따라서 많은 산업 및 조직 심리학자들은 다른 학문적 배경을 갖고 있는 사람들, 즉 회계, 공학, 재무, 관리, 의료, 공중보건 등에 종사하는 사람들과 함께 일한다.

이 책은 산업 및 조직 심리학에 대한 개론서로서 가장 중요한 개념과 주제를 포함하고 있다. 그렇지만 이 책은 간략한 입문서에 불과하다. 이 책을 읽은 독자들이 산업 및 조직 심리학이 흥미진진한 분야라고 느끼고 더 많은 것을 배우고 싶다는 생각이 들게 된다면 보람이 될 것이다. 이 책의 참고문헌은 이 매혹적인 분야에 대한 연구를 계속할 수 있도록 많은 자원을 제공하고 있다. 나는 박동건 교수가 나의 저서를 한글로 번역하여 한국 학생들이 이 매력적인 분야에 관하여 좀 더 쉽게 배울 수 있는 기회를 갖게 해 준 데 대해서 매우 기쁘게 생각한다.

'한국 독자들에게' 원문

Preface for Korean Readers

It is my honor that Professor Dong Gun Park has for the second time translated my industrial/organizational(I/O) psychology textbook into Korean so that the most up-to-date 6th edition is available to Korean students and other readers. It is unusual for translated versions to keep up with the original editions, as often only the original English-language version is the most recent, but not so with the Korean-language version. Dr. Park has seen to it that the Korean-language version keeps up with the English-language version, and as of this writing that is the 6th edition.

From the first edition my goal was to write an overview of the field of I/O psychology that is suitable to an international audience. I included material from around the world to show that the field is international in its scope and universal in its relevance. The International Research special feature in chapters 3-14 is intended to underscore that much of the research today comes from outside of the U.S. and English-speaking world. Expanding the readership from English-speaking to other languages is very helpful in achieving that goal.

When it began, the field of I/O psychology was limited mainly to the English-speaking countries, mainly the U.K and U.S., and perhaps a few western countries such as Germany. When I wrote the first edition of this book in the middle 1990s, there were few places in Asia where one could get advanced I/O training. As shown in Table 1.3 of the first chapter, today there are universities in Hong Kong, People' s Republic of China, Singapore, as well as two in Korea where such training is available. It should be kept in mind that this is only a partial list. Clearly the field of I/O psychology has become important throughout the world, including Asia.

The development of I/O psychology as an international field has occurred in large part due to advances in communication, most notably e-mail and the internet. Colleagues from around the world can share ideas and collaborate on research projects. Even in English language scientific journals, a growing number of authors come from non-English speaking countries. Annual conferences from North American professional associations such as the Society for Industrial and Organizational Psychology that once drew almost entirely from the U.S. and Canada now draw a large proportion of attendees from other countries.

I/O psychology is an exciting field for a variety of reasons. First, the field is very relevant to people' s lives. Practicing I/O psychologists help organizations provide better working environments for people that enhance employee well-being and organizational success. The things that I/O scientists study help us understand people at work, and provide hints about how to make the workplace better. Second, the field has been rapidly growing throughout the world. This provides career opportunities for students as they graduate with advanced degrees in the field. Third, the field continues to expand into new areas of study and practice. At one time I/O psychology was mainly concerned with enhancing people' s job performance. Today there is just as much concern with people' s health and well-being. Finally, the field of I/O is involved in many areas that are interdisciplinary. Thus many I/O psychologists work with people with different backgrounds, such as accounting, engineering, finance, management, medicine, and public health, just to name a few.

This book will provide a broad overview of the I/O field, with coverage of the most important concepts and topics. It is only a brief introduction. I hope that readers will find the field exciting, and will want to learn even more. The book reference list provides a number of resources for continuing study. I am happy that Professor Park is making it easier for Korean students to learn about this fascinating field by making a Korean-language textbook available.

저자 서문

산업 및 조직 심리학은 미국을 포함한 전 세계 산업화된 국가에서 100년 가까운 역사 동안 줄곧 성장을 거듭한 흥미롭고 매력적인 분야다. 실제로, 2010년 미 노동부는 산업 및 조직 심리학을 가장 급성장하고 있는 직업 분야 25개 중 한 분야로 발표하였다. 심리학 분야 내에 작은 규모의 전공 분야로 출발하여 처음에는 극소수의 실무자와 교수만이 아는 분야였지만, 이제는 전 세계적으로 심리학 내에서 응용 위주의 주요 전문 분야로 성장하였다. 이 분야에 대한 관심이 이렇게 급증하게 된 이유는 두 가지 요인 때문이다. 첫째, 산업 및 조직 심리학은 일터를 연구하는 심리학이기 때문에 이 분야에서 밝혀진 사실과 원리는 직업을 갖고 있는 모든 사람과 관련이 있다. 둘째, 산업 및 조직 심리학은 조직이 가치를 인정하는 입증된 방법을 개발하였다. 산업 및 조직 심리학자는 자주 조직의 요청을 받고 조직의 인력을 더 효율적이고 더 건강하게 하는 데 일조를 한다.

산업 및 조직 심리학 분야의 성격은 이원적이다. 첫째, 이 분야는 일하는 사람을 연구하는 과학이다. 산업 및 조직 심리학은 인지심리학과 사회심리학 등의 다른 심리학 분야와 마찬가지로 과학이다. 둘째, 산업 및 조직 심리학은 조직 장면과 업무 장면에 심리학 원리를 응용하는 분야다. 심리학의 어느 분야보다 산업 및 조직 심리학에서는 응용과 과학이 밀접하게 공존하기 때문에 산업 및 조직 심리학은 심리학 연구가 사회에 기여하는 방식에 대한 귀감이 되고 있다.

산업 및 조직 심리학 분야는 넓고 다양하다. 종업원 채용 방법에서 조직 이론에 이르기까지 많은 주제를 다룬다. 산업 및 조직 심리학은 조직이 종업원을 인적자원으로서 최대한 활용하려는 노력에도 도움을 주고, 조직이 종업원의 건강 및 안전과 안녕을 돌보는 데도 일조를 하는 데 관심을 둔다. 이러한 연유로 책 한 권으로는 주요 연구 결과와 산업 및 조직 심리학자들이 사용하는 방법들을 단지 개관할 수밖에 없다. 이 책의 목표는 산업 및 조직 심리학 분야를 개관하고 이해의 폭을 넓히려는 데 있다. 따라서 이 책은 산업 및 조직 심리학을 구성하는 주요 영역을 모두 다룬다.

1부에서는 산업 및 조직 심리학 분야를 개관한다. 1장에서는 산업 및 조직 심리학 분야의 특성과 역사를 다룬다. 산업 및 조직 심리학은 과학이면서 동시에 실천이므로 두 측면에서 이 학문을 논의한다. 또한 산업 및 조직 심리학 분야에서의 경력에 대해서 기술하고, 산업 및 조직 심리학자가 되기 위한 자격 요건도 설명한다. 2장에서는 산업 및 조직 심리학 연구 방법의 기본 원리를 개관한다.

이 책의 나머지 부분은 네 개의 부로 나뉜다. 2부의 첫 장인 3장에서는 직무분석을 논의한다. 4장은 종업원의 직무 수행 평가에 초점을 맞춘다. 5장에서는 종업원의 특성을 측정하는 방식을 탐구한다. 3부에는 두 개의 장이 포함된다. 6장에서는 신입사원 채용을 위해 조직이 사용하는 선발 방법을 다룬다. 7장에서는 신입사원과 경력사원 대상의 훈련 프로그램을 논의한다.

4부에 속한 네 개의 장에서는 개인과 조직 사이의 관계를 논의한다. 8장에서는 동기 이론을 설명한다. 9장에서는 사람들이 자신의 직무에 대해서 어떻게 느끼는지, 즉 직무에 대한 태도와 일을 하면서 경험하는 정서에 초점을 둔다. 10장의 주제는 생산적인 직무 행동과 반생산적인 직무 행동이다. 11장에서는 요즘 급부상하고 있는 새로운 분야인 직업건강심리학을 소개하면서 건강과 안전 및 안녕에 관한 주제를 다룬다.

마지막 5부에서는 일의 사회적 맥락에 관심을 둔다. 12장은 소규모 작업 집단 혹은 작업 팀이 개인에 미치는 영향을 탐색한다. 13장에서는 조직에서의 리더십과 감독을 논의한다. 마지막 장인 14장에서는 조직 수준의 조망으로 조직개발과 조직 이론을 다룬다.

✤ 이 책의 특징

각 장 말미의 '체험학습'에는 연습문제를 마련하였다. 체험학습을 통해 학생들은 각 장에서 다루는 내용을 직접 실감할 수 있다. 모든 연습문제에서 학생들은 제시된 문제를 해결하고 특정한 질문에 답변해야 한다. 일부 연습문제에서는 학생들이 근로자를 직접 만나 근로자의 작업 경험의 단면을 탐구해야 한다. 소매점이나 음식점 등의 공공 일터를 찾아 관찰해야 하는 연습문제도 있다. 웹에 접속하여 해결해야 하는 연습문제도 있다. 학생들은 이러한 경험을 통해서 문제 해결을 위해 정보를 어떻게 사용할 것인지에 대한 지식을 높일 수 있다.

1장과 2장을 제외한 나머지 장에는 두 가지 특징이 있다. 첫째는 산업 및 조직 심리학 주요 저널에 발표된 연구를 상세히 요약하고 있다. '연구 상세히 보기'는 각 장에서 다루는 주제와 관련된 연구를 선택하여 통찰력을 배가할 수 있도록 하는 배려를 하였다. 산업 및 조직 심리학을 현실에 적용하는 데 각 연구가 지닌 함축적 의미도 논의하였다. 둘째, 사례 연구는 실무에 종사하는 산업 및 조직 심리학자들이 조직이 문제를 해결하는 데 어떻게 도움을 주고 있는지를 보여 준다. 산업 및 조직 심리학자들이 매우 다양한 현장과 응용 작업에 관여하고 있다는 점을 보여 주는 사례를 선정하여 '산업 및 조직 심리학 현장 연구'를 구성하였다.

각 '산업 및 조직 심리학 현장 연구' 사례 말미에는 토의 문제가 있다. 토의 문제를 삽입한 목적은 학생들이 책에서 배운 원리를 깊이 생각해 볼 기회를 주자는 데 있다. 문제에 답하기 위해서 학생들은 각 장에서 배운 원리를 실제 상황에 적용해야 한다. 이러한 문제는 다양한 방식으로 사용될 수 있다. 집단 과제로 줄 수도 있고 개인 과제로도 사용할 수 있다. 또는 수업 시간 중 토론, 논의, 구두발표 혹은 숙제로 사용될 수 있다. 사례 자체는 학생들이 산업 및 조직 심리학 분야에서 실무와 연구 사이의 관련성을 깨닫는 데 도움이 된다. 학생들은 대학에서 배운 많은 것이 자신들의 삶과 어떤 관련성이 있는지를 깨닫는 데 자주 어려움을 느낀다. 산업 및 조직 심리학은 거의 모든 사람과 관련이 있는 분야다.

✠ 6판의 새로운 점

6판에서의 나의 목표도 이전 판과 마찬가지로 시의적절하고 새로운 정보를 담은 교과서를 집필하는 것이었으므로 산업 및 조직 심리학 분야의 전통적인 핵심 자료뿐 아니라 새롭게 부상하는 흥미진진한 분야와 연구 결과들을 망라하였다. 산업 및 조직 심리학은 급속히 발전하고 있으며, 새로운 사실과 통찰이 거의 매일 쏟아져 나온다. 170개의 새로운 참고문헌을 첨가했으며 대부분이 2007년 이후에 발표된 것이다. 책의 전체적인 구조는 애초의 14개 장을 그대로 유지하고 있다.

산업 및 조직 심리학은 초기에 주로 미국과 영국에서 발전했지만, 21세기 산업 및 조직 심리학의 영토는 국제적으로 확장되었다. 이 책은 판을 거듭하면서도 일관되게 산업 및 조직 심리학 분야의 국제화를 나타내는 자료를 포함시켰고, 미국에 국한되지 않은 더 넓은 시야를 갖도록 노력하고 있다. 6판에서는 영국의 산업 및 조직 심리학(혹은 직업심리학) 분야의 발전과 관련한 자료도 추가하였다.

20세기 거의 전반에 걸친 미국의 산업 및 조직 심리학의 특징은, 이 학문의 주요 관심사가 종업원 수행과 생산성이었고 따라서 이들 요인이 어떻게 조직의 기능에 기여하는지에 관심을 두었다는 점이다. 영국과 기타 유럽 국가들에서는 종업원의 건강과 안녕에 중점을 두고 있다. 최근 다른 국가들에서 생산성을 강조하는 미국의 관점을 택하고 있는 반면 미국에서는 점차 종업원의 건강과 안녕에 대한 관심이 높아지고 있는 바와 같이, 국가 간 교류가 활발히 이루어지고 있다. 종업원을 배려하는 이러한 움직임의 한 갈래는 새롭게 부상하는 직업건강심리학 분야에서 볼 수 있는데, 이 분야의 발전은 대부분 산업 및 조직 심리학 밖에서 이루어지고 있다. 직업건강심리학은 다학제적 분야로서 종업원의 건강과 안전 그리고 복지에 관심을 두는 학문이다. 이 분야는 처음에는 영국과 기타 유럽 국가들에서 발달되었고 지난 몇 년간 미국에서 크게 발전해 왔다. 이러한 주제는 초판 때부터 이 책에 포함되었지만, 6판에는 종업원 수행과 종업원 복지를 좀 더 균형 있게 다루고 있다.

✠ 6판에서 변화된 내용

5판까지에서 다룬 모든 주제가 6판에도 여전히 실려 있지만 일부 주제는 확장 혹은 수정되었고 일부는 새로운 주제다. 특별히 주목할 만한 것은 다음과 같은 새로운 주제다.

- 알코올과 스트레스
- 왕따 현상(bullying/mobbing)
- 정서 노동
- 영국 산업 및 조직 심리학의 역사
- 인도주의적 직업 심리(humanitarian work psychology)
- 무례(incivility)
- 근골격계 질환
- 휴식
- 폭력 예방 풍토

차 례

직무, 수행 및 사람의 평가 PART 02

PART 03 종업원의 선발과 훈련

PART 04 개인과 조직

일의 사회적 맥락 PART 05

PART

01

서 론

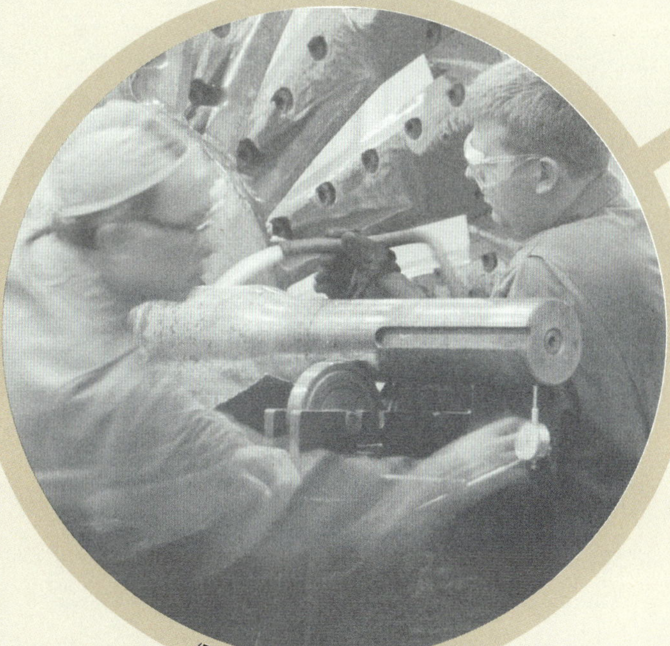

(Photo Disc, Inc. / Getty Images, Inc.)

INDUSTRIAL AND
ORGANIZATIONAL
PSYCHOLOGY

CHAPTER 01

산업 및 조직 심리학의 발달

학습목표

1. 연구 설계의 주요 개념을 설명한다.
2. 설계의 주요 형태를 기술하고, 그 장점과 한계를 열거한다.
3. 신뢰도와 타당도의 유형을 논의한다.
4. 자료에 대한 결론을 내리는 데 추리통계를 어떻게 사용하는지를 설명한다.
5. 연구 윤리의 주요 원칙을 진술한다.

산업 사회에서 대부분의 사람은 매일 조직과 직간접적으로 접촉한다. 조직에는 사람들이 사용하는 대부분의 재화와 서비스를 제공하는 정부 기관과 민간 기업이 포함되며, 이들 조직은 자동차, 옷, 전자제품, 음식, 가구 등을 생산한다. 이러한 조직들은 수십 명에서 많게는 수십만 명까지 사람들을 고용하기 때문에, 이들을 관리하는 것은 매우 어려울 수 있다. 조직을 원활하게 운영하기 위해 많은 전문가가 고용되며, 조직은 흔히 종업원과 관련된 문제에서 산업 및 조직(industrial and organization) 심리학자들로부터 많은 도움을 받는다. 예를 들어, 산업 및 조직 심리학자들은 다음과 같은 도움을 주었다.

- AT&T는 최상의 관리자들을 선발하기 위해 평가 센터를 개발하였다.
- General Electric(GE)은 종업원들에게 직무 수행 피드백을 제공하기 위한 시스템을 개발하였다.
- 미군은 적합한 직무에 신병을 배치하기 위한 심리검사를 사용하였다.
- 미국 우정청은 종업원 폭력을 줄이기 위한 절차를 개발하였다.

만약 규모가 큰 조직에 재직하고 있다면, 직장 생활 동안 산업 및 조직 심리학의 영향을 받을 가능성은 매우 높다. 산업 및 조직 심리학자는 구직을 위해 작성해야 하는 지원자 응시 원서, 선발 후 제공될 임금과 그 외 보상들, 훈련, 직무가 포함할 과업 구조를 설계한다. 또한 산업 및 조직 심리학자는 종업원의 건강, 직무 수행, 동기, 안전, 선발(고용), 훈련과 관련된 문제에 관여하고, 장비와 직무 과업을 설계하기도 한다. 이 책은 이러한 모든 영역에 대해 논의한다.

산업 및 조직 심리학 분야에는 두 가지 중요한 측면이 있다. 첫째, 산업 및 조직 심리학에는 조직의 인적 측면에 대한 연구가 포함된다. 많은 산업 및 조직 심리학자, 특히 대학교수들은 일터에서의 사람들에 대한 연구를 시행한다. 둘째, 산업 및 조직 심리학 분야에는 연구 결과와 원리의 적용이 포함된다. 대부분의 산업 및 조직 심리학자는 컨설턴트로 활동하거나 조직의 종업원으로 실무에 관여한다. 이 책은 산업 및 조직 심리학 연구에서의 주요 발견들에 대해 개관하고, 실무 활동에 종사하는 산업 및 조직 심리학자들이 조직 장면에서 그러한 결과들을 어떻게 적용하는지를 탐구한다.

산업 및 조직 심리학은 다양한 학문 분야에서 개념, 생각, 기술, 이론들을 차용하고 있는 일종의 융합 분야다. 실험심리학은 산업 및 조직 심리학 분야의 역사적 기반을 제공했다. 여러 초기 실험심리학자는 심리검사법과 같은 원리와 기법을 조직 문제에 적용하였다. 이 장의 후반부에서 논의하는 바와 같이, 심리학자인 Robert Yerkes는 제1차 세계대전 동안 군대를 설득하여 심리검사를 사용하도록 하였다. 산업 및 조직 심리학 분야에 영향을 끼친 다른 학문으로는 산업공학, 관리학, 사회심리학, 사회학이 있다. 비록 산업 및 조직 심리학이 미국에서 시작되었지만, 이제는 국제적으로, 특히 산업화된 국가에서 행해지는 학문으로 발전하였다.

이 장은 산업 및 조직 심리학 분야에 대한 개관을 포함한다. 산업 및 조직 심리학자들이 일하는 곳과 주요 활동을 다루고, 산업 및 조직 심리학 분야의 역사를 간단하게 소개한다. 그리고 산업 및 조직 심리학자가 되기 위해 필요한 훈련과, 미국뿐 아니라 전 세계적으로 그러한 훈련이 제공되는 곳을 소개한다. 또한 연구 과정을 논의하고 산업 및 조직 심리학 연구를 게재할 수 있는 출판물 목록을 제시한다. 산업 및 조직 심리학자는 사람들을 윤리적으로 처우하는 데 관심을 두고 있으므로, 산업 및 조직 심리학이 준수해야 하는 윤리적 원칙의 내용에 대해서도 다룬다.

2장에서는 산업 및 조직 심리학에서 사용되는 연구 방법들에 대해 논의한다. 3장부터 14장까지는 산업 및 조직 심리학 분야에서 연구하는 주요 주제들을 다루는데, 먼저 직무와 사람들의 평가의 문제로 시작한다. 그다음에는 생산적인 종업원을 육성하는 것과 관련된 중요한 두 영역, 즉 적합한 사람을 선발하는 것과 종업원들이 직무를 잘할 수 있도록 훈련을 시키는 것에 대해서 논의한다. 8장부터 11장까지는 조직 맥락 내에서의 개인에 관심을 두고 종업원 개인의 동기, 종업원이 자신의 직무에 대해 어떻게 느끼고 있는지, 종업원의 행동, 종업원의 건강과 안전을 논의한다. 12장에서 14장까지는 조직이라는 사회적 맥락에서의 개별 종업원을 다루는데, 주요 논제는 집단, 리더십, 조직을 변화시키기 위한 기법, 조직 이론이다.

1. 산업 및 조직 심리학의 정의

심리학은 인간(및 동물 등)의 행동, 인지, 정서, 동기를 다루는 과학이다. 심리학은 다양한 전문 분야로 세분화되고 있는데, 실험심리학처럼 과학에 치중하는 분야도 있고, 응용심리학처럼 과학과 실험실 밖의 실생활 문제에 대한 과학적 원리의 적용 모두에 관심을 두는 분야도 있다. 산업 및 조직 심리학은 임상심리학과 마찬가지로 후자에 속하며, 과학적 연구를 하면서 동시에 과학적 원리를 응용한다.

두 부분으로 나뉜 이름이 함축하는 바처럼, 산업 및 조직 심리학은 두 가지 주요한 분야, 즉 산업(혹은 인사)과 조직 영역으로 대별된다. 두 영역의 내용은 중복되고 구분하기 쉽지 않지만 각기 다른 전통에서 발전해 왔다. 산업 및 조직 심리학의 이전 명칭이었던 산업심리학은 상대적으로 역사가 오래된 영역인데, 인적자원인 사람들을 적절하게 활용하여 조직 효과성을 증진시키려는 관리적 관점을 취하는 경향이 있다. 산업심리학은 효과적인 직무 설계, 종업원 선발과 훈련, 수행 평가와 관련된 영역이다. 반면 조직심리학은 조직의 인간관계 운동으로부터 발전되었다. 일터에서의 종업원의 안녕을 증진시키고, 종업원의 행동을 이해하는 것에 관심을 둔다. 조직심리학의 주제에는 종업원의 태도, 종업원 행동, 직무 스트레스, 감독 행태 등이 포함된다. 그러나 산업 및 조직 심리학 분야의 주요 주제들을 산업(I)이나 조직(O) 중의 한 영역으로 국한해서 엄밀하게 구별하는 것은 어렵다. 예를 들어, 동기는 종업원 효율성과 수행에 관련된 산업 영역에 속할 뿐 아니라 종업원의 행복과 안녕에 관련된 조직 영역과도 연관된다. 산업과 조직 영역을 항상 명확하게 구별할 수 있는 것은 아니지만, 두 영역의 존재는 이 분야의 성격이 얼마나 광범위한지를 보여 주고 있다.

가장 많은 심리학자가 활동하고 있는 응용심리학 분야는 임상심리학이다. 임상심리학자들은 심리적 장애와 문제를 연구하고 치료하는 일에 종사한다. 한편, 산업 및 조직 심리학(industrial/organizational psychology)은 일터에서 과학적 원리를 개발하고 적용하는 응용 분야다. 산업 및 조직 심리학자들은 종업원들의 정서나 개인 문제를 직접적으로 다루지 않는다. 이러한 활동은 임상심리학의 영역이다. 그러나 산업 및 조직 심리학자는 종업원의 알코올중독과 같은 문제를 도와줄 임상심리학자를 고용하도록 고용주에게 권고하는 일을 한다.

2. 산업 및 조직 심리학자의 활동과 고용 장면

산업 및 조직 심리학자들은 다양한 장면에서 다양한 직무를 수행한다. 산업 및 조직 심리학에서는 실무와 관련된 장면과 연구와 관련된 장면으로 종종 구분된다. 실무 활동은 과도한 직무 스트레스나 부진한 직무 수행과 같은 현실적 문제를 해결하기 위해 심리학적 원리를 사용하는 것을 의미한다. 연구를 통해 실무에 적용할 수 있는 원리를 발견한다. 산업 및 조직 심리학 분야에서 실무와 연구는 모두 중요하다. 산업 및 조직 심리학의 주요 목적 중 하나는 조직이 좀 더 효과적으로 기능하도록 돕는 것이다. 그렇게 하기 위해서 산업 및 조직 심리학 분야는 실무에 기초가 되는 연구 결과가 있어야만 한다. 그러나 모든 연구가 실무를 위해 이루어지는 것은 아니다. 단지 사람들이 직장에서 특정한 행동을 하는 이유를 알고 싶은 호기심에서 업무 행동을 연구하는 심리학자들도 있다.

이와 같이 산업 및 조직 심리학의 영역을 실무 장면과 연구 장면으로 구분하고 있지만, 실제 두 장면의 활동은 상당히 중복된다. 연구 장면에 있는 많은 산업 및 조직 심리학자는 실무에 관여하기도 하고, 실무 장면에 있는 심리학자들도 연구 활동을 하는 경우도 있다. 게다가 어떤 실무 활동에는 현재의 문제를 해결하기 위한 최선의 방법을 결정하기 위해 연구가 필요하다. 모든 상황에 적용되는 원리가 기존에 모두 존재하지는 않을 것이다. 산업 및 조직 심리학자들이 언제나 준비된 해답을 가지고 있는 것은 아니지만, 해결책을 찾는 수단은 보유하고 있다.

대부분의 연구 장면은 산업 및 조직 심리학자들이 교수로 있는 대학이다. 실무 장면에는 컨설팅 회사, 정부(시, 군, 주, 연방), 군대(보통 민간인 전문가), 민간 기업이 포함된다. 컨설팅 회사는 의뢰를 받은 조직에 산업 및 조직 심리학 서비스를 제공한다. 규모가 큰 컨설팅 회사에는 전 세계의 조직에 서비스를 제공하는 수백 명의 종업원이 있다. 이러한 실무 장면 각각에서 산업 및 조직 심리학자들은 동일한 유형의 활동을 하고 있을 수도 있다. [그림 1-1]은 각 주요 장면에서 일하는 산업 및 조직 심리학자들의 비율을 나타낸다.

많은 산업 및 조직 심리학자는 대학교수로 재직하고 있다. 대부분 심리학과에 재직하고 있지만, 경영대학에도 많은 사람이 있다. 대학교수들은 연구하고 학생을 가르치는 일에 대부분의 시간을 할애하지만, 그 밖의 다른 활동도 많이 한다. 많은 교수가 조

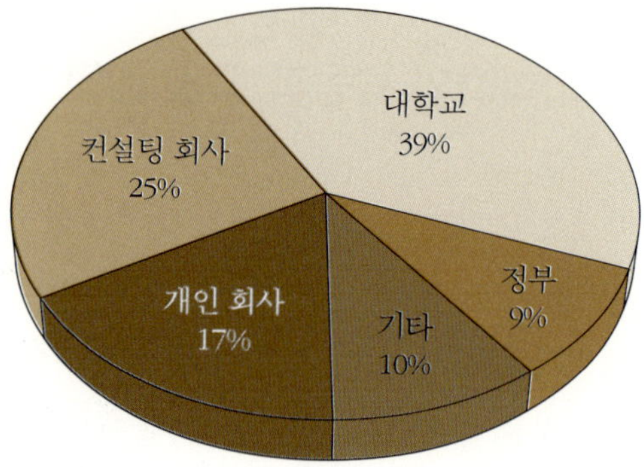

그림 1-1 다양한 장면에서 활동하고 있는 산업 및 조직 심리학자들의 비율

출처: Society for Industrial and Organizational Psychology 2006 Member Survey: Overall Report. http://www.siop.org/reportsandminutes/survey_results06.aspx.

직의 컨설턴트로서 실무에 관여하고, 이러한 관심을 직접적으로 추구하기 위해 컨설팅 회사를 설립하기도 한다. 다음은 교수들의 주요 활동 목록이다.

- 강의
- 연구
- 연구논문 작성 및 발표
- 조직에 컨설팅 서비스 제공
- 교과서 출간
- 대학생과 대학원생 지도
- 일반인에게 정보 제공
- 강좌 개발
- 전공 분야에서 새로운 지식을 계속적으로 탐구
- 학교 교육 행정

교수의 기본적인 역할은 지식을 창조하고 알리는 일이다. 이 목록의 각 활동은 둘 중의 한 가지 역할과 관련되거나 두 가지 역할 모두와 관련된다.

현장에서 활동하는 산업 및 조직 심리학자들은 연구를 시행하고 강의를 하는 등 교수인 산업 및 조직 심리학자들이 하는 일과 동일한 활동을 많이 한다. 그러나 그 활동의 주요 초점은 산업 및 조직 심리학 분야의 원리와 연구 결과를 적용하는 것이다. 다음은 현장에서 활동하는 심리학자들이 하는 일이다.

- 직무 특성 분석(직무분석)
- 조직 문제의 해결 방법을 결정하기 위한 분석 시행
- 종업원 정서와 견해 조사
- 종업원 수행 평가 체계 설계
- 종업원 선발 체계 설계
- 훈련 프로그램 설계
- 심리검사 개발
- 훈련 프로그램과 같은 활동이나 실행의 효과성 평가
- 수행을 잘하는 종업원들을 위한 보상 체계 등의 조직 변화 시행

산업 및 조직 심리학자는 조직의 기능과 효과성 증진에 많은 노력을 기울인다. 그러한 노력을 다양한 영역에서 경주하는데, 즉 더 나은 수행을 할 수 있는 사람을 선발하고, 더 나은 수행을 할 수 있도록 사람들을 훈련시키며, 직무를 설계하고, 조직을 설계하는 등 다양한 영역에서 전문적인 노력을 기울인다. 또한 산업 및 조직 심리학자들은 비록 조직의 효과성이 개선되지 않을지라도 사람들이 일하기에 건강한 장소가 되도록 조직을 변화시키려고 노력한다.

3. 전문직으로서의 산업 및 조직 심리학

산업 및 조직 심리학은 회계학이나 법학과 마찬가지로 다양한 분야에서 전문직으로 활동한다. 미국에서는 산업 및 조직 심리학자에게 면허를 요구하는 주도 있지만, 대부분의 주에서는 임상심리학자에게만 면허를 요구한다. 많은 산업 및 조직 심리학자는 보수를 받고 고객인 조직에게 서비스를 제공하는 컨설팅 회사에서 일한다. 이러한 서비스는 대부분 회계 법인이나 법률회사가 제공하는 서비스와 동일한 방식으로 제공된다.

산업 및 조직 심리학자는 전문적인 협회에 가입하고 있다. 미국에는 여러 가지 전국 및 지역 협회들이 있다. 미국심리학회(American Psychological Association: APA)의 분과인 산업 및 조직 심리학회(Society for Industrial and Organizational Psychology: SIOP)는 회원 모

두가 산업 및 조직 심리학자로 구성된 협회 중에서 미국에서 가장 큰 조직이다. 8,200명 이상의 회원이 있고 약 48%는 학생 회원이다. SIOP가 미국 협회이기는 하지만 최근 급속하게 국제화되어 외국인 회원 수가 4년 전에 비해 2배 정도 증가한 약 12%다. 미국경영학회(Academy of Management)는 SIOP보다 더 큰 조직이지만, 주요 회원이 심리학자가 아니다. 이곳의 회원은 대부분이 대학에 재직하고 있는 경영학 교수로서 다양한 경영학 분야에 관심을 가진 사람들로 구성된다. 그러나 많은 산업 및 조직 심리학자, 주로 대학교수로 재직하고 있는 사람들도 이 조직의 회원으로 활동하고 있다.

또한 전 세계에 걸쳐 다른 여러 나라에도 산업 및 조직 심리학자들의 전문가 협회들이 있다. 호주에는 조직심리학회(College of Organizational Psychologists), 캐나다에는 미국 협회와 동명인 산업 및 조직 심리학회(Society for Industrial and Organizational Psychology)가 있고, 영국심리학협회(British Psychology Society) 내에 조직심리학 분과가 있으며, 유럽 전역에 유사한 많은 협회가 존재한다. 이 중 다수의 협회가 모여 직업 및 조직 심리학 유럽협회(European Association of Work and Organizational Psychology: EAWOP)를 발족하였다. 또한 산업 및 조직 심리학자와 직접 관련이 있는 학회로는 국제응용심리학회(International Association of Applied Psychology)에서 가장 규모가 큰 분과인 조직심리학 분과학회가 있다. 세계의 산업 및 조직 심리학자들, 특히 비교 문화와 국제 문제에 관심을 가진 사람들이 이 학회의 회원이다.

4. 과학으로서의 산업 및 조직 심리학

연구는 산업 및 조직 심리학자의 주요 활동 중 하나다. 연구를 통해 종업원 선발이나 훈련과 같은 활동의 새로운 방법과 절차를 개발할 수 있다. 이러한 연구는 흔히 특정한 조직의 특수한 문제(예를 들어, 종업원의 이직률이 높은 회사)를 해결하기 위해 시행된다. 종업원 절도의 원인을 이해하거나, 직무 태도가 종업원 행동에 미치는 효과와 같은 조직 현상을 이해하는 데 초점을 두는 연구도 행한다. 이러한 종류의 연구는 학술대회 등에서 발표되고, 전문 저널에 게재된다.

앞에서 언급한 모든 국내, 국제 학회는 통상 매년 연구 결과를 발표하는 학술대회를 개최한다. 예를 들어, SIOP의 연간 학술대회에는 자신들의 연구 결과와 생각을 공유하고 논의하고자 하는 4,000명에 가까운 실무자와 연구자가 모인다. 실무자들은 조직 문제에 대한 새로운 해결책을 얻는 데 도움이 되는 이러한 학술대회에 자주 참석한다. 연구자들은 전문 저널에 연구가 발표되기 전에 최신 연구 결과들을 미리 알 수 있다.

이 분야의 전문 저널은 연구 결과의 주요한 발표 수단이 된다. 주요 저널 중에는 전문 학회가 출판하는 것도 있고, 민간 출판사가 발행하는 주요 저널들도 있다. 예를 들어, *Journal of Applied Psychology*는 APA에서 발행하고, *Journal of Occupational and Organizational Psychology*는 영국심리학협회에서 발행한다. 〈표 1-1〉은 산업 및 조직 심리학 주제에 대한 연구가 게재되는 주요 저널의 목록이다. 대부분은 연간 4~6회 발행된다. *International Review of Industrial and Organizational Psychology*는 1년에 한 번 발행되고, 다양한 주제의 지식을 개관한다.

대부분 대학교수인 산업 및 조직 심리학 연구자들은 이러한 저널에 발표하고자 하는 논문을 제출한다. 그들의 논문은 심사를 위해 해당 분야의 전문가에게 보내진다. 논문은 심사에 근거하여 수정되고, 논문 한 편이 발표되기까지는 종종 여러 번의 수정과 재심사를 거치는 것이 거의 필수적이다. 제출된 논문 중 엄격한 동료 평정 과정에서 살아남은 10%에서 20%의 논문만이 가장 저명한 저널에 발표된다. 동료 평정은 게재된 논문이 높은 기준을 유지하도록 함으로써, 최상의 연구가 출간되도록 한다.

연구논문의 발표는 경쟁적이고 어려운 일이다. 정년 보장을 받지 못한 대학교수들은 논문 게재에 성공해야 하는 압력을 많이 받는다. 대부분의 대학의 산업 및 조직 심리학 프로그램에는 교수들에게 자신의 전공 영역의 지식 기반에 기여하는 활동적 연구자가

〈표 1-1〉 산업 및 조직 분야의 저널

Academy of Management Journal	*Journal of Business and Psychology*
Academy of Management Review	*Journal of Management*
Administrative Science Quarterly	*Journal of Occupational and Organizational Psychology*
Applied Psychology: An International Review	*Journal of Occupational Health Psychology*
Group and Organization Studies	*Journal of Organizational Behavior*
Human Factors	*Journal of Vocational Behavior*
Human Relations	*Organizational Behavior and Human Decision Processes*
Human Resources Management Review	*Organizational Research Methods*
International Journal of Selection and Assessment	*Personnel Psychology*
International Review of Industrial and Organizational Psychology	*Work & Stress*
Journal of Applied Psychology	

되기를 요구하는 '논문 게재 아니면 도태' 라는 암묵적 철학이 존재한다. 이것은 대부분 대학의 모든 과학적 학문 분야에서 마찬가지다. 저명한 저널에서 발표한 기록은 직업을 찾고, 정년 보장을 획득하고, 승진하고, 봉급을 많이 받는 것에 반영되어 도움이 되기 때문에 교수로서의 성공에 주요한 결정 요인이 된다. 대학의 주요 기능 중 하나가 새로운 지식을 창조하고 전파하여 사회에 밑거름이 되는 것이기 때문에 연구를 강조하는 것은 당연한 일임을 명심할 필요가 있다.

5. 산업 및 조직 심리학 분야의 역사[1)]

산업 및 조직 심리학은 1800년대 후반과 1900년대 초에 뿌리를 둔 20세기의 발명품이다. 산업 및 조직 심리학은 심리학 분야의 초창기쯤부터 존재해 왔다. 최초의 산업 및 조직 심리학자는 심리학의 새로운 원리를 조직 문제에 적용하는 것에 흥미를 가졌던 실험심리학자였다. 미국에서의 초기 연구는 직무 수행과 조직 효율성에 초점을 맞추었으며, 영국에서는 종업원의 피로와 건강에 초점을 맞추었다(Kreis, 1995). 20세기 전반기 동안 이 분야가 발전하면서 오늘날의 영역으로까지 확장되었다.

산업 및 조직 심리학 분야의 토대를 마련한 주요 공로자로는 흔히 두 명의 심리학자를 꼽는다. Hugo Münsterberg와 Walter Dill Scott 두 사람은 심리학을 조직 문제에 적용한 실험심리학자이자 대학교수였다.

독일에서 태어나 미국으로 온 Münsterberg는 특히 종업원 선발과 새로운 심리검사의 사용에 흥미를 가지고 있었다. Landy(1992)의 주장에 의하면, Münsterberg가 자신의 원래의 전공 분야에 대해서 하버드 동료 교수들의 지지를 받지 못한 것이 신생의 산업심리학 분야로 전환한 동기였다. Scott은 Münsterberg가 관심을 두고 있는 영역뿐 아니라 광고심리학에도 관심을 갖고 있었다. 이 두 사람은 각각 이러한 주제에 대한 선구적인 교과서를 집필했는데, Scott의 *The Theory of Advertising*(1903)과 Münsterberg가 쓴 최초의 산업 및 조직 심리학 교과서인 *Psychology and Industrial Efficiency*(1913)가 그것이다.

1) 특별히 다른 말을 언급하지 않는다면, 이 절의 대부분은 Katzell과 Austin(1992)의 산업 및 조직 심리학 분야의 역사를 토대로 한다.

산업 및 조직 심리학 분야에 주요한 영향을 끼친 것 중 하나는 19세기 후반과 20세기 초 동안 자신의 경험을 통해 종업원 생산성을 연구한 공학자인 Frederick Winslow Taylor의 연구였다. Taylor는 공장에서 근로자들의 생산량을 늘리기 위한 한 방법으로 과학적 관리를 개발하였다. 과학적 관리(scientific management)에는 조직 활동 방식에 지침을 제공하는 여러 원리가 포함되었다. Taylor(1911)는 자신의 저서에서 다음과 같이 제안하였다.

① 과업을 수행하는 최선의 방법을 구체화할 수 있도록 각 직무는 신중하게 분석되어야 한다(직무분석).
② 종업원은 직무 수행과 관련된 특성에 따라 선발(고용)되어야 한다. 관리자들은 중요한 개인 특성들을 발견하기 위해 현직 종업원을 연구해야 한다.
③ 종업원은 자신들의 직무 과업을 수행하기 위해 세밀한 훈련을 받아야 한다.
④ 수행 수준을 높이기 위해 종업원은 생산성에 따라 보상해야 한다.

이러한 생각들은 여전히 오늘날에도 고려해 볼 만한 가치가 있는 것이다.

공학 분야에서 받은 또 다른 영향은 과업 수행의 효율적인 방법을 연구한 Frank와 Lillian Gilbreth의 팀 연구에서 찾을 수 있다. 이들은 공학과 심리학 분야를 접목하여 사람들이 어떻게 과업을 수행하는지를 연구하였다(Frank는 공학자이고, Lillian은 심리학자다). Gilbreth 부부의 가장 잘 알려진 업적은 시간과 동작 연구(time and motion study)다. 이 연구에는 사람들이 좀 더 효율적으로 일하는 방식을 개발할 목적으로 과업을 수행할 때의 사람들의 동작을 측정하고 시간을 재는 것이 포함되었다. 기본적인 원리는 Taylor의 생각을 바탕으로 한 것이지만, Gilbreth 부부는 새로운 기술을 개발하고 사용하여 많

Charles Myers

Hugo Münsterberg

Walter Dill Scott

Frederick Winslow Taylor

Robert Yerkes

은 조직을 도왔다(Van De Water, 1997). 비록 대부분의 역사가는 최초로 산업 및 조직 심리학 박사학위를 받은 사람으로서 1921년에 Bruce V. Moore를 꼽고 있지만, Lillian이 1915년에 받은 학위가 최초의 산업 및 조직 심리학 박사라고 주장하는 역사가도 있다(Koppes, 1997). Gilbreth 부부의 연구는 이후 사람들에게 가장 적합한 과학기술 설계 방법을 연구하는 인간 요인 분야의 토대가 되었다. Lillian은 후에 소비재 설계로 관심을 돌리고, 페달식 휴지통과 냉장고 문 안쪽에 달린 선반 등을 개발했다(Koppes, 1997). 그러나 Gilbreth 부부는 열두 아이를 양육하는 맞벌이 부모로서 살아가는 삶을 그린 인기 영화 〈열두 명의 웬수들(Cheaper by the Dozen)〉의 실제 인물로 더 유명하다.

미국과 영국에서는 제1차 세계대전 중 전쟁을 돕는 데 산업 및 조직 심리학이 활용되기 시작하였다. 영국에서의 산업 및 조직 심리학의 시작은 1915년에 설립된 군수품 공장 근로자 건강위원회(Health of Munitions Committee: HMC)가 효시였다. 이 조직에서는 전쟁으로 인한 생산성 증대 요구 때문에 악화된 종업원의 건강, 안전 및 효율성에 관한 문제들을 다루었다(Kries, 1995). 미국이 1917년 전쟁에 개입했을 때, Robert Yerkes의 진두 지휘 아래 많은 심리학자가 군대에 서비스를 제공했다. 이 심리학자 집단의 가장 유명한 업적은 정신 능력을 측정하는 군대 알파(Army Alpha)와 군대 베타(Army Beta) 집단검사의 개발이었다. 군대에서 가장 큰 문제 중 하나는 신병을 가장 적합한 직무에 배치하는 것이었다. 심리학자들은 새로 발명한 심리검사가 그 문제를 해결하기 위한 효과적인 방법이라고 생각했다. 이것은 직무에 개인을 배치하기 위해 심리검사를 최초로 적용한 사례였고, 심리검사가 교육 장면(예: Scholastic Aptitude Test: SAT)이나 고용 장면에까지 확대 사용되는 기반을 마련하였다.

제1차와 제2차 세계대전 사이의 10여 년 동안, 산업 및 조직 심리학은 오늘날의 활용 분야 대부분으로 활동 영역을 넓혔다. 조직의 규모가 커짐에 따라 특히 미국에서는 생산성과 관련된 종업원 문제들이 증가하였고, 조직은 이러한 문제를 해결하기 위해 산업 및 조직심리학자를 고용하기 시작하였다. 이와 동시에 산업 및 조직 심리학 주제에 관한 연구들이 축적되기 시작하였다. 1921년 영국의 심리학자 Charles Myers는 영국 종업원들의 효율성과 작업 조건 개선을 전담하는 조직인 국립산업심리원(National Institute of Industrial Psychology: NIIP)을 공동 창립하였다. 이 기관은 이전 HMC의 작업을 따라 종업원의 행복에 초점을 두었고 이러한 경향은 산업 및 조직 심리학 분야의 발달 초기에 영국뿐만 아니라 유럽 전역에 영향을 끼쳤다(Kwiatkowski, Duncan, & Shimmin, 2006). 같은 시기에 1921년에 펜실베이니아 주립대학교는 그 당시 산업심리학이라 불렸던 이 분야에서 최초로 Bruce V. Moore에게 박사학위를 수여했다. 산업 및 조직 심리학자들은 보수를 받고 조직에 서비스를 제공하는 컨설팅 회사를 설립하기 시작했다. 가장 잘 알려진 컨설팅 회사는 1921년에 James McKeen Cattell이 설립하여 지금까지 운영되고 있는 Psychological Corporation이다. 이 시기의 가장 중요한 사건 중 하나는 Western 전기 회사에서 10년 이상 지속된 호손(Hawthorne) 연구였다.

호손 연구가 실시되기 전에 산업 및 조직 심리학자들은 대부분 종업원의 능력 평가와 직무의 효율적인 설계 등의 종업원 생산성과 조직 효율성에 대한 문제에 주로 치중하였다. 호손 연구도 처음에는 이러한 주제를 연구하기 위해 시작되었지만, 연구자들은 곧 조직 생활의 많은 사회적 측면이 종업원 행동과 수행에 영향을 끼친다는 것을 발견하였다. 감독과 작업 집단에 대한 그들의 연구는 '산업' 및 '조직' 심리학 분야에서 '조직' 측면의 시작에 도움을 주었다.

호손 연구에서 가장 잘 알려진 주제는 조명 강도의 효과에 대한 연구였다(Roethlisberger & Dickson, 1939). 이 연구의 목적은 공장 과업에서 최상의 수행을 이끌어 내는 조명의 강도를 결정하는 일이었다. 연구자들은 한 종업원 집단을 매일 조명 수준이 변하는 특수한 방에서 일하게 하는 실험을 하였다. 생산성에 미치는 효과를 연구하기 위해 조명이 점점 더 밝아지거나 어두워지도록 처치하였다. 연구자들은 실험 과정 동안 조명 수준과는 거의 상관없이 생산성이 증가하는 것을 발견하고 매우 놀랐다. 이러한 결과에 대한 많은 설명이 제안되었고 활발한 토론이 벌어졌다. 그중에서 가장 자주 논의된 바는 호손 효과(Hawthorne Effect)라고 부르는 것인데, 실험에 참여하고 있다는 사실을 아는 것만으로도 수행이 증가하는 효과를 의미한다. 그 이유가 무엇이든지 사람들의 직무 수행에서 사회적 요인이 물리적 요인보다 더 중요할 수 있다는 점은 명백해 보인다.

제2차 세계대전은 전쟁을 하는 양측의 국가들, 특히 미국과 영국에서 산업 및 조직 심리학 분야가 발달하는 데 커다란 자극이 되었다(Warr, 2007). 심리학자는 산업과 조직 심리학의 전 분야에 이르는 문제들을 다루었고, 이에는 신병 선발, 직무 배치, 훈련, 사기, 수행 평가, 팀 개발, 장비 설계가 포함되었다. 제2차 세계 대전 이전에 미국심리학회(APA)는 실험심리학에만 관심을 가졌고, 비과학적이라고 생각되었던 산업 및 조직 심리학자들의 실무적인 시도를 심리학회의 사명의 일부로 간주하기를 거부했다. 그러나 전쟁의 결과로 미국심리학회는 응용심리학을 인정하였고, 1944년에 산업 및 경영 심리학 14분과가 만들어졌다(Benjamin, 1997). 전쟁 후에 산업 및 조직 심리학의 두 영역은 계속 확장되었다. 더구나 민간 기업들이 심리검사와 같은 많은 산업 및 조직 심리학 절차들을 시행하면서 이 분야에 대한 관심이 증폭되었다. 1970년에 미국심리학회의 산업심리학 14분과는 산업 및 조직 심리학 분과로 이름을 바꾸었고, 오늘날에는 산업 및 조직 심리학회(Society for Industrial and Organization: SIOP)로 부르고 있다. 산업 및 조직 심리학회의 웹사이트(www.siop.org)는 이 분야에 관한 정보의 중요한 출처인데 대학원, 직장 공고 및 학회 자체에 대한 정보를 얻을 수 있다.

미국에서 산업 및 조직 심리학 분야가 성장하는 데 도움을 준 또 하나의 사건은 1964년의 시민권법(Civil Right Act) 통과였다. 이 법은 조직이 어떻게 종업원을 고용하고 다루어야 하는지에 큰 영향을 끼치는 다양한 동인으로 작용하였다. 소수 인종에 대한 차별이 불법으로 규정되었을 때, 조직은 종업원 정책에 대해 많은 것을 변화시켜야 했다. 산업 및 조직 심리학자는 직장에서 차별을 없애는 절차의 개발을 돕는 일을 맡게 되었다. 1991년에 미국 장애인법(Americans With Disabilities Act: ADA)이 통과되어 차별로부터의 보호가 장애인에게까지 확대되었다. 여기서도 산업 및 조직 심리학자들은 차별을 없애는 방법을 찾는 일을 맡게 되었다.

이 분야의 역사에는 산업 및 조직 심리학자들이 조직의 개선과 종업원이 처한 업무 환경의 향상에 도움을 준 사례로 넘쳐나고 있다. 또한 이 분야는 생산성에 대한 초기의 관심으로부터 오늘날의 많은 다양한 영역으로 확장하였다. 산업 및 조직 심리학은 아직도 조직의 운영과 종업원의 안녕에 기여할 부분이 많이 있다. 앞으로 이 책을 통해 논의할 바처럼, 조직은 종업원과 관련된 문제에 관하여 지속적인 도움을 필요로 하기 때문에 산업 및 조직 심리학의 미래는 매우 밝다.

6. 미국과 영국 이외의 산업 및 조직 심리학

지금까지 산업 및 조직 심리학 역사에 대한 논의는 이 분야가 처음 시작되었고 초기의 발달이 대부분 이루어졌던 미국과 영국에 대해서 이루어졌는데 주로 미국에서의 역사가 언급되었다. 그러나 산업 및 조직 심리학은 전 세계에 존재하고, 많은 연구 결과물과 원리가 여러 국가에서 산출되고 있다. 이 분야가 빠르게 확산되고 세계화되고 있다는 점은 이 분야의 선두 저널인 미국의 *Journal of Applied Psychology*(JAP)와 *Personnel Psychology*에 게재한 논문 저자의 국적을 보면 알 수 있다. Cascio와 Aguinis(2008)는 이 두 저널에 게재한 논문의 비미국 국적의 저자 수가 1960년대 중반에는 5%였는데 2000년대 중반에는 5배가 증가하여 25%로 껑충 뛰었음을 보여 주었다. 몇 개의 국가만 예로 들어 보면, 호주, 캐나다, 중국, 독일, 이스라엘, 한국, 네덜란드, 뉴질랜드, 스칸디나비아, 싱가포르 등에서 저널에 발표한 논문들이 해마다 증가하고 있다. 산업 및 조직 심리학이 미국과 영국을 넘어 세계로 확장되고 있다는 또 다른 예는 미국과 영국 이외의 국가에서 산업 및 조직 심리학 석사와 박사 프로그램이 늘고 있다는 점이다. 세계 각지에서 산업 및 조직 심리학 대학원 학위 프로그램이 신설됨에 따라 이 책이 6판에 이르기까지 세계 석·박사학위 프로그램 명단은 점점 늘어나고 있다. 국제화의 또 다른 경향은 비교 문화 연구를 시행하기 위하여 여러 국가의 연구자들이 국제 공조를 한다는 사실이다. 국제적으로 볼 때 산업 및 조직 심리학 분야의 흥미로운 사실은 문화, 역사 및 정치적 배경에 따라 이 분야의 성격이 형성되고 강조되는 연구 영역이 달라져 국가마다 독특한 산업 및 조직 심리학 향취를 갖는다는 점이다(Warr, 2007). Zickar와 Gibby(2007)에 의하면, 역사적으로 미국의 산업 및 조직 심리학은 종업원 선발(5장과 6장 참조)에 사용되는 개인차 평가와 종업원 생산성에 관심을 집중해 왔다. Warr(2007)는 미국과 영국의 관점을 비교하는 연구를 수행하여 영국이 종업원의 건강과 안녕에 훨씬 많이 초점을 두고 있음을 밝혔다. 최근 수십 년 동안, 전 세계 경제가 급속하게 세계화되고 전자 커뮤니케이션이 보편화됨에 따라 국가 간 상호 교류를 통하여 산업 및 조직 심리학 분야가 풍성해지고 이론과 방법이 국가마다 유사해졌다. 이렇게 된 한 가지 원인은 Development Dimensions International과 Personnel Decisions International 같은 미국의 대형 산업 및 조직 심리 컨설팅 회사들이 해외에 지사를 설립했으며, 이로 인하여 미국의 산업 및 조직 심리 방법이 외국에 소개되었고 동시에 외국의 방법이 미국에 도입되었기 때문인 것으로 보인다.

7. 산업 및 조직 심리학자가 되기 위한 방법

산업 및 조직 심리학자가 되기 위한 가장 일반적인 절차는 미국을 포함한 다수의 국가에 있는 많은 대학원 프로그램 중 한 곳에 입학하여 산업 및 조직 심리학 학위(석사나 박사)를 취득하는 것이다. 산업 및 조직 심리학 분야에 종사하는 사람들 중에는 심리학의 다른 분야의 전공자나 경영학 전공자 등 산업 및 조직 심리학 이외의 배경을 가진 사람들이 의외로 많다. 이러한 사람들 중 일부는 자신을 산업 및 조직 심리학자로 생각하고 그러한 직함을 가진 직업에 종사하기도 한다. 미국에서 대부분의 산업 및 조직 심리학자는 박사학위 소지자들이다. 석사학위를 취득하고도 현장에서 활동할 수 있지만, 낮은 학위의 지위를 반영하기 위해 흔히 이들을 '석사급 산업 및 조직 심리학자'라고 부른다. 석사학위 소지자도 산업 및 조직 심리학자로서 성공적인 경력의 소유자가 되는 것이 가능하지만, 박사학위 소지자들이 기회와 급여 면에서는 더 낫다.

캐나다와 같은 몇몇 국가도 미국과 상황이 비슷하다. 그러나 유럽 등 미국 이외의 국가에서는 박사학위가 석사학위만큼 일반적이지 않다. 석사학위는 실무 학위로 여겨지고, 박사학위는 연구 학위로 여겨진다. 실무자가 되기를 원하는 사람은 아마도 석사학위만을 취득하고 현장에서 실무 경험을 쌓은 후 영국에서의 공인심리학자와 같이 실무를 하기 위한 자격증을 획득해야만 한다. 박사학위를 취득하는 사람은 대부분 연구에 관심을 두고, 연구 기관이나 학교에서 일하게 된다. 실무자들이 박사학위를 취득하는 것은 가능하지만, 미국과 캐나다에서만큼 중요하게 여기지는 않는다.

미국 대학원 프로그램에 입학하는 것은 상당히 경쟁이 치열하며, 특히 명망 있는 박사학위 프로그램에서 더욱 심하다. 대부분의 프로그램은 주로 대학교 평균평점(주로 3, 4학년)과 GRE(Graduate Record Exam) 점수에 기초해서 입학을 결정한다. 이전 실무 경험과 연구 경험은 도움이 될 수 있고, 일반적으로 교수의 추천서도 필요하다. 산업 및 조직 심리 대학원 프로그램은 이수하기가 힘들고, 언어 능력과 수리 능력을 모두 요구한다. 이러한 대학원 프로그램을 수월히 이수하기 위해 학생들은 학부 때 적절하게 준비해야 한다. 기초 수학(대수학)과 통계에서 기초를 튼튼히 하는 것은 학문을 계속하기 위한 훌륭한 토양이 된다. 특히 작문 실력과 같은 기본적 언어 능력의 향상도 도움이 된다. 대학원 프로그램에 진학하기로 결정하기 전에 학부에서 산업 및 조직 심리학 과목을 들어보는 것이 현명한 일이다. 그러나 흥미롭게도 많은 학생이 이러한 과정을 이수하지 않고 대학원에 들어간다. 마지막으로, 심리학의 기초를 탄탄히 해 놓으면 대학원 과정을 이수하기가 용이할 것이다. 특히 학부에서 다른 분야를 전공하여 산업 및 조직 심리학 관련 지식을 갖고 있지 않은 학생은 특히 처음 1년간은 격차를 만회하기 위해 많은 노력을 해야 한다.

산업 및 조직 심리학자는 연구와 실무적 측면에서 모두 훈련받는다. 산업 및 조직 심리학자는 과학자–실무자, 즉 과학적 연구를 수행하고 조직 문제에 원리를 적용할 수 있는 사람이 되기 위한 훈련을 받는다. 학생들은 연구 방법론을 배울 뿐 아니라 원리를 적용하는 절차도 배운다. 이러한 대학원 프로그램을 비교해 보면, 특히 국가별로 비교하면, 구체적 내용과 강조하는 부분에서 차이가 날 수 있다. 박사학위를 취득하느라 더 많은 시간을 보내기를 원하지 않는 사람들을 위해 석사 과정을 제공하는 훌륭한 프로그램이 많이 있다. 이러한 프로그램은 산업 및 조직 심리학 분야의 두 가지 측면을 깊이 있게 학습할 만큼 충분한 시간이 부족하거나, 혹은 실무자를 배출하는 것이 최종 목적이기 때문에, 보통 학문적 연구보다는 실무에 중점을 둔 훈련을 제공한다. 박사학위 프로그램을 이수하는 데는 석사학위 과정보다 두 배 이상 더 오랜 시간이 걸리기 때문에 실무와 과학 사이에서 좀 더 균형 잡힌 훈련을 제공하는 경향이 있다. 박사학위 프로그램에서 사람들은 실무자인 동시에 연구자가 되는 훈련을 받는다.

석사학위는 대략 2년 내에 취득할 수 있는 반면, 박사학위는 학사학위를 가진 사람이 약 4년 내지 6년 걸려서 취득할 수 있다. 이러한 프로그램은 다양하지만, 일반적으로 석사학위 프로그램에는 연구 방법론과 이 책에서 논의할 산업 및 조직 심리학의 다양한 영역을 다루는 교과 과정이 포함된다. 박사학위 프로그램에는 석사 과정에서 다루는 영역과, 일반 심리학 및 좀 더 광범위한 연구 방법론이 포함된다. 미국 산업 및 조직 심리학회(1985)는 이러한 학위 과정에서 다루어야 할 영역을 추천하고 있는데 이 책의 각 장의 주제가 이에 포함된다. 또한 산업 및 조직 심리학 교수위원회의 감독하에 연구의 경험을 쌓고(예: 석사 논문이나 박사 논문), 현장에서 활동하고 있는 산업 및 조직 심리학자들과 함께 조직 장면에서 업무를 수행하는 실습 경험도 하게 된다.

일반적인 경제 상황에 따라 변동이 있긴 하지만 미국에서 산업 및 조직 심리학자에 대한 직업 시장은 전망이 매우 좋다. 몇 년간 미국심리학회가 시행한 조사에 의하면, 구직을 원하는 산업 및 조직 심리학자들 중 고용되지 못한 사람이 통상 1%도 안 된다. Khanna와 Medsker(2010)는 2009년 미국 산업 및 조직 심리학자들의 급여를 조사한 결과를 보고했다. 석사학위를 가진 사람들의 연봉 중앙값은 7만 4,500달러였고, 박사학위를 가진 사람은 10만 5,000달러였다. 연봉은 지역, 고용 유형 및 업종에 따라 다르다. 예를 들면, 자신의 컨설팅 회사를 운영하는 사람의 연봉이 가장 많은데 중앙값은 18만 4,000달러였다. 심리학과에 재직 중인 산업 및 조직 심리학 전공 교수의 연봉은 경영학과에 재직하고 있는 동일 전공의 교수에 비해서 낮았고, 박사학위를 소지한 교수의 연봉이 소지하지 않은 교수의 연봉보다 많았다. 박사학위 취득자 초임 중앙값은 7만 5,000달러인 반면에 석사학위 취득자 초임 중앙값은 5만 5,000달러였다. 여성은 남성보다 평균 연봉이 16.4% 낮았는데, 이러한 차이는 성별 자체 이외의 요인에 기인한 것이다. 예를 들면, 여성 산업 및 조직 심리학자가 남성보다 직무 경험이 적은데, 이는 최근까지도 산업 및 조직 심리학 분야가 남성 지배적 분야이기 때문이다. 이 수치는 봉급의 중앙치이기 때문에, 사람들의 반은 이보다 더 많이 받고, 반은 더 적게 받는다는 것을 의미한다는 점에 유의해야 한다.

산업 및 조직 심리학을 전공하는 남성과 여성의 수는 점차 균형을 이루어 가고 있다. 1960년대에 여성에게 수여한 박사학위는 단지 8%에 불과했다. 흥미롭게도 1960년대보다 1930년대 이전에 현장에서 활동하는 여성 산업 및 조직 심리학자의 비율이 더 높았다. 정확한 추정은 불가능하지만(Koppes, 1997), 여성은 1920년대에 전체 산업 및 조직 심리학자의 25% 정도 되는 것으로 추정되었다. 지난 몇 십 년 동안 산업 및 조직 심리학 분야에서 여성의 비율은 증가해 왔고, 오늘날 미국에서 여성 산업 및 조직 심리학자는 박사학위 취득자의 반 이상을 차지하고 있다. 2006년에 SIOP 회원의 36.7%가 여성으로, 1960년대에 비해 괄목할 만한 성장을 이루었다. 이러한 경향은 현재 세계 곳곳에서 나타나고 있다.

8. 산업 및 조직 심리학자와 학생을 위한 인터넷 출처

심리학자와 학생에게 도움이 되는 많은 인터넷 출처가 있다. 대부분의 학회는 해당 분야에 관한 정보를 제공하는 웹사이트를 갖고 있다. 산업 및 조직 심리학에 가장 유용한 웹사이트는 산업 및 조직 심리학 분야에 관한 많은 정보를 담고 있는 SIOP 웹사이트(http://www.siop.org)다. SIOP 웹사이트에서 학생들이 가장 많은 관심을 갖는 부분은 아마도 캐나다와 미국의 모든 산업 및 조직 심리 전공 대학원 프로그램과 외국의 몇몇 산업 및 조직 심리 전공 프로그램에 대한 상세한 정보일 것인데 각 전공 프로그램의 입학조건, 규모 및 기타 필수 정보들이 제시되어 있다. 또한 각 프로그램의 웹사이트에 연결할 수 있는 링크도 제시되어 있다. 웹사이트에는 SIOP에서 출간하는 분기별 뉴스레터인 *The Industrial/Organizational Psychologist*(TIP)도 볼 수 있다. 이 책의 저자도 웹사이트를 운영하고 있는데 직업으로서의 산업 및 조직 심리학에 대한 정보, 대학원 입학에 대한 조언, 산업 및 조직 심리학 관련 유용한 링크들, 그리고 저자가 흥미를 갖고 있는 연구 분야에 관한 정보들이 제시되어 있다. 〈표 1-2〉에는 산업 및 조직 심리학에 연관된 여러 유용한 사이트가 열거되어 있다.

〈표 1-2〉 산업 및 조직 심리학 인터넷 출처

웹 주소	설명
http://shell.cas.usf.edu/~spector	Paul Spector의 웹사이트: 연구 주제와 산업 및 조직 심리학 분야에 관한 정보 제공
http://www.aomonline.org/	미국경영학회(AOM): 협회와 경영학 분야에 관한 정보 제공
http://www.apa.org	미국심리학회(APA): 협회, 다수의 심리학 링크, APA 발간 저널의 논문초록에 대한 정보 제공
http://bps.org.uk/	영국심리학회(British Psychology Society: BPS): 영국심리학회와 산업 및 조직심리 분과 학회에 대한 정보 제공
http://eawop.org/web/	유럽 작업 및 조직심리협회(Eropean Association Work and Organizational Psychology: EAWOP): 이 협회에 관한 정보 제공
http://www.hfes.org	인간요인과 인간공학학회(Human Factors and Ergonomics Society: HFES): 학회와 학회의 출판물에 대한 정보를 제공
http://www.iaapsy.org/	국제응용심리학회(International Association of Applied Psychology: ISSPSY): 협회 내 직업 및 조직 심리학 분과 웹사이트는 미국 외의 산업 및 조직 심리에 대한 정보를 보유
http://www.siop.org	미국 산업 및 조직 심리학회(SIOP): *TIP*와 산업 및 조직 심리학 분야에 대한 많은 정보 및 대학원 프로그램에 관한 정보 제공
http://www.sohp-online.org/	직업건강심리학협회(Society Occupational Health Psychology: SOHP): 직업건강심리학학회와 분야에 관한 정보를 제공
http://www.hr-software.net/ EmploymentStatistics	고용 통계(Employment Statistics): 주로 선발 지향적 정보와 링크에 대한 출처
http://online.onetcenter.org	직업 정보 네트워크(Occupational Information Network: O*NET): 미국 노동부 직업 정보 사이트
http://www.ksiop.or.kr/	한국 산업 및 조직 심리학회: 학회와 자격증에 관한 정보를 제공

9. 산업 및 조직 심리학 분야의 윤리

심리학은 오랫동안 윤리적인 행동과 인간 복지에 관심을 가져왔다. 미국에서 산업 및 조직 심리학자는 미국심리학회가 수년에 걸쳐 완성한 윤리 강령을 따른다. 이 강령에는 윤리 원칙과 전문가로서의 적절한 행동에 관한 진술들이 포함되어 있다. 비록 심리학회가 심리학 회원 자격을 박탈하는 것 이상의 강제력은 갖고 있지 못하지만, 대부분의 산업 및 조직 심리학자는 전문가로서 활동할 때 이 원칙을 따른다.

윤리 강령의 기본적 철학은 심리학자가 전문적인 일을 행할 때 타인에게 해를 끼치는 일을 하지 않기 위해서 최선을 다해야 한다는 것이다. 이는 심리학자는 타인에게 신체적이나 심리적으로 해를 끼칠 수 있는 불법적이거나 부도덕한 행동을 저지르는 것을 피해야 한다는 것을 의미한다. 반면에 심리학자는 타인을 돕기 위해 자신의 재능을 십분 활용할 사회적 책임을 지닌다. 즉, 심리학의 목표는 심리학을 응용하여 인간을 둘러싼 조건을 향상시키는 것이다. 특히 산업 및 조직 심리학자의 목표는 조직이 더 낫게 운용되도록 조직의 향상을 도울 뿐만 아니라 종업원들의 복지가 향상되도록 도움을 주는 것이다.

APA 윤리 강령은 〈표 1-3〉에 열거된 여섯 가지 원칙을 포함한다. 표에서 볼 수 있는 바와 같이 이 원칙들은 정직, 성실, 타인에 대한 존중, 책임감에 대한 기본적인 윤리 기준에 관한 것이다. 또한 강령에는 적절한 행동과 부적절한 행동에 대한 상세한 목록을 포함하고 있는데, 여기에 전재하기에는 너무 길며, 관심 있는 독자는 http://www.apa.org/ethics에서 볼 수 있다.

또한 많은 심리학자는 경영학회의 윤리 강령을 따른다. APA 강령과 다소 다르지만, 이 두 강령은 양립한다. 경영학회 강령은 실무, 연구, 교육이라는 세 가지 조직 업무 영역에서 회원들이 준수해야 할 행동 기준을 다룬다. 이 강령 역시 타인에게 해를 주지 않고 사회에 이익을 주기 위해 회원의 능력을 책임 있게 사용해야 한다는 원칙에 바탕을 두고 있다.

〈표 1-3〉 미국심리학회 강령의 여섯 가지 윤리 원칙

원칙	내용
역량	심리학자는 자신이 수행할 역량이 있는 업무만 한다.
정직	심리학자는 전문인으로서 타인을 다룰 때 공정하고 거짓이 없어야 한다.
전문적이고 과학적인 책임	심리학자는 전문가로서 행동할 때 높은 수준을 유지해야 한다.
인간의 권리와 존엄성에 대한 존중	심리학자는 타인의 비밀과 사생활 권리를 지켜 주어야 한다.
타인의 복지에 대한 관심	심리학자는 전문적인 지식을 활용하여 타인을 돕기 위해 노력해야 한다.
사회적 책임	심리학자는 자신의 기술을 사회에 이익이 되도록 사용해야 할 책임이 있다.

출처: "Ethical Principles of Psychologists and Code of Conduct," by the American Psychological Association, 1992, *American Psychologist, 47*, pp. 1597-1611.

10. 인도주의적 직업 심리

산업 및 조직 심리학은 주로 서구의 선진국에서 발전한 분야인데 선진국의 조직은 산업 및 조직 심리학자들을 컨설턴트로서 고용할 수 있는 자원을 보유하고 있다. 그러나 세계 대부분의 지역의 사람들은 가난 속에 살고 있고, 비위생적인 조건에서 일하며, 산업 및 조직 분야의 축적된 지식이나 개업하고 있는 산업 및 조직 심리학자가 보유하고 있는 전문 지식의 혜택을 받지 못하고 있다. 인도주의적 직업 심리 운동의 취지는 가난을 줄이고, 경제적 행복과 일터에서의 안녕을 많은 사람이 충분히 누리지 못하고 있는 국가에서의 직장 내 건강과 행복을 증진시키는 데 산업 및 조직 심리학자를 동원하여 이러한 문제를 개선하자는 데 있다.

산업 및 조직 심리학자는 자신이 보유하고 있는 재능을 사용하여 이러한 보람된 일에 도움을 줄 수 있다. 인도주의적 직업 심리를 위한 국제특별대책위원회(The Global Task Force for Humanitarian Work Psychology)는 전문 지식을 활용하여 이러한 문제들을 해결하려는 뜻을 함께하는 심리학자들로 구성되어 있다. 이 조직은 이러한 목적을 달성하기 위하여 산업 및 조직 심리학을 유엔과 같은 개발 기관 및 개발도상국 정부와 연계하는 방법을 모색한다(Berry, Reichman, Klobas, MacLachlan, Hui, & Carr, 2011). Berry 등(2011)의 연구에 의하면, 산업 및 조직 심리학자들은 특정 프로그램과 개입이 사람들에게 필요한지를 평가하고, 프로그램들이 효과가 있는지를 판정하며, 프로그램 실행을 위한 전략을 개발하고, 일터의 사람과 관련한 다양한 문제를 어떤 방식으로 가장 잘 해결할 수 있는지를 결정하는 데 있어서의 그들의 전문가적 지식을 활용하여 인도주의적으로 도움을 줄 수 있는 일이 아주 많다. 이 일 중 대부분은 인도주의를 실천하는 기관들이 보다 효율적으로 작업할 수 있도록 도움을 주는 일이다. 예를 들어, 재난이 발생한 후 험난한 상황에서 도우미 근로자로서 현장 임무들을 수행할 수 있을 만큼 심리적으로 충분한 탄력성이 있는 지원자를 선정하고자 할 때 산업 및 조직 심리의 선발 절차(5장과 6장 참조)가 매우 유용하게 쓰일 수 있다(Berry et al., 2011).

요약 SUMMARY

산업 및 조직 심리학은 심리학의 주요 응용 영역 중 한 분야다. 이 분야는 조직의 인적 측면을 다루는 다양한 분야다. 산업 및 조직 심리학 분야는 두 주요 영역으로 나뉜다. 산업심리학 영역은 사람들의 평가, 선발, 훈련과 직무 설계를 통한 조직 효율성 제고에 관여한다. 조직심리 영역은 종업원의 행동을 이해하는 것에 관심을 둔다.

산업 및 조직 심리학은 실무적 측면과 과학적 측면을 모두 포함한다. 대부분의 산업 및 조직 심리학자는 종업원과 관련된 문제를 해결하기 위하여 조직을 위하여 일을 한다. 많은 조직을 상대로 하는 컨설턴트로 일하거나 혹은 한 조직의 종업원으로 실무에 종사한다. 산업 및 조직 심리학자의 1/3이 약간 넘는 사람들이 대학교수인데([그림 1-1] 참조), 대부분 직장의 종업원 문제를 해결하기 위한 더 나은 방법과 절차를 개발하는 연구를 행하거나 행동을 이해하기 위한 연구를 시행한다.

산업 및 조직 심리학자는 산업 및 조직 심리학 프로그램에서 대학원 학위를 취득해야 한다. 많은 산업 및 조직 심리학 전공 과정이 미국 전역을 비롯하여, 호주, 캐나다, 한국, 유럽, 이스라엘, 뉴질랜드, 남아프리카 등의 산업화된 국가에 개설되어 있지만, 그 외의 국가에도 산업 및 조직 심리학 전공 과정이 계속해서 설립되고 있다. 비록 이 분야는 미국에서 시작되었지만, 전 세계로 빠르게 확장되고 있다. 이 책에서 논의한 많은 연구 결과는 전 세계의 조직과 사람들을 대상으로 수행한 연구로부터 나왔다.

산업 및 조직 심리학자로 구성된 많은 학회(혹은 산업 및 조직 심리학자와 유사한 관심을 가진 다른 학회들)는 학술대회와 전문 저널을 통해 이 분야의 연구 결과와 생각을 널리 보급하며, 또한 회원들이 따라야 하는 행동 윤리 강령을 마련해 놓고 있다. 예를 들면, 경영학회와 미국심리학회 모두 윤리적 기준을 발표했다. 이러한 윤리 강령의 기본 철학은 산업 및 조직 심리학자들이 어느 누구에게도 해를 끼치지 않도록 유의해야 하고, 자신의 재능을 활용하여 타인에게 이익이 되는 일을 해야 하는 사회적 책임이 있다는 것이다.

체험학습

산업 및 조직 심리학 대학원

미국 산업 및 조직 심리학회(SIOP) 홈페이지(www.siop.org)에 접속하여 'Graduate Training Program University Listing'으로 가서 자신이 좋아하는 전공 프로그램을 선택하시오(대학별로 열거되어 있다). 대학 이름을 클릭하여 그곳에 제공된 정보를 검색하고 전공 프로그램의 홈페이지를 클릭하시오. 그리고 다음 질문에 답변하시오.

1. 해당 프로그램의 중점 분야는 무엇인가? 즉, 소개한 글을 읽어 보니 그 프로그램이 어떤 프로그램인가?
2. 해당 전공 프로그램에는 현재 몇 명의 교수가 있는가?
3. 해당 전공 프로그램에는 현재 몇 명의 재학생이 있는가?
4. 몇 명의 교수가 이 책에 인용되었는가? (저자 목록을 확인하시오.)

학회 회원의 이점

미국 산업 및 조직 심리학회 홈페이지(www.siop.org)에 접속하여 그곳의 자료를 검색하여 학회의 회원이 됨으로써 심리학자와 학생으로서 받을 수 있는 혜택이 무엇인지 열거하시오.

CHAPTER 02

산업 및 조직 심리학 연구 방법

학습목표

1. 연구 설계의 주요 개념을 설명한다.
2. 설계의 주요 형태를 기술하고, 그 장점과 한계를 열거한다.
3. 신뢰도와 타당도의 유형을 논의한다.
4. 자료에 대한 결론을 내리는 데 추리 통계를 어떻게 사용하는지를 설명한다.
5. 연구 윤리의 주요 원칙을 진술한다.

현장에서 활동하는 산업 및 조직 심리학자로서 새 훈련 프로그램이 종업원들의 수행을 실제로 향상시키는지를 판정하는 과업을 맡았다고 가정해 보자. 종업원들은 생산성을 늘릴 것으로 기대되는 새로운 컴퓨터 시스템의 사용 방법을 훈련받고 있다고 하자. 이 훈련이 효과가 있는지는 어떻게 판단할 것인가? 훈련 프로그램의 내용을 단순히 검토하여 효과적인 것처럼 보이는지를 판단할 것인가, 아니면 효과 여부를 결정하기 위한 연구를 시행할 것인가?

첫 번째 방식의 문제점은 겉으로 보기에 효과적으로 보이는 프로그램이 항상 효과적인 것은 아니라는 점이다. 훈련 프로그램이 의도한 목적을 달성하고 있는지 확인할 수 있는 유일한 방법은 연구를 실시하는 것이다. 훈련 프로그램이 효과가 있는지 판단하기 위한 연구를 하려면 오늘날 산업 및 조직 심리학자들이 폭넓게 훈련받고 있는 주제인 연구 방법론에 대한 지식이 절대적으로 필요하다. 산업 및 조직 심리학자들은 실무를 하고 있든지 연구직에 종사하고 있든지를 막론하고, 연구를 실시할 때 사용되는 방법론을 알아야 한다.

연구는 산업 및 조직 심리학에서 실무와 학문 모두의 기본적 토대다. 많은 실무직에 종사하는 산업 및 조직 심리학자들은 프로그램의 효과성에 대한 해답을 과학적으로 결정할 수 있는 연구 능력이 있기 때문에 고용된 것이다. 연구는 훈련 프로그램과 같은 조직의 활동의 성패를 판정하고, 또한 사람들을 고용하는 절차와 같은 새로운 프로그램의 개발에 중요하다.

산업 및 조직 심리학이 과학인 이유는 조직 현상에 대한 지식을 넓히기 위해 사용하는 연구 방법이 과학적이기 때문이다. 이는 산업 및 조직 심리학자가 다음과 같은 연구 문제를 다루기 위해 체계적인 방법으로 자료와 정보를 수집하는 것을 의미한다.

- 훈련 프로그램은 효과가 있는가?
- 새로운 결근 정책이 종업원의 출근율을 향상시킬 것인가?

모든 과학적인 연구는 연구의 목적을 정의하는 연구 문제로 시작된다. 특정한 설계와 구조를 사용하여 연구를 계획하며 이러한 설계와 구조 아래에서 자료가 수집된다. 예를 들어, 훈련 프로그램을 검증하기 위한 간단한 실험에서 종업원 표본을 두 집단으로 나누고, 한 집단만이 훈련을 받도록 한다. 훈련을 마친 후에 두 집단의 직무 수행을 비교한다. 이 기본적인 실험은 연구를 위한 가장 단순한 설계의 모습이다. 수행 측면에서 자료를 수집하고, 통계적 검정으로 분석하는데 이 경우에는 아마도 t검정을 사용해야 할 것이다(이 장의 후반부의 추리 통계에 관한 논의 참조). 연구 설계의 맥락에서 통계적 결과를 고려하여 훈련의 효과에 대한 결론을 내리게 된다. 훈련 프로그램을 시행하여 훈련이 끝난 후 훈련을 받은 집단이 훈련을 받지 않은 집단보다 수행을 잘하기를 바랄 것이다. 예상대로 결과가 나오면 훈련이 효과가 있다고 결론을 내릴 수 있을 것이다. 그러나 어떠한 연구에서든지 결과에 대한 다른 많은 경쟁적 설명이 있을 수 있고 이러한 설명에 대해서는 추후 연구가 이루어져야 한다. 본 훈련 프로그램 연구에서 훈련을 받은 사람들은 훈련이 효과적이기 때문이 아니라 실험 상황에 있다는 것을 알고 있었기 때문에 더 나은 수행을 보였을 가능성도 있는데 이는 호손 효과의 한 예다. 다른 과학 분야에서의 연구와 마찬가지로 조직 연구에서도 결과 발생에 대한 이유를 항상 확신할 수 있는 것은 아니다. 하지만 적절한 연구 설계를 통해 경쟁적인 설명은 제거될 수 있다.

이 장에서는 연구의 네 가지 주요 구성 요소를 다룬다. 첫째, 연구 문제의 본질과 연구 문제를 어떻게 검증 가능한 연구 가설로 전환하는지에 대해 논의한다. 둘째, 몇 가지 유형의 연구 설계를 고찰하고 조직 연구의 기초로서 그러한 설계를 어떻게 사용할지에 대해서 논의한다. 셋째, 관심 있는 현상을 관찰한 바를 어떻게 수집할 것인지를 정의하는 측정의 기본 원칙을 다룬다. 넷째, 조사한 자료로부터 통계를 사용하여 어떻게 결론을 도출하는지 보여 준다. 마지막으로, 연구 윤리의 주요 원칙을 고찰할 것이다.

1. 연구 문제

모든 연구는 연구 문제(research question)로 시작한다. 이는 어떤 절차나 프로그램의 효과성 등 조직의 당면 문제에 관심을 두는, 현장에서 활동하는 산업 및 조직 심리학자들이 수행하는 연구에서도 그렇다. 또한 특정한 조직의 당면 관심사가 아닐지라도, 과학적으로 중요하다고 생각하는 문제를 다루는 연구를 수행하는 산업 및 조직 과학자들에게도 마찬가지다.

연구 문제는 일반적이거나 구체적일 수 있다. 일반적 연구 문제는 다음과 같다.

"사람들이 직무를 좋아하거나 싫어하는 이유는 무엇인가?"

이러한 일반적인 유형의 연구 문제의 단점은 연구의 근거가 될 수 있을 만큼 충분히 구체적이지 않다는 것이다. 직무를 선호하는 정도에 대한 가능한 영향원으로서 너무 많은 요인이 연구 대상이 될 수 있기 때문이다. 유용한 연구 문제가 되기 위해서는 정확히 무엇을 연구할지가 구체적이어야 한다. 다음과 같은 형태가 좀 더 구체적이어서 더 나은 연구 문제라고 할 수 있다.

"임금 수준은 직무를 좋아하는 정도에 영향을 미치는가?"

이 연구 문제에서는 직무를 좋아하는 것에 영향을 미치는 특정한 요인을 구체적으로 밝히고 있다. 이는 연구자가 직무를 좋아하게 하는 가능한 이유로 정확히 무엇을 연구해야 하는지 말해 준다. 이러한 문제를 해결하기 위해서 연구자는 사람들의 임금 수준과 직무에 대한 느낌을 평가해야 한다.

9장에서 살펴볼 주제이지만, 임금 자체는 임금 정책의 공정성만큼 중요하지 않다. 사람들은 임금 지불 시 공정하게 대우받고 있다고 믿을 때 만족하는 경향이 있다. 임금 수준이 높더라도 불공정하게 대우받고 있다고 생각한다면 불만족할 것이다. 그러므로 임금 수준이 반드시 가장 중요한 요인은 아니다.

많은 연구에서는 단순히 연구 문제를 제기하는 것을 넘어, 연구 결과에 대한 구체적인 이론적 직관, 즉 가설을 진술한다. 가설(hypothesis)은 연구 결과가 어떻게 될지에 대한 연구자의 최선의 추측이다. 가설은 단지 문제를 제기하는 것이 아닌 이론적인 해답이다. 그러므로 다음과 같이 가설을 세울 수 있다.

> "급여를 넉넉하게 받는 사람은 그렇지 않은 사람들보다 직무를 좋아할 것이다."
> "공정한 급여를 받는 사람은 그렇지 않은 사람들보다 직무를 좋아할 것이다."

가설은 연구자가 예상하는 결과에 대한 진술이다. 연구는 가설을 확증하기 위해, 즉 결과가 예측한 방향으로 나오는지 알아보기 위해 실시한다.

대부분의 가설과 연구 문제는 이전의 연구와 이론에서 도출한다. 때로는 연구자가 문득 연구 주제에 대한 영감을 얻는 경우도 있을 수 있겠지만, 대부분의 연구와 이론은 그 분야의 연구 문헌을 부단하게 열심히 고찰한 결과로서 나오게 된다. 이러한 방식으로, 개별 연구가 이후 연구를 위한 기초가 됨으로써 모든 과학이 발전하고 진보한다. 초보 연구자에게 줄 수 있는 가장 훌륭한 조언은 새로운 가설과 연구 문제를 찾기 위해서는 다른 사람들의 연구를 살펴보라는 것이다.

가설과 연구 문제는 연구의 근간이며, 어떻게 보면 연구의 가장 중요한 측면이다. 연구 문제가 구체적이지 못하고 짜임새가 잘 갖추어져 있지 않다면, 연구 문제를 적절하게 다룰 연구를 설계하기가 어렵다. 연구 문제는 연구자가 관심을 두고 있는 현상뿐만 아니라 연구의 목적과 목표를 정의한다. 이 두 가지를 알면, 연구자가 다루고자 하는 바를 모호하게 알고 있을 때보다 연구 설계와 측정 방법의 선택이 비교적 수월하고 간단해질 수 있다.

2. 중요한 연구 설계 개념

연구의 설계는 연구의 구조를 명시한다. 조직 연구에 흔히 사용되는 많은 수의 연구 설계가 있다. 설계마다 나름대로의 장점과 단점이 있으며, 따라서 어떤 설계가 다른 설계에 비해 반드시 우월하다고는 말할 수 없다. 다양한 설계 형태를 논의하기 전에 우선 이해해야 하는 몇 가지 개념을 정의한다.

1) 변 인

변인은 설계의 기본적 구성 요소다. 변인(variable)은 변이가 있는(즉, 여러 값을 가질 수 있는) 사람이나 물건의 특성이나 속성이다. 사람의 능력(예: 지능), 태도(예: 직무 만족), 행동(예: 결근), 직무 수행(예: 주간 판매량)은 모두 조직 연구에서 흔히 접하는 변인이다. 변인에서의 각 피험자의 위치는 수량화되어(숫자로 전환되어) 통계적인 방법을 적용할 수 있다.

변인은 두 유형 중 하나로 분류할 수 있다. 실험에서 독립변인(independent variables)은 연구자가 조작하는 변인이고 종속변인(dependent variables)은 독립변인에 대한 반응의 결과로 평가되는 변인이다. 다시 말해서, 독립변인은 종속변인의 원인으로 가정한다. 훈련 프로그램의 예에서, 종업원은 훈련받는 집단과 훈련받지 않는 집단 중 한 집단에 배정된다. 집단 배정(훈련을 받거나 혹은 받지 않거나 하는 것)이 독립변인이다. 연구자가 훈련 프로그램을 만들었고 훈련받는 사람과 훈련받지 않는 사람을 결정했기 때문에 독립변인은 조작되었다고 말한다. 이후의 직무 수행은 연구자에 의해 조작된 것이 아니라 단지 훈련 후에 평가되는 것이기 때문에 종속변인이다.

2) 연구 장면

연구 장면은 현장과 실험실로 분류할 수 있다. 현장 장면(field setting)은 연구자가 관심을 갖는 현상이 자연스럽게 발생하는 장소다. 조직은 종업원의 행동을 연구하는 현장 장면이다. 실험실 장면(laboratory setting)은 관심을 갖는 현상이 보통 발생하지 않는 인공적인 환경이다. 단지 연구자가 실험실 장면에서 그 현상을 만들기 때문에 발생한다. 동일한 물리적 공간도 무엇을 연구하는지에 따라 현장 연구나 실험 연구 장면이 될 수 있다. 대학의 강의실은 학생들의 학습을 연구할 때는 현장 장면이지만, 직무 조건에 대한 반응을 연구할 때는 실험실 장면이 된다.

대부분의 산업 및 조직 심리학 연구는 조직의 현장 장면에서 수행되지만, 실험실 장면에서도 많이 시행된다. Dipboye(1990)는 산업 및 조직 심리학 분야의 주요 저널에 발표된 산업 및 조직 심리학 연구의 29%가 실험 연구라고 보고하였다. 실험 연구는 작업의 어떤 측면이든 포함할 수 있다. 예를 들어, 많은 연구자는 사람들의 반응을 검증하기 위해 모의 작업 조건을 만들어 왔다. 현장 연구와 실험 연구의 결과를 모두 취합하면 조직 현상에 대한 이해를 향상시키는 데 큰 도움이 될 것이다(Dipboye, 1990).

3) 일반화 가능성

결과의 일반화 가능성(generalizability)이란 연구에서 얻은 결론을 다른 집단, 다른 조직, 다른 장면, 또는 다른 상황으로 확장할 수 있는지를 의미한다. 일반화 가능성은 실험 연구의 경우에 문제가 되는데, 실험 연구의 결과가 조직 장면에서도 유효한지 확신할 수 없기 때문이다. 실험 연구의 피험자와 조건이 조직 장면의 피험자와 조건과 다를수록 결과의 일반화 가능성에 대한 확신은 줄어든다. 일반화 가능성을 확신할 수 있는 유일한 방법은 실험실에서 행한 연구를 현장에서 반복해 보는 것이다. 실험실에서의 결과가 현장에서도 반복된다면, 실험 연구의 결과에 대한 일반화 가능성을 확신할 수 있다.

또한 특정 조직이나 특정 피험자 집단에서 수행된 연구 결과가 다른 장소나 다른 피험자 집단에서 나온 결과와 동일하지 않을 수 있기 때문에, 일반화 가능성은 현장 연구에서도 염려 사항이다. 예를 들어, 한 병원에서 간호사를 대상으로 한 연구는 의사를 대상으로 한 동일한 연구와 그 결과가 다를 수 있다. 더욱이 병원에서 발견된 결과는 대학에서 발견된 결과와 다를 수 있다. 더 큰 관심사는 국가와 문화에 걸친 일반화 가능성이다. 미국과 서구 사회의 연구 결과가 한국이나 인도 같은 다른 문화의 국가에 일반화되리라 확신할 수 없다. 마지막으로, 한 조직의 단일 직종 내에서 일반화할 수 있기만을 바란다고 하더라도, 연구 조건은 연구가 시행된 장면에서만 유효할 수도 있다. 연구의 일부로서 시행되는 훈련 프로그램의 결과는 조직에서 실제로 실시되는 프로그램의 결과와 다소 다를 수 있다. 1장에서 논의한 호손(Hawthorne) 연구에서처럼, 피훈련자와 훈련자는 자신이 연구에 참여하고 있다는 사실을 알게 되면 영향을 받게 된다. 참여한다는 사실을 알게 되는 것은 만일 다른 목적으로 훈련을 실시할 때에 비해서 훈련자들이 더 효과적으로 훈련을 실시하는 계기가 될 수 있다. 그러므로 훈련 프로그램은 연구 단계에서는 매우 효과적이지만, 훈련을 통한 육성 계획의 실제 적용 단계에서는 그렇지 않을 수 있다.

4) 통 제

모든 연구에서는 결과가 왜 일어났는지에 대한 몇 가지 가능한 설명이 존재한다. 통제(control)는 연구자들이 검증하기 원하는 가설 이외의 다른 설명을 배제하는 것을 가능하도록 하는 절차를 말한다. 예를 들어, 사람들이 직무를 얼마나 좋아하는지에 임금이 영향을 미치는지를 알아내려 한다고 가정하자. 다양한 조직에서 종업원에 대한 조사를 실시할 수 있는데, 종업원들에게 얼마나 받느냐와 얼마나 자신들의 직업을 좋아하는지를 질문하게 된다. 사람들이 임금을 더 많이 받을수록 직무를 더 좋아한다는 사실을 발견할 수 있다. 하지만 이러한 종류의 설계에는 직업을 좋아하는 진짜 원인일 수 있는 많은 통제되지 않은 변인이 있다. 예를 들어, 높은 급여를 받는 사람은 낮은 급여를 받는 사람과 다른 직종에 종사하는 사람일 수 있다. 높은 급여를 받는 사람이 모두 프로 운동선수이고 낮은 급여를 받는 사람은 판매원이라고 한다면, 급여가 일을 좋아하는 것의 원인이라고 결론 내리기 어려울 것이다. 직업의 유형이 통제되지 않았기 때문에, 결과에 대하여 연구자의 생각과 다른 설명이 가능할 수 있다.

통제는 많은 절차에 의해서 이루어질 수 있다. 대개 이러한 절차에는 하나 이상의 변인 수준을 일정하게 유지하거나, 체계적으로 변화시키는 것이 포함된다. 급여 조사의 예에서, 단일 직업으로 조사를 제한함으로써 직무의 유형을 일정하게 유지할 수 있다. 연구의 피험자들이 모두 동일한 직종에 종사하고 있다면, 직무 유형을 통제하였기 때문에 직무 유형이 결과의 원인은 아닐 것이다. 또한 연구자는 직종을 체계적으로 변화시킴으로써 직종을 통제할 수 있다. 즉, 각 직종마다 높은 급여를 받는 사람과 낮은 급여를 받는 사람의 수가 동일하도록 피험자를 선발할 수 있다. 예를 들어, 높은 급여와 낮은 급여를 받는 사람 수의 비율을 거의 동일하게 한 연예인 집단과 운동선수 집단에 대해서 연구를 수행할 수 있다.

실험에서는 통제 집단(control group)을 사용하여 통제를 달성할 수 있다. 통제 집단은 연구자가 관심을 두는 집단과는 다른 조건이나 조작을 받는 사람들의 집합이다. 훈련 프로그램의 효과성을 판단하는데 있어서, 훈련받는 집단과 비교의 대상이 되는 훈련받지 않는 집단을 통제 집단이라고 한다. 통제 집단은 때로 우려가 되는 특정한 변인들을 통제할 목적으로 사용되는 조작을 받을 수도 있다. 예를 들어, 훈련 프로그램의 효과 연구에서 훈련이 예상하지 않은 효과, 즉 호손 효과를 나타내는 경우가 있다. 훈련을 받고 있다는 사실을 아는 사람은 기술의 향상 때문이 아니라 노력의 증가 때문에 수행을 더 잘하게 될 수도 있다. 훈련이 의도한 효과가 없다면 사람들을 보내 비용이 많이 들고 시간이 많이 소모되는 훈련을 받게 할 필요가 없기 때문에, 호손 효과의 발생 여부를 아는 것은 중요하다. 호손 효과를 통제하기 위해 통제 집단에게 가짜 훈련, 즉 위장(placebo) 훈련을 시행할 수 있다. 훈련을 받는다고 들었지만 실제로는 훈련을 거의 받지 않은 사람이 훈련을 받은 집단과 비슷한 수행을 보인다면, 연구자는 훈련 프로그램이 의도된 결과를 달성하지 못하였다는 사실을 알게 될 것이다.

결과에 영향을 줄 수도 있는 많은 변인을 가장 강력히 통제할 수 있어 실험실 실험이 산업 및 조직 심리학에서 자주 시행된다. 실험실 실험에서는 현장 연구에서만큼의 일반화 가능성을 실현할 수는 없지만, 연구자들은 좀 더 통제가 가능한 이러한 방법을 선택하기도 한다. 보통 새로운 주제에 대한 연구는 높은 통제 조건하에서 가설이 유효한지 알아보기 위해서 실험실에서 시작하는 것이 보통이다. 만일 그렇다는 것이 검증되면, 궁극적인 관심인 조직 장면으로 결과의 일반화가 가능한지 확인하기 위해서 현장 연구를 실시한다.

5) 무선 할당과 무선 표집

무선(random)이란 연구에서 피험자들을 처치할 때 발생할 수 있는 체계적인 영향을 배제하는 절차를 말한다. 무선이라는 용어는 무선 할당과 무선 표집의 두 가지 방식으로 사용된다.

무선 할당(random assignment)은 비체계적인 방식으로 독립변인의 다양한 처치 조건이나 수준에 사람들을 할당할 때 성립된다. 이는 연구의 모든 피험자가 모든 조건에 할당될 기회가 동등하다는 것을 의미한다. 훈련 프로그램 연구의 경우, 연구에 참여하는 각 종업원은 훈련 집단이나 통제 집단에 할당될 기회가 동등함을 말한다. 무선 할당 절차는 연구자가 관심이 없는 피험자 변인을 통제하는 수단이다. 연구자는 두 집단의 피험자들의 특성이 평균적으로 대체로 동등하기를 바란다. 예를 들어, 실험 집단과 통제 집단의 피험자들은 능력, 연령, 동기, 근속 연수에서 평균적으로 거의 동일해야 한다.

무선 표집(random selection)은 비체계적인 방법으로 연구의 피험자를 선택하는 것을 의미한다. 즉, 연구의 대상이 될 수 있는 모든 피험자가 연구에 참여하도록 선발될 기회가 동등하다는 것을 말한다. 무선 표집은 연구자가 관심 있는 집단 전체에 대하여 정확한 결론을 도출하기를 원할 때 매우 중요하다. 연구의 목적이 어떤 조직의 종업원들이 직무에 대해 어떻게 느끼는지를 밝히기 위한 것이지만, 모든 종업원을 대상으로 시행하기 어렵다면, 선택한 집단이 무선 표본임을 확실히 하는 것이 중요하다. 그렇지 않다면 그 연구는 직무에 대해 종업원의 대다수가 생각하는 바와 동일하게 생각하지 않는 종업원들을 조사할 위험성을 갖는다. 대기업을 대상으로 설문 조사를 실시하는데 고위 관리자의 관점만 취한다면 좋은 생각이 아닐 것이다. 고위 관리자의 감정에 대한 설문 조사는 고위 관리자보다 낮은 직급의 종업원들의 감정을 반영하지 못할 가능성이 크다.

무선 할당은 연구의 대상이 아닌 변인에서 피험 집단들(예: 실험 집단과 통제 집단)을 서로 대체로 동일하게 만드는 통제 수단으로 사용된다. 이는 이 책의 훈련 프로그램 연구의 예와 같은 실험 연구에서 사용하는 강력한 통제 수단이다. 무선 표집은 연구자가 연구의 대상인 사람들을 대표하는 피험자를 선택함으로써 일반화 가능성을 증대시킨다. 무선 표집은 어떤 조직의 모든 종업원의 표본 혹은 국가 전체의 모든 근로자의 표본을 선택하는 것일 수도 있다.

6) 혼 란

혼란(confounding)은 두 가지 이상의 변인이 서로 얽혀 있어 어느 한 변인 쪽으로 결론을 내릴 수 없는 상황일 때 발생한다. 예를 들어, 연령은 근속 연수(사람들이 그 직업에서 얼마나 오래 종사했는가)와 혼란될 수 있는데, 이는 사람이 상대적으로 나이가 어리면 직무에 오래 종사했을 리가 없기 때문이다. 25세의 사람은 20년 동안 직업에 종사했을 리 없다. 연령이 직무 수행과 관련됨을 밝히려고 하는 경우, 근속 연수가 중요한 변인이 아니라고 확신할 수 없다. 나이 많은 종업원이 근속 연수가 길기 때문에 연령이 수행과 관련되는 것처럼 보일 수도 있다.

성과에 따라 급여를 받는 판매직에서는 직무 수행이 급여를 결정한다. 가장 많은 상품을 파는 종업원이 가장 높은 급여를 받게 되는데, 이 상황에서는 급여와 수행이 혼란된다. 만약 혼란된 두 변인 중 한 변인과 다른 관심 있는 변인의 관련성을 알아보고자 한다면, 혼란된 변인 둘 중 어느 쪽이 더 중요한 요인인지 쉽게 알 수 없을 것이다. 예를 들어, 직무 만족이 수행과 관련된다면 만족의 이유가 급여와 수행 중 어느 쪽인지 확신할 수 없을 것이다.

흔히 변인들을 혼란되지 않게 하는 데 통제 절차를 사용할 수 있다. 예를 들어, 새로 고용된 종업원 표본만을 대상으로 연령-수행의 관계를 연구할 수도 있을 것이다. 연구 대상을 거의 동일하게 근속 연수가 낮은 사람들로 제한함으로써 근속 연수를 통제할 수 있다. 연구를 실적이나 수행에 따라 급여를 받는 체계에 속해 있지 않은 종업원들로 제한함으로써 수행-만족 관계를 연구할 수도 있을 것이다.

통계 절차도 혼란을 통제하기 위해 사용할 수 있다. 이러한 통계 절차를 설명하는 것이 이 책의 범위를 벗어나지만, 많은 복잡한 통계 절차들이 원하지 않는 혼란 변인을 통계적으로 통제하는 데 사용된다. 산업 및 조직 심리학 문헌의 많은 연구가 변인들의 혼란 효과의 검증에 관한 것이다. 이러한 연구는 흔히 수행과 만족 같은 두 변인이 왜 관련되는지를 이해하는 데 도움을 준다.

3. 연구 설계

연구 설계(research design)는 과학적 연구의 기본 틀이다. 연구 설계는 능동적으로 조건을 조작하는 설계(예: 실험)에서 비교적 수동적으로 사람들을 관찰하는 설계까지의 연속선상에서 분류할 수 있다. 각 설계마다 고유의 강점과 약점이 있으며, 특정한 한 가지 설계로 연구 문제에 대해 명확한 결론을 내릴 수 있는 경우는 거의 없다. 명확한 결론을 내리기 위해서는 다양한 설계를 사용하여 유사한 결과를 얻어야 한다.

1) 실 험

실험(experiment)은 하나 이상의 독립변인과 하나 이상의 종속변인을 포함하는 설계로서 피험자는 무선 할당된다. 독립변인은 연구자가 관심을 갖는 두 가지 이상의 조건이나 수준으로 이루어진다. 다음은 조직 실험에서 사용해 온 독립변인들(연구자가 조작하는 변인)이다.

- 일일 업무 교대 기간(시간 단위로)
- 급여 범주(달러 단위로)
- 훈련의 유무
- 직무 목표의 설정 여부

종속변인은 연구자가 조작하는 것이 아니라 측정하는 것이며, 독립변인에 기인한다고 추정한다. 조직 연구에서 자주 등장하는 종속변인은 다음과 같다.

- 결근 빈도
- 직무 수행
- 직무 만족
- 이직

실험은 다른 설계와 구별되는 두 가지 현저한 특징이 있다. 첫째, 실험에서 피험자들은 독립변인(들)의 수준을 나타내는 두 가지 이상의 조건에 무선 할당된다. 다른 연구 설계도 독립변인(들)의 수준들이 존재할 수 있지만, 순수 실험(true experiment)이 되기 위해서는 반드시 무선 할당이 이루어져야 한다. 둘째, 실험에서 독립변인의 수준은 연구자가 설정한다. 예를 들면, 연구자가 실험용 훈련 프로그램을 설계하는 경우다. 그러나 때로 독립변인의 수준은 자연적으로 발생할 수 있으며, 연구자는 단지 각 수준에 피험자들을 할당한다. 예를 들어, 조직에서 현재 진행 중인 훈련 프로그램에 연구자가 사람들을 무선으로 할당하는 경우다.

산업 및 조직 심리학 문헌에서 대부분의 실험은 실험실에서 실시되었다(Schaubroeck & Kuehn, 1992). 그러나 실험은 더 자연스러운 장면에서 시행될 수 있다. 현장 실험(field experiment)은 실험실보다는 조직 내에서 시행된다. 지금까지 수행되어 온 많은 현장 실험은 단지 순수 실험의 근사 실험인 경우가 대부분이며, 유사 실험이라고 부른다(Shadish, 2002). 유사실험 설계(quasi-experimental design)에서는 순수 실험의 한 가지 이상의 특징이 훼손되게 되며, 보통 독립변인 수준들에 무선 할당을 하지 못하는 경우가 많다. 훈련 프로그램 연구에서, 조직에 실제로 존재하는 한 작업 집단의 구성원들은 훈련을 받고, 반면에 다른 작업 집단의 구성원들은 통제 집단의 역할을 하게 되면, 훈련받은 종업원과 훈련을 받지 않은 종업원들의 관찰된 차이는 훈련 자체보다는 작업 집단 자체에 의한 결과일 수 있으며, 이는 무선 할당이 완전히 이루어지지 않았기 때문이다.

실험의 주요 이점은 연구자가 인과관계에 대한 결론을 내릴 수 있다는 데 있다. 실험이 적절히 실시되었다면, 독립변인이 종속변인의 원인이라고 논리적으로 확신할 수 있다. 그러나 실험이 실험실에서 시행되었다면 그 결과가 현장에서 일반화될지 확신할 수 없다. 그런 점에서는 현장 실험이 일반화 가능성이 좀 더 높을 것이다.

그러나 실험이라 할지라도 결과에 대하여 실험자가 의도한 설명 이외의 대안적 설명이 가능하다. 독립변인은 다른 변인들과 혼란되는 경우가 많다. 예를 들어, 종업원들이 받는 훈련 회기의 횟수가 직무 수행에 영향을 미치는지 결정하는 데 관심이 있다고 가정하자. 한 집단은 5회기를 받고, 또 한 집단은 10회기를 받는다고 하자. 이 경우 총 훈련 시간의 면에서 결국 두 번째 집단은 첫 번째 집단이 받는 훈련의 두 배를 받기 때문에 회기와 훈련 시간이 혼란된다. 이러한 상황을 통제하려면 5회기 집단의 훈련 시간을 두 배 늘려서 10회기 집단의 훈련 시간과 동일하게 하면 된다. 이렇게 하면 또 회기 길이가 회기 횟수와 혼란된다. 회기 길이, 회기 횟수, 전체 훈련 시간의 혼란된 효과를 분리하는 것은 어려울 것이다. 명확한 결론을 이끌어 내기 위해서는 여러 번의 실험을 해야 한다.

2) 조사 설계

조사 설계는 모든 주요 설계법 중 시행하기 가장 간단하고 쉬운 설계 중 하나다. 조사 설계(survey design)는 하나 이상의 변인을 연구하기 위하여 마련한 일련의 질문을 사용한다. 이러한 질문을 어느 한 시점에 응답자 표본에게 실시하거나 두 번 혹은 그 이상의 여러 시점에 걸쳐 반복적으로 실시하기도 한다. 여러 가지 형식으로 조사가 진행될 수 있는데, 가장 효율적인 방법으로는 응답자가 완성해서 연구자에게 제출하는 지필형 질문지(questionnaires)와 온라인으로 제출하는 웹 기반 방식이 있다. 최근에 Surveymonkey와 Zoomerang 등의 온라인 업체는 연구자들의 의뢰로 비용을 받고 웹 기반 조사를 대행한다. 또한 전화 면접 혹은 면대면 방식의 면접을 통해 조사를 시행하기도 한다.

가장 일반적인 조사 형식은 모든 자료를 해당자로부터 직접 수집하는 방식이지만, 다른 자료 출처를 사용하는 연구들도 있다. 예를 들어, 종업원에게 자신의 직무에 대해 조사하고, 동료나 상사로부터 추가적인 정보를 획득하기도 한다. 직무 수행에 관한 연구에서는 연구 대상인 종업원보다 감독자로부터 수행 자료를 수집하는 경우가 대부분이다. 또한 요즈음은 고객이나 동료에게 직무 수행에 대한 평가를 요청하는 일도 흔하다. 예를 들어, 일부 음식점에서는 고객에게 서비스 평가 카드를 작성해 줄 것을 요청하여, 이를 해당 종업원의 수행 측정치의 일부로 사용하기도 한다.

대부분의 연구에서는 모든 자료를 한 시점에 수집하는 횡단 설계(cross-sectional design)를 한다. 이에 비해 종단 설계(longitudinal design)는 한 시점 이상에서 자료를 수집하는 것이다. 예를 들어, 처음 고용되었을 때 직무에 대한 종업원들의 느낌과 1년 후의 수행에 대한 자료를 수집한다. 이 설계에서는 처음 고용되었을 때의 느낌이 나중의 직무 수행을 예측하는지를 알아보는 것이 가능하다. 종업원 이직에 대한 많은 연구는 종단적이다. 즉, 이직과 관련된 것으로 판단되는 변인들을 평가하기 위하여 시행된 첫 번째 조사로부터 1년 혹은 그 이후의 시점에서 이직을 평가한다. 이 연구에는 조사 자료를 비롯하여 다른 형태의 자료인, 조직의 기록을 바탕으로 평가한 이직 자료가 포함된다.

조사 설계는 조직 현상을 연구하는 데 두 가지 주요 이점을 지닌다. 첫째, 조사는 직무에 대해 어떻게 느끼는지를 신속하게 알 수 있고, 상대적으로 비용이 적게 드는 장점이 있다. 둘째, 조사는 보통 연구 대상인 직무에 직접 종사하는 종업원에게 질문한다. 이는 조사 연구가 실험 연구에 비해 일반화 가능성에서 큰 문제가 되지 않는다는 것을 의미한다.

반면에 조사는 두 가지 주요 단점이 있다. 첫째, 관심 변인에 대한 정보의 출처로서 종업원들이 항상 좋은 것만은 아니다. 예를 들어, 직무 수행에 대한 종업원의 자기 평가는 보통 종업원에게 유리한 쪽으로 편향된다(Harris & Schaubroeck, 1988). 즉, 자신의 수행에 대해 과대평가한다는 것이다. 둘째, 대부분의 조사는 횡단적 연구 설계이기 때문에 한 변인이 다른 변인의 원인인지에 대해 확실히 단정하기가 쉽지 않다. 예를 들어, 교사에 대한 조사에서 직무 스트레스에 대한 교사들의 자기 보고는 직무 수행에 대한 자기 보고와 관련 있게 나올 수 있다. 하지만 이러한 결과를 근거로 스트레스가 수행에 영향을 준다거나, 수행이 스트레스를 유발한다거나, 혹은 제3의 변인(예: 직무 근속 연수)이 두 변인 모두에 영향을 준다고 결론 내릴 수 없다. 종단 설계를 사용하면 인과관계에 대한 결론을 내리는 데 좀 더 도움이 될 수 있다. 예를 들어, 직무에 대한 종업원의 느낌이 이후의 이직을 예측한다는 연구는 직무에 대한 사람들의 태도가 이직에 대한 원인이라는 납득할 수 있는 증거가 될 수 있다(Gerhart, 1990).

아마도 조사를 시행하는 데 있어서 가장 큰 문제는 충분히 높은 응답률을 확보하는 것이다. 응답률(response rate)은 참여하기로 동의한 대상자 중 실제 조사된 비율이다. 응답률이 낮아서 적은 인원의 자료만이 확보된다면, 결과의 일반화 가능성은 문제가 될 수 있다. 특히 조사 목적이 동기의 평균 수준과 같은 특정 변인의 평균 수준을 결정하기 위한 것이라면 더욱 그러하다. 이런 소수의 응답은 참여하지 않은 사람들의 응답과는 다를 수도 있다. 응답률을 높이기 위하여 위협적인 질문을 없애거나 독촉장을 보내는 등의 조사 절차가 개발되었다(Fowler, 1988; Kalton, 1983).

3) 관찰 설계

관찰 설계(observational designs)에서 연구자는 조직 장면에서 종업원들을 관찰한다. 관찰은 종업원이 알거나(간섭), 모르게(비간섭) 수행할 수 있다. 간섭 방법(obstrusive method)에서는 일정 기간 동안 직무 수행을 하고 있는 종업원들을 관찰한다. 종업원은 관찰자가 자신들이 하는 직무의 특정한 측면을 연구한다는 사실을 알고 있다. 비간섭 방법(unobtrusive method)에서는 연구 대상자들이 연구자의 존재를 알 수도 있지만, 자신들이 연구 대상이라는 사실은 알지 못한다.

일부 간섭 연구에서는 관찰자가 관심의 대상이 되는 특정한 행동이나 사건을 측정한다. 예를 들어, 관찰자는 종업원의 휴식 횟수를 기록한다. 또한 관찰자에게 직무 조건이나 직무에 대한 사람들의 반응을 평가하라고 시키는 간섭 연구도 있다. 예를 들어, Glick, Jenkins와 Gupta(1986)는 관찰자에게 약 두 시간 동안 관찰하게 한 다음 종업원들이 자신의 직무를 얼마나 좋아하는지 평가해 달라고 요청하였다.

비간섭 관찰 연구는 다양한 방법으로 진행된다. 설계가 잘 된 연구는 아주 단순할 수 있지만, 관심을 갖는 변인들을 평가하는 합리적인 방법을 생각해 내기 위해서는 창조력과 정교함이 필요하다. 비간섭 연구에서는 관찰자가 사람들의 행동을 관찰, 기록하는 것이 아니라 다른 일을 하는 것처럼 피험자에게 보이도록 한다. 지각을 연구할 때는 사무실 빌딩 출입구에 근무하는 경비원에게 종업원의 도착 시간을 기록하게 할 수 있다. 출입구에 설치된 화면에 시간이 기록되는 비디오테이프의 기록을 그러한 목적으로 사용할 수도 있다.

간섭 연구의 한 가지 단점은 연구자가 연구하는 현상에 영향을 줄 수 있다는 것이다. 호손 연구에서는 조명의 밝기에 상관없이 직무 수행이 지속적으로 향상되었다(1장 참조). 그 이유는 연구 절차가 종업원의 동기에 영향을 주었고 조명 수준이 수행에 아무런 영향을 미치지 않은 것처럼 보이게 되었기 때문이다. 비간섭 방법은 사람들의 사생활을 존중해야 하는 윤리적 · 법적 요구 때문에 항상 가능한 방법은 아니지만, 위와 같은 영향을 피할 수 있기 때문에 유용할 수 있다.

4) 질적 연구

지금까지는 연구자가 변인을 정의하고 변인을 정량적으로 측정하며 결론을 도출하기 위하여 통계적 분석 방법을 사용하는 양적 연구 방법에 관한 설명을 하였다. 질적 연구 방법(qualitative methods)은 대부분의 산업 및 조직 심리학자가 의존하는 정량 지향적인 방법의 대안이 될 수 있다(Strauss & Corbin, 1990). 질적 연구에는 사례 연구, 참여관찰 연구(연구자는 종업원을 관찰하면서 조직에서 시간을 보낸다) 및 인터뷰와 같은 다양한 방식이 있다. 순수한 형태의 질적 연구 방법에서는 조직에서 행동을 관찰한 뒤 그러한 행동을 서술식으로 기록한다. 결과의 정량화 없이 동일한 현상의 반복된 관찰로부터 결론과 일반화를 이끌 수 있다. 질적 연구 방식은 조직 현장에서 일어나는 일을 관찰하여 이론이나 가설들을 도출 할 수 있는 좋은 수단이다.

면접, 개방적 질문에 대한 답변, 혹은 서면 자료의 내용을 분석하는 질적 연구 방법도 있다. 이런 종류의 질적 연구(qualitative study)에서는 훈련받은 판정자가 자료를 항목들로 분류하고 각 항목에 명칭을 부여한다. 그러고 나서 각 항목의 빈도를 계산한다. 이러한 방식의 예는 Liu, Spector와 Shi(2007)가 행한 직무 스트레스에 대한 비교 문화 연구다. 이 연구에서는 미국 근로자와 중국 근로자에게 일터에서의 스트레스 사건을 기술하도록 시켰다. 판정자들이 기술한 사건들을 읽고 항목으로 분류했다. 스트레스 사건의 유형이 언급된 빈도를 국가 간에 비교한 결과, 미국 근로자는 중국 근로자에 비해서 스트레스 사건으로 통제의 결여를 더 많이 언급한 반면에 업무상 실수는 더 적게 언급하였다.

4. 측 정

측정(measurement)은 사람이나 사물의 특징에 숫자를 할당하는 과정이다. 모든 연구에서는 결론을 내리기 위한 자료 분석이 가능하도록 변인들을 측정하고 정량화해야 한다. 연구 계획에서 가장 중요한 단계 중 하나는 각 변인을 어떻게 측정할 것인지를 결정하는 일이다. 측정의 특성에 따라 어떠한 자료 분석 방식을 사용할 수 있을지를 부분적으로 결정한다.

측정은 범주적 측정 혹은 연속적 측정 중 하나로 분류될 수 있다. 범주적 측정(categorical measurement)에서 변인의 값은 연구자가 관심을 갖고 있는 특성의 양이 아닌 비연속적인 범주를 나타낸다. 숫자는 사람이나 사물에 임의로 할당되기 때문에, 작은 값이 큰 값보다 특징을 덜 나타냄을 의미하지 않는다. 스포츠 팀의 선수 번호나 직업명 번호는 범주적인데, 이는 전자의 경우에는 사람의 이름을 임의의 숫자로 대체한 경우이고, 후자는 직업의 명칭을 임의로 대신한 경우이기 때문이다.

특성의 양을 나타내기 위하여 숫자를 사용할 때 연속적 측정(continuous measurement)이 사용된다. 숫자가 더 높을수록 특성의 양이 많음을 나타내기 때문에, 변인의 값을 근거로 추론을 이끌어 낼 수 있다. 종속변인은 대부분 연속적인데, 이는 연속적 측정을 했을 때 다양하고 복잡한 자료 분석 방법을 사용할 수 있기 때문이다. 산업 및 조직 심리학의 실무자들과 연구자들이 하는 작업의 대부분은 직무와 사람에 대한 평가와 측정이다. 훈련 횟수와 월간 총 판매량은 연속적 측정치의 예로 볼 수 있다.

실험에서 독립변인이 연속적으로 측정할 수 있는 본래적 속성을 지니고 있는 것이 아닐 때, 독립변인의 수준에 임의로 숫자를 부여해서 범주적으로 측정한다. 예를 들어, 훈련 프로그램에서 정보 제시 방식이라는 독립변인은 연속적으로 정량화된 차원을 나타내지 않는다. 정보를 제시하는 방법에는 다음과 같은 네 가지 수준이 있을 수 있다.

1=책
2=컴퓨터
3=강의
4=비디오테이프

이 네 수준은 네 가지 제시 방식에 임의로 숫자를 부여했을 따름이다.

1) 고전적 측정 이론

고전적 측정 이론(classical measurement theory)에 따르면, 변인에 대한 모든 관찰은 진점수와 오차의 두 구성 요소로 나뉠 수 있다. 진점수는 연구자의 관심 변인을 나타내는 것으로 가정한다. 오차(error)는 진점수와는 관계없는, 관찰 점수에 무선(random)적으로 영향을 끼치는 것들로 구성된다. 오차는 무선적이기 때문에 변인의 관찰 점수를 부풀릴 수도 있고 줄일 수도 있다. 즉, 동일한 사람이나 사물을 여러 번 관찰한다면, 오차는 평균적으로 0에 가까워지거나 없어질 것이다. 체중계로 몸무게를 잰다고 가정하면, 체중계는 체중을 잴 때마다 실제 체중보다 무겁거나 가벼운 무게를 무작위로 나타낼 것이다. 여러 번 몸무게를 재고 관찰값의 평균을 낸다면, 결과는 실제 몸무게에 가까울 것이다. 예를 들어, 어떤 사람의 체중이 60kg이며, 관찰된 값이 다음과 같다고 가정해 보자.

56, 58, 62, 64

각 관찰된 체중은 오차 요소 때문에 정확하지 않다. 오차 요소의 크기는 다음과 같다.

−4, −2, 2, 4

네 오차 요소의 평균은 0이다. 이는 관찰한 네 가지 체중을 평균 내면 오차는 없어질 것이고, 결과적으로 평균 체중은 60kg이라는 정확한 체중이 될 것임을 의미한다.

심리검사는 오차를 평균 냄으로써 측정의 정확도를 높이기 위해 다수의 문항을 사용한다. 검사의 각 문항은 진점수 요소와 오차 요소를 포함한다. 무작위 오차를 지닌 문항들을 결합함으로써 그러한 오차들은 서로 상쇄될 것이다. 이를 통해 진점수의 보다 정확한 측정치를 산출해 낼 수 있다.

그러나 여러 번 측정하여 오차를 제거했다고 해서 평가하고자 한 것을 평가했다고 장담할 수는 없다. 측정 과정에 따라 측정하고자 하는 변인과 오차 이외의 많은 요인이 관찰 점수에 영향을 미친다. 예를 들어, 평정척도에 자신의 직무의 특성을 표시하라고

대부분의 산업 및 조직 심리학 연구는 직장에서 실시된다.
(© Konstantin Chagin, sourced from Shutterstock images)

했을 때 응답자의 인지 과정, 직무에 대한 느낌, 기분, 성격 등이 평정에 영향을 미칠 수 있다(Spector, 1992). 관찰 점수에 미치는 다수의 영향원은 연구에서 나온 결과의 의미 해석을 어렵게 만드는 요인이다.

2) 신뢰도

신뢰도(reliability)는 한 변인에 대해 동일한 피험자를 반복하여 관찰하였을 때 측정의 일관성이 유지되는 정도다. 고전적 측정 이론의 관점에서 신뢰도는 진점수 요소에 대한 오차 요소의 상대적 크기를 반영한다. 오차 요소가 작을 때, 동일한 피험자에 대한 관찰 점수들 간의 변이 정도는 작을 것이고 따라서 측정 절차를 신뢰할 수 있다. 그러나 오차 요소가 증가한다면 동일한 대상에 대한 관찰 점수는 관찰할 때마다 매번 다를 것이기 때문에 측정 절차를 신뢰할 수 없을 것이다.

신뢰도는 크게 내적 일관성 신뢰도와 검사-재검사 신뢰도로 분류될 수 있다. 앞서 논의한 바처럼, 오차 요소를 평균 내어 상쇄함으로써 측정의 정확성을 높이기 위해 연구자의 관심 변인을 측정할 때 다수의 측정을 사용하여 피험자를 평가한다. 내적 일관성 신뢰도(internal consistency reliability)는 동일한 피험자에 대한 다수의 측정치가 얼마나 잘 일치하는지에 관한 것이다. 각 측정이 동일한 진점수를 평가한다고 가정한다면, 각 측정 점수 간의 차이는 오차, 즉 비신뢰성을 나타낸다.

다중 측정을 가장 많이 사용하는 도구는 심리검사인데, 여기에서는 다수의 문항을 조합하여 관심 변인에 대한 총점을 계산한다. 검사가 내적 일관성 신뢰도를 갖기 위해서는 검사 내의 문항들 간에는 상관이 있어야 한다. 보통 검사에서는 문항 수가 많을수록 검사의 내적 일관성 신뢰도가 좋아진다. 다중 문항 측정은 이 책을 통해 논의할 직무에 대한 능력, 태도, 직무 환경의 지각, 성격을 포함한 많은 변인을 평가하는 데 사용한다.

다중 측정은 사람들에게 관심 변인을 평정하도록 할 때도 사용한다. 예를 들어, 상사에게 부하의 직무 수행을 평정하라고 함으로써 종업원의 직무 수행을 평가할 수 있다. 상사는 부하가 얼마나 직무를 잘 수행하는지 평가하기 위해 다음과 같은 평정척도를 사용할 수 있다.

귀하를 보조하는 부하직원의 수행에 대해 어떻게 평정하시겠습니까?

__ 매우 훌륭하다

__ 훌륭하다

__ 보통이다

__ 나쁘다

수행 평정은 교사가 학생을 평가하는 학점과 매우 유사하다. 연구 목적을 위해 두 사람 이상의 사람에게 각 종업원의 수행을 평정하도록 한다. 그다음 그렇게 매겨진 평정들은 검사에서 다수의 문항을 합산하는 것과 동일한 방식으로 결합한다. 평정자간 신뢰도(inter-rater reliability)는 두 명 이상의 평정자가 서로 동의하는 정도를 말한다.

검사-재검사 신뢰도(test-retest reliability)는 시간 간격을 두고 동일한 검사를 반복 시행하였을 때, 측정의 일관성이 유지되는 정도다. 어떤 사람의 직무 만족을 연속해서 여러 번 평가하였을 때, 신뢰성 있는 척도라면 매번 동일한 점수를 보여야 한다. 물론 이것은 직무 만족이 고정되어 일정하게 유지된다는 가정하에서다. 마찬가지로 심리검사나 다른 측정 도구는 진점수가 변하지 않는 한, 각 검사 때마다 피험자에게 동일한 점수를 제공하여야 한다. 검사-재검사 신뢰도의 시간 간격은 관찰 변인이 얼마나 안정적이라고 생각하느냐에 달려 있다. 지능과 같은 인간의 심리적 특성은 몇 십 년에 걸쳐 검사를 반복하여도 신뢰도가 높은 특성이라는 점이 밝혀졌다.

내적 일관성 신뢰도와 검사-재검사 신뢰도는 모두 측정 도구가 유용하기 위해서 필수적인 부분이다. 측정 도구가 너무 많은 오차 요소를 포함한다면 사용하기에 충분치 않은 부정확한 측정치를 제공하게 될 것이다. 신뢰도가 측정에서 가장 기본적으로 요구되는 특성이긴 하지만 그것만으로는 충분하지 않다. 이는 측정 도구가 일관성을 확보하고 있다 하여 그것이 곧 실제로 관심 변인을 측정하고 있음을 의미하지는 않기 때문이다. 측정 도구에서 얻은 점수의 해석은 다음에 논의할 타당도와 관련된다.

3) 타당도

타당도(validity)는 관찰 점수가 측정하거나 나타내는 것에 대하여 내리는 추론과 관련이 있다. 고전적 측정 이론에서 타당도는 진점수 요소의 해석 가능성을 의미한다. 따라서 타당도는 측정 도구 자체보다는 도구에 대한 추론과 관련이 있다. 예를 들어, 지능검사에서 높은 점수를 받은 사람이 낮은 점수를 받은 사람보다 지적인 능력을 필요로 하는 과업, 예를 들면 대학에서 뛰어난 성적을 거두거나 논리적 문제를 해결하는 과업에서 수행을 더 잘한다면, 그 지능검사는 타당하다고 간주된다. 구성 타당도(construct validity)가 있다는 것은 측정 점수에 대한 해석을 할 수 있음을 의미한다(〈표 2-1〉 참조). 측정 도구가 구성 타당도를 가진다는 의미는 측정치가 나타내는 것이 무엇인지에 대한 해석에 확신을 가질 수 있다는 것이다.

타당도를 평가하는 데는 여러 가지 방법이 있는데, 이것은 모두 측정치에 관한 추론이 포함된다(〈표 2-1〉 참조). 안면 타당도(face validity)는 측정 도구가 평가하려는 특성을 평가하는 것처럼 보이는 정도를 의미한다. 다음과 같이 직무에 대한 사람들의 느낌을 평가하는 척도의 문항은 안면 타당도를 지닌 것으로 여길 수 있는데, 이는 이 문항이 의도한 바를 평가하는 것처럼 보이기 때문이다.

"당신은 당신의 직무를 좋아합니까?"

안면 타당도는 그것을 판단하는 사람의 주관의 문제다. 해당 영역의 전문가들이 측정 도구의 안면 타당도를 판단하도록 요청받는 경우가 많다. 산업 및 조직 심리학자는 조직 관련 변인을 측정하는 검사 도구에 대한 전문가로서 역할을 한다.

안면 타당도는 구성 타당도를 지지하는 강력한 증거가 되지는 못한다. 안면 타당도는 있어 보이지만 의도한 특성을 측정하지 못하는 측정 도구도 있을 수 있다. "당신은 고용주를 속이고 절도를 해 왔습니까?"라는 질문은 정직성을 측정하는 안면 타당도가 높은 평가 도구일 수 있지만, 부정직한 종업원이 실제로 응답할 때 거짓말을 할 가능성이 있기 때문에 그러한 문항은 정직성에 대한 타당한 측정 도구라고 할 수 없을 것이다. 측정치의 의미를 해석하기 위해서 안면 타당도에 의존하는 경우가 때로 있긴 하지만, 구성 타당도를 확립하기에는 충분하지 못하다.

내용 타당도(content validity)는 변인을 평가하기 위하여 다수의 문항으로 구성된 측정 도구가 그 변인의 전체 영역을 적절하게 포괄하고 있는지의 정도를 의미한다. 내용 타당도는 학교 상황에서 특정 과목의 시험 문항들이 학생들에게 부여한 시험 범위의 내용 전체를 적절한 정도로 포괄하고 있는지 결정하는 최상의 방법으로 보인다. 일반적으로 단일 혹은 소수의 문항은 교과서의 어느 한 부분만 포함할 가능성이 높기 때문에 모든 내용을 포괄하기에는 부적절하다. 다음의 단일 문항만으로는 타당도를 다루고 있는 이 장을 포괄하는 적합하고 내용 타당도가 있는 시험 문제가 되지 못할 것이다.

"내용 타당도는 무엇인가?"

내용 타당도가 있는 검사는 그 장에서 다루고 있는 모든 내용을 적절히 포괄하는 다수의 문항으로 구성되어야 한다. 안면 타당도와 마찬가지로 전문가들이 측정 도구의 내용 타당도를 평가한다.

준거 관련 타당도(criterion-related validity)는 관심 변인을 측정하는 검사의 점수가 이론적으로 관련 있다고 추정되는 다른 변인의 측정치와 관련 있는 정도를 의미한다. 앞서 언급하였듯이, 타당도가 있는 지능검사의 점수는 대학의 학과 시험처럼 지적 능력이 요구되는 과업에서의 수행과 관련이 있어야 한다. 지능검사는 직무 수행과 학업 수행을 비롯한 다수의 변인과 관련이 있다는 것이 밝혀져 왔으며, 지능검사 점수가 의미하는 바에 대한 해석에 확신을 심어 주고 있다. 수행을 예측하는 지능검사의 순기능 덕분에 기업의 실무자들은 종업원을 선발하는 데 지능검사를 유용한 도구로 사용하고 있다(5장 참조). 준거 관련 타당도가 구성 타당도에 대한 증거를 확보하는 데에 중요한 역할을 하는 것은 사실이지만, 준거 관련 타당도만으로는 충분하지 않다. 예상한 바와는 다른 이유로 예언변인이 준거변인을 예측하는 경우가 종종 있기 때문이다.

타당도의 네 가지 유형은 〈표 2-1〉에 요약되어 있다. 안면 타당도, 내용 타당도, 준거 관련 타당도는 타당도를 평가하는 방식을 나타낸다. 이들 타당도를 종합하면, 측정 도구의 네 번째 타당도 유형인 구성 타당도의 증거가 된다. 구성 타당도는 연구를 통해 얻은 증거를 바탕으로 추론하게 된다. 구성 타당도는 측정치가 무엇을 나타내는지에 대한 우리의 최상의 추측이다.

〈표 2-1〉 타당도의 네 가지 유형과 각 유형의 의미

유형	의미
안면 타당도	측정 도구가 관심 변인을 측정하는 것처럼 보인다.
내용 타당도	측정 도구가 관심 변인의 전체 범위를 평가한다.
준거 관련 타당도	측정 도구가 관련이 있을 것으로 기대하는 변인과 관련이 있다.
구성 타당도	측정치의 의미를 해석할 수 있다.

5. 통 계

산업 및 조직 심리학자들이 수행하는 대부분의 연구에는 자료 분석을 위한 통계적 방법이 필요하다. 두 가지 유형의 통계를 사용하는데, 기술 통계는 연구 결과를 요약하고 추리 통계는 다양한 통계적 검증을 사용하여 결과를 해석하는 데 도움을 준다. 이 절에서는 기술 통계와 여러 추리 통계 검증의 목적을 고찰한다.

1) 기술 통계

이 장에서 논의한 연구 설계의 결과로 다수의 사람이나 직무의 표본으로부터 자료가 수집된다. 연구를 통해 수집한 이러한 자료들을 요약하는 분석을 하지 않고서 자료의 의미를 이해하는 것은 불가능하다. 기술 통계(descriptive statistics)는 방대한 자료를 평균이나 분산 같은 통계량으로 요약하는 방법을 제공한다. 이러한 통계량의 해석은 원(raw)자료의 해석에 비해 훨씬 더 용이하다.

■ 집중 경향성과 분산의 측정

점수들의 집중화 경향을 평가하는 다양한 통계량이 있다. 산술 평균(arithmetic mean)은 관찰치를 합한 값을 관찰치의 수로 나눈 것이다. 예를 들어, 다섯 명의 종업원의 근태를 관찰한 결과 결근 횟수가 다음과 같다고 가정하자.

2, 3, 4, 5, 6

이 다섯 개 숫자의 평균은 연간 평균 4일의 결근을 했다는 것을 의미한다. 평균은 다섯 명의 총 결근 횟수 합인 20일을 종업원의 숫자인 5명으로 나누어 계산한다. 중앙값(median)은 관찰치를 가장 낮은 것에서부터 높은 것까지 순서대로 정렬했을 때, 중앙에 놓이는 숫자다. 앞의 경우 4 아래에 2개의 관찰치가 있고 위에도 2개의 관찰치가 있기 때문에 4가 중앙값이다.

집중 경향 측정치는 중앙의 점수를 나타내기는 하지만, 관찰치들 상호 간에 얼마나 차이가 있는지에 대해서는 어떠한 정보도 제공하지 못한다. 예를 들어, 예 1과 예 2는 평균이 50으로 같지만 사례 2는 관찰치 사이에 매우 큰 차이가 있다.

예 1: 48, 49, 50, 51, 52

예 2: 0, 1, 50, 99, 100

변산의 측정치는 관찰치가 상호 간에 떨어져 있는 정도를 나타낸다. 분산(variance)은 각각의 관찰치와 그 관찰치들의 산술 평균 간의 차이를 제곱한 값을 평균하여 계산한 변산의 측정치다. 예를 들어, 다음의 결근 빈도의 산술 평균은 4다.

2, 3, 4, 5, 6

각 관찰치와 평균 4의 차이는 다음과 같고,

−2, −1, 0, 1, 2

이러한 각 차이를 제곱한 결과는 다음과 같다.

4, 1, 0, 1, 4

산업 및 조직 심리학자는 컴퓨터로 자료를 분석한다.
(© NAN728, sourced from Shutterstock images)

이들 값의 산술 평균은 2이고(10 나누기 5), 이것이 분산이다. 표준편차(standard deviation)는 분산의 제곱근으로, 이 예에서는 1.4다. 표준편차는 변산의 측정치로서 연구 논문에서 자주 보고된다.

■ 상 관

집중 경향 측정치와 변산의 측정치는 단일 변인을 관찰한 값들을 요약하는 데 유용하다. 상관(correlation)은 두 연속 변인이 함께 변하는 정도(크기)와 함께 변하는 방향을 나타내는 데 사용되는 통계량이다. 많은 연구 문제가 변인 간의 관계에 관한 것이기 때문에 상관은 매우 중요하다. 예를 들어, 다음과 같은 질문은 급여 측정치와 직무 수행 측정치 사이의 상관 통계치를 계산함으로써 답을 얻을 수 있다.

"급여 수준과 직무 수행은 관련이 있는가?"

상관을 평가하는 데 가장 일반적으로 사용하는 기술 통계량은 피어슨 적률상관계수(Pearson product-moment correlation coefficient)다. 이 통계량은 어떤 피험자 표본을 대상으로 두 개의 변인에 대해서 각 피험자에게서 획득한 한 쌍의 관찰치가 존재할 때 계산할 수 있다. 〈표 2-2〉는 한 조직 내 12명의 종업원에 대한 급여와 직무 수행의 가상적 관찰치다. 모든 종업원에 대해서 각 변인에 대한 관찰치가 있다.

이 표에는 두 변인의 관찰치가 쌍을 이루는 세 가지의 가능한 관계가 제시되어 있다. 세 경우가 각각 [그림 2-1]에 도표로 나타나 있다.

첫 번째 경우, 급여와 직무 수행 간에 정적 관계, 즉 정적 상관이 나타난다. 급여를 적게 받는 종업원은 직무 수행도 낮고, 급여를 많이 받는 종업원은 직무 수행도 높다. [그림 2-1a]에 두 변인이 도표로 나타나 있는데, 수직축은 수행이고 수평축은 급여다. 그래프 좌측 아래의 분면으로부터 우측 위의 분면까지 관찰치가 직선의 형태를 이룬다. 이것은 급여와 수행이 1.0의 값으로 정적 상관을 가진다는 것을 의미한다.

[그림 2-1b]는 부적 관계 또는 부적 상관을 나타낸다. 적은 급여를 받는 종업원은 높은 직무 수행을 보이고, 많은 급여를 받는 종업원은 낮은 직무 수행을 보인다. 그래프의 좌측 위 분면으로부터 우측 아래 분면까지 관찰치가 직선을 이루고 있다. 이는 급여와 직무 수행 간의 상관이 부적임을 보여 준다. 이 경우 상관 계수의 값은 −1.0이다.

[그림 2-1c]는 급여와 수행 간에 거의 관계가 없음을 보여 준다. 적은 급여를 받는 일

부 종업원은 낮은 직무 수행을 보이고, 일부는 높은 직무 수행을 보인다. 많은 급여를 받는 일부 종업원은 낮은 수행을 보이고, 일부는 높은 수행을 보인다. 관찰치는 직선의 형태를 이루지 않고 그래프 전반에 넓게 흩어져 있는데, 이는 상관 계수의 값이 거의 0에 가깝다는 것을 의미한다.

[그림 2-1a]와 [그림 2-1b]는 관찰치가 직선을 형성하고 있기 때문에 완벽한 상관을 나타낸다. 대부분의 연구에서 두 변인 간의 관련이 훨씬 더 낮을 가능성이 많은데, 상관 계수 값은 상한계인 절댓값 1보다는 0에 더 가깝게 산출된다. 산업 및 조직 심리 연구에서 .50을 초과하는 상관 계수는 매우 드물다. 많은 연구 영역에서 상관은 .50보다 상당히 작은 경우가 대부분이다. [그림 2-2]는 거의 .50의 상관을 갖는 두 변인의 50개 관찰치를 산포도로 나타낸 것이다. 점은 좌측 아래부터 우측 위까지 타원형을 이루고 있다. 산포도의 방향은 정적 관계를 나타낸다. 만약 관찰치가 좌측 위부터 우측 아래로 선형을 이루고 있다면, 상관의 크기는 동일하지만 그 부호는 음의 방향일 것이다(-.50).

〈표 2-2〉 급여와 직무 수행의 세 가지 가능한 관계를 보여 주는 가상적 자료

정적 관계		부적 관계		관계없음	
직무 수행	급여	직무 수행	급여	직무 수행	급여
1	1	1	12	1	1
2	2	2	11	2	12
3	3	3	10	3	3
4	4	4	9	4	10
5	5	5	8	5	5
6	6	6	7	6	8
7	7	7	6	7	7
8	8	8	5	8	6
9	9	9	4	9	9
10	10	10	3	10	4
11	11	11	2	11	11
12	12	12	1	12	2

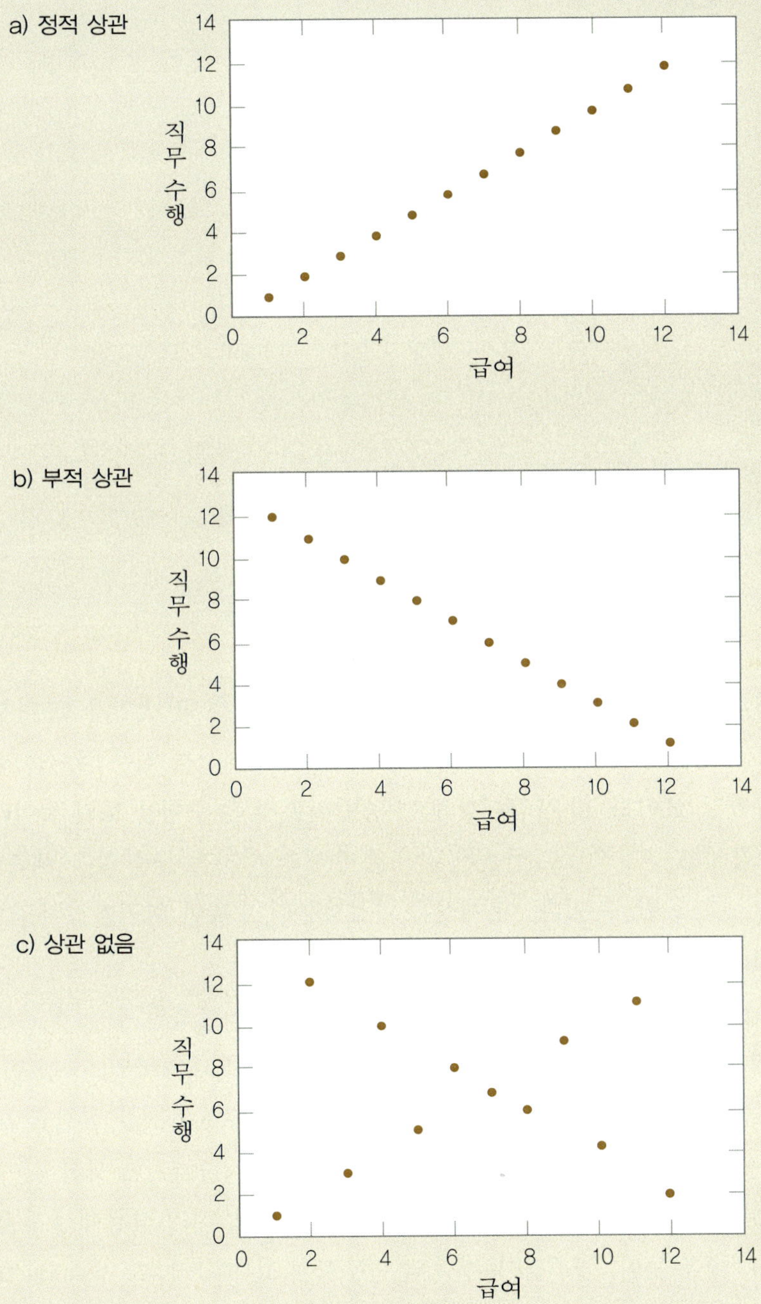

그림 2-1 급여와 직무 수행 간의 세 가지 가상적 상관 관계

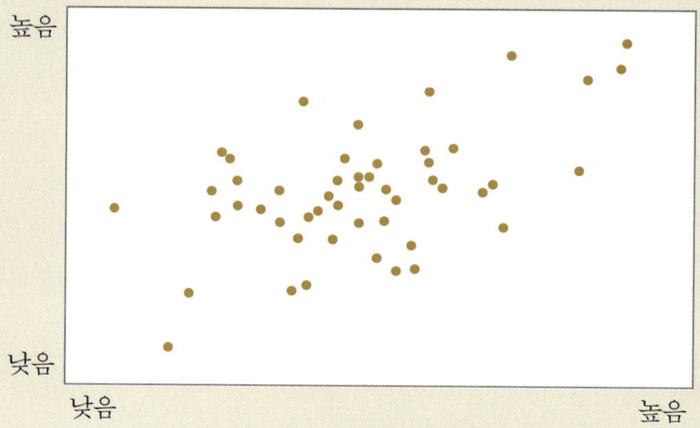

그림 2-2 상관값이 약 .50인 두 변인의 50개 관찰값 산점도

2) 회 귀

두 변인이 상관이 있을 때 얻을 수 있는 중요한 부산물은 한 변인을 또 다른 변인을 예측하는 데 사용할 수 있다는 점이다. [그림 2-1a]의 예에서는 적은 급여를 받는 종업원은 낮은 수행을 보이고, 많은 급여를 받는 종업원은 높은 수행을 보일 것이라고 예측할 수 있다. 급여를 수리적으로 산출한 값으로 수행의 수리적 산출 값을 예측할 때, 비교적 정확한 예측을 할 수 있다. 이 계산은 자료로부터 도출한 회귀방정식을 이용하여 산출할 수 있다.

회귀방정식(regression equation)은 한 변인으로 다른 변인을 예측할 수 있게 하는 수학적 공식이다. 회귀방정식에 한 변인(예언변인[predictor])의 값을 대입하면, 다른 변인(준거변인[criterion])의 값을 구할 수 있다. 대부분의 경우, 두 변인은 완전한 상관을 갖지 않을 것이기 때문에, 예언변인으로부터 준거변인을 완벽하게 예측하지는 못할 것이다. 그러나 비교적 정확하지 않은 예언변인이라 해도, 예측을 하는 여러 상황에서 유용하게 사용될 수 있다. 예를 들어, 심리검사(예: 미국 수학 능력 고사[Scholastic Aptitude Test: SAT])는 대학 평균 평점을 예측할 수 있기 때문에 대학 입시에서 학생을 선발하는 데 사용한다. 예측이 완벽하지는 않지만, 검사 점수에 기초하여 입학시킨 학생들의 수행의 평균이 더 나아질 수 있다.

준거변인을 예측하기 위해 둘 이상의 예언변인에서 수집한 자료를 결합하는 것 또한 가능하다. 다중 회귀(multiple regression)는 연구자들이 준거변인을 더 잘 예측하기 위해 여러 변인의 예측력을 결합할 수 있도록 한 기법이다. 예를 들어, 대학 학점을 예측하기 위해 고등학교 내신 성적과 수능 점수를 합산할 수 있다. 여러 예언변인(예: 고등학교 성적과 수능 점수)의 값을 대입하여 준거변인(예: 대학 학점)을 예측할 수 있게 하는 다중 회귀 방정식을 피험자의 표본에서 도출할 수 있다.

3) 추리 통계

대부분의 연구의 가설이나 연구 문제는 기술 통계만으로는 적절히 다루어질 수 없는데, 그 이유는 한정된 표본에서 구한 자료를 더 큰 집단으로 일반화해야 하기 때문이다. 다시 말해, 연구 대상인 종업원 표본으로부터 구한 자료를 한 조직의 모든 종업원이나 혹은 모든 조직의 모든 종업원에까지 일반화해야 한다. 피험자 표본의 연구 결과를 단순히 제시하는 것만으로는 부족하다. 연구자는 관심 변인에 대해 보편적인 진술을 할 수 있도록 더 큰 집단에 대한 결론을 이끌어 내고 싶어 한다.

추리 통계(inferential statistics)를 통해 확률에 근거한 추론을 함으로써 연구에 참여한 피험자로부터 연구자가 관심을 두고 있는 모든 사람에게로 일반화하는 결론을 도출할 수 있다. 연구에서 적은 수의 피험자 집단의 기술 통계는 확률에 기초한 통계적 검증(statistical test)을 사용함으로써 다른 피험자들에 대한 결과로 확장된다.

예를 들어, 훈련 실험을 시행하고, 그 결과를 종업원 모집단으로 확장하려 한다고 가정하자. 한 조직에서 20명의 종업원을 각각 10명씩 두 집단으로 무선 할당한다. 한 집단은 훈련을 받고 다른 한 집단은 훈련을 받지 않는 통제 집단이다. 종속변인은 직무에서의 수행이다. 〈표 2-3〉은 연구에 대한 가상적 자료다. 동일한 집단에서 모든 피험자가 동일한 처치를 받았을지라도, 집단 내 피험자의 수행 점수는 다양할 수 있다. 한 실험에서 동일한 처치를 받은 피험자 간의 이러한 변산성은 오차 분산(error variance)이라고 하는데, 이로 인해 단순히 기술 통계만으로 결론을 도출하기 어려워진다. 동일한 처치를 받은 피험자들 사이의 변산성으로 인해 집단 간 평균에서 차이가 날 것이기 때문이다. 피험자를 무선적으로 집단에 할당하였다 하더라도, 관심 변인에 대한 집단들의 평균이 동일하기는 어려울 것이다. 또한 동일한 조직에서 많은 피험자 집단을 무선적으로 추출했더라도, 피험자 집단의 평균 수행이 동일할 가능성은 희박하다. 즉, 모든 표본에는

〈표 2-3〉 훈련 집단과 통제 집단을 비교한 실험의 가상적 자료

	통제 집단 수행	훈련 집단 수행
	1	2
	1	4
	2	5
	2	5
	3	6
	3	6
	4	7
	4	8
	5	8
	10	9
평균	3.6	6.0

변산성이 존재하게 된다. 연구 결과를 해석한다는 것은 관찰된 평균 간의 차이가 오차 분산에 기인한 것인지 혹은 해당 연구에서의 처치에 기인한 것인지 결정하는 것을 말한다.

두 집단의 수행 점수가 동일하고 평균이 같다면, 훈련이 효과가 없다는 것이 명백할 것이다. 반면에 훈련을 받은 모든 피험자의 수행 점수가 통제 집단 내 모든 피험자의 수행 점수보다 높았다면, 훈련이 기대한 대로 효과가 있다는 것이 명백할 것이다. 두 경우 모두 실제 연구에서는 발생할 가능성이 거의 없기 때문에 평균만 살펴서 결과를 해석하는 것은 어렵다. 〈표 2-3〉에 기술한 자료는 일반적으로 볼 수 있는 전형적인 결과다. 훈련을 받은 집단의 평균이 통제 집단의 평균보다 높다 하더라도, 두 집단의 피험자의 점수는 겹치는 부분이 있다. 즉, 통제 집단 피험자 중 일부는 훈련 집단 피험자 중 일부보다 수행을 더 잘하였고 또한 가장 수행을 잘한 피험자가 통제 집단에 있다. 이러한 결과를 해석하기 위해서는 두 집단 간 차이가 훈련이 효과적이라고 결론 내릴 만큼 충분히 큰지, 아니면 그러한 차이가 오차 분산에 기인한 것은 아닌지 판단해야 한다.

추리 통계, 즉 통계적 검증은 결과가 오차 분산에 기인한 것인지, 실험 처치에 기인한 것인지를 결정하는 절차다. 통계적 검증에서는 관찰한 결과, 즉 앞의 예에서는 평균 간의 차이가 오차 분산에 기인한 것이 아닐 확률을 계산한다. 우연에 의해 평균 차이를 발견할 확률이 1/20(.05)보다 작다면, 그 차이는 오차 분산보다 훈련에 기인한 것일 가능성이 높다는 결론에 도달한다. 이를 통계적 유의성(statistical significance)이라고 부르는

〈표 2-4〉 5개의 일반적인 추리 통계 검증과 그 용도

독립 집단 t검증	피험자의 두 집단이 종속변인에서 유의미하게 다른지 결정하기 위해 사용
분산 분석(ANOVA)	둘 이상의 피험자 집단이 종속변인에서 유의미하게 다른지 결정하기 위해 사용
요인 분산 분석	한 종속변인에서 둘 이상의 독립변인의 효과가 유의미한지 결정하기 위해 사용
상관에 대한 t검증	두 변인 간의 상관이 0보다 유의미하게 큰지 결정하기 위해 사용
다중 회귀	둘 이상의 예언변인이 준거변인을 유의미하게 예측할 수 있는지 결정하기 위해 사용

데, 이는 관찰된 결과를 우연에 의해 발견할 가능성이 .05보다 작다는 것을 의미한다.

많은 통계적 검증이 존재하며 상황마다 다른 통계적 검증이 사용된다. 이 중에서 실험 설계에 사용되는 검증도 있고 비실험 설계에 사용되는 검증도 있지만, 많은 검증은 두 유형의 설계 모두에 사용된다. 앞에서 예를 든 것처럼, 일부 검증은 하나의 독립변인과 하나의 종속변인으로 구성되어 있을 때처럼 변인이 두 개일 때 사용된다. 반면에 변인의 수에 제한 없이 사용할 수 있는 검증들도 있다. 〈표 2-4〉에는 산업 및 조직 연구에서 가장 일반적으로 사용하는 여러 가지 통계적 검증이 제시되어 있다. 이러한 검증들이 각기 다른 목적으로 사용되고 있지만, 모든 검증은 검증 통계량 값이 나올 확률이 통계적으로 유의미한지를 결정하는 동일한 근본 원리에 기반을 둔다.

종속변인에서 두 집단이 유의미하게 차이가 있는지를 알아보는 앞의 예에서는 독립 집단 t검증을 사용할 수 있다. 두 개 이상의 집단을 비교할 때는 분산 분석(ANOVA)을 사용하며, 이를 통해 통제 집단에 견주어 두 가지 서로 다른 훈련 기법을 비교할 수 있다. 그러나 대부분의 실험에서는 독립변인이 두 개 이상이다. 예를 들어, 남성과 여성을 분리하여 훈련 집단과 통제 집단을 비교하려 한다고 가정하자. 통제 집단에 10명의 남성을, 훈련 집단에 다른 10명의 남성을 무선적으로 할당한다. 마찬가지로 10명의 여성을 통제 집단에, 다른 10명의 여성을 훈련 집단에 무선적으로 할당한다. 따라서 이 실험은 요인 설계가 되며 각기 두 수준으로 구성된 훈련 변인과 성별 변인으로 구성된다. 요인 설계(factorial design)에는 두 개 이상의 독립변인이 존재한다. 요인 분산 분석(factorial ANOVA)은 요인 설계의 자료를 분석하기 위해 사용하는 통계적 검증이다. 이 검증으로 다양한 집단의 피험자가 종속변인에서 유의미하게 다른지 알 수 있다.

상관 계수(correlation coefficient)가 0과 유의미한 차이가 나는지를 알아보고자 검증해 볼 수 있으며, t검증의 변형을 사용하여 행해진다. 유의미한 상관은 두 변인 사이에 유의미한 관련이 있고, 우연에 의한 것 이상으로 한 변인을 이용하여 다른 변인을 예측할

수 있음을 의미한다. 둘 이상의 변인을 다른 변인과 관련지을 때는 다중 회귀가 사용된다. 유의성 검증은 회귀분석에서 두 개 이상의 예언변인이 준거변인과 유의미하게 연관되는지를 보여준다. 즉, 유의하다는 의미는 준거변인이 우연에 의한 예측보다 예언변인에 의해서 더 잘 예측된다는 것을 의미한다.

4) 통합분석

단 하나의 연구를 통해서는 결코 연구 문제에 대한 명확한 답을 얻을 수 없다. 관심 있는 현상에 대한 결론을 확신하기 위해서는 여러 연구를 수행할 필요가 있다. 그러나 여러 연구가 다소 다른 결과를 산출하는 경우는 흔하다. 동일한 모집단에서 도출한 표본 평균들 간의 차이를 초래하는 표집오차(sampling error)는 추리 통계 검증 결과에도 차이를 초래한다. 여러 연구에서 나온 모순된 결과들을 이해하기 위해서는 통합분석이라는 특별한 형태의 분석을 사용할 필요가 있다.

통계치가 각 피험자의 결과를 요약하는 것과 같이, 통합분석(meta-analysis)은 여러 연구의 결과를 결합하는 양적인 방법이다(Hunter & Schmidt, 1990; Rosenthal, 1991). 통합분석은 산업 및 조직 심리학자들의 관심 영역에서의 여러 연구 결과들을 통계적으로 요약할 수 있다. 이러한 분석은 여러 결과의 단순한 기술적 요약일 수도 있고, 매우 복잡한 수학적이고 통계적인 절차일 수도 있다.

통합분석의 가장 단순한 형태는 기술 통계치의 평균으로 다양한 연구 결과를 요약하는 것이다. 통합분석 결과 두 변인 간의 상관의 평균이 특정한 값, 예를 들면 .40이라는 식으로 보고한다. 예를 들어, 다섯 개의 연구 결과 직무 만족과 임금 수준 간의 상관이 다음과 같이 보고되었다고 가정하자.

.20, .22, .24, .26, .28

이 다섯 연구의 단순한 통합분석에 의하면 두 변인 간의 평균 상관은 .24라고 결론 내릴 것이다. 또한 이러한 연구들의 다른 측면을 탐구하기 위해 더 복잡한 분석을 수행하기도 한다. 만일 관리자를 대상으로 한 여러 연구가 있고 또한 비관리자들을 대상으로 한 연구들이 있다면, 두 부류의 직원에 따라 상관이 다른지 알아보기 위한 통계적 검정을 실시할 수 있다.

이 책에서는 통합분석 연구를 인용하여 여러 연구 결과를 요약하여 보고한 경우가 많다. 통합분석은 산업 및 조직 연구 문헌에서 자주 등장하고 있다. 통합분석과 같은 유형의 방법을 사용하지 않고 여러 연구를 읽고 그 결과들을 이해하는 것은 어려울 것이다. 연구가 많이 이루어져 온 대부분의 영역에서, 개별적 연구 결과들을 해석하고 요약하는 데 통합분석이 많은 도움이 되었다.

5) 매개변인과 조절변인

실험설계 연구와 비실험설계 연구는 둘 이상의 변인이 서로 관련이 있는 정도를 결정하는 데 도움을 준다. 그러나 변인들 사이의 보다 복잡한 관계를 탐색하고자 하는 연구들도 있다. 매개변인(mediator variable)은 두 변인들 사이에 개입하는 과정의 일부인 변인이다. 달리 말하면, 매개변인은 왜 두 변인이 서로 관련이 있는지를 설명해 준다. 예를 들면, 능력은 수행과 관련이 있다는 것을 누구나 안다. 따라서 SAT의 수리 영역에서 높은 점수를 받으면 통계학 과목에서 높은 점수를 받을 가능성이 높다. 그러나 이러한 사실만으로 왜 이 두 변인이 관련이 있는지에 관해서 명확히 알 수 없다. 한 가지 가능한 설명은 능력이 동기를 향상하고, 동기는 더 많은 노력으로 귀결되고, 노력에 의해서 더 나은 수행이 이루어진다는 것이다. 그러므로 SAT에서 높은 점수를 받은 학생들은 그들의 능력에 더 높은 자신감이 있고 수리 과목에서 열심히 공부할 동기를 갖게 된다. 그 학생들이 통계 과목들에서 더 열심히 공부하게 되면 그러한 노력은 더 나은 수행으로 이어진다. 이 예에서 동기가 매개변인이다.

조절변인(moderator variable)은 두 변인 사이의 관계에 영향을 주는 변인이다. 조절변인의 한 수준에 속한 참가자들은 다른 수준에 속한 참가자들과 달리 두변인 사이에서 다른 관계를 갖는다. 어떤 두 변인 간의 관계가 남녀에 따라 다르다면 성별은 조절변인이 된다. 예를 들어, SAT 점수와 통계학 과목 성적 간의 관계가 여성의 경우 .50인 반면 남성의 경우는 .10에 불과하다면 성별은 SAT 점수와 통계학 과목 성적 간의 관계를 조절한다고 볼 수 있다. 연속변인들도 조절변인이 될 수 있다. 예를 들면, SAT와 학점 사이의 상관이 어린 학생들보다 나이 든 학생들 사이에서 높을 수도 있다. 이런 경우, 연령은 그 두 변인 사이를 조절한다고 할 수 있다.

매개와 조절은 전문 학술잡지의 논문에서도 혼동되고 있다. 매개변인은 두 변인 사이의 관계를 설명하는 개입 변인이다. 매개변인은 한 변인이 매개변인의 원인이 되고 연이어 매개변인이 또 다른 변인의 원인이 되는 것과 같은, 사건들의 인과적 사슬에 관련된 것이다. 조절변인은 두 변인 사이의 관계를 변화시키는 변인이다. 즉, 두 변인 사이의 관계가 조절변인의 수준에 따라 다르게 된다.

6. 연구 윤리

산업 및 조직 심리학자의 윤리 원칙은 실무뿐만 아니라 연구에도 적용될 수 있다. 윤리적으로 가장 고려해야 할 사항은 연구자가 피험자의 안녕을 보호해야 한다는 점이다. 이는 실험 훈련 절차 등의 조작이 사람들에게 피해를 준다면 사용하지 말아야 함을 의미한다. 심지어 설문 조사와 같은 비실험 연구에서도 연구자는 상황에 따라서 적절하게 익명성을 보장하도록 주의를 기울여야 한다. 만약 설문 조사의 응답자가 감독자에 대해 부정적인 피드백을 준다 해도 감독자가 누가 그 피드백을 제공했는지 알 길이 없어야 한다. 이러한 방식을 통해 감독자는 부정적인 피드백을 제공한 부하에 대해 보복을 할 수 없게 된다.

그러나 때때로 상반되는 요구로 인해 무엇이 윤리적으로 옳은지를 결정하는 것이 어려울 수 있다. 비밀 보장의 약속을 위반하고, 조사한 종업원의 신원을 폭로하는 것은 비윤리적인 행위로 간주될 것이다. 한편 조직에서 일하는 심리학자는 종업원 개인에 대해서와 마찬가지로 그 조직에 대해서도 윤리적 책임이 있다. 그 책임은 문제를 일으킬 가능성이 있거나 개인적으로 도움이 필요한 종업원의 신원을 밝히는 것으로까지 확장될 수 있다. 심리학자는 조직의 안녕과 개인의 안녕을 잘 견주어 보아야 한다. 심리학자는 두 상충되는 요구 때문에, 조직과 개인에 대한 이러한 책임은 윤리적 딜레마를 일으킨다. 이러한 모든 상황에서 무엇이 옳은 행동인지는 알기 어렵다. 산업 및 조직 심리학자는 둘 중 어느 한 행동을 취했을 때, 관련된 모든 사람에게 미칠 부담을 신중하게 저울질해야 한다. 윤리적인 심리학자는 윤리적이고 만족스러운 결론에 도달하고자 다른 심리학자들 및 상사들과 함께 그 문제를 논의한다. 심지어 어떤 경우에 심리학자는 조직의 편을 들어야 할지, 아니면 회사를 그만두어야 할지를 선택해야 하는 상황에 처할 수도 있다.

이러한 상황을 예측하고 예방하려는 시도는 좋은 생각이다. 심리학자가 감독자들이 종업원의 신원을 알려 달라고 할 것을 예상한다면 설문 조사를 익명으로 수행할 것이다. 응답자의 신원을 알지 못하면 폭로할 수도 없기 때문이다. 그렇게 할지라도, 윤리적인 딜레마는 실무와 연구 모두에서 발생할 수 있다. 어떠한 행동을 취하더라도 누군가에게는 해가 될 수 있기 때문에 윤리적 딜레마를 해결하기는 쉽지 않다. 예를 들어, 어떤 종업원이 회사 방침을 위반한 사실을 심리학자가 알게 되는 경우도 있다. 만약 그 사실을 말하지 않는다면 회사는 손해를 입게 되고, 그 사람의 신원을 밝히면 해당 종업원은 해고되는 난감한 상황에 놓이게 된다.

또 다른 윤리 원칙은 연구의 피험자들이 참여하기 전에 연구의 본질이나 목적을 피험자에게 알려 주어야 한다는 것이다. 만약 연구에 참여하는 것이 어떠한 불이익을 줄 가능성이 조금이라도 있다면, 해당 피험자에게 실험 참가 동의서(informed consent form)에 서명하도록 요청해야 한다. 이 동의서는 연구의 본질과 피험자에게 실험 중 일어날 수 있는 상황을 기술하고, 그 사람이 언제라도 실험을 그만둘 수 있음을 설명해 준다. 비록 현장 장면에서 이 동의서를 사용하기는 어색하지만, 참가 동의는 피험자들이 불이익의 가능성을 이해한다는 사실을 의미한다. 연구자는 이러한 절차를 통해 연구 참여자가 연구의 참여로, 실제의 혹은 상상으로, 피해를 입었다고 주장하는 경우 법적 조치를 당하지 않을 수 있다. 산업 및 조직 실무자들도 윤리에 관심을 가져야 한다는 것을 명심해야 한다. 그러나 종업원들에게 연구 자체만을 위해서가 아니라 직무의 일부로서 혹은 고용의 일부로서 일을 하게 할 때 실험 참가 동의서는 보통 사용하지 않는다.

요약 SUMMARY

산업 및 조직 심리학은 연구에 사용된 방법들이 과학적이기 때문에 과학이다. 산업 및 조직 심리학자들은 조직 문제를 다루기 위해 자료를 수집하고 분석한다. 산업 및 조직 심리 연구는 연구의 목적을 정의하는 연구 문제에서 시작한다. 그 문제를 토대로 연구 가설을 이끌어 내는데, 연구 가설은 연구가 어떻게 결론 날지에 대한 연구자의 최상의 추측을 의미하며, 구체적인 가설은 연구 설계의 기초로서의 역할을 한다.

산업 및 조직 심리 연구는 현장 장면이나 실험실 장면 중 어느 곳에서나 시행할 수 있다. 현장 장면에서는 살펴보고자 하는 현상이 자연적으로 발생하는 반면, 실험실에서는 인위적으로 만들어진다. 일반화 가능성은 어떠한 연구 결과가 다른 장면과 상황에도 확장될 수 있음을 의미한다. 통제는 연구자가 결과의 대안적인 설명을 배제하도록 한다는 점에서 연구의 중요한 구성 요소다. 연구에서 통제를 할 수 있는 다양한 방법이 있다. 무선 할당은 모든 사람이 각각의 처치 조건에 할당될 동일한 기회를 갖도록 비체계적인 방법으로 피험자를 선택하는 것을 말한다. 무선 표집은 모든 가능한 피험자가 연구에 참여자로 선정될 기회가 동일함을 의미한다. 어느 한쪽 변인에 관하여 결론을 내리기가 쉽지 않게끔 둘 이상의 변인이 서로 얽히고설킨 관련을 보일 때 혼란이 발생한다.

연구 설계는 실험적인 형태와 비실험적인 형태로 나눌 수 있다. 실험 설계에서 연구자는 연구를 위해 설계된 조건에 피험자를 무선적으로 할당한다. 비실험적 설계는 피험자의 할당이나 조건의 설계 없이 관찰만을 포함한다.

측정은 사람이나 사물의 특성을 수량화하는 과정이다. 신뢰도는 측정의 일관성을 말하는 반면, 타당도는 추론을 통해 측정치의 의미를 이끌어 낼 수 있는 정도를 의미한다. 연구에서 수집한 자료는 통계적인 방법을 사용해서 분석한다. 기술 통계는 연구에서 나온 해당 자료를 요약하고, 추리 통계는 그 결과를 해석한다.

산업 및 조직 심리학자의 윤리 원칙은 연구에 적용된다. 일반적으로 연구자는 연구가 누구에게도 해가 되지 않도록 해야 한다. 연구 절차가 위험하거나 유해하지 않도록 유의하여 윤리 원칙을 준수할 수 있다. 연구의 본질에 대해서 피험자에게 알려 주어야 하고, 실험 참가 동의서를 읽고 서명하도록 해야 한다. 또한 피험자에게 실험 참여를 취소할 기회를 주어야 한다. 피험자가 제공한 정보가 피험자에게 불리하게 사용될 가능성이 있을 때는 그들의 신원을 보호하도록 주의를 기울여야 한다.

체험학습

산업 및 조직 심리 연구에서 사용되는 방법

〈표 1-1〉에 나열된 산업 및 조직 심리학 저널 중 하나를 선택하여 연구 설계를 기술하고 있는 논문을 찾으시오. 그 논문에 관한 다음의 질문에 답하시오.

1. 언급되어 있는 연구 문제는 무엇인가?
2. 논문에 있는 가설 중 하나를 기술하시오.
3. 어떤 연구 설계가 사용되었는가?
4. 연구에 사용된 측정 도구의 신뢰도는 어떠한가?
5. 연구에 보고된 추리 통계량 한 가지를 적으시오.
6. 연구에서 가장 중요한 결론은 무엇인가?

PART 02

직무, 수행 및 사람의 평가

(© Yuri Arcurs, sourced from Shutterstock images)

INDUSTRIAL AND ORGANIZATIONAL PSYCHOLOGY

CHAPTER 03

직무분석

학습목표

1. 직무분석 정보의 용도를 열거한다.
2. 직무분석 정보를 수집하는 방식과 출처를 기술한다.
3. 다양한 직무분석 방법에 대해 논의한다.
4. 직무분석 방법의 신뢰도와 타당도에 대한 증거를 기술한다.
5. 직무에 대한 임금 수준을 결정하는 데 직무 평가를 어떻게 사용하는지 설명한다.

경찰관의 직무를 어떻게 기술할 것인가? 경찰이 하는 과업은 어떤 것들이고 각 과업을 수행하는 데는 얼마나 많은 시간이 걸리는가? 여러 가지 과업을 배우는 데 얼마나 오래 걸리고 얼마나 어려운가? 전체 직무와 개별 과업을 수행하는 데 어떤 개인적 특성이 필요한가? 산업 및 조직 심리학자들은 직무분석이라 부르는 다양한 기법을 통해 이러한 질문에 대한 해답을 제시한다.

사람들에게 가장 익숙한 직무조차도 직무의 모든 세부 사항과 직무를 수행할 사람에게 요구되는 모든 특성을 정확히 묘사하기 위해서는 직무분석이 필요하다. 예를 들어, 많은 사람은 경찰관의 직무를 어느 정도 잘 알고 있다고 생각한다. 그러나 일반 사람들이 경찰관의 직무에 대해 갖고 있는 선입견은 주로 〈법과 질서(Law and Order)〉와 〈과학수사대(CSI)〉 등의 대중 영화와 TV 프로그램에서 묘사되고 있는 사실에 기초하고 있다. TV 프로그램은 실제로는 거의 수행하지 않는 직무의 극적인 측면에 초점을 맞추고 있다. 대부분의 경찰관은 범죄자를 체포하기보다는 정기적인 순찰 임무와 문서 업무에 더 많은 시간을 보낸다(Bernardin, 1988). 총기 발사는 TV에서는 흔히 일어나지만, 실제 강력반에 종사하는 대부분의 경찰관조차 총기를 발사하게 되는 경우는 아주 드물다. 철저한 직무분석을 통해 경찰관이 하루 종일 근무하면서 수행하는 과업이 무엇인지를 정확히 파악할 수 있다. 그동안 경찰관의 직무는 다양한 직무분석 방법과 절차로 철저하게 연구되었다. 이 장에서는 그러한 방법 중 일부를 살펴본다.

직무분석에는 직무 중심과 사람(혹은 종업원) 중심의 두 가지 범주가 있다. 직무중심 직무분석은 직무에서 하는 과업에 초점을 두는 반면, 사람중심 직무분석은 직무에 필요한 사람의 특성 파악에 관심이 있다. 즉, 직무중심 절차는 직무를 기술하고, 사람중심 절차는 사람들이 직무를 수행하는 데 필요한 특성들을 기술한다. 직무중심과 사람중심 방식 모두 직무와 직무 요건을 기술하는 데 중요한 도구다.

이 장은 직무중심과 사람중심 분석 방식을 기술하고 각 방식에서 사용하는 구체적 방법들을 기술한다. 또한 직무분석 정보의 용도와 목적, 직무분석에 포함되는 정보의 출처, 직무분석 방법의 신뢰도와 타당도에 대해 자세히 살펴본다. 마지막으로, 임금 수준을 결정하기 위해 사용하는 직무분석 기법인 직무 평가에 대해 살펴본다.

1. 직무분석이란 무엇인가

직무분석(job analysis)은 직무와 직무를 수행하는 데 필요한 인간의 특성 모두를 기술하거나 혹은 어느 한쪽을 기술하기 위하여 사용하는 방법이다. Brannick, Levine과 Morgeson(2007, p. 8)에 따르면, 직무분석은 기본적으로 세 가지 요소로 구성된다.

① 절차가 체계적이어야 한다. 이는 분석가가 미리 절차를 명시하고 그 절차를 따라야 함을 의미한다.
② 직무를 작은 단위로 쪼갠다. 직무분석은 전체적인 직무가 아닌 직무의 구성 요소를 기술한다.
③ 직무분석은 전자적 결과물 혹은 종이에 필기된 형태의 결과물을 산출한다.

직무분석에는 한 가지 방법만 있는 것은 아니다. 직무와 직무에 필요한 인적 특성에 대한 다양한 유형의 정보를 획득하는 많은 방법이 존재한다. 앞에서 언급했듯이, 직무분석 기법은 직무분석의 목적에 따라서 직무중심이나 사람중심의 정보를 수집하기 위해 사용된다.

1) 직무중심 직무분석

직무중심 직무분석(job-oriented job analysis)은 직무에서 수행되는 과업의 본질에 대한 정보를 제공한다. 과업 자체를 기술하는 방법도 있고, 과업의 특성에 대한 정보를 파악하는 방법도 있다. 예를 들어, 경찰관의 과업은 다음과 같다.

용의자를 체포한 후에 보고서를 작성한다.

이 문장은 경찰관이 하는 행동을 기술하고 있다. 경찰관의 직무 특성의 예는 다음과 같다.

연필과 펜을 사용한다.

직무분석은 경찰관이 업무상 어떠한 일을 하는지를 기술하기 위해 필요하다. (© Nila Newsom, sourced from Shutterstock images)

특성은 한정된 과업이 아닌 여러 과업의 공통적인 면모들을 묘사한다. 경찰관은 보고서를 완성하고 자동차 운전자에게 소환장을 발급하는 등과 같이 쓰는 행위를 포함하는 많은 과업을 수행한다. 직무분석의 목적에 따라 어떤 유형의 접근이 가장 유용할 것인지가 결정된다. 과업 묘사는 사람들이 직무에서 무엇을 하는지에 대한 그림을 제공하며, 과업 특성은 다양한 종류의 직무 간에 과업의 본질을 비교하는 데 사용한다. 경찰관과 교사는 과업을 수행하는 데 연필과 펜을 사용하는 특성을 공유한다. 그러므로 비록 구체적인 과업 자체는 다양하겠지만, 과업 간에 몇 가지 유사점이 있을 수 있다.

상위 수준의 과업은 더 작은 수준의 활동들로 세분화하여 위계적으로 나눌 수 있다. 예를 들어, 경찰관이 수행하는 주요 과업 중 하나는 용의자를 체포하는 것이다. 이러한 경찰 직무는 다음과 같이 구체적인 활동들로 세분화할 수 있다.

체포하기 위해 용의자의 집에 간다.
문을 두드리고 자신의 신분을 밝힌다.
용의자에게 수갑을 채운다.
용의자에게 법적 권리를 말해 준다.
용의자를 차에 태운다.
용의자를 경찰서에 데려온다.

Brannick 등(2007)은 직무를 다음과 같이 구체성의 수준에 따라 다섯 가지 유형의 위계로 나누어 설명하고 있다.

① 직책
② 임무
③ 과업
④ 활동
⑤ 요소

'직책(position)'은 한 개인이 수행하는 임무의 집합이다. 각 종업원은 둘 이상의 직책을 보유하기도 하지만 보통 하나의 직책만을 갖는다. 많은 유사한 직책이 동일한 직명(職名)을 갖는다. 예를 들면, 한 부서의 여러 명의 경찰관은 각기 별도의 직책과 과업들을 수행하면서도, '순찰 경찰관'이라는 동일한 직명을 부여받기도 한다. 즉, 한 직책의 경찰관은 자동차로 도시 지역을 순찰하는 일에 배정되고, 다른 순찰 경찰관은 도보로 순찰하는 일에, 그리고 또 다른 경찰관은 파출소 내에서 내근하는 일에 배정되기도 한다.

'임무(duty)'는 직무의 주요 구성 요소다. 경찰관에 대한 임무의 예는 다음과 같다.

법을 집행한다.

각 임무는 하나 이상의 연관된 과업을 수행하여 완수한다. '과업(task)'은 어떤 특정한 목적을 달성하기 위한 하나의 온전한 업무다. 법을 집행할 때 수반되는 과업의 예는 다음과 같다.

법을 어긴 용의자를 체포한다.

각 과업은 과업을 구성하는 '활동(activities)'들로 나뉜다. 이 경우 활동의 예는 다음과 같다.

체포하기 위해 차를 몰고 용의자의 집으로 간다.

이런 활동을 완수하기 위해 다음과 같은 아주 구체적인 '행동(action)' 혹은 '요소(element)'가 많이 포함된다.

자동차 시동을 걸기 위해 자동차 열쇠를 돌린다.

대부분의 직무는 여러 임무를 포함하고, 각 임무는 여러 과업을 수반한다. 각 과업은 여러 활동을 포함하며, 각 활동은 여러 행동으로 세분화된다. 이는 직무분석이 특정한 직무에서 무엇이 일어나는지에 대한 많은 양의 구체적인 정보를 추출할 수 있음을 의미한다. 행동 수준까지 직무분석을 시행한다면, 길고 상세한 보고서를 얻게 될 것이다.

2) 사람중심 직무분석

사람중심 직무분석(person-oriented job analysis)은 특정한 직무를 성공적으로 수행하기 위해 필요한 특질, 특성, 혹은 KSAO에 대한 기술을 제공한다. KSAO는 직무에 필요한 종업원의 지식, 기술, 능력, 기타 개인 특성을 나타내는 두문자어(頭文字語)이며, 처음의 세 가지 특성은 주로 직무 수행 자체에 초점을 두는 반면, '기타' 특성은 수행뿐 아니라 직무 적응, 만족과 관련이 있다.

지식(knowledge)은 특정한 직무를 수행하기 위해 알아야 할 것들이다. 예를 들어, 목수는 지역의 건축법과 전동 공구 안전에 대한 지식이 있어야 한다.

기술(skill)은 특정한 직무에서 수행할 수 있는 것들을 말한다. 목수는 설계도를 읽고 전동 공구를 사용하는 기술을 가지고 있어야 한다.

능력(ability)은 직무 과업을 할 수 있거나 직무 과업을 배울 수 있는 적성이나 재능이다. 능력은 또한 기술을 개발할 수 있는 잠재력을 말한다. 대부분의 기술은 하나 이상의 능력을 요구한다. 전동 공구를 사용하는 기술은 눈-손 협응을 비롯한 여러 능력을 필요로 한다. 지붕을 짓기 위해 목수는 좋은 균형 감각과 빠르게 일하는 능력이 있어야 한다.

마지막으로, 기타 개인 특성(other personal characteristic)은 앞의 세 가지 이외에 직무와 관련된 모든 것을 포함한다. 목수에게는 손으로 하는 과업과 밖에서 일하는 과업을 행하고자 하는 동기가 있어야 한다.

비록 동일한 것처럼 보이지만, KSAO와 과업은 매우 다르다. 과업은 사람이 수행하는 어떤 것을 나타내지만 KSAO는 특정한 과업(들)을 수행하는 데 필요한 사람의 특질 혹은 특성을 의미한다. 과업은 직무에서 하는 일이 무엇인지를 정의하는 반면, KSAO는 그 직무를 잘할 수 있는 사람의 유형을 기술한다. 〈표 3-1〉은 경찰관의 KSAO와 관련 과업의 예를 보여 준다.

〈표 3-1〉 KSAO와 해당 과업의 예

KSAO	과업
법적 체포 절차에 대한 지식	용의자를 체포한다.
총기를 사용하는 기술	사격장에서 사격 연습을 한다.
다른 사람과 의사소통하는 능력	폭력 사건을 막기 위해 두 사람 간의 다툼을 중재한다.
용기(기타 개인 특성으로서)	용의자를 검거하기 위해 어두운 골목으로 들어간다.

직무중심 분석과 사람중심 분석을 하기 위해 다양한 직무분석 방법이 개발되었다. 두 가지 분석 유형 중 한 가지 유형만을 위해서 특별히 개발된 방법도 있고, 두 가지 유형 모두에 사용할 수 있는 방법도 있다. 어떤 방법이 적절한지 여부는 다음에 논의할 주제인 직무분석의 목적에 따라 결정된다.

2. 직무분석의 목적

직무분석 정보는 많은 목적에 활용된다. 이러한 정보는 다양한 활동과 기능의 주춧돌 역할을 한다. Ash와 Levine(1980)은 직무분석 정보의 11가지 일반적인 용도를 개괄했으며, 그중 다섯 가지와 그들의 목록에 있지 않은 두 가지를 여기에서 설명한다. 여섯 번째 용도인 임금 수준을 정하기 위한 직무분석 정보의 사용은 이후에 '직무 평가' 절에서 설명한다. 직무분석의 11가지 사용 목적은 〈표 3-2〉에 제시되어 있다.

1) 경력 개발

많은 조직은 종업원들이 직급을 따라 점점 더 높은 직위에 오르는 제도를 갖고 있다. 이것을 경력 사다리(career ladder)라고 부른다. 즉, 필요한 기술을 습득하고 좋은 직무 수행을 유지하는 사람들은 직위가 올라간다. 아마도 가장 잘 알려진 경력 사다리 제도는 군대의 체계일 것이다. 예를 들어, 군인은 중위부터 대위, 소령, 대령, 장군까지 계급을 통해 승진한다. 승진에 대한 기회가 적고 필요로 하는 KSAO를 획득하지 못하기 때문에, 모든 사람이 사다리의 꼭대기에 오르지는 못한다.

최근에 역량 체계(competency systems)가 조직에서 인기를 끌고 있는데, 이 제도하에서는 수행 향상과 승진에 필요한 지식과 기술을 습득한 종업원에 대해서 보상을 제공한

〈표 3-2〉 직무분석 정보의 11가지 사용 목적

사용 목적	설명
경력 개발	승진을 위해 필요한 KSAO를 정의한다.
법적 문제	KSAO의 직무 관련성을 보여 준다.
수행 평가	수행을 평가하기 위한 준거를 정한다.
종업원의 모집과 선발	고용의 기초로 사용할 지원자 특성을 기술한다.
훈련	훈련 영역을 제안한다.
임금 책정	직무의 임금 수준을 정한다.
효율/안전	효율과 안전을 위해 직무를 설계한다.
직무 분류	유사한 직무들을 군집으로 묶는다.
직무 기술	직무에 대해 간략하게 기술한다.
직무 설계	직무 내용을 설계한다.
계획	특정 KSAO를 지닌 종업원들에 대한 미래의 수요를 예측한다.

출처: "A Framework for Evaluation Job Analysis Methods," by R. A. Ash and E. L. Levine, 1980, *Personnel, 57,* pp. 53-59.

다(Leenson, Van der Stede, & Cohen, 2006). 효과적인 역량 체계가 되려면 핵심 역량을 파악해야 하고, 역량 습득과 개발 수단이 본재해야 하며, 진전 정도를 평가하기 위한 절차가 마련되어야 한다.

직무분석은 경력 사다리 각 수준의 직무에서 요구되는 KSAO를 밝혀냄으로써 경력 개발에 기여한다. KSAO 요건에 대한 지식은 승진에 필요한 기술 육성에 초점을 맞춘 종업원 개발과 훈련 프로그램에 활용된다. 이러한 지식으로 종업원들이 승진하기 위해서 무엇이 필요한지를 정확히 알 수 있기 때문에 종업원들에게 이익이 된다. 또한 상위 수준의 직위에 공석이 있을 때 즉시 채용할 수 있는 후보자들을 확보할 수 있다는 점에서 조직에도 이득이 된다.

2) 법적 문제

대부분의 산업 국가에는 차별적인 고용 행위, 특히 종업원의 고용에서 차별을 금지하는 법을 제정하여 시행하고 있다. 예를 들어, 캐나다와 미국에서는 연령, 피부색, 장애, 성, 인종, 종교 등에 따라 차별하는 행위가 불법이다. 차별로부터 보호받는 특정한 집단은 국가마다 다양하긴 하지만, 사람들에게 영향을 주는 결정 자체가 공정해야 한다는 근본적인 생각은 거의 보편적이다. 고용에서의 공정함이란 직무와 무관한 개인적 특성이 아니라 직무 수행이나 직무 잠재력에 기초해서 결정을 내려야 한다는 것을 의미한다. 직무분석을 통해서 직무와 무관한 개인적인 특성이 아닌, 채용의 기초로서 사용할 수 있는 KSAO를 추출한다.

미국의 고용 상황에서 중요한 법적 개념은 필수적인 기능(essential function)으로, 이는 직무상 반드시 수행해야 하는 행동을 의미한다. 예를 들어, 접대원은 전화를 받아야 한다. 비필수적인 기능도 가끔 수행하지만 비필수적인 기능은 접대원의 직책에 있는 사람에게 중요한 행동은 아니다. 경비원도 가끔 전화를 받기도 하지만 전화 응대가 경비원 직무의 중요한 부분은 아니다.

필수적인 기능이라는 개념은 장애가 있는 사람의 고용 여부를 결정하는 데 중요하다. 미국에서는 특정한 조건에서 필수적인 기능을 수행하지 못하는 장애인의 고용을 조직이 합법적으로 거부할 수 있다(6장 참조). 하지만 장애가 있는 사람이 비필수적인 기능을 수행하지 못한다고 해서 고용을 거부하는 것은 불법인데, 이러한 기능은 다른 사람이 쉽게 수행할 수 있거나 혹은 이러한 기능을 전혀 수행할 필요가 없기 때문이다. 또한 비필수적인 기능(때로는 필수적인 기능도)에 대해서는 조직이 편의시설을 만들어 장애가 있는 종업원이 직무를 할 수 있도록 해야 한다(Cleveland, Barnes-Farell, & Ratz, 1997). 이 내용은 5장에서 다시 상세하게 논의할 것이다.

직무분석은 필수적인 기능과 KSAO를 파악하기 위해 사용되며(Mitchell, Alliger, & Morfopoulos, 1997), 사람들에게 영향을 미치는 결정이 직무와 관련된 인적 요인에 기초하여 내려졌다는 점을 명확히 하는 데 도움이 될 수 있다. 예를 들어, 고용 제도를 법적으로 방어하기 위해서는 해당 직무와 관련이 있다고 밝혀진 KSAO에 기반을 두어야 한다. 승진 결정 역시 해당 직위 후보자들의 KSAO를 기반으로 하여 이루어져야 하며, 해당 직무에 필수적이라고 확정된 특성들을 지니고 있는 사람들만 고려해야 한다. 적절하게 시행된 직무분석을 통하여 KSAO가 도출되면, 그러한 KSAO에 기반을 둔 조직의 활동은 합법적이다. 더욱이 종업원과 직무 지원자는 공정하게 취급받았다고 더 많이 믿게 될 것이고 차별을 받았다고 주장하는 소송을 하지 않을 것이다.

3) 수행 평가

설계가 잘된 수행 평가 체계는 직무분석을 바탕으로 한다. 평가할 직무 수행의 주요한 구성 요소를 결정하는 준거 개발(criterion development)은 직무분석 정보가 사용되는 주요 영역 중 하나다. 직무중심 분석으로 직무의 주요 구성 요소들을 도출하고, 이 구성 요소들은 수행 평가(performance appraisal)를 위한 차원으로 사용된다.

4장에서 논의할 행동중심 수행 평가 방법은 직무분석에 기초한다. 이러한 도구에 포함되는 구체적인 행동은 직무분석 과정에서 파악한 중요 사건들을 통해 수집된다(Flanagan, 1954). 중요 사건(critical incident)이란 '직무 수행에서 우수한' 수준에서 '형편없는' 수준까지의 서로 다른 수준을 나타내는 행동의 예들로, 수행 평가의 중요한 부분이 된다. 형편없는 사건에서는 경찰관이 시민과 논쟁을 벌여 폭력으로까지 이어지는 사건과 같이 종업원이 실제로 어떻게 비효과적인 행동을 했는지를 묘사한다. 우수한 사건에서는 경찰관이 어떤 사람에게 자신의 입장을 설명할 기회를 줌으로써 폭력으로 이어질 수 있었던 충돌을 진정시킨 사건과 같이 어떻게 효과적으로 대처했는지를 묘사한다.

4) 선 발

직무에 누구를 고용할 것인지를 결정하는 첫 번째 단계는 직무에서의 성공에 필수적인 인적 특성, 즉 KSAO를 결정하는 것이다. 이는 종업원 선발 체계를 설계할 때 사람중심 직무분석이 첫 번째 단계가 되어야 함을 의미한다. 일단 직무에 필요한 KSAO를 파악하면, 직무 지원자들이 그 직무에 대한 요건과 얼마나 부합하는지를 결정하기 위한 절차를 선정한다. 개인적인 특성 평가를 위하여 면접이나 심리검사와 같은 방법을 사용함으로써 부합 여부를 결정한다(5장 참조).

사람중심 직무분석으로 특정한 직무에 대한 KSAO 목록을 작성한다. 이러한 KSAO에는 직무 지원자가 고용 시점에서 보유하고 있으리라 예상하는 특성과, 경험과 훈련을 통해서 육성될 수 있는 특성을 모두 포함한다. 예를 들어, 대기업에서 대부분의 회계 담당 직원은 회계학 전공 학위가 있어야 한다. 이 요건으로 대부분의 지원자가 회계 원리와 절차에 대한 상당한 수준의 지식이 있으리라 확신할 수 있다. 입사한 조직의 고유한 정책과 관행에 대한 구체적 지식은 맡은 직무를 수행하면서 배우게 된다. 이것은 직무분석 정보의 다음 사용 영역인 훈련과 관련된다.

5) 훈 련

직무에 필요한 KSAO를 파악하면 훈련이 필요한 영역이 어떤 영역인지 알 수 있다.

지원자들이 어떤 직책에 지원할 당시에 보유하고 있지 않은 KSAO는 고용된 후에 훈련을 받아야 하는 영역이 된다. 조직의 효과적인 훈련 프로그램은 직무에 대한 KSAO 요건을 철저히 분석한 후에 만들어진다. 직무 수행에 필요한 KSAO 요건을 지원자나 종업원이 지니고 있는 KSAO와 비교한다. 지원자나 종업원의 부족한 부분이 습득될 수 있는 특성이라면, 그러한 특성은 훈련이 필요한 영역이 된다. 그러나 키 같은 특성은 직무에서 필수적이라고 해도, 훈련을 통해 더 크게 할 수는 없는 개인 특질이다.

6) 직업 상담

대학 수준의 교육을 포함한 학교 교육의 주요 기능은 학생들이 미래의 진로를 염두에 두고 직업을 선택하는 것을 돕는 일이다. 사람들이 직업에서 요구하는 KSAO와 자신의 KSAO가 부합되는지 여부를 알아보려 할 때 도움이 되는 여러 종류의 직업 상담 도구가 존재한다. 피상담자의 선호도와 성격에 맞는 직업을 찾아주는 데 사용되는 도구들도 있다. 또한 개인의 능력이 직무 요건과 부합하는지 알려 주는 방법들도 있다. 직무분석은 사람들의 KSAO를 직업과 부합시키는 데 특히 유용하다.

Converse, Oswald, Gillespie, Field, Bizot와 Smither(2004)는 직무분석이 직업 상담에 어떻게 사용되는지의 예를 제시했다. 그들은 특정한 직업의 KSAO 요건을 결정할 목적으로 직무분석을 사용하였다. 능력검사 총집을 표본에게 실시한 다음에 이를 바탕으로 도출된 각 사람의 능력 프로파일을 각 직업의 요건과 맞추어 보았다. 각 개인과 가장 잘 맞는 직업과 가장 잘 맞지 않는 직업을 판별하기 위하여 개인의 KSAO가 직무 요건과 얼마나 잘 들어맞는지에 대한 점수를 산출하였다. 예를 들면, 어떤 사람의 능력은 운전을 하는 직업, 즉 트럭 운전사나 지하철 운행원 등과 잘 맞지만 건강 관련 직업, 즉 의사 보조원이나 의사 등과는 맞지 않았다. 또 어떤 사람의 프로파일은 공장 기계 조작원과는 잘 맞았지만 생물학자와는 부합되지 않았다.

7) 연 구

직무분석 정보를 사용하는 또 다른 영역은 연구(research)다. 다수의 연구자는 이 책에서 논의하는 많은 조직 현상(종업원 동기와 수행에서부터 건강과 안전에 이르기까지)에서 직무 요건이나 과업 특성의 역할을 결정하는 데 관심이 있다. 예를 들어, Elovainio와

연구 상세히 보기

심리학자들은 스트레스를 준다고 생각하는 것(어떤 사람은 불쾌하다고 생각하지만 어떤 사람은 즐겁다고 생각하는 것)에는 광범위한 개인차가 있다고 오랫동안 생각해 왔다. 이 연구의 저자들은 직업 스트레스에 성격 변인이 미치는 영향과 직무 맥락이 미치는 영향을 알아보고자 하였다.

이 연구는 핀란드에서 6개의 보건의료 시설에서 일하는 734명의 지방 정부 공무원 표본을 대상으로 수행되었다. 구조화에 대한 욕구라는 성격 특성과 업무에서의 정서적 긴장 수준을 평가하기 위해 질문지를 사용하였다. 직무 복잡성은 『직업명 사전(*Dictionary of the Occupational Titles*)』 데이터베이스의 자료를 통해 평가되었다. 표본 전체에서 성격 변인은 정서적 긴장, 즉 스트레스와 상관이 있었다. 즉, 구조화에 대한 욕구가 높은 사람은 업무에서의 정서적 긴장이 높은 경향을 보였다. 그러나 직무 복잡성이 분석에 추가되었을 때 이러한 관계는 고도로 복잡한 직무에서 일하는 사람들에게서만 나타났다. 단순한 직무를 수행하는 사람들에게서는 성격과 긴장의 관계가 발견되지 않았다.

저자들은 직무 맥락이 직무 스트레스의 중요한 요인이라고 결론 내렸다. 개인차만으로는 스트레스가 완전히 설명되지 않고 개인차와 상황이 결합하여 스트레스를 설명한다. 직무가 단순할 때는 구조화가 잘 되어 있을 것이기 때문에 구조화에 대한 욕구가 높은 사람이 낮은 사람들과 직무를 다르게 경험하지 않을 것이다. 그러나 직무가 복잡하여 구조화되어 있지 않을 때에는 성격 변인의 영향이 나타날 것이다.

1장에서 언급하였듯이 스칸디나비아에서 시행된 대부분의 연구는 종업원의 복지와 관련되며 이 연구도 예외는 아니다. 미국에서의 직무분석 연구는 대부분 종업원 선발이나 수행 평가와 관련이 있는 반면에, 핀란드에서는 직무분석이 직무 스트레스를 연구하는 데 사용된다.

출처: "Personal Need for Structure and Occupational Strain: An Investigation of Structural Models and Interaction with Job Complexity," by M. Elovainio and M. Kivimäki, 1999, *Personality and Individual Differences, 26*, 209-222.

Kivimäki(1999)는 직무분석 자료를 직무 스트레스에서의 개인차에 대한 연구에 사용하였다. 핀란드에서 행해진 이 연구에서 변화와 불확실성을 아주 혐오하는 사람들은 업무에서 고도의 정서적 긴장(예: 불안)을 경험했지만, 이러한 현상은 직무분석을 통해 직무가 복잡하다고 평가되었을 때만 나타났다. 이러한 유형의 사람들은 직무가 단순한 경우에는 변화와 불확실성을 즐기는 사람들보다 긴장을 경험할 가능성이 더 높지 않았다.

3. 직무분석 정보의 수집 방법

직무분석 정보는 여러 가지 방법으로 수집할 수 있다. 이러한 모든 방법에서는 직무의 다양한 측면을 수행하는 데 필요한 직무 특성과 KSAO 요건을 수량화하는 훈련을 받은 사람들이 활용된다. 이들은 해당 직무를 수행하는 종업원들을 설문 조사하거나, 자신이 직접 직무를 수행하는 경험을 하거나, 혹은 직무를 수행하는 것을 관찰한다.

1) 정보 제공자

대부분의 직무분석 정보는 네 가지 출처에서 나온다.

- 직무분석가
- 직무 재직자
- 감독자
- 훈련된 관찰자

직무분석가와 훈련된 관찰자는 실제로 직무를 수행하기도 하고, 직무를 수행하는 종업원들을 관찰하는 데 시간을 보내기도 하며, 이러한 경험을 직무분석으로 전환한다. 재직자와 감독자는 주제관련 전문가(subject matter expert: SME), 즉 자신의 직무나 자신이 감독하는 직무의 내용과 요건에 관하여 자세하게 아는 사람으로 간주된다. 주제관련 전문가를 면접하거나 그들에게 직무분석 질문지를 작성하게 하여 직무에 대한 정보를 제공받게 된다.

2) 직무분석 정보 수집 방법

직무분석 정보는 여러 가지 방법으로 수집할 수 있는데, 가장 일반적으로 사용되는 네 가지 방식은 다음과 같다.

- 직무를 직접 수행

- 직무 수행 중인 종업원 관찰
- 주제관련 전문가를 면접
- 주제관련 전문가에게 질문지 실시

■ 직접 수행

직무분석 정보를 수집하는 한 가지 방법은 직무분석가가 직접 일부 직무 과업이나 전체 직무를 수행해 보는 것이다. 직무분석가는 종업원이 되어 직무를 수행하기도 하고 혹은 모의 상황에서 과업을 수행하기도 한다. 해당 직무를 직접 해 봄으로써 직무분석가는 직무 과업의 본질과 과업들이 어떻게 서로 연관되어 있는지에 대한 통찰을 얻는다. 또한 이러한 과정을 통하여 종업원들이 직무를 수행하는 맥락을 이해하게 된다. 예를 들어, 보험 판매원과 경찰관 모두 자동차를 운전하지만 양쪽 직업인들이 운전하는 상황은 매우 다르다.

직접 수행으로 좋은 정보를 얻을 수 있긴 하지만 자주 사용되지는 않는다. 직무를 직접 수행해 보고 경험하는 일은 비용도 많이 들고 시간적 소비도 크다. 직무분석가는 직무를 수행하기 위해 광범위한 훈련을 받아야 할 것이다. 특히 경험이 없는 사람에게는 위험한 직업도 있다. 마지막 문제점은 이 방식이 동일한 직업명의 직업에 종사하는 종업원들마다 실제로 하는 과업이 다를 수 있다는 사실을 명확히 보여 주지 못한다는 것이다.

■ 관 찰

직무에 대한 정보를 수집하는 또 다른 방법은 직무를 수행하는 사람들을 관찰하는 것이다. 관찰자는 직무분석가이거나 다른 사람들을 관찰하는 방법을 훈련받은 사람이다. 관찰자는 일반적으로 자신이 관찰하는 바를 주어진 양식(form)에 작성하게 된다. 예를 들어, 관찰자는 양식에 활동 목록을 작성하고 종업원들이 각각의 활동을 얼마나 빈번하게 수행하는지 표시한다. 직무를 직접 수행하는 방법과 마찬가지로 종업원을 관찰하는 방법은 직무 과업이 수행되는 상황에 대한 통찰력을 얻게 되는 반면에 비용이 많이 들고 시간 소비가 크다는 단점이 있다.

■ 면 접

직무에 대한 정보를 수집하는 가장 보편적인 방법은 직무를 잘 아는 주제관련 전문가들을 면접하는 방식이다. 이러한 전문가들은 일반적으로 직무 재직자와 감독자다. 면접은 직무분석가나 훈련된 면접자가 수행한다. 면접은 흔히 동일한 직명을 가진 사람들이 수행하는 모든 과업과 활동의 목록을 추출하기 위해 사용된다. 소수의 종업원만이 수행하는 과업도 있고, 드물긴 하지만 모든 종업원이 수행하는 과업도 있다.

■ 질문지

질문지는 직무분석 정보를 수집하는 가장 효율적인 수단이다. 질문지에는 직무에 대한 수백 개의 질문이 포함되고 수천 명의 종업원들에게 쉽게 시행할 수 있다. 질문지만큼 직무분석가의 노력을 거의 들이지 않고 직무에 대해 많은 정보를 얻는 기법은 달리 없다. 동일 직명의 직무를 수행하는 종업원에게 동일한 질문지를 사용하면, 직명은 동일하지만 직무 특성(예: 근무 위치)이 다른 집단을 서로 비교할 수 있다.

■ 다중 방법

직무분석 정보를 수집하는 이상의 네 가지 방법은 직무가 어떤 모습인지를 묘사하는 데 각각 고유한 장점과 한계를 지닌다. 〈표 3-3〉에 각 방법의 장점과 한계에 대한 설명이 있다. 실무에서는 한 방법의 한계를 다른 방법의 장점으로 보완하기 위해 여러 가지 방법을 한꺼번에 사용하는 경우가 자주 있다. 예를 들어, 직무분석가들은 업무 맥락에 대한 감을 잡기 위하여 직무를 직접 수행해 본 후, 직명이 동일한 많은 종업원에게서 세부적인 정보를 얻기 위해 질문지 방법을 사용하기도 한다.

〈표 3-3〉 직무분석 정보를 수집하는 네 가지 기법의 장점과 한계

직접 수행	• 장점: 직무가 수행되는 상황을 알 수 있다. 직무에 대해 매우 세부적인 내용을 얻는다. • 한계: 직명이 동일한 직무들 간의 차이를 알지 못한다. 비용과 시간이 많이 든다. 분석가에게 폭넓은 훈련이 필요하다. 분석가에게 위험할 수도 있다.
면접	• 장점: 직무에 대해 다양한 관점을 얻는다. 동일한 직무를 하는 재직자들 간의 차이를 보여 준다. • 한계: 질문지와 비교하여 시간이 많이 든다. 과업이 수행되는 상황을 보지 못한다.

관찰	• 장점: 직무에 대해 비교적 객관적인 관점을 얻는다. 직무가 수행되는 상황을 알 수 있다. • 한계: 시간이 많이 든다. 관찰된다는 것을 알고 종업원이 평소와 다른 행동을 할 가능성이 있다.
질문지	• 장점: 효율적이고 비용이 적게 든다. 동일한 직무의 재직자 간의 차이를 보여 준다. 수량화하고 통계적으로 분석하기 쉽다. 공통적인 직무 차원상에서 상이한 직무들을 비교하기가 쉽다. • 한계: 직무가 수행되는 상황을 무시한다. 응답자들이 질문지의 문항에 국한해서 답변하게 된다. 질문지를 설계하기 위해서 직무에 대한 지식이 필요하다. 직무 재직자들이 자신들의 직무가 실제보다 더 중요하게 보이도록 왜곡하기 쉽다.

4. 직무분석의 방법

직무분석을 수행하기 위해 많은 방법이 개발되었다. 이러한 방법은 각각 다른 출처와 다른 수집 방법을 사용한다. 직무 혹은 사람 어느 한쪽에 초점을 맞추는 방법이 있는 반면, 직무와 사람 모두에 초점을 두는 방법도 있다. 직무분석 방법은 직무분석 정보의 네 가지 출처와 정보를 수집하는 네 가지 방법 중 어느 방법을 사용하는지에 따라 다양하다. 많은 직무분석 방법이 한 가지 이상의 출처와 한 가지 이상의 정보 수집 방법을 사용한다. 이와 같이 많은 방법이 존재하는 이유는 직무분석이 모두 동일한 목적에 사용되지 않기 때문이다. Levine, Ash, Hall과 Sistrunk(1983)는 직무분석가들을 대상으로 연구한 결과, 목적에 따라 적합한 방법이 서로 다르다는 점을 밝혔다.

다음에서는 직무분석에 자주 사용되는 네 가지 방법을 제시한다. 직무 요소 질문지, 기능적 직무분석, 직책 분석 질문지는 여러 직무를 비교하는 데 사용할 수 있는 일반적인 방법이다. 과업 질문지는 직무의 구체적인 구성 요소와 과업을 도출하는 데 사용된다. 각 방법은 고유한 장점을 지니고 있으며 특정한 목표를 달성하기 위해 개발되었다.

1) 직무 요소 질문지

직무 요소 질문지(Job Components Inventory: JCI)는 직무 요건과 근로자의 특성을 맞추어 보아야 할 필요성 때문에 영국에서 개발되었다(Banks, Jackson, Stafford, & Warr, 1983). 이 방법을 통해 직무에서 필요로 하는 요건과 특정한 사람이 보유하고 있는 KSAO를 동시에 평가할 수 있다. 즉, 이 방법으로 직무상 요구되는 KSAO와 개인의 KSAO 모두를 산출하여 비교한다. 이 KSAO 목록에서 직무와 개인이 일치하는 정도에 따라 어떤 사람이 특정한 직무에 적합한지 혹은 직무를 수행하기 위해 추가적인 훈련이 필요한지를 결정한다. 직무 요소 질문지는 학교 장면에서 교육과정 개발과 직업 지도를 위해 사용되고 있다.

직무 요소 질문지에는 특정 직무의 기술적 요구 사항으로 전환할 수 있는 400개 이상의 직무상 특징이 포함되어 있다. 다음은 직무 특징들을 포괄하는 다섯 가지 구성 요소다.

① 도구와 장비의 사용(use of tools and equipment)
② 지각 요건과 신체 요건(perceptual and physical requirements)
③ 수학(mathematics)
④ 의사소통(communication)
⑤ 의사결정과 책임(decision making and responsibility)

영국 사무직에 필요한 다섯 가지 구성 요소와 그에 대응하는 기술 요건의 예는 〈표 3-4〉에 열거되어 있다. 대부분의 직무는 직무 요소 질문지로 분석될 수 있으며, 잠재적

〈표 3-4〉 JCI의 다섯 가지 구성 요소로 분류한 영국 사무직에서 빈번하게 요구되는 기술의 예

예	
구성 요소	기술
도구와 장비의 사용	펜의 사용
	전화의 사용
지각 요건과 신체 요건	선택적 주의
	손목/손가락/손의 속도
수학	소수의 사용
	정수의 사용
의사소통	조언 혹은 조력
	문서 정보 받기
의사결정과 책임	일의 순서 결정
	일의 기준 결정

출처: "Skills Training for Clerical Work: Action Research Within the Youth Opportunities Programme," by M. H. Banks and E. M. Stafford, 1982, *BACIE Journal, 37*, 57-66.

종업원의 기술 수준을 직무에서 필요로 하는 기술 요건과 비교하여 평가한다. 다수의 직무에 대한 직무 요건의 정보를 담고 있는 데이터베이스는 자신의 기술과 선택한 직업이 요구하는 기술이 얼마나 잘 맞는지를 알고 싶은 사람들이 이용할 수 있다.

2) 기능적 직무분석

기능적 직무분석(functional job analysis: FJA)(Fine & Wiley, 1971)에서는 관찰과 주제관련 전문가(SME)와의 면접을 통하여 직무 기술서를 작성하고 여러 차원에서 직무와 잠재적 작업자의 점수를 도출한다. 기능적 직무분석에서 사용하는 차원들은 모든 직무에 적용할 수 있기 때문에 이 방법으로 직무를 서로 비교할 수 있다. 기능적 직무분석은 미국 노동부에서 『직업명 사전(*Dictionary of Occupational Titles: DOT*)』을 제작하기 위해 활용한 직무분석 방법이다(U.S. Department of Labor, 1977, 1991). 『직업명 사전』에는 2만 개 이상의 직무에 대한 직무분석 정보가 포함되어 있다. 1977년 판의 색인에는 해녀부터 지글로 검사자까지 나열되어 있는데, 이 두 직업에 대한 설명은 〈표 3-5〉에 제시되어 있다. 〈표 3-6〉에는 경찰관 직무에 대한 DOT의 직무 묘사 부분이 전재되어 있다. 이제는 인쇄 매체로 된 DOT가 인터넷을 통하여 정보를 획득할 수 있는 O*NET으로 대체되었고, 그 내용도 대폭 확장되었다.

〈표 3-5〉 『직업명 사전』(4판, 1977) 색인에서 첫 번째와 마지막 수록어*

- ABALONE DIVER(해녀): 스쿠버 장비 혹은 수면 위까지 뻗어 있는 산소 호스를 장착한 잠수복을 입고 바다 밑에서 해면동물, 전복, 진주조개, 큰 백합과 같은 바다생물을 채집하거나 수확하는 사람.
- ZYGLO INSPECTOR(지글로 검사자): 갈라진 틈, 용접 부위와 같은 결함을 찾아내기 위해서 산화철과 지글로 용액을 철 금속 부분에 붓고 형광등과 검은 불빛 아래에서 검사하는 사람.

* 원본을 요약.

〈표 3-6〉 『직업명 사전』(4판, 1977)에서 경찰관 직무의 기술*

순찰 경찰관으로 임명된 사람들은 교통 상황을 통제하고, 범죄를 예방하며 범죄자를 체포하기 위해 순찰한다. 용의자를 주시하고 상사에게 보고한다. 공공 집회에서 난동을 부리는 군중을 해산시킨다. 교통 법규 위반자에게 법규 위반 통지서를 발부한다. 방치된 차량을 견인하도록 관할 구역의 공공 업무 부서에 통보한다. 징수한 돈을 보호하기 위해 주차 요금 징수 직원과 동행한다.

* 원본을 요약.

■ 직업 정보망

연구 회사(research firms)와 대학교에 재직하고 있는 많은 산업 및 조직 심리학자의 도움을 받아서, 직업 정보망(Occupational Information Network: O*NET)이 1990년대 미국 노동부에 의해 개설되었고, 오늘날에도 확장과 개정이 계속되고 있다. 이 정보 시스템은 공통적인 특성을 공유하는 대략 1,100개의 직무군에 대한 직무 관련 정보를 제공하는 컴퓨터 기반 자료 원천이다(Peterson, Mumford, Borman, Jeanneret, Fleishman, Levin et al., 2001). 개인용 컴퓨터를 위한 CD-ROM과 World Wide Web을 통한 웹사이트(http://www.onetonline.org)를 포함하여 여러 형태로 이용할 수 있도록 되어 있다. 이는 이 방대한 데이터베이스를 개인과 조직이 널리 사용할 수 있도록 하기 위함이다.

O*NET은 DOT에 포함되었던 많은 원자료를 바탕으로 시작했지만, O*NET의 내용은 이전에 시도한 어떠한 직업 관련 자료보다도 훨씬 더 방대하다. O*NET은 직무의 내용과 직무에 종사하는 사람에게 필요한 KSAO에 대한 막대한 양의 정보를 제공한다. *O*NET98 Data Dictionary*(미국 노동부, 1998)에는 직무를 기술하고 평정하는 데 사용하는 450개 이상의 차원이 열거되어 있다. 〈표 3-7〉(첫 번째 열)은 O*NET 내용 모형의 여섯 가지 영역을 보여 준다. 이 중 세 영역(경험 요건, 작업자 요건, 작업자 특성은 KSAO)에 대한 정보를 제공한다. 직업 요건과 직업 특정적 정보는 직무 과업의 특성에 관한 내용

〈표 3-7〉 순찰 경관직에 대해 O*NET에서 제공한 정보의 예

영역	영역의 내용	순찰 경관 정보의 예
경험 요건	훈련, 학습, 자격증	경찰학교에서의 훈련, 유관 현장 경험, 혹은 준학사 학위 학사학위를 요구하기도 함
작업자 요건	기본 기술, 응용 기술, 일반적 지식, 교육	문제 확인과 담화 기술 공공 안전과 법에 대한 지식
작업자 특성	능력, 흥미, 업무 유형	빠른 반응 시간과 넓은 시야 타인을 돕는 업무 활동에 대한 흥미 성취 지향성
직업 요건	일반적 업무 활동, 업무 맥락, 조직 맥락	시민과 함께 일하기, 차량이나 장비를 운용
직업 특정적 정보	직업 지식, 직업 기술, 과업, 기계, 도구와 장비	특정 지역 순찰, 질서 유지, 범인 검거, 교통상황 감시
직업 특성	노동시장 정보, 직업 전망, 임금	1996년부터 2006년까지 17.8%의 고용 증가를 예상 전국 임금 중앙값은 3만 4,632달러

출처: O*NET98 Database Files accessed with O*NET98 Viewer Version 1.0, U.S. Department of Labor.

을 알려 준다. 직업 특성은 개별 직무에 대한 노동 시장과 임금에 관한 기타 정보를 다룬다.

O*NET으로 특정한 직무를 찾아 여섯 가지 영역에 대한 기술과 상세한 정보를 얻을 수 있다. 비록 기본적인 자료는 같지만, 개인용 컴퓨터 버전과 온라인 버전은 약간 다른 형식으로 정보를 제공한다. 〈표 3-7〉은 경찰관에 대한 정보를 여섯 가지 영역으로 나누어 제공한 예다. 이 경찰관 정보는 PAQ에 의해 제공되는 경찰관 정보와 중복되는데(〈표 3-7〉의 세 번째 열과 〈표 3-9〉를 비교해 보라), 이는 의외의 일이 아니다. Jenneret과 Strong(2003)이 밝혔듯이, O*NET과 PAQ의 유사한 차원에서의 점수들은 밀접한 관련이 있기 때문이다.

3) 직책 분석 설문지

직책 분석 질문지(Position Analysis Questionnaire: PAQ)(McCormick, Jeanneret, & Mecham, 1972)는 직업의 종류를 막론하고 모든 직업을 분석하는 데 사용 가능한 도구다. 질문지는 직업의 과업 요건이나 요소를 다루는 187문항을 포함하고 있으며, 요소들에 기반을 두어 직업에 대한 KSAO 프로파일을 작성한다. PAQ는 일반적인(general) 요소들로 구성되어 있어 공통의 차원이나 KSAO를 토대로 서로 다른 직업을 비교할 수 있다.

PAQ의 요소는 여섯 가지 주요 범주로 묶이고, 각 범주는 더 작은 하위 범주로 나뉘어 있다(〈표 3-8〉 참조). 요소들은 정보의 투입과 진행 과정, 장비와 도구의 사용, 일반적인 신체 동작, 대인 간 상호작용, 업무 맥락을 포함하여 아주 다양한 과업 요건을 다루고 있다. 어떤 직업에서도 이러한 요소들을 KSAO로 전환할 수 있다. 예를 들어, 수학을 사

〈표 3-8〉 PAQ의 주요 범주

범주	예
정보 투입	정보의 수집 혹은 관찰
매개 과정	의사결정과 정보처리
작업 산출	물체의 조작
대인 간 활동	타인과의 의사소통
작업 상황과 직무 맥락	물리적 및 심리적인 작업 조건
기타 측면	작업 일정

출처: "A Study of Job Characteristics and Job Dimensions as Based on the Position Analysis Questionnaire (PAQ)," by E. J. McCormick, P. R. Jeanneret, and R. C. Mecham, 1972, *Journal of Applied Psychology, 56*, 347-368.

〈표 3-9〉 경찰관에 대한 PAQ의 KSAO와 과업 요소

KSAO	과업 요소
원거리 시력	지각된 바의 해석
단순 반응 시간	환경적 조건의 인식
움직임 탐지	기계 혹은 과정의 제어
속도 제어	일반적 대인 접촉
청력	지정된 복장 혹은 선택적 복장 착용

출처: Job Profile, PAQ Number 003 127, used by permission of PAQ Services.

용하는 직업은 수학 영역의 기술을 요구한다. PAQ는 표준적인(standard) KSAO 목록을 산출해 내기 때문에, KSAO 요건들을 기준으로 직업들의 상호 비교가 가능하다.

PAQ는 특정 직업에 대한 과업 요소 및 KSAO 프로파일을 산출한다. 이 프로파일로 해당 직업과 PAQ 데이터베이스 내에 있는 수백 개의 직업을 비교한다. 프로파일은 모든 직업과 비교했을 때 해당 직업의 각 요소 혹은 KSAO에 대한 백분위 점수(percentile score)를 나타낸다. 직업 전체와 비교해 보았을 때 낮은 점수는 요소 혹은 KSAO가 해당 직업에서는 덜 중요한 부분이라는 것을 의미하며, 높은 점수는 요소나 KSAO가 직업 전체와 비교해 보았을 때 해당 직업에서 더 중요한 부분임을 의미한다. 50백분위는 직업이 해당 요소나 차원에서 중간임을 뜻한다.

〈표 3-9〉에는 경찰직의 가장 중요한 직무 요소와 KSAO 예시가 제시되어 있다. 이 표에서 볼 수 있듯이, 경찰관의 직무에는 일반적 대인 접촉 업무와 지정된 복장 혹은 선택적 복장 착용 등이 포함된다. 〈표 3-9〉에는 경찰관의 직무에 대한 여러 KSAO의 예가 포함되어 있다. 가장 중요한 두 가지 KSAO는 원거리 시력(far visual acuity)과 단순 반응 시간(simple reaction time)이다. 이 두 가지 모두는 O*NET에서도 확인할 수 있다.

4) 과업 질문지

과업 질문지(task inventory)는 분석 대상 직무에서 수행될 가능성이 있는 특정한 과업들의 목록을 담고 있는 질문지다. 또한 질문지에는 각 과업에 대한 하나 이상의 평정척도가 포함된다. 평정은 다음과 같은 차원에서 이루어진다.

- 과업을 하는 데 걸리는 시간

- 직무를 잘하기 위하여 과업이 필수적인 정도
- 과업 학습의 난이도
- 과업의 중요도

일반적으로 직무 재직자들에게 요청하여 자신이 하는 직무에 대해 질문지를 작성하게 한다. 특정한 직무에서의 각 과업의 평균 중요도나 평균 소요 시간에 대한 정보를 파악하기 위해 재직자들이 작성한 질문지의 답변 결과를 통합한다.

여러 사람이 과업 질문지에 응답할 때, 각 과업에 대하여 동일한 차원에서 서로 다른 평정을 내린다. 이러한 사실은 자신의 직무에 대한 개인적 판단의 차이를 반영한다. 즉, 두 사람이 한 과업에서 같은 양의 시간을 소비하면서도, 어떤 사람은 다른 사람보다 시간 소요 차원에서 더 높게 평정하기도 한다. 평정에 개인차가 존재하는 또 다른 이유는 여러 사람 간의 평정의 차이가 과업에서의 실제 차이를 반영할 수도 있기 때문이다(Harvey & Wilson, 2000; Sanchez & Levine, 2000). 또한 한 조직 내에서 동일한 직명의 직무가 내용에서 큰 차이를 보이기도 한다. 예를 들어, Lindell, Clause, Brandt와 Landis(1998)는 작업 단위(모두 긴급 상황 대책반임) 내의 종업원 수가 다양한 과업에서 보내는 시간의 양에 대한 평정에 영향을 준다는 사실을 밝혀냈다. 작업 집단 내의 구성원 수가 더 적을수록 각 구성원이 수행해야 하는 과업 수는 더 많아질 가능성이 높아 보인다.

과업 질문지는 동일한 직무의 종사자들 간의 차이가 연구의 관심사가 아닐 때 주로 사용하지만 두 가지 주목할 만한 예외가 있었다. Conte, Dean, Ringenbach, Moran과 Landy(2005)는 직업에 대한 정서가 직무분석의 평정과 관련이 있음을 보여 주었다. 자신의 직무에 만족하는 사람은 불만족하는 사람보다 다양한 과업에서 더 많은 시간을 보낸다고 보고하였다. 또한 주식 중개인에 대한 연구에서는 여러 과업 각각에서 소요한 시간에 대한 평정 값이 개인의 판매 수행을 예측하였다(Borman, Dorsey, & Ackerman, 1992). 예를 들어, 사무실을 벗어나 의뢰인과 더 많은 시간을 보내는 주식 중개인은 더 적은 시간을 보내는 중개인보다 매출량이 더 많았다('연구 상세히 보기' 참조). 이 연구에서 소요 시간이 더 나은 수행 성과의 원인인지 결과인지는 완전히 명확하지는 않다. 과업들의 평정이 직무 수행과 상관이 있는 이유를 확실히 알기 위해서는 더 많은 연구가 필요하다.

아주 단순한 직무의 과업 명세서에도 수백 개의 과업이 포함되기도 한다. 용이한 해석을 위해서 흔히 직무의 주요 구성 요소를 나타내는 차원들에 과업들을 묶어 넣는다.

연구 상세히 보기

과업 질문지의 평정자 간 평정의 불일치는 보통 신뢰도의 부족 탓으로 해석한다. 하지만 이 연구의 연구자들은 다른 관점으로 불일치를 바라보았다. 그들은 같은 직무에 종사하는 사람들이 다양한 과업에서 소비하는 시간의 양은 다를 것이라고 생각했다. 더욱이 연구자들은 시간 소비 차이가 주식 중개인의 판매 수행과 관련될 것이라고 생각했다. 달리 말하면, 수행 수준이 높은 사람들은 수행 수준이 낮은 사람들과 직무에서 보내는 시간이 다르리라고 보았다.

이 생각을 검증하기 위해서 연구자들은 580명의 주식 중개인을 주제관련 전문가로 선발하여 직무분석을 수행했다. 각 중개인은 160개의 과업을 열거한 과업 질문지에 답변하고, 각 과업에 대해 소비한 시간을 평정하였다. 또한 각 주식 중개인의 전년 판매 성과에 대한 자료도 수집했다.

일부 과업에서 시간 소비의 양은 판매 성과와 유의미한 상관이 있었다. 예를 들어, 다음의 과업들은 높은 판매고와 관련이 있었다.

- 회사 고객과 일반 고객 응대
- 다른 주식 중개인에게 조언 혹은 조력

연구자들은 연구 결과가 주식 중개인들이 판매 수행을 잘하기 위한 효과적인 전략을 시사해 주는 것이라는 결론을 내리고 싶은 유혹에 빠질 수 있음을 지적했다. 그러나 그들은 그러한 전략들이 높은 성과의 원인이기보다는 효과일 것이라고 보고 있다. 고객이 많은 중개인은 사무실을 벗어나 의뢰인들과 시간을 보낼 기회가 많다. 또한 고객의 수 때문에 판매액이 높다. 고객이 거의 없는 주식 중개인은 사무실 밖에서 고객과 접촉할 기회나 판매할 기회가 거의 없다. 그러므로 이런 상황에서 사무실 밖에서 고객과 시간을 보내는 활동은 높은 판매고의 원인이 아니라 고객이 많은 것의 부수적 결과일 뿐이다. 이 연구가 기여한 바는 동일 직무에 종사하는 사람들 간에 중요한 차이가 있다는 점을 보여 준 데 있다. 과업에 소비하는 시간에서의 종업원 간의 차이에 대한 직무분석 정보는 조직에게 유용한 자료가 될 것이다.

출처: "Time-Spent Responses as Time Allocation Strategies: Relationa with Sales Performance in a Stockbroker Sample," W. C. Borman, D. Dorsey, and L. Ackerman, 1992, *Personnel Psychology*, *45*, 763-777.

과업 목록 기법을 사용하여 추출한 경찰의 직무 차원들은 〈표 3-10〉에서 볼 수 있다. 각 차원에 구체적인 과업이 배정되었으며, 주제관련 전문가가 각 과업을 다양한 척도에서 평정하였다. 직무를 더 잘 이해하려면 각 과업을 주요 차원의 맥락에서 고려해야 한다.

과업 질문지는 직무와 사람에 관한 여러 다른 유형의 정보를 수집하는 광범위한 직무분석 작업의 주요 구성 요소인 경우가 많다. 통합적 직무분석 방법(Combination Job Analysis Method: C-JAM; Brannick et al., 2007)은 그러한 작업 중 하나다. C-JAM은

〈표 3-10〉 과업 분석에서 도출한 경찰관 직무의 주요 차원

- 자동차나 기타 경찰 차량 운전
- 체포
- 증인과 참고인 면접
- 일상적인 순찰 중에 경계 유지
- 보고서 작성
- 사고와 사고 관련 문제 조사
- 교통 법규 위반 등에 대해 범칙금 통지서나 소환장 발부
- 가족 내 싸움 같은 소요에 대처
- 대민 서비스 제공

출처: *Selection of Police Officers, Report Supplement No. 1: Job Analysis,* by R. M. Guion and K. M. Alvares, 1980, Bowling Green, OH: Bowling Green State University.

〈표 3-11〉 C-JAM으로 분석한 경찰관 직무에 대한 KSAO 예

- 법, 규칙, 조례 등에 대한 지식(범죄 유형 포함)
- 언제/어디에서 면접/심문을 수행할지에 대한 지식
- 특수 장비(헬리콥터, 보트, MDT, 음성 녹음기 등)를 다루는 기술
- 총을 다루고 간수하는 기술
- 법, 규칙, 조례 등을 집행하는 능력
- 상황을 통제하는 능력
- 성실성(도덕성/윤리성/정직성)
- 용기

출처: *Job Analysis of Deputy Sheriff in the Pinellas County Sheriff's Office,* by E. L. Levine and D. P. Baker, 1987, unpublished paper, University of South Florida, Tampa.

KSAO와 과업에 대한 정보를 수집하기 위해 면접과 질문지 모두를 사용한다. 이 방법을 통해 직무에 대한 KSAO와 수행되는 과업을 상세히 묘사할 수 있다. 〈표 3-11〉은 C-JAM으로 분석한 경찰관의 직무에 대한 몇 가지 KSAO의 예다.

5) 직무분석 방법의 선택

이 장에서는 현재 사용되고 있는 많은 직무분석 방법 중 단지 몇 가지만을 소개하였다. 다양한 방법 중에서 어떤 방법을 선택할 것인가? 각 방법마다 고유한 이점과 한계점이 있고, 모든 방법이 모든 상황에 적절한 것은 아니다. Levine 등(1983)은 직무분석 전

문가들에게 11가지 목적에 대하여 7가지 직무분석 방법의 효과성을 평정하도록 했다. 각 직무분석 방법은 특정한 목적에 더 적합했다. 기능적 직무분석은 비교적 대부분의 목적에 효과적인 것으로 나타났지만, 완수하는 데 시간이 많이 걸리는 단점도 있었다. 직무분석 방법을 선택할 때는 비용과 목적을 포함한 여러 요인을 고려해야 한다.

6) 작업 팀에 대한 직무분석 방법

지금까지 우리는 개별적으로 업무를 수행하는 직무를 위해 고안된 직무분석 방법에 대해 논의하였다. 그러나 조직에서는 개인보다는 팀이 행하는 일들이 차츰 늘어나고 있으며, 이에 따라 특별한 직무분석 방법을 사용할 필요가 생기게 되었다. Brannick 등(2007)이 지적한 바와 같이, 팀 직무분석 방법은 앞서 논의한 분석 방법들과 동일한 출처와 자료 수집 방법들을 사용하기 때문에 이전의 방법들과 다를 바 없다. 그러나 팀원들 사이의 의사소통과 협력에 필요한 특유의 과업과 KSAO가 존재한다. 예를 들면, Stevens와 Campion(1999)은 팀 작업에는 의사소통, 갈등 해소, 목표 설정, 문제 해결 및 팀원들 간의 과업 조정과 관련된 특별한 KSAO가 필요함을 지적하였다.

5. 직무분석 정보의 신뢰도와 타당도

직무분석 정보는 직무를 수행하는 사람이나, 타인이 직무를 수행하는 것을 관찰하는 사람의 판단에 달려 있다. 사람들의 판단은 완벽하지 않기 때문에, 각 직무분석 방법이 얼마나 신뢰할 수 있고 타당한지를 결정하는 일은 중요하다. 많은 연구에서 일부 직무분석 방법의 신뢰도와 타당도 문제를 다루었다. 일반적으로 직무에 대한 여러 사람의 평정치가 상당히 신뢰할 만하다는 결과가 나왔다. 달리 말하면, 적어도 일부의 직무분석 방법의 경우 여러 사람이 매긴 직무에 대한 평정값 사이의 상관이 비교적 높았다는 것이다. 타당도는 다루기 어려운 주제이며 소수의 연구자가 직무분석 평정치가 실제로 무엇을 나타내는지에 관한 문제를 연구하기 시작했다. 달리 말해서, 직무분석 평정이 과업 특성과 KSAO 요건을 정확히 나타내고 있는지에 대해 의문을 던지기 시작했다.

1) 신뢰도

Dierdorff와 Wilson(2003)은 여러 직무분석 방법의 신뢰도를 보고한 46개의 연구 결과들을 통합분석하여 요약하였다. 그들의 연구에서 검사-재검사 신뢰도의 평균값은 .83인 것으로 나타났는데, 이는 동일 평정자가 시간을 달리해 행한 직무분석 평정이 거의 일치한다는 것을 말한다. 평정자 간 일관성(직무분석가들 간의 평정치의 일치 정도)은 다소 낮게 나타났으며, 평정자의 유형(예: 주제관련 전문가와 직무분석가)과 평가되는 차원에 따라 일관성이 달랐다. 평정자 간 평정치의 상관은 .48에서 .81 사이였다.

과업 질문지에서의 평정치의 신뢰도를 조사한 연구들도 있었다. Wilson, Harvey와 Macy(1990)는 검사-재검사 신뢰도가 평정척도마다, 예를 들면 과업에 보내는 시간의 양의 척도냐 혹은 과업의 중요도 척도냐에 따라 상당히 다르다는 것을 발견했다. 신뢰도가 아주 높은 척도도 있었고, 신뢰도가 형편없이 낮은 척도도 있었다. Sanchez와 Fraser(1992)의 연구에서도 직무 재직자들 사이의 평정자간 신뢰도가 평정척도뿐만 아니라 직무에 따라서도 달랐다.

지금까지의 연구를 종합해 보면 직무분석 평정은 꽤 신뢰할 만하다. 그러나 앞에서 언급한 바대로 과업 질문지에서의 평정은 예외였다. 주제관련 전문가들이 직무 재직자들일 때는 과업을 평정하기 위한 척도를 결정할 때 주의를 기울여야 한다. 다음에서는 직무분석 평정치들이 타당한지에 관한 내용을 다룬다.

2) 타당도

직무분석 평정치의 타당도에 대한 최선의 증거는 상이한 방법 또는 상이한 정보의 출처(예: 감독자와 재직자)를 비교한 연구에서 나온다. Spector, Brannick과 Coovert(1989)는 방법들 간 혹은 정보 출처들 간 .47에서 .94에 이르는 상관을 보고한 9개의 연구 결과들을 요약했다. 이러한 결과들은 직무분석 평정이 타당함을 시사해 주지만, 상이한 출처의 정보가 일치한다는 해석에 의문을 제기하는 아주 흥미로운 연구가 발표되었다. J. E. Smith와 Hakel(1979)은 훈련된 직무분석가들의 PAQ 평정치와 직업의 이름만 제시받은 대학생의 평정치를 비교했다. 학생들의 평정치와 전문 분석가들의 평정치는 높은 상관을 보였다. 직무분석가들이 재직자들과 면밀한 면접을 실시한 반면, 학생들은 직무에 대해 한정된 정보만을 받았기 때문에 이러한 결과는 뜻밖이었다. Smith와

Hakel은 분석가들의 평정치가 직무분석 절차를 통해 수집한 정보라기보다는 직무에 대한 기존의 생각들을 반영했기 때문일지도 모른다고 생각했다. 만약 그렇다면 직무분석 평정치는 산업 및 조직 심리학자들이 흔히 생각하는 것보다는 타당도가 떨어질 수도 있다.

학생과 훈련된 직무분석가들이 매긴 평정치들 사이의 일치도를 조사했던 또 다른 연구자들은 상이한 결론을 내렸다. Cornelius, DeNisi와 Blencoe(1984)는 학생들이 많은 직무에 대해 정확한 지식을 갖고 있기 때문에 직무분석가나 학생들 모두 직무 정보에 대한 타당한 지표를 제공하는 것이라고 믿었다. 그러나 학생들이 정확한 지식을 갖고 있다고 해도 훈련된 분석가들이 직무분석을 철저히 실시한다면 보다 폭넓은 정보를 수집할 수 있다(Cornelius et al., 1984).

Green과 Stutzman(1986)은 직무 재직자에게 과업 목록 질문지에 응답하도록 하는 직무분석을 시행했다. 연구자들은 분석 대상 직무에서 재직자 누구도 수행한 적이 없는 과업을 과업 질문지에 포함하였다. 그러한 가짜 과업 중 하나 이상에 절반이 넘는 재직자들이 표기하였다. 이러한 결과는 많은 사람이 과업 질문지에 부주의하게 답변하거나 완전히 정직하게 답변하고 있지는 않았음을 의미한다. 부주의하거나 부정직한 이유 때문에 과업 질문지의 정확성이 떨어지는지에 대해서는 이 연구에서 밝히지는 않았다. 다만 Hacker(1996)는 이 연구의 후속으로 유사한 연구를 수행하여, 가짜 과업을 수행한 것으로 응답한 재직자와 그렇지 않은 재직자를 비교했다. Hacker는 가짜 과업들을 제외하고 진짜로 수행하고 있는 과업들에서의 평정치 및 평정치들의 신뢰도가 두 집단에서 다르지 않다는 점을 밝혔다. 이 결과로 볼 때 이러한 현상은 직무분석 결과에 영향을 미치지 않음을 시사한다.

직무분석 평정치의 타당도에 대한 연구는 평정치가 유용한 정보를 제공하기는 하지만 사람의 판단에 근거해서 얻어지기 때문에 완벽하지 않고 잠재적으로 어떤 편향이든 영향을 받기 쉽다는 점을 시사한다(Morgeson & Campion, 1997; Morgeson, Delaney-Klinger, Mayfield, Ferrara, & Campion, 2004). Green과 Stutzman(1986)의 결과는 재직자들의 평정이 반드시 정확하지만은 않다는 점을 강조한다. 그러나 직무분석 평정 유형에 따라 정확성이 다르다. Dierdorff와 Morgeson(2009)은 사람들은 직무를 하는 데 필요한 인적 특성(예: 신뢰성)을 평정할 때에 비해서 구체적 과업(예: 환자에 대한 의료 정보 기록)을 평정할 때 더욱 정확했음을 보여 주었다. 그들은 과업이나 특성이 구체적이고 관찰이 용이할수록 평정이 신뢰할 만하고 정확하다고 주장했다. Sanchez와 Levine(1994)은 직무를 평정하는 방법에 대해서 재직자들을 훈련시켜 직무분석 결과를 개선하고자 했다. 그들의 연구 결과는 일부의 성공에 그쳤지만, 미래에는 그러한 훈련이 유용한 것으로 밝혀질 날이 올 수도 있다. 직무분석 절차는 개선할 필요성이 있지만, 이 분석 방법들은 여전히 산업 및 조직 심리학자들이 사용하는 중요한 도구다.

6. 직무 평가

직무 평가(job evaluation)는 직무의 임금 수준을 결정하는 데 사용하는 양적 기법들을 말한다(Morgeson, Campion, & Maertz, 2001). 이러한 기법은 이미 언급한 직무분석 방법들과 매우 유사하다. 실제로 직무분석 방법들은 직무 평가를 위해 사용하기도 한다. 예를 들어, Robinson, Wahlstrom과 Mecham(1974)은 직무 평가를 시행하는 데 PAQ를 사용했다. 직무분석과 직무 평가의 주된 차이점은 직무 평가가 직무 정보를 수학적으로 조합해서 여러 가지 직무에 대한 상대적인 임금을 결정한다는 점이다.

가장 많이 쓰이는 직무 평가 방법은 점수법이다(Treiman, 1979). 점수법을 수행할 때는 4단계를 거친다. 첫째, 관리자와 기타 조직 구성원으로 구성되는 패널이 직무에 대한 임금 결정 요인(compensable factor)을 선정한다. 임금 결정 요인은 평가의 기초로 활용되는 직무 특성이다. 여기에는 다음과 같은 요인들이 포함된다.

- 직무에서의 오류의 결과
- 필수 교육
- 책임
- 필수 기술

둘째, 첫째 단계와 동일한 패널 혹은 다른 사람들로 구성된 패널이 각 직무가 각 임금 결정 요인을 보유하고 있는 정도를 판단한다. 이 평정은 양적 척도를 사용하여 이루어지며 각 직무에 각 요인에 대한 점수를 부여한다. 예를 들어, 특정 직무가 오류의 결과에서 20점 중 2점을 얻고, 교육에서 20점 중 20점을 얻는 식이다. 이는 특정 직무가 오류의 중요성 요인에서는 낮고 필요한 교육 수준 요인에서는 높다는 것을 의미한다.

셋째, 요인에 대한 점수를 각 직무별로 합산한다. 앞의 예에서 특정 직무는 두 요인에 대해 총 22점(2+20)을 얻게 된다. 각 직무에 대해 총점을 계산한다. 이 숫자들은 화폐 단위는 아니기 때문에 실질적인 임금 수준을 나타내지는 않는다. 그러나 숫자들은 상대적이어서, 숫자가 클수록 임금이 높게 된다.

마지막 넷째 단계에서는 각 직무에 대한 총점에 상응하여 실제 임금을 좌표 위에 그려 넣는다. 임금 결정 요인에 따라 임금 체계가 공정하게 운영된다면, 좌표 위의 점들은 직선 위에 놓여야 한다. 점수가 높을수록 임금도 높다. 만약 어떤 직무에 대한 점수가 직선상에 놓여 있지 않다면 그 직무는 과다 지급(점수가 직선 위쪽에 있는 경우)되거나 과소 지급(점수가 직선 아래에 있는 경우)되는 경우다. 과다 지급되거나 과소 지급된 경우, 유사한 총점을 갖는 다른 직무에서의 임금과 동일하게 맞추는 조치를 취한다. 즉, 현 임금 체계에 따라 과다 지급받는 직무에 대해서는 임금을 동결하고, 과소 지급받는 직무에 대해서는 임금을 인상한다.

직무 평가가 직무의 상대적인 가치를 나타내기는 하지만, 다른 요인들도 임금 수준을 결정하는 데 고려된다. 가장 영향력이 큰 요인 중 하나는 직무에 대한 노동시장에서의 임금이다. 예를 들어, 병원에서는 의사가 간호사에 비해 과다지급을 받는다. 하지만 병원에서는 임금 결정 요인만으로 임금을 정하지 못한다. 간호사에게 훨씬 더 높은 임금을 지급하기 위해서는 엄청나게 많은 비용이 들게 된다. 의사들에게 훨씬 더 낮은 임금을 지급한다면 의사들을 고용하지 못하거나 병원에 남아 있도록 할 수 없을 것이다. 이와 같이 지역이나 전국에서 지급되는 임금을 고려해야 한다. 또한 다른 조직에서 각 직책에 어느 정도의 임금을 지급하는지 알아보기 위해 임금 조사(salary survey)를 하기도 한다. 어떤 병원은 간호사와 의사의 임금을 결정하기 위해서 지역에 있는 모든 병원과 접촉하여 임금을 조사하기도 한다.

점수법은 다양한 직무 평가 방법 중 한가지일 뿐이다. 또한 점수법에도 여러 종류가 있다. 모든 점수법은 직무의 상대적 가치를 추정하여 급여 수준을 결정하는 데 사용된다. 여러 방법을 비교한 연구 결과, 방법들이 서로 다르지 않았다. 연구에 따르면 서로 다른 방법을 사용하여 나온 결과가 매우 유사하였다(예: Gomez-Mejia, Page & Tornow, 1982).

1) 필적 가치

직무 평가는 여성에 대한 급여 차별을 입증하기 위해 사용되었다. 미국에서 여성의 임금이 평균적으로 남성보다 낮다는 사실은 이미 잘 알려져 있다. 그러한 차이의 일부는 여성이 주로 종사하는 직업(예: 비서)이 남성이 주로 종사하는 직업(예: 전기 기사)보다 급여가 적기 때문이다(Allen & Sanders, 2002). 1963년에 제정된 동등임금법(Equal Pay Act)은 동일한 직무에 종사하는 여성에게 남성보다 급여를 적게 지급하는 행위를 불법으로 규정하였지만, 조직이 남성과 다른 직무에 종사하는 여성에게 급여를 적게 지급하지 못하도록 하는 법은 없다.

필적 가치(comparable worth)라는 개념은 서로 다르지만 필적한 직무는 동일한 급여를 받아야 한다는 것을 의미한다. 여성이 주로 종사하고 있는 직무가 남성이 주로 종사하고 있는 직무만큼 조직에 기여한다면 두 직무의 임금은 동일해야 한다. 그러나 직무들이 서로 비등한 가치를 갖고 있음을 측정하는 일반적으로 통용되는 측정 방법을 찾는 것은 어려운 일이다. 직무 평가는 필적 가치를 계량하는 수단이 된다.

직무 평가로 필적 가치에 대한 연구를 하려면, 먼저 직무 평가의 여러 방법 중 하나를 사용해서 조직의 직무들을 평가한다. 주로 남성이 종사하는 직무와 주로 여성이 종사하는 직무를 평가한다. 많은 경우에 여성이 종사하는 직무는 임금 결정 요인으로 따져보면 과소지급일 가능성이 높다. 수학적 절차를 사용하여 과소 지급받는 각 직무가 얼마만큼 많이 조정을 받아야 하는지를 계산하는 것이 가능하다. 그렇게 하면 조정을 통해 주로 여성이 종사하는 직무와 주로 남성이 종사하는 직무 간에 필적 가치를 달성하게 된다.

필적 가치를 달성하기 위해 직무 평가를 사용하는 것에 대해 비판이 없었던 것은 아니다(예: Eyde, 1983). 이 방법의 난점 중 하나는 직무 평가에서 내린 판단이 여성의 낮은 임금을 지속시키는 방향으로 편향될 수 있다는 점이다. 예를 들어, Schwab과 Grams (1985)는 조직에서 직무에 점수를 부여하는 사람들이 현재 지급되는 임금에 대한 정보에 의해 영향을 받는다는 것을 발견했다. 결과적으로 낮은 급여를 받는 직무는 받아야 하는 점수보다 더 적은 점수를 받고, 높은 급여를 받는 직무는 받아야 하는 점수보다 더 많은 점수를 받는다. 직무 평가는 주로 여성이 종사하는 낮은 급여를 받는 직무의 가치를 낮게 평가하고, 주로 남성들이 종사하는 높은 급여를 받는 직무의 가치를 높게 평가할 가능성도 있다.

필적 가치를 달성하는 데 가장 큰 장애물은 직무 평가에서 나타나는 편향이 아니라, 점원이나 초등학교 교사와 같이 주로 여성이 종사하는 직무에 대한 임금 수준을 높이는 데 발생하는 비용이다. 다른 직무의 임금을 줄이지 않는다면, 이러한 임금을 조정하는 데는 막대한 비용이 들 것이다. 또한 조직이 산정하는 급여 수준에 주로 영향을 주는 시장 임금의 문제도 있다. 미국의 경우 어느 정도 개선이 되기는 했지만 가까운 미래에 필적 가치를 달성하기는 어려울 것 같다.

요약 SUMMARY

직무분석은 직무와 직무를 수행하는 데 필요한 개인적 특질을 기술하는 방법이다. 직무중심 방법은 직무의 본질과 직무에 포함된 과업에 대한 정보를, 사람중심 방법은 종업원이 직무를 수행하기 위해 지녀야 하는 지식, 기술, 능력과 기타 개인적인 특성을 제공한다. 직무나 사람 혹은 둘 다에 대한 정보를 캐내는 다양한 직무분석 방법이 있다.

직무분석 정보는 다음과 같은 많은 목적에 사용할 수 있다.

- 종업원의 경력 개발
- 법적 문제(예: 종업원에 영향을 주는 조직 활동에서 공정성을 보장)
- 수행 평가
- 선발
- 훈련
- 연구

대부분의 직무분석 정보는 다음의 네 가지 출처에서 나온다.

- 직무분석가
- 직무 재직자
- 감독자
- 훈련된 관찰자

위의 정보 출처는 다음의 방법 중 한 가지를 사용하여 정보를 취득한다.

- 직무를 직접 수행
- 직무를 수행하는 사람들을 면접
- 사람들이 직무를 수행하는 것을 관찰
- 직무를 수행하는 사람들에게 질문지 실시

직무분석을 시행하기 위해 다양한 방법을 사용하며, 어떤 방법이 반드시 다른 방법에 비해 더 뛰어나지는 않다. 각각의 방법에는 고유한 이점과 한계점이 있다. 직무분석가는 목적에 따라 어떤 방법을 선택할지를 결정한다. 일반적으로 많이 쓰이는 방법은 다음과 같다.

- 직무 요소 설문지

- 기능적 직무분석
- 직책 분석 질문지
- 과업 질문지

대부분의 직무분석 방법은 상당히 신뢰할 만한 것으로 밝혀졌다. 하지만 이러한 방법의 타당도에 대해서는 충분한 연구가 이루어지지 않았다. 기존 연구들이 가능성을 보여 주기는 했지만, 사람들이 직무분석 평정을 할 때 항상 정확한 것은 아니라는 증거도 있다. 직무분석 정보의 정확성을 높이기 위한 방법들을 연구하는 데 더 많은 주의를 기울여야 한다.

직무 평가는 임금 수준을 결정하기 위해 사용하는 기법이다. 직무 평가 절차는 직무분석 절차와 매우 유사하며 직무 평가를 시행하기 위해 직무분석 방법을 사용하기도 한다. 다양한 직무 평가 기법을 동일한 직무에 적용했을 때, 그 결과가 서로 유사하다는 것이 연구를 통해 밝혀졌다. 직무 평가는 지금까지 남성과 여성 간의 임금 불형평을 해소하기 위해 사용되었다. 필적 가치란 개념은 조직에 동등하게 기여하는 직무들을 동등하게 보상해야 한다는 것을 의미한다.

산업 및 조직 심리학 현장 연구

이 사례는 Gemma Phillips-Pike가 교도관 채용 과정의 일환으로 실시한 직무분석에 관한 내용이다. 공인 심리학자인 Phillips-Pike는 2006년에 웨일즈에 위치한 카디프 대학교에서 직업심리학으로 석사학위를 받았다. 그녀는 현재 인력 개발, 조직 몰입 향상 및 종업원 선발과 평가를 전문으로 하는 GP Psychology 컨설팅사에서 임원으로 재직하고 있다. 또한 브리스톨에 위치한 웨스트잉글랜드 대학에서 초빙강사로도 활동하고 있다.

런던증권거래소에 상장된 상위 100대 기업 중 한 회사는 사유 교도소를 운영하고 있는데, 교도관 채용을 위한 외부의 지원을 필요로 했다. 한 교도소당 60명의 교도관이 필요했다. 지원자들을 평가하기 위한 가장 우수한 방법으로 평가 센터를 선정하였다. 평가 센터를 설계하려면 해당 직무에 대한 직무 기술서가 필요했는데 Phillips-Pike는 교도관 역할에 관한 최신 직무 기술서 개발 업무를 담당하게 되었다.

최신 직무 기술서를 개발하기 위해서 다양한 직무분석 자료를 수집하였다. Phillips-Pike는 우선 회사가 현재 보유하고 있는 훈련 지침서나 성과 이행 계약서 등의 문서로부터 자료를 수집하였다. 그리고 교도관 역할을 위해 보유해야 하는 지식, 기술 및 능력이 무엇인지 진단하기 위하여 우수한 인사고과 성적을 받은 교도관들과 면접을 진행한 후 해당 직무에 대한 보고서를 작성하였다. 동시에 해당 직무에 필요한 것이 무엇인지에 대한 외부의 시각을 알기 위하여 교도관들과 함께 직접 업무를 수행한 사람들로부터 정보를 수집하여 보고서를 작성하였다.

마지막으로 현재 교도관으로 재직 중인 사람들을 직접 관찰하여 교도관의 역할에 필요한 포괄적인 최종 프로필을 작성하였다. 직무분석 시에는 해당 역할에 대한 정보를 최대한 많이 얻는 것이 중요하며, 보통 많은 시간이 소요되고 심층적 분석을 위해서는 전문적 분석 기술이 요구되기 때문에 일반적으로 직무분석은 외부 컨설턴트에게 맡긴다.

일단 모든 자료가 수집된 후 분석을 거쳐 기존의 조직 역량 체계에 맞게 최신 직무 기술서가 작성되었다. 직무 기술서는 교도관 대표들을 포함하여 조직의 고위 경영진과 채용 절차 감시를 위해 구성된 팀에 의해 검토되었다.

직무 기술서가 완성된 후에 비로소 평가 센터 개발이 시작될 수 있었다. 처음에 총 140명의 지원자가 평가센터 절차를 밟았다. 최종 60명이 교도관으로 합격하였다. 장기간 프로젝트로, 채용 이후 그들에 대한 객관적 성과 자료들을 수집하고 준거 관련 타당도를 분석하였으며 그 결과에 따라 채용 절차에 대한 재평가가 이루어졌다. 이렇게 개발된 직무 기술서는 현재까지도 이 조직에서 교도관 선발을 위한 유용한 도구로 활용되고 있다.

토의 문제

1. 평가센터를 개발하기 전에 직무분석 실시가 중요한 이유는 무엇인가?
2. 여러 가지 다양한 출처를 통한 직무분석 자료 수집이 중요한 이유는 무엇인가?
3. 만약 이 기업이 장애인 지원자를 차별했다는 이유로 고소당하는 경우 그들이 실시한 직무분석은 조직을 위해 어떤 도움이 될 수 있을까?
4. 직무분석 시에 외부 컨설턴트를 고용하는 것의 이점은 무엇인가?

체험학습

직무분석 면접 실시

직무분석을 실시하는 한 방법은 해당 직무에 재직 중인 종업원을 면접하는 것이다. 아는 사람 중에 자신이 한 번도 종사한 적이 없었던 직무에서 현재 일하고 있는 사람(친지, 가족 구성원 혹은 친구)을 선택하시오. 선택한 사람을 직무에 관해 면접하면서 들은 것을 꼼꼼히 받아 적으시오. 그 사람들에게 다음의 질문을 반드시 하시오.

1. 직명
2. 그 직무의 간략한 기술 혹은 개관
3. 그 직무에 포함되는 가장 중요한 과업
4. 그 직무에 필요한 가장 중요한 KSAO

그 직무에 대해 알아낸 것을 개관하는 간략한 보고서를 작성하시오.

CHAPTER 04

수행 평가

학습목표

1. 직무 수행 정보의 용도를 열거한다.
2. 수행 평가에 대한 준거의 중요성을 설명한다.
3. 수행 평가의 다양한 방법과 방법들의 이점과 한계를 설명한다.
4. 법적으로 하자가 없는 수행 평가를 시행하는 방법을 설명한다.

큰 기업의 관리자로서 부하들이 직무를 얼마나 잘 수행하고 있는지를 결정하는 과업을 맡았다고 가정해 보자. 누가 일을 잘하고 있으며 누가 잘 못하고 있는지 알아보기 위해 부하의 직무 수행을 어떻게 평가할 것인가? 직무를 수행하고 있는 종업원을 각각 관찰할 것인가? 만약 관찰한다면, 무엇을 관찰할 것인지 어떻게 알 수 있는가? 어떤 사람들은 일을 매우 열심히 하는 것처럼 보이지만 정작 조직의 목적에 기여하는 일은 거의 달성하지 못할 수도 있다. 많은 직무에서는 직무 수행을 잘하려면 어떻게 행동해야 하는지를 잘 알지 못한 채 관찰만으로 종업원이 얼마나 수행을 잘하고 있는지를 명확히 알 수는 없다. 수행을 평가하는 최선의 방법은 준거, 즉 비교의 기준에 견주어 종업원의 업무를 측정하는 것이다.

이 장에서는 종업원 직무 수행의 평가에 관한 문제들을 다룬다. 첫째, 수행을 판단하고 측정하는 준거, 즉 비교의 기준에 대한 문제가 있다. 수행을 평가하려면 좋은 수행이 무엇인지부터 명확히 알아야 한다. 일단 좋은 수행이 무엇인지 알면 평가 절차의 개발에 대한 문제를 다루게 된다. 수행 평가는 2단계로 진행되는데, 우선 좋은 수행이 무엇인지를 정의한 다음(준거 개발), 종업원이 얼마나 준거를 충족하는지를 결정하여 종업원을 평가하는 절차를 시행한다. 수행을 평가하는 준거와 절차에 대해 논의하기 전에, 이 장에서는 시간이 많이 소모되는 수행 평가를 왜 하는지 그 주요 이유에 대해 살펴본다.

1. 수행 평가를 하는 이유

우리가 논의할 첫 번째 주제는 조직이 종업원의 수행을 평가하는 이유다. 수행 평가는 대부분의 관리자와 부하가 꺼리고 시간이 많이 소요되는 힘든 일이다. 그러면 왜 대부분의 큰 조직에서는 적어도 1년에 한 번씩 종업원의 직무 수행을 평가하는가? 그 이유는 직무 수행 자료가 종업원과 조직 모두에 이익이 되기 때문이다. 수행 자료는 관리적 결정, 종업원 육성과 평가 피드백, 조직에서 시행하는 방침과 절차의 효과성을 결정하기 위한 연구에 사용된다.

1) 관리적 결정

종업원에게 영향을 미치는 많은 관리적 결정은 적어도 부분적으로 종업원의 직무 수행을 기반으로 한다. 대부분의 큰 조직에서는 직무 수행을 긍정적 조치와 부정적 조치의 근거로 사용한다. 부정적 조치에는 강등과 해고 모두가 포함되며, 기대에 못 미치는 종업원들을 해고하도록 하는 방침을 갖고 있는 조직도 있다. 긍정적 조치에는 승진과 급여 인상이 포함되며, 많은 조직이 직무 수행 수준에 따라 급여 인상 정도를 결정하는 성과급 제도를 가지고 있다.

직무 수행 자료를 관리적 결정에 사용하는 근거는 법과 계약에서 찾아볼 수 있다. 단체 협약에는 흔히 급여 인상과 같은 특정한 관리적 결정의 근거가 직무 수행이라는 점이 명시된다. 또한 계약서에는 수행 평가를 시행한다고 명기되기도 한다. 미국 공무원들은 조직의 기대에 못 미치는 직무 수행을 했거나 근무 규칙을 위반했을 때에만 해고된다. 규칙 위반에는 동료에게 폭행을 가하는 행위, 살인, 강도 등의 중죄를 범하는 행위, 업무 중에 잠을 자는 행위, 무단결근 등이 포함된다. 해고되었더라도, 해고된 많은 미국 공무원은 직무에서 만족스러운 수행을 한 장기간의 기록 덕분에 복직되기도 한다. 직무 수행을 근거로 관리적 결정을 하도록 하는 법이 미국에만 있는 것은 아니다. 예를 들어, 캐나다에서도 직무 수행에 근거하여 종업원을 해고해야 한다는 법적 요건이 정부 기관뿐 아니라 민간 기업에도 적용된다.

2) 종업원 육성과 피드백

종업원이 직무 수행과 직무 기술을 향상하고 유지하기 위해서는 감독자로부터의 직무 수행에 대한 피드백이 필요하다. 감독자의 주요 역할은 직무에서 무엇을 해야 하며, 기대에 어느 정도 부응하고 있는지에 대한 정보를 부하 직원에게 알려 주는 일이다. 종업원은 언제 자신이 잘 수행하고 있는지를 알아서 계속 그런 방식으로 수행하도록 해야 하고, 언제 자신이 잘 수행하지 못하고 있는지를 알아서 현재의 수행 방식을 바꾸어야 한다. 직무에서 수행을 잘하고 있는 종업원도 어떻게 하면 수행을 더 잘 할 수 있는지에 대한 피드백이 도움이 될 수 있다. 또한 피드백을 통해 종업원은 승진하기 위해서 어떻게 기술을 향상하여야 하는지를 알 수 있다. 최근 기업에서는 1년에 한 차례씩 시행하는 평가와는 별도로 종합적인 수행 관리 체계를 설계하는 경향이 있다. 1년에 한 번씩 이루어지는 연례 평가 이외에, 종합적인 수행 관리 체계에는 종업원과 관리자 간의 목표 설정 만남 및 정기적인 코칭과 피드백을 위한 만남이 포함된다. 1년에 한 번씩 이루어지는 평가가 관리적 목적을 위해 사용된다면, 중간 평가는 피드백만을 위해서 사용되기도 한다. 따라서 종업원이 승진이나 급여 인상을 위한 평가를 받을 때 경험하는 불안과 방어적인 자세가 어느 정도 줄어들게 된다. 이 장의 '산업 및 조직 심리학 현장 연구'에는 Wachovia 은행의 수행 관리 제도가 소개되어 있다.

3) 연 구

현장에서 활동하는 산업 및 조직 심리학자들의 활동 중 대부분이 종업원의 직무 수행 향상과 관련된 일이다. 산업 및 조직 심리학자는 더 나은 장비의 설계, 더 숙련된 사람의 고용, 종업원에 대한 동기 부여, 종업원의 훈련 등에 노력을 기울인다. 직무 수행 자료는 이러한 활동을 평가하는 준거로 사용된다. 연구는 활동을 평가할 목적으로 실시한다. 이러한 연구에 많이 사용하는 설계에서는 수행 향상을 위해 만든 새로운 프로그램을 실행하기 전과 후에 종업원 수행을 비교한다. 더 나은 연구 설계는, 한 집단의 종업원은 새로운 절차를 경험하게 하고, 통제 집단의 종업원은 그렇게 하지 않은 실험이다. 새로운 절차를 경험한 집단이 통제 집단보다 직무 수행을 더 잘했는지 알아보기 위해 두 집단을 비교한다. 훈련을 받은 집단이 더 나은 직무 수행을 보이면 훈련 프로그램이 효과가 있다는 훌륭한 증거가 된다.

2. 수행 준거

준거(criterion)는 종업원의 수행을 판단하는 기준이 된다. 준거로 좋은 수행과 나쁜 수행을 구분한다. 준거 없이 수행을 평가하려는 것은 잃어버린 물건이 무엇인지도 모르고 찾아 주려고 하는 것과 같다. 찾고 있는 물건이 무엇인지 알기 전까지는 잃어버린 사람에게 도움을 주지 못한다. 이처럼 준거를 알기 전에는 종업원의 직무 수행을 적절하게 평가할 수 없다.

1) 준거의 특성

■ 실제 준거와 이론 준거

준거는 실제 준거와 이론 준거로 분류한다. 이론 준거는 좋은 수행을 어떻게 측정하는지보다는 무엇이 좋은 수행인지에 대한 정의다. 이론 준거(theoretical criterion)는, 연구에서 쓰는 용어로 말하면 이론적인 구성 개념이다. 이는 무엇이 좋은 수행인지에 대한 생각이다. 실제 준거(actual criterion)는 이론 준거를 측정하고 조작적으로 정의하는 방식이다. 이 준거는 판매원의 판매량을 세는 것과 같이 실제 사용하는 수행 평가 기법이다.

〈표 4-1〉에는 다섯 가지 직무의 이론 준거와 이에 상응하는 실제 준거가 나와 있다. 이론 준거와 실제 준거가 상당히 다른 직무도 있고, 이론 준거와 실제 준거가 상당히 일치하는 직무도 있다. 예를 들어, 보험 판매원의 경우에 이론 준거는 보험 판매이고, 실제 준거는 보험 판매원의 실제 판매량이다. 예술가의 경우에는 이론 준거와 실제 준거 간의 일치도가 그리 높지 않은데, 훌륭한 예술 작품의 제작이라는 이론 준거에 대한 실제 준거는 작품에 대한 전문가의 판단이다. 이 경우에는 누구를 예술 전문가로 볼 것인

〈표 4-1〉 다섯 가지 직무에 대한 이론 준거와 실제 준거의 예

직무	이론 준거	실제 준거
예술가	훌륭한 예술 작품 창조	예술 전문가의 판단
보험 판매원	보험 판매	월간 판매량
가게 점원	고객에게 좋은 서비스 제공	서비스에 대한 고객 만족 설문
교사	학생들에게 지식 전달	학생의 성취 검사 점수
기상 예보관	정확한 날씨 예측	예보와 실제 날씨의 비교

지와 무엇이 좋은 예술품이고 무엇이 아닌지에 대한 전문가의 판단에 주관이 개입될 여지가 많다. 이러한 예들은 직무가 다르면 준거의 평가 방법도 아주 다를 수 있음을 시사한다.

■ 오염, 결핍, 관련성

실제 준거는 잠재적인 이론 준거를 측정하기 위한 것이다. 하지만 실제 준거는 의도한 이론적 수행 준거에 대한 불완전한 지표다. 실제 준거가 해당 이론 준거를 측정하고 있다고 하더라도 이론 준거의 일부는 측정되지 않은 채 남아 있을 수 있다. 또한 실제 준거는 편향되어 이론 준거가 아닌 것을 측정하기도 한다. 이와 같이 흔히 실제 준거는 측정하고자 하는 이론 준거에 대한 개략적인 추정 지표일 뿐이다.

준거 오염, 준거 결핍, 준거 관련성이라는 세 가지 개념이 이러한 상황을 설명한다. 준거 오염(criterion contamination)은 실제 준거가 측정하고 있는 부분 중에서 이론 준거가 아닌 부분을 일컫는다. 오염은 실제 준거에 포함되어 있는 편향(bias)과 비신뢰성(unreliability) 때문에 발생한다. 사람들의 판단과 의견을 실제 준거로 사용할 때 편향이 흔히 일어난다. 예를 들어, 어떤 사람의 예술 작품의 질에 대한 실제 준거로 예술 전문가의 판단을 사용하면, 그러한 판단에는 작품 자체에 대한 평가만큼이나 전문가의 편향이 개입될 소지가 있다. 전문가의 판단이 예술가들의 수행에 대한 실제 준거로 쓰일 때, 예술 작품의 질에 대한 객관적 기준이 없기 때문에 전문가들 사이의 판단은 서로 일치하지 않을 것이다.

실제 준거에 포함된 비신뢰성은 무엇인가를 평가하려고 할 때 언제나 일어나는 측정상의 오차를 말한다. 2장에서 설명한 바와 같이, 측정 오차는 측정 과정의 일부이며, 측정을 부정확하게 만드는 무선 오차로 구성된다. 시간에 따른 측정의 비일관성은 측정 오차를 나타낸다. 만약 어떤 사람의 직무 수행을 시간에 따라 반복적으로 평가한다면, 수행(이론 준거)이 일정하더라도 수행은 평가할 때마다 측정값이 달라진다. 이와 같이 수행의 실제 준거 측정의 신뢰도는 완벽하지 않다.

준거 결핍(criterion deficiency)은 실제 준거가 이론 준거 전체를 적절하게 포괄하지 못하는 현상을 말한다. 즉, 실제 준거가 평가하고자 하는 이론적 준거를 불완전하게 나타내고 있다는 의미다. 이 개념은 2장에서 살펴본 내용타당도를 말한다. 예를 들어, 학생들의 수학 성취 검사 점수를 초등학교 교사들의 수행에 대한 실제 준거로 사용한다고 가정해 보자. 하지만 초등학교 교사는 수학 이외의 많은 것을 가르치기 때문에 수학 점수는 교사의 수행에 대한 불충분한 준거가 될 것이다. 이보다 결핍이 덜한 준거는 수학, 국어, 과학, 사회를 포함하는 포괄적 성취 검사 총집에서의 학생들의 점수다.

준거 관련성(criterion relevance)은 실제 준거가 측정하려고 하는 이론 준거를 평가하는 정도, 즉 실제 준거의 구성 타당도다(2장 참조). 실제 준거와 이론 준거 간의 일치도가 높을수록 실제 준거의 관련성은 커진다. 〈표 4-1〉에 나오는 모든 실제 준거는 측정하고자 하는 이론 준거를 측정하는 데 어느 정도 관련성이 있는 것처럼 보인다. 이론 준거는 훌륭한 예술 작품을 만들어 내는 것처럼 상당히 추상적일 수 있기 때문에, 준거의 관련성을 결정하기 어려울 경우도 있다. 모든 평가 도구의 타당도가 그러한 것처럼, 준거 관련성은 수행 측정치의 의미에 대한 추론이나 해석과 관련이 있다.

[그림 4-1]에는 준거 오염, 결핍, 관련성이 제시되어 있다. 그림에서 실제 준거는 아래쪽 원이고, 이론 준거는 위쪽 원이다. 두 원의 겹치는 부분(어두운 부분)은 실제 준거가 이론 준거를 평가하는 정도를 나타내며, 이것이 준거 관련성이다. 아래쪽 원에서 이론 준거와 겹치지 않는 부분(밝은 부분)은 실제 준거가 다른 어떤 것, 즉 측정 오차를 평가하고 있다는 것을 나타내기 때문에 준거 오염이다. 위쪽 원에서 실제 준거와 겹치지 않는 부분(밝은 부분)은 이론 준거의 일부가 평가되지 않는다는 것을 나타내기 때문에 준거 결핍이다.

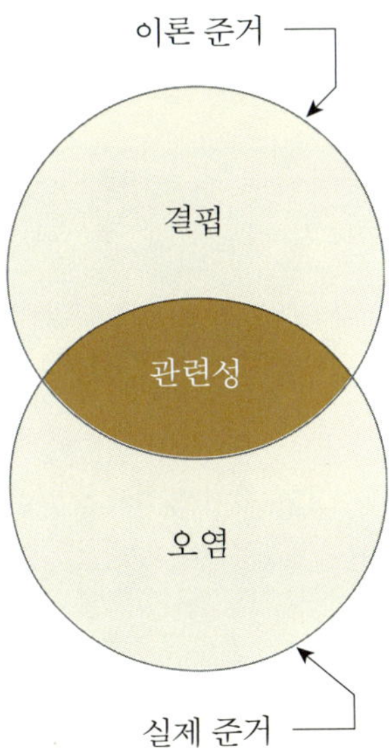

그림 4-1 준거 오염, 관련성, 결핍

아래쪽 원은 실제 준거를 나타내고, 위쪽 원은 이론 준거를 나타낸다. 오염은 이론적 준거와 겹치지 않는 실제 준거의 부분(밝은 부분)이다. 결핍은 실제 준거와 겹치지 않는 이론 준거의 부분(밝은 부분)이다. 관련성은 실제적 준거와 이론적 준거 사이의 겹친 부분(어두운 부분)이다.

■ 구체성 수준

대부분의 직무는 복잡하며 다양한 기능과 과업으로 되어 있다. 직무 수행 준거는 개별적인 과업에 대해서나 혹은 전체 직무에 대해서 개발한다. 목적에 따라서, 메모 타이핑 같이 개별적인 과업 수행을 평가하는 것이 나을 때도 있고, 종업원의 전체 직무 수행에 관심을 두는 것이 좋은 때도 있다. 예를 들면, 종업원의 기술을 육성하려면 수행 결과에 대한 정보를 구체적으로 전달받기 위해서 개별 과업에 초점을 맞추는 것이 더 낫다. 이를 통해 종업원은 자신이 타이핑 속도가 너무 느리다거나 오타가 너무 많다는 점을 알게 된다. 이러한 종류의 구체적인 정보는 수행을 향상시키고자 하는 종업원에게 도움이 된다. 관리 목적에는 전반적인 직무 수행이 더 관련이 있다. 전반적인 수행이 가장 좋은 종업원이 승진하게 될 것이다. 수행 평가에 사용하는 특정한 방식은 평가 정보의 목적에 바탕을 두고 선택해야 한다.

2) 준거 복잡성

대부분의 직무가 여러 과업으로 구성되고 또한 대부분의 과업은 여러 가지 관점에서 평가되기 때문에 준거는 상당히 복잡해진다. 한 과업에 대한 직무 수행도 보통 질적 차원(직무를 얼마나 잘 수행하는가)과 양적 차원(직무를 얼마나 많이 혹은 얼마나 빠르게 수행하는가)에 따라 평가한다. 직무 수행이 복잡하다는 것은 수행을 적절히 평가하기 위해 여

종업원들이 직무를 얼마나 잘 수행하고 있는지를 알기 위해서는 세심한 관찰이 필요하다. (© rgerhardt, sourced from Shutterstock images)

러 가지 준거 측정이 필요하다는 것을 의미한다. 이러한 측정에는 질적 차원이나 양적 차원 중 하나만 포함하거나 두 차원 모두를 포함한다. 수행 평가는 과업과 같은 구체적 수준에서 시행되기도 하고 전체 직무 수준에서 시행되기도 한다. 직무의 성격과 평가의 목적에 따라 사용되는 준거의 성격과 구체성의 수준이 결정된다.

질적 차원이 주요 평가 초점인 직무도 있는 반면, 양적 차원이 우선시되는 직무도 있다. 운동 경기에서는 때로 질적 차원이나 양적 차원 중 하나를 준거로 삼아 경기의 승패를 결정한다. 체조 경기에서는 질적 차원이 준거로 사용된다. 심판들은 각 선수의 수행에 대해 질적 차원의 점수를 매기며 가장 높은 점수를 받은 선수가 우승한다. 육상 트랙 경기와 필드 경기에서 준거는 가장 멀리 뛰는 것, 가장 높게 뛰는 것, 가장 빨리 달리는 것, 가장 멀리 던지는 것 등 양적 차원이다. 직무에서도 포함되는 과업의 성격에 따라 질적 차원이나 양적 차원 중 어느 한쪽을 강조한다. 판매직에서는 보통 판매량이 중요하고 교사직에서는 수업의 질이 중요하다.

작업의 질과 양 이외의 준거들도 많이 있다. 〈표 4-2〉는 많은 직무와 관련 있는 8개의 비교적 일반적인 준거를 포함하는 수행 평가 양식의 일례다. 예를 들어, 공적인 이미지가 중요할 때 직무상에서 직업적 외모를 유지하는 것이 중요하다. 많은 조직은 대중을 만나는 종업원들이 어떤 특정한 이미지를 표출하기를 기대한다. 여기에는 정장과 같이 업무상 적절한 옷차림을 명시하는 복장 규정이 포함되기도 하다. 공장에서는 공적 이미지가 아닌 안전과 관련된 복장 규정이 있다. 예를 들어, 기계에 걸려서 큰 사고나 부상을 당할 위험이 있는 넥타이 착용은 흔히 금지된다.

준거의 복잡성을 다루기 위한 방법에는 두 가지가 있다. '복합 준거(composite criterion)'

〈표 4-2〉 8개 준거 차원을 가진 수행 평가 양식의 예

	평정 범주				
차원	형편없는	그저 그런	적절한	좋은	훌륭한
출근	______	______	______	______	______
타인과의 의사소통	______	______	______	______	______
지시 이행	______	______	______	______	______
타인 교육	______	______	______	______	______
타인 동기 부여	______	______	______	______	______
직업적 외모	______	______	______	______	______
업무의 질	______	______	______	______	______
업무의 양	______	______	______	______	______

에서는 개별 준거들의 점수를 합하여 총점을 산출한다. 만약 종업원이 4개 차원 각각에 대한 수행 점수를 받으면 복합 점수는 네 차원 점수들의 합이 된다. 예를 들어, 다음과 같은 5점 척도상의 수행 점수를 받은 종업원은 차원 점수들의 합, 즉 18(5+4+4+5)점의 복합 수행 점수를 받는다.

- 출근 = 5
- 직업적 외모 = 4
- 업무의 질 = 4
- 업무의 양 = 5

평점 평균은 학교에서의 수행에 대한 복합 점수다.

둘째, '다차원 방식(multidimensional approach)'은 개별 준거 측정치들을 합산하지 않는다. 앞의 예에서는 각 종업원마다 4개의 점수를 별도로 산출한다.

복합 방식은 개별 종업원의 수행을 비교하려고 할 때 좋은 방식이다. 각 종업원의 수행 점수가 하나일 때 비교하기가 더 쉽다. 반면 다차원 방식은 종업원들에게 수행 평가에 대한 피드백을 줄 때 선호하는 방식이다. 이 방식은 전반적인 수행에 대한 일반적 피드백보다는 다양한 수행 차원에 대한 구체적인 정보를 알려 준다.

3) 역동적 준거

준거는 흔히 종업원의 수행을 판단하는, 일정하고 변하지 않는 기준으로 생각한다. 하지만 직무 수행이 시간이 지남에 따라 변한다고 생각하는 산업 및 조직 심리학자들도 있다. 이는 한 시점에서 직무를 가장 잘 수행했던 사람도 다른 시점에서는 그렇지 않다는 것을 뜻한다. 수행은 전체 연구 기간에 걸쳐 동일하지 않기도 하기 때문에, 이러한 변산성이 직무 수행의 평가를 어렵게 만든다. 만약 어떤 종업원이 몇 달간은 수행을 잘하고 몇 달간은 그렇지 않다면, 그 종업원의 수행을 어떻게 평가할 것인가?

비록 기준이 아닌 수행이 변화하는 것이긴 하지만, 시간에 따른 수행의 변산성을 역동적 준거(dynamic criterion)라고 부른다. 역동적 준거라는 개념은 직무 수행은 안정적이라고 믿는 입장과 그렇지 않다고 주장하는 입장의 산업 및 조직 심리학자들 간에 논쟁을 불러일으켰다(Schmitt & Chan, 1998). Deadrick과 Madigan(1990)의 연구에 의하면, 의류 공장에서 재봉틀 작업을 하는 종업원의 수행은 짧은 기간(주 단위) 동안에는 매우 일정했지만 긴 기간(월 단위)에 걸쳐서는 그렇게 일정하지 않았다. 그러나 Vinchur,

Schippmann, Smalley와 Rothe(1991)는 제조업 종업원들의 직무 수행이 5년이라는 긴 기간 동안 꽤 안정적이라는 사실을 발견하였다. Deadrick, Bennett과 Russell(1997)은 종업원의 수행은 적어도 근무를 시작하고 얼마 동안은 증가하는 경향이 있으며, 신입사원 때의 수행을 결정하는 요인이 이후의 수행 향상을 결정하는 요인과 반드시 같지는 않다는 점을 지적하였다. 그러므로 장시간 사람들의 수행을 관찰해 보면, 시간이 흐름에 따라 사람들의 수행은 변하지만 수행이 변화하는 양상은 사람들마다 제각각이라는 결론에 이르게 된다.

4) 맥락 수행

대부분의 직무에 대한 준거는 명시적으로 요구되고, 직무분석에서 확실히 열거되는 과업들만을 대상으로 한다. 하지만 종업원들은 조직을 위해 직무상 요구되는 행동 이외의 많은 일을 수행하고 있다는 것을 누구나 알고 있으며, 이러한 부가적 행동은 조직이 원활하게 움직이는 데 필수적이다. 맥락 수행(contextual performance)은 종업원들이 동료나 조직을 위해 자발적으로 수행하는 추가적인(extra) 행동들, 즉 자발적으로 추가 업무를 수행하거나 동료를 돕는 행위 등을 말한다(Borman, Buck, Hanson, Motowildo, Stark, & Drasgow, 2001). 비록 명시적으로 요구되는 바는 아니지만, 관리자들은 종업원의 맥락 수행을 주목하고 높이 평가하며, 결국 맥락 수행은 부하직원에 대한 상사 평가에 영향을 미치게 된다(Johnson, 2001). 이 모든 사항은 직무에 대한 준거를 개발할 때 맥락 수행을 반드시 고려해야 함을 시사하고 있다. 맥락 수행에 대한 문제는 10장의 조직시민 행동(organizational citizenship behavior)에 대한 논의에서 자세히 다룰 것이다.

3. 직무 수행을 평가하는 방법

사람들의 직무 수행은 다양한 방법으로 평가된다. 가장 일반적인 평가 절차는 객관적 수행 측정과 주관적 수행 측정의 두 범주로 나누어 볼 수 있다. '객관적 측정(objective measures)'은 다양한 행동의 합(예: 결근 일수)이나 직무 행동의 결과(예: 총 월간 판매량)다. '주관적 측정(subjective measures)'은 직무 수행을 잘 아는 사람이 평정하는 것이다. 보통은 상사가 자신의 부하의 직무 수행을 평정한다. 두 유형의 측정은 모두 유용하지만, 동일한 종업원을 두 가지 유형의 측정으로 평정한 자료를 모두 포함한 연구들에서 두 측정이 항상 일치하지는 않았다(Sundvik & Linderman, 1998; '연구 상세히 보기' 참조). 이는 두 측정이 직무 수행의 상이한 측면을 반영할지도 모른다는 사실을 말해 준다. 여기에서는 직무 수행의 객관적 측정과 주관적 측정을 모두 다룬다.

연구 상세히 보기

수행 평가에서는 감독자 평정의 정확성이 중요한 문제다. 이 연구에서 연구자들은 감독자 평정뿐 아니라, 비교를 위한 객관적 수행 자료도 구할 수 있었다.

이 연구는 핀란드에서 은행 업무와 운송 서비스를 제공하는 공기업에서 시행되었다. 참가자들은 268명의 여성 판매원의 수행을 평정한 208명의 감독자였다. 각 판매원에 대한 전년도의 실제 판매 생산성에 대한 자료를 수집하였다. 이와 더불어, 감독자는 '형편없는'(1)에서 '매우 훌륭한'(5)까지의 5점 평정 척도로 각 판매원들을 평정하였다. 각 측정치의 특성이 달랐으므로 각각의 측정치는 평균 0과 표준편차 1이 되도록 표준화하였다. 따라서 생산성이 평균 수준인 판매원은 0점을 받게 되고, 감독자 평정치도 0점일 것으로 예상할 수 있을 것이다. 각 판매원에 대한 평정 점수와 생산성 점수를 비교해 봄으로써 연구자들은 감독자가 판매원을 낮게 평정하였는지, 높게 평정하였는지, 혹은 정확하게 평정하였는지 판단할 수 있었다.

연구 결과는 높게 평정하는 경우가 낮게 평정하는 경우보다 다소 많기는 했지만, 대략 평정치의 1/3 정도가 정확한 평정 범주에 들어감을 보여주었다. 평정에서의 관대성은 꽤 흔하기 때문에 이러한 결과가 의외의 결과는 아니다. 감독자들은 자신이 잘 아는 종업원들을 높게 평정하는 경향이 있었다. 이는 감독자와 좋은 업무 관계를 맺고 있는 부하직원들에 대하여 평정에 약간의 편애가 작용했음을 의미한다. 또한 여성 감독자는 남성 감독자보다 더 정확한 평정을 하였다.

이러한 결과는 객관적 수행과 비교하여 대부분의 수행 평정이 정확하지 않으며, 감독자와 부하 간의 관계가 평정에 영향을 미친다는 점을 시사한다. 그러나 이곳의 예는 수행이 객관적이고 수량화할 수 있는 결과물, 즉 판매량으로 표시할 수 있는 경우라는 점을 염두에 두어야 한다. 그러한 기준이 없는 경우에는 평정의 정확성이 더욱 떨어질 것으로 예상할 수 있다. 더욱이 여기에서는 순수하게 연구의 목적으로 평정이 이루어졌기 때문에, 부하직원들이 평정 결과에 따라 피해를 입을 수도 있는 관리 목적을 위한 평정보다 더 정확하게 평정이 이루어졌으리라 판단된다.

출처: "Performance Rating Accuracy: Convergence Between Supervisor Assessment and Sales Productivity," by L. Sundvik and M. Lindeman, 1998, *International Journal of Selection and Assessment, 6*, 9-15.

1) 직무 수행의 객관적 측정

조직은 많은 종업원의 행동과 행동의 결과를 추적하여 기록한다. 인적자원 부서에서는 각 종업원의 결근, 사건, 사고, 지각을 기록한다. 어떤 조직에서는 각 종업원의 생산성도 기록한다. 만약 조직이 종업원에게 성과급 혹은 능률급과 같이 종업원이 생산한 바에 따라 임금을 지불하는 인센티브 제도를 가지고 있다면, 생산성 자료를 수집할 필요가 있다.

직무 수행을 측정하기 위해 흔히 사용하는 다섯 가지 객관적 측정량이 〈표 4-3〉에 제시되어 있다. 각 측정량은 행동의 수나 생산된 제품의 수를 객관적으로 센 것이다. 그러한 자료는 보통 조직이 보관하고 있는 기록 문서에서 확인할 수 있지만, 수행을 평가하기 위하여 특별히 수집하기도 한다. 측정량 중 결근 횟수와 지각 횟수 두 가지는 출근과 관련된 것이다. 또한 사고에는 교통사고뿐만 아니라 공장에서의 기계에 의한 부상과 같이 교통사고 이외의 모든 사고도 포함된다.

사건은 특정한 직무에서 중요하게 여기는 업무상 사건에 해당 종업원이 연루된 횟수다. 예를 들어, 정신병원에서는 직원이 환자에게 공격을 당한 횟수가 사건 보고서에 기록된다. 경찰관의 경우에는 총을 발사한 사건이 종업원 관련 문서에 기록된다. 생산성은 개별 종업원이 생산한 작업량이다.

대다수의 직무에는 짜인 작업 시간이 있기 때문에 출근 측정치는 거의 어느 경우에나 사용된다. 작업 일정이 비구조화된 직무(예: 대학교수)에서는 결근이 직무 수행에 대한 준거가 되지 못한다. 그 밖의 세 가지 객관적 측정은 특정 직무에 따라 달라진다. 예를 들어, 기록된 사건의 유형은 직무의 성격과 직무 환경에 따라 다르다. 학생으로부터 폭행을 당한 횟수는 도시의 공립학교 교사에 대한 문서에는 기록되지만, 대학교수에 대한 문서에는 기록되지 않는다. 미국에서는 교사들이 자주 폭행을 당하지만 대학교수

〈표 4-3〉 직무 수행에 대한 객관적 측정 예

수행	측정
결근	연간 결근 일수
지각	연간 지각 일수
사고	연간 사고 횟수
작업장에서의 사건(예: 폭행)	연간 사건 횟수
생산성(예: 판매량)	판매 총액

〈표 4-4〉 일부 직무에 대한 구체적인 생산성 측정 예

직무	측정
조립-라인 작업자	생산한 제품의 수
대학교수	발표 논문의 수
변호사	승소한 사건의 수
판매원	판매량
의사	시행한 수술의 횟수

는 폭력의 대상이 되는 일이 거의 없다. 생산성 측정은 수행되는 작업의 특징과 부합해야 한다. 흔히 볼 수 있는 몇 가지 직무에 대한 구체적인 생산성 측정이 〈표 4-4〉에 나와 있다. 생산성의 특징은 직무에 따라 매우 다를 수 있기 때문에, 서로 다른 직무를 맡고 있는 사람들의 수행을 비교하는 것은 어렵다.

객관적 측정을 사용하여 직무 수행을 평가하는 것에는 몇 가지 이점이 있다. 첫째, 객관적 측정을 사용하면 측정의 의미를 직무 수행 준거와 관련해서 해석하기 쉽다. 예를 들어, 과거에 결근이 한 번도 없었다는 것은 만족스러운 출근에 대한 좋은 지표다. 한편, 지난 6개월 동안 업무와 관련된 네 건의 교통사고가 있었다는 것은 만족스럽지 못한 운전 수행의 지표다. 둘째, 객관적 측정의 정량적 특징으로 인하여 동일한 직무 내의 종업원들 사이의 직무 수행을 비교하기 용이하다. 출근 측정의 경우에는 정해진 일정에 따라 일해야 하는 직무들끼리는 직무 수행의 상호 비교가 가능하다. 셋째, 객관적 측정은 조직의 목표(예: 제품 제조 혹은 서비스 제공)와 직접적으로 연계된다. 마지막으로, 객관적 측정은 흔히 조직이 보관하고 있는 기록 문서에서 찾을 수 있어서, 특별한 수행 평가 체계를 새로 만들지 않아도 된다. 이러한 자료들은 종업원 수행 평가가 아닌 다른 이유로 수집되고 흔히 컴퓨터에 저장되지만, 수행 평가 작업을 비교적 용이하게 한다.

그러나 객관적 수행 측정은 몇 가지 한계점도 지니고 있다. 객관적 측정치를 사용하기에 적합하지 않은 직무들도 많이 존재한다. 예를 들어, 직무 결과물을 셀 수 없을 때는 생산성을 수행의 측정으로 사용할 수 없다. 또한 어느 정도의 수치를 만족스러운 수행으로 생각해야 하는지 항상 명확한 것은 아니다. 예를 들어, 연간 어느 정도의 출근율을 좋은 수행으로 여겨야 하는가? 기록으로부터 모은 자료는 오염되고 부정확할 때도 있다. 행동과 생산성을 다른 사람의 것으로 잘못 기록하거나 기록이 누락되는 경우도 있다. 사람들은 또한 자신이 좋아하는 사람들의 나쁜 사건을 빠뜨려서 기록을 왜곡하기도 하고, 종업원은 사고와 부상을 보고하지 않을 가능성도 있다.

객관적 측정은 흔히 직무 수행의 이론적 준거의 지표로서 불충분하다. 객관적 측정치들은 준거의 일부분을 나타내는 특정 행동에만 초점을 맞추고, 그 이외의 중요한 부분은 무시하는 경향이 있다(Borman, Bryant, & Dorio, 2010). 생산성에 대한 측정은 작업의 질보다는 양에 초점을 맞춘다. 어떤 직무에서는 양이 더 중요하기도 하지만, 질이 전혀 중요하지 않은 직무는 상상하기 어렵다. 마지막으로, 객관적으로 측정된 수치의 결과가 반드시 피평가자의 통제하에 있는 것이 아닐 경우도 있다(Borman et al., 2010). 공장 근로자의 생산성의 차이는 사용하는 기계에서의 차이 때문일 수 있고, 판매원들 사이의 판매 수행의 차이는 판매 지역 간의 차이 때문일 수도 있다. 직장에서 폭행을 당한 사람은 본인은 잘못한 일이 전혀 없이 사건을 피할 수 없었을 경우도 있다. 그리고 무기를 사용한 경찰관은 직무 수행을 잘하지 못한 것이 아니라, 그렇게 하지 않으면 안 되는 상황에 처해 있었을 수도 있다. 사람을 평가하기 위해 객관적 측정을 사용할 때는 이러한 다른 요인들도 고려해야 한다.

2) 직무 수행의 주관적 측정

주관적 측정은 종업원의 직무 수행을 평가하기 위해 가장 흔히 사용되는 방법이다. 대부분의 조직에서는 매년 감독자들이 각 부하들에 대한 수행 평가 평정 양식을 작성한다. 여기에서는 종업원의 수행을 평가하기 위해 조직에서 사용하는 여러 평정 양식의 유형 중 몇 가지에 대해 논의한다.

■ 도식 평정 양식

주관적 측정 도구 중에서 가장 많이 사용되는 유형은 도식 평정 양식(graphic rating form)으로, 여러 수행 차원에서 종업원들을 평가하기 위해 사용된다. 도식 평정 양식은 사람의 특성이나 특질 혹은 사람의 수행에 초점을 맞춘다. 예를 들어, 대부분의 양식에서는 작업의 질과 양에 대한 평정을 한다. 많은 경우에 용모, 태도, 신뢰성, 동기와 같은 개인 특질 등을 평가한다.

〈표 4-2〉와 같이, 도식 평정 양식은 다점 척도와 몇 가지 차원으로 구성된다. 척도는 낮은 정도에서 높은 정도까지의 수행의 연속성을 나타내며, 보통 4~7점 척도로 제시된다. 표에 제시된 척도는 '형편없는'에서 '훌륭한'까지의 범위를 나타내며 척도의 중간에는 '적절한'을 포함한 5점 척도다. 도식 평정 양식에는 종업원을 평정하는 몇 가지 직

무 수행의 차원도 포함된다. 이 표에 제시된 양식에는 출근과 업무의 질 차원이 포함되어 있다. 이 양식을 사용할 때 감독자들은 각 차원마다 종업원들을 평정한다.

■ 행동중심 평정 양식

도식 평정 양식이 신뢰성과 같은 특질 지향적인 차원이나 출근과 같이 수행의 일반적인 측면에 초점을 맞춘 반면, 행동 중심 평정 양식(behavior-focused rating form)은 종업원이 수행했거나 수행할 것으로 기대하는 행동의 구체적인 사례에 초점을 맞춘다. 그리고 수행의 여러 수준을 나타내는 행동을 선택한다. 출근에 대한 좋은 행동의 예는 "매일 정시에 회사에 출근한다."가 될 것이며, 반면에 나쁜 행동은 "일주일에 여러 번 회사에 지각한다."가 될 것이다. 평정자는 어떤 행동이 피평정자의 특성을 나타내는지를 표시한다. 채점은 사용되는 양식의 유형에 따라 결정된다. 여기에서는 행동중심 평정 양식의 몇 가지 유형 중에서 다음의 세 가지 유형에 대해 살펴볼 것이다.

- 행동기준 평정 척도(BARS; Smith & Kendall, 1963)
- 혼합 표준 척도(MSS; Blanz & Ghiselli, 1972)
- 행동 관찰 척도(BOS; Latham & Wexley, 1977)

이 세 가지 척도는 모두 특질이 아닌 행동이나 수행을 기술하지만, 세 가지 척도 사이에는 기술문이나 반응을 제시하는 방식에서 차이가 있다.

행동기준 평정 척도(Behaviorally Anchored Rating Scale: BARS)는 응답 선택지가 행동으로 정의된 평정 척도다. 대학교수의 직무에 대한 예가 [그림 4-2]에 나와 있다. 이 척도는 '강의 기획력'이라는 차원에서의 수행을 평정하기 위해 만들어진 것이다. 평정자는 피평정자의 수행을 가장 비슷하게 기술한 행동을 선택한다. 행동은 수행의 효과성 수준에 따라 가장 낮은 수준부터 가장 높은 수준까지 척도상에 순서대로 기재되어 있다.

BARS는 여러 하위 척도로 구성되는데, 각기 수행의 중요한 차원을 평가한다. BARS는 도식 평정 양식이 평정하는 차원과 동일한 차원을 평가하는 데 사용하기도 한다. 그러나 두 양식의 주요한 차이는 BARS는 행동으로 제시된 응답 선택지를 사용하는 반면에, 도식 평정 양식에서는 해당 차원에서 피평정자가 얼마나 수행을 잘하는지를 평정한다는 점이다. 따라서 두 유형의 평정 양식은 모두 동일한 직무에서의 동일한 수행 차원을 평가하는 데 사용될 수 있다.

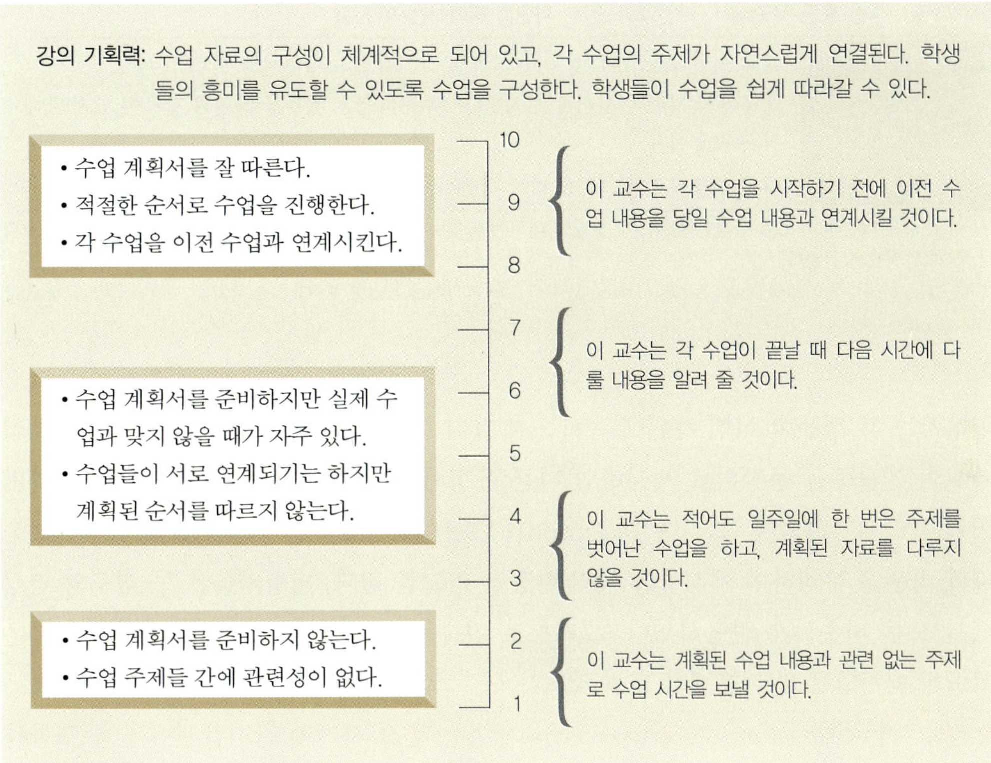

그림 4-2 대학 교수에 대한 행동기준 평정 척도의 예

출처: *Performance Appraisal: Assessing Human Behavior at Work*, by H. J. Bernardin and R. W. Beatty, 1984, Boston, MA: Kent. Reprinted with permission.

혼합 표준 척도(Mixed Standard Scale: MSS)는 효과성에서 차이가 있는 여러 행동으로 구성된다. 각 행동 진술문에 대해 평정자는 다음의 질문에 답하게 되어 있다.

① 피평가자는 진술문보다 더 우수하다.
② 피평가자는 진술문과 동일하다.
③ 피평가자는 진술문보다 더 못하다.

MSS는 수행의 여러 가지 차원으로 구성되고, 각 차원에는 해당 차원과 관련된 여러 행동이 포함된다. 〈표 4-5〉에 '타인과의 관계' 차원에서의 수행을 나타내는 세 개의 진술문이 제시되어 있다.

MSS는 여러 차원의 진술문들이 무작위로 제시된다. 행동의 내용은 아주 명확하지만,

〈표 4-5〉 혼합 표준 척도에서 '타인과의 관계' 차원을 평가하는 세 문항

좋은 수행	모든 사람과 친하다. 본인과 맞지 않는 사람과도 사이좋게 지낸다.
보통 수행	대부분의 사람과 사이좋게 지낸다. 아주 가끔은 직무상 타인과 갈등이 있지만 대개 작은 갈등이다.
나쁜 수행	타인과 불필요한 갈등을 빚는 경향이 있다.

주: 각 문항은 다음의 척도로 평정한다. 즉, 각 문항에 대해 종업원이 문항보다 더 우수한지, 문항과 동일한지, 문항보다 더 못한지를 평정한다.

출처: "The Mixed Standard Scale: A New Rating System," by F. Blanz and E. E. Ghiselli, 1972, *Personnel Psychology, 25,* 185-199.

평정자는 각 행동이 어떤 차원에 속하는지 알지 못한다. Blanz와 Ghiselli(1972)는 여러 차원의 진술문을 무작위로 제시하면 다른 유형의 평정 형식보다 편향된 평정을 하기 어렵다고 생각하였다. 그러나 Dickinson과 Glebocki(1990)가 차원을 섞어서 제시했을 때와 차원을 분리하여 제시했을 때의 반응을 비교한 결과, 피험자들은 두 경우의 평정에서 모두 비슷하게 반응하였다. 그러므로 진술문을 차원별로 묶어서 제시하든 혹은 섞어서 제시하든 별로 문제가 되지 않는다.

행동 관찰 척도(Behavior Observation Scale: BOS)는 중요 사건에 근거한 문항들을 포함하며, 혼합 표준 척도와 유사하게 만든다. 중요 사건(critical incident)이란 종업원의 효과적인 행동을 나타내는 사건 또는 비효과적인 행동을 나타내는 사건을 말한다(Flanagan, 1954). 교사의 비효과적인 사건의 예는 '무례한 말을 한 아동을 때린' 사건이다. 그러나 BOS에서는 종업원들이 각 행동에 소비한 시간의 양을 평정자들이 표시해야 한다. 이 척도의 개발자는 다음의 백분율 선택지를 사용하여 평정자로 하여금 종업원들이 각 행동에 소비한 시간의 백분율을 선택하도록 하는 방식을 권했다.

- 0~64%
- 65~74%
- 75~84%
- 85~94%
- 95~100%

BOS는 평정자가 종업원 행동을 문항과 비교하기보다는 행동의 빈도를 표시한다는 점에서 MSS와 구별된다. 이론상 BOS는 종업원들이 수행 관련 행동을 얼마나 자주 했

는지 나타내는 척도다.

Kane와 Beranrdin(1982)은 빈도 평정의 사용을 비판했다. 주어진 빈도가 행동에 따라 좋은 수행을 나타낼 수도 있고 나쁜 수행을 나타낼 수도 있기 때문에 행동의 빈도는 수행의 좋은 지표가 아님을 지적하였다. 이들 연구자는 경찰관에 대한 두 가지 행동을 예로 제시하였다. 85~94%라는 발생 빈도는 '구속 영장을 발부받는 사건'의 빈도라면 뛰어난 수행을 나타내지만, '치사에 이른 공권력 사용의 정당성을 입증해야 하는 사건'의 빈도라면 아주 형편없는 수행을 나타낸다. 그러므로 BOS에서의 빈도 평정의 의미를 해석하는 데는 상당한 판단이 필요하다. 물론 직무 수행의 많은 측정을 해석할 때에도 판단이 요구된다.

■ 행동중심 양식의 개발

행동중심 양식의 개발에는 여러 조직 구성원의 상당한 노력이 필요하다. 이 양식은 특정 행동에 초점을 맞추기 때문에 특정한 직무나 직군별로 개발되어야 한다. 개발 과정은 4단계로 이루어지며 완성되기까지 오랜 시간이 걸린다. 〈표 4-6〉에는 4단계가 제시되어 있다.

1단계에서는 수행의 특정 차원들(경찰관의 경우 체포, 보고서 작성 등)을 파악하기 위한 직무분석을 한다. 2단계에서는 효과성 혹은 비효과성에서 차이가 있는 행동의 기술문을 작성한다. 실제로 직무에 종사하는 종업원이나 감독자 등 해당하는 직무를 잘 아는 사람들에게서 중요 사건을 수집하여 2단계를 수행한다. 중요 사건은 아주 효과적인 수행에서 아주 비효과적인 수행까지 다양한 사례를 보여 준다.

3단계에서는 기술문들이 의도한 차원을 반영하는지 입증하기 위해 판단자(식견 있는 사람)가 행동 기술문을 차원별로 분류한다. 마지막 4단계에서는 판단자가 행동 기술문의 효과성 정도를 평정한다. BARS에서는 이러한 효과 평정을 바탕으로 [그림 4-2]처럼

〈표 4-6〉 직무 수행을 평가하는 행동중심 평가 양식을 개발하는 4단계

- 1단계: 직무분석을 수행하여 직무 차원을 파악한다.
- 2단계: 중요 사건을 바탕으로 효과적인 직무 수행과 비효과적인 직무 수행의 행동 기술문을 추출한다.
- 3단계: 식견 있는 판단자가 기술문을 직무 차원으로 분류한다.
- 4단계: 식견 있는 판단자가 기술문의 효과성을 평정한다.

각 차원의 척도상에 효과성의 크기순으로 기술문을 배치한다. MSS에서는 이러한 효과 평정을 근거로 진술문을 좋음, 보통, 나쁨의 세 범주로 분류한다.

■ 평정의 인지 과정

좋은 수행 평가 방법을 개발하기 위해서는 평정 행동에 영향을 주는 인지 과정을 이해해야 한다. 산업 및 조직 심리학자들은 이 과정을 연구해 왔고 평정을 설명하는 몇 가지 모형을 제안했다. 모형 중에는 사람들이 판단을 내릴 때 정보를 사용하는 방식에 초점을 둔 것도 있고, 직무 수행에 대한 평가자의 관점이 종업원의 평가에 어떻게 영향을 주는지에 관심을 둔 모형도 있다.

■ 평정 과정 모형

수행 평정에 영향을 주는 인지 과정에 대한 몇 가지 경쟁 모형이 있다(예: DeNisi, Cafferty, & Meglino, 1984; Feldman, 1981). 이 모형들은 평정 과정이 다음과 같은 몇 가지 단계로 구성되어 있다고 주장한다(Ilgen, Barnes-Farrell, & McKellin, 1993 참조).

- 수행 관찰
- 수행에 대한 정보 저장
- 기억에서 수행에 대한 정보 인출
- 인출된 정보를 평정으로 전환

이 과정은 감독자가 종업원을 관찰하는 데서부터 시작된다. 수행의 관찰은 감독자의 기억에 저장된다. 수행을 평정하도록 요청하면, 감독자는 자신의 기억에서 종업원에 대한 정보를 인출한다. 인출된 정보는 직무 수행의 각 차원에 대하여 어떤 수행 평정 점수를 줄 것인지를 결정하는 데 사용된다.

다양한 모형은 사람들이 각 단계에서 정보를 어떻게 처리하는지에 대하여 서술한다. 모형의 핵심은 사람들이 자신의 경험을 해석하고 조직하는 작업을 용이하게 하기 위해 도식(schemata, 참조의 틀이나 범주)을 사용한다는 생각이다(Borman, 1987). 가장 잘 알려진 도식은 한 집단 구성원들의 특성에 대한 신념인 고정관념(stereotype)이다. 고정관념은 호의적일 수도 있고 비호의적일 수도 있다. 예를 들어, 사기업 관리자들은 근면하다는 믿음을 갖고 있는 사람도 있다.

또 다른 도식의 유형은 원형(prototype)으로서, 사람의 어떤 특성이나 유형에 대한 전범(典範)이다. 허구적인 사람 또는 실존하는 사람을 훌륭한 관리자의 원형으로서 생각하기도 한다. 마이크로소프트사의 설립자이며 회장인 빌 게이츠를 훌륭한 회사 경영자의 원형으로 간주하는 사람도 있다. 원형의 두드러진 특성을 보유한 사람은 훌륭한 관리자로 여겨질 것이다. 만약 그 원형의 두드러진 특성이 금발(또는 빌 게이츠와 같은 외모)이라면, 금발(또는 빌 게이츠와 같은 외모)인 관리자가 갈색 머리(또는 빌 게이츠를 닮지 않은 외모)인 관리자보다 수행을 더 잘하는 것처럼 보일 수 있다. 원형은 사람들을 훌륭한 관리자라는 범주에 분류하는 기준이 된다.

도식은 평가 과정의 4단계 모두에 영향을 줄 수 있다. 도식은 감독자가 어떤 행동을 관찰하기로 결정할지에, 그 행동이 어떻게 조직되어 기억 속에 저장되는지에, 어떻게 인출되는지에, 그리고 행동을 평정하는 데 어떻게 사용되는지에 영향을 준다. 그러나 도식을 사용하면 반드시 부정확한 평정으로 이어진다는 뜻은 아니다. 많은 측면에서 볼 때, 도식을 사용하면 경험을 단순화할 수 있어서 그 경험을 더욱 쉽게 해석할 수 있다. 따라서 도식을 사용하여 종업원 수행에 대한 정확한 판단을 할 수 있다(Lord & Maher, 1989).

이론상으로 인지 모형을 활용하면 평정자들이 더 정확한 직무 수행 평가를 하게 할 수 있다. Jelly와 Goffin(2001)은 대학생들을 대상으로 비디오에 녹화된 대학 강사의 수행을 BOS를 사용하여 평정하도록 하는 실험을 실시했다. 결과는 다소 일관적이지 않았지만, 평가자의 기억을 점화시킨 후 정확성이 다소 증가했다. 평가자가 관찰한 피평가자의 수행을 잘 회상할 수 있도록 예비적으로 몇 차례 전반적 평정을 하게 하여 기억을 점화했다. 인지적 모형은 평정 수행을 향상하는 데 어느 정도 전망이 있어 보이지만, 이 모형이 궁극적으로 유용한 것인지 판정하기 위해서는 더 많은 연구가 필요하다.

■ 부하 효과성에 관한 도식 내용

도식이 직무 수행 평가에 영향을 준다면 수행을 평가하는 사람의 도식을 이해하는 것이 중요할 것이다. 다시 말해서, 감독자의 도식을 효과적으로 이용하게끔 평가 기법을 설계한다면 그 평가 기법은 향상될 것이다. 만약 평가 양식의 차원이 수행에 관한 감독자의 도식 차원과 부합한다면 감독자는 평정하기가 더욱 쉬울 것이다. 이 문제를 다룬 연구 논문이 몇 편 있다.

Borman(1987)은 부하의 직무 수행에 대한 장교의 도식 내용을 연구했다. 연구에서는 미군 장교들에게 효과적인 군인과 비효과적인 군인의 특성의 차이를 기술하게 했다. 189개의 문항을 추출하여 복잡한 통계 분석을 실시하였다. 분석 결과, 189개 문항이 6개의 의미 있는 차원으로 묶였다. 효과적인 군인은 다음과 같은 특성을 갖고 있다고 보았다.

- 열심히 일한다.
- 책임감이 있다.
- 생활이나 태도 등이 조직적이다.
- 직무의 기술(技術)적인 부분을 안다.
- 부하 통제력이 있다.
- 부하에 대하여 깊은 관심을 나타낸다.

Borman은 6개의 차원은 장교들이 군인들의 수행을 판단할 때 사용하는 특성을 나타낸다는 결론을 내렸다. 또한 Borman은 경험이 많은 장교들 간에 무엇이 좋은 직무 수행인지에 대해서 상당한 의견 일치가 있음을 지적했다. 이러한 결과는 경험이 많은 감독자들의 도식은 효과적인 수행을 정확히 반영하고 있음을 보여 준다. 이 6개의 차원은 이전에 언급되었던 평정 양식들의 근거로 사용될 수 있다.

Werner(1994)의 연구에서는 경험 많은 감독자에게 일련의 사건으로 묘사한 비서의 수행을 평정하도록 시켰다. 이 연구에서 관심을 둔 변인은 평정하는 데 감독자들이 사용한 정보의 종류였다. Werner는 감독자들이 다음의 차원을 가장 중요하게 여긴다는 사실을 밝혔다.

- 출근
- 직무 지식
- 업무 정확성
- 업무량

Werner는 이 네 차원이 감독자들의 도식을 규정하는 특성을 나타내는 것이라고 생각했다. 또한 감독자는 부하들에게 자신의 평정 도식을 알려 주어야 한다고 주장했다. 이러한 정보를 알려 주면, 감독자가 훌륭한 수행을 하는 데 중요하다고 생각하는 차원을 부하직원들이 잘 수행하려고 노력하게 될 것이기 때문이다.

■ 평정자 편향과 오류

인간의 판단은 본질적으로 불완전하다. 감독자 지위에 있는 사람들은 수행을 평가할 때 편향과 오류에 빠지기 쉽다. 한 개인을 평정한 자료와 여러 사람을 평정한 자료를 살펴보면 평정의 패턴에 편향과 오류가 나타난다. 개인에 대한 평정 패턴은 후광 오류라고 하며, 여러 사람에 대한 평정의 패턴은 분포적 오류라고 한다.

■ 후광 오류

후광 오류(halo error)는 각 차원마다 피평가자의 수행이 차이가 있는데도 평가자가 모든 수행 평가 차원에서 피평가자에게 동일한 평점을 부여할 때 발생한다. 즉, 한 영역에서 우수한 수행을 했다고 판단하는 경우, 다른 영역에서는 평균 정도로 수행하거나 수행을 잘하지 못했는데도 모든 분야에서 우수한 것으로 평가하는 상황을 말한다. 예를 들어, 범인 체포에는 유능하지만 일반 사무에는 무능한 경찰관이 있다고 하자. 이 경찰관에게 모든 차원에서 높은 평점을 주어서는 안 되는데도 모든 차원에서 수행을 높게 평정하는 감독자도 있다. 반대의 경우로 한 차원에서 낮은 평정을 받으면, 만족스러운 차원이 있는 경우에도 모든 차원에서 낮은 평정을 받는 피평가자도 있다. 이러한 평정 오류는 여러 사람에 대한 평정의 자료에서가 아니라 한 개인에 대한 평정 자료에서 나타난다.

〈표 4-7〉은 후광 오류를 나타내는 평정 패턴을 보여준다. 이 표는 다섯 가지 수행 차원에서의 4명의 종업원에 대한 평정치를 보여 준다. 평정치는 최악의 수행인 1점에서 최고의 수행인 5점의 범위를 갖는다. 각 종업원들이 받은 평정치는 다양하지만, 한 종업원에 대한 평정치가 모든 차원에서 동일하기 때문에 후광 패턴을 나타내는 반응이다. 이

〈표 4-7〉 후광 오류 패턴을 보여 주는 4명의 종업원에 대한 다섯 가지 직무 차원 수행 평정

차원	종업원 1	종업원 2	종업원 3	종업원 4
출근	5	3	1	4
의사소통	5	3	1	4
지시 이행	5	3	1	4
업무의 질	5	3	1	4
업무의 양	5	3	1	4

러한 평정 패턴은 평정자가 차원들을 구분하지 못했음을 시사한다. 피평정자의 수행은 모든 차원에서 일정한 것처럼 보인다.

유사한 평정 패턴이 평정 오류를 나타내는 것일 수도 있지만, 종업원이 여러 차원에서 일관되게 수행했을 가능성도 있다. 그러므로 후광 패턴이 실제로 수행한 바를 정확히 나타내는 것일 수도 있다. 이러한 가능성 때문에 산업 및 조직 심리 연구 문헌에서 후광의 의미에 대해 열띤 토론이 벌어졌다(예: Balzer & Sulsky, 1992; Murphy, Jako, & Anhalt, 1993; Solomonson & Lance, 1997; Viswesvaran, Schmidt, & Ones, 2005). 일부의 연구에서는 '진짜' 후광과 오류를 분리하는 방법에 관심을 두고 있다. 진짜 후광(true halo)이란 종업원이 모든 차원에서 동일한 수준으로 업무를 수행하는 것을 의미한다.

후광에 관한 또 하나의 관심사는 평정자가 후광 오류를 범하도록 만드는 인지 과정을 밝히려는 시도다. 일부 연구자는 평정자가 차원에 대해 평정을 할 때 평가를 받는 종업원에 대한 일반적인 인상에 의존한다는 이론을 내세웠다(Lance, LaPointe, & Fisicaro, 1994; Nathan & Lord, 1983). 이 관점에 따르면, 두드러진 정보는 종업원에 대한 일반적 인상 형성에 사용되고 인상은 수행 평정의 기반이 된다. 이는 평정자가 수행의 개별 차원에 대한 정보보다는 전반적 수행에 대한 정보를 제공하는 데 익숙하다는 점을 시사한다.

■ 분포적 오류

'분포적 오류(distributional error)'는 평정자가 모든 사람을 동일하게 평가하려는 경향을 보일 때 발생한다. 관대화 오류(leniency error)는 평정자가 모든 사람을 수행 척도의 좋은 쪽 끝으로 평가할 때 발생한다. 엄격화 오류(severity error)는 평정자가 모든 사람을 수행 척도의 나쁜 쪽 끝으로 평정할 때 발생한다. 중앙 집중화 오류(central tendency error)는 평정자가 모든 사람을 수행 척도의 중간으로 평정할 때 발생한다. 앞서 말한 바와 같이, 관대화 양상은 여러 사람에 대한 평정에서 나타난다. 〈표 4-8〉은 4명 모두를 수행 척

〈표 4-8〉 관대화 오류 패턴을 보이는 4명의 종업원에 대한 다섯 가지 직무 차원 수행 평정

차원	종업원 1	종업원 2	종업원 3	종업원 4
출근	4	5	5	5
의사소통	4	5	5	5
지시 이행	5	4	4	4
업무의 질	4	5	4	5
업무의 양	5	4	5	5

도의 호의적인 쪽 끝으로 평정한 관대화 양상을 보여 준다. 각 개인은 5점 척도에서 4점과 5점을 받았다. 그러나 분포적 오류 양상은 오류가 아닐 수도 있다. 즉, 모든 피평정자가 동일한 수행을 하여 유사한 평정치를 받은 것일 수도 있다.

■ 평정자 편향의 통제와 오류의 통제

편향과 오류를 통제하고 제거하는 데는 두 가지 방법이 있다. 첫 번째 방법은 수행 평정 양식을 개선하여 이러한 문제를 미연에 방지하는 것이다. 두 번째 방법은 평정 오류를 범하지 않도록 평정자를 훈련시키는 것이다. 두 방법이 통제 가능성을 보여 주긴 하였지만, 연구들마다 편향을 줄이는 효과에서 서로 다른 결과를 보이고 있다(Bernardin & Beatty, 1984).

■ 오류의 영향을 적게 받는 수행 평가 양식

행동기준 평정 척도(BARS)와 혼합 표준 척도(MSS) 등의 행동중심 평정 척도는 원래 평정 오류를 방지하기 위해 개발되었다. 이는 평정자가 특질보다 구체적 행동에 초점을 맞춘다면 더 정확한 평정을 하리라는 생각을 기반으로 한다.

행동은 특질보다 더 명확하기 때문에 평정에 평정자 개인의 판단이 덜 들어간다. 예를 들어, 다소 추상적인 '신뢰성'이라는 특질을 평정하는 것보다 '직장에 결근한 횟수'를 평정하는 것이 더 쉬울 것이다.

다양한 행동중심 평정 양식 사이의 비교 연구뿐만이 아니라 행동중심 평정 양식과 도식 평정 양식을 비교한 연구도 많다. 이러한 비교 연구의 결과, 행동중심 양식이 도식 평정척도보다 오류(예: 후광과 관대화)가 더 적은 경우도 있었고 그렇지 않은 경우도 있었다(Bernardin & Beatty, 1984; Latham, Skarlicki, Irvine, & Siegel, 1993). 더욱이 단순히 피평정자가 특정한 행동을 했는지 여부를 묻는 질문에 평정자가 답하는 형식을 취한 척도가 도식 평정 척도에 비해서 관대화 오류가 더 적었다(Yun, Donahue, Dudley, & McFarland, 2005).

평정 양식에 관한 문헌을 고찰한 후, Borman 등(2010)은 도식 평정 척도에 비해서 행동 기반 척도를 사용해서 얻는 이점이 거의 없다는 결론에 도달했다. 평정자의 평정의 정확성을 개선하기 위한 노력은 평정 도구의 설계 아닌 다른 것에 초점을 맞추어야 할 것 같아 보인다.

■ 오류를 줄이기 위한 평정자 훈련

평정자 훈련에 대한 많은 연구 결과도 일관성이 없다(Hedge & Kavanagh, 1988; Latham, 1986). 연구 결과들이 일치하지 않은 이유는 연구에서 고찰한 훈련 유형의 차이 때문일 수 있다. 아마도 가장 잘 알려진 훈련은 평정자 오류 훈련(rater error training: RET)일 것이다. 이 훈련의 목표는 평정자에게 평정 오류를 인식시켜 이러한 평정 형태를 피하도록 가르치는 것이다. 이러한 종류의 훈련으로 평정 오류가 감소한다는 사실이 대부분의 연구에서 밝혀졌지만, 평정의 정확성도 함께 감소하는 대가를 치러야 하는 경우도 자주 있었다(예: Bernardin & Pence, 1980; Hedge & Kavanagh, 1988). 다시 말해서, 평정값이 피평정자의 진정한 성과를 정확하게 나타내는지 여부와 상관없이 강제로 평정값들이 변산을 갖도록 함으로써 후광 패턴과 관대화 패턴의 빈도를 줄이기는 하겠지만, 평정치가 실제 수행 수준을 반영하는 정확도는 떨어진다는 것이다.

어떻게 오류가 감소하게 되면 정확성까지 감소하게 되는 것일까? 한 가지 가능한 설명은 평정 오류의 본질에 있다. 앞서 언급했던 것처럼 평정자 오류는 평정의 패턴으로부터 추론한다. 종업원의 수행이 여러 수행 차원에 걸쳐서 유사할 수도 있고, 한 감독자 아래에 있는 모든 부서원이 동등하게 직무를 잘 수행할 수도 있다. 각 차원이나 사람을 평정할 때, 동일한 평정을 피하도록 평정자를 훈련시키면 정확하게 직무 수행을 평정하게 하기보다는 오히려 특정 패턴을 피하는 것에만 집중하도록 만들게 된다. Bernardin과 Pence(1980)는 RET의 효과란 한 종류의 평정 오류를 다른 오류로 대체하는 것에 불과할 수 있음을 경고했다.

Nathan과 Tippins(1990)는 후광 오류가 있을 때 오히려 직무 수행 평정의 정확성이 더 높은 이유에 대해 또 다른 설명을 제시한다. 그들은 평정에서 후광 패턴을 덜 나타내는 평정자는 별로 중요하지 않은 부정적 사건에 너무 비중을 많이 두었을 수 있다고 추측했다. 예를 들어, 전년도에 일주일 동안 병가를 냈다는 이유로 평소에 출근율이 높은 종업원에게 출근 평가에서 낮은 평정을 주는 감독자도 있을 수 있다. 평정에서 후광 패턴이 나타나는 평정자는 그러한 드문 사건에 대해 주의를 덜 기울이고 종업원의 일상적인 수행을 참작하는 경향이 있다. 이것은 하나 이상의 차원을 평가할 때 잘한 수행과 못한 수행에 대한 드문 사례보다는 일반적인 수행에 더 영향을 받았기 때문에 더 정확한 평정으로 귀결되었을 수도 있다.

RET보다 더 효과적으로 보이는 다른 훈련 유형들이 있다. 이러한 유형의 훈련에서는 평정자들에게 수행과 관련된 행동을 관찰하는 방법과 그 관찰에 근거하여 판단하는 방법을 가르친다. 한 예로, Hedge와 Kavanagh(1988)의 연구에서는 관찰 훈련이 평정의 정확성을 증가시켰지만 평정 오류는 줄이지 못했다('연구 상세히 보기' 참조). Day와 Sulsky(1995)는 참조틀 훈련(frame of reference training)을 이용해서 좋은 결과를 얻었다. 이 훈련의 목표는 평정 과제에 대한 공통적인 이해를 제공하는 것이다. 평정자는 평정할 각 차원에서의 수행의 다양한 수준을 나타내는 구체적 행동 사례를 제공받았다. 이러한 유형의 훈련을 실시하였더니 평정의 정확성이 높아지고 평정자가 훌륭한 수행에 대한 준거를 정확하게 이해하게 된다는 점에서 유망한 방법임이 입증되었다(Gorman & Rentsch, 2009). 그러나 이러한 연구의 한계점은 연구가 주로 대학생을 대상으로 실험실

연구 상세히 보기

여러 연구는 평정 오류를 피하기 위한 평정자 훈련이 직무 수행을 평정하는 데 있어서 정확성을 감소시킬 수 있다고 밝혔다. Hedge와 Kavanagh (1988)는 다른 유형의 훈련이 수행 평정의 정확성을 증가시키는 데 더 효과적인지 알아보고자 했다.

52명의 감독자를 4개의 처치 집단에 무선적으로 할당하였다. 첫 번째 집단은 평정자에게 평정 오류와 이러한 오류를 피하는 방법을 가르치도록 설계된 평정자 오류 훈련을 받았다. 두 번째 집단은 직무 수행과 관련된 행동을 관찰하는 방식으로 훈련을 받았다. 세 번째 집단은 관찰된 행동에 근거하여 수행에 대해 적절히 판단하는 방식을 훈련받았다. 마지막 집단은 훈련을 받지 않은 통제 집단이었다.

모든 집단은 훈련 전과 훈련 후에 한 종업원이 직무를 수행하는 비디오 자료를 보았다. 그다음 모든 집단의 구성원은 그 모델의 수행을 몇개의 수행 차원에서 평정하였다. 각 집단 참가자의 평정과 비교할 기준을 제공하기 위해 전문가 패널이 비디오 자료의 수행을 평정하였다. 수행 평정의 정확성은 평정자의 평정과 전문가 패널의 평정 간의 차이로 평가되었다.

결과적으로 평정자 오류 훈련을 받은 집단은 평정 오류와 평정의 정확성이 감소했다. 이 결과는 이 유형의 훈련에 대한 이전 연구와 일치했다. 다른 두 유형의 훈련은 평정 오류와 정확성을 모두 증가시켰다. 연구 결과는 이 두 가지 훈련 유형이 평정의 정확성을 증가시킬 수 있다는 것을 보여 주었다. 또한 평정 오류가 반영된 평정 패턴이 종종 실수가 아닐 수도 있다고 생각하였다. 이러한 패턴들은 오히려 해당 직무에 대한 개개인의 수행 수준을 정확하게 나타내는 것일 수 있다. 예를 들어, 종업원들은 서로 다른 차원에서 동일한 수준으로 수행할 수도 있다. 이 연구의 결과는 다양한 유형의 평정자 훈련이 조직이 더 정확한 수행 평정을 얻도록 도움을 줄 수 있음을 함축하고 있다.

출처: "Improving the Accuracy of Performance Evaluations: Comparisons of Three Methods of Performance Appraiser Training," J. W. Hedge and M. J. Kavanagh, 1988, *Journal of Applied Psychology, 73*, 68-73.

에서 이루어졌기 때문에 그 결과가 현장에서 부하직원들을 평정하는 관리자에게 얼마나 일반화될 수 있을지 분명하지 않다.

■ 직무 수행 평정에 영향을 주는 기타 요인

감독자의 평정이 인지 과정과 평정 양식의 설계(그리고 평정 훈련 방식)에 의해 영향을 받는다는 것을 앞에서 살펴보았다. 그 외 다른 요인들, 예를 들어 부하직원에 대한 감독자의 느낌, 감독자의 기분, 수행을 하는 부하직원의 동기에 대한 감독자의 지각, 문화적 요인, 평정자와 피평정자의 인종 등도 감독자의 평정에 영향을 준다.

감독자가 자신이 좋아하는 부하에게 더 좋은 평정값을 준다는 생각을 지지하는 연구도 있다(예: Ferris, Judge, Rowland, & Fitzgibbons, 1994). 이러한 결과는 평정이 편애의 영향을 받아 편향될 수도 있다는 우려를 낳았다. 그러나 감독자는 일을 잘하는 사람을 좋아하기 때문에, 부하직원에 대해 호의를 갖는다는 것이 좋은 직무 수행의 결과라는 증거도 있다(Robbins & DeNisi, 1994). 신입 종업원은 감독자에게 자신이 훌륭한 수행자라는 인상을 심어 주는 것이 특히 중요하다. 감독이 좋은 수행자라고 인식하면 호감을 갖게 되고, 그 결과로 부하직원은 추가적 지원을 받게 되며, 이는 미래의 더 좋은 수행으로 이어질 것이다(Lefkowitz, 2000).

수행 평정을 계속 좋게 받는 이유는 호감과는 별도로 부하직원의 수행에 대한 감독자의 예상 때문이기도 하다. Murphy, Gannett, Herr와 Chen(1986)은 피평정자의 수행에 대한 평정자의 예상에 따라 수행에 대한 판단이 달라진다는 사실을 밝혀냈다. 사람들은 평정받고 있는 사람에 대한 자신의 예상과 부합하지 않는 행동 사례는 잊어버리는 경향이 있다. 그러므로 간혹 수행에서 실수를 할지라도, 좋아하고 수행을 잘하는 사람은 계속 좋은 수행자로 여길 것이다. 이로 인해 수행이 시간에 따라 변화하는 경우 편향된 평정이 발생하게 된다.

평정할 때의 평정자의 기분(mood)도 평정에 영향을 준다. 실험실 연구에서 Sinclair(1988)는 실험적으로 기분이 우울하도록 혹은 기분이 좋도록 조작하는 기분 조작 조건에 피험자들을 할당했다. 이후 피험자들에게 교수의 행동에 관한 기술문을 읽고 교수의 수행을 평정하도록 했다. 우울한 기분 조건의 피험자들이 고양된 기분 조건의 피험자보다 교수의 수행을 더 낮게 평정한다는 결과가 나왔다. 또한 우울한 피험자들이 더 정확하게 평정했고 후광 패턴도 덜 나타났다. Sinclair는 그러한 결과가 사람들이 우울한 기분일 때 정보 처리 능력이 더 좋아지기 때문에 나타나는 현상이라고 설명했다.

부하직원의 동기를 관리자가 어떻게 보는지의 시각은 직무 수행의 평정에 영향을 미치는 요소로 작용하기도 하는데, 이러한 시각은 흥미롭게도 문화적 요인의 영향을 받는다. DeVoe와 Iyengar(2004)는 종업원들의 내재적 동기(수행을 잘하는 것 자체가 좋아서 수행을 잘하려는 태도)와 외재적 동기(보상을 위해 열심히 일하는 태도)에 대해 관리자들이 갖고 있는 지각을 평가하였고, 이러한 지각을 종업원의 직무 수행 평정과 연계시켰다. 미국의 관리자들은 직무 수행과 관련하여 외재적 동기보다는 내재적 동기를 더 중요하게 생각한 반면, 아시아의 관리자들은 두 가지 동기를 모두 중요하게 생각하였으며, 라틴 지역 관리자들은 외재적 동기를 보다 중요하게 생각하는 것으로 나타났다.

흑인 종업원들이 백인 종업원들에 비해 평균적으로 더 낮은 수행 평가 평정을 받는다는 것은 이제는 널리 알려진 사실이다(McKay & McDaniel, 2006). 흥미롭게도, 평정자의 인종은 백인을 평정할 때는 영향을 주지 않지만, 흑인을 평정할 때는 영향을 주는 듯하다. Stauffer와 Buckley(2005)의 연구에 의하면, 흑인 평정자와 백인 평정자는 백인에게 유사한 평정 점수를 주지만, 백인보다는 흑인에게 더 낮은 평정 점수를 준다. 그러나 흑인과 백인에게 주어진 평정 점수의 차이는 흑인 평정자보다는 백인 평정자에서 훨씬 더 컸다. 흑인 평정자들이 백인 평정자에 비해 흑인 종업원에 대해 덜 편파적이라고 가정한다면, 이러한 결과는 백인 평정자가 흑인 종업원들에 대해서 편견을 갖고 있을 가능성을 시사하는 것이다. 물론 흑인 평정자가 흑인을 편애해서 흑인을 과대평가하기 때문이라는 설명도 가능하다. 혹은 흑인 평정자와 백인 평정자가 모두 백인을 편애하여 흑인에 비해 백인을 과대평가하기 때문이라고 설명할 수도 있다. 현재로서는 이러한 평정에서 나타나고 있는 편파의 정도를 알지 못하며, 더욱이 편파가 흑인 종업원과 백인 종업원에게 유리한 쪽으로 작용하는지 혹은 불리한 쪽으로 작용하는지도 알지 못한다.

3) 다면 평가

대부분의 조직에서 각 종업원의 직속상사는 직무 수행을 평가할 책임이 있다. 그러나 직무 수행에 대해 다각적인 관점을 갖는 것이 유용하고(Furnham & Stringfield, 1994), 관리자 등을 평가할 때 다각적인 관점을 사용하는 것이 표준 관행이 되고 있다(Rowson, 1998). 동료 평정과 자기 평정 그리고 부하 평정은 상사 평정을 보완해 주며, 종업원 육성을 위하여 수행에 대한 조언을 줄 때 유용한 자료가 된다(Maurer, Mitchell, & Barbeite,

2002). 특히 자기 평정(종업원 자신의 수행 평정)과 타인 평정(타인에 의한 평정) 간의 괴리를 통해서 다른 사람들이 종업원 자신과 달리 보는 영역을 알게 된다.

관리자 수행에 대한 조언을 줄 때 다각적인 관점을 제시하는 방식을 다면 평가(360-degree feedback)라고 한다(Baldwin & Padgett, 1993). 관리자는 수행의 여러 차원에서 동료, 부하, 상사로부터 평가를 받는다. 또한 관리자는 수행에 대한 자기 평정도 한다. 연구 결과, 다양한 직위에 있는 사람들 사이의 평정의 일치 정도는 중간에 불과했는데(Brett & Atwater, 2001; Carless, Mann, & Wearing, 1998; Fletcher & Baldry, 2000), 이는 다양한 직위의 사람들이 한 개인의 수행에 대하여 다양한 관점을 제공한다는 사실을 시사한다. 다양한 평정자를 사용하면 개인적 편향이 줄어드는 이점도 있다. 예를 들어, 다면 평가에서 사람들은 자신이 좋아하는 사람들에게 더 높은 평정값을 부여한다는 사실이 밝혀졌다(Antonioni & Park, 2001). 직속상사의 편애의 영향은 다른 평가자들의 평정에 따른 추가적 정보로 인해 줄어들게 된다. 그리하여 피평가자가 평가 제도를 더 신뢰하고 인정하는 분위기가 조성된다(Mayer & Davis, 1999).

다면 평가 제도는 수행 향상, 특히 수행 개선이 절실한 사람의 수행 향상을 목적으로 한다. 이 제도는 일부 종업원에게는 긍정적인 효과를 나타냈지만 모든 종업원에게 긍정적 효과가 있었던 것은 아니다. 이 제도의 원래의 목적과 달리 다면 평가 제도로부터 가장 이득을 얻는 집단은 최악의 업무 수행자가 아닌 최상의 업무 수행자라는 점이다(Bailey & Austin, 2006). 이와 더불어 Atwater와 Brett(2005)에 따르면, 자신을 스스로 낮게 평가한 사람 가운데 다른 사람에게서도 낮은 평정을 받은 사람들은 수행 결과를 통보받고 최악의 반응을 보였는데, 이러한 결과는 자신의 수행이 형편없다는 사실을 아는 사람이 다른 사람들에게서 이를 확인받는 것은 도움이 전혀 안 됨을 시사한다.

4. 수행 평가에 대한 과학기술의 영향

기술의 진보, 특히 웹의 출현으로 수행 평가에서 실천에 옮길 수 있는 것들이 대폭 증가했다. 기업에서 수행 관리와 관련된 자료의 양은 막대하다. 예를 들어, 다면 평가에는 방대한 평정 과업을 체계적으로 정리하는 어려움이 따른다. 평가 대상이 되는 관리자는 몇 사람의 부하와 동료를 지명해야 하고, 자기 평정을 해야 하며, 감독자 평정을 받아야만 한다. 조직에 따라서는 대상 관리자당 여덟 가지 이상의 평정을 수집해야 하는 경우도 있어서, 관리자가 1만 명이라면 추적하고 처리할 평정이 8만 개나 된다. 이는 사람이 직접 하기에는 비용이 많이 들고 어려운 작업이다.

과학기술은 객관적 생산성의 점검과 수행 관리 체계라는 두 가지 주요 영역에서 수행 평가에 큰 영향을 주었다. 오늘날 항공 예약 상담원과 전화 교환원과 같은 많은 종업원이 컴퓨터 시스템으로 작업한다. 종업원들이 직무 과업을 완수하는 데 활용하는 컴퓨터 시스템은 종업원의 생산성을 추적하는 데도 사용되고 있으며, 그러한 자료는 많은 조직에서 일상적으로 수집된다. 컴퓨터의 활용으로 종업원과 고객 사이의 수많은 거래상의 수행을 손쉽게 분석할 수 있게 되었는데, 이러한 분석 프로그램은 종업원이 매일 직무를 수행하는 데 사용하는 과업 소프트웨어에 흔히 내장되어 있다.

컴퓨터를 활용한 웹 기반 종업원 수행 관리 체계는 관리자가 목표와 기대를 명확히 하고, 코칭과 피드백을 하며, 수행을 평가하는 데 인기리에 사용되고 있다(이 장 마지막의 '산업 및 조직 심리학 현장 연구' 참조). 이 체계에서는 전 과정이 자동화되어 있기 때문에 다면 평가 제도는 경제적인 면에서 대기업에서도 시행 가능하게 되었다. 평정 대상인 관리자는 다면 평정 체계에 로그인해서 자신을 평가할 동료, 부하 및 기타 평정자들을 지명한다. 이 체계는 지명을 받은 사람들에게 통보하여 대상 관리자를 평정하도록 한 후, 모든 평정 정보를 모아서 보고서로 만든다. 다면 평가 프로젝트를 수행하는 데 컴퓨터 활용을 전문으로 하는 컨설팅 회사도 등장했다.

5. 수행 평가와 관련된 법적 문제

많은 국가에서는 직장에서 소수 집단이나 여성 등의 집단에 대한 차별을 금지하는 법을 제정하여 시행하고 있다. 이러한 법은 승진이나 해고와 같이 종업원의 고용 상태에 영향을 주는 조직의 활동에 적용된다. 그러한 조직의 활동은 종업원의 수행에 최소한 부분적으로라도 기반을 두기 때문에, 조직의 수행 평가 시스템은 법적 조치의 대상이 된다. 많은 국가에서 연령, 성, 정신적 · 신체적 장애, 소수집단의 구성원이라는 점 등과 같이 수행과 관련 없는 요소에 근거하여 수행 평가에 차별을 두는 행위는 불법이다.

미국에서 승진이나 해고와 같이 수행에 기반을 둔, 종업원과 관련된 활동과 관련하여 법적인 문제를 제기하는 사례가 늘어나고 있다(Latham et al., 1993). 그러한 사례에서 패소한 조직은 자신들의 수행 평가 제도가 특정 집단에 대해 차별적이지 않았다는 증거를 충분히 제시하지 못한 조직이었다. 주관적 측정은 감독자가 특정 집단 구성원들에 대한 편견을 표현할 여지가 있기 때문에 특히 법적 문제를 일으키기 쉽다. 예를 들면, 흑인이 백인에 비해서 낮은 수행 평가를 받게 될 때 감독자가 법정에서 자신의 평정이 공정하고 편향되지 않았음을 입증하기란 쉽지 않다(Mckay & McDaniel, 2006).

Barrett와 Kernan(1987)은 법적으로 방어할 수 있는 수행 평가 체계가 갖추어야 하는 여섯 가지 구성 요소를 제안했다. 〈표 4-9〉에서 볼 수 있는 것처럼, 법적 방어가 가능한 체계는 우선 특정 직무에 대한 수행 차원을 파악하기 위한 직무분석부터 실시한다. 직무분석을 하여 평가되는 차원이 직무와 관련 있음을 확실히 할 수 있다. 평정자들은 수행을 평가하는 데 평정 양식의 작성 방법에 관한 훈련을 받아야 한다. 평정자의 개인적 편향을 최소화하기 위해 상위 경영진은 수행 평가를 재검토해야만 한다. 종업원의 수행과 종업원에 대하여 조직이 내린 조처의 근거는 문서를 통해 기록으로 남겨야 한다. 좋은 수행과 나쁜 수행을 오랜 기간 동안 지속적으로 기록하여 남기면 종업원에 대한 법적 조치를 취하기 용이하다. 이렇게 하면 종업원에게 영향을 주는 특정한 조치가 정당하다는 점을 입증하기 위하여 조직이 가장 최근의 평가 자료만을 제시했다는 인상을 지울 수 있다. 마지막으로, 수행이 기대에 못 미치는 종업원을 지원하고 상담해 주는 것은 좋은 방안이다. 이는 조직이 법적인 조치를 취하기 전에 수행이 기대에 미치지 못하는 종업원을 위해 가능한 모든 노력을 기울였다는 점을 보여 준다.

Werner와 Bolino(1997)는 수행 평가가 차별적이었다고 문제를 제기한 295개의 미국 판례를 분석했다. 직무분석에 기초하고, 평정자들에게 서면으로 된 지시 사항을 주며, 종업원들에게 평가에 대한 의견을 말할 기회를 주고, 여러 평정자를 사용한 수행 평가 제도가 있는 조직은 패소하는 경우가 더 적었다. 예를 들어, 전체 판례의 41%에서는 조

〈표 4-9〉 수행 평가 체계가 합법적이 되기 위한 여섯 가지 요소

1. 수행 차원을 정의하는 직무분석 실시
2. 직무분석을 통해 결정된 차원을 평가하기 위한 평정 양식 개발
3. 수행을 평가하는 방법에 대한 평정자 훈련
4. 고위 간부가 평정을 재검토하고 종업원들에게 평가에 대해 의견을 말할 기회를 허용
5. 수행을 문서로 담고 상세한 기록 유지
6. 조치를 취하기 전에 수행이 낮은 종업원에게 지원과 상담 제공

출처: "Performance Appraisal and Terminations: A Review of Court Decisions Since Brito v. Zia With Implications for Personnel Practices," by G. V. Barrett and M. G. Kernan, 1987, *Personnel Psychology, 40*, 489-503.

직이 패소한 반면, 여러 명의 평정자를 사용한 조직은 11%의 판례에서만 패소했다. 이러한 네 가지 활동을 결합하여 사용하면 법적인 관점에서 봤을 때 상대적으로 안전한 수행 평가 체계가 될 것이다.

또한 종업원에게 수행 평가에 대해 자신들의 의견을 피력할 기회를 주는 것은 법적 문제 이외에도 여러 이득이 있다. 연구 결과, 종업원들에게 감독자와 함께 개방적으로 평가에 대해 논의할 수 있는 기회를 주게 되면 종업원의 태도는 더 긍정적으로 바뀐다(Korsgaard & Roberson, 1995). 평정에 대해 자신의 의견을 말할 수 있게 한 종업원들이 그렇지 않은 종업원들보다 실제로 더 낮은 평정을 받았음에도 더 긍정적인 태도를 보였다(Taylor, Tracy, Renard, Harrison, & Carroll, 1995). 이 연구에서 공정성의 지각은 이직 의도까지도 감소시켰다. 수행 평가 체계가 효과적이고 공정한 것으로 인식되기 위해서는 종업원의 의견 표명뿐 아니라 Barrett와 Kernan(1987)의 여섯 가지 요소 모두를 포함해야 한다.

요약 SUMMARY

직무 수행 자료는 관리적 의사결정, 종업원 육성, 종업원 피드백, 연구 등의 다양한 용도로 사용된다. 직무 수행 평가의 첫 번째 단계에서는 좋은 수행과 나쁜 수행을 정의하는 기준이 되는 수행 준거를 개발한다. 준거가 정해지면 준거를 측정할 구체적인 방법을 선택하게 된다.

직무 수행의 측정은 객관적 측정과 주관적 측정으로 분류할 수 있다. 객관적 측정은 판매원의 판매량이나 공장 근로자가 생산한 생산품의 수와 같은 직무 산출물의 합을 계산하는 것이다. 주관적 측정은 감독자(혹은 종업원의 직무 수행을 잘 아는 다른 사람)가 평정하는 것이다. 주관적 측정이 보다 흔하게 사용되지만, 인간의 판단에 기인하는 편향과 오류의 영향을 받는다. 주관적 측정의 평정 오류를 줄이기 위해 두 가지 방법이 사용된다.

수행 평정의 정확성을 높이기 위해서 몇 가지 유형의 평정 양식이 고안되었다. 행동기준 평정 척도(BARS)에서 평정자는 제시된 행동 중 어느 행동이 피평정자의 직무 수행과 가장 가까운지 표시한다. 혼합 표준 척도(MSS)에서 평정자는 피평정자의 수행이 수행 행동을 나타내는 몇 가지 문항문보다 더 나쁜지, 비슷한지, 더 나은지를 표기한다. 행동 관찰 척도(BOS)에서 평정자는 척도에 열거된 행동을 각각 피평정자가 얼마나 자주 나타냈는지 표시한다. 행동중심 평정 양식과 기타 유형의 평정 방법들을 비교한 연구들에서 행동중심 평정 양식의 정확성이 더 높다는 일관된 증거를 발견하지 못했다.

평정자 훈련은 오류를 줄이기 위해 시도한 또 다른 접근법이다. 평정자 훈련에 대한 연구 결과, 훈련을 통해 평정 오류를 줄이는 데에는 성공했지만 평정의 정확성도 함께 감소한다는 사실이 밝혀졌다. 수행과 관련된 행동을 관찰하고 수행을 판단하는 데 초점을 둔 관찰 훈련은 정확성을 높일 가망성을 보여 준다. 그러나 현재로서는 행동중심 평정 양식과 평정자 훈련 중 어느 쪽이 감독자가 정확한 수행 평정을 확실히 하게 하는 데 유용한지 결론을 내리는 것은 시기상조인 것 같다.

여러 가지 요인이 직무 수행 평정과 관련이 있는 것으로 보이지만, 그러한 요인들이 평정 편파로 이어지는지는 아직 명확하지 않다. 평정자가 부하직원들을 좋아하는지 여부, 평정자의 기분, 수행에 대한 종업원의 동기, 문화적 요인 및 평정자와 피평정자의 인종 모두 평정에 영향을 준다.

여러 출처로부터의 정보는 자신의 수행을 향상시키고 싶은 종업원들에게 도움이 된다. 관리자는 자기 평정을 비롯하여 동료, 부하 및 상사로부터 다면 평가를 받는다.

미국을 포함한 많은 나라에서 수행 평가는 기술적인 논의가 있어야 하는 과정일 뿐 아니라 법적인 문제를 고려해야 하는 과정이기도 하다. 미국의 법은 조직이 수행 평가 절차에서 차별 행위를 하는 것을 금지한다. 법적 요건에 따르지 않으면 조직은 고소를 당할 수 있다. 수행 평가 체계를 직무분석에 기초하여 실시하거나 평정자를 훈련시키는 등의 여러 가지 구체적 조치를 통해, 소송을 당했을 경우 조직이 패소할 가능성이 줄어든다.

산업 및 조직 심리학 현장 연구

이 사례는 Amanda Gartshore가 대형 금융 회사에서 작업한 포괄적인 수행 평가 및 관리 체계의 설계와 개발에 관한 내용이다. Gartshore는 공인된 직업심리학자로, 1998년에 서리 대학교(University of Surrey)에서 직업심리학으로 이학석사학위를 받았다. Gartshore는 현재 경력사원 및 신입사원 선발뿐만 아니라 개발(예: 개발센터 설계와 모든 관리 직급에서의 코칭)을 전문으로 하는 직업심리 회사인 Chromis Consulting사의 이사로 있다. 이 사례는 Gartshore가 직원이 1,000명 정도인 영국 소재 미국 대형 은행 자회사의 인사과에 재직하고 있을 때 경험했던 일이다. Gartshore 박사가 이 회사에서 담당했던 업무는 주로 수행 관리였다.

Gartshore가 맡은 초기 프로젝트는 내부 수행 평가 체계 시행을 돕는 일이었다. 이 체계는 개발 초기에 있었고 각 직무에 대한 수행 준거를 만들어 내야 했다. 관리자들은 직무분석을 토대로 부하직원들의 수행 준거를 개발해야 했다. 그녀는 관리자들이 관찰 및 측정 가능한 수행 평가 준거를 정의할 수 있도록 하는 교육을 시켰다. 준거가 공정하고 부서마다 다르지 않으며 일관성을 유지하게 하는 것이 교육의 목표였는데, 즉 준거의 신뢰도와 타당도 확보에 교육의 초점이 맞추어졌다. 이 수행 평가 결과는 1에서 4점 척도로 평정이 이루어졌고 이 평정 결과는 성과기반 급여와 연계되기 때문에 공정하고 정확한 체계를 개발하는 것이 중요했다.

이 수행 평가 체계는 연례 수행 평가에 목표 설정과 종업원 개발을 연계하였다. 이 체계는 1월을 시작으로 1년 주기로 운영되는데, 매년 1월에 각 감독자는 개별 부하직원과 만나 부하직원의 수행에 대해 논의하고 한 해의 수행 평가 기준과 목표에 대해 합의를 한다. 이 만남에서는 무엇을 성취하느냐 뿐만 아니라 어떻게 성취하는지도 구체적으로 합의한다. 그러므로 작업의 질과 양을 모두 균형 있게 강조한다. 한 해가 시작하는 시점에서 1차로 수행을 검토한 후 매 분기에 상사와 부하직원은 함께 모여 목표를 향한 진행 정도를 검토하고 개발의 필요성에 대해서 논의한다. 한 해가 끝나는 시점에서 상사와 부하직원은 최종 검토 모임을 갖고 수행 준거와 목표를 검토한다. 상사는 각 부하직원에 대해 1~4점 척도로 평가를 한다. 여기서 1은 기대보다 매우 높은 수준의 수행, 2는 기대보다 높은 수행, 3은 기대한 만큼의 수행, 4는 해당 종업원이 기대 수준을 충족하지 못했거나 새로운 직무를 배정받아 아직 교육 중인 것을 의미한다. 이 평가를 바탕으로 다음 해의 급여 인상 정도가 결정된다. 1점을 받은 사람은 보너스도 지급받게 된다.

Gartshore는 평정 과정이 신뢰성 있고 타당한지 확인하기 위하여 평정의 질을 검토하고 자료를 통계적으로 분석하였다. 종업원 1,000명의 평정값은 정규분포를 이룰 것으로 예상했지만 부서의 규모가 작을수록 평정의 분포가 더 편포되었다. 그러므로 Gartshore는 팀에 초점을 맞추고, 유사한 평정값이 많은 팀의 관리자와는 만남을 갖고 그러한 평정에 대해 이의를 제기하고 평정이 정당화될 수 있는지를 검토하였다. 지금까지 살펴본 바와 같이 이 수행 평가 체계는 매년 모든 종업원에 대해 통상적인 '성적표'만을 작성하는 방식 이상의 특성을 갖고 있다.

토의 문제

1. 이러한 종류의 수행 체계가 있는 회사에서 일하고 싶은가? 그렇다면 그 이유는 무엇인가?
2. 금융 분야의 회사들은 왜 수행 평가에 많은 노력을 기울이는가?
3. 관리자들은 왜 분기별로 수행 관련 지도 활동을 해야만 하는가? 1년에 한 번만으로도 충분하지 않은가?
4. 목표 설정으로 종업원의 동기와 수행이 증가하겠는가?(8장의 '목표 설정 이론' 참조)
5. 성과급 체계에 내재되어 있는 문제점은 무엇인가?

체험학습

직무 준거를 결정하기

직무에 대한 준거는 직무에 종사하는 종업원들을 면접하여 결정할 수 있다. 종업원들은 일반적으로 무엇을 해야 하고 좋은 수행과 형편없는 수행이 무엇인지를 잘 아는 전문가들이다. 자신이 종사한 적이 없는 직무에서 현재 일하고 있는 친지(지인, 가족 혹은 친구)를 생각하시오. 그 친지를 면접하여 현재 종사하고 있는 직무의 중요한 기능과 훌륭한 직무 수행에 대한 준거에 관하여 알아내시오. 면접 내용을 꼼꼼히 받아 적어야 한다. 친지의 직무에 대해 다음 사항을 질문해야 한다.

1. 직무의 주요 기능은 무엇인가?
2. 각 기능에 대해서 종업원이 달성해야 하는 바는 무엇인가?
3. 각 기능에 대해서 '훌륭한 수행'의 구성 요소와 '형편없는' 수행의 구성 요소는 무엇인가? 피면접자에게 예를 제시하도록 요청하시오.
4. 각 기능에 대한 수행을 평가할 좋은 방법은 무엇인가?

수행의 주요 사건

주요 사건은 직무 수행 척도 개발에 아주 유용하다. 효과적인 수행을 나타내는 사건 5개와 효과적이지 않은 수행을 나타내는 사건 5개, 총 10개의 주요 사건을 수집하시오. 친한 사람에게 자신이 일하면서 목격했던 예를 말해 달라고 하시오. 동일한 사람이 효과적인 수행을 나타내는 사건과 비효과적인 수행을 나타내는 사건을 모두 제공할 수 있을 것이다. 여러 사람으로부터 사건을 수집하는 것이 가장 좋다. 수행 평정 척도에 포함되는 직무 수행의 차원(들)을 정의하는 데 수집한 사건들을 이용하시오.

CHAPTER 05

선발과 배치를 위한 평가 방법

학습목표

1. KSAO를 정의한다.
2. 다섯 가지 평가 기법을 기술한다.
3. 각 평가 도구의 이점과 한계를 논의한다.
4. 컴퓨터의 출현으로 평가가 어떻게 변화하고 있는지 설명한다.

당신이 어떤 직무에 사람을 뽑는 일을 책임지고 있다고 가정하자. 간호사, 배관공, 경찰 혹은 교사를 채용하는 과업을 맡고 있다고 상상해 보자. 여러 지원자가 있고 그중 한 사람을 뽑는 일이 과업이다. 어떻게 고용을 결정할 것인가? 면접으로 직무에 가장 적합하게 보이는 사람을 뽑을 것인가? 지원자에게서 살펴보아야 하는 특성과 자질이 무엇인지 어떻게 아는가? 또한 지원자들이 필수적인 특성을 지녔는지 어떻게 판정할 것인가? 선발(고용)과 배치(직무에 현 종업원을 배정하는 것)를 하기 위한 특성의 평가 절차가 이 장의 주제다.

조직의 인사 문제에 심리학이 적용된 초기의 사례는 선발과 배치를 위한 사람들의 평가였다. 제1차 세계대전 동안, 미군은 직무 할당(배치)을 결정하기 위해 사람들을 평가하는 대규모의 검사를 실시했다. 전후에 큰 조직들이 선발과 기타 고용을 결정할 때 직무 지원자들을 평가하는 것의 잠재적 가치를 인식했고, 검사와 기타의 기법들을 사용하는 것은 일상적인 일이 되었다. 오늘날 이러한 평가는 미국에서뿐만 아니라 캐나다, 서유럽, 이스라엘, 한국과 같은 대부분의 산업화된 사회에서 사용된다(McCulloch, 1993).

이 장에서는 선발과 배치 시에 사람의 특성을 평가하기 위해 자주 사용하는 다섯 가지 기법을 논의한다. 심리검사(psychological test)는 통제된 조건하에서 응답해야 하는 과업이나 문항들로 구성된다. 손재주나 눈-손 협응과 같은 특성들을 평가하기 위하여 물체를 조작해야 하는 검사도 있지만, 대부분의 검사는 질문에 대답하거나 문제를 푸는 것과 같은 지필형 과제다. 심리검사는 능력, 흥미, 지식, 성격, 기술을 평가하는 데 사용한다. 생활사 정보 질문지(biographical information forms)는 교육 수준과 작업 경험과 같이 직무와 관련된 이전 경험들에 관하여 묻는 문항들로 구성된다. 꽤 상세한 정보를 요구하는 생활사 질문지도 있는데, 객관적 사실뿐 아니라 주관적 반응과 견해에 대해서도 질문한다. 면접(interview)은 조직 내 고용 결정 과정에 참여하는 사람과 지원자의 회동이다. 면접은 직접 만나거나 혹은 일반 전화나 웹캠 등의 기술을 이용해서 이루어진다. 작업 표본(work sample)은 지원자에게 직무 수행 상황을 그대로 재현한 상황에서 직무를 수행하게 하는 검사다. 지원자에게 필요한 자료와 도구를 주고 통제된 조건하에 특정 과업(예: 자동차 전동기 조립)을 수행하도록 지시한다. 평가 센터(assessment center)는 지원자가 얼마나 직무를 잘 수행할 수 있는지를 측정하는 실행 과제들로 구성된 평가 방식으로 모의 직무 과업을 포함한다. 평가 센터는 일반적으로 관리직이나 사무직에서의 잠재력을 평가하기 위해 사용한다.

이러한 평가 기법은 특정 직무에 적합한 사람을 결정하기 위해 사용된다. 한 개인의 특성이 직무에서 필수적인 특성과 얼마나 잘 부합되는지를 결정하기 위해 흔히 한 가지 이상의 기법을 사용하기도 한다. 그러나 이러한 평가 기법들은 선발과 배치 이외의 다른 목적으로도 사용된다. 가령 한 개인의 강점과 약점을 밝혀내어 훈련에 이를 반영하여 종업원 육성에 유용하게 사용한다. 이러한 다양한 기법은 이 책 전체에서 다루고 있는 거의 모든 주제와 관련된 연구에서 인적 특성을 평가하기 위해 사용된다. 종업원 선발을 다루는 다음 장에서는 그 다섯 가지 기법이 직무에 맞는 사람들을 선택하는 데 어떻게 사용되는지를 살펴볼 것이다.

1. 직무 관련 특성

직무를 수행하는 데는 다양한 개인 특성, 즉 KSAO(지식, 기술, 능력, 기타 특성들)가 필요하다(직무분석 맥락에서 KSAO에 대한 자세한 논의는 3장 참조). 지식은 변호사의 법적 지식처럼 직무에 대해서 아는 바를 말한다. 기술은 사람이 무엇인가를 할 수 있는 것, 예를 들면 컴퓨터 프로그램을 짜는 기술 혹은 타이핑하는 기술 등을 말한다. 능력은 악기 연주나 외국어 말하기를 배우는 능력과 같이 어떤 것을 학습하는 역량이다. 기타 특성들에는 이 세 가지 특성으로 설명하지 못하는 모든 인적 속성으로, 흥미, 성격, 그리고 신장이나 체력 등의 신체적 특성, 직무와 관련된 이전 경험이 포함된다.

〈표 5-1〉은 컴퓨터 판매점에서의 판매와 관련된 KSAO의 예다. 컴퓨터 판매원은 복잡한 컴퓨터 시스템을 이해하는 능력뿐 아니라 판매할 상품에 대한 지식도 있어야 한다. 또한 현금 등록기를 사용할 줄 알아야 하고, 금전 거래를 할 줄 알아야 한다. 마지막으로, 판매원은 용모가 단정해야 하고 친절하며 외향적인 성격이어야 한다. 이것은 컴퓨터 판매와 관련된 채용에서 사용될 KSAO들이다.

각 직무에 대한 KSAO는 직무분석이라 부르는 상세한 연구를 통해 결정한다(직무분석에 대한 논의는 3장 참조). 직무분석은 해당 직무에 필수적인 KSAO의 목록을 도출하기 위해 많은 기법을 사용한다. 일단 KSAO를 파악하면, 직무 지원자들이나 현직 종업원들의 KSAO를 평가하기 위한 절차들을 선정하거나 개발한다. 이는 직무에 필수적인 KSAO를 보유한 사람들을 선발하고 배치하기 위해서다. 이러한 과정으로 선택된 사람이 직무에서 모두 성공한다고 보장하지는 못하지만, 다른 선발과 배치 방법을 사용할

〈표 5-1〉 컴퓨터 판매와 관련된 KSAO

지식	컴퓨터 시스템에 대한 지식 컴퓨터 소프트웨어에 대한 지식
기술	현금 등록기를 사용하는 기술 금전 거래를 완수하는 기술
능력	복잡한 기술을 이해하는 능력 다른 사람들과 의사소통하는 능력
기타	단정한 외모 외향성, 친절한 성격

때에 비해서 현명한 선택을 할 가능성이 높아진다.

이 장에서 논의할 다섯 가지의 평가 기법은 모두 직무 수행을 비롯하여 조직에 중요한 변수들과 연관된 KSAO를 측정하기 위해 사용된다. 모든 평가 기법에서 신뢰도와 타당도는 매우 중요하다. 모든 측정은 일관되어야(신뢰할 만해야) 하고, 타당도를 위한 엄격한 검증을 거쳐야만 한다. 달리 말하면, 검사가 목표로 하는 조직의 목적을 달성할 수 있다는 증거가 존재해야 한다. 예를 들어, 경찰관 선발에 검사를 사용하려면, 경찰 후보자가 직무를 얼마나 잘 수행할 것인지를 검사가 예측한다는 점을 보여 주어야 한다.

2. 심리검사

심리검사(psychological test)는 특정한 개인적 특성을 평가하는 일련의 표준화된 문제나 질문들이다. 심리검사는 일반적으로 지식, 기술, 능력, 태도, 흥미, 성격을 포함하는 KSAO를 평가하기 위해 사용한다. 검사들은 여러 문항으로 구성되는데, 이 문항들은 관심의 대상이 되는 특성에 대한 지표다. 각 문항은 상대적으로 빨리 응답할 수 있기 때문에 개별 특성을 평가하는 많은 문항을 포함하며, 또한 한꺼번에 여러 특성을 평가하는 것이 가능하다.

문항이 많아지면 단일 문항으로 특성을 재는 것보다 신뢰도와 타당도가 높아진다. 어떤 한 문항에 대해서는 쉽게 실수를 할 수 있기 때문에 단일 문항 측정치는 신뢰도가 낮은 경향이 있다. 예를 들어, 한 문항을 잘못 해석하거나 잘못 읽을 수 있다. 단일 문항 검사에서 볼 수 있는 문항에는 다음과 같은 것이 있다.

나는 보통 새로 할당되는 업무에 가장 먼저 지원하지 않는다.

만약 응답자가 이 문항을 잘못 읽어서 '지원하지 않는다'를 '지원한다'로 읽었다면, 문항의 의미는 완전히 반대가 된다. 이 문항에서 응답자의 반응은 중요한 특성을 반대로 반영하게 되고 이 문항은 정확한 지표가 되지 않을 것이다. 만약 매우 적은 수의 사람이 이러한 실수를 저지른다면 그 문항은 신뢰도와 타당도가 조금은 유지될 것이다. 여러 문항을 사용하면 각 개인의 점수에서 우연한 실수의 효과가 상쇄되어 전체적으로 볼 때 줄어들기 때문에 여러 문항을 사용하는 검사의 신뢰도와 타당도는 단일 문항에서보다 더 높다. 많은 문항이 있을 때 각 단일 문항이 전체 점수에 기여하는 정도는 아주 작다.

1) 검사의 특성

개인의 수많은 특성을 평가하기 위하여 사용할 수 있는 많은 유형의 검사가 있다. 관심 있는 특성의 본질에 따라 어떤 검사를 사용할지를 결정한다. 예를 들어, 수리 능력을 평가하기 위한 검사는 흔히 많은 수학 문제로 구성된 지필형 검사다. 신체적 능력을 평가하기 위한 검사에는 무거운 물체를 들어 올리는 문제가 포함될 것이다. 다음에서는 검사의 네 가지 구별되는 특성에 대해 논의한다.

■ 개인 검사와 집단 검사

집단 검사(group test)는 한 번에 여러 사람에게 시행한다. 보통 인쇄물(예: 책자) 형태로 되어 있거나 컴퓨터 화면을 통해 주어진다. 인쇄물로 된 검사는 교과목 시험처럼 한 방에서 동시에 여러 사람에게 실시한다. 컴퓨터로 실시하는 검사는 동시에 여러 명의 수검자가 동일한 장소(예: 컴퓨터 랩) 혹은 각기 다른 장소에서 검사를 본다. 고용 장면에서는 검사 시행 조건과 검사 보안에 관한 우려가 늘 존재하기 때문에 검사 시행자가 검사의 접근을 통제하고(예: 검사를 나누어 주거나 컴퓨터에 로그온 하게 하고), 검사 시간을 재며, 수검자가 당사자인지를 확인하는 작업을 한다. 개인 검사(individual test)는 검사 실시자가 한 검사를 한 번에 한 개인에게 실시하는 것이다. 개인 검사는 시행자가 검사를 실시하면서 문항의 점수를 매겨야 하거나, 오직 한 번에 한 사람만 사용할 수 있는 도구를 사용할 때 실시한다. 각 문항을 해결하는 속도는 검사 실시자가 조절한다. 이 방법은 주로 아동에게 인지능력 검사를 실시할 때 사용된다. 개인 검사보다 집단 검사가 효율성이 더 크기 때문에 가능하다면 집단 검사를 더 선호한다.

■ 폐쇄형 검사와 개방형 검사

폐쇄형 검사(cloesed-ended test)에서 수검자는 여러 가능한 응답 중에 하나를 선택해야 한다. 그러한 다지선다형 검사는 능력과 지식을 검사한다. 개방형 검사(open-ended test)는 논술형 시험과 비슷하다. 수검자는 정확한 응답을 선택하기보다는 응답을 만들어 내야 한다. 폐쇄형 검사가 점수화하기 훨씬 용이하기 때문에 더 선호되는 반면, 일부 특성에 대해서는 개방형 검사가 더 적합하다. 예를 들어, 쓰기 능력의 평가는 작문이 최선이다.

전문가들은 표현의 명확성과 문법의 정확성과 같은 다양한 특성을 평가하기 위해 작문을 읽고 점수를 매긴다. 이러한 특성들은 폐쇄형 검사로는 평가가 불가능하지는 않겠지만 어려울 것이다.

■ 지필형 검사와 수행 검사

지필형 검사(pencil-paper test)는 종이나 여타 인쇄(혹은 전자)매체로 제시되고, 응답은 펜으로 기록한다. 다지선다형 교과목 시험은 시험지에 질문이 적혀 있고, 응답은 필기도구로 시험지 자체에 하거나 별도의 응답지에 답하는 지필형 검사다. 지필형 검사라는 명칭을 계속 사용하겠지만 요즘은 흔히 전자적으로 검사를 실시하고 응답은 자판이나 마우스로 한다. 개방형 검사도 사람들에게 답변을 쓰도록 하면 지필형 검사가 된다. 수행 검사(performance test)는 장치, 장비, 기구 또는 도구의 조작을 포함한다. 아마 가장 널리 사용되는 수행 검사는 타이핑 검사일 것이다. 타이핑 검사에서 수검자는 표준화된 조건하에서 타이핑 실력을 실제 컴퓨터나 타자기로 증명한다. 이 검사는 타이핑 지식이 아닌 타이핑 능력을 검사하며, 타이핑 지식은 타이핑에 관한 지식을 묻는 지필검사로 평가한다.

■ 역량 검사와 속도 검사

역량 검사(power test)는 수검자들에게 시간 제한을 거의 두지 않고 시행된다. 속도 검사(speed test)는 엄격한 시간 제한이 있으며, 배정된 시간 내에 모든 문항을 끝낼 수 없도록 설계한다. 속도 검사는 보통 두 가지 방식으로 사용한다. 첫 번째, 속도 검사는 제약된 시간 내에 완수해야 하는 어려운 문항들로 구성하기도 한다. 잘 준비된 학생이 덜 준비된 학생보다 더 빠르게 질문에 응답할 것이라는 가정 아래 학교 검사를 속도 검사로 시행하는 교사도 있다. 이렇게 속도 검사를 사용하는 경우의 단점은 수검자가 만약 느리게 읽고 쓰는 사람이라면 불리하다는 점이다. 두 번째 유형의 속도 검사는 특정한 과업을 수행하는 속도를 평가하기 위한 검사의 경우다. 타이핑 검사는 정확성뿐 아니라 타이핑 속도를 평가하는 것도 목적이기 때문에 시간을 제한한다.

2) 능력 검사

능력(ability) 혹은 적성(aptitude)은 특정 과업을 수행하는 역량 혹은 수행을 학습하는 역량을 의미한다. 인지적 능력(예: 지능)은 정보 처리와 학습을 포함하는 과업과 관련이 있다. 정신운동 능력(예: 손재주)은 신체 운동과 물체의 조작을 포함한다. 각 능력의 중요성은 관심의 대상인 과업의 속성에 따라 달라진다. 주로 인지 능력을 요구하는 과업(예: 컴퓨터 프로그래밍)도 있고, 주로 정신운동 능력에 의존하는 과업(예: 바닥 청소)도 있다. 하지만 많은 과업에서는 두 가지 능력 모두를 필요로 한다(예: 컴퓨터나 복잡한 장비의 수리).

■ 인지능력 검사

일반 인지능력을 측정하는 지능 혹은 IQ 검사는 가장 잘 알려진 인지능력 검사(cognitive ability test)다. 수리 능력, 언어 능력과 같은 개별적인 인지능력을 측정하는 검사도 있다. 대부분의 인지능력 검사는 지필형 검사이고, 검사 문항은 해결해야 하는 문제를 나타낸다. 이러한 검사들은 대규모 집단에 시행할 수 있고, 직무 지원자들을 평가하는 데 비용이 적게 들고 효율적인 수단이다.

[그림 5-1]은 수리 능력과 언어 능력을 평가하기 위해 설계된 기업용 인력 검사

수리

답에 소수점이 있을 경우에는 답안에 표시된 소수점 자리에 맞게 답을 쓰시오.

예)
16.5갤런의 물을 담을 수 있는 있는 탱크 안에
물 8갤런이 있다. 이 탱크에 얼마나 더 많은 물을
담을 수 있는가? 8.5갤런

16.5
−8
8.5

언어

예 A)
나머지 셋과 다른 특성을 가진 단어는?
(A) 빨강 (B) 초록 (C) 보라 (D) 달콤함 A B C D

빨강, 초록, 보라는 색깔이지만 달콤함(보기 D)은 색깔이 아니다.
따라서 답은 D다.

그림 5-1 PTI 예시 문항

(Personnel Tests for Industry: PTI)의 두 개의 예시 문항이다. 이 문항들은 수리 추리와 언어 추리를 요구하는 문제들이다. 이 검사는 집단 시행을 위해 제작되었고, 약 25분 내에 끝낼 수 있다. PTI는 고용 검사를 출간하는 가장 오래되고 잘 알려진 출판사인 Psychological Corporation이 출판하였다.

모든 수검자가 영어에 익숙한 것은 아니다. 그러므로 읽기 능력에 의존하지 않는 검사들도 개발되었다. [그림 5-2]는 비언어적 지능검사인 Beta II의 예시 문항이다. 이 문항들은 언어를 사용하지 않고 문제를 풀 수 있도록 되어 있다. 첫 번째 문항에서는 수검자들이 미로에서 길을 찾아야 한다. 두 번째 문항에서는 수검자들이 숫자와 도형을 사용하여 부호화 문제를 풀어야 한다. 검사 실시자들은 문항마다 수검자들에게 지시 사항을 읽어 준다. 그 지시 사항은 어떤 언어로든지 줄 수 있다.

인지능력 검사가 여러 유형의 수많은 직무에서 직무 수행의 타당한 예측변인임은 그동안의 연구에서 줄곧 밝혀졌다(Ones, Dilchert, Viswesvaran, & Salgado, 2010). 즉, 인지능

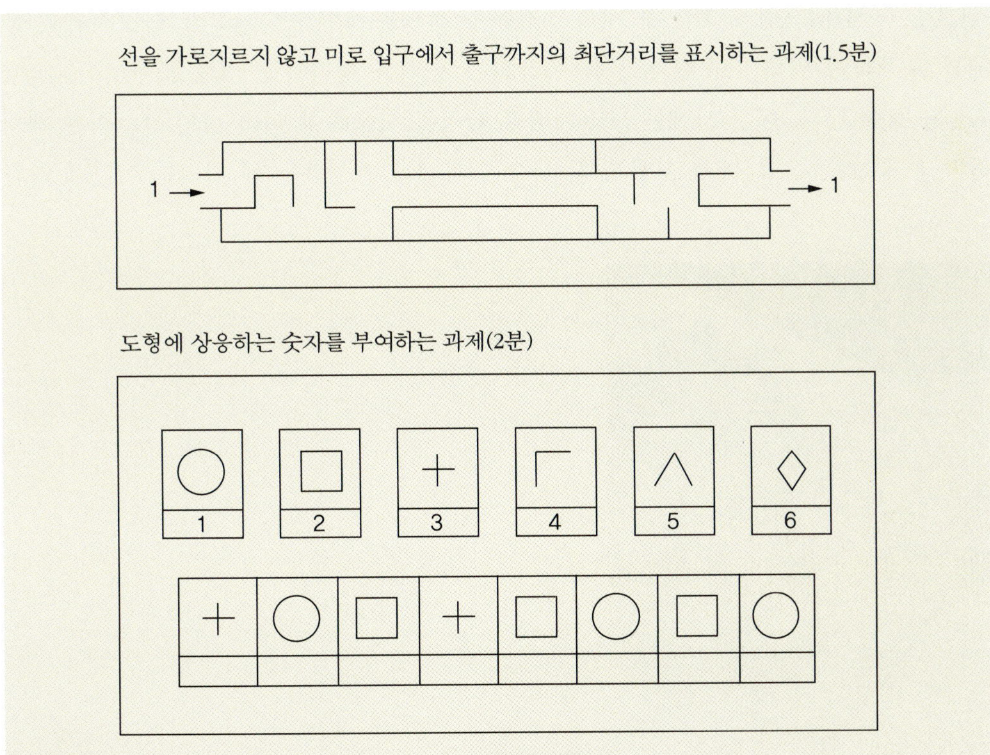

그림 5-2 Beta II 검사 예시 문항: 비언어 지능검사 2판

Reproduced by permission.

력 검사에서 높은 점수를 받은 사람들이 직무를 더 잘 수행하는 경향이 있다. 인지능력 검사는 효율성과 타당도로 인하여 종업원 선발을 위해 대기업에서 오랫동안 사용되고 있다. Murphy, Cronin과 Tam(2003)에 따르면, 703명의 미국 산업 및 조직 심리학회 회원들에게 실시한 설문 조사에서 산업 및 조직 심리학자들은 인지능력 검사가 선발에 공정하고 유용한 도구라고 이구동성으로 말했다.

■ 정신운동 능력 검사

정신운동 능력 검사(psychomotor ability test)는 물체를 조작하고 도구를 사용하는 능력을 평가한다. 이 검사에는 감각과 운동 사이의 협응(예: 눈-손 협응)과 운동의 정확성이 모두 포함된다. 많은 정신운동 검사는 측정하려는 능력이 인지 요소보다는 물체의 조작이기 때문에 지필형 검사가 아닌 수행 검사다. 사람들은 구멍에 작은 막대를 끼워 넣거나, 물체를 조작하기 위해 단순한 도구를 사용하는 것과 같은 운동 과제를 수행하는 능력에 대해 점수를 받는다.

[그림 5-3]과 [그림 5-4]는 두 개의 정신운동 검사를 보여 준다. [그림 5-3]은 작은 물체를 조작하기 위해 단순한 도구를 사용하는 능력을 평가하는 치료 도구(therapeutic tool)를 보여 준다. 이 검사에는 드라이버와 렌치를 사용하여 여러 개의 잠금쇠를 제거하거나 재조립하는 과제가 포함된다. 점수는 과제를 완성하는 데 걸리는 시간에 따른

그림 5-3 정교한 운동 및 감각 기능 향상을 위한 치료 도구

Reproduced by permission. (PhotoAlto/Michele Constantini/Getty Images Inc.)

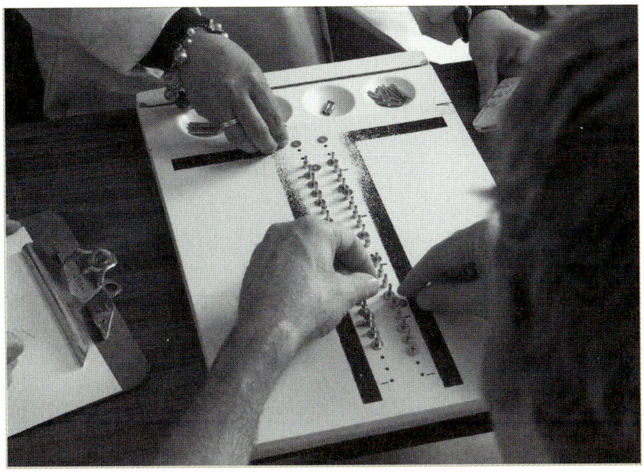

그림 5-4 퍼듀 못판 손재주 검사
(© Radius Images/Alamy)

다. [그림 5-4]는 팔과 손 그리고 손가락 운동의 정확성과 속도를 평가하는 퍼듀 못판 손재주 검사(Perdue Pegboard Dexterity Test)를 보여 준다. 수검자는 못(peg)을 순서대로 구멍에 넣는 작업과 못, 걸이(collar)와 못받침(wasner)을 결정하는 작업을 한다. 이 검사의 점수는 수검자가 과제를 완성하는 속도와 정확성에 바탕을 둔다.

3) 지식 검사와 기술 검사

능력 검사는 어떤 사람의 학습 능력, 즉 잠재력을 평가한다. 반면에 흔히 성취 검사(achievement test)라 불리는 지식 검사와 기술 검사(knowledge and skill test)는 현 수준의 숙련도를 평가한다. 지식 검사는 개인이 알고 있는 바를 평가하고, 기술 검사는 개인이 할 수 있는 것을 평가한다.

실제로 능력 검사가 어느 정도 지식과 기술에 의존하고, 지식과 기술 검사도 얼마간 능력에 의존하기 때문에, 지식과 기술을 능력과 완벽하게 구분하기는 어렵다. 두 유형의 검사 간의 주요한 차이는 특정 과업을 수행할 때 사전 지식과 기술에 중점을 두는지의 여부다. 예를 들어, 정신운동 능력 검사는 구멍에 작은 막대를 얼마나 빨리 끼워 넣는지를 검사하여 눈-손 협응 능력을 평가하는 데 반해, 정신운동 기술 검사는 타이프를 얼마나 잘 치는지를 평가한다. 타이핑 기술은 여러 가지 다양한 능력의 산물이다.

많은 지식과 기술 영역을 검사로 평가할 수 있다. 수학과 읽기와 같은 일반적 기술에 초점을 두고 있는 검사도 있고, 타이핑과 같은 특정한 직무 과업에서의 기술을 평가하

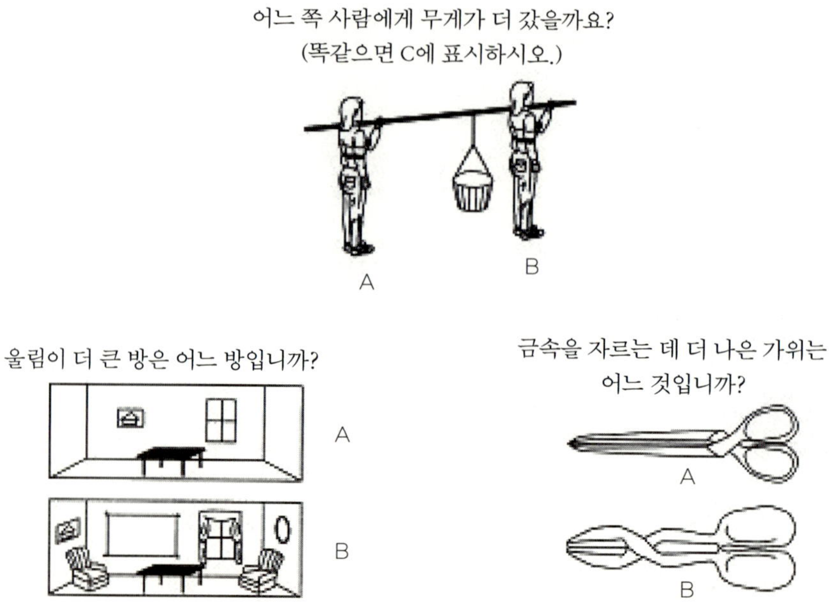

그림 5-5 Bennett 기계이해검사 예시 문항

는 데 유용한 검사도 있다. 타이핑 검사에서 수검자들은 표준화된 조건하에 제시된 자료를 타이핑하는 과제를 받는다. 수검자들은 분당 타이핑한 단어의 수와 타이핑 오류의 수에 따라 점수를 받는다. 능력 검사와 마찬가지로, 지식 검사와 기술 검사들에는 지필 검사도 있고 수행 검사도 있다.

[그림 5-5]는 Bennett 기계이해검사(Bennett Mechanical Comprehension Test)의 세 문항이다. 이 검사는 기계 능력과 도구에 대한 지식을 한꺼번에 평가한다. 이러한 종류의 검사는 기계의 작동법이나 도구의 사용법에 대해 충분히 이해하는지를 판정하는 데 유용하다. 이 검사는 지식 검사이고, 도구를 사용하는 기술보다는 도구에 대한 개인의 지식을 평가한다는 점에 유의해야 한다. 실제로 도구를 사용하는 것은 인지와 정신운동 요소를 모두 포함하는 기술이다.

4) 성격 검사

성격 특질(personality trait)은 다양한 상황에서 특정한 방식으로 행동하는 경향이나 기질이다. 타인과 함께 일하는 것을 더 선호하는 사람은 사회성이 높다고 한다. 타인과 함께 일할 때 언제나 자신의 방식대로 해야 하는 사람은 지배성이 높다고 한다. 성격 특질은 특정 행동 경향이 조직에서의 직무 수행과 기타 행동들과 관련될 수 있기 때문에 중요하다. 사회성은 다른 사람과 상호작용해야 하는 판매원에게 매우 중요한 특질일 수 있다. 반면에 지배성은 다른 사람들의 행동을 지시해야 하는 감독자에게 중요한 특질일 수 있다.

지필형 성격 검사(personality test)는 성격 특질을 평가하는 데 유용한 도구다. 어떤 성격 검사는 단일 성격 특질만을 평가한다. 그러나 성격 목록 검사는 다양한 차원을 평가하고, 때로는 여러 성격 특질에 대한 개인의 프로파일을 도출하는 데 사용된다. 또한 성격 검사를 사용하여 다양한 특질을 조합한 유형으로 사람들의 특징을 말해 준다. 예를 들어, 외향적 유형의 사람은 활동성, 낙관성, 사회성이 높고 말을 많이 하는 경향이 있다. 반면에 내향적 유형은 신중성, 조용함, 수동성, 비사회성이 높은 경향이 있다(Pervin, 1993).

[그림 5-6]은 공유(public domain) 국제 성격문항 모음(International Personality Item Pool; Goldberg, Johnson, Eber, Hogan, Ashton, Cloninger et al., 2006)에서 발췌한 다섯 가지의 예시 문항이다. 이 웹 기반 출처(http://ipip.ori.org)에서는 아주 다양한 성격 특질을 평가하는 데 사용할 수 있는 2,000개 이상의 성격 문항을 제공한다. [그림 5-6]의 예시

	전혀 그렇지 않음	다소 그렇지 않음	약간 그렇지 않음	약간 그러함	다소 그러함	매우 그러함
나는 파티의 중심 인물이다.						
나는 대부분의 시간 동안 마음이 편안하다.						
나는 다른 사람들을 위해 시간을 낸다.						
나는 언제나 준비되어 있다.						
나는 어떤 것을 곰곰이 생각하는 데 시간을 보낸다.						

그림 5-6 Big 5 성격 차원을 평가하는 공유 국제 성격문항 모음(Goldberg al., 2006)의 다섯 가지 문항

위에서부터 순서대로 외향성, 정서적 안정성, 호감성, 성실성과 경험에 대한 개방성의 하위척도 문항들이다. IPIP 웹사이트는 http:ipip.ori.org다.

문항들은 Big 5 성격 이론의 차원인 외향성, 정서적 안정성, 호감성, 성실성과 경험에 대한 개방성을 평가하기 위하여 사용된다. Big 5에 대해서는 10장에서 논의할 것이다. 능력 검사의 경우와 마찬가지로, 많은 표준 검사들은 Harcourt Asssessment와 Psychological Assessment Resources와 같은 상업적 검사 회사에서 구매할 수 있다.

연구자들은 조직에서 사람들의 행동의 많은 다양한 측면을 연구하기 위해 성격 검사를 자주 사용하지만, 종업원 선발에 성격 검사를 사용할 때 우려할 점이 두 가지 있다. 첫째, 직무 지원자들이 검사에 응답할 때 자신들이 가장 좋은 사람으로 보이도록 문항에 답변하여 결국 거짓 응답을 할 가능성이 있다(Birkeland, Manson, Kiamore, Brannick, & Smith, 2006). 거짓 응답은 타당도를 훼손할 우려가 있다(Heggard, Morrison, Reeve, & McCloy, 2006). 그러나 왜곡 반응을 시도한다고 해서 반드시 종업원 선발에서 사용된 성격 검사의 타당도가 훼손되는 것은 아니라는 연구 결과도 나왔다(J. Hogan, Barrett, & Hogan, 2007). 성격 검사 결과가 어떻게 나와야 하는지 아는 사람은 일에서도 효과적으로 일하려면 어떻게 행동해야 하는지를 알 것이기 때문이다. 그러므로 성격 검사는 자기 표현 능력을 평가한다고 볼 수 있다(Marcus, 2009). 둘째, 성격 검사는 다른 평가 검사만큼 직무와 관련된 것처럼 보이지 않는다. 직무 관련성은 평가 도구가 측정하는 바가 명백하게 특정 직무의 KSAO 요건과 관련됨을 의미한다. 예를 들어, 타이핑 검사는 직무에서 타이핑을 해야만 하는 비서와 명확히 관련되지만, 지배성과 같은 성격 특질이 특정한 직무 과업들과 관련된다고 보기는 어렵다. 이 때문에 성격 검사를 사용하는 것이 적절한지에 대해서 의문을 제기하는 사람들도 있다.

종업원 선발을 위한 성격 검사의 사용에 관한 논쟁에도 불구하고, 조직의 실무자와 연구자들 사이에 성격 검사의 인기는 줄곧 높았다. 여러 연구자가 성격과 직무 수행 사이의 관계를 탐구하기 위하여 통합분석을 시행했다. 이러한 자료 분석 기법으로 동일한 현상에 대한 다수의 연구 결과를 통계적으로 결합할 수 있게 되었다(2장 참조). 이들 통합분석에 의하면, 상관이 다소 낮기는 하지만 성격은 수행을 예측한다(Dudley, Orvis, Lebiecki, & Cortina, 2006; Salgado, 2003). 현재까지 행해진 통합분석으로 성격 검사의 타당도에 대한 결론을 선뜻 내리기가 어려운 이유는, 많은 다양한 유형의 직무에서의 수행을 예측하기 위하여 많은 다양한 특질을 평가하는 검사들을 한꺼번에 모아서 분석하는 경향이 있었기 때문이다. 그러한 특질들 중 어떤 것은 직무 관련 특성들을 나타내고, 어떤 특질들은 수행을 잘하는 데 중요하지 않다. 현재까지 입증된 바로는 특정한 직무에서 직무 수행과 관련된 것으로 알려진 특정한 성격 특질들을 선택하면 수행을 더 잘 예측할 수 있다는 것이다(Paunonen, Rothstein, & Jackson, 1999; Trett, Steele, & Beauregard, 2003).

5) 정서지능 검사

정서지능(emotional intelligence: EI)은 성격 특질과 인지 능력 사이에 존재하는 특성이다. 이 특성은 사람들이 타인과 자신의 정서를 인지하고 통제하는 능력으로 정의할 수 있다. 이론적으로 이 능력은 사람들이 더 나은 사회적 기술을 갖추도록 하여 타인에게 미치는 자신의 영향을 알아차리고 통제할 수 있게 한다. 이는 일터에서 동료들과 원만하게 함께 일하고, 상사로서는 리더십을 발휘한다는 것을 의미한다. Salovey와 Mayer(1989)는 심리학자들 사이에 정서지능이 중요하다는 생각을 불러일으킨 선구자로서 인정받고 있다. 안타깝게도, 정서지능을 연구하는 다양한 연구자는 각기 서로 다른 정의와 개념을 채택해 왔고, 학계와 대중매체 모두에서 과장된 주장들로 혼선이 빚어지고 논란이 야기되었다.

정서지능 평가에는 두 가지 유형이 있다(Joseph & Newman, 2010). 특질 유형의 검사는 정서지능이 개인이 자각할 수 있는 성격 특성이라고 생각하고 이를 평가한다. 이러한 검사는 성격 척도처럼 보이며, 사람들은 각 문항이 자신을 얼마나 잘 기술하고 있는지에 관해 응답한다. 능력 유형의 정서지능 검사는 질문마다 하나의 정답이 있는 다지선다 형태로 구성된다. 이 유형은 사람들이 자신의 정서지능을 자각할 수 없기 때문에 직접적으로 정서지능을 보고하지 못한다는 가정에 기초한다. 즉, 일반 지능 검사를 통해 인지능력을 드러내는 것처럼, 사람들이 검사에서 정답을 선택함으로써 정서지능이 측정된다.

다양한 정서지능 검사에 대하여 행한 연구들을 종합해 보면, 정서지능 검사는 직무 수행을 예측한다. 예를 들면, Joseph과 Newman(2010)이 실시한 통합분석에 따르면 특질 유형 정서지능 검사와 능력 유형 정서지능 검사는 직무 수행과 각각 .32와 .16의 상관을 보였다. 또한 정서지능은 대학생의 평점 평균과 관계가 있었으며(Rode, Mooney, Arthaud-Day, Near, Baldwin, Rubin et al., 2007), 정서지능이 높은 상사의 부하는 만족도 높다는 결과를 보여 주었지만(Sy, Tram, & O'Hara, 2006) 상관값은 아주 작았다. 그러나 정서지능이 직무상 성공을 위한 가장 중요한 특성 중 하나라는 주장을 현재까지의 연구는 지지해 주지 않고 있다. Joseph과 Newman(2010)은 능력형 정서지능 검사는 종업원이 자신의 정서를 관리해야만 하는 직업, 즉 정서노동에 종사하는 직업에서만 수행과 상관이 있음을 밝혔다. 더욱이 정서지능 연구가 당면한 중요한 문제는 일부 연구자가 이러한 연구들에서 사용된 정서지능 측정 도구의 구성 타당도에 의문을 제기하고 있다는 점이다. 그들은 능력형 정서지능 검사들이 인지능력 검사 및 성격 검사와 중복되며(Christiansen, Janovics, & Siers, 2010), 사실상 인지능력과 성격이 수행과 관계있는 실제의 잠재 특질이라는 점을 지적하고 있다(Landy, 2005). 현 시점에서 정서지능 검사는 중요한 변수들과 관련이 있다고 알려져 있지만, 이러한 정서지능을 측정하는 도구들의 구성 타당도는 연구자들 사이에 쟁점으로 남아 있다.

6) 정직성 검사

정직성 검사(integrity test)는 종업원이 직무에서 부정직하거나 반생산적인 행동을 할 것인지를 예측하기 위한 검사다. 정직성 검사로 예측하려는 행동은 속임수와 사보타주, 절도 및 비윤리적 행동 등이다. 또한 이러한 검사들은 때로 결근과 이직의 예측을 위해 사용된다. Wanek, Sackett과 Ones(2003)에 의하면, 정직성 검사에는 두 가지 유형이 있다.

'외현적 정직성 검사(overt integrity test)'는 한 개인의 태도와 이전 행동을 평가한다. 이러한 검사에서 응답자는 다음의 문항과 같이 정직성과 도덕적인 행동에 관한 문장에 동의나 반대를 표시한다.

들키지 않을 것이라는 것을 안다면 거짓말을 해도 괜찮다.

또한 수검자에게 얼마나 자주 반생산적 행동을 하는지에 대해 다음과 같이 질문한다.

회사에서 얼마나 자주 절도를 해 왔습니까?

'성격형 정직성 검사(personality integrity test)'는 반생산적 행동을 예측하는 것으로 밝혀진 성격 특성들을 평가한다. 외현적 정직성 검사가 정직성을 평가하려는 의도가 명백하다면, 성격형 정직성 검사에서는 그런 목적이 분명히 드러나지 않는다. 사실상 표준화된 성격 검사들은 자주 정직성 검사로 사용되기도 한다. 성격 검사에 대해서는 앞서 논의하였다.

정직성 검사에 대한 연구는 이 검사가 반생산적 행동과 직무 수행을 모두 예측 한다는 것을 보여 주었다(Ashton, 1998; Ones & Viewesvaran, 1998). 이 연구 결과는 두 유형의 정직성 검사 모두에 해당하는데 두 유형의 정직성 검사는 서로 상관이 있다(Marcus, Lee, & Ashton, 2007).

흥미롭게도 정직성 검사는 절도를 예측하는 것보다 결근과 일반적 반생산 행동 그리고 직무 수행을 더 잘 예측하였다(Wanek, 1999). 절도에 관한 타당화 연구의 문제점은 절도를 한 많은 종업원이 잡히지 않기 때문에 종업원 절도에 대한 자료를 얻기가 힘들다는 점이다. 그러므로 종업원이 부정직하다는 것을 확실히 알지 못할 때, 정직성 검사가 얼마나 절도를 잘 예측하는지를 판정하는 일은 쉽지 않다. 그러나 Wanek(1999)이 지적한 대로, 이 검사들은 절도뿐만이 아니라 업무상 유용한 행동을 예측하는 것으로 보인다. 따라서 선발을 위해 정직성 검사를 사용하면 단순히 절도를 막는 것 이상으로 조직에 이득이 될 수 있다. 그 예로, Van Iddekinge, Taylor와 Eidson(2005)은 정직성 검사가 직무 수행을 예측함을 보여 주었다.

7) 직업 흥미 검사

직업 흥미 검사(vocational interest test)는 수검자들의 흥미와 성격을 다양한 직업과 직업 범주에 있는 사람들의 흥미와 대조한다. 수검자들로 하여금 다양한 활동(예: 스포츠 경기 관람, 박물관 관람)에 자신의 선호를 표시하게 하여 흥미를 평가한다. 특정한 성격 특질이 흥미를 불러일으킬 수도 있기 때문에 성격과도 관련이 있다. 예를 들어, 외향적인 사람은 다른 사람들과의 접촉을 수반하는 활동을 선호한다(Larson, Rottinghaus, & Borgen, 2002). 직업 흥미에 관한 자료는 다양한 직업에 종사하는 사람들의 응답에서 얻는다. 수검자들의 응답은 각 직업과 얼마나 잘 부합되는지 알기 위하여 다양한 직업에 종사하는 사람들의 응답과 대조한다.

흥미와 성격 프로파일은 직업에 따라 매우 다양하게 나타난다. 그러므로 수검자는 특정 직업과는 잘 맞고 다른 직업과는 잘 맞지 않는다. 직업은 범주로 묶이는 경향이 있기 때문에, 개인을 각 직업 범주와 맞추어 볼 수도 있다. 예를 들어, 예술적 범주의 직업에는 창작적 과정이 수반되어, 인테리어 디자인이나 사진 관련 직업이 이 범주에 속한다.

가장 유명한 직업 흥미 검사로는 자기탐색(Self-Directed Search)이 있다(Holland, 1994). 이 검사는 여섯 개 성격 유형의 점수를 제공한다([그림 5-7] 참조). 각 유형은 특정 직업

- 현실형(Realistic type)은 자동차 수리공, 비행조종사, 측량사, 농부, 전기공과 같은 현실적 직업을 좋아한다.
- 탐구형(Investigative type)은 생물학자, 화학자, 심리학자, 인류학자, 지리학자, 의료 기술자들과 같은 탐구적 직업을 좋아한다.
- 예술형(Artistic type)은 작곡가, 음악가, 무대감독, 작가, 인테리어 디자이너, 배우와 같은 예술적 직업을 좋아한다.
- 사회형(Social type)은 교사, 종교가, 상담가, 임상심리학자, 정신의학자, 언어치료사와 같은 사회적 직업을 좋아한다.
- 진취형(Enterprising type)은 판매원, 관리자, 기업 임원, TV 프로듀서, 스포츠 홍행주, 수입상과 같은 기업적 직업을 좋아한다.
- 사무형(Conventional type)은 경리, 속기사, 재무분석가, 은행원, 비용 추정사, 세금 전문가 같은 관습적 직업을 좋아한다.

그림 5-7 자기탐색에 의해 평가되는 여섯 가지 흥미 유형과 관련된 직업

Adapted and reproduced by special permission of Publisher, Psychological Assessment Resources, Inc., 16204 North Florida Avenue, Lutz, FL 33549, from *You and Your Career* by John L. Holland, Ph. D. (Copyright 1985 by PAR, Inc. Further reproduction is prohibited without permission from PAR, Inc.)

군과 짝지어져 있다. 그림에서 보는 것처럼, 탐구형의 사람은 생물학이나 지리학과 같은 과학적 분야를 포함하는 탐구형 직업을 좋아한다. 6개 유형의 점수 프로파일은 사람들이 직업을 선택하는 데에 도움이 된다.

개인의 직업적 흥미와 직업에 종사하는 사람들의 직업적 흥미 간의 부합은 직업에 대한 개인의 만족을 예측할 것으로 가정한다. 잘 부합되지 않는 직업을 가진 사람은 불만족할 것이고, 잘 부합된 직업을 가진 사람은 그 직업을 좋아할 것이다. 흥미 검사 배후에 있는 생각은 사람들이 자신의 흥미에 부합되는 직업을 선택하도록 도와주자는 것이다. 직업 흥미 검사는 사람들이 어떤 진로를 추구할지 결정하도록 돕는 직업 상담용으로 자주 사용된다.

8) 약물 검사

미국 및 여타 지역의 조직에서는 일터에서 마약을 사용하는 것을 통제하기 위한 방편으로 지원자와 종업원에게 약물 검사(drug testing)를 시행한다. 매년 3,000만 명으로 추산되는 미국인들이 그러한 검사를 받는다(Mastrangelo & Popvich, 2000). 약물 검사는

안전 문제에 취약한 직업에 특히 중요한데, 이러한 직업에서는 수행을 잘못하면 사고와 부상으로 이어질 가능성이 높기 때문이다. 이런 유형의 직업의 전형으로는 항공 교통 관제사와 버스 운전기사 등이 있다. 그러나 약물 검사는 논란 속에 있으며, 개인의 권리를 불공정하게 침해하는 것으로 생각하는 이들도 있다. Paronto, Truxillo, Bauer와 Leo(2002)는 약물 검사에 대한 1,484명의 태도를 조사했다. 응답자들은 약물 검사가 안전에 취약하지 않은 직업에 비해서 안전에 취약한 직업에서는 실시되어도 괜찮다고 생각하고 있었다.

3. 생활사 검사

사람들에 관한 정보를 알아내는 가장 쉬운 방법은 알고자 하는 바를 물어보는 것이다. 고용 장면에서 지원자에 대한 기본 정보는 응시 원서에서 구한다. 비록 조직마다 형식은 다르더라도 응시 원서에는 교육, 직무 기술, 개인 특성, 업무 경험에 대한 질문이 들어 있다. 과외 학교 활동(예: 스포츠 참가) 등 구체적 경험에 대한 상세한 질문이 포함되기도 한다. 대부분의 지원서에서는 특정 직업에서의 필수적인 교육과 유관 업무 경험에 대한 생활사 정보를 묻는다.

생활사 검사(biographical inventory)는 전형적인 응시 원서보다 한 개인의 배경에 대해 더욱 상세한 질문을 한다. 응시 원서는 이전의 교육 수준과 업무 경험에 대해 질문하는 반면, 생활사 검사는 학교와 직장에서의 구체적 경험을 비롯한 삶의 여러 측면에 대해서도 질문한다. 다음과 같이 객관적이고 입증 가능한 사실에 대한 질문도 있다.

"대학 재학 중 평균 평점은 몇 점이었습니까?"

다음 문항과 같이 견해 혹은 주관적 경험에 대해 묻는 질문도 있다.

"대학 생활은 즐거웠습니까?"

만약 생활사 검사가 두 번째 유형의 질문을 다수 포함하고 있다면, 이전 삶의 경험 대신 흥미와 성격을 평가하는 심리검사에 근접하기 시작한다. 그러나 생활사 검사 문항은

〈표 5-2〉 생활사 검사의 예시 문항

• 초등학교 시절, 팀원을 뽑을 때 보통 몇 번째로 뽑혔습니까?
• 고등학생이었을 때 화학 성적은 몇 점이었습니까?
• 고등학교 댄스 파티에 참석했습니까?
• 첫 번째 정규직 직업에서 얼마나 자주 직속상사와 대화를 나누었습니까?

심리검사 문항보다 과거 경험과 경험에 대한 반응에 중점을 둔다(Schmitt & Chan, 1998). 대부분의 생활사 검사는 쉽게 점수화할 수 있는 다지선다형 응답 형식을 사용한다. 대학 생활이 즐거웠는지를 묻는 질문에 대한 가능한 응답지들은 다음과 같을 것이다.

- 매우 즐겁게 보냈다.
- 다소 즐겁게 보냈다.
- 거의 즐겁지 않았다.
- 전혀 즐겁지 않았다.

〈표 5-2〉에는 검사 문항의 예가 제시되어 있다.

Stokes와 Searcy(1999)는 생활사 검사를 이론적 검사와 경험적 검사로 구분한다. 경험적 생활사 검사(empirical biographical inventory)는 특정 직업의 종업원 집단에게 많은 예비 문항을 실시하여 개발한다. 직무 수행과 관련된 문항들만이 최종 척도에 포함된다. 이론적 생활사 검사(rational biographical inventory)는 먼저 KSAO 요구 분석을 한 후, 도출된 KSAO를 반영하는 문항을 개발한다.

생활사 검사는 직무 수행을 예측하는 것으로 밝혀졌다(Breaugh, 2009; Stokes, Toth, Searcy, Stroupe, & Carter, 1999). Stokes와 Searcy(1999)는 직접 비교를 통해서 경험적 유형 검사와 이론적 유형 검사의 예측력이 엇비슷하다는 사실을 알아냈다. 또한 생활사 검사에 성격 검사의 예측력을 넘어서는 추가 설명력이 있다는 사실도 밝혀졌으며, 이는 생활사 검사가 성격 검사에서 측정되는 바와는 다른 측면을 평가하고 있음을 시사한다(McManus & Kelly, 1999; Mount, Witt, & Barrick, 2000; '연구 상세히 보기' 참조). 또 생활사 검사들은 대부분의 문항이 본질적으로 사실에 입각하고 실증할 수 있는 형태로 주어지기 때문에 응답자의 거짓 반응을 예방하기 쉽다(West & Karas, 1999).

생활사 검사들이 받는 가장 큰 비판은 경험적 유형의 검사에 국한된다. 이 비판이 제

연구 상세히 보기

생활사 검사는 단지 성격을 평가할 뿐이고, 성격 검사에 비해서 별 이점이 없다는 비판이 있다. McManus와 Kelly(1999)는 생활사 검사가 직무 수행을 예측하는 데 있어서 성격 검사와는 별도의 독립적인 역할이 가능한지 알고자 하였다.

연구는 미국의 5개 보험 회사에서 시행되었다. 연구 참가자는 최근에 채용된 116명의 보험 판매원이었다. 지원 과정 동안 참가자는 보험업을 위해 제작되어 널리 사용되는 기존 생활사 검사인 초기 경력 프로파일(Initial Career Profile: ICP)에 응답했다. 성격의 다섯 가지 기초 차원(외향성, 호감성, 성실성, 정서적 안정성, 경험에 대한 개방성; 10장 참조)을 측정하기 위해 124개의 성격 문항도 포함되었다. ICP는 지원자를 선발하기 위해 사용되었으나, 성격 검사는 선발에 사용되지는 않았다. 고용된 지 6개월 후에, 각 참가자의 직무 수행은 직속 상사가 5개 문항 평정 척도로 평가하였다. 두 개의 점수를 산출했는데, 하나는 판매와 관련된 주요 과업에 대한 점수이고 다른 하나는 노력과 동기를 표현하는 일반적인 행동에 대한 점수다. 직무 수행에 대한 두 점수는 .69의 강한 상관을 보였다.

연구 결과, ICP와 성격 검사 둘 다 직무 수행과 관련이 있다는 것을 보여 주었다. 생활사 검사는 판매 및 노력과 각각 .25와 .26의 상관을 나타냈다. 성격 변인들 중에서 외향성은 수행과 가장 상관이 높았는데 각각 .29와 .22였다. 성실성은 상관이 거의 0으로, 유의미하지 않았다. 이전 연구들에서 성실성은 수행과 관련이 있었기 때문에 의외의 결과였다. 연구자들이 성격과 ICP를 함께 분석했을 때 둘을 함께 사용하는 것이 하나만으로 수행을 예측하는 것보다 더 낫다는 것을 발견했으며, 이는 생활사 검사가 단지 성격 검사와 동일한 것을 측정하지 않는다는 것을 시사하는 결과다.

출처: "Personality Measures and Biodata: Evidence Regarding Their Incremental Predictive Value in the Life Insurance Industry," by M. A. McManus and M. L. Kelly, 1999, *Personnel Psychology, 52*, 137-148.

기하는 문제는 경험적 검사의 문항들이 수행의 예측력을 기반으로 하여 선정될 뿐, 직무 요건과 명백히 연결된 정도에 기초하여 선택되지 않는다는 점이다. 때로 어떤 문항은 수행을 잘 예측하지만 직무 수행에 필수적인 KSAO와 관련이 없다. 이러한 문항들은 합산되어 수행을 예측하는 점수로 산출되지만, 직무와 관련된 KSAO를 반영하지는 않는다. 경험적 검사들에서 많은 질문은 직무나 그 수행과 전혀 관련이 없는 것일 수도 있다. 때로 지원자들은 고등학교 시절 데이트 행동에 대한 질문과 같이 사생활을 침해하는 질문을 받기도 한다. 마지막으로, 이러한 검사들은 흔히 일반화 가능성이 낮아(Mumford, 1999) 단지 검사가 개발된 장소와 직무에서만 유용하다. 반면에 이론적 검사는 자주 다양한 직무와 장소에서 사용된다.

4. 면 접

면접은 정보를 수집하거나 고용 결정을 내리는 한 명 이상의 면접관과 지원자 사이의 면대면 만남이다. 거의 모든 조직은 거의 모든 직책에 대한 고용을 할 때 면접을 사용한다. 아마도 면접을 보편적으로 사용하는 이유 중 하나는 면접이 널리 받아들여진다는 점일 것이다. 유럽과 미국에서 행한 연구에 의하면 사람들은 면접을 조직이 사용하는 가장 공정한 선발 절차 중 하나라고 평가하였다(Bertolino & Steiner, 2007; Ispas, Ilie, Iliescu, Johnson, & Harris, 2010).

면접은 조직 상황에서 두 가지 유형으로 시행된다. '비구조화된 면접(unstructured interviews)'에서는 면접관이 생각나는 것은 무엇이든 질문한다. 이러한 면접은 면접관과 지원자 간에 일상적인 대화와 같이 진행되는데, 두 사람 사이의 상호작용의 성격이 면접 내용을 결정하는 데 큰 역할을 한다. 반대로, 구조화된 면접(structured interviews)에서 면접관은 지원자들에게 질문할 것을 미리 정한다. 두 사람 사이의 상호작용이 여전히 면접 내용에 영향을 미칠 수 있지만, 미리 계획된 질문들로 면접이 비교적 표준화된다. 이렇게 표준화된 질문을 사용하여 면접관이 각 지원자에 대해 동일한 유형의 정보를 수집할 수 있다.

Campion, Palmer와 Campion(1997)은 면접을 구조화할 수 있는 15가지 방법에 대해 논의하였다. 그러한 면접이 실시되는 한 가지 방법만 있는 것은 아니다. 질문할 내용이나 다룰 주제를 미리 정하는 정도로만 표준화한다는 점에서 적당히 구조화되어 있는 면접도 있다. 반면에 요구 사항이 엄격한 면접도 있는데, 이러한 면접에서는 미리 정한 순서대로 질문을 해야 하고, 동일한 어구를 사용해야 하며 응답이 분명하지 않더라도 지원자들에게 부연 설명할 기회를 주지 않으며, 지원자들은 면접이 끝날 때까지 어떤 질문도 할 수 없다. 극단적인 경우에는 면접이 마치 지필로 응답하지 않고 다만 구술로 하는 개방형 검사와 거의 같다. 그러나 Campion 등은 구조화가 높을수록 타당도도 더욱 높아질 것이므로 면접을 가능한 한 더 높게 구조화해야 한다고 주장한다.

면접은 두 가지 방식으로 사용될 수 있다. 첫째는 면접을 정보를 수집하기 위한 질문지나 응시 원서의 대용으로 사용하는 방식이다. 이 경우, 태도(과거의 직업을 좋아했습니까?), 직무 경험(누군가를 관리해 본 적이 있습니까?), 개인적 배경(대학 때 전공은 무엇이었습니까?), 선호(주말 근무를 꺼리십니까?)에 대한 질문이 포함된다. 두 번째 방식은 질문에 대한 개인의 응답과 면접 상황에서 보이는 행동 모두에 근거하여 직무에 대한 개인의 적합성을 추론하는 것이다. 면접은 피면접자가 면접관과 얼마나 잘 의사소통하고 관계를 갖는지를 보여 주는 대인관계 행동의 표본으로 볼 수 있다.

면접관은 대인관계 기술이나 직무 유관 경험과 같이 직무와 관련된 차원들을 평정하도록 지시받는다. 그들은 때로 직무에 대한 지원자 적합성에 대한 전체 평정도 한다. 이러한 평정은 4장에서 논의된 수행 평가 평정과 동일한 문제점을 야기하기 쉽다. 면접관의 편견과 인지 과정은 판단과 평정의 정확성을 떨어뜨리기도 한다(Dipboye & Gaugler, 1993).

구조화된 면접은 응시 원서에 제공된 것을 토대로 정보를 수집하는 좋은 방법이 될 수 있다. 구체적인 질문을 하면 더 자세한 것을 물을 수 있다. 예를 들어, 응시 원서에는 보통 지원자의 과거의 모든 직업을 기재하게 한다. 이를 토대로 면접에서는 지원자에게 과거의 각 직업에 대해 말하게 하고, 이전 작업 경험이 앞으로의 직무와 어떤 식으로 관련될 것인지 설명하도록 시킨다.

면접은 응시 원서 이상의 두 가지 이점을 지닌다. 첫째로, 면접에서는 짧거나 간단한 응답이 아니라 질문에 대해 좀 더 길고 상세한 대답을 한다. 대부분의 사람들은 쓰는 것보다 말하는 것이 더 쉽다고 생각한다. 둘째로, 면접은 면접관과 지원자 모두가 서로 명확하지 않은 부분에 대해 질문할 수 있다. 면접관은 지원자에게 명확하지 않은 응답에 대한 설명이나 부가 설명을 해 달라고 할 수 있다. 지원자는 면접관에게 명확하지 않은 질문에 대해 재질문할 수 있고 자신의 응답 수준이 적절한지도 질문할 수 있다.

면접의 단점은 면접관이 지원자의 대답에 영향을 줄 수 있다는 점이다. 면접이 아주 세심하게 구조화되고 면접관이 철저히 훈련을 받았다고 하더라도 면접관과 지원자 사이의 상호작용은 면접마다 다를 것이다. 면접관들 사이에 면접을 시행하는 능력과 성격에서의 차이는 면접 과정과 지원자 응답에 영향을 주기도 한다(Dipboye & Gaugler, 1993). 응시 원서에서는 이런 문제가 발생하지 않는데, 이는 상대적으로 지원자와 시행자 사이에 상호작용이 거의 없기 때문이다.

고용 결정을 내릴 때 구조화된 면접의 사용을 지지하는 연구 결과는 있지만 비구조화된 면접의 사용까지 지지하지는 않는다. 많은 연구에서 구조화된 면접에서 매겨진 지원자의 고용 적합성에 대한 평정이 미래의 직무 수행을 예측하는 것으로 밝혀졌다(Judge, Higgins, & Cable, 2000; Wiesner & Cronshaw, 1988). Wiesner와 Cronshaw(1988)는 구조화된 면접과 비구조화된 면접을 비교한 100여 개 이상의 면접 연구를 통합분석하였다. 면접 결과와 직무 수행 간의 평균 상관은 비구조화된 면접 연구(r=.17)에 비해서 구조화된 면접 연구(r=.34)에서 더 높았다. Schmidt와 Zimmerman(2004)에 의하면, 면접의 타당도에서의 차이는 주로 구조화된 면접에 비해서 비구조화된 면접의 신뢰도가 낮은 데서 기인한다고 주장하였다. 비구조화된 면접에서는 지원자의 고용 적합성에 대한 여러 명의 면접관의 의견이 별로 일치하지 않고 이러한 불일치로 면접은 미래의 직무에서의 성공을 예측하지 못한다.

비구조화된 면접의 또 다른 문제는 편견이 개입될 여지가 너무 많다는 점이다. 예를 들어, 면접관이 외모에 대한 편견을 바탕으로 지원자가 직무에 부적합하다는 결정을 내릴 가능성도 있다. Cable과 Judge(1997)는 면접관의 고용 결정이 면접자의 눈에 지원자가 얼마나 매력적으로 보이는지와 얼마나 지원자에게 호감을 갖는지와 관련이 있음을 발견했다. 그러한 면접관은 싫어하거나 매력적으로 보이지 않는 지원자들에게 충분히 질문을 하지 않을 것이고, 따라서 고용에 결정적인, 직무와 관련된 중요한 자질을 발견하지 못할 것이다.

Stewart, Dustin, Barrick과 Darnold(2008)는 모의 면접을 실시하여 피면접자의 눈 마주침과 악수의 강도가 피면접자의 면접 수행에 대한 면접관의 평정에 영향을 준다는 사실을 보여 주었다. 이러한 편향이 존재하는 상황에서 지원자에 대한 면접관들 사이의 평가가 서로 다르다는 것은 별로 놀라운 일이 아니다.

여러 요인이 구조화된 면접의 타당도에 기여한다. Huffcutt, Roth와 McDaniel(1996)은 인지능력이 면접 결과와 관련이 있고, 면접의 타당도에 기여하는 요인이라는 점을 보여준 통합분석을 실시했다. Dipboye와 Gaugler(1993)는 〈표 5–3〉에 나열된 여섯 가지 요

면접은 거의 모든 고용에서 사용된다.
(© Adam Gregor, sourced from Shutterstock images)

〈표 5-3〉 구조화된 면접의 신뢰도와 타당도를 증가시킬 수 있는 요인들

- 면접관은 표준화된 질문을 사용해야 한다.
- 면접관은 해당 직무에 대한 상세한 정보를 보유해야만 한다.
- 면접관에게는 심리검사 점수와 같은 지원자에 대한 사전 정보를 주지 말아야 한다.
- 지원자의 평가는 면접이 끝난 후에 이루어져야 한다.
- 면접관은 지원자의 직무 적합성에 대한 전체 평정보다는 이전 직무 경험의 관련성이나 교육 배경과 같은 개별 차원에 대해 지원자를 평정해야 한다.
- 면접관은 구조화된 면접을 타당하게 실시하는 방법에 대한 훈련을 받아야 한다.

출처: "Cognitive and Behavioral Processes on the Selection Interview." by R. L. Dipboye and B. B, Gaugler, 1993, in N. Schmitt and W. C. Borman (Eds.), *Personnel Selection in Organizations*, San Francisco: Jossey-Bass.

인을 논의했다. 이러한 요인들은 질문의 설계, 면접관이 이용 가능한 정보와 그렇지 않은 정보, 면접관에 의한 평정, 면접관 훈련 등이다. Roth와 Campion(1992)은 Dipboye와 Gaugler가 중요하다고 언급한 요인들을 대부분 포함하는 구조화된 면접의 타당도가 높다는 사실을 밝혔다.

모든 연구가 면접의 타당도에 초점을 두어 왔기 때문에 면접이 실제로 평가하는 것에 관한 문제는 간과되어 왔다. Huffcutt, Conway, Roth와 Stone(2001)은 면접에서 평가되는 구체적인 개인 특성들에 관한 폭넓은 분석을 실시했는데, 이러한 분석으로 면접이 미래 수행을 예측하는 이유에 대한 통찰을 얻을 수 있었다. 그들은 문헌 연구를 실시하여 KSAO에 대한 정보를 제시한 47개의 면접 연구를 찾아냈다. 이 연구들에 대한 심도 있는 분석을 통해 면접이 다양한 개인 특성을 평가한다는 사실이 밝혀졌다. 가장 공통적으로 평가된 것은 성격 특질과 대인관계 기술이었다. 또한 구조화된 면접과 비구조화된 면접은 서로 다른 측면에 초점을 두는 경향이 있었다. 구조화된 면접은 직무 지식과 기술, 개인과 조직의 적합도, 대인관계 기술에 중점을 두는 반면, 비구조화된 면접은 일반 지능, 교육, 이전 경험에 중점을 둔다.

또한 과학기술의 발달로 면접을 원격으로 시행하는 것이 가능하게 되었다. 원거리에 있는 지원자를 면접하는 데 일반 전화 면접과 웹캠 면접의 사용이 점점 보편화되고 있다. 화상 전화 면접(Chapman & Rowe, 2001)과 일반 전화 면접(Straus, Miles, & Levesque, 2001)에서는 지원자에게, 특히 신체적으로 비매력적인 사람들에게(Straus et al., 2001) 더 높은 평정을 준다는 것이 연구를 통해 밝혀졌다. 이러한 결과는 면접관이 지원자를 직접 볼 수 있는 면접에서는 편향이 발생할 가능성이 있음을 암시해 주고 있다. Schmidt와 Rader(1999)는 구조화된 전화 면접 연구에 대한 통합분석을 시행하여 수행과의 평균

상관이 면대면 면접과 거의 같다는 것을 발견했다. 전화의 한계는 외모, 표정, 몸짓과 같은 비언어적 정보의 관찰이 불가능하다는 점이다. 영업직 같은 직무에서는 이러한 요소들을 평가하는 것이 중요할 수 있다. 더욱이 Chapman, Uggerslev와 Webster(2003)가 발견한 바처럼, 지원자는 일반 전화나 영상 전화 면접보다 면대면 면접을 더 낫다고 생각할 수도 있다. 그러므로 면대면 면접이 조만간 사라질 가능성은 거의 없다.

5. 작업 표본

작업 표본(work sample)은 표준화된 조건에서 지원자가 직무에 포함된 과업을 얼마나 잘 수행할 수 있는지를 입증하는 평가 도구다. 한 개인에게 실제 직무 상황이 아닌 검사 상황에서 직무나 직무의 일부분을 수행하게 하는 모의 작업 형태다.

작업 표본은 더 높은 수준의 기술을 측정한다는 점을 제외하면 심리검사와 동일하다. 심리검사는 눈-손 협응 혹은 손재주와 같은 기초적인 기술을 평가한다. 작업 표본은 특정 과업(예: 불도저 운전)을 수행하는 기술을 평가하는데, 이러한 기술은 특정한 조건들로 구성된 상황에서 수행되는 여러 가지의 기초 기술로 이루어진다. 기초 기술을 평가하는 것보다 높은 수준의 기술을 평가하는 것이 더 중요한 상황도 있다. 작업 표본은 지원자가 실제로 특정 과업을 얼마나 잘 수행할 수 있는지를 평가한다. 반면에 심리검사는 기초 기술 점수로 과업 수행이 예측 가능하다는 이론적인 생각을 근거로, 과업을 수행하는 데 필수적인 기초 기술들을 측정한다. 그렇지만 과업을 실제로 얼마나 잘 할 수 있는지를 직접 평가하지는 않는다.

전형적인 작업 표본에서는 과업을 달성하는 데 필수적인 자료와 도구를 지원자들에게 주고 과업을 빠르고 정확하게 완수하라고 지시한다. 점수는 완성된 과업의 정확도와 걸린 시간의 길이에 기초하여 계산한다. 예를 들어, 수검자에게 전기 모터나 작은 가솔린 엔진을 분해하고 재조립하라고 지시한다. 훈련된 관찰자는 정확성과 속도에 대해 점수를 부여한다. 아마도 가장 잘 알려진 작업 표본은 운전면허 실기시험이다. 지원자는 정해진 노정을 자동차로 운전하며 지시받은 몇 가지 운전 조작을 하게 된다. 검사관은 지원자의 운전 조작을 관찰하고 각 조작마다 점수를 부여한다. 지원자가 면허를 취득하기 위해서는 미리 정해진 기준 점수 이상의 총점을 받아야 한다. 조직 상황에서는 지원자가 특정한 직무에 적합한지를 결정하기 위해 마찬가지 방식으로 작업 표본을 이용할 수도 있다.

작업 표본은 미래 직무 수행의 좋은 예측변인으로 밝혀졌다(Robertson & Kandola, 1982). 평가 상황과 직무가 더 많이 일치할수록 작업 표본은 수행을 더 잘 예측하게 된다. 대부분의 시뮬레이션 기법들처럼 작업 표본의 직무 관련성은 높다. 이런 이유로 작업 표본이 종업원 선발에 중요한 예측변인으로 채택될 가능성이 증가하고 있다. 그러나 주목해야 할 몇 가지 한계가 있다. 많은 작업 표본에서 지원자는 이미 해당 과업에 대한 경험이 있어야 하며, 작업 표본을 개발하는 데 많은 비용이 들며, 작업 표본은 특정한 유형의 직업에만 국한되는 한계가 있다(Callinan & Robertson, 2000).

6. 평가 센터

평가 센터(assessment center)는 지원자가 특정 직무의 과업을 얼마나 잘 수행할 수 있는지를 측정한다. 평가 센터는 다양한 직무 과업을 모방하여 설계한 여러 가지 모의 과제로 구성된다. 대부분의 평가 센터는 관리 기술을 평가하기 위해 설계되지만, 비관리 직무를 위해서도 사용된다. 과제를 완료하는 데는 수일이 소요되며, 동시에 여러 사람에게 시행되는 경우가 많다. 이러한 기법은 다양한 분야의 기업들이 널리 사용한다. 예를 들어, 영국 기업들을 대상으로 한 조사에서 Keenan(1995)은 44%의 기업이 대학 졸업자들을 고용하는 데 평가 센터를 사용하는 것을 발견했다. 평가 센터는 종업원들의 직무 기술을 향상시키려는 목적으로 사용하기도 하지만 미국에서는 주로 고용이나 승진 결정을 위해 사용한다(Bell & Arthur, 2008; Spychalski, Quiñones, Gaugler, & Pohley, 1997).

평가 센터 과제(exercises)는 실제 업무에서 수행되는 과업의 많은 부분을 모방하기 때문에 높은 현실성을 지닌다. 예를 들어, 평가받는 사람, 즉 피평가자는 주어진 상황에서 관리자의 역할이나 관리자인 것처럼 행동하라는 지시를 받는다. 이러한 상황에는 부하를 다루거나 직무와 관련된 문서 업무를 처리하는 것 등이 포함된다. 각 모의 과제에서 피평가자의 수행은 훈련된 평가자 집단이 점수를 매긴다. 평가자는 해당 직무와 관련된 여러 차원에서 개인의 수행을 평가해야 한다. 관리자 직무에서 이러한 차원에는 의사소통, 대인관계, 의사결정, 계획 수립 등이 포함된다. 〈표 5-4〉에는 Harris, Becker와 Smith(1993)가 기술한 전형적인 관리자 평가 센터의 차원이 제시되어 있다.

평가 센터에는 다양한 활동과 과제가 많이 포함된다. 피평가자들은 여러 모의 과제

〈표 5-4〉 평가 센터의 차원

• 구술 의사소통 • 구술 이해력 • 문제 해결 • 대인관계 • 코칭 • 기획 • 서면 의사소통

출처: "Does the Assessment Center Scoring Method Affect the Cross-Situational Consistency of Rating?" by M. M. Harris, A. S. Becker, and D. E. Smith, 1993, *Journal of Applied Psychology, 78,* 675-678.

뿐만 아니라, 면접을 받고, 심리검사들을 치르기도 한다. 과제에는 서류함 과제, 리더 없는 집단 과제, 문제해결 과제, 역할연기 과제 등이 있다. 각 과제를 통해 여러 차원에 대한 점수를 도출한다. 보통, 각 차원은 여러 과제를 통해 평가된다. 또한 직무에 대한 개인 잠재력의 전반적 평가도 이루어진다.

서류함 과제(in-basket exercise)는 피평가자에게 새로운 직무를 시작하는 날 자신의 서류함에서 여러 개의 내용물을 발견했다고 상상하도록 한다. 내용물에는 편지, 메모, 동료로부터의 짧은 편지, 전화 메시지가 포함된다. 피평가자의 과업은 제시된 문제를 해결하기 위해 취해야 할 행동이 무엇인지 결정하고 적절한 방법으로 각 내용물을 처리하는 것이다. 서류함 과제에 흔히 사용되는 메모의 한 예가 〈표 5-5〉에 제시되어 있다. 점수를 잘 받기 위해서 피평가자들은 메모를 적절하고 건설적인 방식으로 처리해야 한다. 메모를 무시하거나 혹은 발신인에게 불쾌한 답신을 쓰는 것은 건설적인 행동이 아니다. 비서에게 보고서를 작성하도록 지시하는 메모를 남기거나 스스로 보고서를 작성하는 것이 더 나은 해결 방식이다.

리더 없는 집단 과제(leaderless group exercise)에서는 여러 피평가자가 함께 문제를 풀도록 지시받는다. 해결할 문제는 어느 부서가 새로운 장비를 배정받아야 할지를 결정하는 문제와 같이 부족한 자원을 나누는 경쟁적 유형일 수도 있다. 이 문제에서 집단 내의 각 피평가자는 특정한 관리직의 역할을 수행해야 한다. 협동적인 유형의 문제에서 모든 피험자는 머리를 맞대고 의논하여 조직의 문제(예: 새로운 상품을 판매할지 여부를 결정하는 과제)에 대한 해결책을 제시해야만 한다.

'문제해결 과제(problem-solving simulation)' 에서는 피평가자에게 문제를 주고 해결책을 강구하도록 하는데, 주로 보고서를 작성해 내도록 한다. 문제에는 보고서를 쓰는 데

〈표 5-5〉 서류함 검사를 위한 메모의 한 예

〈메모〉
수신: 로버트 존스, 마케팅 부장 발신: 데보라 스미스, 인재 개발 팀장 제목: 새로운 직책
올해 10월 15일에 귀하는 담당부서에 사무원을 증원해 줄 것을 요청했습니다. 저는 그 문제를 담당하는 존스입니다. 제가 귀하의 요청을 수락하기 전에, 귀하가 왜 이 직책의 사람을 필요로 하는지에 대한 사유서를 작성하여 저에게 보내 주셔야 합니다. 직책 사유 보고서(Position Justification Report)를 작성하여 저에게 제출해 주십시오. 이번 주말까지 제출하지 않으시면, 요청하신 직책의 선발은 내년 초까지 연기됩니다.

충분한 배경 정보가 제시된다. 예를 들어, 피평가자는 새로운 조립 공장을 설립하는 데 드는 비용과 예상되는 수입에 대한 정보를 받는다. 여기에서 지원자의 과업은 공장 신설에 대한 타당성 검토 보고서를 작성하는 것이다.

'역할연기 과제(role-play exercise)'에서 피평가자들은 특정한 조직의 역할을 맡은 사람(예: 인적자원 부서의 관리자)처럼 행동해야 한다. 이 과업은 문제나 상황(예: 곤경에 빠진 종업원을 상담하거나 화가 난 고객을 다루는 일)을 해결하는 일이다.

평가자들은 모든 과제를 시행하는 동안 피평가자가 산출한 자료를 검토하고 행동을 관찰하여 각 차원에 대해 피평가자를 평가한다. 각 개인을 다양한 차원마다 점수 매기고, 이와 더불어 전반적인 점수로 평가하기도 한다. 각 차원 점수를 사용하여 피평가자들에게 강점과 약점에 대한 조언을 주기도 한다. 전반적 점수는 평가 센터 수행을 고용이나 승진 결정에 사용할 때 유용하다.

평가 센터에 대한 연구는 평가 센터가 종업원 선발에 타당한 도구임을 보여 주었다(Athur, Day, McNelly, & Edens, 2003). 이는 평가 센터 점수가 직무 수행과 상관이 있다는 의미다. 예를 들어, Shechtman(1992)은 대학생들이 입학할 때의 평가 센터 점수가 졸업 후 2년부터 5년까지의 교사로서의 직무 수행을 예측한다는 것을 발견했는데, 두 변인 간의 상관은 .27이었다. Dayan, Kasten과 Fox(2002)는 평가 센터 평정 점수가 경찰관의 2년과 4년 후의 직무 수행을 예측함을 밝혔는데, 각각의 상관은 .30과 .21이었다.

평가 센터에서의 전반적 점수가 타당하다고 밝혀졌지만, 개별 차원 점수의 구성 타당도에 대해서는 의문이 제기되었다(Bowler & Woehr, 2009; Lance, Lamber, Gewin, Lievens, & Conway, 2004). 즉, 평가 센터에서 측정하고자 한 차원이 실제로 측정되는지는 확실하지 않다. 다양한 과제가 동일한 차원을 평가하도록 되어 있다. 같은 차원을 여러 과제로 평가하기 때문에, 서로 다른 과제에서 공통된 차원 점수들끼리는 상관이 높아야 한다. 예를 들어, 서류함 과제에서의 리더십 차원 점수는 리더 없는 집단 과제에서의 리더십 점수와 관련이 있어야 한다. 반면에 한 과제 내의 서로 다른 차원 점수 사이의 상관은 높지 않아야 한다. 차원들마다 각기 구별된 특징을 측정하기로 되어 있기 때문이다. 다른 차원에서의 평정 점수들 간의 높은 상관은 수행 평가에서 나타나는 후광 오류(4장 참조)와 유사하다.

평가 센터의 문제는 서류함 과제에서와 같이, 한 과제 내에서 한 피평가자에게 매겨진 여러 차원 점수들의 상관이 너무 높다는 점이다. 게다가 다양한 과제에서 같은 차원을 평가한 점수 간의 상관은 그리 높지 않았다. 과제 내의 여러 차원 사이에 상관이 높은 것은 평가자들이 다차원보다는 단일 차원을 평가함을 의미한다. 한 가지 가능한 설명은 평가자들이 개별 차원에서의 수행보다는 단지 전체 검사 수행을 판단한다는 것이다. 동일한 차원에 대한 과제들 간의 낮은 상관은 각 과제들이 서로 다른 특성을 평가하는 것일 수도 있음을 시사한다.

그동안의 연구를 종합해 보면 평가 센터에서의 각 모의 과제는 다차원보다 단일한 특질을 측정하고, 과제마다 각기 다른 특질을 평가하고 있을 가능성이 높다(Lance, Foster, Gentry, & Thoresen, 2004). Lievens, Chasteen, Day와 Christiansen(2006)에 의하면, 평가 센터에서 피평가자는 수행과 관련된 행동을 각 모의 과제마다 특유의 방식으로 나타낸다. 예를 들어, 한 과제에서는 리더십을 평가하고 다른 과제에서는 문제 해결력을 평가할 수도 있다. 그러므로 과제들 간의 차원 점수의 상관이 별로 높지 않은 것이 의아한 일은 아니다. 현재는 과제들이 평가하는 KSAO가 정확히 무엇인지 확신하지 못한다. 따라서 각 KSAO(예: 의사결정이나 리더십)에 대한 특정한 조언을 해 주기 위해 평가 센터를 사용하는 것은 의문의 여지가 있다. Rusell과 Domm(1995)이 제시한 증거에 따르면 평정은 개별 차원을 얼마나 잘 수행하느냐보다 과제에서 모방하는 직무에 대한 역할을 얼마나 잘 수행하는지를 나타낸다. 평가 센터가 왜 효과가 있는지에 관계없이, 평가 센터는 미래의 직무 수행을 잘 예측한다. 이 때문에 선발과 배치에 평가 센터가 많이 사용된다('연구 상세히 보기' 참조).

평가 센터에서 차원 평정들의 타당도를 개선하기 위한 연구가 그동안 이루어졌다. Reilly, Henry와 Smither(1990)는 평가자가 평가 과정에서 처리할 정보가 너무 많아서 각 차원을 적절하게 평가하기는 불가능할 것으로 판단했다. 각 과제는 상당한 정보를 쏟

연구 상세히 보기

평가 센터에서는 직무 성공에 필수적이라고 생각하는 다양한 능력을 측정하기 위해 여러 가지 유형의 모의 과제들을 사용한다. 이는 여러 검사에서 산출한 각 능력에 대한 점수를 합산한다는 생각으로, 따라서 신뢰도와 타당도는 향상된다. 그러나 현재까지의 연구에서 개별 능력에 대한 여러 가지 모의 과제에서의 점수들 간의 상관이 높지 않음이 밝혀졌다. 달리 말하면, 한 과제에서 어떤 차원(예: 의사결정)에서 높은 점수를 받은 사람이, 다른 과제에서는 동일 차원에서 낮은 점수를 받을 수도 있다는 의미다. 이는 평가 센터가 측정하기로 되어 있는 차원들을 아마도 측정하지 못하고 있다는 점을 시사한다. 만약 각 모의 과제가 정말로 의도한대로 각 능력 차원을 측정한다면, 여러 과제에서 측정한 동일 차원의 점수들은 유사해야만 한다.

Chan(1996)은 평가 센터가 타당도가 있기는 하지만, 동일 차원에 대한 모의 과제들 사이의 점수의 상관이 낮은 문제점을 보이는 연구를 수행했다. Chan에게 승진에 사용할 목적으로 평가 센터 개발을 요청한 싱가포르 경찰청을 대상으로 연구가 행해졌다. 피평가자는 46명의 경찰관이었고 이들은 모두 승진 후보자였다. 서류함 과제와 리더 없는 집단 과제를 포함하여 여섯 가지의 모의 과제가 실시되었다. 총 14개 차원이 평가되었지만, 모든 과제에서 모든 차원을 평가하지는 않았다. 평가 센터의 타당도는 두 가지 직무 수행 준거, 즉 과제 수행 당시 직무 수행 평정과 평가 후 2년 뒤 승진을 기준으로 판단했다.

평가 센터의 모든 평정 간의 상관을 산출했는데, 동일 차원에 대한 모의 과제 평정들 간의 상관과 모의 과제 내 모든 차원에 대한 평정들 간의 상관을 모두 산출하였다. 만약 차원 점수가 타당도가 있다면, 과제 간 동일 차원에 대한 평정끼리의 상관이 과제 내 모든 차원에 대한 평정끼리의 상관보다 높아야 한다. 그러나 결과는 완전 반대였는데, 동일 차원의 측정치들 간의 평균 상관이 과제 내 다른 차원의 측정값들의 상관보다 더 작게 나왔다(각각 .07와 .71). 동일 차원에 대한 측정치들 간에 유의미한 상관이 거의 없다는 것은 그 측정치들이 각기 다른 특성을 측정한다는 것을 나타낸다. 반면에 각 과제 내의 모든 평정 간의 상관이 매우 높다는 의미는 각 과제는 오직 하나의 특성만을 측정한다는 것이다.

이 평가 센터에서는 두 가지 전반적 평정을 산출했는데, 전체 수행 평정과 미래 승진 가능성에 대한 평정들이다. 전반적 수행은 2년 후 평가된 실제 승진과는 꽤 상관이 있었지만, 상사가 평정한 최근의 수행 평정과는 전혀 상관이 없었다. 또한 승진 가능성에 대한 평가 센터의 평정은 미래의 승진과 강한 상관이 있었지만, 수행에 대한 상사 평가와는 상관이 별로 크지 않았다. 이러한 결과는 비록 과제가 원래 측정하고자 한 바를 측정하는 데는 제 역할을 못했지만 평가 센터가 타당도가 있음을 입증하는 것이다.

이 연구 결과는 차원 점수의 타당도가 미심쩍음을 보여 주는 다른 연구 결과들과 상당히 일치한다. 한편 미래의 승진을 잘 예측해 준다는 것은 고무적이다. 비록 많은 평가 센터 연구가 평가 센터 결과를 승진 결정을 내리는 데 사용한다는 점에서 오염되었지만, 이 연구에서는 그렇지 않았다. 평가 센터가 실제로 측정하는 것이 무엇인지 현재로서는 확신할 수 없지만, 효과적인 기법이라는 것만은 분명하다.

출처: "Criterion and Construct Validation of an Assessment Center," by D. Chan, 1996, *Journal of Occupational and Organizational Psychology, 69,* 167-181.

아내고 평가자는 판단을 내리기 위해서 그러한 정보를 어떤 식으로든 체계적으로 정리해야 한다. 평가자들이 정보를 체계적으로 정리하는 데 도움을 주기 위해서, Reilly 등은 모의 과제에서 수행을 평가하는 데 사용할 수 있는 273개의 행동을 담은 점검표(checklist)를 제공하였다. 평가자들은 점검표를 사용하여 각 피평가자가 수행한 특정 행동을 기록한 후 비로소 평정을 하였다. 연구 결과는 평가 센터에서 흔히 볼 수 있는 상관에 비해서 과제 내의 차원들 간의 상관은 더 작고 과제 간에 동일한 차원들끼리의 상관은 더 크다는 것을 보여 주었다. 따라서 차원 점수들의 타당도는 개선되었다. 이러한 결과는 현재 시행되는 평가 센터의 문제점은 차원을 정확하게 평가하는 데 있어서 평가자의 능력을 과대평가했음을 시사한다. 행동 점검표를 사용하면 평가자의 판단 과정이 체계화되고, 평가 결과의 타당도도 향상된다.

Arthur, Woehr와 Maldegan(2000)도 평가 센터 평정을 개선할 수 있는 방법을 밝혔다. 그들은 평가 센터를 치밀하게 구성하여 동일 차원들에 대한 과제들 사이의 상관을 높일 수 있었다. Athur 등의 연구에서 평가자의 대부분은 산업 및 조직 심리학자들이었고, 어떻게 특정 행동을 평정 점수로 전환하는지에 대한 세밀한 훈련을 받았다. 마지막으로, Lievens(2001)는 참조틀 훈련을 사용하여 평가 센터 평정들의 정확성을 높일 수 있음을 보여 주었다(4장 참조). 평정자들에게 효과적인 행동과 비효과적인 행동의 사례들을 주어, 훈련을 받는 동안 수행에 대해 공통된 이해를 형성할 수 있었다. 이상의 방법들, 즉 검검표 사용, 참조틀 훈련 실시, 평가자를 신중하게 선발한 후 평가 센터 실시 등과 같이 모든 방식을 함께 채택하여 사용하면 최상의 결과를 낳을 가능성이 높다.

7. 전자 평가

조직의 평가에서 급속도로 성장하고 있는 최신 추세는 종이와 펜보다 전자 매체를 사용하는 것이다. 개인용 컴퓨터를 이용해서 검사 시행과 채점을 편리하게 하려는 움직임으로 출발한 전자화는 새로운 유형의 평가와 평가 방법의 발전으로 인해 폭발적으로 증가하였다. 예를 들어, Lievens와 Sackett(2006)은 영상을 활용한 평가의 사용을 논의했는데, 영상 평가에서의 각 문항은 일터에서 일어날 수 있는 사건을 묘사한 영상 화면으로 제시된다. 이러한 평가는 문자로는 완벽하게 묘사하기 어려운 현실적 상황을 제시할 수 있다. 전자 평가의 사용을 가속화한 주요 요인 중 하나는 세계 어느 곳에서나 지원자의 평가를 가능하게 하는 웹(web)이다. Monster.com과 같은 지원자 모집 서비스 회사에서는 이전에는 초기 지원 과정이었던 단계에 평가를 포함하기 시작했다. 전자 기술의 도입으로 평가가 저렴해지고 편리해져서 평가의 사용이 확대되고 있다.

1) 심리검사의 전자적 시행

지필형 심리검사는 전자 매체를 활용해서 시행할 수 있다. 수검자는 각 문항을 컴퓨터 화면에서 읽고, 키보드와 마우스 혹은 다른 인터페이스 장치로 응답하게 된다. 이러한 방식에는 두 가지 주요한 이점이 있다. 첫째, 마지막 문항에 응답하는 즉시 자동적으로 채점이 되어 점수가 산출된다. 이것은 선발 과정을 빠르게 진행하게 한다. 둘째, 세계 거의 모든 장소에서 접속하여 이용 가능하도록 검사를 웹사이트에 올릴 수 있다. 지원자는 검사를 받기 위해 검사가 시행되는 특정 지역에 갈 필요가 없다. 물론 진행자들은 검사 진행을 감시하여 부정행위를 막아야 한다. 반면, 전자 검사에는 두 가지 단점이 있다(McBride, 1998). 첫째, 상업적으로 판매하는 전자 평가의 증가로 비용이 감소되기는 했지만, 컴퓨터 검사 시스템의 개발은 여전히 비용과 시간이 많이 든다. 특히 지필검사에 드는 적은 비용과 비교한다면, 하드웨어와 소프트웨어의 비용은 상당하다. 또한 컴퓨터로 스캔할 수 있는 응답지(예: OMR 답안지)의 사용으로 많은 검사지를 적은 비용으로 컴퓨터로 채점할 수 있게 되어, 컴퓨터 시행의 장점 하나를 무력화했다. 둘째, 컴퓨터로 시행하는 검사와 지필형 검사가 반드시 측정학적으로 동등하다는 보장이 없다. 특히 한 사람이 주어진 시간 안에 얼마나 많은 문항을 정확하게 푸는지를 시간으로 측정하는 속도 검사에서는 더욱 그러하다. 그러한 검사 중 하나는 사무직 속도 및 정확도 검사인데, 수검자는 다음과 같은 두 단어를 비교하고 두 단어가 같은지 다른지 응답해야 한다.

adbiel 대 abdifl

ghicbe 대 ghicbe

동일한 문항에 대해 응답을 하더라도 컴퓨터로 시행하는 검사와 지필 검사의 응답 시간은 서로 다를 수 있으므로, 두 검사의 검사 점수는 동등한 척도상에 있지 않다.

Potosky와 Bobko(2004)는 웹 기반 검사와 지필 검사를 비교했다. 이 연구자들은 제한된 시간 내에 문제를 풀어야 하는 속도 검사의 경우 웹 페이지가 뜨는 시간을 조정해 주어야 한다는 점을 지적했다. 또한 두 검사 형태에 따라 검사를 보는 전략이 다를 가능성이 높다. 지필 검사의 경우 수검자가 검사 문항들을 이리저리 건너뛰면서 풀 수 있어 특정한 유형의 문항을 먼저 풀고 다른 유형의 문항을 나중에 풀 수 있다. 반면에 웹 기반 검사의 경우 지필 검사에 비해서 화면에 적은 수의 문항만 뜨기 때문에 왔다 갔다 하면서 풀 수가 없어서 순서대로 문제를 푸는 경향이 있다. 따라서 두 검사 형식에서 나온 점수를 비교할 때 주의를 기울여야 한다.

컴퓨터 시행은 왜곡 반응에 취약한 것으로 알려진 성격 검사의 정확성을 증가시키는 잠재력이 있는 듯하다. 사람들은 다른 사람 앞에서보다 컴퓨터와 같은 기계 앞에서 더욱 정직하게 반응한다. 수검자는 컴퓨터를 지필형 검사보다 더 객관적으로 보는 경향이 있다. Richman, Kiesler, Weisband와 Drasgow(1999)는 성격 검사에서 바람직한 방향으로 응답하는 경향이 컴퓨터 검사에서도 지필 검사에서만큼 나타나는지 알아보기 위해 통합분석을 실시했다. 통합분석 결과는 그 두 가지 방법에 차이가 없음을 시사했다. 그러나 Richman 등이 분석 결과들을 상세히 살펴본 후 사람들이 혼자 있을 때 응답을 덜 왜곡하는 경향이 있다는 사실에 주목했다. 실험자가 방에 함께 있을 때는 혼자 있다는 익명의 느낌을 가질 수 없었고, 컴퓨터와 지필 시행 사이에 차이가 없었다.

문제 해결을 측정하기 위한 아주 복잡한 형태의 컴퓨터 평가가 독일에서 인기리에 널리 사용되고 있다(Funke, 1998; Kleinmann & Strauss, 1998). 이 컴퓨터 평가에서 지원자는 복잡한 작업 상황(예: 공항 혹은 공장 운영)을 모방한 과제를 수행한다. 이 모의 과제는 컴퓨터 게임과 비슷하다. 수검자에게 모의 과제를 조작하기 위한 제한된 시간이 주어지고, 수행을 나타내는 다양한 지표는 컴퓨터에 의해 계산된다. 이러한 평가에 대한 초기의 연구에 의하면, 문제해결 기술이 중요한 직무에서는 컴퓨터 모의 평가가 미래의 직무 수행을 예측한다는 인상적인 증거가 나왔다(Kleinmann & Strauss, 1988).

컴퓨터는 평가의 효율성을 제고하기 위한 유일한 기술은 아니다. Van Iddekinge, Eidson, Kudisch와 Goldblatt(2003)는 생활사 검사를 실시하기 위하여 전화를 활용한 시스템을 개발했다. 지원자는 수신자 부담 전화를 걸어 전화에 있는 버튼을 사용하여 자신의 배경에 대한 질문에 예/아니요로 답변했다. Van Iddekinge 등은 이러한 유형의 평가가 이를 통해 고용한 사람들의 직무 수행을 예측한다는 결과를 보여 주었다. 그러나 이를 위해서는 검사를 예/아니요 답변 형식으로 만들어야 하기 때문에, 지필 검사 등 다른 매체들에 비해서 상당한 제한점을 갖는다.

2) 컴퓨터 적응 검사

컴퓨터 적응 검사(computer adaptive testing: CAT)는 컴퓨터를 활용하여 탄력적으로 문항을 제시하는 방법으로 수검자에게 제시하는 문항들은 직전에 피험자가 정답을 한 문항들과 오답을 한 문항들을 바탕으로 선택된다. 문항 난이도가 다양한 능력 검사에서 CAT는 중간 정도의 난이도 문항을 수검자에게 주는 것으로 시작한다. 만약 그 문항을 맞추면 좀 더 어려운 문항이 제시되고, 오답을 했을 경우 더 쉬운 문항이 주어진다. 검사가 진행됨에 따라 컴퓨터는 특정 수검자에 적합한 난이도의 문항들을 선택하게 된다. 그러므로 정답을 한 문제들과 오답을 한 문제들의 패턴에 따라 수검자마다 주어지는 시험 문제들이 다르게 된다. 이렇게 함으로써 CAT는 전통적인 검사보다 더 적은 문항으로도 동일한 수준의 신뢰도에 도달할 수 있어서 보다 효율적이다(Penfield, 2006). 수검자마다 응답하는 문항들이 달라서 부정행위가 어렵기 때문에 CAT는 비적응 검사에 비해서 보안에 대한 우려가 적다(Reynolds & Dickter, 2010). 이러한 이유들로 인해서 CAT는 미국 대학원 입학 자격시험의 일종인 GRE(Graduate Record Examination)와 같은 대규모 검사에서 활용되고 있다. 그러나 CAT에 단점이 없는 것은 아니다. 최대의 단점은 검사 개발에 많은 시간과 자원이 필요하다는 점이다. 우수한 적응 검사가 되려면 수백 개의 문항들이 필요하고 각 문항에 대한 난이도 수준을 결정하기 위해서는 천 명 이상의 수검자에 대한 자료를 수집해야 한다(Reynolds & Dickter, 2010). 그러므로 비적응 검사에 비해서 컴퓨터 적응 검사를 개발하는 데 많은 시간과 비용이 필요하다.

요약 SUMMARY

조직을 위해 산업 및 조직 심리학자들이 하는 주요 과업 중 하나는 선발과 배치를 위해 사람들의 특성을 평가하는 것이다. 이러한 특성들은 지식, 기술, 능력, 기타 특성, 즉 직무에서의 성공적인 수행을 위한 필수적인 KSAO로 분류될 수 있다.

KSAO를 평가하기 위해 사용되는 다섯 가지 주요 평가 방법은 다음과 같다.

- 심리검사
- 생활사 검사
- 면접
- 작업 표본
- 평가 센터

심리검사는 특정한 개인 특성을 평가하는 표준화된 문제 혹은 질문이다. 검사는 흔히 지식, 기술, 능력, 태도, 흥미, 성격을 포함하는 많은 KSAO를 평가하기 위해 사용된다.

생활사 검사는 한 개인의 업무상의 과거 경험과 업무 외의 경험 모두에 대한 상세한 정보를 요구한다. 이는 전형적인 응시 원서보다 더 광범위한 정보를 요구한다.

면접은 정보를 수집하고, 고용 결정을 내리는 한 명 혹은 그 이상의 면접관과 지원자 사이의 면대면 만남이다. 비구조화된 면접에서 면접관은 하고 싶은 질문은 무엇이든지 한다. 반면에 구조화된 면접을 할 때 면접관은 모든 사람에게 미리 계획된 질문을 한다. 면접의 두 가지 유형 모두에서 면접관은 직무에 대한 지원자 적합성에 대해 전반적인 판단을 내린다.

작업 표본은 지원자가 표준화된 조건에서 직무 과업을 얼마나 잘 수행할 수 있는지 보여 주어야 하는 평가도구다. 이는 모의 과업의 형태로 실제 직무 조건이 아닌 검사 조건에서 피평가자가 직무나 직무의 일부분을 수행한다.

평가 센터는 다양한 형태의 모의 과제들로 구성되는데, 하루 이상의 시간이 걸린다. 대부분의 평가 센터가 관리자의 잠재력을 파악하기 위해 사용되지만, 관리직 이외의 다양한 유형의 직무에서의 사람들의 잠재력을 평가하기 위해 사용되기도 한다.

전자 평가는 이제 보편화되었으며, 특히 심리검사의 시행을 위하여 자주 활용되고 있다. 전자 매체가 가장 흔히 사용되는 상황은 컴퓨터에 의한 지필 검사의 시행이다. 컴퓨터 검사는 문항이 화면에 제시되고 키보드나 마우스를 사용하여 응답을 한다는 점 외에는 지필 검사와 거의 동일하다. 컴퓨터 적응 검사는 좀 더 세련된 검사 방식으로 개개인에게 시행되는 문항은 이전의 문항에 대한 답변의 정답 여부에 따라 개인 수준에 맞추어진다. 이 검사는 적은 수의 문항으로도 높은 신뢰도를 달성하지만 개발하는 비용이 만만치 않기 때문에 대규모 검사 상황에만 적합한 방식이다.

산업 및 조직 심리학 현장 연구

조직의 산업 및 조직 기능은 대부분 웹으로 이동하고 있다. Jonathan Canger 박사는 종업원 모집과 선발에서 이러한 과학기술을 활용하는 새롭고 혁신적인 방법을 개발해 오고 있다. Canger 박사는 1990년에 사우스플로리다 대학에서 산업 및 조직 심리학 박사학위를 받았다. 코카콜라, 모토로라 등 다양한 대기업을 거쳐서 현재는 Verizon Wireless사에서 인재 획득과 평가 부서의 부실장으로 일하고 있다. 이 사례의 당시에는 다양한 종업원 모집/컨설팅 서비스를 제공하는, 1만 명의 종업원을 거느린 국제적 회사인 TMP Worldwide에서 조직 개발 담당 부사장직을 맡고 있었다. 현재 종업원을 효과적으로 관리함으로써 회사 기능을 좀 더 효율적으로 만드는 업무를 맡고 있다. Canger 박사는 종업원들 자신이 업무 관련 기술을 향상하는 노력을 도와주는 체계를 개발하고, 최고 경영자들에게 미래에 요구되는 바를 미리 계획하며, 조직이 좀 더 부드럽게 돌아가도록 하기 위해 조직 변화가 잘되고 있는지를 감독하는 일에 관여하고 있다. 현재 직책으로 옮겨오기 전에 관여했던 업무는 사람을 직무와 조직에 더 잘 맞게 하기 위해 사용할 성격 검사를 개발하는 프로젝트였다.

TMP가 제공하는 가장 널리 알려진 서비스는 Monster 구직 웹사이트다. Monster는 454번째로 설립된 닷컴 웹사이트였고, 현재 수익을 남기는 몇 안 되는 웹사이트 중의 하나다. Monster는 가장 인기 있는 사이트 중에 하나이고, 세계를 통틀어 모든 웹사이트 방문자의 10%가 이 사이트에 접속한다. Monster는 구직 희망자가 직업 목록을 무료로 검색할 수 있고, 입사 희망 조직 혹은 고용주에 파일로 이력서(현재 1,400만 개가 있다)를 남기는 직업 포털 사이트다. 고용주에게는 직무를 올리거나 이력서 자료를 검색하는 데 대한 요금을 물린다.

Canger 박사는 지원자와 고용주가 더 나은 조직과 사람을 찾을 수 있도록 Monster 사이트에 성격 평가를 추가하는 아이디어를 내놓았다. 온라인상에 성격 척도를 올려놓고 구직 희망자들이 쉽게 척도에 답변하고 컴퓨터로 점수를 받을 수 있도록 하자는 것이었다. 이러한 정보는 지원자 입장에서는 이후에 지원할 직무를 결정하는 데 도움이 되고, 고용주 입장에서는 고용하는 데도 사용할 수 있다. 이러한 성격 검사를 활용할 사람의 수는 막대할 것으로 예상되기 때문에(수천만 명으로 추산), 심리검사 회사에서 사용하고 있는 성격 평가를 구입하는 것은 가능하지 않았다. Canger 박사와 그의 팀은 새로운 평가 도구를 개발하기로 결정했다.

첫 번째 단계는 잠재적 성격 문항의 풀을 모으는 것이었다. Canger 박사 팀은 측정할 기초 차원을 제공할 이론으로 Big 5 이론을 사용하기로 결정했다. 또한 O*NET(3장 참조)으로부터 얻은 작업 가치에 관한 문항을 추가했다. 이에는 성취, 인지, 작업 조건 등이 포함되었다. 모든 문항은 오스트레일리아, 영국, 뉴질랜드, 미국의 여러 조직의 약 2,000명의 종업원에게 실시되었다. 이를 통해 Canger 박사 팀은 평가 도구를 개선할 수 있었다.

이 프로젝트의 1단계에서는 성격 평가를 Monster 웹사이트에 올려서 그것을 아주 적은 수수료를 내고 경력 개발 서비스의 일부분으로서 이용할 수 있게 했다. 사람들은 자신의 성격에 대한 피드백과 얼마나 잠재적 고용주와 직무에 부합될 수 있는지에 대한 피드백을 얻을 수 있다. 2단계에서는 고용주들에게 잠재적 지원자에 대한 정보를 제공해서 고용주가 사람들을 직무에 더 잘 부합할 수 있도록 하는 기능을 추가했다. 앞으로 3단계에서는 선발 서비스를 제공하는 산업 및 조직 컨설턴트처럼, 고용주에게 특정 개인에 대한 구체적인 고용에 관한 추천을 하게 될 것이다.

이것은 두 가지 이유로 혁신적인 시스템이다. 첫째, 이는 전적으로 웹 기반 시스템으로서 지원자와 고용주가 동일한 통합 컴퓨터 시스템의 양 끝에서 작업한다는 점이다. 둘째, 일반적으로 성격에 대한 정보는 잠재적 지원자가 아니라 단지 고용주에 의해서만 사용되었다. 그러나 양측 모두에게 이 정보를 제공함으로써 지원자와 고용주 양측 모두 사람과 조직이 더 잘 부합되도록 노력할 것이기 때문에, 더 나은 부합이 달성될 수 있다.

토의 문제

1. 웹에 기초한 평가의 이점과 단점은 무엇인가?
2. 조직과 개인의 성격을 부합시키는 것이 조직에게 왜 중요한가?
3. Canger 박사 팀은 왜 하나 이상의 회사에서 초기 자료를 수집했는가?
4. Big 5 성격 차원과 O*NET 가치를 사용하는 것의 이점은 무엇인가?
5. 지원자와 고용주가 모집을 위해 Monster 웹사이트를 사용하는 것의 이점은 무엇인가?

체험학습

선발 도구 선택

O*NET 웹사이트(http://online.onetcenter.org)에 접속하여 'Find Occupation'으로 가시오. O*NET 사이트의 윗부분에 직업명을 입력하고 그 직업에 대한 요약문을 검토하시오. O*NET이 제공한 해당 직업에 대한 개요에서 적어도 10개의 KSAO를 선택하시오. 각 KSAO를 평가하기 위하여 자신이 사용하기로 선택한 평가 방법을 설명하시오.

학생 선발

대학생이라는 '직업'에 대한 다섯 가지 KSAO를 열거하시오. 각 KSAO를 평가하기 위하여 자신이 사용하기로 선택한 평가 방법을 설명하시오.

PART 03

종업원의 선발과 훈련

(© Dean Mitchell / iStockphoto)

INDUSTRIAL AND ORGANIZATIONAL PSYCHOLOGY

CHAPTER 06

종업원 선발

학습목표

1. 조직이 어떻게 인적자원 계획을 수립하는지 설명한다.
2. 모집 방법을 논의한다.
3. 타당화 연구를 수행하는 단계를 설명한다.
4. 선발에 대한 과학적인 접근이 어떻게 조직에 이득이 되는지를 기술한다.
5. 합법적인 선발의 원리를 설명한다.

평가 도구에 답변을 요구하는 조직에 응시해 본 적이 있는가? 대부분의 조직에서는 지원서 작성이 필수이며, 5장에서 논의했던 평가 도구들에 응답해야 하는 조직도 많다. 지원자가 가장 흔히 마주하는 평가 도구는 심리검사이지만, 생활사 검사, 모의 시험, 작업 표본들도 사용된다. 당신은 검사에 답변하면서, 회사가 검사를 통해서 지원자에게서 무엇을 알아내려고 하는지, 그리고 왜 단순히 직접 질문하는 방식을 택하지는 않는지 궁금해하지 않았는가? 수리능력 검사 등은 명백하게 직무와 관련 있어 보이는 데 반해서 인성 검사는 직무와 별로 관련 없어 보이는 질문들을 담고 있다. 응답한 평가 도구들이 합당하다고 느껴는가? 조직과 아무 관련이 없거나 직무와 관련이 없다고 느끼는 문항들이 포함되어 있지는 않았는가? 선발 체계가 과학적으로 개발된다면 평가 방식들은 업무와 관련이 있고 지원자의 성패를 예언하는 데 도움이 된다. 지원자가 이런 유형의 평가 방법과 마주쳤다면 산업 및 조직 심리학자들이 그러한 도구 개발에 기여했을 가능성이 높다.

어떤 조직이라도 가장 중요한 두 가지 기능은 종업원의 모집과 선발이다. 새로운 종업원들이 안정적으로 유입되어야 조직은 지속적으로 번영과 안녕을 이룰 수 있다. 새롭게 만들어진 자리를 채우고 조직을 떠난 사람들을 대체하기 위하여 종업원들을 고용해야 한다. 새로운 종업원을 고용하는 일은 비용이 많이 들고 어려운 과제다. 고용은 다음 4단계로 이루어진다([그림 6-1] 참조).

- 신입사원 수요를 계획한다.
- 적합한 인재가 지원하도록 유인한다(모집).
- 채용될 사람을 결정한다(선발).
- 합격자가 실제 입사하도록 유도한다.

많은 나라, 특히 북미와 유럽에서는 종업원 모집과 선발에 법적인 문제가 따른다. 이미 논의하였듯이, 많은 나라에서는 종업원들에게 영향을 주는 활동에서 차별을 하는 행위를 엄격히 금지하는 법이 있다. 채용 과정은 동등한 고용 기회를 실현하기 위한 노력을 기울일 대상으로 가장 자주 거론된다. 종업원 선발에 관여하는 산업 및 조직 심리학자는 선발과 관련된 법적인 문제를 잘 아는 전문가가 되어야 한다.

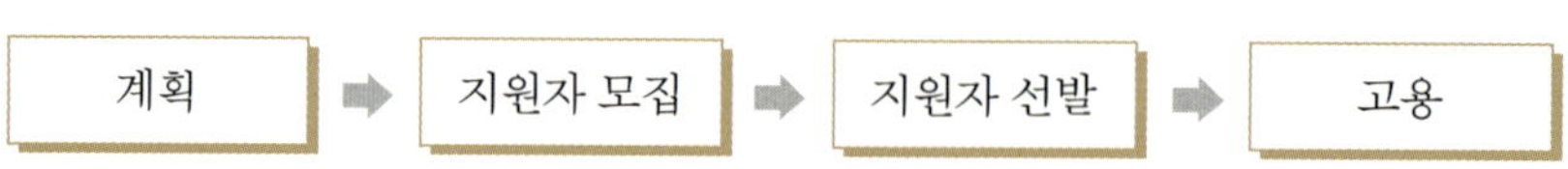

그림 6-1 새로운 종업원을 고용하기 위한 4단계

이 장은 본문과 [그림 6-1]에 제시된 4단계를 사용하여 어떻게 조직이 새로운 종업원을 모집하고 선발하는지에 대해 설명한다. 많은 나라에서 산업 및 조직 심리학자들이 쏟는 대부분의 노력이 선발과 관련이 있기 때문에 이 장에서는 다른 주제보다 선발에 관한 주제에 더욱 많은 지면을 할애하였다. 그렇다고 선발 단계가 가장 중요하다는 의미는 아니다. 선발은 산업 및 조직 심리학 분야의 초기부터 실무와 연구의 주요 초점이 되어 왔다는 점을 강조한다는 의미다. 이 장은 4단계에 대한 논의에 덧붙여 선발에 대한 과학적 접근의 가치와 효용성을 고찰한다. 또한 민권법 관점에서 종업원 모집과 선발과 관련된 법적인 문제들을 다룬다.

1. 인적자원 요구에 대한 계획

탄탄한 조직을 유지하기 위해서 조직은 인적자원, 즉 사람의 안정적인 공급이 필요하다. 이러한 인적자원은 조직을 떠난 사람들의 빈자리를 채우기 위해 필요하다. 또한 조직의 개편이나 확장으로 창출된 일자리를 채우기 위해 고용하기도 한다. 조직이 필요로 하는 사람들을 성공적으로 모집하기 위해서는 신중한 계획이 필요하다. 인적자원 계획을 위해서는 조직의 인력 수요와 고용 가능한 인력 공급에 대해 모두 고려해야 한다(Cascio, 1987).

필요한 인적자원 수요를 예측하기 위해서는 일반적으로 각 직무군에서 필요한 인원 수(예: 사무원이나 교사의 수)가 적힌 목록이 필요하다. 〈표 6-1〉은 공장의 점진적인 자동화에 직면한 제조업체가 계획하게 되는 전망의 예다. 필요한 조립 라인 근로자들의 수는 점차 감소하는 반면 기술자들의 수는 증가한다. 이는 산업체에서의 일반적인 경향이며, 조직이 한 직무에 종사하는 종업원 수를 줄이고 다른 직무에 종사하는 종업원 수는 늘리는 계획을 세우는 것은 중요하다. 조직은 직무 특성과 직무 요건 변화에 대처하기 위해 다양한 조치를 취한다. 선발 계획에 따라 조립공을 기술자로 대체할 것이고, 훈련 계획에 따라 조립공을 기술자로 육성할 것이다. 그러나 훈련 과정에 있는 종업원들에게는 임금을 계속해서 지불해야 하기 때문에 선발 계획이 비용이 덜 든다. 선발 대신 훈련 계획을 택하게 되면 현재 종업원들에게는 거의 해가 가지 않는다는 이점이 있다. 새롭고 경쟁력 있는 기술을 전수받은 종업원들은 상당한 이익을 받는다. 필요한 기술을 가진 사람들에 대한 공급이 노동시장에서 불충분할 때 훈련 계획을 세워야 하는데, 이러한 상황은 미국을 비롯한 많은 나라에서 점점 일반화되어 가고 있다. 이런 상황에서는 인적자원 공급을 순전히 선발 계획에 의존하는 틀을 벗어나서, 현직자들의 기술이 쓸모없게 되었을 경우 훈련 및 육성 계획을 입안하여 재훈련을 실시하는 것이 필요하다. 훈련은 7장에서 다룰 것이다.

〈표 6-1〉 제조 과정의 자동화를 추진하는 조직에서 필요한 종업원 수에 대한 전망

(단위: 명)

직무 분류	현재	1년 후	2년 후	3년 후	4년 후
조립공	20,000	16,000	10,000	5,000	4,000
기술자	20	200	400	600	1,000

〈표 6-2〉 미국 노동시장 정보의 출처

미국 노동부의 노동통계청(Bureau of Labor Statistics of the U.S. Department of Labor)
기술인력위원회(Engineering Manpower Commission)
국립과학재단(National Science Foundation)
교육부(Office of Education)
보건후생부 산하 공중위생청(Public Health Service of the Department of Health and Human Services)
미국 고용청(U.S. Employment Service)

출처: *Applied Psychology in Personnel Management,* 5th ed. (p. 163), by W. R. Cascio, 1998, Englewood Cliffs, NJ: Prentice Hall.

노동시장에서 고용 가능한 공급 인력은 다양한 방법으로 추정한다. 조직은 각 직무에 지원할 사람들의 수를 지속적으로 추정한다. 그뿐 아니라 정부기관은 다양한 직무군에서 고용 가능한 근로자의 수에 대한 정보를 제공한다. 미국에는 미국 노동부의 노동통계청(www.bls.gov)을 포함하여 이러한 종류의 정보를 제공하는 몇 개의 기관이 있다(〈표 6-2〉 참조). 다양한 직무에서 인력의 수요와 공급의 비교는 앞으로의 인적자원 요구를 충족하기 위해서 선발이나 훈련 중 어느 한쪽을 선택할지를 결정하는 데 참고할 중요한 구성 요소다.

국제 경제의 세계화와 과학기술의 진보로 다양한 직무 관련 기술에 대한 요구가 크게 변화하였다. 캐나다와 미국 등 산업화한 국가의 공장에는 반숙련 혹은 비숙련 조립공에 대한 수요가 감소하는 추세다. 반면에 고도로 숙련된 기술을 요하는 직무는 지속적으로 증가하고 있고 앞으로 적어도 20년 동안 이 추세가 계속될 전망이다. 제조업과 광업에서의 직무에 대한 수요는 감소할 것으로 예상되며 2000년대 초에 이미 미국에서는 이러한 직무가 많이 사라졌다. [그림 6-2]는 미국 노동부 산하 노동통계청이 2004년부터 2014년까지 미국에서 가장 많은 고용이 이루어질 것으로 예상하는 대학 학위를 요구하는 20개의 직업을 보여 준다. 산업 및 조직 심리학은 가장 빠르게 성장하는 25개 미국 직업에 속한다(U.S. Department of Labor, 2010).

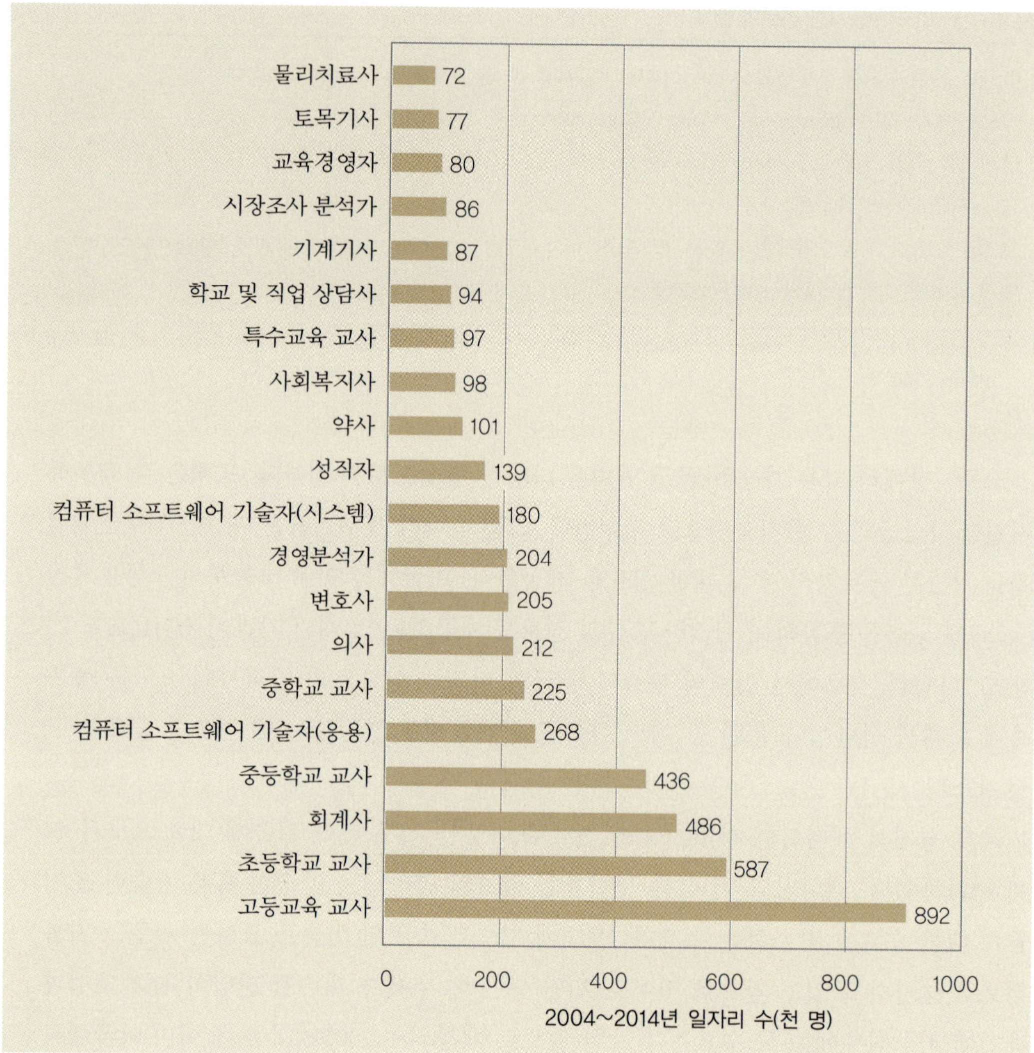

그림 6-2 2004~2014년, 미국에서 대학 학위를 요구하는 직업 중 가장 빠르게 성장하는 직업

출처: "The 2004-14 Job Outlook for College Graduates," by O. Crosby and R. Moncarz, 2006, *Occupational Outlook Quarterly* (Fall), 42-57.

2. 지원자 모집

채용하고자 하는 직무에 많은 사람이 지원하도록 유도하는 일은 다수의 조직의 어려운 과제다. 조직은 많은 수의 지원자를 받아 그중에서 자격을 갖춘 사람을 선발해야 한다. 지원자들을 모집하는 것이 상대적으로 쉬운 직무도 있다. 조직은 사람들의 공급이 모자라는 직무를 채우기 위해 적합한 사람들을 끌어모으기 위한 상당한 노력을 기울여야 한다. 지원자들을 모집하기 위해 여러 가지 방법을 사용한다. 자사의 홈페이지에 모집 공고를 내거나 Yahoo!, HotJobs 혹은 Monster에 모집 광고를 내는, 노력을 거의 들이지 않는 방법도 있다. 반면에 모집 담당자가 전국 대학을 방문하여 잠재적인 지원자를 면접하는 방식처럼 한 사람 이상의 전적인 노력이 필요한 경우도 있다.

조직이 지원자들을 모집하는 데 일반적으로 사용하는 여섯 가지 방식은 다음과 같다.

- 광고
- 종업원 추천
- 고용 대행사
- 학교 모집 담당자
- 자발적 지원
- 인터넷

지원자 모집이 용이한지 여부에 따라 적합한 지원자 모집 방식을 선택해야 한다. 필요로 하는 직무 수요가 자발적 지원자들만으로도 충분하다면, 많은 시간을 소비하게 되는 방법은 불필요할 것이다. 자발적 지원자는 조직 차원에서의 모집 절차 없이 스스로 직무에 지원하는 사람이다. 많은 조직은 낮은 수준의 직책에 필요한 인원 모집을 위해서 자신의 회사의 웹사이트에 공고를 낸다(Chapman & Webster, 2003). 그러나 경쟁적인 시장에서는 많은 조직이 동시에 동일한 사람들을 자신의 회사로 끌어들이기 위한 시도를 한다. 이 경우 원하는 사람들을 모집하기 위해서는 시간이 많이 드는 방법을 사용하게 된다.

지원자를 모집하기 위한 모든 방식이 반드시 똑같은 자질의 지원자들을 끌어들이지는 않는다. Zottoli와 Wanous(2000)는 지원자 모집 방식에 대한 50년간의 연구를 고찰하고 일관된 사실을 발견했다. 내부 출처(종업원이 아는 사람이나 친구를 추천, 조직에서 전에 일했던 사람들의 재고용, 조직 내부에서의 이동)를 통해 입사한 종업원이 외부 출처(광고나 고용기관)를 통해 입사한 종업원보다 평균적으로 일을 더 잘하고 직무에 더 오래 남아 있다는 사실이 밝혀졌다. 더욱이 내부 출처에 의해서 고용된 종업원은 자신의 직무에 더 만족하는 경향이 있는데, 아마도 해당 직무가 어떤 직무인지에 대해 현실적인 기대를 했기 때문일 가능성이 높다(Moser, 2005). 또한 McManus와 Ferguson(2003)의 연구에 의하면, 내부 출처를 통해 모집된 지원자가 최상이었고, 인터넷을 통해 직무에 관해서 알게 된 지원자가 신문이나 다른 외부 출처를 통해서 직무를 찾은 지원자에 비해서 우수했다. Zottoli와 Wanous는 내부 출처가 우수한 이유를 두 가지 제시했다. 첫째, 내부 출처를 통해 모집된 종업원들은 해당 직무에 대해 더 정확한 정보를 받기 때문에 본인 스스로 적합하지 않다고 생각되는 직무를 미리 걸러 낸다. 둘째, 추천자들은 해당 직무에 사람을 추천하기 전에 자신이 추천할 사람이 적합한 사람인지를 미리 평가할 것이다. 종업원들은 자신의 분야에 적합한 인재들을 고용하는 것이 개인적으로 도움이 되기 때문에, 적합하지 않은 사람들을 걸러 내려는 노력을 할 것이다.

적합한 지원자들을 고용하려면 직무에 필요한 지식, 기술, 능력, 기타 개인적 특성들, 즉 KSAO에 대한 상세한 명세에 기반을 두고 노력해야 한다(3장 참조). KSAO가 사전에 규명되면 조직은 이에 적합한 지원자들을 모집하는 방향으로 노력을 할 것이고, 따라서 모집의 효율성이 증가할 것이다. 예를 들어, 만약 조직이 컴퓨터 기술을 갖춘 사람들을 필요로 한다면 이러한 사람들이 있으리라 예상되는 곳, 예를 들면 규모가 큰 대학교와 같은 장소에 노력을 집중한다. 한편, 조직이 노동자가 많이 필요하다면 공장 폐쇄로 인하여 실업률이 높아진 지역이 방문하여 모집하기 좋은 장소가 될 것이다.

과학기술은 여러 가지 면에서 모집에 중요한 영향을 끼쳤는데, 웹은 온라인으로 직무를 처음으로 접하게 되고 온라인으로 처음 지원서를 작성하는 지원자에게 계약의 시발점이 되고 있다. 미 국민을 대상으로 한 전국 조사에 대한 2002년 보고서에 따르면, 직업을 찾기 위해 웹을 활용하는 사람이 하루에 300만 명으로 추정된다(Pew Research Center, 2002). 흥미로운 점은 흑인과 히스패닉계 사람들은 백인보다 웹을 더 많이 사용하고 나이 든 구직자에 비해 젊은 구직자가 웹을 더 많이 사용한다는 것이다. 요즈음 많은 대기업은 자체적인 온라인 모집 웹을 보유하고 있다. 전통적인 모집 방식에 비해서 웹 기반 모집은 신속할 뿐 아니라 90%나 저렴하다(Cober, 2000). 웹 기반 모집에도 단점은 있다. 웹을 사용하는 기업에는 부적격 지원자들이 너무 많이 지원하는 경향이 있으며 인터넷 모집은 거리감이 있고 인간미 없이 보이기도 한다(Parry & Wilson, 2009).

Yahoo!, HotJobs, Monster 등의 웹 기반 모집 회사들은 구직자와 구인 광고를 내는 고용주 모두에게 인기가 있다. 구직 희망자들은 이 웹사이트들에서 무료로 직업을 검색한다. 탐색 기능이 정교화되면서 지역, 직업명, 급여 수준으로도 검색이 가능하게 되었다. 온라인으로 많은 직업에 지원을 할 수 있다. 고용주는 구인 광고를 내거나 자신의 회사에 지원하지 않은 구직 희망자의 이력서를 검토하고자 할 때 비용을 지불해야 한다. 이러한 웹 기반 회사는 구인 광고 서비스 이외에, 예비 적격 심사, 온라인 평가, 모집 관리 도움 시스템 등의 서비스도 제공한다.

Breaugh와 Starke(2000)는 모집이 단지 지원자를 모으고 평가를 하는 일만이 아님을 지적하였다. 조직을 시장에 선전하고 조직이 지원자들에게 매력적으로 보이게 만드는 것도 모집의 역할이다. Turban과 Cable(2003)은 대학의 취업지원과에서 연구를 시행했는데, 좋은 조직이라는 명성을 얻고 있는 회사가 더 나은(더 높은 평균 평점) 지원자를 더 많이 유인했음을 발견했다. 구직 희망자가 웹사이트를 통하여 조직과 처음으로 접촉하는 만큼, 조직의 웹사이트는 매력적으로 보이고 정보를 풍부히 제공하고 사용자 편의적일 필요가 있다(Allen, Manho & Otondo; Sylva & Mol, 2009).

3. 종업원 선발

운이 좋다면 조직은 필요한 모집 인원수보다 더 많은 좋은 지원자를 얻을 수 있을 것이다. 앞으로 이 절에서 논의하겠지만, 조직이 선택할 폭이 더 넓을수록 거기에서 선발된 사람은 유능한 종업원일 가능성이 더 크다. 이는 선택할 수 있는 지원자가 많을수록 산업 및 조직 심리학자들이 개발한 많은 종업원 선발 절차가 최상으로 기능하기 때문이다. 이러한 절차는 이 책의 범위를 넘어서는 복잡한 수학적 · 통계적 방법론에 기초한다. 우선 산업 및 조직 심리학자들이 사용하는 종업원 선발에 대한 준거관련 타당도 방식을 살펴본다. 이 방식은 과학적인 원리와 통계학에 기초를 둔다. 그다음 실무적인 이유로 자주 사용하는 대안적인 절차들에 대해 간략히 논의한 후, 선발 기법의 효용성을 다룬다. 효용성은 과학적인 선발을 사용하여 조직이 달성하는 이익에 관한 개념이다.

1) 조직이 종업원을 선발하는 방법

종업원 선발의 목적은 직무를 성공적으로 수행할 가능성이 높은 사람을 고용하는 것이다. 그 이유는 조직의 성과는 자신의 맡은 바 직무를 잘 수행하는 종업원의 존재에 달려 있기 때문이다. 이를 위해서 몇 가지 방법을 사용한다. 가장 흔히 사용하는 방법은 관리자가 지원자를 면접하고 누구를 고용할지 주관적으로 결정하는 것이다. 그러나 글자 그대로 주관적인 고용 절차는 편향되고 부정확하다고 알려져 있다. 더 나은 방법은 거의 1세기 동안 연구를 통해 효과적임이 입증된 종업원 선발에 대한 과학적인 방법을 사용하는 것이다.

종업원 선발에서는 두 가지 중요한 요소가 고려되어야 한다. 첫 번째 요소는 준거다. 준거는 훌륭한 종업원에 대한 정의다. 업무 수행을 가장 잘하리라 예상되는 사람을 고용해야 하는 것은 당연한 사실이지만, 훌륭한 수행이 무엇을 의미하는지 정의하는 것은 쉽지 않다. 직무 수행에는 다양한 측면이 있다. 매우 정확하게 일하는 종업원이 있는 반면에, 매우 빠르게 일하는 종업원도 있다. 준거의 한 측면(예: 출근)에 근거하여 고용할지 혹은 준거의 다른 측면(예: 작업량)에 근거하여 고용할지를 결정하는 일은 쉽지는 않다. 이러한 문제들은 4장에서 충분히 논의하였다. 과학적인 선발 방법을 사용하기 위해서, 우리는 먼저 해당 직무에 대한 준거가 무엇인지 알아야 한다.

두 번째 요소는 예언변인으로, 이것은 준거와 관련된 모든 것이다. 5장에서 직무의 필수 요소와 관련된 특성들을 평가하기 위한 몇 가지 방법을 제시했다. 이러한 기법들은 직무 성공에 필요한 KSAO를 평가하기 위해 사용된다. KSAO의 측정치는 직무 수행 준거의 예언변인으로 사용된다. 예를 들어, 교과목에 대한 지식은 학교 교사의 직무 수행에 대한 좋은 예언변인일 것이다. 그러나 지식은 유일한 예언변인이 아닌데, 지식만으로 훌륭한 교사가 되는 것은 아니기 때문이다.

예언변인이 준거와 관련되는지 여부를 결정하기 위해서는 타당화 연구(validation study)가 필요하다. 타당화 연구는 예언변인이 준거와 관련되는지를 보여 주는 연구다. 이러한 종류의 연구를 수행하기 위해서 준거와 예언변인은 정량화된다. 그리고 한 집단의 종업원들에게 두 변인 모두에 대한 자료를 수집한다. 자료는 모두 양적이기 때문에 통계적 검증을 통해 두 변인이 유의미하게 관련되는지 여부를 확인할 수 있다. 상관계수는 두 변인이 서로 얼마나 관련이 있는지를 보여 준다. 두 변인의 상관이 통계적으로 유의미하다면 예언변인이 준거에 대해서 타당하다고 결론 내린다. 이는 지원자가 직무를 맡는다면 어느 정도 수행을 할지를 예측하기 위해 예언변인에 대한 정보를 사용할 수 있음을 의미한다.

좋은 타당화 연구를 수행하는 것은 복잡하고 어렵다. 첫째, 직무와 직무 요건에 대한 신중한 분석을 실시해야 한다. 직무분석의 결과는 직무에 대한 준거를 개발하고 예언변인을 선택하는 데 사용한다. 선택한 예언변인이 타당한지를 입증하기 위해 자료를 수집한다. 타당한 예언변인은 조직의 종업원 선발 체계의 한 부분이 될 것이다. 다음 절에서 이 과정을 아주 세부적으로 논의한다.

2) 타당화 연구 수행

타당화 연구는 5단계로 실시한다.

① 직무분석을 한다.
② 직무 수행 준거를 명시한다.
③ 예언변인을 선택한다.
④ 예언변인을 타당화한다.
⑤ 교차타당화를 실시한다.

직무분석을 통해 다음의 두 단계인 준거를 명시하고 예언변인을 선택하는 단계를 시작하는 데 필요한 정보를 마련한다. 일단 이러한 단계들을 거치고 나면 준거와 예언변인의 상관 유무를 결정하기 위해 종업원들의 표본에서 자료를 수집한다. 만약 상관이 있다면, 그 결과를 확증하기 위해서 두 번째 표본에서 첫 번째 표본의 결과와 동일한 결과가 반복되어야 한다. 타당도 연구의 5단계가 [그림 6-3]에 제시되어 있다.

■ 1단계: 직무분석 수행

3장에서 논의한 바처럼, 직무분석을 통해 직무에 포함된 과업에 대한 정보를 제공한다. 또한 직무를 성공적으로 수행하는 데 필요한 종업원의 특성(KSAO)에 대한 정보도 제공한다. KSAO의 규명이 흔히 직무에서 필요한 과업의 분석에서 비롯되기 때문에, 이러한 두 종류의 정보는 독립적이지 않다.

종업원 선발에서 중요한 개념은 직무 관련성, 즉 직무에서의 성공에 필요한 KSAO와

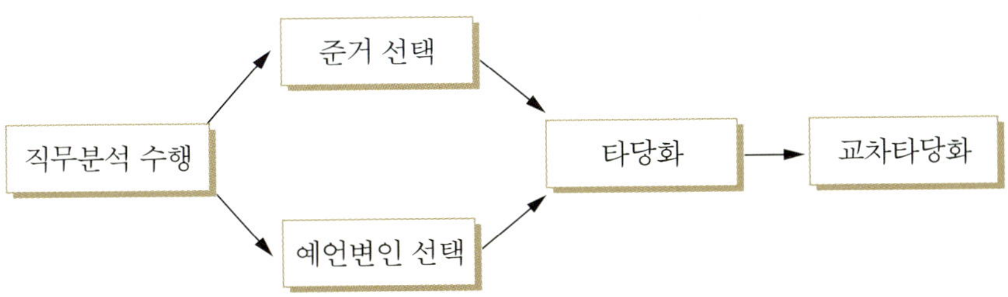

그림 6-3 타당화 연구를 수행하기 위한 5단계

직무 지원자의 KSAO 간의 일치다. 이후에 언급할 성공적이고 합법적인 선발을 위해서는 두 종류의 KSAO가 부합해야 한다. 직무 요건과 부합되지 않는 특성을 지닌 사람을 고용하는 것은 어리석은 일이고, 만약 그것으로 차별이 발생한다면 불법적인 일이 될 것이다. 그러므로 직무가 항만 근로자에서와 같이 무거운 것을 드는 일을 요구한다면 신체적인 강인함에 기초하여 고용하는 것이 이치에 맞다. 그러나 학교 교사에게 신체적인 강인함을 요구하는 것은 부당하다.

직무분석은 타당화 연구에 대한 기초로서 다양한 방식으로 사용된다. 직무분석으로 직무의 주요한 구성 요소를 파악하고, 또한 각 구성 요소를 성취하는 데 필요한 KSAO를 규명하기 위한 분석을 수행한다. 이러한 정보를 바탕으로 수행 준거와 예언변인의 목록을 만들 수 있다.

예를 들어, 관리자의 직무에 대한 주요한 구성 요소는 예산 관리일 것이다. 관리자들은 종종 예산을 편성하고 예산을 초과하지 않도록 자원들을 관리해야 한다. 예산을 관리하는 데 중요한 KSAO 중 하나는 덧셈이나 뺄셈과 같은 기초적인 수학에 대한 지식이다. 관리자로 고용된 사람들은 이러한 기초적인 지식이 있어야 한다.

■ 2단계: 직무 수행 준거의 명시

직무가 어떤 요소로 구성되어 있는지 잘 알고 있다면, 훌륭한 직무 수행을 위한 준거의 개발에 착수할 수 있다. 예를 들어, 만약 관리자가 예산을 관리해야 한다면, 관리자가 예산 범위 내에서 집행을 잘하는지가 합당한 준거가 될 것이다. 예산 범위 내에서 집행을 잘하지 못하는 이유가 많을 수 있기 때문에, 이 하나의 준거가 그 사람이 얼마나 직무를 잘 수행하는지를 평가하는 데는 충분하지 않다. 타당화 연구에서 우리는 하나 이상의 예언변인에 의해 예측되는 준거들의 사용에 관심을 둔다. 예를 들어, 만약 수리 능력 검사가 관리자가 범위 내에서 예산을 얼마나 잘 사용하는지를 예측한다고 밝혀진다면, 선발 시 그 검사를 사용했을 때 준거를 더 잘 수행하는 관리자들을 고용하리라 예상할 수 있다.

■ 3단계: 예언변인의 선택

직무에 대한 준거를 개발하면서 동시에 그러한 준거에서의 수행을 예측하는 잠재적인 예언변인들도 선택한다. 수리 능력을 측정하는 심리검사의 경우처럼, KSAO를 직접적으로 평가하는 잠재적 예언변인들을 선정할 수도 있다. 그런데 KSAO를 측정하는 덜 직접적 예언변인들도 있다. 우리는 흔히 대학 졸업생들이 기본적인 수학 능력이나 국어 작문 능력과 같은 특정한 지식과 능력을 갖고 있다고 생각한다. 예언변인으로서 교육 수준을 사용하면 직무가 요구하는 많은 KSAO를 평가해야 할 필요를 줄여 준다. 이러한 이유 때문에 많은 조직은 대학 졸업생을 고용하는 것을 선호한다. 그러나 학사학위를 예언변인으로 사용하려면 대학 학위가 정말로 그 직무에 대해 필수 요건이어야 한다는 점에 주의해야 한다. 만약 그 직무가 단지 기초적인 산수와 4학년 수준의 읽기 능력을 요구한다면 대학 학위 요구는 지나친 것이 된다.

5장에서는 KSAO를 평가하는 다음의 다섯 가지 방법을 제시했다. 이러한 모든 방법은 자주 타당화 연구에서 예언변인으로 사용되었고 직무 수행의 타당한 예언변인임이 밝혀졌다.

- 평가 센터
- 심리검사
- 생활사 검사
- 작업 표본
- 면접

또한 이러한 방법들로 직무 만족과 같은 비수행 준거를 예측하기도 한다. 비록 직무에 만족할 가능성에 근거하여 종업원들을 선발하는 조직은 거의 없지만, 적절하고 타당한 예언변인을 발견하기 위한 타당화 연구를 실시할 수는 있다. 그러나 일반적으로 타당도 연구를 위해 선정하는 준거는 조직 목표의 성취와 직접적으로 관련된 직무 수행의 한 단면 혹은 행동들이다.

■ 4단계: 예언변인 타당화

준거와 예언변인을 선택한 후, 타당화 연구의 자료 수집 단계가 진행된다. 이 단계에서 예언변인과 준거의 상관 유무를 확인하기 위해 표본을 대상으로 준거와 예언변인을 측정한다. 예언변인에 대한 현장 연구는 앞으로 해당 예언변인을 사용할 조직 장면에서 수행하는 것이 좋다. 대부분의 타당화 연구는 실험실 장면이 아닌 실제 조직 장면에서 수행된다. 실험실에서 인적 특성이 과업 수행과 상관이 있다고 결정할 수는 있지만, 조직에 일반화될 것이라 확신할 수는 없다. 선발 도구가 궁극적으로 사용될 장면에서 현장 연구를 수행함으로써 일반화 가능성이 극대화된다.

타당화 연구를 수행하기 위한 두 종류의 연구 설계가 있다. 동시타당화 연구(concurrent validation study)에서는 준거와 예언변인 점수 모두를 거의 동시에 참가자의 표본에서 수집한다. 일반적으로 참가자는 현직 종업원들로서 준거와 예언변인 모두를 평가한다. 종업원 표본에게 검사를 실시해서 예언변인 자료를 얻는다. 그 후 검사 점수는 종업원의 가장 최근 수행 평가와 상관값을 산출한다. 둘 사이에 상관이 있다면, 지원 시점에서 지원자의 예언변인 점수들은 해당 직무에서 이후의 수행을 예측할 것으로 간주한다.

예언타당도 연구(predictive validity study)에서 예언변인들은 준거변인보다 시간적으로 더 이전에 측정된다. 직무 지원자들의 표본에서 예언변인을 측정하지만 고용을 결정하는 데 예언변인의 점수는 사용하지 않는다. 즉, 예언변인에서 점수가 높은 지원자와 낮은 지원자가 모두 선발될 수 있다. 신입사원이 선발된 (몇 달에서 몇 년) 후 준거에 대해 입사자들을 평가한다. 예언변인이 준거변인(들)과 유의미한 관계가 있는지를 검증하기 위해 통계분석을 실시한다. 예언변인이 미래 수행을 예측한다면, 그 예언변인은 타당한 선발 도구로 확신하게 된다.

예언타당도 설계는 이미 선발되고 훈련받은 종업원보다는 지원자들에 대해 예언변인을 검사하기 때문에, 동시타당도 설계보다 우월하게 보이기도 한다. 예언변인이 지원자들에게 사용되기 때문에 일반화 가능성은 최대화된다. 그러나 여러 연구에서 두 설계가 예언변인을 타당화하는 데 똑같이 효과적이라는 것을 보여 주었다. 준거와 예언변인 점수 간의 상관인 타당도 계수들은 두 설계를 사용한 연구에서 동일하였다(Schmitt, Gooding, Noe, & Kirsch, 1984). 예언타당도 설계는 시행하는 데 너무 많은 시간이 걸리기 때문에 이러한 결과는 조직의 입장에서 희소식일 것이다. 조직은 준거 점수를 수집하기 위해 예언변인 점수를 수집한 후에 1년을 기다려야 할 수도 있다. 게다가 어떤 조직에서는 분석을 시행할 정도로 적절한 수의 사람들을 고용하기까지 몇 달 혹은 몇 년이 걸릴 수도 있다. 만약 예언변인을 빨리 수집하고 준거 점수들을 쉽게 구하게 되면 동시타당화 연구는 며칠 정도의 짧은 시간 내에 수행할 수 있다.

■ 5단계: 교차타당화

타당화 연구의 마지막 단계는 교차타당화(cross-validate)다. 즉, 한 표본의 결과가 또 다른 표본의 결과에서 반복되는지 알아보는 단계다. 이는 타당화 연구 결과가 통계적인 오류 때문이 아니라 준거와 예언변인 간의 실제 상관을 나타내는 것임을 확신하기 위해 수행한다. 통계학의 연구에서의 유의성은 관심 있는 변수들 간의 실제 관계와는 무관하게 우연히 발생할 수 있다. 이러한 통계적인 오류를 α(알파) 혹은 1종 오류라고 부른다. 예언변인이 준거를 예측하는지에 대한 결론에서 오류가 발생하는 것을 방지하기 위해서 또 다른 참가자 표본에 분석을 반복하는 교차타당화를 하는 것이 필요하다. 만약 관심 있는 변수들 간에 관계가 없다면 동일한 결과가 다시 발생할 가능성은 극히 적다. 즉, 연속적인 두 번의 α 오류가 일어날 가능성이 없다.

교차타당도를 수행하기 위해서는 두 개의 표본이 필요하다. 첫 번째 표본은 준거와 예언변인이 유의미하게 상관이 있는지를 결정하기 위해 사용한다. 두 번째 표본은 첫 번째 표본에서 발견된 유의미한 상관이 두 번째 표본에서도 반복하여 나타나는지를 보기 위해 사용한다. 예언변인은 첫 번째 표본에서 타당화되고 두 번째 표본에서 재검증, 즉 교차 타당화된다. 교차타당도를 통해 예언변인이 하나 혹은 그 이상의 관심 있는 준거변인을 예측한다고 확신하게 된다. 대부분의 현장 연구에서 교차타당도는 원래의 표본을 임의적으로 반으로 나눠서 수행한다. 첫 번째 반은 타당도를 위해 사용하고 두 번째는 교차타당화를 위해 사용한다.

3) 타당도 일반화

때로는 선발 검사나 기타 다른 도구를 타당화하기 위해 자료를 수집하는 것이 불필요하다. 한 장면에서 타당한 선발 검사는 흔히 많은 다른 장면에서도 타당하다. 타당도 일반화(validity generalization)는 선발 도구의 타당도가 한 직무에서 다른 직무로 그리고 한 조직에서 다른 조직으로 일반화가 가능하다는 것을 의미한다(Schmidt & Hunter, 1997). 예를 들어, 만약 어떤 검사가 한 조직에서 관리직 계장의 수행을 예측한다면, 그 검사는 다른 조직의 관리직 계장의 수행을 예측할 수 있을 것이다.

직무와 검사가 유사하다면 타당도 일반화가 될 수 있다는 생각이 오랫동안 산업 및 조직 심리학자들 사이에서 받아들여져 왔다(Murphy, 2000). 즉, 만약 어떤 검사가 특정한 직무에서의 사람들의 선발에 대해 타당하다면, 그 검사는 다른 조직에서도 같은 직무에 대해 타당할 것이다. 또한 같은 KSAO를 필요로 하는 직무에 대해서도 타당할 것이다. 만약 두 번째 직무가 그 검사가 타당했던 직무와 다르다면, 그 검사는 타당할 수도 있고 타당하지 않을 수도 있다. 확신할 수 있는 유일한 방법은 두 번째 직무에 대해서 그 검사가 준거를 예측하는지를 결정하기 위해 타당도 연구를 수행하는 것이다.

4) 예언변인 정보가 선발에 사용되는 방식

일단 하나의 예언변인 혹은 여러 개의 예언변인이 앞으로의 수행 준거에 대해 타당한 예언변인이라고 밝혀졌다면, 예언변인 정보를 가장 잘 사용할 수 있는 방법을 결정해야 한다. 예언변인은 주로 다중 허들 방식으로 사용되거나 혹은 회귀방정식의 예언변인으로 사용된다. 어떤 방식이든 간에 다수의 예언변인을 결합해서 사용한다. 다양한 KSAO가 직무 성공을 위해 필요하기 때문에, 단일 예언변인보다는 여러 개의 예언변인으로 예측하는 것이 더 좋다.

■ 다중 허들 방식

다중 허들(multiple hurdles) 방식은 각각의 예언변인에 대해 기준을 설정한다. 만약 지원자가 특정 기준을 달성하면, 해당 변인은 통과된다. 예를 들어, 컴퓨터 판매원은 그 직무에서 성공하기 위해서 몇 가지 KSAO를 보유하고 있어야 한다. 한 가지 중요한 KSAO는 컴퓨터 원리에 대한 지식이다. 컴퓨터 관련 전공학위의 취득은 KSAO의 지표 역할을 할 수 있고, 그러한 학위를 갖고 있는 지원자는 이 기준을 통과하게 된다. 또 다른 중요한 KSAO는 고객과 관계를 잘 맺는 의사소통 기술인데, 이 기술은 의사소통 기술 검사를 통해 평가할 수 있다. 지원자들은 이 기준을 통과하기 위해서 의사소통 기술 검사에서 합격점 이상을 받아야 한다.

다중의 허들을 정해진 순서에 따라 사용하여, 매 허들마다 평가를 진행하면서 지원자들을 탈락시키는 것이 효율적이다. 가장 비용이 적게 드는 예언변인부터 비용이 많이 드는 예언변인 순으로 순서를 정하면 경비가 많이 절약될 것이다. 예를 들어, 대학 학위 취득 여부는 선발 과정 초기에 쉽게 비용 없이 살펴볼 수 있고 의사소통 기술 검사는 시행하는 데 비용이 발생하므로 대학 학위를 가진 컴퓨터 판매 지원자들만이 다음 단계인 의사소통 기술 검사를 받게 되는 식이다. 많은 조직은 상대적으로 비용이 덜 드는 예비적인 선별 방법들을 허들로서 사용한다. 그런 식으로, 고용 과정 초기에 쉽게 선별 탈락시킬 수 있는 사람들에게 비용이 많이 드는 평가를 사용하지 않는다.

■ 회귀 방식

'회귀 방식(regression approach)'은 준거를 수리적으로 추정하기 위해서 각 예언변인 점수를 방정식에 대입한다. 회귀방정식을 통해 컴퓨터 판매직에서의 월별 실제 판매액을 예측할 수 있다. 판매직에 대한 예언변인은 대학에서의 평균평점(GPA)과 의사소통 검사 점수가 될 것이다. 양적 변수(예: GPA와 검사 점수)들을 수학적으로 결합하여 준거 점수(예: 월별 판매량)를 예측한다. 예측된 준거 점수가 가장 높은 사람들이 고용된다.

표본 자료를 사용해서 단순회귀방정식을 도출한다. 방정식을 도출하기 위해서, 예언된 준거 점수들이 실제 준거 점수들과 어느 정도 일치하는지를 비교할 수 있도록 준거와 예언변인 모두에 대한 자료를 수집해야 한다. 선형회귀방정식의 일반적인 형태는 다음과 같다.

$$Y = b \times X + a$$

여기서 X는 예언변인, Y는 준거, b는 기울기, 그리고 a는 절편이다. 방정식을 사용할 때, a와 b는 이미 산출된 값이다. 준거(Y)에 대한 예측된 값은 X에 예언변인의 값을 대입하여 계산할 수 있다.

회귀방정식은 타당도 연구 자료로부터 도출한다. 상관계수와 마찬가지로 회귀 방정식도 준거변인과 예언변인의 자료를 바탕으로 산출한다. 앞서 언급했듯이, 회귀 방정식으로 준거변인을 예언변인으로 예측한다. 예를 들어, 판매원의 월별 판매액은 의사소통 검사 점수를 사용하여 예측할 수 있다. 다음과 같은 회귀방정식으로 가장 정확히 예측할 수 있다고 가정하자.

$$\text{판매액} = \$400 \times \text{검사 점수} + \$2{,}000$$

이 방정식에서 a는 \$2,000이고 b는 \$400다. 만약 A라는 사람의 검사 점수가 10점이라면, 판매액은 \$6,000로 예측한다.

$$\text{판매액} = \$400 \times 10 + \$2{,}000$$
$$\text{판매액} = \$6{,}000$$

만약 B라는 사람의 검사 점수가 5점이라면, 판매액은 \$4,000일 것으로 예측한다.

$$\text{판매액} = \$400 \times 5 + \$2{,}000$$

판매액 = \$4,000

따라서 첫 번째 사람의 예측된 수행이 더 높기 때문에 선발될 가능성이 크다.

두 개 이상의 예언변인이 있을 때에도 비슷한 절차가 적용된다. 이 경우는 다중상관과 다중회귀를 사용한다. 다중상관은 준거와 두 개 이상의 예언변인 간의 동시적인 상관이다. 다중상관 계수는 R로서 나타낸다. 다중회귀는 둘 이상의 예언변인을 동시에 준거변인과 관련짓는 방정식을 도출하는 통계적 방법이다. 방정식을 사용하여 예언변인들의 점수로부터 준거를 예측한다. 대부분의 경우 다수의 예언변인을 결합하는 것이 하나의 예언변인만으로 예측하는 것보다 준거를 더 정확하게 예측할 수 있다.

예언변인이 두 개인 경우, 다중회귀방정식의 일반적인 형태는 다음과 같다.

$$Y = (b_1 \times X_1) + (b_2 \times X_2) + a$$

이 방정식에서 X는 예언변인들이고, Y는 준거, a는 절편, 그리고 b는 회귀계수다. 계수와 절편은 표본 자료로부터 산출한다. X에 예언변인의 값을 대입하면 준거에 대한 예측값이 계산된다.

예를 들어, 대학에서의 GPA와 의사소통 검사 점수를 결합할 수 있다. 이러한 예언변인들이 판매 수행과 관련이 있다고 가정하자. 두 예언변인을 결합하는 것은 두 변인 중 한 변인만으로 예측하는 것보다 더 정확한 예측을 할 수 있다. 만약 각 예언변인과 판매액의 상관이 .40일 때, 두 예언변인을 결합하면 다중상관값은 .40을 넘을 것이다. 다중상관의 크기는 각 예언변인과 준거변인의 상관, 그리고 예언변인들끼리의 상관의 함수다. 다중상관은 예언변인들 간에 서로 상관이 없을 때 가장 큰 값을 가진다. 이는 두 예언변인 중 어느 하나만 사용하는 것보다 결합해서 사용했을 때 준거를 더 정확히 예측한다는 것을 보여 준다.

다중회귀 분석을 통해서 검사 점수와 대학 평점평균으로부터 판매액을 예측하는 방정식을 도출한다. 방정식은 두 예언변인 점수로부터 판매액을 예측하는 데 사용된다. 예언변인 방정식이 다음과 같다고 가정하자.

판매액 = (\$2,000 × GPA) + (\$1,000 × 실기검사) + \$2,000

이 방정식에서 a는 $2,000(절편)이고, b는 $2,000(GPA의 회귀계수)와 $1,000(실기검사의 회귀계수)다. GPA에 $2,000를 곱하고, 실기검사에 $1,000를 곱한 검사 점수와 더한다. 이 전체에 $2,000를 더한다. 결과는 앞으로의 매달 판매액의 추정치다. 만약 대학 GPA가 2.0이고 검사 점수가 4점이라면, 판매예측액은 $10,000가 된다. 대학 GPA가 4.0이고 검사점수가 10점이라면 판매예측액은 $20,000다.

예언변인들과 준거 사이의 상관의 크기는 예측이 얼마나 정확할지를 결정한다. 예언변인들과 준거의 상관이 크다면 실제 판매에 대한 예측 값은 상당히 정확할 것이다. 반면에 예언변인들이 준거와 거의 상관이 없다면 예측은 정확하지 않을 것이다. 예언변인이 준거와 어느 정도 상관만 있다면, 비과학적인 방법을 사용하는 것보다 지금까지 논의한 과학적인 방법을 사용하는 것이 수행을 잘할 종업원을 고용하게 해 줄 것이다.

꽤 정확한 예측을 유지할지를 확인하기 위해 모든 회귀방정식에 대해 교차타당화를 실시해야 한다. 한 표본 자료에서 산출한 방정식은 그 표본에서는 가장 정확한 예측을 한다. 동일한 방정식을 두 번째 표본에 사용하면 통계적인 이유 때문에 첫 번째 표본만큼 예측이 정확하지 않다(이에 관한 통계적 이유는 이 책에서 다루지 않는다). 교차타당화를 실시하기 위해서 첫 번째 표본에서 산출한 방정식을 두 번째 표본에 적용한다. 일반적으로 예측의 정확성은 첫 번째 표본 방정식을 두 번째 표본에 사용했을 때 감소한다. 회귀방정식을 두 번째 표본에 사용했을 때 결과가 유의미하지 않다면 그 방정식은 사용해서는 안 된다.

회귀 방식 사용이 함의하는 바는 한 예언변인에서의 낮은 점수는 다른 예언변인에서의 높은 점수로 보완될 수 있다는 것이다. 다중 허들 방식에서는 지원자가 모든 예언변인에서 소정의 기준을 통과해야 하기 때문에 이 문제를 피할 수 있다. 모든 KSAO에서 적정한 수준을 넘어야 하는데 몇 가지 KSAO에서만 점수가 매우 높다면 중대한 문제가 발생한다. 예를 들어, 외과의사를 선발할 때 똑같이 중요한 두 개의 KSAO가 있다. 외과의사는 수술에 대한 지식과 수술을 하는 손재주가 있어야 한다. 어느 한쪽의 KSAO 수준이 높다고 하더라도, 다른 KSAO에서의 부족한 점을 메우지는 못한다. 외과용 메스를 다루는 솜씨가 뛰어나도 어느 부위를 절개해야 하는지를 알지 못하면 자격이 부족한 외과의사다. 회귀 방식의 제한점은 허들 방식을 함께 사용함으로써 극복할 수 있다. 먼저, 허들을 사용하여 지원자들을 선별한 다음 그 허들을 통과한 사람들에게만 회귀방정식을 적용한다.

타당화 연구가 수행되었을 때에도 회사에서는 공식적인 다중 허들 또는 회귀 결과들을 사용하기보다는 여러 가지 예언변인을 주관적으로 결합하는 방식을 훨씬 더 흔하게 사용한다. 다중 허들이나 회귀 결과들은 현장에서 드물게 사용된다. Ganzach, Kluger와 Klayman(2000)은 이스라엘 군인 모집에 대해 주관적인 방식과 다중 회귀를 비교하는 연구를 수행했다. 연구 결과, 회귀 방식이 수행을 예측하는 데 우수했고, 이는 회귀 방식이 이점이 있음을 보여 주는 결과이기는 하지만, 회귀 방식과 주관적인 판단을 함께 사용하는 것이 최선의 방식임이 밝혀졌다('연구 상세히 보기' 참조).

■ 타당화 연구 실시의 대안

대부분의 조직은 비용과 시간이 많이 드는 타당화 연구를 거치지 않고 종업원들을 선발한다. 조직에는 타당화 연구를 수행하는 데 필요한 종업원이 항상 충분한 것은 아

연구 상세히 보기

정보를 결합하여 판단을 내리는 객관적인 절차보다 주관적 판단이 부정확하다고 오랫동안 알려져 왔지만, 대부분의 조직은 주관적인 방식을 사용하여 고용 결정을 한다. 이스라엘 육군에서 행한 선발 연구에서 Ganzach, Kluger와 Klayman(2000)은 이러한 두 방식을 비교하였다.

이 연구는 징병제인 이스라엘 육군의 현장 장면에서 수행되었다. 참가자들은 징집되기 전에 면접을 한 2만 6,197명의 남성들이었다. 각 면접은 대략 20분이 걸렸고 3개월 동안의 고강도의 훈련을 받은 116명의 전문적 면접자가 면접을 담당했다. 면접이 끝난 뒤 면접자는 활동성, 군복무에 대한 자긍심, 사회성, 책임감, 독립성, 신속성이라는 6개의 특질을 평정했다. 또한 피평정가 입대하여 얼마나 성공적인 군대 생활을 할 것인지에 대한 전반적인 평정 점수도 매겼다. 준거는 피면접자가 면접 후 3년 복무 기간 동안 받은 징계 횟수다. 대부분의 지원자(83%)가 징계를 받지 않았고 한 번 이상 징계를 받은 사람은 거의 없기 때문에, 준거를 징계를 받았거나 받지 않았다는 두 수준으로 크게 분류했다.

6개의 특질 평정과 준거에 대한 다중회귀 분석을 실시했고, 전반적인 평정과 준거에 대해 상관도 계산하였다. 결과는 예측을 최대화하기 위해 하나의 회귀방정식 내에 6개의 특질 평정을 결합한 방식(r =.28)이 전반적인 평정(r =.23)보다 더 정확하였다. 즉, 개인 특질 평정을 통계적으로 결합한 값은 평가자의 전반적인 판단보다 준거를 더 잘 예측하였다. 그러나 전반적인 판단과 6개의 특질 평정들을 합하며 상관이 .30으로 이전의 결과보다 훨씬 더 나아졌다. 이 결과는 예측력을 극대화하려면 두 방식을 결합하는 것이 최선이라는 것을 시사한다.

출처: "Making Decisions from an Interview: Expert Measurement and Mechanical Combination," by Y. Ganzach, A. N. Kluger, and N. Klayman, 2000, *Personnel Psychology, 53,* 1-20.

니다. 타당화 연구를 적절히 수행하기 위해서는 100명 이상의 피험자가 필요하기 때문이다. 때로 조직은 이러한 연구들을 수행하기 위해 자본이나 시간을 투자하기를 원하지 않는다. 수백 개의 직무가 있는 조직에서 모든 직무에 대해 타당화 연구를 하게 되면 수십억 원의 비용이 들게 된다.

한 가지 대안은 KSAO 요건에 들어맞는 선발 도구의 입증된 타당도에 의존하는 방식이다. 이 방법에서는 먼저 직무분석을 통해 KSAO를 결정한다. 그다음 각각의 KSAO를 평가하기 위해 이미 타당도가 입증된 선발 방법을 선택한다. 직무분석 결과 인지능력이 필요하다면, 기존의 인지능력 검사를 선택한다. 이러한 접근은 기존 선발 방법의 타당도에 대한 연구 결과에 상당 부분 의존한다. 또한 예언변인들의 타당도를 검증하기 위한 자료를 수집하지 않는다. 조직은 흔히 선발 방법을 선택하는 데 타당도 일반화의 결과에 의존하기도 한다.

이미 타당화된 검사를 조직에 판매하는 심리검사 회사에서 선발 도구를 구입할 수도 있다. 5장에서 설명하였듯이, 수백 개의 특성을 평가하는 많은 검사가 존재한다. 평가센터, 면접, 모의 실기, 심리검사를 포함한 모든 종류의 평가를 시행하는 컨설팅 회사에 의뢰하는 것도 한 방법이다. 때로는 조직이 직접 시행하는 것보다 외부에 평가 용역을 주는 것이 비용이 덜 든다. 이는 회사의 규모가 작아서 평가할 지원자가 거의 없는 경우나 큰 회사라도 특정한 직무에서 몇 사람 고용하지 않을 때에도 사실이다.

선발 결정을 어떻게 하든, 조직이 누구를 고용할지를 결정한 다음에는 고용된 사람이 그 직무를 수락하도록 하는 절차를 시작해야 한다. 조직은 부가 급부를 제공하거나 그 사람에게 맞게 직무를 재설계하는 등, 사람들이 조직에 합류하도록 유도하는 많은 방법이 있다. 일반적으로 사용하는 절차는 다음에서 논의할 현실적인 직무 소개다.

4. 직무 제의 수락 설득 방법

고용할 사람을 결정하는 것이 모집의 끝은 아니다. 다음 단계는 조직이 뽑고 싶어 하는 지원자들이 합격을 받아들이도록 하는 것이다. 가장 정확한 선발 체계를 구축하였다 하더라도 좋은 종업원감으로 확인된 지원자들이 자신이 합격한 직무를 받아들이지 않는다면 아무런 가치가 없다. 또한 직무를 받아들인 사람들이 직무가 마음에 들지 않는다는 사실을 깨닫고 단기간 내에 그만두지 않도록 하는 것도 중요하다.

지원자가 직무를 수락하도록 납득시키기 위한 몇 가지 전략이 있다. 첫째, 모집 과정이 긍정적이고, 합격한 사람이 공정한 대접을 받았다고 느끼는 것이 중요하다(Hausknecht, Day, & Thomas, 2004). 둘째는, 급여와 보상에 관한 제안이 동일 지역 내 다른 조직의 유사 직무에 대한 제안과 대등해야 한다(Chaoman, Uggerslev, Corroll, Piasentin, & Jones, 2004). 제안을 확실히 경쟁력 있게 하는 방법은 다른 조직의 급여 수준을 알아보는 급여 설문 조사를 실시하는 것이다. 즉, 다른 조직과 접촉해서 특정한 직무에 급여를 얼마만큼 지급하는지 문의하는 것이다. 다른 방법은 급여와 기타 보상에 대해 예비 종업원과 협상하는 것이다. 많은 조직은 복리후생과 급여에서 유동적이므로 지원자의 요구에 맞출 수 있을 것이다. 이러한 방식 중 하나가 카페테리아식 복리후생(cafeteria benefits) 프로그램으로, 복리후생에 대한 긴 목록(예: 다양한 유형의 보험)에서 자신이 원하는 복리후생을 선택할 수 있다. 또한 직무 내용에 유동성을 두어 예비 종업원이 자신의 선호대로 직무의 내용을 바꿀 수 있도록 하는 조직도 있다.

셋째, 모집관의 행동은 지원자가 조직의 직무 제안을 받아들이는 데 중요한 영향을 준다. Chapman 등(2005)은 모집관이 품위 있어야 하고 직무에 대해 솔직한 정보를 알려 주는 것이 중요함을 보여 주었다. 조직 상황을 허위로 긍정적인 면만 제시하면 새로운 종업원들이 처음에 제시받은 것과 달리 실상이 호의적이지 않다는 사실을 깨닫고 이직률이 높아질 것이다. 직무를 받아들인 시점에서는 몰랐던 상황 때문에 신입사원은 직무를 감당할 수 없다고 생각할 수도 있다. 예를 들어, 종업원은 직무상 여름 동안 장기간 출장을 해야 한다는 사실을 듣지 못했을 수도 있다. 직무 조건을 받아들일 수 없다는 것을 깨닫게 된 사람은 그만둘 것이고, 이를 대체하기 위한 사람을 찾기 위해서 모집을 다시 시작해야 한다.

현실적 직무 소개(realistic job preview: RJP)는 직무 지원자에게 직무와 조직에 대한 정확한 정보를 제공하기 위해서 사용된다. 현실적 직무 소개는 대부분 소책자나 비디오로 녹화된 것을 사용한다(Wanous, 1989). 효과적인 현실적 직무 소개에서는 직무에 대한 호의적인 면과 비호의적인 면 모두에 대한 정확한 정보를 제공하여 직무를 수락한 사람이 정확하고 현실적인 기대를 갖게 한다. 앞으로 직면하게 될 상황을 아는 사람은 비록 그 상황이 마음에 들지 않더라도 예상한 조건이 발생했을 때 직무에 남을 가능성이 더 클 것이다. 마찬가지로 직무에 자신이 참아 낼 수 없는 조건들이 있음을 미리 안 사람은 제시된 직무를 거절해 버릴 것이다. 반면에 조건을 받아들일 용의가 있는 사람은 고용될 것이고 해당 직무에 머무를 가능성이 더 클 것이다.

현실적 직무 소개에 대한 연구는 이 기법이 많은 이점을 갖고 있음을 보여 왔지만, 의아하게도 이직률에 대해서는 그렇지 않았다. Premack과 Wanous(1985)는 조직에서 수행된 21개의 현실적 직무 소개 연구를 통합분석하였다. 이렇게 여러 연구 결과를 수학적으로 분석한 결과, 현실적 직무 소개를 통해서 직무와 조직에 대한 지원자의 초기 기대가 감소하였다는 사실이 밝혀졌다. 또한 조직이 제안한 직무를 받아들인 지원자의 수도 감소했다. 현실적 직무 소개로 직무 수행과 직무 만족이 증가했는데, 직무에 대해서 만족하지 못할 사람들은 직무를 받아들이기 전에 스스로 탈락했기 때문이다. 현실적 직무 소개를 통해 직무를 받아들인 사람들은 조직에 대해 덜 호의적이지만 더 현실적인 기대를 갖게 된다. 그러나 현실적 직무 소개가 이직에 대해 별 효과가 없다는 연구도 있었는데(Meglino, Ravlin, & DeNisi, 2000), 이는 현실적 직무 소개가 이직 그 자체를 줄이는 최선의 방법은 아닐 수도 있음을 시사한다.

현실적 직무 소개가 이직에 효과가 없다는 의외의 결과는 직무 경험이 갖는 복잡한 효과에 의해서 설명될 수 있다. Meglino, DeNisi와 Ravlin(1993)은 교도관 지원자들을 현실적 직무 소개가 있는 조건과 직무 소개가 없는 통제 조건으로 무선 할당한 현장 실험을 수행했다. 각각의 집단에서 지원자들을 교도관으로서의 근무 경험의 유무에 따라 분류하였다. 연구 결과는 경험이 있는 지원자 집단과 경험이 없는 지원자 집단에서 현실적 직무 소개의 영향이 다르다는 것을 보여 주었다('연구 상세히 보기' 참조). 이러한 결과는 비록 일반적으로 현실적 직무 소개가 긍정적인 효과를 갖고 있다고 알려져 왔지만, 현실적 직무 소개의 영향이 모든 사람에게 동일하지 않을 수 있음을 보여 준다.

연구 상세히 보기

현장 실험은 조직 장면에서 수행하기 어렵다. Meglino, DeNisi와 Ravlin(1993)의 연구는 상대적으로 장기간에 걸쳐 수행된 현장 실험의 예다. 연구 목적은 해당 직무에서의 경험의 유무가 이직에 대한 현실적 직무 소개의 영향에 차이를 가져오는지를 검토하는 것이었다. 많은 연구에서 현실적인 직무 소개가 이직에 효과가 있음을 보여 왔지만, 이 연구자들은 효과가 경험이 있는 종업원과 없는 종업원 간에 다를 것이라고 생각했다.

피험자들은 교도관 지원자들로서 현실적인 직무 소개를 받는 집단과 받지 않는 집단으로 무선 할당되었다. 피험자들을 유사 직무에서 근무한 경험에 따라 두 집단으로 나누었다. 종속변인으로서는 지원자의 직무 수락 여부 및 입사를 결정한 사람들이 얼마나 오래 교도관직에 머물렀는지에 대한 자료를 수집하였다. 그러므로 종속변인은 직무 수락과 직무 기간의 두 변인이었다.

결과는 현실적 직무 소개의 효과가 경험이 있는

지원자 집단과 경험이 없는 지원자 집단에 따라 다르다는 것을 보여 주었다. 경험이 있는 지원자들은 현실적 직무 소개를 제시하였을 때 직무를 받아들일 가능성이 더 적었고, 3~9개월의 견습 기간 동안 그만둘 가능성이 더 컸다. 그러나 견습 기간 후에 그만둘 가능성은 더 적었다. 반면에 경험이 없는 지원자들은 현실적 직무 소개를 본 후 직무를 수락할 가능성이 더 높았다. 현실적 직무 소개는 그들의 이직률에 유의미한 효과가 없었다.

이러한 결과는 현실적 직무 소개의 영향이 모든 사람에게 동일하지 않을 수도 있음을 보여 준다. 아마도 현실적 직무 소개는 정보를 해석하는 맥락을 가진 유경험 지원자들에게 더 의미가 있었다. 직무의 특정한 면모가 처음에는 만족스럽게 보이겠지만 결국에는 만족스럽지 않을 것이라는 현실을 경험이 있는 지원자들은 알았다. 또한 연구 결과는 현실적 직무 소개의 효능이 시간에 따라 다를 수 있음을 보여 주었다. 이직에 대해 긍정적인 효과는 즉시 나타나지 않을 수도 있다.

전체적으로 볼 때 현실적 직무 소개가 효과적이며 종업원 이직을 감소시키는 데 사용할 수 있는 상대적으로 비용이 덜 드는 방법이라는 것을 보여 주었다. 이 연구는 현실적 직무 소개 도입 여부를 결정할 때 지원자의 특성을 신중하게 고려해야 한다는 점을 시사한다. 경력이 있는 종업원들의 이직은 현실적 직무 소개를 도입한다고 해도 줄어들지 않을 수도 있기 때문이다.

출처: "Effects of Previous Job Exposure and Subsequent Job Status on the Functioning of a Realistic Job Preview," by B. M. Meglino, A. S. DeNisi, and E. C. Ravlin, 1993, *Personnel Psychology, 46*, 803–822.

5. 과학적 선발의 효용성

종업원 선발에 대한 과학적 방법이 직면하고 있는 가장 중요한 쟁점은 과학적 방법의 효용성과 가치에 관한 것이다. 조직이 선발에 대해 이처럼 어렵고 시간이 많이 드는 방식을 사용해서 얻는 이득은 무엇인가? 대답은 간단치 않다. 과학적인 선발로 더 나은 종업원을 고용할 수 있다는 연구 결과들이 있지만, 과학적 선발이 전반적 조직의 기능에 미치는 효과는 단언하기 어렵다. 이는 조직의 개별 단위들이 선발 체계를 설계된 대로 사용하지 않기 때문이다(Van Iddekinge, Ferris, Perrewe, Perryman, Blass, & Heetderks, 2009). 이러한 효과에 대한 연구를 효용성 분석(utility analysis)이라고 부른다. 산업 및 조직 심리학자들은 선발 절차의 효용성 분석을 수행하기 위한 수학적인 절차들을 개발했다. 이 절에서는 선발 도구들이 어떻게 더 나은 종업원을 고용할 수 있는지에 대한 일반적인 논의로 시작한다. 그다음 이러한 선발 절차가 조직의 기능에 얼마나 중요한 영향을 미칠 수 있는지 알아보기 위해 어떻게 효용성 분석이 사용되어 왔는지를 설명한다.

1) 타당한 선발 도구의 효과

효용성 분석을 이해하기 위해서는 선발 도구들이 어떻게 기능하는지에 대한 이해가 필수적이다. 선발 도구에 대한 논의의 토대를 이루는 다음의 세 가지 기본적인 개념들이 있다.

- 기초율
- 선발률
- 타당도

이러한 세 가지 요인은 과학적인 선발이 보다 나은 수행을 하는 종업원들을 고용하는 데 얼마나 기여하는지를 결정한다. 선발 도구가 효과가 있다면, 다음 단계에서는 효용성을 결정할 때 선발 도구를 사용하는 데 드는 비용을 고려해야 한다.

■ 기초율

기초율(baserate)은 모든 지원자를 고용했을 때 그 직무에서 성공할 지원자의 백분율이다. 어떤 직무에서는 대부분의 지원자가 수행을 잘할 능력이 있어서 기초율이 100%가 될 것이다. 어떤 직무에서는 비교적 적은 수의 지원자만이 성공적이어서 기초율이 0%에 가까울 것이다. 예측의 정확성을 향상하는 데 가장 큰 개선의 여지가 있기 때문에, 50%의 기초율은 최대의 효용성을 낳는다. 종업원들의 직무 수행에 대한 이전의 경험에 비추어 기초율이 어떤 수준인지 알고 있다고 가정해 보자. 과거에 50%가 성공적인 수행을 보였다면, 어느 지원자가 성공할지 추측하여 기대할 수 있는 최상의 정확성 비율은 50%가 될 것이다. 모든 지원자가 성공할 것 혹은 성공하지 못할 것이라고 추측한다면, 그중 반은 맞을 것으로 기대할 수 있다. 예언변인을 사용해서 정확성을 100%까지 늘릴 수 있다. 이는 기초율과 예언변인 사이에 정확성에서 50%의 차이가 있음을 나타내는 것이다.

기초율이 50%보다 더 작거나 혹은 더 크다는 것을 안다면 모든 지원자가 성공할 것이라고 추측함으로써(만약 기초율이 50%보다 더 크다면) 혹은 모든 지원자가 성공하지 못할 것이라고 추측함으로써(만약 기초율이 50%보다 더 작다면) 예측의 정확성을 50% 이상 높일 수 있다. 예를 들어, 기초율이 60%일 때 모든 사람이 성공할 것이라고 추측한다면 정확성은 60%가 될 것이다. 기초율이 40%일 때 모든 사람이 성공하지 못할 것으로 추측한다면 정확성은 60%가 될 것이다(성공하는 사람이 40%라는 것은 성공하지 못하는 사람은 60%라는 것을 의미한다). 두 경우에 예측 정확도에서의 최대 증가율은 60%에서 100%로 증가하는 40%가 될 것이다.

기초율이 50%에서 어느 쪽 방향으로든 멀어질수록(종업원의 과반수가 성공적이거나 혹은 성공적이지 않다) 개선의 여지는 더 적어진다. 그러므로 기초율이 50%보다 더 크거나 더 작아지면 정확성에서의 개선의 여지는 50%보다 더 적어진다.

■ 선발률

선발률(selection ratio)은 조직이 고용해야 하는 직무 지원자들의 비율이다. 선발률은 채우고자 하는 빈자리 수를 지원자들의 수로 나눠서 계산한다. 각 빈자리에 대해서 지원자가 많은 경우 선발률은 낮다. 반대로 각 빈자리에 대해 지원자가 거의 없는 경우 선발률은 높다. 예를 들어, 각 직무에 대해 100명의 지원자가 있다면 선발률은 1/100일 것이다. 만약 각 직무에 대해 두 명의 지원자가 있다면 선발률은 1/2일 것이다. 선발률이 낮을 경우 각 직무에 누구를 고용할지에 대해 선택의 폭이 더 넓어지기 때문에 효용성이 가장 크다. 결국 선택할 수 있는 지원자들이 많을 때 조직은 더 좋은 사람들을 고용할 수 있다.

■ 타당도

선발 도구의 타당도는 선발 도구와 준거 간의 상관 크기다. 상관이 클수록 선발 도구로 준거를 더 정확히 예측할 수 있다. 준거의 예측이 정확해질수록 효용성은 커진다. 기초율 이상으로 성공률을 증가시킴으로써 효용성이 향상되기 때문이다.

■ 타당한 예언변인은 어떻게 성공률을 증가시키는가

[그림 6-4]는 기초율, 선발률, 타당도가 어떻게 결합하여 고용의 성공률을 증가시키는지를 보여 준다. 그림은 20명의 직무 지원자의 가상적인 표본에 대한 준거와 예언변인 점수를 도표로 그린 것이다. 수평축은 예언변인을 나타내고, 수직축은 직무 수행의 준거변인을 나타낸다. 직무 지원자들은 도표상의 점으로 표현되었다. 각각의 점은 개

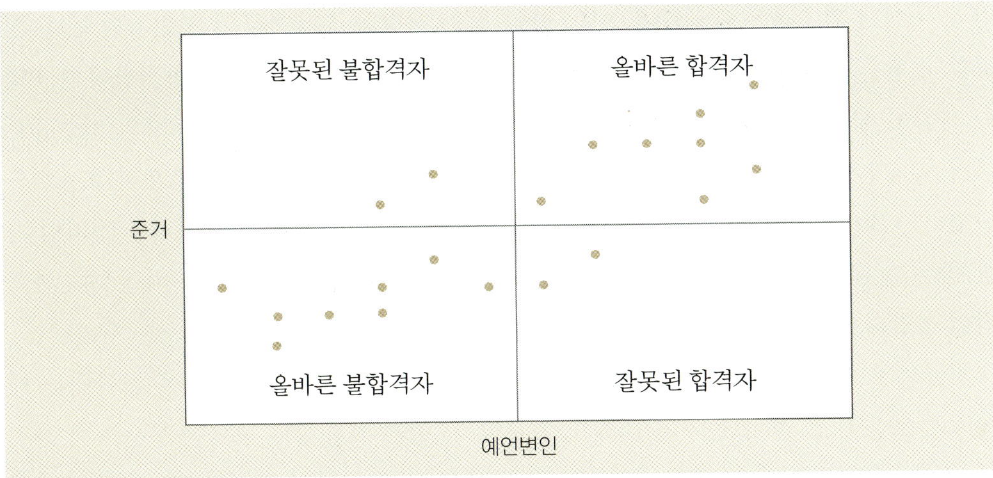

그림 6-4 타당한 선발 도구와 선발의 정확성의 증가

별 지원자에 대한 준거변인 점수와 예언변인 점수를 보여 준다.

그래프 중간의 수평선은 기초율을 나타낸다. 선 위쪽의 사례들은 준거에서 성공적인 범위에 있는 것이고, 선 아래의 사례들은 성공적이지 않은 범위에서 있는 것이다. 도표 중간의 수직선은 예언변인에서의 합격점을 나타낸다. 예언변인에서 합격점보다 더 높은 점수를 받은 지원자들(수직선의 오른쪽)은 고용되고, 합격점보다 더 낮은 점수를 받은 지원자들(수직선의 왼쪽)은 고용되지 않는다. 이 도표에서 지원자의 반은 예언변인에서 합격점보다 더 높은 점수를 받았다.

도표는 4분면으로 나뉜다. 우측 상단면은 예언변인을 사용하면 선발될 지원자 중에 직무에서 성공할 사람으로 구성된다. 이 지원자들은 올바른 합격자(true positive)로 표현된다. 우측 하단면은 예언변인을 사용하면 선발될 지원자로서 직무에서 성공하지 못할 사람들로 구성된다. 이들은 잘못된 합격자(false positive)다. 좌측 하단면은 예언변인을 사용하면 선발되지 않으면서 성공하지 못할 사람들로 구성된다. 이들은 올바른 불합격자(true negative)다. 마지막으로, 좌측 상단면은 예언변인을 사용하면 고용되지 않을 지원자로서 직무에서 성공할 사람들로 구성된다. 이들은 잘못된 불합격자(false negative)다. 8명의 올바른 불합격자와 8명의 올바른 합격자가 있고, 2명의 잘못된 불합격자와 2명의 잘못된 합격자가 있다.

예언변인이 타당하다면, 도표의 점들은 타원형 안에 있을 것이다. 예언변인상의 합격점을 종업원을 선발하는 데 사용한다면 기초율보다 더 정확한 예측을 할 것이다. [그림 6-4]에서 기초율은 50%인데, 이는 만약 모든 사람을 고용한다면 지원자의 반이 성공할 것임을 의미한다. 예언변인 점수들을 도표의 합격점을 기준으로 판정한다면, 8명의 사람이 성공적일 것이고 2명은 성공적이지 않을 것이다. 이 결과는 50%의 기초율로부터 80%까지 예측의 정확성이 늘어난 것이다. 이러한 증가는 선발의 잠재적 효용력을 반영하는 것이고 상황이 좋을 때는 상당한 수준이 될 수 있다. 이전에 지적한 것처럼 가장 좋은 상황은 기초율이 50%이고 선발률은 낮을 때다. 또한 타당도가 커질수록 과학적인 선발의 효용성은 더 커진다.

지금까지 이 장에서는 타당한 예언변인들이 직무에서 성공할 사람들을 알아내는 데 어떻게 도움이 될 수 있는지에 대해 알아보았다. 이는 효용성의 중요한 부분이긴 하지만, 선발 도구나 선발 체계의 정확성은 효용성의 단지 일부일 뿐이다. 그 밖의 중요한 쟁점은 선발 도구를 사용할 때 드는 비용과 형편없는 선발 때문에 발생하는 비용에 관한 문제다. 효용성을 결정하는 요인은 선발 체계를 사용하여 얻는 이득과 선발 체계에 드는 비용이다. 다음에서 이를 논의한다.

2) 과학적 선발의 효용성 계산

예언변인으로 더 나은 종업원을 고용할 수는 있겠지만, 예언변인 사용 비용이 사용 이득을 초과할 수도 있기 때문에 조직이 예언변인을 사용하는 것이 늘 최선은 아니다. 예를 들어, 어떤 공장의 일은 기술이나 훈련이 거의 필요하지 않다. 이 경우 일을 잘 못하는 종업원을 대체하는 것이 상대적으로 비용이 덜 든다. 이러한 상황에서 평가 센터와 같이 비용이 많이 드는 선발 방법을 사용하는 것은 정당화되기 어렵다. 실제로 공장에서는 별다른 기술을 요구하지 않고 훈련을 받을 필요가 거의 없는 직무에서는 심리검사조차도 사용하지 않는다(Wilk & Cappelli, 2003). 그러나 각 종업원에게 상당한 투자를 해야 하는 직무의 경우에는 비용이 많이 드는 선발 도구를 사용하더라도 정당화된다. 예를 들어, 미 공군의 전투기 조종사 훈련에는 수백만 달러가 소요되는데 이 경우 값비싼 선발 절차를 사용하는 것은 그럴 만한 가치가 분명히 있다.

지금까지 논의한 효용성 개념은 성공적인 종업원과 성공적이지 않은 종업원을 변별해 내는 것에 관한 것이었다. 또한 종업원을 선택하기 위하여 타당한 선발 도구를 사용하면 어떠한 유형의 수행 향상이 발생할 것인지를 보기 위해 효용성 분석을 수행하는 것도 가능하다. 선발 도구가 타당하면 선발된 사람들이 평균적으로 직무 수행을 더 잘

할 것으로 예상한다. 여러 연구에서 공장 작업과 같이 작업 결과를 셀 수 있는 경우 가장 우수한 수행을 하는 사람은 가장 저조한 수행을 한 사람들보다 16배까지 더 생산적일 수 있음을 보여 주었다(Campbell, Gasser, & Oswald, 1996). 이와 같은 수행 향상의 금전적 가치를 계산할 수 있다면 선발 도구 사용의 효용성을 계산할 수 있을 것이다.

이러한 종류의 효용성 분석을 실시하기 위한 몇 가지 방법이 제시되었다(예: Raju, Burke, & Normand, 1990). 각 방법은 수학 방정식을 기반으로 하는데 이 방정식을 통하여 선발 도구를 사용하여 얻게 되는 금전적 이득의 추정값을 산출한다. 분석 방법들마다 각기 다른 가정을 세우고 방정식에는 고유한 요소를 포함한다. 어느 방법에서나 수행과 금전적인 이득 간의 관계를 파악한다. 관계 파악이 쉬운 직무도 있다. 예를 들어, 판매원의 수행은 판매액이라는 금전적인 가치로 환산된다. 그러나 다른 직무에서의 변환은 그렇게 쉽지 않다. 어떻게 교사의 수행을 금전적인 가치로 추정할 수 있을 것인가? 이러한 직업에서는 보통 주제관련 전문가들에게 주관적인 판단을 의뢰한다.

가장 효과적인 효용성 분석 방법이 무엇인지에 대해 산업 및 조직 분야에서 많은 논쟁이 있었다. 논쟁 가운데는 사람들이 어떻게 직무 수행의 금전적인 가치를 판단하는지에 관한 것도 있다(예: Becker & Huselid, 1992). 이 연구자들은 사람들의 판단이 늘 정확한 것은 아니어서 효용성 추정이 부정확하다는 우려를 표명했다. 다른 연구자들은 효용성 분석이 효용성에 관련한 모든 주요 요인을 고려하지 못해서(Russell, Colella & Bobko, 1993) 결과적으로 이득을 다소 과대 추정한다고 지적했다. 한 예로, Boudreau (1983)는 생산적인 노동력으로 인한 이익 증가를 세금을 고려하여 조정한 후 최종 효용성 추정치를 산정해 내는 방식을 논의하였다.

과학적 선발로 조직이 얻는 금전적 이득을 계산하는 작업은 결코 쉽지 않을 수 있지만 그동안의 연구는 금전적 이득이 상당할 수 있음을 보여 주었다. Van Iddekinge 등(2009)은 과학적 선발 체계의 사용이 패스트푸드 회사 각 지점의 재정적 성과에 미치는 효과를 연구하였다. 연구 결과, 회사의 선발 체계를 사용한 지점은 그렇지 않은 지점에 비해서 고객의 만족도가 더 높았고 수익을 더 많이 올렸다.

효용성을 계산한다는 생각은 종업원 선발에만 국한되지 않는다. Landy, Farr와 Jacobs(1982)는 다른 조직 정책(예: 종업원들에게 직무 수행의 피드백을 제공)이 가져오는 금전적인 이득을 추정하기 위해서도 효용성 분석을 사용할 수 있다고 주장했다. 만약 이러한 절차에서 발생하는 수행 증가를 추정할 수 있다면 금전적인 이득에서의 효용성을 계산할 수 있다. 그러나 이러한 분석에도 종업원 선발에서 사용한 효용성 분석과 마찬가지의 동일한 제한이 따를 것이다.

효용성 분석 사용에 관해 언급할 또 다른 쟁점이 있다. 더 능력 있는 사람들을 고용한다면 수행이 얼마나 향상될지에 대한 이론적인 추정치를 효용성 분석 같은 수학적 절차들을 사용하여 산출할 수 있다. 물론 이론적으로는 능력이 더 높은 사람들이 수행을 더 잘하겠지만 실제로는 예상되는 수행 향상이 전혀 발생하지 않기도 한다. 조직은 다양한 방식으로 사람들의 행동에 영향을 미치는 복잡한 사회 체계다. 조직은 직무 수행을 향상하기도 하고 억제하기도 한다. 앞으로 논의하겠지만 수행을 잘할 수 있다고 해도 어떠한 조직의 조건과 제약에서도 그렇게 할 수 있다는 의미는 아니다. 능력 있는 사람이라도 사용할 수 있는 장비나 지원이 없다면 수행을 잘할 수 없을 것이다. 유능한 기술자조차도 기계가 결함이 있고 계속 고장이 난다면 비생산적이 될 것이다. 그럼에도 불구하고 비록 금전적인 이익의 크기에 대해서는 확신하지는 못하지만 효용성 분석은 선발 절차가 조직에 이득이 될 수 있음을 보여 준다는 점에서 가치가 있다.

6. 국가 간 선발 절차의 차이

선발 절차는 조직마다 혹은 동일한 조직의 해외 지사들마다 매우 다양하다. Ryan, McFarland, Baron과 Page(1999)는 20개 국가의 959개 조직의 관리자들에게 선발 절차, 특히 사용하는 선발 도구들에 관해 설문조사를 했다. 면접, 이전 고용자의 추천서, 지원서는 가장 일반적이고 광범위하게 사용되었다. 그러나 심리검사의 경우는 그렇지 않았다. 가장 많이 쓰이는 심리검사는 성격과 인지능력 검사였다. 그러나 각 국가마다 심리검사의 사용량과 빈도에는 상당한 차이가 있었다. 생활사 검사와 면접은 그리스에서 가장 널리 쓰였고, 반면에 심리검사는 벨기에와 스페인에서 가장 보편적이었다. Zibarras와 Woods(2010)는 사용 중인 선발 절차에 관해서 579개의 영국 기업을 조사했고 이를 미국 기업과 비교하였다. 미국 회사들은 신원조사, 생활사 검사, 비구조적 면접 및 작업 표본을 더 많이 사용한 반면, 능력 검사의 사용 빈도는 상대적으로 높지 않았다.

Newell과 Tansley(2001)에 따르면, 직무 요건과 상황이 유사한 경우에도 국가마다 선발 절차에서 차이가 있었고 더욱이 타당한 절차 대신에 타당도가 부족한 절차를 선호하는 경우도 있었다. 그들은 이러한 선호의 원인으로서 몇 가지 사회적 요인을 지적했다. 첫째, 선발 절차를 사용하려면 사전에 관리자들은 그에 대해 알아야 한다. 최근까지 각 국가의 관리자들 사이에 의사소통은 제한되어 있었고 한 국가에서 더 나은 선발 방법을 개발했다고 하더라도 이러한 정보가 언제나 다른 곳에 알려지는 것은 아니었다. 비록 인터넷이 물리적인 거리와 국경 등 때문에 발생하는 많은 제한을 해결했지만 언어 장벽은 여전히 많은 곳에 존재한다. Eleftherious와 Robertson(1999)은 그리스 회사들에서의 선발 절차를 조사했는데 비용 문제와 무지 때문에 심리검사가 자주 사용되지 않는다는 사실이 발견되었다. 둘째, 법과 규제는 선발 절차에 영향을 준다. 미국에서 반차별법은 어떻게 선발이 쓰여야 하는지를 규정한다(법적인 문제들에 대해서는 다음 절 참조). 독일과 스웨덴과 같은 많은 유럽 국가에서 노동조합은 큰 힘을 가지고 있고 미국보다 선발 철차에 훨씬 많은 영향을 미친다. 셋째, 경제적인 요인들이 선발 절차의 선택에 영향을 미친다. 부유하지 못한 국가는 비용이 많이 드는 평가 방법은 선택하지 않는다. 마지막으로, 중요하게 여기는 것과 가치에서 문화적인 차이가 있다. 예를 들어, 지위의 상징보다 성취를 더 중요하게 생각하는 국가들이 있다. 이러한 국가에서는 출신 대학의 명성보다 평균평점을 더 중요한 것으로 고려한다. 다른 국가들에서는 정반대다.

7. 법적 문제

모든 산업 국가에서는 종업원들에게 영향을 주는 절차(예: 고용, 승진 등)에서 조직이 종업원들을 차별하지 말아야 한다는 생각은 이제 보편적 가치로 받아들여지고 있다. 이러한 국가들에는 조직의 차별적인 행위로부터 종업원을 보호하는 법이 존재한다. 이러한 법으로 보호받는 집단은 국가마다 다양하다. 대부분의 경우 여성이 보호 대상이고 많은 경우에는 흑인이 보호 대상이 된다. 어떤 집단이 상당히 큰 소수집단이고 집단의 구성원들이 차별의 희생자라면 그 집단은 법에 의해 보호받을 가능성이 높다. 즉, 규모가 큰 흑인 소수집단이 있는 국가에서는 흑인 집단이 보호를 받을 가능성이 높다. 흑인이 거의 없는 국가에서는 이러한 법적 보호 조항이 없을 것이다.

이 절에서는 미국과 기타 모든 국가에서 종업원 선발과 관련된 법적 문제들을 다룬다. 미국이 차별받는 집단을 법적으로 보호하는 데 앞장섰지만 미국 이외의 다른 국가들도 이 분야에서 크게 뒤처지지 않고 있을 뿐만 아니라 일부 국가는 몇 가지 면에서 미국보다 앞서 있다. 이 절에서는 미국과 그 밖의 국가들에서 차별 문제를 어떻게 다루는지를 비교한다.

1) 미국에서의 합법적 선발

미국에서 1964년 이전에는 소수 인종 집단과 여성에 대한 차별이 많은 직무에 걸쳐 만연해 있었고, 사람들이 가장 선호하고 보수가 높은 직무에서는 특히 차별이 심했다. 1964년에 시민권법 제정으로 조직이 종업원을 선발하는 방식에 일대 변화가 일어났다. 이는 이 법의 제정으로 차별에 대한 법적 보호가 확장되고 법 집행을 위한 기구가 설립되었기 때문이다. 이후 수년에 걸쳐 입법이 이루어져 1964년의 시민권법에 의해 보호받지 못했던 집단에 대해서도 법적 보호가 확장되었다. 그렇지만 채용 및 고용의 기타 분야에서의 차별이 미국에서 완전히 없어지지는 않았고 2005년 한 해에만 하더라도 연방과 주에 14만 6,000건의 차별에 관한 소송이 제기되었다(Goldman, Gutek, Stein, & Lewis, 2006). 그럼에도 불구하고 지난 몇 십 년 동안 이 분야에 장족의 발전이 있었다.

1964년의 시민권법에는 미국에서 고용 및 삶의 모든 영역에서 소수집단과 기타 집단에 대해 차별하는 행위를 불법으로 규정했다. 잇따른 추가 입법과 대법원 판결로 종업원 선발에 대한 법적 요건이 복잡하고 혼란스럽게 되었다. 1991년에 새로이 제정된 시민권법은 수년 동안 몇 차례의 모순된 대법원 판결로 인해 야기된 혼란을 바로잡으려는 시도였다. 〈표 6-3〉은 차별에 관한 가장 중요한 6개의 대법원 판례와 각각의 주요한 결과를 열거했다. 비록 비차별의 근본 원리는 간단하지만 법적 요건에 맞는 선발 체계를

〈표 6-3〉 차별에 대한 6개의 중요한 미국 대법원 판결과 그 결과

판례	결과
Griggs 대 Duke Power (1971)	불리 효과를 보이는 선발 방법은 타당해야 한다.
Rowe 대 General Motors (1972)	차별을 막는 법적 보호는 수행 평가에도 해당된다.
Albermarle Paper Company 대 Moody (1975)	조직은 엄격한 타당화 절차를 사용해야만 한다.
Baake 대 Regents of the University of California (1978)	차별금지법은 모든 사람을 보호한다. 그러므로 대학원 입시에서 할당제는 불법이다.
Wards Cove Packing Company 대 Antonio (1987)	이 소송 사건으로 개인이 차별 소송에서 승소하기 더 어렵게 되었다. 이 소송 사건을 계기로 1991년에 새로운 시민권법이 제정되었다.
Price Waterhouse 대 Hopkins (1988)	승진 결정이 성 고정관념을 바탕으로 이루어져서는 안 된다(예: 여성 종업원에게 더 여성스럽게 행동하거나 보이도록 하는 요구).

〈표 6-4〉 미국 시민권법이 보호하는 다양한 집단

법률	적용 범위
1964년 시민권법	성, 국적, 인종, 종교
1967년 연령 차별 금지법(1968년 개정)	연령
1978년 임산부 차별 금지법	임신
1990년 미국 장애인법	정신적 장애와 신체적 장애

구축하고 실행하는 작업은 실로 복잡하다. 실행이 복잡한 이유는 의회와 대법원이 선발에 관하여 요구하는 조건이 변화했기 때문이고 또 다른 이유는 종업원 선발 체계가 기술적으로 복잡하다는 점이다.

합법적인 선발을 이해하는 데 중요한 개념은 보호 계층이다. 모든 사람에 대해 차별이 불법이라고 법에서 규정하고 있지만, 법에는 보호할 특정 대상 집단이 명시되어 있다. 이러한 집단을 보호 계층(protected class)이라고 부르며, 이는 과거에 차별의 대상이었던 사람들이다. 흑인, 라틴계, 미국 원주민, 여성은 보호 계층에 속한다. 〈표 6-4〉에는 주요 연방 차별금지법과 각 법에서 보호하는 특정한 계층이 열거되어 있다. 현재 다음에 근거한 차별은 불법이다.

- 연령
- 피부색
- 국적
- 인종
- 장애
- 성
- 종교

다른 집단도 미래에 보호 계층이 될 수 있고 주마다 미국 연방법이 보호하지 않는 집단을 추가로 지정하여 보호할 수 있는 재량권이 있다. 일례로, 성적 지향성(sexual orientation)을 보호 집단에 포함시킨 주들도 있고, 법으로 강제하지 않았지만 성적 지향성을 보호 집단으로 포함시킨 조직들도 있다.

■ 종업원 선발에 관한 표준 지침

1978년 미국 정부는 종업원 선발절차에 관한 표준 지침(Uniform Guidelines on Employee Selection Procedures)(1978년 8월 25일)이라는 합법적 선발에 대한 지침들을 만들었다. 처음에는 정부기관에 적용하기 위해서였지만, 이제는 모든 조직에 해당하는 법적인 지침으로 받아들여졌다. 이 지침에는 선발에 대한 몇 가지 중요한 개념이 정의되어 있고 조직이 합법적인 선발을 위하여 따라야 하는 절차가 기술되어 있다. 지침에는 법적 요구를 단순히 기술하는 차원을 넘어서 타당한 종업원 선발 체계를 개발하기 위한 적절한 방법까지도 약술되어 있다. 이는 이 지침을 따르는 조직에 또 하나의 이점으로 작용한다.

표준 지침에 포함된 가장 중요한 개념은 불리 효과(adverse impact)다. 불리 효과는 해당 선발 절차가 보호 계층에 미치는 영향을 말한다. 불리 효과는 일반적으로 보호 계층과 비교 집단(예: 백인 남성)의 선발 비율로 정의된다. 불리 효과는 5분의 4 법칙을 위반했을 때 발생하는데, 보호 계층의 선발률이 비교 집단의 선발률의 80%, 즉 4/5 미만임을 의미한다(Roth, Bobko, & Switzer, 2006). 예를 들어, 남성 지원자의 60%가 고용되었다고 가정하자. 여성 지원자들의 48%(60%의 4/5)보다 더 적은 수가 고용되었다면 이들은 불리 효과를 경험한 것이다(〈표 6-5〉 참조). 이 5분의 4 법칙은 모든 고용 가능 집단으로부터 동일한 인원수가 지원할 가능성이 없음을 인정한다. 다만 여기에서 중요한 것은 고용된 지원자의 실제 수가 아닌 그 비율이다.

불리 효과는 선발에서의 차별 가능성 여부를 결정하는 분계점이다. 그러나 보호 계층에 대해 불리 효과가 있는 선발 도구를 사용하는 것이 반드시 불법은 아니다. 선발 도구나 절차가 불리 효과가 있다면 합법성 여부를 결정하기 위한 다음 단계의 검증을 거쳐야 한다. 합법적이려면 불리 효과가 있는 선발 도구는 직무와 관련되어야 한다. 즉, 선발 도구가 직무 성공에 필요한 KSAO를 평가해야 한다는 것을 의미한다. 직무 관련성을 입증할 수 있는 방법은 선발 도구가 직무 수행의 타당한 예언변인임을 보여 주는 것이다.

시민권법에 따르면 개개인은 직무에 고용될 수 있는 기회가 동일하게 주어져야 한다.
(© Neustockimages/iStockphoto)

〈표 6-5〉 여성에 반하는 불리 효과 여부 판정을 위한 5분의 4 법칙 적용

사례 1: 여성에 대해 불리 효과 없음				
성별	지원자의 수	고용된 수	고용된 비율	4/5번째 역치
남성	100	60	60%	
여성	80	40	50%	48%

50%는 48% 경계보다 더 높기 때문에 불리 효과가 없다.

사례 2: 여성에 대한 불리 효과				
성별	지원자의 수	고용된 수	고용된 비율	4/5번째 역치
남성	100	60	60%	
여성	80	20	25%	48%

25%는 48% 경계보다 더 낮기 때문에 불리 효과가 있다.

주: 첫 번째 사례에서 남성 지원자의 60%와 여성 지원자의 50%가 고용되었다. 50%가 60%의 4/5보다 더 크기 때문에 여성에 대한 불리 효과가 없다. 두 번째 사례에서 남성 지원자는 60%가 고용되었지만 여성 지원자는 25%만이 고용되었다. 25%는 60%의 4/5보다 작기 때문에 여성에 대한 불리 효과가 있다.

만약 선발이 불리 효과를 발생시킨다면 조직은 법적 문제에 대비할 준비를 해야 한다. 인지능력과 체력에 대한 검사는 모두 특정 집단에 대해 불리 효과를 보일 가능성이 있다. 직무분석을 통해 그러한 특성들이 직무에 필수적인 KSAO라는 것이 밝혀지고 사용된 검사가 타당하다는 것이 확인될 때에만 이러한 검사를 사용하는 것이 정당화될 수 있다. 직무분석을 하지 않고 타당한 선발 방법을 사용하지 않으면 불리 효과에 처한 집단에 불공정한 절차를 사용할 위험이 있다. 고용될 사람이 직무를 하는 데 필요한 KSAO를 보유할 것을 요구하는 것은 합법적이지만 직무에 필요하지 않은 KSAO를 요구하는 것은 불법이다.

■ 필수적인 기능과 합리적인 편의 제공

1990년 미국 장애인법(Americans with Disabilities Act: ADA)은 장애가 있는 사람들에 대한 차별까지 법적 보호를 확장했다. 이 입법으로 두 개의 개념이 탄생하였다. 첫째는 3장에서 논의한 필수적인 기능(essential function)으로, 이는 직무에서 중요한 부분인 KSAO를 나타낸다. 예를 들어, 타이핑은 비서에게 필수적인 기능이지만 무거운 물건을 들어 올리는 것은 그렇지 않다. 필수적이지 않은 기능과 이와 관련된 KSAO만을 근거로 장애인을 직무에 고용하지 않는다면 이는 불법이다. 다시 말하면, 이는 유능한 비서가 비서직에서 거의 하지 않는 과업(예: 무거운 물건을 들어 올리는 과업)을 수행하는 데 필요한

KSAO를 보유하고 있지 않다면 그 과업은 다른 사람이 대신 하면 그만이라는 생각이다.

두 번째 개념은 장애가 있는 종업원에 대한 합리적인 편의 제공(reasonable accommodation)이다. 조직은 장애가 있는 사람이 직무를 수행할 수 있도록 해야 한다. 예를 들어, 출근하기 위해서 회사 빌딩으로 들어가는 데 올라야 하는 계단이 있다는 이유만으로 휠체어를 탄 사람을 고용에서 배제해서는 안 된다. 이런 상황에서 사소하지만 합리적인 편의 제공으로는, 휠체어를 탄 사람이 계단을 오르지 않고 어려움 없이 회사 빌딩에 접근할 수 있도록 경사로를 설치해 주는 것이다. 직무에 비필수적인 기능을 하는 데 도움을 주는 것도 합리적인 편의 제공일 수 있다. 그 밖에 어떤 조치가 합리적이고, 장애가 있는 근로자를 돕는 조치들 중 너무 어렵고 비용이 너무 많이 드는 조치는 어느 것인지 아직 명확하지 않다. 앞으로의 소송 사건을 통해 조직이 장애가 있는 종업원들에 대해 어느 정도까지 편의 제공을 해야 하는지가 결정될 것이다.

■ 차별수정 조치

차별수정 조치(affirmative action)는 목표로 하는 직무에 보호 계층 구성원의 수를 늘리기 위하여 조직이 이용하는 다양한 조치다. 이는 특정 집단 사람들에게는 한때 취업 기회가 주어지지 않았던 직무에 특정 집단의 사람들이 취업하도록 하여 채용에서 과거의 차별로 인한 영향을 해소하기 위한 것이다. 차별수정 조치 프로그램에는 많은 활동이 포함된다. Kravitz(2008)는 소수집단의 지원자의 수를 늘리기 위한 프로그램과 소수집단 사람들에게 취업의 특혜를 주는 프로그램을 구분하였다. 전자의 유형의 기회 향상 프로그램은 모집 노력을 배가하거나(예: 소수집단을 대상으로 한 언론매체에 광고) 소수집단의 사람들이 직무 수행에 필요한 KSAO를 갖추도록 훈련을 제공함으로써 소수집단의 지원자 수를 늘린다. 그러나 차별수정 조치는 할당 제도도 아니고 필요한 KSAO가 없는 사람의 고용을 강제하지도 않는다. 미국 대법원은 특별한 상황을 제외하고는 이러한 조치를 불법으로 판결했다(Kravitz, Harrison, Turner, Levine, Chaves, Brannick, Denning, Russell, & Conard, 1997). 미국 대법원은 또한 대부분의 형태의 특혜를 금지하는 캘리포니아 법이 유지되도록 허용했다. 그러나 이러한 판결은 다른 형태의 차별수정 조치도 불법으로 간주했음을 의미하지는 않는다.

50명 이상의 종업원이 있는 조직들로서 정부와 5만 달러 이상의 계약을 맺은 조직들은 행정적 명령에 의해 차별수정 조치 프로그램을 시행해야 한다. 이러한 요건은 교수들이 정부의 연구보조금을 받는 대부분의 전문대학과 일반대학에 영향을 준다. 비합법적인 종업원 차별로 적발된 고용주들은 불법적인 관행을 시정하기 위해 차별수정 조치 프로그램을 채택하라는 법원의 명령을 받거나 권고를 받지만 그 밖의 대부분의 조직에서는 차별수정 조치의 시행이 자발적인 사항이다. 얼마나 엄격하게 시행하는지에 대해서는 기업마다 차이가 있지만, 미국 대부분의 대기업에서는 어떤 형태로든 차별수정 조치를 시행한다. 이 조치가 널리 시행되고 있다는 사실은 많은 조직과 대학교의 편지지에 눈에 띄게 표시된 "우리는 '차별수정 조치'를 준수합니다."라는 공지에서 알 수 있다.

차별수정 조치 프로그램의 의도는 광범위한 차별의 문제를 치유하자는 것이다. 그러나 그러한 프로그램들은 차별의 피해를 교정하려는 집단에게 의도하지 않은 불리한 영향을 끼칠 수도 있기 때문에 신중하게 도입되어야 한다. Heilman과 공저자들은 고용에서 특혜 대우를 받은 여성들이 자신 및 여성들에 대해 부정적인 관점을 갖게 되고(Heilman, Kaplow, Amato, & Stathatos, 1993), 이러한 부정적인 관점은 자신감에 영향을 줄 수 있다는 것을 발견했다(Heilman & Alcott, 2001). 이 효과는 소수집단 지원자들에게서도 발견되었다(Evan, 2003). 게다가 차별수정 조치를 통해 고용된 사람들은 무능하게 보일 수도 있고, 차별수정 조치에 의해 고용되었다는 낙인은 동료들 사이에서 지워지기 어렵다(Heilman, Battle, Keller, & Lee, 1998). 또한 연구에 따르면 특별대우가 불공평한 것으로(예: 역차별로) 지각되었을 때는 수혜를 받지 못하는 사람들에 대하여 역효과가 나타났다(Heilman, McCullough, & Gilbert, 1996).

Kravitz(2008)는 차별수정 조치의 문제점과 그에 대한 논쟁은 모두 특혜 대우와 관련이 있다고 주장하였다. 차별수정 조치의 다른 측면과 연관된 프로그램들은 장래성을 보여 주었고 앞에서 언급한 단점들을 갖고 있지 않다. Kravitz는 차별수정 조치 프로그램은 소수집단 지원자들의 수를 늘리고 소수집단의 종업원들이 조직에 남아 있게 하는 데 중점을 두어야 함을 제안했다. 조직에 지원자를 유치하기 위해서는 소수집단 지원자들에게 조직을 알리는 작업을 개선하고 교육 프로그램을 통하여 필요한 KASO를 갖춘 소수집단 사람들의 수를 늘려야 한다. 소수집단 출신 종업원을 위한 작업 환경 및 경험 개선 프로그램을 도입하여(예: 멘토 제도와 훈련 프로그램을 도입하고 인종적 괴롭힘과 같은 부정적 경험을 줄여 줌으로써) 그들의 이직을 방지할 수 있다. Kravitz는 이러한 프로그램이 효과적이려면 소수집단 사람들뿐 아니라 모든 사람에게 적용해야 한다고 주장하였다. 예를 들면, 무례 감소 프로그램은 모든 사람에 대한 무례에 초점을 두어야지 소수집단 사람에 대한 무례에만 국한해서는 안 된다는 것이다. 그러한 프로그램을 모든 사람에게 개방하여 얻는 이점은 소수집단 출신 종업원의 작업 경험뿐 아니라 모든 종업원의 작업 경험을 향상시킨다는 데 있다.

2) 미국 이외의 국가에서의 합법적 선발

산업화한 많은 국가에는 미국과 유사한 차별금지법이 있다. 차별금지법의 집행에 있어서 미국만큼 강력한 국가들도 몇 있지만(예: 캐나다와 남아프리카) 미국만큼 철저하지 않은 국가들도 있다(예: 오스트레일리아와 영국). 비록 미국이 선두의 위치에 있지만 종업원들에게 훨씬 더 많은 보호를 제공하는 국가도 있고, 미국 법에서는 구체적으로 언급하지 않은 추가적인 집단에 대한 보호까지도 포함하고 있다. 각국이 차별 문제에 어떻게 접근하는지는 당면 문제의 본질과 각국의 사회 성격에 따라 다르다. 영국은 1995년에 미국의 ADA와 아주 흡사한 장애인 차별금지법을 제정하였다. 미국에서처럼 영국에서도 고용주들, 특히 장애인에 대한 태도가 부정적이고 차별금지법이 실제로 요구하는 바를 잘 모르는 고용주들의 저항이 있다(Jackson, Furnham, & Willen, 2000).

캐나다는 법과 법 집행의 구속력에 있어서 미국과 매우 유사하다. 그러나 캐나다는 성적 선호도를 기반으로 한 차별을 불허하지만 미국은 그렇지 않다. 법적 문제를 피하기 위하여 캐나다 조직에서도 미국 기업이 준수하는 조치를 실천해야 한다. 아일랜드는 캐나다나 미국보다 동질적인 사회로 법적인 보호를 필요로 할 만큼 규모가 큰 소수집단은 없다. 아일랜드에서 성별이나 결혼 여부에 근거한 차별은 불법이지만 흑인 집단이나 여타 소수집단을 위해 제정된 법은 없다(Federation of Irish Employers, 1991).

앞에서 언급한 국가들뿐만 아니라, 여타의 산업화된 국가도 종업원 선발이 직무와 관련된 특성에 기반을 두어야 한다는 생각을 지지하고 있다. 이러한 생각을 기반으로 선발된 사람은 해당 직무를 가장 잘 하는 사람이다. 또한 이러한 생각을 바탕으로 한 선발에서는 차별적 행태로부터 야기되는 불공정함이 제거될 것이다. 또한 이는 조직이 연령, 피부색, 장애, 성, 인종, 종교, 성 선호성 및 직무에서의 성공과 무관한 여타의 개인적 특성들과 관계없이 최고의 자격을 갖춘 사람들을 채용하여 성과를 높이는 데 도움이 된다.

요약 SUMMARY

조직의 가장 중요한 기능 중의 하나는 새로운 종업원의 모집과 선발이다. 경쟁에서 효과적으로 살아남기 위해서 조직은 직무를 하기 위해 필요한 특성들, 즉 KSAO를 가진 숙련된 사람들을 고용해야만 한다. 이러한 사람들을 고용하기 위해서는 4단계 절차가 필요하다.

- 새롭게 필요한 종업원에 대한 계획
- 적합한 인재가 지원하도록 유도(모집)
- 누구를 고용할 것인지 결정(선발)
- 선발한 사람이 직무를 수락하도록 설득

새로운 종업원의 수요를 계획할 때에는 예측하는 방법을 사용하는 것이 필요하다. 이에는 특정한 KSAO를 지닌 사람들에 대한 수요와 지역에 고용 가능한 사람들의 수를 비교하는 것이 포함된다. 조직의 개편과 확장에 대한 미래 계획을 세울 때에는 필요한 자리를 채울 사람들이 충분한지를 고려해야 한다. 이러한 문제들을 고려하지 못하면 조직의 중요한 기능을 수행하는 데 필요한 사람들을 찾지 못할 경우도 있다.

만일 노동시장에 자격을 갖춘 사람이 부족하다면 직무에 지원할 사람을 모집하는 일은 어려운 과제가 될 것이다. 많은 경우에 문제는 적합한 사람들을 모집하는 것이다. 인력 과잉인 기술이 있고 반면에 인력난인 기술이 있기 때문이다. 조직이 지원자들을 구하는 여러 가지 방식이 존재하는데, 여기에는 광고, 모집관의 사용 및 웹 기반 서비스의 활용 등이 포함된다.

과학적인 선발에서는 직무 수행을 예측하는 것으로 검증된 선발 도구가 사용된다. 효과적인 혹은 타당한 선발 도구 체계를 개발하는 5단계 절차는 다음과 같다.

- 직무분석을 통해 KSAO를 파악한다.
- 준거를 선택한다.
- 잠재적인 예언변인을 선택한다.
- 연구를 통해 예언변인을 타당화한다.
- 두 번째 표본을 통해 예언변인을 교차 타당화한다.

일단 조직이 고용할 사람을 결정하면, 뽑기로 한 사람이 직무를 받아들이도록 해야 한다. 그렇게 하기 위해서 조직은 다른 조직들이 제공하는 바와 동일한 보상을 제공해야 한다. 사람과 직무 사이의 적합도를 더 높이기 위해 사용하는 절차는 현실적 직무 소개다. 이 기법은 지원자들에게 직무에 대한 정확한 정보를 제공함으로써 지원자들이 제안받은 직무를 수락할 때 정보에 근거해 결정을 내릴 수 있도록 한다.

효용성 분석은 고용 시 예언변인 사용이 가져오는 이득을 결정하기 위해 사용한다. 이러한 분석은 수학적 공식을 바탕으로 이루어지는데, 이 공식에서는 좋은 직무 수행의 금전적인 가치에 대한 추정치가 필요하다. 연구자들 사이에서 효용성 분석을 수행하는 가장 좋은 방법에 대한 의견이 분분하다. 그럼에도 불구하고 효용성 분석의 결과는 과학적인 선발이 조직에 상당한 이익을 줄 수 있음을 보여 주었다.

종업원 선발은 과학적인 과정일 뿐만 아니라 법적인 과정이다. 대부분의 산업화된 국가들에는 차별적인 선발 시행을 규제하는 법이 존재한다. 미국에서 연령, 피부색, 장애, 성, 국적, 인종, 혹은 종교에 근거한 차별은 불법이다. 법적인 문제를 피하기 위해서 조직은 직무와 관련된 요인에 근거해서 선발 결정을 내려야 한다.

산업 및 조직 심리학 현장 연구

이 사례는 종업원의 예술적 능력을 측정하는 특이한 평가 도구의 개발에 관한 것이다.

이 과업은 Pacific Bell과 Southwestern Bell을 비롯한 몇 개의 전화회사를 소유하고 있는 SBC Communications 사에 근무하는 산업 및 조직 심리학자인 Anna Erickson 박사가 수행하였다. Erickson 박사는 1995년에 아이오와 주립대학교에서 산업 및 조직 심리학 박사학위를 받았다. Erickson 박사가 이 프로젝트를 수행할 당시의 담당 업무는 선발 연구를 하는 것이었지만, 직무분석, 수행 평가, 미래 종업원 수요에 대한 계획, 종업원 의견 설문 조사 분야에서 프로젝트도 수행했다. 현재 Erickson 박사는 마케팅 연구 실장을 맡아서 통화 대기 서비스나 발신번호 표시 제도와 같은 전화회사 상품과 서비스에 대한 고객의 선호도와 반응 등의 연구를 책임지고 있다. 이는 산업 및 조직 심리학자들에게 이례적인 업무가 아닌데, 연구에 동원된 방법과 기법이 이 책에서 논의한 전통적인 산업 및 조직 심리 연구에서 사용되는 것들과 전혀 다르지 않기 때문이다.

회사가 고용한 종업원들 중에는 기업 고객을 위하여 전화번호부 상호편의 광고를 그리는 미술가도 있다. 회사는 광고 서비스를 확대하기로 결정했으며 이 확장에는 광고 스케치에 필요한 재능보다 더 높은 수준의 예술적인 재능이 필요했다. 회사는 광고 미술가의 관리자로 하여금 그러한 더 예술적 능력이 필요한 직무에 사람을 추천하도록 했다. 그러나 이러한 절차에 대한 논쟁이 확산되었고 노동조합도 불평을 제기했다. 새로운 절차는 좋은 미술가를 선발하는 타당한 수단인 동시에 종업원들에 의해 공정한 것으로 보여져야만 했다.

Erickson 박사는 이 문제를 해결하는 임무를 부여받았다. 유감스럽게도 예술가를 평가하는 기존의 평가 도구를 찾지 못했다. 그래서 박사는 종업원들의 지지를 받는 새로운 평가 도구를 개발해야만 했다.

이 목적을 달성하기 위해 종업원들과 관리자로 구성된 프로젝트 팀을 만들었다. 또한 창의성에 대한 연구문헌을 조사했는데 예술이 주관적인 속성을 지닌 것처럼 보이지만 전문가들이 예술을 평가할 때 평정자 간 일치도가 높다는 사실을 발견했다. 이를 계기로 Erickson 박사는 명문대학교 예술학부의 교수진을 평정자로 하는 평가 센터를 개발해야겠다는 생각을 갖게 되었다.

평가 센터를 개발하는 첫 번째 단계에서는 예술직에 대한 KSAO를 파악하기 위하여 직무분석을 수행하였다. 분석 결과 평가해야 할 2개의 중요한 구성 요소가 있음이 밝혀졌다. 첫째, 광고예술가는 고객을 상대해야 하고, 둘째, 창조적인 작업을 해야만 한다. 고객 서비스 부분은 구조화된 면접을 통해 평가하였다. 창조적인 부분은 지원자가 제출한 포트폴리오의 질을 전문가가 평정했고 또한 모의 평가에서의 수행도 전문가가 평정했다. 모든 평정에서 평가자는 자신이 누구의 작품을 평가하고 있는지 전혀 알지 못하게 일절 비밀로 했다.

프로젝트 팀은 이 평가 절차를 만장일치로 승인하였다. 이는 노동조합의 불만을 해결하는 목적도 달성했다. Erickson 박사는 평가 센터에 대한 타당화 연구를 수행했고, 평가 센터가 예술학부 학생들의 고용 적합성에 대한 교수들의 평정을 매우 잘 예언한다는 것을 발견했다. 가장 능력이 있고 고용하기에 적합하다는 평정을 받은 학생들은 평가 센터에서 가장 높은 수행을 보였다. 이 절차는 현재 회사에서 배치와 선발을 위해 사용되고 있다. 이 사례는 종업원들이 효과적인 선발을 공정한 선발로 인식한다는 것을 보여 주는 좋은 사례다.

토의 문제

1. 종업원들이 새로운 평가 센터를 받아들이는 것이 중요한 이유는 무엇인가?
2. 감독자 추천이 고용을 결정하는 불공정한 방법이라고 생각하는가?
3. 이 평가 센터는 사용된 절차 이외에 어떤 방법으로 타당화될 수 있는가?
4. 예술적 창의성을 측정하는 다른 방법을 생각해 보시오.

체험학습

취업 시장

O*NET 웹사이트에 접속해서 'Find Occupation' 부분으로 가서 화면의 윗부분에 원하는 직업명을 입력하면 직업에 대한 요약을 얻을 수 있다. 화면의 아래쪽으로 가면 'Wages & Employment Trends'가 있다. 주(state)를 선택하고 GO 버튼을 누르시오. 원하는 직업의 미래 고용 기회에 대한 간단한 보고서를 작성하되 임금과 필요 인력의 증가 측면에서 미국 전체와 자신이 살고 있는 주를 비교하여 기술하시오.

소수집단 고용 방식

대기업(예: General Motors 혹은 Verizon과 같은 Fortune 500에 속하는 회사) 한 곳을 선정하여 회사 웹사이트에 접속하시오. 해당 회사가 소수집단의 사람들이 지원하도록 고무하고 직장에서의 다양성을 중시하는 방식에 관한 보고서를 작성하시오.

CHAPTER 07

훈 련

학습목표

1. 조직의 훈련 프로그램을 개발하고 시행하기까지의 단계들을 열거한다.
2. 요구 평가가 실시되는 방법을 기술한다.
3. 학습과 훈련의 전이에 영향을 주는 다양한 요소를 설명한다.
4. 다양한 훈련 방법을 장점 등을 포함하여 논의한다.
5. 훈련을 평가하는 방법을 논의한다.

대기업에 합격한 사람은 대개 공식적인 훈련 프로그램을 받게 된다. 대학 학위를 가진 사람일지라도 대부분의 직무에서 직무 수행을 위해 추가적인 교육이 필요하다. 단순한 직무에서도 마찬가지다. 예를 들어, 맥도날드 패스트푸드점의 모든 종업원은 훈련을 받는다. 감자튀김을 만드는 사람은 그 일을 하기 위한 적절한 방식을 배운다. 또 지점장은 많은 시간 동안 훈련을 받는데, 그 대부분은 교실과 같은 환경에서 이루어진다. 대부분의 직무에서는 수행을 잘하기 위해서 배워야 할 것이 많다. 미래에는 직무가 기술 위주로 변하므로 대부분의 직무에서 훈련이 더욱더 필요하게 될 것이다.

전 세계적으로 훈련은 사기업과 공기업(정부)을 포함하는 대부분의 큰 조직에서 주요 활동 중 하나이며, 새로 입사한 종업원과 직무 경험이 있는 종업원 모두에게 필요한 활동이다. 새로 입사한 종업원은 자신의 직무를 수행하는 방법을 배워야만 하는 반면에, 직무 경험이 있는 종업원은 직무의 변화에 뒤처지지 않기 위해 배워야 한다. 많은 조직에서 종업원이 특정 훈련을 마치고 특정한 기술을 숙달하기 전에는 승진 대상으로 고려하지 않는다. 대부분의 직무에서 학습은 어느 특정 단계에서 멈추지 않는 평생의 과정이라고 할 수 있다.

효과적인 조직 훈련 프로그램은 [그림 7-1]에 제시된 것처럼 5단계로 진행된다. 훈련 프로그램의 1단계에서는 누가 훈련을 필요로 하는지와 어떠한 종류의 훈련이 필요한지를 결정하기 위한 요구 평가 연구를 수행한다. 2단계에서는 훈련이 달성해야 하는 바를 명확히 하기 위해 목표를 설정한다. 3단계에서는 훈련 프로그램을 설계한다. 4단계에서는 요구 평가의 결과로 선정된 종업원들에게 훈련을 실시한다. 마지막 5단계에서는 훈련이 해당 목표를 이루었는지 확인하기 위해 평가한다. 훈련이 비효과적이었다면 효과적이 될 때까지 전 과정을 다시 반복한다. 각 단계는 이전 단계에 기반을 두어야 한다.

이 장에서는 훈련 과정의 5단계를 모두 논의한다. 시행 단계를 제외한 모든 단계가 산업 및 조직 심리학의 영역에 포함된다. 대부분의 훈련은 시행을 전문으로 하는 전문 훈련가가 시행한다. 산업 및 조직 심리학자는 다른 사람들이 실제로 시행할 훈련을 설계하는 데 참여하며, 대부분의 실제 훈련에는 관여하지 않는다.

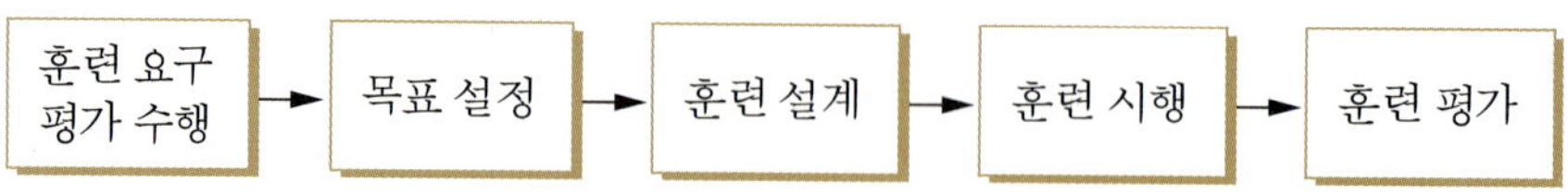

그림 7-1 효과적인 훈련 프로그램 개발 5단계

1. 요구 평가

요구 평가(needs assessment)는 어떤 종업원들이 훈련이 필요하며 훈련 내용을 무엇으로 구성해야 하는지 결정하기 위해 시행된다(Arthur, Bennett, Eden, & Bell, 2003). 엉뚱한 사람을 훈련시키거나 부적합한 내용을 교육하여 훈련 자원을 낭비하는 사례는 매우 흔하다. 요구 평가를 시행하면 훈련할 필요가 있다고 밝혀진 영역에 훈련 자원을 현명하게 사용할 수 있다.

Goldstein(1993)에 따르면, 요구 평가는 조직, 직무, 개인의 세 가지 수준에 초점을 두어야 한다. 조직 수준은 조직 목표와 그러한 목표가 종업원 수행을 통해 어떻게 달성되는지에 관한 것이다. 조직 목표를 분석하면 요구되는 훈련에 대한 단서를 얻을 수 있다. 예를 들어, 어떤 조직의 목표가 제조 결함을 최소화하는 것이라면, 품질 관리 원칙에 관해 감독자를 훈련시키는 것이 합리적일 것이다. 그런데 생산성을 최대화하는 것이 목표라면, 훈련에 생산 효율성에 대한 원칙에 관한 내용이 포함될 것이다.

직무 수준은 각 직무에 포함되어 있는 과업의 특성과 관련이 있다. 직무분석은 주요 과업과 각 주요 과업에 필요한 KSAO를 파악하는 데 사용된다. 파악된 KSAO 목록을 바탕으로 필요한 훈련들을 구체화할 수 있다. 예를 들어, 경찰관에게는 합법적 체포 절차에 관한 지식이 필수적이므로, 이러한 영역에 대해 훈련을 시키는 것이 매우 당연하다.

개인 수준은 직무 지원자나 현 종업원이 직무 과업을 얼마나 잘할 수 있는지에 관한 것이다. 즉, 이는 직무보다 사람의 KSAO 수준을 평가한다. 직무와 개인의 KSAO를 비교하여 훈련 요구의 잠재성이 가장 큰 영역을 파악해 낸다. 지식과 기술이 부족한 영역을 개발하고 종업원이 부가적 책임을 맡거나 승진하는 데 필요한 지식과 기술을 향상시킬 수 있도록 각 종업원을 위한 종업원 육성 프로그램을 마련할 수 있다.

지금까지 요구 평가는 무엇을 훈련해야 하는지의 관점에서 논의하였다. 그러나 이러한 관점으로는 기존에 사용하고 있는 훈련 프로그램의 내용에 관해서는 아무것도 알 수 없다. Ford와 Wroten(1984)은 훈련 프로그램이 훈련 요구를 충족하고 있는 정도를 보여 주는 절차를 개발하였다. 이 방식은 직무가 아닌 훈련을 분석한다는 점을 제외하면 직무분석과 어느 정도 유사하다. 이 분석을 실시하기 위해, 주제관련 전문가는 훈련 프로그램의 내용을 검토하고 훈련에서 다룬 KSAO의 목록을 만든다. 또 다른 주제관련 전문가 집단이 KSAO 목록을 검토하고 해당 직무에서 각 KSAO가 중요한 정도를 평정한다. 이 절차로 프로그램의 구성 요소가 직무의 훈련 요구와 얼마나 잘 부합하는지 알 수 있다. 훈련 프로그램은 이 절차를 근거로 채택하거나 수정한다.

요구 평가가 중요함에도 불구하고 조직은 그것을 자주 사용하지 않는다. 미국의 대규모의 사기업 1,000개를 설문 조사한 결과, 27%만이 관리자급의 사람들을 훈련시키기 이전에 일종의 요구 평가를 실시하였다(Saari, Johnson, McLaughlin, & Zimmerle, 1988). 훈련 방향을 재조정할 수 있는 요구 평가를 전혀 수행하지 않기 때문에, 훈련 자원들이 너무 자주 낭비된다. 훈련에 앞서 적절한 요구 평가를 하는 데 들이는 노력보다, 잘못된 훈련을 실시하여 노력을 낭비하는 경우가 더 많다. 요구 평가를 제대로 실시하면 조직이 소유하고 있는 훈련 자원을 최대로 활용하는 데 도움이 된다.

2. 목 표

훈련 프로그램을 개발할 때 가장 중요한 단계는 목표를 설정하는 단계다. 훈련 목표가 명확하지 않다면 목표를 달성하기 위한 훈련 프로그램을 설계하기 어렵다. 훈련 목표는 준거에 근거해야 하며, 목표에는 피훈련자가 훈련을 마친 후 할 수 있고 알아야만 하는 것에 대한 진술이 포함되어야 한다. 훈련 준거는 훈련 목표의 달성을 어떻게 평가할지에 대한 진술이다. 훈련 목표가 지식 습득인 경우는 지식을 측정하는 검사의 합격점으로 훈련 목표의 달성을 평가할 수 있다.

준거는 조직 훈련 설계의 기초 역할을 한다. 훈련 준거가 무엇인지 알게 되면, 준거 달성을 위한 적절한 훈련을 설계할 수 있다. 훈련 평가에 대한 절에서 논의하겠지만, 준거는 또한 훈련 프로그램 평가에서 기준이 된다. 훈련 목표는 요구 평가의 결과에 기반을 두어야 한다.

3. 훈련 설계

대부분의 조직 훈련은 종업원이 학습한 것을 직무에 적용할 것이라는 기대로 시행된다. 이를 훈련 전이(transfer of training)라고 한다. 전이는 직무 환경이나 훈련 자체의 많은 요인에 영향을 받는다. 피훈련자들의 특성의 개인차도 훈련이 전이될지의 여부에 중요

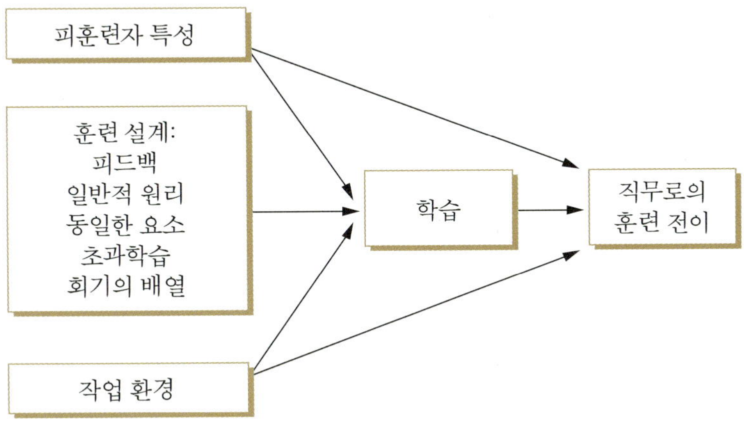

그림 7-2 훈련 전이 모형

이 모형은 피훈련자, 훈련 프로그램, 작업 환경의 특성들이 어떻게 학습과 훈련 전이에 영향을 주는지 보여 준다.
출처: "Transfer of Training: A Review and Direction for Future Research," by T. T. Baldwin and J. K. Ford, 1988, *Personnel Psychology, 41,* 63-105.

한 고려 사항이다. [그림 7-2]는 Baldwin과 Ford(1988)가 개발한 전이 모형이다. 이 모형은 훈련 설계의 특징이 피훈련자가 학습을 얼마나 잘하고, 훈련이 직무에 얼마나 잘 전이되는지에 어떻게 영향을 주는지 묘사한다. 또한 Baldwin과 Ford는 피훈련자 사이의 개인차와 작업 환경의 특성이 중요한 영향 요인임을 지적했다.

이 절은 학습과 전이 모두에 영향을 주는 훈련 설계 요인을 논의한다. 덧붙여 훈련이 실제로 어떻게 시행되는지를 보여 주는 여덟 가지 훈련 기법을 소개한다. 훈련은 피훈련자가 비교적 수동적으로 참여하는 강의로부터 매우 능동적으로 참여하는 모의 훈련(simulation)까지 다양한 방식으로 시행된다. 전자의 경우 피훈련자는 일방적으로 강연을 듣는 반면, 후자의 경우 피훈련자는 새로운 기술을 시험해 보게 된다. 여덟 가지 방법 각각은 특정한 훈련 상황에서 유용하다.

1) 피훈련자 특성

능력과 동기에서의 개인차는 학습에 중요한 요인이다(Herold, Davis, Feder, & Parsons, 2002). 모든 사람이 특정 과업을 동일한 수준으로 학습할 수 있는 것은 아니다. 즉, 인지적 과업을 더 잘 배우는 사람도 있고, 운동 과업을 더 잘 익히는 사람도 있다. 그러므로 어떤 사람들은 뛰어난 학자가 되고, 어떤 사람들은 세계적인 운동선수가 된다. 이러한 차이는 훈련 설계의 측면에서 중요하다. 모든 사람이 특정 과업을 학습하는 데 동일한 능력을 갖고 있지 않으므로 훈련을 시킬 때는 이러한 차이를 고려할 필요가 있다.

Bunker와 Cohen(1977)은 전화 회사 종업원들에게 기초적인 전자공학 이론을 가르치기 위하여 만든 훈련 프로그램의 효과성을 연구했다. 훈련 전 각 피훈련자의 수리 능력을 평가하였고, 훈련 전과 훈련 후에 전자공학 지식을 측정하였다. 연구 결과, 수리 능력 수준이 가장 높았던 피훈련자가 훈련을 통해 가장 많이 발전했다. 모든 피훈련자를 계획된 지식 수준까지 끌어올리기 위해서는 수리 능력 수준이 낮은 피훈련자는 더 많은 훈련을 필요로 한다. 훈련을 시키는 데 있어서 좋은 전략은 각 피훈련자별로 훈련 준거를 충족하기 위해 필요한 양만큼 훈련을 시키는 것이다. 이는 어떤 사람은 다른 사람들보다 더 많은 훈련을 받아야 한다는 것을 의미한다.

훈련 성과에 영향을 주는 개인 피훈련자의 특성에 능력만 있는 것은 아니다. 태도와 동기는 훈련과 직무 모두에서의 결과에 영향을 미친다(Noe & Schmitt, 1986).

학습하려는 동기가 없는 사람은 훈련 프로그램을 통해 많은 이득을 얻지 못할 것이다. 고려해야 하는 가장 중요한 요인 중 하나는 종업원이 훈련 상황에서 최선을 다하도록 동기화하는 방법이다. 이러한 방법에는 훈련을 성공적으로 마친 것에 대해 외적 보상(예: 승진)을 주는 방법도 있고, 피훈련자가 흥이 나서 훈련을 받을 수 있도록 재미있는 훈련을 시행하는 방법도 있다. Colquitt, Le Pine과 Noe(2000)는 훈련 동기 연구에 대한 통합분석을 실시했다. 연구자들은 예상대로 동기가 훈련에 대한 종업원의 긍정적 태도뿐 아니라 훈련 전이와 일관되게 관련 있음을 발견했다.

사람들에게는 또한 새로운 것을 학습하는 자신만의 최상의 방식이 있다. 어떤 사람은 강연을 들으면서 학습하는 것을 잘하는 반면, 어떤 사람은 글로 된 자료를 보면서 배우는 것을 더 잘한다. 사람들이 어떠한 유형의 훈련으로 더 잘 학습하거나 선호하는지를 고려하는 것은 중요하며, 가능하다면 훈련에 반영해야 한다. 잘 읽지 못하는 사람은 구두 방식으로 훈련시켜야 한다. 자료에 대해 연구하고 생각하는 것을 좋아하는 사람들은 글로 된 자료가 더 나을 것이다.

2) 훈련 전이에 영향을 주는 설계 요인

[그림 7-2]의 훈련 전이 모형은 전이에 영향을 주는 다섯 가지 설계 요인을 구체적으로 보여 준다. 훈련 프로그램을 설계할 때는 각 요인을 고려해야 한다. 이 요인들을 적

절하게 사용하면 훈련의 전이 가능성이 최대화될 것이지만, 간과하면 훈련 프로그램이 직무 행동에 영향을 주지 못하게 된다.

■ 피드백

피드백(feedback)은 학습의 중요한 구성 요소다. 어떤 형태로든 피드백이 없다면, 학습이 일어났는지 전혀 알 수 없다. 피드백은 피훈련자가 정확한 자료를 학습하고 있는지 알 수 있도록 훈련에 적절하게 포함되어야 한다.

정보나 지식을 제공하기 위한 훈련에는 두 가지 방식으로 피드백을 포함시킨다. 첫째, 피훈련자는 시험을 통해 습득한 정보에 대한 검증을 받는다. 둘째, 피훈련자는 훈련자에게 질문을 한다. 두 절차는 대부분의 대학 강의에 흔히 포함된다. 기술을 가르치기 위한 훈련에서는 피훈련자가 연습을 통해 학습하면서 피드백을 받도록 한다. 예를 들어, 자동차 운전 훈련에서는 피훈련자가 피드백을 제공할 훈련자를 곁에 두고 운전한다. 또한 피드백은 과업 자체에도 포함된다. 피훈련자는 운전하는 동안 길을 벗어나지는 않았는지 혹은 일직선으로 운전하고 있는지 스스로 알 수 있다.

■ 일반적 원리

일반적 원리(general principle)란 훈련을 통해서 무엇을 어떻게 해야 하는지 뿐만 아니라 왜 하는지도 가르쳐 주어야 한다는 것을 의미한다. 많은 훈련 프로그램에는 교육할 자료에 대한 원리를 가르치는 시간이 포함되어 있다. 컴퓨터 훈련에서는 컴퓨터와 소프트웨어 설계의 원리를 소개한다. 소개의 범위는 간략하고 다소 일반적이지만, 피훈련자에게 컴퓨터가 무엇이며 컴퓨터가 어떻게 작동하는지에 대한 일반적 개념을 가르친다. 일반적 원리를 가르치는 목적은 학습의 틀을 제공하자는 것이다. 적절한 경우에 일반적 원리를 가르치는 것은 학습을 향상시키는 것으로 밝혀졌다(Baldwin & Ford, 1988).

■ 동일한 요소

훈련 프로그램의 전이가 잘되기 위해서는 동일한 요소(identical element)가 포함되어야 하는데, 동일한 요소는 훈련 상황에서의 반응이 직무 상황에서의 반응과 동일하다는 것을 의미한다. 또한 피훈련자가 지각한 자극이 두 상황에서 동일하다는 것을 의미한다. 자극과 반응 모두가 두 상황에서 서로 유사할수록 피훈련자가 훈련에서 학습한 것

그림 7-3 모의 비행 훈련 장치

조종사는 이 그림과 같은 모의 비행 훈련 장치에서 많은 비행 기술을 익힌다. (© Rasch, sourced from Shutterstock images)

을 직무 상황에 더 쉽게 적용하게 된다.

모의 비행 훈련 장치는 동일한 요소를 활용한 훈련 도구다. 이 장치로 피훈련자는 실제로 이륙하지 않고도 비행기를 조종하는 훈련을 받는다. 모의 훈련 장치는 고(高)재현성과 저(低)재현성의 두 가지 유형이 있다. 고재현성 모의 훈련 장치는 매우 사실적이며, 비행기의 움직임을 재현하기 위해 만든 플랫폼 위에 설치한 실제 항공기의 조종실인 것도 있다. 모의 훈련 장치의 움직임은 조종간의 조작과 일치한다. 예를 들어, 피훈련자가 조종간을 뒤로 당기면 조종실의 앞부분은 위로 향한다. 저재현성 모의 훈련 장치의 가장 좋은 예는 비행을 가상화한 컴퓨터 게임이다. 이러한 저재현성 모의 훈련 장치 게임은 실제 비행기의 모든 요소를 포함하고 있지는 않지만 요소의 많은 부분이 실제에 가깝다. 이러한 이유로 미 해군은 비행 훈련의 일부로 이러한 게임을 사용한다. 그러나 훈련 목적을 달성하기 위해서는 고재현성 모의 훈련 장치를 사용해야 한다. 고재현성 훈련 장치는 실제 비행기와 동일한 요소가 많기 때문에 훈련이 실제 비행으로 전이가 잘 된다([그림 7-3] 참조).

■ 초과학습

초과학습(overlearning)은 훈련에서의 성공 기준에 도달하는 데 필요한 정도 이상으로 훈련을 시키는 것을 일컫는다. 즉, 피훈련자가 어떤 자료를 한 번 학습한 이후에도 계속해서 학습을 하는 것이다. 초과학습을 통해 새로운 지식과 기술이 견고하게 되어 거의 무의식적으로 사용할 수 있다. 피훈련자는 자동성(auto-maticity)을 획득하게 되는데, 이는 사람들이 자신이 어떻게 수행하는지에 대해서 의식적으로 관찰하거나 주의를 집중하지 않고도 과업을 원활하게 해결할 수 있음을 의미한다. 자동성은 수행 효과를 더욱 높일 수 있으며, 이는 많은 조직 훈련의 목표가 되어야 한다(Ford & Kraiger, 1995).

운동선수들은 초과학습을 하여 자동성을 획득할 때까지 기술을 연마한다. 운동경기에서 수행하는 행동은 흔히 매우 복잡하고 아주 짧은 시간 동안에 이루어져서 모든 구성 요소를 생각할 겨를이 없다. 이럴 때 초과 학습된 요소는 자동적으로 빠르게 수행된다. 직무에서도 동일한 원칙을 적용할 수 있는데, 과업 수행 방법에 대해 생각할 충분한 시간이 없을 때에는 초과 학습된 기술을 사용하게 된다. 가령 사람의 목숨을 구하기 위해 필요한 모든 과업에 대해 생각할 겨를이 거의 없는 병원 응급실 상황을 예로 들 수 있다. 환자가 위급한 순간에는 장비를 빠르고 자동적으로 사용해야 한다.

초과학습은 연습과 반복을 통한 훈련으로 이루어진다. 정보와 지식 습득 훈련은 피훈련자가 정보를 숙달하도록 중요한 개념을 반복해서 가르친다. 또한 시험을 통해 학습한 내용을 강화할 수 있다. 손 기술의 경우 기술이 초과 학습되도록 충분히 연습을 하는 것이 반드시 필요하다. 피훈련자가 기술을 한 번 정확하게 수행할 때까지만 연습시키는 것으로는 충분치 않다. 연습을 반복해야만 초과학습이 이루어진다. 피훈련자가 연습을 더 많이 할수록 배운 것을 더욱 쉽게 직무에 적용할 수 있다.

Driskell, Willis와 Copper(1992)는 기존의 초과학습에 관한 연구들을 수집하여 통합분석을 하였다. 그들은 초과학습량이 증가함에 따라 수행이 얼마나 증가했는지를 분석하였다. 초과학습은 피훈련자가 배운 과업에 대해 처음으로 최소 기준을 달성한 후, 계속된 훈련 회기에서의 연습으로 정의되었다. 이 연구들에서 초과학습 범위는 0%(초과학습 없음)에서 200%(훈련 준거를 달성한 후, 준거를 달성하기 전의 훈련량의 두 배로 훈련)까지 걸쳐 있었다. 피훈련자가 최초 준거를 달성하기까지 2시간이 걸렸다면, 200% 초과학습은 4시간의 추가 훈련을 하는 것이다. [그림 7-4]는 그 결과를 요약한 것이다. 초과학습이 많아질수록(평행축) 학습량은 더 많아진다(수직축). 이러한 결과는 조직이 훈련 프로그램에 가능한 많은 초과학습 훈련을 포함시켜야 함을 시사한다. 그러나 이 통합분석에 포함된 대부분의 연구는 단기 학습이었고 훈련과 학습 평가 사이의 시간 간격이 일주일을 넘지 않았음을 유념해야 한다.

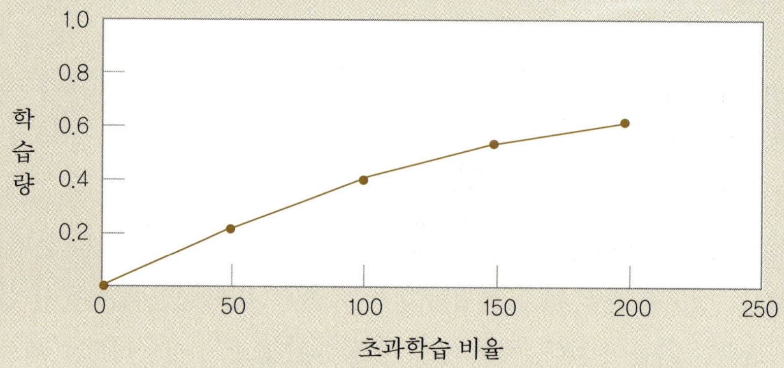

그림 7-4 학습은 초과학습 훈련의 양에 따라 고양된다. 최초 준거가 달성된 이후 훈련의 양을 늘리면 학습의 양도 증가할 것이다.

출처: "Effect of Overlearning on Retention," by J. E. Driskell, R. Willis, and C. Copper, 1992, *Journal of Applied Psychology, 77,* 615-622.

■ 훈련 회기의 배열

훈련 회기의 배열에는 부분 대 전체, 집중 대 분산의 두 가지 형태가 있다. 부분 훈련(part training)은 과업을 구성 요소로 나누는 것을 의미하며, 구성 요소는 한 번에 하나씩 학습된다. 구성 요소가 모두 학습된 이후에는 전체 과업을 통틀어서 가르친다. 전체 훈련(whole training)은 개별 요소로 나누어 학습하기보다는 전체 과업을 한 번에 가르치는 것이다.

과업이 너무나 복잡해서 한 번에 모두를 학습하기 어려울 때는 부분 훈련이 전체 훈련보다 좋다. 전체 훈련을 통해 골프나 테니스 등을 단번에 배우기는 어렵다. 골프의 스윙이나 테니스의 서브처럼 한 번에 게임의 한 구성 요소를 학습하는 것이 더 낫다. 반대로 자전거 타는 법은 전체적으로 배워야 한다. 사람들은 보통 페달을 밟거나 핸들을 조종하는 기술을 따로 배우지 않는다.

집중 훈련(massed training)은 훈련 시간이 길고 비교적 단기간 내에 이루어진다. 분산 훈련(spaced training)은 한 번의 훈련 시간이 비교적 짧고 기간을 분산하여 실시한다. 집중과 분산은 한 훈련 프로그램이 다른 프로그램에 비해 더욱 집중적이거나 더욱 분산적이라는 것을 의미하는 상대적인 용어다. 10일 동안 하루에 1시간의 수업 시간이 있는 훈련 프로그램은 하루에 10시간의 수업 시간이 있는 프로그램보다 더욱 분산적이다.

집중 훈련은 매우 능률적일 수 있다. 그러한 이유 때문에 조직이 종업원에게 8일 동안 하루에 한 시간씩 훈련을 받도록 허용해 주기보다는 하루 온종일 자리를 비우고 훈련을 받도록 하는 것이 더 용이할 때는 집중 훈련이 많이 사용된다. 대부분의 직무에서 종업원이 훈련을 위해 자리를 비우게 되면 대체 인력이 필요하게 되는데, 하루에 한 시간씩만을 대체할 인력을 찾는 것은 어려운 일이다. 한 시간의 훈련 때문에 하루 전체를 투자해야 하기 때문이다. 게다가 훈련 장소가 다른 도시에 있다면 그곳까지 가는 데 상당한 시간이 걸릴 것이다. 이러한 현실적 이유로 인하여 집중 훈련이 자주 사용된다.

반대로 분산 훈련이 장기적으로는 집중 훈련보다 더 효과적이고 학습 효과가 더 클 수 있다(Cepeda, Pashler, Vul, Wixed, & Rohrer, 2006). 훈련 회기 사이의 최적의 시간 간격은 사람들이 정보를 얼마나 오랫동안 보유할 필요가 있는지에 따라 다르다. Cepeda 등은 일련의 실험에서 분산 훈련의 길이를 조작한 후 최장 1년의 기간 동안 피험자들이 학습된 자료를 보유하는 정도를 평가했다. 회기 사이의 이상적인 시간 간격은 학습 자료를 얼마나 오랫동안 보유해야 하는지에 따라 결정되며, 장기간 보유를 위해서는 긴 시간 간격이 더 낫다는 사실을 알아냈다. 이 연구자들은 최적의 훈련 설계를 위해서 몇 주 혹은 몇 달에 걸쳐 훈련 회기를 배열하는 것이 필요함을 지적했다(Cepeda, Coburn, Rohrer, Wixed, Mozer, & Pashler, 2009; Cepeda, Vul, Rohrer, Wixted, & Pashler, 2008). 이러한 결과는 종업원에게 필수적이지만 정규적으로 사용하지 않는 지식과 기술(예: 응급처치 혹은 심폐소생술)에 해당된다. 이 경우에는 차후에 보수교육이 주기적으로 이루어져야 한다. 직무에서 정규적으로 사용되는 지식과 기술에 대해서는 주기적인 보수교육이 필요하지 않을 수 있다.

3) 작업 환경

조직에서 훈련은 복잡한 작업 환경에서 이루어진다. 훈련에서 학습된 기술이 직무에서 사용되는지의 여부는 주로 직무 환경에 달려 있다. 경영진이 훈련을 제공하더라도, 종업원이나 직속상사가 훈련 내용을 직무에 적용하는 데 찬성하지 않을지도 모른다. 직속상사가 부하직원에게 훈련에서 학습한 새로운 절차나 기술을 자신의 부서에서는 사용하지 말라고 지시하는 경우는 흔하다. 감독자나 여타 사람이 종업원들이 배운 원리를 적용하도록 고무하는 지지적 환경은 종업원의 학습 동기를 유발하고 훈련의 전이를 증가시킨다(Machin & Fogarty, 2003). 종업원과 감독자들의 지지가 없다면 아무리 좋은 훈련이라도 의도한 효과를 얻지는 못한다. 지지를 얻는 것은 적합한 훈련을 설계하는 것 이상의 복잡한 문제다.

또 다른 문제는 새로운 훈련을 사용할 기회가 있는지 여부다. 예를 들어, 종업원들이 직무를 하면서 접할 수 없는 새로운 컴퓨터 시스템 사용법을 훈련받는다면 그러한 훈련은 소용이 없다. 이 문제는 앞서 논의한 요구 평가의 문제다. 사람들은 직무와 관련 없는 분야의 훈련은 받아서는 안 된다.

4) 훈련 방법

훈련을 시행하는 방법은 다양하다. 각각의 방법에는 모두 이점과 한계가 있으므로, 훈련을 위한 단 한 가지 최고의 방법은 존재하지 않는다. 앞에서 언급했듯이, 각 개인마다 자신에게 가장 잘 맞는 훈련 방법이 있다. 최고의 훈련 프로그램은 유연해서, 훈련 내용과 훈련 대상에 따른 요구에 적절하게 적용하는 것이 가능하다.

여기에서는 조직 훈련에서 자주 사용하는 여덟 가지 훈련 방법을 살펴볼 것이다. 이 방법들은 조합해서 사용할 수도 있는데, 좋은 훈련 프로그램이 되려면 훈련의 여러 측면에 각각 다양한 방법의 이점을 활용할 필요가 있기 때문이다. 가령 조종사 훈련에는 이러한 방법 모두는 아니지만 많은 방법이 포함된다. 복잡한 과업을 학습하는 데는 다양한 접근의 사용이 필요하다. 〈표 7-1〉은 여덟 가지 훈련 방법을 모두 열거하고, 각각의 주요한 이점을 요약한 표다.

■ 시청각 교육

시청각 교육(audiovisual instruction)은 녹음테이프나 비디오테이프, DVD, 컴퓨터를 사용하여 자료를 전자적으로 제시하는 것을 말한다. 음성 녹음이나 영상이 훈련을 위해 오랫동안 사용되어 왔으나, 기술력의 향상으로 그러한 매체가 보다 더 쉽고 유연하게 사용될 수 있게 되었다. 사업 혹은 대학에서 발표자가 발표에 시청각 요소를 첨가하기 위해 파워포인트와 같은 컴퓨터 기반 도구를 사용하는 것은 이제는 아주 흔한 일이 되었다. 또한 이러한 방법은 다음에 논의할 자동학습 방법에서 개인이 개별적으로 사용할 수 있는 방법이다.

■ 자동학습

자동학습(autoinstruction)은 참가자가 자신의 학습 속도에 맞출 수 있고, 훈련자 없이 이

〈표 7-1〉 여덟 가지 훈련 방법의 이점

방법	이점
시청각 교육	시청각 도구를 통해서만 듣거나 볼 수 있는 자료를 제시한다. 한 번에 많은 사람을 훈련시킬 수 있다.
자동학습	피훈련자에게 즉각적 피드백을 제공한다. 참가자의 학습 속도에 맞출 수 있다.
세미나	피훈련자가 피드백을 할 수 있도록 허용한다. 피훈련자의 높은 수준의 참여를 이끌어 낸다.
강의	경제적이다. 정보를 제공하는 좋은 방법이다.
모방 훈련	높은 수준의 피드백을 제공한다. 새로운 기술을 실습해 볼 수 있다.
직무상 훈련	실제 직무를 경험할 수 있다. 전이 수준이 높다.
역할연기	높은 수준의 피드백을 제공한다. 새로운 기술을 실습해 볼 수 있다.
모의 훈련	전이 수준이 높다. 새로운 기술을 실습해 볼 수 있다.

출처: "Selection, Training, and Development of Personnel," by W. C. Borman, N.G. Peterson, and T. L. Russell, 1992, in G. Salvendy (Ed.), *Handbook of Industrial Engineering* (2nd ed.), New York: John Wiley & Sons.

루어지는 훈련 방법이다. 가장 잘 알려진 기법은 프로그램화된 교육(programmed instruction)으로, 이 학습법에서는 학습 자료가 일련의 단원, 즉 단락(frame)으로 구성된다. 각 단락은 한 가지 정보, 응답해야 할 질문, 이전의 단락에서 제시된 질문에 대한 응답으로 구성된다. 참가자는 자신의 속도에 맞추어 학습한다. 자료가 한 번 이상 제시되기 때문에 반복학습이 가능하다. 또한 참가자가 질문에 답하면 거의 즉각적으로 정답을 알려 주기 때문에 피드백도 제공되는 셈이다. 프로그램화된 교육을 위한 매체는 원래 서적이나 소책자였지만, 컴퓨터를 사용함으로써 자동학습을 통한 훈련을 더욱 유연하게 할 수 있게 되었다.

■ 세미나

세미나(conference)는 피훈련자와 훈련자가 만나서 훈련 내용에 대하여 토론하는 것이다. 다른 방법과 구별되는 세미나의 특성은 참가자가 훈련 내용에 대해 토론도 하고 질문도 한다는 점이다. 또한 자유롭게 의견을 교환할 수 있도록 해서, 토론이 이미 짜인 내용 이상으로 진행될 수 있다. 그러므로 세미나는 참가자의 관심을 이끌어 내는 능동적인 학습 환경을 조성하는 데 사용된다. 특히 참가자들이 이미 자료에 대한 전문적 지식이 있는 사람들일 경우 더욱 효과적이다. 이 방법은 산업 및 조직 심리학의 박사 수준 학생들에게 사용되는 주요한 학습 방법이다.

■ 강 의

강의(lecture)는 훈련자가 피훈련자 집단에 강연하는 것이다. 이 방법의 주요 이점은 효율성이다. 한 명의 훈련자가 많은 수의 피훈련자에게 훈련 내용을 강연할 수 있다. 대학에서는 한 번에 수많은 학생을 모아 놓고 강의를 하기도 한다. 이 방법의 가장 큰 강점은 또한 가장 큰 약점이 될 수도 있는데, 수많은 사람에게 대규모 강연을 하기 때문에 시간적으로 제공할 수 있는 피드백의 양이 제한된다. 40명이 수강하는 강의가 있다고 하자. 만약 한 수강생당 한 가지씩 질문을 한다면 강사는 설명할 시간의 거의 없을 것이다. 피드백이 필요하지 않는 상황이라면 강의법은 훈련에 아주 효과적인 도구가 될 수 있다.

■ 모방 훈련

모방 훈련(modeling)은 피훈련자에게 어떤 사람이 과업을 수행하는 것을 지켜보게 하거나 본보기를 제시한 후, 본 바를 모방하도록 하는 것이다. 피험자는 영화나 비디오로 모델의 행동을 본다. 모델은 효과적이거나 비효과적인 행동 모두를 보여 준다. 이러한 방법은 흔히 관리자에게 수행을 잘하지 못하는 종업원에게 부정적 피드백을 주는 관리 기술을 훈련시키기 위해 사용된다. 관리 행동의 예를 보여 준 후, 피훈련자들은 본 대로 모방한다. 훈련자의 역할은 피훈련자들에게 관찰한 방식대로 시도해 보게 하고, 본 바를 얼마나 잘 모방하였는지에 대한 충고를 해 주는 것이다.

모방 훈련 방법에 대한 연구는 타인과 의사소통을 하는 등의 대인관계 기술 향상을 위해 사람들을 훈련시킬 수 있다는 것을 보여 주었다. Taylor, Russ-Eft와 Chan(2005)의 통합분석 결과, 모방 훈련은 학습 성과를 높이는 데 효과적이었는데, 학습 성과는 지필검사와 모의 훈련으로 측정되었다. Simon과 Werner(1996)의 보고에 의하면, 미 해군에서 개인용 컴퓨터로 새로운 자료 처리 시스템을 사용하는 방법을 훈련시킬 때 모방 훈련을 통한 학습이 자동학습이나 강의에 의한 학습보다 더 나은 방법이었다.

■ 직무상 훈련

직무상 훈련(on-the-job training)은 어떤 특별한 방법이 아니라, 종업원들이 직무를 수행하는 동안에 어떻게 해야 하는지 보여 주려고 사용하는 모든 방법을 일컫는다. 피훈련자가 다양한 직무 과업을 수행할 때 가장 많은 양의 직무 훈련이 이루어진다. 직무상 훈련은 신입 종업원이 직무를 어떻게 수행해야 하는지 배우기 위해 경험 있는 종업원이 수행하는 것을 관찰하는 비공식적 제도일 수 있다. 직무상 훈련에는 공식적 훈련 프로그램인 도제 제도(apprenticeship)가 포함되기도 하는데, 이 제도는 훈련을 완전히 마치는 데 수년이 걸리는 직무에서 흔히 사용된다. 조직은 생산성도 없이 직원이 수년간 훈련을 받는 데만 시간을 낭비하기를 원치 않기 때문에, 이러한 종류의 직무에서는 직무상 훈련이 아닌 다른 훈련 방법은 가능하지 않다. 만일 훈련을 마치기 전에 직원이 그만둔다면 훈련을 위한 투자는 쓸모가 없게 된다. 도제란 훈련자의 보조 노릇을 하는 종업원을 말한다. 훈련자는 직무를 수행하면서 도제를 훈련시키는 일을 동시에 하는 종업원이다. 이 방법은 흔히 전기기술자나 배관공과 같은 기술직에 종사하는 사람들을 훈련시키는 데 사용한다.

■ 역할연기

역할연기(role-playing)는 피훈련자가 과업 수행을 흉내 내는 모의 훈련의 한 유형이다. 이 훈련에는 사람들에게 조언이나 피드백을 주는 대인관계적 상황이 포함되며 관리 훈련에 자주 사용된다. 역할연기는 앞에서 설명한 모방 훈련의 일부이다. 그러나 역할연기 자체에는 처음에 다른 사람의 수행을 관찰하는 과정이 포함되지 않는다. 이 기법은 효과적이지만 한 번에 단지 몇 명만 훈련시킬 수 있으므로 비용이 많이 든다.

■ 모의 훈련

앞에서 설명했듯이, 모의 훈련(simulation)은 직무 상황을 재현하기 위해 특수한 장비와 자료가 사용되는 기법이다. 피훈련자들은 모의 상황이 실제인 것처럼 행동하고 실제 상황에서처럼 과업을 수행한다. 모의 훈련은 자동차나 비행기와 같은 장비를 사용할 수 있도록 사람들을 훈련시키는 데 사용된다. 그 밖의 다른 상황을 재현하는 데 모의 훈련이 사용되기도 한다. 예를 들어, 경영 의사결정에 대한 모의 훈련에서 참가자들은 공항이나 공장 운영 같은, 해결해야 하는 문제나 완수해야 하는 과제를 맡은 조직 구성원처럼 행동해야 한다(Funke, 1998). 이러한 모의 훈련은 조직의 실제 사례에 기초하기 때문에 현실감이 매우 높다. 모의 훈련은 한 번에 소수의 참가자만이 훈련할 수 있다는 점에서 역할연기와 동일한 한계점이 있다. 그러나 많은 조직에서 컴퓨터를 널리 사용하고 있기 때문에 컴퓨터를 활용한 기법을 사용하면 심각한 문제가 아닐 수도 있다.

5) 전자매체 활용 학습

전자매체 활용 학습(electronic training), 즉 E-러닝(E-learning)은 조직 훈련과 대학교육 모두에서 최근에 유행하고 있다. 이 방식은 훈련 시 전자 도구를 사용하며 이 장에서 논의하고 있는 훈련 방법 중 일부는 전자매체를 활용하여 진행할 수 있다. E-러닝 유형 중에는 원래 다른 매체 사용 용도로 개발된 훈련을 단지 컴퓨터나 과학기술을 적용하여 실시하는 형태도 있는데, 일례로 강의를 웹 방송으로 송출하여 컴퓨터나 텔레비전으로 원격 강의를 보는 형태를 들 수 있다. 그 밖에 복잡하고 개별화된 훈련을 포함하는 더욱 정교한 방식도 있다. 여기에는 정교한 평가가 포함되어 피훈련자의 수준에 맞추어 훈련을 더욱 효율적으로 만들고 피드백도 제공하며, 실습은 목표 준거 수준에 도달하여 능숙해질 때까지 계속하고, 이미 배운 자료는 생략한다. 훈련을 제공하기 위해 웹을 사용하는 방식이 빠르게 확산되고 있다. 훈련 자료는 종업원들이 언제든지 원하는 때에 학습할 수 있도록 온라인 데이터베이스에 저장해 놓는다. 이 방식은 종업원들이 훈련 과정의 개설을 기다릴 필요 없이 훈련이 필요한 상황이 되면 언제 어디서나 훈련을 받을 수 있다.

DeRouin, Fritzsche와 Salas(2005)는 조직이 E-러닝을 매력적으로 보는 몇 가지 장점을 열거했다. 첫째, 이 방법은 학습자 스스로 언제 어디서 훈련을 받을지, 그리고 어떤 E-러닝 방법들에서는 자료의 순서까지도 결정할 수 있도록 함으로써 학습자가 훈련 경험을 통제할 수 있도록 한다. 둘째, E-러닝 기술로 필요할 때마다 훈련 자료를 신속하게 개발 및 수정을 할 수 있다. 파워포인트로 작성된 훈련 모듈은 단기간 내에 함께 묶어서 종업원들에게 이메일로 보내거나 웹사이트에 올려놓을 수 있다. 셋째, E-러닝은 전통적 훈련 방법과 결합하여 혼합학습(blended leaning)이 될 수 있다. 예를 들어, 교실 강의에 E-러닝 과제를 결합할 수 있다. 마지막으로, E-러닝은 개별 종업원의 요구에 맞추어 개발하는 것이 용이하다. 예를 들면, 학습자가 자료를 숙달하고 다음 주제로 옮길 준비가 되어 있는지 여부를 결정하는 평가를 훈련 프로그램에 포함시킬 수도 있다. Newton과 Doonga(2007)는 조직의 연수 담당자를 조사했는데, 담당자들은 E-러닝의 주요 장점들로 훈련 장소의 유연성, 훈련 시행의 효율성, 훈련에 참가하기 위하여 종업원이 결근할 필요가 없다는 점을 들었다. 종업원들은 근무일에 짧은 회기로(예: 휴식 시간을 이용하여) 훈련을 마칠 수 있었다.

한편 E-러닝의 단점도 있다. 앞서 말한 대로, 동기는 훈련에 중요한 요소이고 E-러닝에서 특히 관심을 가져할 요인이다(Brown, 2005). E-러닝은 자율학습이므로, 훈련 자료 내용 자체에 흥미를 갖고 있지 않은 피훈련자가 동기를 갖도록 도와줄 수 있는 훈련자도 동료 피훈련자도 없다. E-러닝의 또 다른 문제점은 보통 피훈련자가 시간이 날 때 자신의 진도대로 훈련을 받게 한다는 점이다. Oiry(2009)는 종업원들이 할 일이 쌓여 있는 상황에서는 감독자들이 훈련을 받을 짬을 내주기를 싫어한다는 불평을 한다고 지적했다. 이 문제는 훈련에 참가할 수 있도록 하루를 쉬게 하면 해결될 수 있다.

E-러닝은 조직 훈련을 시행하는 인기 있는 방법이고 조직 생활의 일부가 되었다. 여러 연구에 따르면, E-러닝은 배움의 정도에 있어서 교실 훈련과 동등하거나 상황에 따라서는 더 나은 훈련 방법일 수 있다(Sitzmann, Kraiger, Stewart, & Wisher, 2006). 물론 모든 훈련 방법과 마찬가지로 E-러닝이 어떠한 훈련 상황에서나 적합한 방식이라고는 말할 수 없다.

6) 멘토링

많은 조직은 신입이나 경험이 없는 종업원이 상급자나 직급이 높은 종업원으로부터 조언을 얻고 도움을 받을 수 있다는 사실을 깨달았다. 멘토링(mentoring)은 경험 많은 종업원이 경험 없는 종업원에게 진로 지도와 상담 및 정서적 지원을 해 주고, 역할 모델 노릇까지 하는, 두 종업원 사이의 특별한 업무 관계 유형이다(Baranik, Roling, & Eby, 2010). 대부분의 멘토링 상황에서는 상이한 조직 직급의 종업원들이 멘토(mentor)와 문하생(protégé)의 역할을 하고, 멘토는 흔히 문하생의 상사이지만, 동일한 직급에 있는 경험이 많은 동료 종업원이 멘토가 될 수도 있다(Allen, McManus, & Russell, 1999). 멘토링은 신입사원이 직무에 적응할 수 있게 도울 뿐 아니라, 신입사원 자신의 경력을 개발할 수 있도록 회사가 일정 기간 지원하는 훈련 방법 유형이다(Young & Perrewe, 2004). 멘토링을 통해서 지도받는 사람들, 즉 문하생들은 멘토링의 효과를 본다는 사실이 연구 결과 밝혀졌는데, 직무 수행과 직무 태도가 좋고 승진이 빠른 반면 이직률은 낮았다(Allen, Eby, Poteet, Lentz, & Lima, 2004; Blickle, Witzki, & Schneider, 2009). 멘토들에게도 많은 이점이 있는데, 개인적으로 만족하고, 직무 수행이 향상되며, 타인의 인정을 받고, 앞으로 문하생들의 충성의 대상이 될 수 있다(Eby, Durley, Evans, & Ragins, 2006).

O'Brien, Biga, Kessler와 Allen(2010)은 멘토링을 받거나 제공하는 데 성차가 있는지, 특히 경력 지원 혹은 정서적 지지를 주고받는 데 성차가 있는지에 관심을 가졌다. 연구자들은 남성과 여성의 경험을 살펴본 41개의 멘토링 연구에 대한 통합분석을 실시했다. 그 결과, 문하생의 경우에는 남녀 모두 멘토링을 받아들일 가능성이 높았지만, 특히 여성은 남성에 비해 멘토로부터 정서적 지지를 받을 가능성이 더 높았다. 멘토들의 경우에는 남자는 경력 지원을 해 줄 가능성이 높았던 반면에 여성은 정서적 지원을 해 줄 가능성이 높았다. 그러나 효과의 크기가 작기 때문에 이 문제에 대해서 남성과 여성에 대한 고정관념을 가져서는 안 되며, 남녀 모두 경력 지원과 정서적 지원의 멘토링을 한다고 보는 것이 합리적이다.

멘토링은 직장에서 사람들 간의 관계가 발전함에 따라 자연스럽게 형성되는 편이지만, 많은 조직에는 멘토와 문하생을 지정해 주는 공식적인 멘토링 프로그램이 있다(Raabe & Beehr, 2003). 종업원 모두가 스스로 멘토를 찾을 수 있는 것은 아니기 때문에 공식적인 프로그램은 유용하다. 성취 지향적이고 사회성이 있는 사람은 자연스럽게 멘토를 발견할 가능성이 높다(Aryee, Lo, & Kang, 1999). 지정된 멘토-문하생 관계가 언제나 좋은 것은 아니므로, 지정된 관계가 자연스럽게 발전한 관계만큼 효과가 있는 것은 아니다(Allen & Eby, 2003; '연구 상세히 보기' 참조). Allen, Eby와 Lentz(2006)는 멘토와 문하생이 겪는 경험을 연구했는데, 멘토링 프로그램의 여러 가지 단면과 멘토링이 도움이 되었는지 여부를 물어보았다. 이 연구자들은 쌍을 정할 때 멘토와 문하생이 의견을 말할 기회를 주고 훈련을 받는 것이 멘토링이 성공하는 데 중요한 요인임을 보여 주었다. 멘토가 문하생을 과도하게 비판하고 무시하여 멘토와 문하생의 관계가 파괴적이 되는 극단적인 경우에는 멘토링이 역기능을 할 수도 있다. 그러한 부정적 경험은 차라리 멘토가 없는 경우보다 더 좋지 않으며 문하생에게는 심각한 문제를 야기할 수 있다(Eby, Durley, Evans, & Ragins, 2008).

7) 임원 코칭

특히 사기업의 고위직 임원들은 직무 수행의 향상을 도와주는 임원 코치의 역할을 하는 컨설턴트와 흔히 짝을 이룬다. 임원 코칭(executive coaching)은 원래 업무 수행이 기대에 못 미치는 고위직 임원을 돕기 위한 제도였지만 현재는 관리 능력을 향상시키고 싶은, 수행이 좋은 관리자들까지도 돕는 수단으로 진화되었다(Bono, Purvanova, Towler,

연구 상세히 보기

모든 종업원이 멘토를 찾게 되거나 바람직한 멘토링을 갖는 것은 아니다. Aryee, Lo와 Kang (1999)은 연장자이고 경험이 많은 종업원에게서 멘토링을 받기로 한 문하생들의 특성들을 알아내는 데에 관심을 가졌다.

이 연구에는 홍콩 국내 기업이나 다국적 기업에서 일하는 184명의 중국인 종업원이 참여하였다. 이들은 멘토링 관계에 대한 질문과 성격 검사, 연령과 성을 묻는 내용을 담은 설문지를 우편으로 받았다. 멘토링 경험은 두 개의 척도로 측정하였다. 한 척도는 참가자가 경험 있는 관리자로부터 멘토링을 받은 정도에 관한 것이었고, 다른 한 척도는 참가자가 멘토를 찾기 위해 기울인 노력에 관한 질문이었다.

결과는 두 가지 멘토링 척도는 상관이 있음을 보여 주었다. 즉, 멘토를 찾으려 노력했던 종업원은 멘토가 자신에게 다가오기를 기다린 종업원보다 멘토를 더 많이 찾았다. 두 가지 멘토링 척도 모두 참가자의 성취, 노력, 외향성과 관련이 있었다. 나이가 든 종업원은 젊은 종업원보다 더욱 멘토를 찾고자 하는 경향을 보였다. 그러나 대부분의 참가자는 25세에서 30세 사이임을 고려해야 한다. 마지막으로 남성과 여성이 노력하여 멘토를 찾을 가능성은 거의 같았다.

두 멘토링 척도 사이의 상관값은 .40으로 다소 낮았는데, 이는 종업원이 멘토를 찾으려고 노력하면 찾을 기회가 증가하지만, 그렇게 해도 실패하는 경우도 있음을 의미한다. 멘토를 찾는 데 성공한 종업원들은 그들의 성격 검사 점수로 볼 때보다 의욕적이고, 근면하며, 외향적인 사람이었다. 그들은 또한 나이가 있는 편이었는데 이 표본에서는 20대 초반보다는 30대가 더 그럴 가능성을 보였다. 마지막으로 멘토링에 있어서 성차는 없었다. 남성과 여성은 문하생이 될 가능성이 동일했다.

출처: "Antecedents of Early Career Stage Mentoring Among Chinese Employees," by S. Aryee, S. Lo, and I. L. Kang, 1999, *Journal of Organizational Behavior, 20*, 563-576.

& Peterson, 2009). 코치가 역할을 수행하는 여러 가지 방식이 있다. 한 가지 방식은 임원과 상호작용을 하는 종업원에게서 다면 평가 방식을 사용해서 피드백을 요청하는 것이다(4장 참조). 코치는 피드백을 해석하고 부족한 영역에서의 향상을 가져올 활동 계획을 고안하기 위하여 임원과 회합을 갖는다. 예를 들어, 부하직원과 동료가 의사소통의 문제를 지적한다면, 의사소통 기술을 향상하는 계획을 고안한다. 코치는 한동안 임원과 작업하며 충고와 피드백을 계속 제공한다.

임원 코칭의 한 가지 문제점은 코치가 되기 위한 특정한 배경과 자격이 필요하지 않고 요구되는 필수 KSAO에 관한 합의가 없다는 점이다(Bono et al., 2009). 산업 및 조직 심리학자를 포함하여 다양한 배경을 지닌 코치가 존재한다(이 장의 '산업 및 조직 심리학 현장 연구' 참조). 드물기는 하지만 임원 코칭 효과에 관한 연구는 임원 코칭의 긍정적인 효과를 시사한다(Grant, Curtayne, & Burton, 2009). 예를 들어, Baron과 Morin(2010)은 코치를 받은 관리자는 코치를 받지 않은 통제 집단의 관리자들에 비해서 코칭 전보다 코칭 후에 업무 수행이 향상되었다는 사실을 발견했다.

4. 훈련 프로그램의 시행

설계가 아주 잘된 프로그램이라도 적합하게 시행되지 않는다면 효과가 없을 것이다. 대부분의 조직에서는 숙련된 훈련 전문가들이 프로그램을 시행한다. 그들은 훈련 내용이나 훈련 설계에 대한 전문가일 수도 있고 아닐 수도 있다. 훈련 내용은 훈련에서 다루고자 하는 특정한 주제에 관해 잘 아는 주제관련 전문가들의 책임이다. 프로그램 설계 전문가는 산업 및 조직 심리학자 혹은 여러 다른 분야의 사람들이다. 프로그램 시행은 산업 및 조직 심리학자가 주로 하는 활동은 아니므로 다음 주제인 훈련 평가로 넘어갈 것이다.

5. 훈련 프로그램의 평가

산업 및 조직 심리학자의 관점에서 훈련 프로그램은 효과가 있다고 평가받기 전까지는 완성되지 않았다고 본다. 평가는 프로그램이 의도한 효과를 보였는지를 알기 위해서 하는 연구다. 많은 훈련 프로그램이 효과가 없기 때문에 평가는 중요한 부분이다. 예를 들어, Morrow, Jarrett과 Rupinski(1997)는 한 조직의 18개 훈련 프로그램의 효용성을 평가한 결과, 이 중 5개는 직무상 수행 향상의 측면을 금전으로 환산하면 오히려 손해였음을 발견했다. 2장에서 논의하였듯이, 연구 설계의 원리들이 평가의 설계에도 많이 반영된다. 훈련 프로그램 평가 연구를 시행하는 것과 조직에 적용된 개입의 효과를 결정하는 연구를 시행하는 것 간에는 거의 차이가 없다. 그러므로 2장에서 제시한 연구 방법론의 원리와 기법은 훈련 프로그램의 평가에도 적용된다.

훈련 평가는 5단계로 이루어진다([그림 7-5] 참조). 첫 번째 단계는 평가를 위한 준거를 정의하는 단계다. 이 책에서 여러 번 언급했듯이, 어떤 것을 평가하려면 그 전에 준거가 있어야 한다. 준거는 비교를 위한 기준으로서 훈련이 효과적이었는지를 결정할 수 있다. 일단 준거를 선택하고 나면, 연구를 위한 설계와 준거를 평가하는 데 사용될

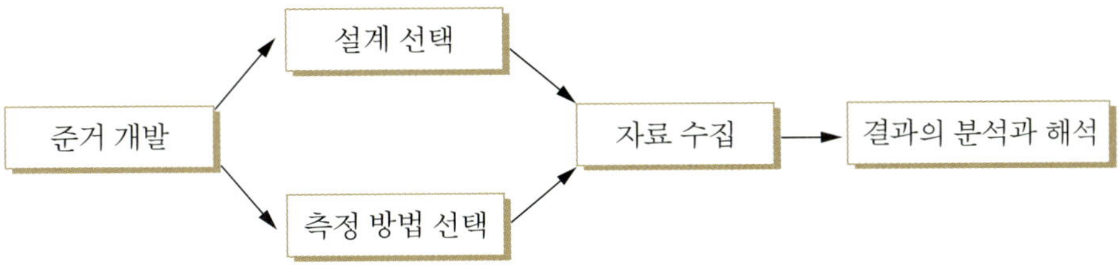

그림 7-5 훈련 프로그램 평가 5단계

측정 도구를 선택한다(2단계, 3단계). 4단계는 연구를 위한 자료 수집 단계다. 5단계에서는 자료를 분석하고 훈련 프로그램의 효과성에 대한 결론에 도달한다. 각 단계는 이후에 더 자세히 설명할 것이다.

1) 준거 설정

훈련 준거는 훈련을 평가하는 기준으로 사용된다. 훈련을 통해 이루고자 하는 것이 무엇인지 알면, 우리는 그 목표가 충족되었는지를 결정하는 평가 연구를 설계할 수 있다. 어떤 제조 회사가 너무나 많은 불량품을 팔고 있다고 가정해 보자. 이러한 상황에서 훈련 목표는 종업원이 제조 과정에서 실수를 줄이도록 가르치는 것이 될 것이다. 준거는 불량품 개수가 구체적으로 얼마나 감소하는지로 정할 수 있다. 불량품 10% 감소와 같이 준거가 구체적일 때는 훈련 프로그램의 효과성 평가가 상대적으로 용이하다.

훈련 준거는 훈련 수준과 수행 수준의 두 수준으로 분류되고, 이들 모두 훈련 평가에서 중요하다. 훈련 수준 준거(training-level criteria)는 직무 상황보다는 훈련 상황 자체에서 훈련이 끝난 후에 사람들이 할 수 있는 바에 관한 것이다. 수행 수준 준거(performance-level criteria)는 훈련 상황보다는 직무 상황에서 사람들의 수행에 관한 것이다. 즉, 수행 준거는 훈련의 전이와 관련된다. 그러므로 훈련 수준은 사람들이 훈련을 통해 학습한 것에 관한 것이고, 수행 수준은 직무 자체에 훈련이 얼마나 효과가 있는지에 관한 것이다.

수행 수준 준거나 훈련 수준 준거 중 어느 하나만으로는 훈련 효과성을 평가하는 데 부족하다. 수행 수준은 훈련이 직무상에서 의도한 효과를 갖는지의 유무를 보여 주기 때문에 중요하다. 대부분의 훈련은 직무 수행을 향상하기 위해 실시하기 때문에 수행 수준에 영향을 미치지 못하는 훈련 프로그램은 쓸모가 없다. 또한 훈련 과정에서 종업원이 배운 것을 아는 것도 중요하다. 이에 대한 가장 좋은 준거는 훈련 수준 준거다. 어떤 사람은 많은 양을 배웠지만 어떤 이유로 인하여 직무에 적용하지 못할 수도 있다. 훈련이 직무에 효과적이지 못한 이유는 많은 요인에 기인한다. 예를 들어, 어떤 사람은 무엇을 해야 하는지, 또 어떻게 해야 하는지 알고 있지만 그것을 적용할 기회를 갖지 못하기도 한다. 종업원들은 작업 사고를 능숙하게 다루기 위한 응급 치료 강좌를 듣지만 아무런 사고도 발생하지 않는다면 수행 수준에서 어떠한 효과성도 보여 주지 못하게 된다.

준거를 분류하는 또 다른 유용한 방법은 준거를 네 가지 유형으로 나누는 것인데, 처음 두 가지는 훈련 수준으로, 나머지 두 가지는 수행 수준으로 볼 수 있다(Kirkpartrick, 1977).

반응　　학습　　행동　　결과

반응 준거(reactions criteria)는 피훈련자가 훈련을 얼마나 좋아했고 훈련에서 얼마나 배울 수 있었는지 믿는 정도다. 반응 준거는 훈련 수업 시간 마지막에 피훈련자에게 질문지를 작성하게 하여 평가한다. 학습 준거(learning criteria)는 피훈련자가 훈련 동안에 배운 것이 무엇인지, 즉 훈련 기간 동안 습득한 지식과 기술을 적용하여 행동으로 보여 줄 수 있는 것이 무엇인지에 관한 것이다. 학습 준거는 훈련 마지막에 시행하는 시험을 통해 평가할 수 있다. 이러한 유형의 준거들은 모두 훈련 수준 준거와 관련이 있다. 이 준거들은 대학에서 자주 사용되는데, 학생 평가는 반응 준거이고, 시험 성적은 학습 준거다.

행동 준거(behavior criteria)는 훈련에 기인한다고 보이는 피훈련자의 직무상 행동과 관련 있다. 이러한 종류의 준거는 사람들이 배운 대로 행동하는지 여부를 살핀다. 결과 준거(results criteria)는 훈련이 의도한 효과를 나타내는지를 다룬다. 훈련으로 비용이 줄고 생산성은 증가했는가? 이 마지막 유형의 준거는 훈련 프로그램의 효과성에 대한 최종 결론의 역할을 한다. 행동 준거와 결과 준거는 수행 수준과 관련되며, 훈련 상황보다는 직무 상황에서 발생하는 일에 초점을 둔다.

지금까지 살펴본 모든 유형의 준거는 각각이 훈련에서의 성공을 나타내는 부분적 지표이기 때문에 중요하다. 훈련에 대한 최근의 34개 연구를 통합분석한 결과, 동일 연구 내에서 평가된 대부분의 준거가 서로 아주 약한 상관을 나타냈다(Alliger et al., 1997). 더욱이 한 훈련 프로그램에서 단지 몇 개의 준거만이 기대하는 결과를 보여 준다. Campion과 Campion(1987)은 네 가지 상이한 준거로 훈련 프로그램을 평가하는 연구를 실시하였다. 그들의 결과는 면접 기술 훈련은 훈련 수준에서 효과가 있었으나 수행 수준에서는 효과가 없음을 보여 주었다. 이에 반해서 Maurer, Solamon, Andrews와 Troxtel(2001)에 따르면, 면접 훈련은 훈련 상황 밖에서의 면접 수행을 향상시키는 데 효과가 있었다. 그러므로 면접 훈련은 효과적일 수는 있지만 늘 그렇지는 않다는 것을 알 수 있다. 이러한 연구들을 보면 훈련이 의도한 효과를 나타낼 것으로 가정해서는 안 되며, 훈련의 효과성을 철저히 평가하기 위해서는 두 수준의 준거를 모두 포함하는 것이 중요하다('연구 상세히 보기' 참조).

연구 상세히 보기

실험과 같은 상황이 조성되는 사건이 조직에서 발생할 때가 있다. Campion과 Campion(1987)의 연구 사례가 이와 같은 경우인데, 단지 일부 종업원만이 훈련을 받을 수 있어서 연구자가 자연스럽게 발생하게 된 실험을 통해 훈련의 효과를 평가할 수 있었다. 조직이 모든 사람을 훈련시킬 자원과 시간이 충분치 않아서, 종업원들은 훈련받은 집단과 훈련받지 않은 집단으로 구분되었다. 훈련이 완료된 후, 연구자들은 훈련받은 종업원과 훈련받지 않은 종업원 간의 준거를 비교하기 위해 모든 사람을 평가했다.

이 연구는 생산직에 종사하는 많은 종업원을 마케팅 직무로 이동시킬 필요가 있었던 전자 회사에서 이루어졌다. 많은 종업원은 면접 기술이 부족하였다. 이 조직의 관리자들은 자신의 부하직원들이 다른 직무로 전근하기 위한 면접을 잘 보지 못할 것을 우려했다. 그래서 종업원의 부족함을 채우기 위해 면접 기술 훈련 프로그램을 개발하여 시행하였다.

훈련을 받을 필요가 있는 종업원의 절반 정도는 훈련을 받았고, 나머지 반은 훈련을 받지 못했다. 훈련은 반응, 학습, 행동, 결과의 네 가지 유형의 준거로 평가하였다. 반응 준거는 훈련 마지막 단계에서 질문지로 평가하였다. 참여한 대부분의 종업원은 훈련이 받을 만한 가치가 있었다고 응답했다. 학습 준거는 훈련받은 종업원들에게 훈련의 시작과 끝에 검사를 실시하여 평가하였다. 이러한 지식 검사를 통해서 참가자가 훈련 동안 적절한 면접 행동을 학습했는지를 알 수 있었다.

훈련 이후에 모든 종업원을 면접한 면접관들에게 종업원이 얼마나 잘 수행하였는지 평정하게 하여 행동 준거를 평가하였다. 이 준거에 의하면, 훈련받은 집단과 훈련받지 않은 집단은 수행의 차이가 없었다. 마지막으로, 결과 준거는 각 종업원이 받은 직무 제의의 수를 확인하여 평가하였다. 여기에서도 훈련받은 사람과 훈련받지 않은 사람 간의 차이는 없었다.

이러한 결과는 훈련이 종업원들에게 면접 기술을 가르치는 데는 효과적이었지만 실제 직무 면접에서 더 나은 수행을 하도록 돕는 데는 효과가 없었음을 의미한다. 조직의 입장에서 보면 훈련은 목표를 달성하지 못하였다. 이러한 실패의 이유는 분명하지 않지만 대부분의 종업원이 이미 훌륭한 면접 기술을 가지고 있었기 때문에 훈련이 필요하지 않았을지도 모른다. 또한 훈련 내용이 적절하지 않았을 수도 있다. 어떤 경우든 이 연구는 훈련 프로그램을 평가할 때 조직이 다양한 유형의 준거를 사용하는 것이 중요하다는 것을 보여 준다.

출처: "Evaluation of an Interviewee Skill Training Program in Natural Field Experiment," by M. A. Campion, and J. E. Campion, 1987, *Personnel Psychology, 40*, 675-691.

2) 설계의 선택

설계는 훈련에 대한 연구건 어떤 다른 현상에 대한 연구건 간에, 자료를 수집하는 방법을 명시하는 연구의 구조다. 훈련 평가에서는 준거 유형에 따라 사용할 수 있는 연구 설계가 제한된다. 반응 준거에 대해서 사용할 수 있는 유일한 설계는 훈련의 마지막에 한 번만 참가자들을 평가하는 것이다. 이 연구 설계에서 통제집단으로 훈련에 참가하지 않는 사람을 평가하거나, 훈련을 받기 전에 참가자를 평가하는 것은 어불성설이다. 훈련을 받지 않을 사람들은 경험하지 않은 것에 대한 반응이 있을 수 없다. 훈련을 아직 받지 않은 사람들은 이제 막 경험할 것에 대한 반응이 있을 수 없다.

그 외 다른 준거들은 다양한 설계 유형으로 평가한다. 가장 많이 쓰이는 두 가지 설계 유형은 사전검사-사후검사와 통제 집단이다. 사전검사-사후검사 설계는 훈련 이전과 이후에 피훈련자를 평가한다. 통제 집단 설계는 훈련을 받은 피훈련자들과 훈련을 받지 않은 종업원 집단을 비교한다. 각 설계는 모두 훈련 프로그램을 평가하는 데 있어 이점과 한계를 지닌다.

■ 사전검사-사후검사

사전검사-사후검사 설계(pretest-posttest design)는 피훈련자가 훈련을 통해 얼마나 많이 배울 수 있는지에 대한 정보를 제공하기 위한 것이다. 사전검사-사후검사 설계는 훈련 그 자체에서 학습한 양이나 직무에 돌아와서의 행동 변화의 양을 평가하는 데 사용할 수 있다. 이러한 설계를 사용하여 연구를 하려면, 훈련 시작(사전)과 훈련을 마친 후(사후)에 관심 변인을 반복해서 측정한다. [그림 7-6]은 이 설계의 구조를 나타낸다. 사전 및 사후 측정은 모두 훈련 프로그램의 일부다. 훈련 프로그램에서 피훈련자가 이미 알고 있는 바를 파악하기 위하여 훈련 시작 때 검사를 실시하고, 학습한 것을 확인하기 위하여 훈련 말미에 또 한 번 검사를 실시하는 것은 특이한 일이 아니다. 또한 훈련 훨씬 이전과 이후에도 직무상에서 평가를 하기도 한다. 예를 들어, 훈련 프로그램이 생산성

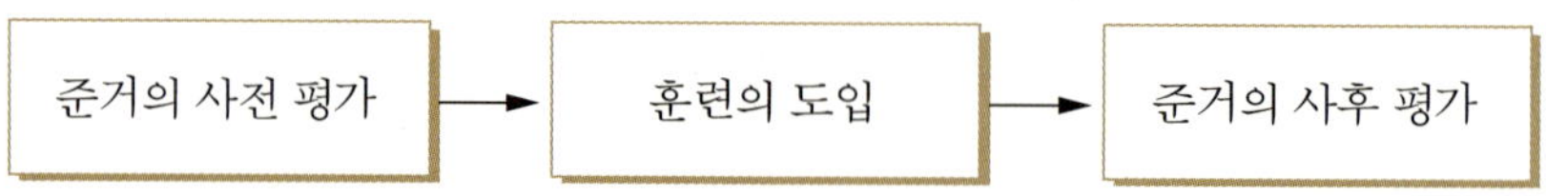

그림 7-6 사전검사-사후검사 훈련 평가 설계의 구조

을 향상하려는 목표를 가지고 있다면, 훈련 전 6개월 동안과 훈련 후 6개월 동안의 생산성 측정치를 구한다. 직무에서의 효과를 보기 위해서 오랜 기간 동안 기다려야 하는 훈련도 있다. 따라서 훈련 직후에는 완전한 평가가 불가능하다.

사전검사-사후검사 설계는 조직에서 사용할 수 있는 실용적인 설계라는 점에서 인기가 있다. 일반적으로 훈련 프로그램의 시작과 끝에 평가를 포함하는 것은 쉽다. 또한 피드백을 제공하는 수단으로 평가를 사용할 수도 있다. 이 설계의 주요 단점은 피훈련자의 변화가 조직의 다른 사건이 아닌 훈련 프로그램 때문이라고 명확히 결론 내리기가 어렵다는 것이다. 이는 수행 준거의 경우에 특히 사실이다. 훈련 프로그램이 직무 수행 향상을 위한 것이라면, 훈련 전과 비교해서 훈련 후에 발생한 수행에서의 향상은 여러 가지 이유로 발생할 수 있다. 감독자에게 종업원의 수행이 문제라는 사실을 알려 주기만 하면 감독자는 부하직원의 수행에 압력을 가하게 된다. 이렇게 훈련의 시작과 동시에 수행에 관심이 높아지면 높아진 관심이 수행 증가의 원인이 될 수도 있다. 훈련이 정말 수행 향상의 원인이었는지 알려면 통제 집단 연구 설계가 필요하다.

■ 통제 집단

통제 집단 설계에서는 훈련을 받은 종업원들과 훈련을 받지 않은 종업원들을 비교한다. [그림 7-7]은 이러한 설계의 구조를 나타낸다. 통제 집단 연구 실시를 위해 종업원 집단이 선택된다. 종업원의 반은 훈련 집단에 무선적으로 할당하고, 나머지 반은 훈련을 받지 않는 통제 집단에 할당한다. 훈련 프로그램의 마지막 단계에서 연구에 참여한 모든 종업원은 연구자의 관심 변인에 대한 평가를 받는다. 두 하위 집단 종업원 간의 차이는 훈련의 효과를 나타낸다.

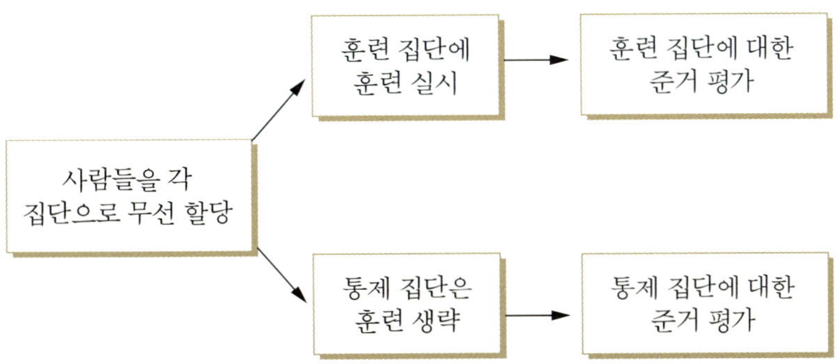

그림 7-7 통제 집단 훈련 평가 설계의 구조

종업원들을 무선적으로 두 집단에 할당하는 것이 늘 가능하지는 않기 때문에, 이러한 설계는 조직에서 사용하기가 아주 어렵다. 게다가 훈련받은 종업원이 훈련받지 않은 통제 집단 종업원에게 무엇을 배웠는지를 말해 주면 오염이 발생할 수도 있다. 그러나 훈련의 효과를 판정할 때 이러한 설계는 사전-사후검사 설계보다 더 나은 방식이다. 통제 집단 설계는 훈련 이외의 다른 요인이 종업원에게서 관찰된 변화를 야기했을 가능성을 통제하는 데 도움이 된다.

3) 준거 측정 방법의 선택

일단 준거를 선택하면, 준거를 실제로 측정하는 방법을 선택해야 한다. 연구자의 관심 준거는 대체로 그러한 준거를 측정하기 위하여 어떠한 측정 방법을 사용해야 하는지를 결정한다. 반응 준거의 경우에는 피훈련자들에게 질문지를 작성하게 하여 그들의 반응을 나타내게 한다. 따라서 질문지의 구체적인 설계 방법을 결정해야 한다. 사람들에게 훈련에 대한 반응을 질문하는 데에는 여러 가지 방식이 있다. 예를 들어, 피훈련자에게 얼마나 많이 학습하였는지를 질문할 수도 있고, 훈련이 얼마나 즐거웠는지를 질문할 수도 있다.

학습 준거는 일반적으로 훈련의 마지막 단계에서 몇 가지 유형의 검사를 실시하여 측정한다. 어떤 주제에 대한 지식을 늘리기 위한 훈련은 학교에서의 시험과 거의 유사한 지식 검사로 평가한다. 기술을 향상시키기 위한 훈련은 역할연기나 모의시험과 같은 방법이 필요하다. 수행 준거의 평가는 훈련 장면보다는 직무 장면에서 피훈련자의 행동이나 결과를 측정해야 한다.

4) 자료 수집

평가 연구의 근본 논리는 단순하고 간단하지만, 자료 수집에는 현실적인 문제가 많이 있기 때문에 연구를 수행하는 것이 다소 어려울 수도 있다. 사람들이 항상 협조적인 것도 아니고 그 밖의 다른 것들이 잘못될 가능성도 많다. 조직에서 순수 무선 할당은 어렵기 때문에 현실과 이상의 절충이 이루어져야 한다. 이 때문에 한 부서에서 훈련 집단을 뽑고 다른 부서에서 통제 집단을 뽑는 경우도 많다. 따라서 훈련 집단과 비훈련 집단 종업원 간의 차이가 관심 준거에서의 애초의 부서별 차이에 의한 것일 수도 있다.

가능한 최선의 설계를 짜야 한다. 그러나 모든 연구자는 계획대로 되지 않고 항상 문제가 발생할 수 있다는 점을 알고 있다. 이는 연구가 진행하는 동안에 수정을 해야 할지도 모른다는 것을 의미한다. 훌륭한 연구자는 연구의 자료 수집 단계에서 발생하는 문제를 효과적으로 처리한다. 이 단계가 적절히 실시된다면, 훈련 프로그램의 효과에 대한 결론을 이끌어 낼 수 있다.

5) 자료 분석과 해석

평가 연구의 자료는 추리 통계를 사용하여 분석한다. 사전-사후검사 설계에서 통계량은 사전에서 사후까지 피훈련자가 얼마나 많이 변화했는지를 나타낸다. 통제 집단 연구에서 통계 방법을 사용하여 훈련받은 종업원과 훈련받지 않은 종업원 간에 얼마나 차이가 존재하는지를 알 수 있다. 사전검사-사후검사 설계와 통제 집단에서 사용하는 통계는 t검정 정도로 간단한 것일 수 있다.

훈련 평가에 관한 이전의 네 가지 단계가 모두 잘 이루어졌다면, 훈련 프로그램의 효과에 관한 명확한 결론에 도달할 수 있다. 훈련을 평가한다는 생각은 늘 바람직한 생각이며, 수행 수준과 훈련 수준 모두에서 평가해야 한다. 훈련은 흔히 두 가지 수준 중 한 수준에서만 효과적이기도 하기 때문에, 두 수준을 평가하면 훈련이 지니는 효과에 관한 유용한 정보를 얻을 수 있다.

훈련이 두 수준 모두에서 효과가 있다면, 해당 훈련은 효과적이며 계속 시행되어야 한다. 어느 한 수준에서도 효과가 나타나지 않는 훈련은 비효과적이라고 생각해야 하고 제거하거나 수정해야 한다. 수행 수준에서는 효과가 없으나 훈련 수준에서 효과가 있는 훈련은 문제에 대한 접근 방식이 잘못되었거나 문제에 대한 완전치 못한 해결책이다. 생산성의 문제는 부적절한 지식이나 기술 때문일 수도 있으나, 다른 요인 때문일 수도 있다. 제조 공장의 낮은 생산성은 장비가 낙후되었기 때문일 수 있다. 낙후된 장비가 생산성을 저해한다면, 장비 운용자를 훈련시킨다고 해도 생산성은 향상되지 않을 것이다. 이 경우 훈련 평가 결과는 장비 운용자는 학습되었지만 생산성은 그대로임을 보여 줄 것이다.

새로운 훈련 프로그램의 개발에는 반드시 평가 요소가 포함되어야 한다. 비효과적이라고 밝혀진 훈련은 계속 시행해서는 안 되며, 수정을 하여 효과성을 증가시킬 수 있다면 수정해야 한다. 시행 전에 예비 검사를 실시하는 것은 바람직한 훈련 개발 전략이다. 소규모의 종업원 집단을 훈련시키고 여러 가지 수준에서 훈련을 평가한다. 예비 검사를 통해 훈련이 효과적이라고 밝혀지기 전에는 훈련을 조직 전체에서 실시해서는 안 된다. 이러한 절차로 훈련을 수정하여 개선한 후 전사적으로 실시할 수 있다. 이러한 훈련 프로그램 개발 전략으로 훈련 자원을 최대한으로 활용할 수 있다.

요약 SUMMARY

훈련은 조직의 가장 중요한 활동 중 하나다. 조직에서 효과적인 훈련 프로그램의 설계는 5단계로 이루어진다.

- 요구 평가를 통한 훈련 요구 결정
- 훈련 목표 설정
- 훈련 설계
- 훈련 시행
- 훈련 평가

훈련 프로그램의 첫 단계는 훈련의 요구를 결정하는 것이다. 이 단계에서는 어떠한 훈련이 필요한지뿐만 아니라 누가 훈련을 받아야 하는지도 결정한다. 요구 평가를 통해 훈련 요구가 밝혀지면 훈련 목표를 수립해야 한다. 훈련 목표를 바탕으로 훈련의 효과성을 판단할 수 있는 훈련 준거를 개발해야 한다.

효과적인 훈련 설계를 하려면 피훈련자의 특성을 고려해야 한다. 사람마다 훈련 요구가 다를 것이다. 또한 바람직한 훈련의 원칙과 사용할 방법을 고려해야 한다. 특정 훈련 프로그램이 효과적인지를 결정하는 많은 원칙이 있다.

- 피드백
- 일반적 원리
- 동일한 요소
- 초과학습
- 훈련 회기의 배치

다양한 훈련 방법이 사용될 수 있는데, 각 방법은 고유한 이점과 한계를 지니고 있으며 어떠한 방법도 다른 방법들보다 반드시 더 좋은 것은 아니다. 무엇을 훈련시키고 누구를 훈련시키는지에 따라 적절한 방법이 다르다. 훈련을 실시하기 위하여 첨단 기술을 사용하는 E-러닝은 이제 조직에 보편화된 훈련 방식이다. 웹 기반 훈련은 적정히 사용한다면 효과적이고 효율적인 방법이 될 수 있다. 멘토링은 경험이 있는 종업원이 경험이 없는 종업원의 기술 개발에 도움을 주는 특별한 관계를 말한다.

훈련 평가에서는 훈련 효과성의 여부를 결정하는 연구를 시행한다. 평가 과정은 다음의 5단계를 포함한다.

- 준거 개발
- 연구 설계의 선택
- 준거 측정 방법의 선택
- 자료 수집
- 자료 분석과 결과 해석

잘 수행된 평가 연구는 훈련 프로그램이 개인과 조직에게 의도한 효과가 있는지에 대한 가치 있는 정보를 제공한다. 효과적이지 않은 훈련 프로그램은 제거하거나 효과적이 되도록 수정해야 한다. 장기적으로 볼 때, 훈련을 평가한다는 회사의 방침은 훈련 자원을 더 잘 사용할 수 있게 하고 더 효과적인 노동력으로 귀결될 것이다.

산업 및 조직 심리학 현장 연구

이 사례는 고위 경영진의 관리 기술의 개발, 즉 코칭에 관한 것으로, 코칭은 캐나다 토론토에 있는 국제적 컨설팅 회사인 RHR International에 재직 중인 산업 및 조직 심리학자인 Charles Evans 박사의 주요 임무 중 하나였다. Evans 박사는 1994년에 캐나다에 있는 궬프 대학교에서 박사학위를 받았다. 그 이후로 지금까지 RHR에서 컨설턴트로 일하고 있다. Evans 박사의 임무는 고객 조직의 프로젝트를 맡아 코칭하는 것이었는데, 고객 조직에는 세계적인 기업들이 많이 포함되어 있었다. 그의 업무 중 대부분은 임원 코칭 및 종업원 평가와 수행 평가 영역이었다.

임원 코치로서 Evans 박사의 주요 역할 중 하나는 관리 기술 향상을 필요로 하는 회사 임원들을 지원하고 피드백을 제공하는 것이다. 흔히 조직의 고위직 임원으로 승진한 사람들은 직무에서 성공하려면, 낮은 직위의 관리자였을 때 효과적으로 사용한 방법이 아닌, 사람들을 다루는 새로운 방식이 필요하다는 것을 알게 된다. 흔히 직면하는 문제점은 임원들이 너무 독단적이고 결과에 치중한다는 것이었다. 하위 직급의 부하직원이라면 직접적인 명령에 적극적으로 반응했겠지만, 중간 직급 이상의 관리자들은 그렇게 반응하지 않는다. 직접적인 명령 대신에 임원들은 의사소통과 설득 기술을 사용해야 한다. 임원들은 성공을 위하여 많은 사람의 협력이 필요한 행동에 대한 지지를 얻어야만 한다. 이러한 기술이 부족한 사람들은 반드시 그것을 개발해야 하는데, 그렇지 않으면 무능력한 임원으로 남게 된다.

Evans 박사는 개별 임원에 관하여 정보를 수집하고 정보에 기초하여 피드백을 제공하여 이 문제와 여타 문제를 해결하였다. 그는 임원들의 배경과 대인관계적 기술을 평가하는 구조화된 면접을 실시하였다. 다면평가(4장 참고)를 실시하였고, 임원들에게 자신이 동료와 부하직원 및 상사에게 어떻게 비추어지는지 깨닫게 하기 위해 임원들과 직접 결과를 토의하였다. Evans 박사는 임원들이 자신들의 부족한 면을 고려하여 관리 기술을 향상시킬 수 있는 개발 계획을 짜는 일을 도왔다. 박사는 더 나은 직무 수행을 위한 방법을 찾도록 돕는 코치의 역할을 하였다.

Evans 박사는 주로 북미에서 이러한 프로젝트를 수행하였다. 그러나 회사는 전 세계의 임원들을 대상으로 하였다. 조직은 임원들에게 상당히 높은 보수를 주며, 임원들은 자신의 관리 기술을 향상시키기 위해 개인적인 코치를 고용하는 것을 포함해서 자기 개발에 기꺼이 많은 투자를 한다. 그러한 노력으로 임원들이 사람들을 더 효과적으로 다룰 수 있게 되면 조직을 훨씬 더 잘 운영되게 된다.

토의 문제

1. 왜 고위직 임원들은 관리 기술 향상이 필요한가?
2. 조직의 고위직으로 승진한 사람들에게 좀 더 효과적으로 사람을 다룰 필요가 있다고 어떻게 설득하겠는가?
3. 여기에서 가장 효과적인 훈련 방법은 무엇이라 생각하는가?
4. Evans 박사가 시행하는 훈련을 어떻게 평가할 것인가?

체험학습

훈련 요구 평가

요구 평가의 주된 방법 중 하나는 훈련의 필요성에 대해 종업원을 조사하는 것이다. 자신이 종사한 적이 없는 직무에서 현재 일하고 있는 친지(지인, 가족 혹은 친구)를 생각하시오. 그 직무의 훈련 요구를 파악하기 위하여 친지를 면접하시오. 훈련을 할 필요가 있는 3~4가지의 가장 중요한 영역에 대해 질문하시오. 다음의 사항을 질문하시오.

1. 직함
2. 훈련이 필요한 영역
3. 훈련을 받으면 향상될 KSAO
4. 훈련을 받으면 잘할 수 있는 과업

그 직업에 대해 알아낸 바의 개요를 담은 간략한 보고서를 작성하시오.

대학교에서의 E-러닝

자신이 재학 중인 대학에서 E-러닝을 활용하는 과목을 찾으시오. 과목에 대한 편람의 설명이나 강의계획서 등을 포함하여 자신이 찾을 수 있는 모든 자료를 검토하시오. 과목에서 사용되는 특정한 E-러닝 방법 및 혼합 학습이 사용되는지 여부를 설명하시오. 그 과목의 특정한 주제들이 현행 E-러닝 방법과 맞는 이유 혹은 맞지 않는 이유에 관해서 논의하시오.

PART
04

개인과 조직

(Corbis Stock Market)

INDUSTRIAL AND
ORGANIZATIONAL
PSYCHOLOGY

CHAPTER 08

종업원의 동기에 관한 이론

학습목표

1. 동기를 정의한다.
2. 이 장에서 논의하는 주요한 작업 동기 이론들을 열거한다.
3. 각각의 주요한 작업 동기 이론이 작업 행동을 어떻게 설명하는지를 기술한다.
4. 주요한 작업 동기 이론들을 비교 및 대조한다.

마이크로소프트(Microsoft)사를 창립하여 이끌어 오고 있는 빌 게이츠는 빡빡한 스케줄 속에서 바쁘게 일하고 있는 것으로 유명하다. 통상 그는 하루에 12시간을 사무실에서 보내고 난 후, 집에 가서도 몇 시간씩 일을 더 한다. 주의집중을 방해한다는 이유로 TV는 갖고 있지 않다. 30대 중반이 되었을 때 이미 수억 달러의 재산을 모았고, 더 이상 돈을 모을 필요가 없음에도 불구하고 어느 누구보다도 여전히 더 열심히 일을 한다. 무엇 때문에 그는 그토록 열심히 일을 하는 것일까. 그는 도전적인 일과 새로운 것을 배우고자 하는 열망이 일을 하고자 하는 동기를 자극한다고 말한다.

그러나 빌 게이츠만큼 열심히 일하는 사람은 거의 찾아볼 수 없으며, 게다가 모든 이가 그처럼 도전 욕구 때문에 일을 하지도 않는다. 다양한 요인이 사람들로 하여금 열심히 일을 하도록 동기화한다. 돈을 벌어야 하는 필요성도 그런 다양한 요인 중 분명히 하나이지만, 다른 요인들도 있다. 보험 혜택과 같이 유형의 요인도 있을 수 있고 성취감과 같이 무형의 요인도 동기 유발 요인이 될 수 있다. 동기 이론은 사람들이 열심히 일하는 이유를 말해 준다. 또한 동기 이론은 직무 수행을 수반하지 않는 다른 유형의 작업 행동도 설명한다. 그러나 대부분의 동기 이론은 직무 수행이 산업 및 조직 심리학 분야에서 핵심 변인이기 때문에 직무 수행에 초점을 맞추고 있다.

이 장에서는 일반적으로 잘 알려진 몇 개의 이론을 근거로 능력이 아닌 동기에 초점을 맞추어 직무 수행을 논의할 것이다(수행에 영향을 미치는 다른 요인들에 대해서는 10장에서 다룰 것이다). 또한 이직(turnover)을 포함한 작업 행동의 여타의 유형에 대한 여러 가지 견해를 다룰 것이다. 작업 환경의 맥락에서 동기를 정의하는 것으로 시작하여, 아홉 가지의 작업 동기 이론을 소개하고 각 이론에 대해 개괄적으로 살펴볼 것이다. 그다음 각 이론에 대해 상세히 해설하면서 그러한 이론들의 타당성을 연구한 결과에 근거한 증거들을 함께 살펴볼 것이다.

1. 동기란 무엇인가

동기는 심리학에서 적어도 한 세기 동안 깊이 있게 논의되어 왔음에도 아직도 정의하기 어려운 개념이다. 일반적으로 동기(motivation)는 한 개인이 특정한 행동에 몰입하도록 만드는 내적인 상태로 정의한다. 동기가 행동의 방향(direction), 강도(intensity), 그리고 행동의 장기간의 지속(persistence)과 관련이 있다고 보는 관점도 있다. 방향은 수없이 많은 가능한 행동 중 특정한 행동을 선택하는 것을 말한다. 예컨대, 어느 종업원은 아프다고 결근계를 내고서 TV를 보거나 쇼핑을 하거나 친구들을 방문하는 행동을 선택하는 대신에 출근하는 행동을 선택할 수 있다. 강도는 개인이 자신에게 맡겨진 과업에 쏟아붓는 노력의 정도를 의미한다. 바닥 청소를 지시받은 종업원은 땀을 뻘뻘 흘리면서 열심히 그리고 빠르게 마룻바닥 청소를 할 수도 있고, 꾀를 피면서 건성건성 천천히 할 수도 있다. 지속은 장시간에 걸쳐 그 행동에 계속적으로 몰입하는 것을 의미한다. 종업원들은 동기화되면 맡은 일을 완수하기 위해 작업 시간 이외에도 일을 계속하기도 한다.

또 다른 측면에서 동기는 목표를 완수하거나 성취하고자 하는 욕망과 관련이 있다. 즉, 동기란 한 개인의 욕구, 욕망 혹은 소망에서 비롯되기도 한다. 예컨대, 어떤 사람들은 돈을 벌기 위한 강한 동기를 갖는다. 돈을 벌려는 높은 수준의 동기는 그러한 욕망을 성취하는 것과 관련된 행동에 영향을 미칠 것이라고 쉽게 가정할 수 있다.

2. 작업 동기 이론

작업 동기 이론은 전형적으로 어떤 이들이 다른 이들보다 직무에서의 성과가 더 좋은 이유(능력 이외의)에 대해 관심을 두고 있다. 상황에 따라 이러한 이론들은 사람들이 어떤 과업 행동을 선택하고, 어느 정도의 노력을 하며, 얼마나 지속하는지를 예측할 수 있다. 사람들이 필요한 능력을 지니고 있고 수행에 대한 제약이 상대적으로 낮다고 가정한다면, 동기 수준이 높으면 분명히 훌륭한 직무 수행으로 이어질 것이다(직무 수행에 관한 논의는 10장 참조).

이 장에서 논의할 이론들은 여러 다른 시각에서 종업원의 동기를 바라보고 있다. 욕구 이론에 의하면 사람들은 음식이나 인정 같은 것들을 획득하려는 동기를 지니고 있다. 욕구 위계 이론은 인간의 모든 욕구를 적은 수의 범주로 나누고 있고, 모두 인간의 행동은 자신의 욕구를 충족하는 방향으로 움직인다고 가정하고 있다. 2요인 이론은 다양한 작업의 측면들이 두 가지의 욕구 유형 중 하나와 관련이 있다고 말하고 있다. 그러한 유형 중 하나는 직무 자체의 성격과 관련이 있고, 다른 하나는 임금과 같은 보상과 관련이 있다.

강화 이론은 행동을 보상 또는 강화의 결과물로 보고 있다. 욕구 이론과는 반대로, 강화 이론은 동기를 내적으로 유발되는 동인(motives)으로 보기보다는 환경적인 영향력에 의한 결과물로 기술하고 있다. 기대 이론은 환경적인 보상과 행동을 연결시키고 있다는 점에서는 강화 이론과 동일하지만, 강화 이론과는 달리 보상이 행동을 이끌어 내는 이유를 설명하면서 인간의 인지적인 과정에 관심을 둔다.

자기 효능감 이론은 사람들이 자기 자신의 능력에 관해 지니고 있는 신념이 자신의 행동에 영향을 미칠 수 있다는 점에 주목한다. 이 이론에 의하면 과업을 달성하고자 하는 동기는 과업을 성공적으로 완수할 수 있는 능력이 있는지에 대한 개인의 믿음 여부와 관련이 있다.

공정성 이론은 욕구, 신념 또는 강화보다는 사람들의 가치에 관심을 두고 있다는 점에서 여타 동기 이론과 크게 다르다. 이 이론은 사람들이 직장에서 사회적 관계에서의 형평성에 가치를 두고 있다고 가정하고 있다. 불공정이나 불형평이 존재하는 상황에서는 종업원들이 그러한 불형평을 고치기 위해 동기화될 것이라고 가정한다.

목표 설정 이론은 사람들의 목표와 의도가 어떻게 행동을 유발하는지를 설명하고 있다. 이 이론은 동기가 한 개인의 내부에서 시작된다고 보는 점에서는 욕구 이론과 비슷하지만, 반면에 환경적인 영향이 동기와 행동을 결정할 수 있음도 보여 주고 있다. 인지적 제어 이론 역시 목표에 관심을 두지만 목표 달성 과정에서의 피드백과, 목표와 현재의 상황 간의 괴리가 어떻게 행동을 동기화하는지에 주의를 기울인다. 활동 이론은 직장에서의 능동적인(자기 스스로 동기화된, 자발적인) 행동을 설명하기 위해 개발된 이론이다. 이 이론은 목표가 어떻게 목적을 달성할 때까지 지속하는 행동으로 전환되는지를 설명하는 또 다른 인지적인 이론이다.

이렇게 다양한 이론이 서로 다른 관점에서 동기를 바라보고 있지만, 그렇다고 해서 이 이론들이 행동에 관해 반드시 상이한 예측을 이끌어 내지는 않는다. 이 이론들 중에는 보완적인 이론도 있으며, 이러한 상보적 이론들의 여러 특징을 통합하고자 하는 노력이 이루어져 왔다. 예컨대, Locke와 Latham(1990)은 기대 이론과 자기 효능감 이론의 특징을 자신들의 목표 설정 이론과 통합하였다. 이 장의 나머지 부분에서는 이처럼 다양한 동기 이론을 더욱 상세히 살펴볼 것이다.

이러한 이론들은 원격 동기부터 근접 동기까지의 연속 차원상에 배열할 수 있다(Kanfer, 1992). 원격동기 이론(distal motivation theory)들은 행동에서 멀리 떨어진 기제들을 다루고 있으나, 근접동기 이론(proximal motivation theory)들은 행동에 더욱 근접한 기제들을 다루고 있다. 욕구 이론은 원격 이론인데, 여러 가지 유형의 행동으로 전환할 수 있는 일반적인 욕구들을 다루고 있기 때문이다. 목표 설정 이론은 근접 이론인데, 영업사원이 특정한 수준까지 판매고를 올리려는 목표와 같이 특정한 행동을 유발하는 목표에 대해 다루고 있기 때문이다.

3. 욕구 이론

이 절에서 논의하고 있는 두 종류의 욕구 이론은 사람들이 특정한 대상에 대해 갖고 있는 자신의 소망으로부터 동기가 발생한다고 보고 있다. 욕구는 동일 인물에 있어서는 시간에 따라 달라질 수 있고, 사람들 간에도 차이가 있을 수 있음을 시사하고 있다. 욕구 이론이 한때 심리학 논문에서 가장 많이 다루어진 적도 있었다. 최근 산업 및 조직 심리 연구자들은 목표 설정 이론, 자기 효능감 이론 등과 같이 보다 더 인지적인 것을 다루는 이론들에 관심을 쏟기 시작했다. 욕구 이론에 대한 관심이 감소하고 있는 주된 이유는 욕구에 대한 연구가 직무 수행과의 강력한 연관을 찾아내는 것에 실패했기 때문인데, 이는 아마도 욕구가 직무 수행과는 멀리 떨어진 원격 개념이기 때문일 것이다. 즉, 이러한 이론들에서 언급하고 있는 일반적인 욕구는 여러 가지 방식을 통해서, 그리고 많은 행동으로 충족될 수 있기 때문이다. 따라서 어떤 특정한 욕구가 어떤 특정한 행동과 강한 연관이 있을 가능성은 낮다. 예를 들어, 도전적인 과업을 달성하고자 하는 욕구가 강한 사람은 그러한 욕구를 직무를 통해 달성할 수도 있고, 직무 이외의 것으로도 달성할 수도 있다. 그럼에도 불구하고 욕구 이론은 사람들이 일을 통해 원하는 보상이 얼마나 다양할 수 있는지를 보여 줌으로써 작업 동기를 더 잘 이해하는 데 기여하였다.

1) 욕구 위계 이론

Maslow(1943)의 욕구 위계 이론(need hierarchy theory)은 인간 욕구의 충족이 육체적인 건강과 심리적인 건강 모두를 위해 필수적이라고 말하고 있다. 인간의 욕구는 육체적 욕구, 사회적 욕구 그리고 심리적 욕구를 포함하며 위계적으로 정렬된다. [그림 8-1]은 맨 하위의 육체적 욕구로부터 맨 상위의 심리적 욕구의 위계를 묘사하고 있다. 맨 하위 수준의 생리적 욕구에는 생존을 위해 필요한 물질들, 예를 들면 공기, 물, 음식물 등이 포함된다. 두 번째 수준의 안전 욕구는 위험으로부터 자신을 보호하는 것들로 구성되는데, 안전과 피난처 등에 대한 욕구들이 포함된다. 세 번째 수준의 애정 욕구에는 사랑, 애정, 타인과의 관계 형성 등이 포함된다. 네 번째 수준의 존중 욕구에는 자기 존중과 타인에 의한 존중이 포함된다. 마지막 가장 상위 수준은 자기실현(self-actualization) 욕구인데, Maslow는 이 수준에 대해서 정확하게 정의하지 않았다. 자기실현은 자신의 삶의 목표를 달성하는 것, 자신의 잠재력을 십분 발휘하는 것, 또는 Maslow가 말했듯이 '자신이 될 수 있는 완전한 것이 되고자 하는 소망'을 의미한다(Maslow, 1943, p. 382).

Maslow에 따르면, 어떤 욕구가 충족되지 않는다면 그 욕구에 대한 동기가 생겨나고, 충족되지 않은 가장 하위 수준의 욕구에 의해 동기가 생겨난다. 즉, 만약 두 가지 수준의 욕구가 충족되지 않았다면 더 낮은 수준의 욕구에 의해 동기가 발생하게 된다는 것이다. 따라서 배고픈 사람은 위험에 대해서는 아무런 관심도 없고 도둑질에 대한 처벌이 가혹할지라도 음식을 훔치는 위험을 감수할 것이다. 또한 안전 욕구가 충족되지 못한 사람은 모임에 참석해서 친구들과 좋은 시간을 보내는 것에는 아무런 관심도 없을 것이다. 그러나 Maslow는 이러한 위계에 예외가 있을 수 있으며, 어떤 개인들은 하위 수준의 욕구보다 상위 수준의 욕구를 더 중요하게 생각할 수 있다고 하였다. 더욱이 서

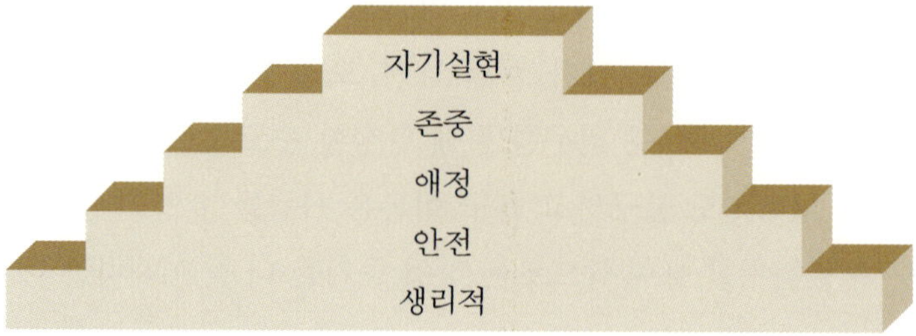

그림 8-1 Maslow의 욕구 위계

구 사회의 대부분의 사람들에게는 처음의 네 가지 하위 욕구가 이미 충족되어 있으며 그러한 욕구들이 결핍된 때(특히 먹을 것의 결핍)를 경험한 적이 거의 없기 때문에 기본적인 욕구에 의해서 동기가 유발되지 않는다.

욕구 위계 이론에 대한 연구 결과들은 이론을 그렇게 지지하지 않는 것으로 보인다. Locke와 Henne(1986)은 Maslow가 자신의 이론에 대해 언급한 부분들 중 애매모호한 점이 많으며, 그로 인해 이를 실제로 검증하기 위한 계획을 세우는 일이 용이하지 않게 되어 욕구 이론이 지지받지 못하는 결과로 이어졌다는 점을 지적하였다. 실증적인 지지가 부족함에도 욕구 위계 이론은 조직에 긍정적인 자극을 주었으며, 현재의 관리자들과 앞으로 관리자가 될 사람들 모두에 대해 이 이론에 대한 교육이 계속되고 있다. 이렇게 함으로써 일터에서 종업원들의 욕구를 충족하는 것이 중요하다는 사실에 관심을 두게 할 수 있다.

2) 2요인 이론

Herzberg(1968)의 2요인 이론(two-factor theory)은 동기가 직무 자체의 본질에서 발생하는 것이며, 외부의 보상이나 직무 조건으로부터 발생하는 것은 아니라고 한다. 일에 관련된 인간의 욕구는 두 가지의 유형으로 나눌 수 있는데, 첫 번째는 생리적인 욕구와 같이 인간의 동물적인 특성에서 나오는 욕구들이고, 두 번째는 상위 수준, 특히 정신적 성장을 도울 수 있는 인간의 능력과 관련 있는 욕구들이다. 동물적인 욕구와 관련 있는 직무의 측면들을 위생 요인(hygiene factor)이라고 칭하며, 여기에는 임금, 감독, 직장 동료, 조직의 정책 등이 포함된다. 성장 욕구와 관련 있는 직무의 측면들은 동기 요인(motivator factor)이라고 부르며, 여기에는 성취, 인정, 책임감, 일 자체의 본질 등이 포함된다.

Herzberg에 의하면, 종업원의 동기를 고취하고 직무에 만족하게 하는 방법은 적절한 수준의 동기 요인을 제공하는 것이다. 위생 요인에 대해 느끼는 선호도가 아무리 크다고 하더라도 위생 요인은 동기를 유발하거나 직무에 만족하게 할 수 없다.

대부분의 연구자는 Herzberg의 이론을 타당하지 못한 것으로 여기고 있다(Locke & Henne, 1986). 이 이론의 가장 큰 문제점은 2요인 구조가 그동안의 연구에 의해 지지받은 적이 없다는 점이다. 그러나 Herzberg 이론은 결점에도 불구하고 많은 영향을 끼쳐왔다. Herzberg의 연구는 사람들에게 의미 있는 일을 부여해야 한다는 중요한 문제에 현장 사람들이 주목하게 하는 데 일조했다. 이 이론의 영향으로 많은 조직이 직무의 내용을 풍부하게 하는 직무확충(job enrichment) 기법을 채택하게 되었다. 또한 9장과 10장에서 논의될 Hackman과 Oldham(1976)의 직무 특성 이론(job characteristic theory)의 기초가 되었다.

4. 강화 이론

강화 이론(reinforcement theory)은 보상 또는 강화가 행동에 어떻게 영향을 주는지에 대해 묘사하고 있다. 이 이론은 동기와 같은 내적인 상태는 다루지 않으며, 따라서 그러한 의미에서는 동기에 관한 이론이 아니라고 할 수도 있다. 이 이론은 행동을 이전의 보상에 대한 경험, 즉 '강화 이력(reinforcement history)'의 함수로 설명하고 있다.

강화 이론이 내세우는 가장 주요한 원리는 효과의 법칙(law of effect)(Thorndike, 1913)이다. 이 법칙은 특정한 행동이 보상이나 강화를 수반하게 된다면 그 행동이 발생할 가능성이 증가한다는 것이다. 반대로 만일 특정 행동이 처벌을 수반한다면 그 행동이 발생할 가능성은 감소한다. 행동이 발생하기 위해서는 강화와 짝을 맺거나 연합되어야 한다. 환언하면, 보상은 특정 행동의 발생과 연계된다. 직무의 맥락에서, 이는 수행과 관련된 행동에 보상이 주어진다면 그 행동의 발생 빈도가 증가하게 될 것이라는 것을 뜻한다.

보상은 돈처럼 유형적일 수도 있고, 칭찬과 같이 무형적일 수도 있다. 이러한 보상은 조직이 부여할 수도 있고, 과업 그 자체의 부산물일 수도 있다. 따라서 조직은 좋은 수행에 대해 보너스를 줄 수도 있고, 좋은 수행은 그 자체로 성취감을 주기도 한다. 둘 다 강화력을 지니고 있고 좋은 수행을 계속할 수 있게 해 준다는 점에서는 동일하다.

만약 어떤 행동에 대해 보상이 주어진다면 그 행동이 증가할 것이라는 다소 간단한 생각은 성과급 체계(incentive system)의 기초가 되는데, 이러한 보상 체계에서는 공장 근로자들에게 성과급을 주거나 판매원에게 커미션을 더 지급하는 것 등이 있을 수 있다. 성과급 체계에서 보상은 생산 단위(냉장고 한 대에 문을 다는 것, 자동차 한 대를 파는 것 등)와 연계된다. 수량적으로 결과물을 세는 것이 가능한 직무에서는 성과급 체계의 설계가 상대적으로 쉽다. 또한 구체적이고 측정 가능한 수행 관련 행동들을 수량할 수 있는 직무도 있다. 예를 들어, 전화 교환수는 정해진 수의 벨이 울리는 기간 내에 전화에 응답하는 정도에 따라 보상을 받을 수 있을 것이다. 그러나 많은 직무에서 지금 논의한 성과급 체계의 개발이 쉬운 일이 아니다. 예를 들어, 공립학교 교사에 대해 개당 지급제(piece-

마라톤에서 우승하기 위해서는 엄청난 양의 동기가 요구된다. 대부분의 직무에서는 마라톤을 달리는 것보다는 훨씬 적은 노력을 요구한다.
(© OLIVIER MORIN/AFP/Getty Images, Inc.)

rate system)를 설계하는 일은 매우 어려울 것이다. 보상 가능한 생산성의 개별 단위 또는 개별 행동으로 교사의 훌륭한 수행을 나누는 것은 쉬운 일이 아니기 때문이다.

지금까지의 연구에 의하면 보상은 직무 수행의 촉진에 효과적일 수 있다. Stajkovic과 Luthans(2003)는 금전적인 보상 혹은 비금전적인 보상이 직무 수행에 미치는 효과를 연구한 19개의 연구를 통합분석했다. 그들은 보상 체계가 평균적으로 수행을 16% 향상시킨다는 사실을 발견하였다. 그러나 금전적 보상이 수행 향상에 미치는 영향은 23%로서 비금전적 보상의 영향보다 강했다. 비록 특정 조건에서는 보상이 직무 수행을 향상시키지만, 그러한 조건들이 조직에 항상 존재하지는 않는다. 다른 종업원에게서 받는 부가적인 영향, 환경에서의 제약(예: 불충분한 설비), 특정 보상에 대해 개인들이 보이는 무관심 등은 보상 체계의 실패로 귀결될 수 있다.

많은 조직이 종업원의 행동에 영향을 미치기 위해 강화 이론의 원리들을 적용하고 있다. 이러한 노력에는 직무 수행뿐 아니라 다른 행동들 역시 포함되어 있는데, 주로 종업원을 통제하기 위하여 강화 프로그램이 활용되어 왔다. 어떤 조직에서는 종업원들이 1년에 병가를 얻어서 결석할 수 있는 날 수를 명시적으로 정해서 허용하고 있는데, 출근을 장려하기 위해 이러한 병가일수(sick-leave days) 중에 출근한 종업원들에게는 그만큼의 임금을 지급하고 있다. 정해진 특정 기간 내에 일정 조건(예를 들면, 한 달 동안 결근이 없는 것) 이상의 출근율을 달성한 종업원들에게 보상을 지급하는 조직도 있다. 다소 흔치 않은 결근 통제 프로그램은 Pedalino와 Gamboa(1974)가 연구한 바 있는 복권 제도다. 이 제도에서는 직장에 출근한 모든 종업원이 매일 한 묶음의 카드들 중 하나를 뽑을 수 있도록 허용하고, 따라서 일주일 내내 모두 출근한 종업원은 그 주의 마지막 날에 5개의 카드를 모으게 되며, 회사는 가장 좋은 카드 패를 가진 사람에게 20달러를 준다. 이 제도는 결근율을 약 18% 감소시킨 것으로 밝혀졌다.

강화 이론의 원리가 유용성이 있음에도 이론 자체는 심리학계 전체뿐만 아니라 대부분의 산업 및 조직 심리학자의 관심으로부터 멀어졌다. 가장 주된 원인은 강화 이론이 동기의 과정과 관련하여 아무런 시사점도 던져 주지 못하고 있기 때문이다(Locke, 1980). 강화 이론은 단지 강화와 행동 간의 관계에 대해서만 기술하고 있을 뿐이다. 더욱이 행동을 조절하기 위해 보상을 이용한다는 생각에 반대하는 사람도 있다. 반대자들은 이러한 프로그램이 일종의 비윤리적인 교묘한 조작을 한다고 믿고 있다. 이러한 입장을 견지하는 많은 이는 강화 기법이 사람들에 대하여 실제로 갖고 있는 힘보다 더 많은 힘을 지니고 있다고 가정하고 있다. 적절한 조건에서 사람들은 자신들이 원하는 보상을 위해 자발적으로 더 열심히 일할 것이다. 강화 이론은 한 개인이 보상을 원하는지 여부에 대해서는 아무것도 말해 주지 않고 있다. 이 문제는 기대 이론이 답하고 있는데, 기대 이론에 대해서는 바로 다음 절에서 논의할 것이다.

5. 기대 이론

기대 이론(expectancy theory)은 동기를 유발하는 내적 인지 상태에 초점을 맞추고 보상이 행동을 낳는 방식을 설명하려는 시도를 하고 있다. 강화 이론에서는 강화가 행동을 이끈다고 말하고 있지만, 기대 이론은 언제 그리고 왜 그러한 행동이 발생할 것인지를 설명한다. 이 이론의 기본적인 생각은 사람들은 자신의 행동으로 원하는 보상이나 결과물을 얻게 될 것이라고 믿는 경우에만 동기화될 것이라는 것이다. 만약 자신들의 행동에 보상이 뒤따르지 않을 것이라고 믿게 되는 경우 그러한 행동을 수행할 동기가 생겨나지 않을 것이다. 또한 만약 그들이 수반되는 보상 자체를 원하지 않는다면 역시 그러한 행동을 수행할 동기가 일어나지 않을 것이다.

몇 가지 다소 상이한 기대 이론이 산업 및 조직 심리 분야에서 발표되었다. 이 중 가장 오래되고 가장 널리 알려진 것이 Vroom(1964)의 이론인데, 이 이론에서는 동기 또는 힘(force)이 세 가지 유형의 인지적 성분들의 수학적인 함수라고 주장하고 있다. 힘과 인지를 관련시킨 방정식은 다음과 같다.

$$힘 = 기대 \times \Sigma(유인가 \times 도구성)$$

이 방정식에서 힘(force)은 직무 수행과 관련 있는 특정한 행동이나 일련의 행동에 한 개인이 몰입하는 동기의 정도를 의미한다. 이는 수행하고자 하는 동기(motivation)로 생각할 수 있다. 기대(expectancy)는 한 개인이 어떠한 행동을 수행할 자신의 능력에 대해 갖고 있는 주관적인 확률이다. 이는 자신이 특정 수준으로 직무를 수행할 수 있을 것이라는 믿음에서 나오는 한 개인의 자존감(self-esteem), 또는 자기확신(self-confidence)이라고 할 수 있다. 주관적인 확률(subjective probability)은 곧 사람들마다 자신의 신념의 확실한 정도가 다를 수 있음을 의미한다. 주관적인 가능성이 0이라는 것은 자신이 성공적으로 수행할 능력이 없다고 믿는다는 것을 말하고, 주관적인 가능성이 1.0이라는 것은 성공적으로 수행할 수 있을 것이라는 점에 대해 조금의 의심도 없이 완전한 믿음을 갖고 있음을 의미한다. 주관적인 가능성이 .50이라는 것은 자신의 수행에서 성공할 확률과 실패할 확률이 각각 반반씩이라고 믿고 있음을 의미한다.

유인가(valence)는 한 개인에게 주어지는 결과물 혹은 보상의 가치를 의미한다. 이는 한 개인이 특정한 무언가를 원하거나 바라는 정도를 의미한다. 직업 장면에서 금전은 사람마다 서로 다른 유인가를 지닌 가장 흔한 보상이다. 도구성(instrumentality)은 주어진 행동이 특정한 보상을 낳을 것이라는 것에 대해 갖는 주관적인 확률이다. 어떤 상황에서나 하나의 행동에 대해 하나 이상의 보상이나 결과물이 있을 수 있다. 이렇게 가능한 각각의 결과물에 대해 유인가와 도구성 간의 곱의 값을 산출할 수 있다. 그다음 각각의 유인가-도구성을 곱한 값들의 총합을 낼 수 있는데, 그 총합에 기대의 값을 곱함으로써 하나의 힘 점수를 구할 수 있다. 만약 힘 점수가 높다면 그 사람은 직무의 결과물을 얻기 위해 동기화될 것임을 의미하고, 힘 점수가 낮다면 그 사람은 결과물을 얻기 위해 동기화되지 않을 것임을 의미한다.

〈표 8-1〉은 기대, 유인가 그리고 도구성의 값들이 결합되어 하나의 힘 점수들을 낳을 수 있는 가능한 조합의 경우의 수를 보여 주고 있다. 이 사례에서는 단 하나의 결과만이 있음을 전제로 하고 있다. 표에서 알 수 있듯이, 오직 세 가지의 구성 성분의 값이 클 때만 힘 점수가 높다. 만약 세 가지의 구성 성분 중 하나의 값이라도 작다면 힘 점수 역시 낮게 될 것이다. 만약 세 가지 구성 성분의 값 중 어느 하나라도 0이 된다면 아무런 동기도 유발되지 않을 것이다.

대부분의 경우에는 한 가지 이상의 결과물이 나올 수 있는데, 그런 경우는 각각의 결

〈표 8-1〉 기대, 유인가 그리고 도구성이 힘과 갖는 관계

기대 점수	유인가 점수	도구성 점수	힘 점수
높음	높음	높음	높음
높음	높음	낮음	낮음
높음	낮음	높음	낮음
높음	낮음	낮음	매우 낮음
낮음	높음	높음	낮음
낮음	높음	낮음	매우 낮음
낮음	낮음	높음	매우 낮음
낮음	낮음	낮음	극히 낮음

과에 대하여 유인가와 도구성이 결합을 이루기 때문에 다소 더 복잡한 상황이 된다. 한 예를 들어 이러한 복잡한 경우가 발생하는 것을 설명할 수 있다. 금요일 오후에 일을 하고 있는데 상사가 초과근무 수당을 제의하며 야근을 할 지원자를 찾고 있다고 가정하자. 또한 당신의 직무는 다소 지겨운 일이라서 초과근무를 하는 것을 회피하고 싶은 생각이 든다고 가정해 보자. 이 경우에는 두 가지 결과가 존재한다. 즉, 야근을 한 대가로 초과근무 수당을 받는 것과 지루한 몇 시간을 더 견뎌야 하는 것이다. 만일 스스로가 야근을 할 수 있다고 믿는다면 이 경우 기대의 정도는 높다. 만약 야근 수당을 받을 것이고 또한 지루할 것이라고 동시에 믿는 경우에는 두 도구성 모두가 높을 것이다. 야근을 할 동기를 결정하게 될 마지막 요인은 두 가지 결과에 대한 상대적인 유인가다. 만약 긍정적인 유인가가 부정적인 유인가보다 높다면, 즉 금전에 대한 바람이 지루함을 피하고자 하는 바람보다 크다면 자원해서 야근을 하게 될 것이다. 만약 금전에 대한 긍정적인 유인가가 지루함에 대한 부정적인 유인가보다 덜하다면 자원해서 야근하기를 피하고자 하는 동기가 유발될 것이다.

기대 이론은 또한 한 개인이 두 가지 혹은 그 이상의 선택 가능한 행동들 중에서 어떠한 것을 선택할 것인지를 예측할 수 있도록 해 준다. 만약 저녁 데이트 약속이 있을 때 데이트를 하지 않고 야근하는 행동과 데이트를 하러 퇴근하는 행동 둘 중에 하나를 선택해야만 한다고 가정하자. 각각의 행동의 경로에 대해 기대, 유인가 그리고 도구성이 존재하게 될 것이다. 따라서 야근을 하려는 힘과 저녁 약속을 지키려는 힘이 있게 될 것이다. 기대 이론에 따르면 더 큰 힘을 지니는 행동의 행로가 있을 것이고, 그러한 행동을 취하게 될 것이다.

그동안 기대 이론이 예측하는 바를 입증하는 연구들이 있었다. 그러한 연구들은 수

행은 기대 이론의 개별적인 구성 성분과 관련 있을 뿐만 아니라, 개별 성분의 곱과도 관련이 있음을 보여 준다(Van Eerde & Thierry, 1996). 이러한 유형의 연구에서는 종업원 표본을 조사 대상으로 하여, 직무를 수행할 수 있는 정도에 대한 그들의 기대치뿐만 아니라, 여러 가지 가능한 결과 각각에 대하여 그들이 생각하고 있는 유인가와 도구성에 대하여 조사를 행하는 것이 보통이다. 또한 감독자들에게는 각각의 종업원의 직무 수행에 대해 평정하도록 부탁한다. 그다음에 힘의 총점과 수행과의 상관을 산출해 본다.

Van Eerde와 Thierry(1996)는 직무 수행에 대한 예측뿐만이 아니라 노력과 선호도도 살펴본 기대 이론의 연구들에 대한 통합분석을 실시하였다. 비록 연구들이 예상한 대로 힘 점수가 직무 수행의 측정치와 관련이 있음을 보여 주었지만, 힘 점수는 노력의 측정치와 훨씬 더 강하게 관련이 있었다. 이와 유사하게, 힘 점수는 개인의 실제 선택보다는 무엇인가에 대한 개인적인 선호도(예를 들면, 실제로 그만두는 것이 아닌 직무를 그만두기를 원하는 것)와 훨씬 크게 관련이 있었다. 이러한 연구 결과들은 동기가 직장에서의 행동을 일으키는 기제에서 오직 한 가지 요소에 불과함을 보여 준다. 열심히 일하도록 동기화된다고 해도 이것이 반드시 더 나은 직무 수행을 낳는 것은 아니다. 특정한 것에 대한 선호와 실제로 행동을 하기로 결정하는 것은 동일한 것은 아닌데, 이는 다른 요인들, 예를 들면 현재의 직무를 그만둘 때 경우 다른 직무를 현실적으로 찾을 수 있는 능력이 없는 경우 등이 더 큰 중요성을 가질 수 있기 때문이다.

6. 자기 효능감 이론

자기 효능감 이론(self-efficacy theory)에서는 동기와 수행이 부분적으로는 자신이 얼마나 효과적일 수 있는지에 대한 사람들의 믿음에 따라 결정된다고 한다(Bandura, 1982). 즉, 자기 효능감(self-efficacy)이 높은 사람은 자신이 과업을 완수할 능력이 있다고 믿으며, 따라서 더 많은 노력을 기울일 동기를 얻게 된다는 것이다. 자기 효능감이 낮은 사람은 자신이 과업을 완수할 수 있을 것이라고 믿지 않기 때문에 동기가 생겨나지 않으며, 따라서 노력을 기울이지 않을 것이다. 어느 면에서 이 이론은 자신의 애초의 신념을 충족하는 방향으로 행동하는 자기 성취적 예언과도 같은 것이다. 물론 자기 효능감이 높은 사람들이 효과적이기 위해서는 실제로 과업 수행에 필요한 능력이 있어야 하며 직장에서의 과업 수행에 대한 제약은 극복할 수 없을 정도는 아니라는 전제가 있어야 한다.

자기 효능감이라는 개념 자체는 특정한 과업이나 행동 과정과 연계되어 있으며, 사람들은 과업들마다 상이한 자기 효능감을 가지고 있다. 따라서 어떤 학생은 논술 시험을 치르는 데에는 자기 효능감이 높지만 객관식 시험을 치르는 데에는 자기 효능감이 낮을 수도 있다. 이것은 많은 학생이 자신들이 한 유형의 시험은 잘하면서 다른 유형의 시험은 잘하지 못한다고 불평하는 이유를 설명해 줄 수 있다. 이 이론에서는 학생들이 자신들의 자기 효능감이 높은 유형의 시험을 치를 때에 더 많이 노력할 것임을 예측하고 있다.

자기 효능감은 기대의 개념과 상당 부분 비슷하다. 가장 큰 차이점은 기대는 특정 시점에서의 구체적인 활동과 관련되는 반면, 자기 효능감은 삶의 특정 영역(예: 테니스를 치는 것)을 잘할 수 있거나 혹은 할 수 없다고 생각하는 일반적인 느낌과 관련이 있다는 것이다. 예를 들어, 어떤 사람이 자신이 노력을 기울인다면 테니스 게임을 이길 것이라는 높은 수준의 기대를 갖고 있다고 하자. 반면에 높은 자기 효능감이란 자신이 테니스를 잘 친다는 신념이다. 분명히 두 개념은 매우 밀접하게 관련되어 있는데, 이는 자기 효능감이 높은 사람은 기대가 높을 가능성이 크기 때문이다. 그러나 이 두 개념이 같은 것은 아니다. 자신이 테니스를 잘 친다고 믿는 사람이 세계에서 테니스를 가장 잘 치는 프로 선수 중 한 명과 시합을 하는 경우에는 우승을 하리라고 확신하지 못할 수도 있다. 자기 효능감 이론과 기대 이론은 사람들이 자신이 성공할 수 있다고 믿을 때 주어진 과업을 잘할 것이라고 예언한다는 점에서는 유사하다고 할 수 있다. 그러나 기대 이론은 보상이 동기에 대해 갖는 영향력을 고려하는 반면에, 자기 효능감 이론은 이러한 주제를 언급하지 않고 있다.

자기 효능감 이론에 대해서는 지금까지 많은 검증이 이루어져 왔으며, 일터의 안과 밖에서 행해진 연구 결과들은 이 이론을 지지하고 있다(Bandura & Locke, 2003). 훈련 부문에서의 연구들은 특정한 과업에 대한 자기 효능감이 그러한 과업에 대한 훈련에서의 수행과 관련이 있음을 보여 주었다. 예를 들어, McIntire와 Levine(1991)은 대학 수준의 타이핑 과목을 수강하는 학생들을 대상으로 자기 효능감과 수행에 대해 종단적인 연구를 실시하였다. 그들은 과목이 개강하기 직전과 종강하는 날에 각각 자기 효능감을 측정하였다. 또한 종강일에 타이핑한 분당 단어의 수와 성적 또한 측정하였다. 마지막으로 각 학생들로 하여금 종강할 무렵에 자신이 타이핑할 수 있는 분당 단어의 수에 대한 목표를 설정하도록 하였다. 결과에 의하면 개강하기 직전에 측정했던 자기 효능감으로 종강일에 분당 타이핑한 단어의 수를 예언할 수 있었으나 그 과목에서의 성적은 예언하진 못했다. 자기 효능감은 또한 설정한 목표와도 관련이 있었는데, 자기 효능감이 크면 클수록 더 높은 목표를 설정했다. 이러한 결과는 자기 효능감은 미래의 수행에서의 한 요인이 될 수 있음을 암시하고 있다. 목표 설정과 관련된 결과들은 자기 효능감이 목표 설정을 통해 그 영향력을 발휘함을 보여 주었는데, 예를 들어 자기 효능감이 높은 학생들은 더 높은 목표를 설정했으며, 이는 결국 더 나은 수행으로 이어졌다. 목표 설정에 대해서는 이 장의 뒷절에서 더 자세히 다룰 것이다.

자기 효능감과 관련한 다른 훈련 연구에서도 비슷한 결과가 나왔다. Mathieu, Martineau와 Tannenbaum(1993)은 볼링 과목 개강 전에 측정한 자기 효능감이 종강 무렵에 보인 학생들의 후속적인 수행과 관련이 있음을 발견하였다. Locke와 Latham(1990)은 실험실 환경과 현장에서 자기 효능감과 수행의 상관을 살펴본 13개의 연구에 대하여 통합분석을 실시하였다. 통합분석 결과, 자기 효능감과 수행의 상관 평균은 .39였고, 최대 상관값은 .74였다.

자기 효능감과 수행 간의 관계를 입증한 논문 중에는 그 연구 결과를 자기 효능감의 동기적인 효과에 귀인할 수 있는 논문들도 있지만, 적어도 몇 개의 논문 결과는 성공적인 수행이 자기 효능감에 주는 영향 때문일 수도 있다. Davis, Fedor, Parsons와 Herold(2000)는 비행기 조종사 훈련에서 자기 효능감에 대해 연구를 하였다. 모의 훈련에서 좋은 수행을 보였던 학생들은 후의 실제 비행에 대하여 높은 수준의 자기 효능감을 나타냈다. McIntire와 Levine(1991)의 연구에서는 개강 전이 아닌 종강 시점에서의 자기 효능감과 수업에서의 점수가 관련이 있었음을 발견하였는데, 이는 더 좋은 성적을 성취한 학생들이 자신들의 자기 효능감을 더욱더 향상시켰음을 시사하는 결과다. Karl, O'Leary-Kelly와 Martocchio(1993)는 속독 과업에서 긍정적인 피드백이 처음에는 자기 효능감이 낮았던 사람들의 자기 효능감을 높였음을 발견하였다.

Eden과 동료들은 직장에서 자기 효능감이 직무 수행에 영향을 미치는지를 알아보기 위해 자기 효능감 수준을 조작하는 일련의 연구를 수행하였다. 이러한 실험 연구에서 그들은 정보나 훈련의 제공이 자기 효능감을 높이는지 여부를 알아보기 위해서 무선적으로 피험자들을 배치하여 능력과 동기 수준을 통제하였다. Eden은 이것을 갈라테아 효과(Galatea effect)라고 불렀는데, 이 효과는 자기 충족적 예언에서처럼 사람들이 자신의 능력에 대해 지니고 있는 신념이 결국 수행을 더 잘하도록 만든다는 점을 지칭한다. Eden과 Aviram(1993)은 실직 상태의 사람들이 성공적으로 직업을 찾는 확률을 높이는 일에 이러한 연구들을 응용하는 데 성공하였다. 이와 유사하게, Eden과 Zuk(1995)는 이스라엘 군대의 해군사관학교 생도들에게 멀미가 나지 않을 것이라는 확신을 심어 주는 데 이 기법을 사용했다. 멀미는 모든 해군에게 중대한 문제를 유발하는 요인이었는데, 이는 멀미로 인해 해상에서의 과업 수행이 지장을 받기 때문이다. Eden과 Zuk는 해군 사관학교 생도들을 무작위로 두 집단으로 나눈 다음에 실험 집단의 피험자들에게는 멀미가 일어날 가능성은 거의 없어서 멀미가 수행을 방해하지 않을 것이라는 확신을 심어 주는 브리핑을 해 주고, 통제 집단의 생도들에게는 그러한 브리핑을 하지 않았다. 바다로 나갔을 때 브리핑을 받은 생도들은 통제 집단에 비해 멀미를 덜 했고 수행도 더 좋았다. 이렇게 자기 효능감을 향상시키는 매우 단순한 기법은 아주 효과적이었다.

미국에서 실시된 군대를 대상으로 한 또 다른 실험에서, Jex, Bliese, Buzzell와 Primeau(2001)는 자기 효능감과 군인들이 느끼는 스트레스와 안녕감을 연관시키는 연구를 진행하였다. 그들이 밝힌 바에 의하면, 자기 효능감의 수준이 높은 사람들은 과업 과부하와 심리적인 고통도 적게 느끼고 있다고 보고하였다. 종합하면, 이 연구는 높은 자기 효능감은 효과적인 수행과 종업원의 안녕에 기여한다는 사실을 시사하고 있다.

자기 효능감 이론은 작업 상황에 의미 있는 시사점을 던져 주는 유용한 이론이다. 이 이론은 종업원의 자기 효능감을 증진시킴으로써 동기와 수행 및 안녕 등이 향상될 수 있음을 시사하고 있다. Bandura(1982)는 난이도를 점차적으로 높인 과업들에서의 연속적인 성공으로 자기 효능감을 높일 수 있는 방법에 대해서 논의하였다. 조직에서는 종업원들이 점차로 더 도전적인 과업에서 성공하게 하는 식으로 종업원들에게 부여하는 과업을 구조화함으로써 이러한 원리를 응용할 수 있다. 이러한 전략은 특히 신입사원들에게 중요한데, 그들이 직무의 모든 측면에서 숙달되기 위해서는 일정 기간이 필요하다. 상대적으로 단순한 과업을 신입 사원들에게 부여하고, 어려운 과업은 천천히 부여함으로써 신입 사원들이 실패를 경험하는 횟수를 되도록이면 많이 줄일 수 있다. 신입 사원들은 점점 더 어려운 과업에 대한 성공을 경험함으로써 자기 효능감이 증가할 것이다. Karl 등(1993)은 훈련 프로그램에서 이러한 접근법을 사용할 것을 제안하였다. Morin과 Latham(2000)은 자기 효능감을 높이는 데 훈련이 성공적일 수 있음을 보여 주었다('연구 상세히 보기' 참조).

연구 상세히 보기

많은 연구 논문을 통해서 볼 때 자기 효능감이 수행과 관련이 있다는 점은 의심의 여지가 없어 보인다. 중요한 의문점은 자기 효능감을 어떻게 높일 수 있는지에 관한 것이다.

Morin과 Latham(2000)은 캐나다의 온타리오에서 자기 효능감이 수행에서의 기술 향상에서 어떠한 역할을 하는지를 살펴보기 위한 연구를 진행하였다. 피험자들은 제지 공장에서 일하는 41명의 감독자 및 기술자였다. 각 피험자는 하루 동안 대인 간 의사소통 기술에 대한 훈련을 받았는데, 이 훈련에는 강의를 듣고, 비디오테이프로 찍은 자신의 수행 모습들을 시청하며, 역할 수행 훈련을 완수하는 것 등이 포함되어 있었다. 훈련이 끝났을 때의 평가는 의사소통 기술이 증가함을 보였다. 그러나 연구자들은 단지 기술을 향상시키는 것만으로는 충분하지 않고 자기 효능감을 증진시키기 위하여 이차적인 개입이 필요하다고 생각하였다.

하루 동안의 훈련을 받은 다음, 피험자들은 다음의 네 가지 추후 조건 중 하나에 무선적으로 배정되었다. 네 가지 조건은 정신연습 훈련, 목표설정 훈련, 둘 모두 받는 훈련, 아무런 훈련도 받지 않는 통제 조건들이다.

정신연습은 피험자들이 그들의 의사소통 기술을 정신적으로 반복 숙달하는 방법을 교육받는 것이다. 연구자들은 이러한 훈련이 새로이 배우는 기술에 대한 자신감을 증진시킴으로써 자기 효능감을 높일 수 있을 것이라는 가설을 세웠다. 목표설정은 자기 효능감에 아무런 효과도 없을 것이라고 예상하였는데, 이는 목표 설정이 의사소통 기술의 향상이 아닌, 단지 개선을 위한 목표를 세우는 것을 다루기 때문이었다. 이러한 후속 훈련을 끝마치고 약 한 달 후, 각 피험자들은 2명씩의 동료가 직무에서의 의사소통 행동의 면에서 평가하였다.

결과를 보면 정신연습을 포함하는 두 개의 조건에서 직무에서의 자기 효능감과 의사소통 수행의 향상이 이루어진 것을 알 수 있었다. 다른 두 조건은 자기 존중감 혹은 수행에 아무런 영향도 끼치지 않는 것으로 나타났다. 이러한 사실에 근거하여 연구자들은 훈련을 통한 기술 향상은 의사소통에서의 수행을 향상시키기에는 불충분하다는 결론에 도달했다. 오히려 수행을 향상시키기 위한 기술뿐만 아니라 자기 효능감을 향상시키는 것이 필요하였다.

출처: "The Effect of Mental Practice and Goal Setting as a Transfer of Training Intervention on Supervisors' Self-Efficacy and Communication Skills: An Exploratory Study," by L. Morin, and G. P. Latham, 2000, *Applied Psychology: An International Review, 49*, 566-578.

7. 공정성 이론

종업원에 대한 조직의 공정한 대우에 관한 규범에 초점을 둔 공정성 이론(justice theories)은 동기에 대한 또 다른 입장을 제시한다. 이 이론의 기본 가정은 사람들이 공정성에 많은 가치를 두며 자신과 조직 간의 관계에서의 공정성을 확보하기 위하여 동기화된다는 것이다.

형평 이론(equity theory)(Adams, 1965)은 사람들이 타인이나 조직과의 거래에서 형평(equity) 또는 공정함(fairness)의 조건을 달성하기 위해 동기화된다고 말한다. Adams(1965)에 의하면, 자신들이 불형평한 상황(inequitable situation)에 처해 있다고 생각하는 종업원들은 불만족을 느끼고 정서적 긴장을 느끼게 되므로 그러한 불형평한 상황을 줄이려는 동기가 유발될 것이다. 이 이론은 불형평(inequity)이 일어나게 될 상황과 불형평을 줄이기 위해 종업원들이 할 가능성이 높은 행동들에 대해 구체적으로 기술하고 있다.

불형평은 종업원들이 자신을 타인과 비교할 때 발생하는 심리적인 상태다. 구체적으로 비교되는 것은 투입물(inputs)에 대한 산출물(outcomes)의 비율이다. 산출물(outcome)은 보상 또는 개인적으로 가치를 부여하는 모든 것으로서 임금, 부가급부, 좋은 대우, 즐거움, 조직에서 차지하는 지위 등 조직으로부터 종업원이 일한 대가로 받는 모든 것이다. 투입물(input)은 종업원이 조직에 기여하는 바를 의미한다. 여기에는 종업원이 달성하는 과업뿐 아니라 종업원이 직무에 가져오는 자신의 경험이나 재능 등도 포함된다. 따라서 직무 경험이 많은 종업원은 경력이 짧은 사람보다 조직에 더 큰 투입물을 가져오는 것이다.

이 이론에서는 종업원들이 자신들의 투입물에 대한 산출물의 비를 다른 종업원들의 비와 심리적으로 비교한다고 주장한다. 즉, 종업원들은 그들이 기여한 바(투입물)와 관련하여 직무로부터 얼마나 많이 받는지(산출물)를 심리적으로 평가하게 되며, 이는 바로 다음과 같은 비(ratio)로 나타낸다.

$$\frac{\text{산출물}}{\text{투입물}}$$

각 종업원들은 비교를 위해 자신이 선택한 사람이 갖는 이 비와 자신의 것을 비교하게 된다. 이러한 비교의 대상, 즉 타인(other)은 같은 조직 내에서 같은 직무에 종사하는 종업원일 수도 있고 조직 외부에 있는 사람일 수도 있다. 또한 비교의 대상은 다른 유형의 직무를 행하는 사람이 될 수도 있다. 산출물만을 서로 비교하거나 투입물만을 서로 비교하지 않고 둘 사이의 비율을 비교한다. 따라서 사람들은 자신의 산출물이 투입물보다 적다고 할지라도 상황이 형평하다고 믿을 수도 있다. 불형평이 존재하는 경우는 오직 자신의 비율이 타인과 다르다고 믿을 때뿐이다. 이러한 차이는 양방향 모두 가능하다. 즉, 만약 어떤 종업원이 자신들이 투입한 것에 비해 다른 사람들이 더 많은 산출물을 얻는다고 믿게 되는 경우, 그는 과소지급(underpayment) 불형평을 경험하게 된다. 그러나 어떤 종업원이 다른 사람에 비해 투입물 대비 자신의 산출물이 더 많다고 믿게 되는 경우에는 과대지급(overpayment) 불형평이 존재하게 된다.

[그림 8-2]는 가능한 몇 가지 비교 상황을 보여 주고 있다. 각각의 예에서 관심의 대상이 되는 종업원(사람 A)의 비율은 10/20이라고 가정하자. 즉, 사람 A는 투입물 두 단위에 대해 한 단위의 산출물을 얻게 된다. 산출물과 투입물의 값이 동일할 필요가 없음에 주목하라.

요점은 비율 자체가 아닌 비율 간의 비교다. 처음 두 개의 사례에서는 비교 타인이 두 단위의 투입물에 대해 한 단위의 산출물을 얻게 되므로 형평이 달성된다. 첫 번째 사례에서는 산출물이 사람 A의 반(5)이지만, 투입물 역시 반(10)이다. 두 번째 사례에서는 산출물과 투입물 모두 두 배가 되었다(각각 20, 40). 다음의 두 사례는 과소지급의 불형평

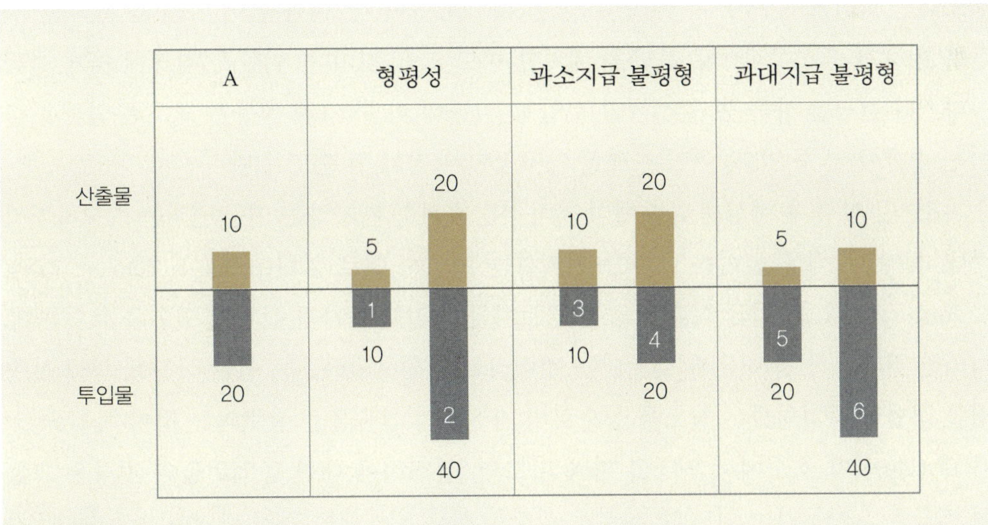

그림 8-2 형평과 불형평의 묘사

A는 산출물에 비해 투입물이 두 배다(첫 번째 열의 막대그래프 참조). 다른 여섯 개의 막대그래프는 타인의 투입물과 산출물과의 비교를 나타낸다. A는 비교의 대상이 되는 타인이 누구이냐에 따라 형평 또는 불형평을 경험하게 될 것이다. 사례 1과 2는 형평을 보여 주고 있는데, 둘 다 투입물이 산출물의 두 배다. 사례 3은 과소지급을 나타내는데, A와 산출물은 동일하면서 투입물은 단지 반에 불과하다. 사례 4 역시 과소지급인데, 투입물은 A와 동일하지만 산출물은 두 배다. 사례 5는 과대지급을 나타내는데, 투입물은 A와 동일하면서 산출물은 반에 불과하다. 사례 6 역시 과대지급으로, A와 산출물은 동일하지만 투입물은 두 배다.

을 묘사하고 있다. 즉, 사람 A의 비율은 비교 타인의 비율보다 낮아서 결국 과소지급을 받는다는 생각이 들게 한다. 세 번째 사례에서는 비교 대상 타인은 A와 동일한 산출물을 얻고 있지만 투입물이 A의 반에 불과하며(10/10), 네 번째 사례에서는 비교 대상 타인은 A와 투입물은 동일하지만 산출물은 배가 되었다. 마지막의 두 가지 사례는 과대지급 불형평을 보여 주고 있는데, 사람 A는 비교 대상 타인에 비해서 투입물 한 단위당 더 많은 산출물을 받고 있다. 다섯 번째 사례에서 비교 대상 타인은 A와 투입물은 같으나 산출물은 반만 받고 있으며, 여섯 번째 사례에서는 비교 대상인 타인은 A보다 투입물이 두 배임에도 불구하고 동일한 양의 산출물을 받고 있다.

Adams(1965)에 따르면, 과소지급 불형평은 분노를 유발하고 과대지급 불형평은 양심의 가책을 유발한다. 두 경우 모두 종업원들은 여러 가지 가능한 기제(mechanism)들을 통해 불형평을 감소하려는 동기가 유발된다. 이러한 기제들 중 세 가지가 특히 조직 상황과 관련이 있는데, 투입물의 변화, 산출물의 변화, 그리고 상황으로부터의 이탈이다. 종업원은 불형평이 과대지급에 의한 것이냐 혹은 과소지급에 의한 것이냐에 따라 자신의 생산량을 늘리거나 줄임으로써 투입물을 변화시킬 수 있다. 산출물을 변경하는 방법으로는 직장으로부터 추가적인 보상을 요구할 수 있다. 예를 들어, 보수를 늘려 줄 것을 요청하거나 공식적으로 불만을 제기할 수도 있을 것이다. 이탈은 직장에 늦게 출근한다거나 결근을 하는 등 일시적인 것일 수 있는데,이 두 가지 행동은 모두 투입물을 줄이는 수단이 될 수 있다. 이탈은 또한 영구적인 이직이 될 수도 있다.

과소지급의 경우 예상대로 수행이 낮아지는 효과를 지지하는 연구 결과는 확고하지만 과대지급이 수행을 높이는 효과를 지지하는 연구는 별로 없다(Bolino & Turnley, 2008). Greenberg(1990)는 임금 삭감과 공장 근로자들의 절도 증가가 관련이 있음을 보였는데, 이러한 결과가 형평 이론과 일치하는 것이라고 설명하였다. 즉, 임금 삭감에 의해 불형평을 경험한 종업원들은 절도를 함으로써 자신들의 산출물을 늘렸다는 것이다. Iverson과 Roy(1994)가 호주에서 연구한 바에 따르면, 불형평에 대한 종업원들의 지각은 그들이 직장을 그만두려는 의도 및 새로운 직장을 찾으려는 행동 등과 관련이 있었다. 이 두 개의 변수는 10장에서 논의될 바와 같이 이직을 예측하는 것으로 밝혀졌다(Blau, 2007).

직장에서의 공정성에 대한 최근의 연구들을 살펴보면 형평 이론에서 다소 다른 시각의 공정성 이론(fairness theory)으로 옮겨 갔음을 알 수 있다. 형평 이론은 보상의 공정한 배당(allocation) 또는 분배(distribution)를 다루고 있지만, 공정성 이론은 보상의 분배와 그러한 보상이 배당되는 절차를 구분하고 있다. 분배 공정성(distributive justice)은 형평

(equity)과 비슷한 개념으로 사람들 간에 분배되는 보상의 공정성에 관심을 두고 있다. 절차 공정성(procedural justice)은 분배의 결과에 대비되는 개념으로 보상의 분배 과정에 있어서의 공정성에 관심을 두고 있다. 비록 많은 경우에 절차 공정성이 분배 공정성에 선행한다고 예상할 수 있긴 하지만, 언제나 그런 것은 아니다. 예를 들어, 과거의 보상 정책의 결과로 일부 사람이 비슷한 투입물을 낸 다른 사람들보다 더 많은 급여를 받았다고 한다면 그러한 정책은 분배에서의 불공정성을 나타낸다고 볼 수 있다. 여기서 과소임금을 받은 사람의 불형평의 차이를 보상해 주기 위해 수년 동안 매년 조금씩 급여를 조정해 주는 새로운 절차를 채택한다면 그러한 절차는 절차 공정성으로 볼 수 있을 것이다.

형평 이론과 또 하나 구별되는 점은 공정성 이론은 불공정의 지각이 반드시 타인과의 사회적 비교에서 발생한다고 가정하지 않는다는 것이다. 오히려 이 이론은 부적인 일이 발생하고 그것이 다른 사람에 의해서 고의적으로 불공정하게 행해졌다고 인식할 때 사람들이 불공정을 지각함을 시사한다. 예를 들어, 회사가 봉급 인상을 해 주지 못했다고 가정하자. 만일 임금 동결이 경영진에 의해서 의도적으로 행해진 일이고 임금 동결에 대한 근거가 비합리적이라고 지각되면 이는 불공정하게 보이게 하는 부적인 사건이다. 그러나 만일 회사가 재정적인 문제가 있음을 발표한다면 종업원들은 이를 경영층의 통제 밖의 것으로 보고 그런 상황을 불공정하게 보지 않을 것이다. 하지만 만일 경영진이 납득할 만한 설명을 내놓지 못하면 종업원들은 상황이 불공정하다고 느낄 가능성이 높다.

종업원의 분배 공정성 및 절차 공정성 지각과, 조직과 연관된 결과물을 관련시킨 많은 연구가 있다. Cohen-Charash와 Spector(2001)는 이러한 연구들을 모아 통합분석을 실시하였는데, 형평 이론을 근거로 예상할 수 있는 바대로 두 가지 형태의 공정성 모두가 직무 수행, 직무 만족, 직장을 그만두려는 의도 등과 관련이 있었다. 불공정은 자진해서 특근하는 것과 같은 긍정적 행동과 관련이 있고(Fassina, Jones, & Uggerslev, 2008) 과도한 결근과 같이 조직에 해를 끼치는 부정적 행동과도 관련이 있음(Jones, 2008)이 밝혀졌다. 흥미롭게도 Sweeney와 McFarlin(1997)은 여성들에게는 절차 공정성이 더 중요하고, 남성들에게는 분배 공정성이 더 중요하다는 사실을 밝혔다. 여성들에게는 보상이 배정되는 절차가 더 중요하고, 남성들에게는 결과가 가장 중요한 것 같다.

8. 목표 설정 이론

산업 및 조직 심리학자들에게 지금까지 가장 유용한 동기 이론은 목표 설정 이론(goal setting theory)(Locke & Latham, 1990)이다. 비록 반드시 이론에 근거한 방식으로는 아니지만, 목표 설정의 여러 원리는 조직에서 광범위하게 사용되고 있다. 예를 들어, Yearta, Maitlis와 Briner(1995)는 영국에 있는 조직들 중의 79%가 일종의 목표 설정을 사용하고 있다고 보고하였다. 전 세계의 산업화된 곳에서는 다양한 목표 설정 프로그램이 널리 사용되고 있다.

이 이론의 가장 기초적인 생각은 사람들의 행동이 바로 그들이 내적으로 가지고 있는 의도(intentions), 목적(objectives), 또는 목표(goals)(이 용어들은 모두 같은 뜻으로 사용된다)들에 의해 동기화된다는 것이다. 목표는 아주 근접적(proximal) 구성개념이며, 구체적인 행동과 가장 밀접하게 묶일 수 있다. 예를 들어, 어느 판매원이 주어진 시간 안에 특정한 양의 생산품을 판매한다는 목표를 세울 수 있다. 이처럼 목표는 수행과 관련 있는 특정한 행동들과 밀접하게 묶일 수 있기 때문에 목표 설정 이론은 행동과 강하게 연관된다.

이론에 따르면 목표란 한 개인이 의식적으로 달성하거나 성취하고자 하는 것을 의미한다. 목표란 '다음 시험에서 A를 받을 것이다' 처럼 구체적일 수도 있고, '학교에서 잘할 것이다' 와 같이 일반적일 수도 있다. 학교에서 잘하겠다는 다짐과 같은 일반적인 목표는 종종 A를 받겠다는 것과 같은 몇 개의 구체적인 목표와 연계된다.

사람들은 목표 지향성(goal orientation)에서 차이를 보인다. 즉, 학습에 노력을 집중하는지(학습 지향성) 혹은 특정 수준의 직무 성과를 달성하는 데 노력을 집중하는지(성과 지향성)에서 다르다. 학습 지향성인 사람은 지식과 기술의 향상에 주로 관심을 갖지만, 성과 지향성인 사람은 특정한 과업에서의 성과 향상에 집중한다(DeShon & Gillespie, 2005; Payne, Youngcourt, & Beaubien, 2007).

Locke와 Henne(1986)은 목표가 행동에 영향을 미치는 네 가지 방식을 서술하였다. 첫째, 목표는 목표 달성을 위해 필요한 행동에 주의를 기울이게 하고 그러한 행동을 하게 한다. 시험에서 A를 받고자 하는 목표를 가진 학생은 과제물로 주어진 자료들을 읽거나 수업 시간에 한 필기를 다시 보는 등의 학습 행동에 몰입할 것이라고 기대할 수 있다. 둘째, 목표는 온 힘을 다해서 열심히 노력하게 한다. A를 받는 것이 목표인 학생은 학습 자료들을 익히는 데 더욱 집중할 것이다. 셋째, 목표는 인내심을 더욱 크게 하여 목표 달성을 위해 필요한 행동에 더 많은 시간을 보내게 한다. A를 받기를 원하는 학생은 학습에 더 많은 시간을 보낼 것이다. 마지막으로, 목표는 목표 달성을 위해 효과적인 전략을 찾도록 동기를 부여한다. 성실한 학생은 효과적인 학습 방법과 효율적인 시험 전략을 배우려고 할 것이다.

목표 설정 이론은 사람들이 자신들의 목표를 달성하는 방향으로 노력을 할 것이고, 직무 수행은 설정한 목표의 함수라고 예언한다. 조직의 관점에서 보았을 때, 목표 설정은 직무 수행을 유지하거나 증가시키는 효과적인 방법이므로, 많은 조직이 목표 설정을 그러한 목적에 사용하고 있다. Locke 등(2000)의 연구에서는 목표 설정이 직무 수행을 효과적으로 향상시키는 데 필요한 몇 가지 요인(〈표 8-2〉 참조)을 열거하고 있다. 첫째, 종업원들은 목표에 몰입(commitment)해야 한다. 이는 종업원들이 목표를 수용한다는 것을 뜻한다. 조직 목표가 언제나 개별 종업원들의 목표와 일치할 수는 없는데, 개인들이 행동을 하도록 동기화되는 것은 오직 그 개인들의 목표에 의해 가능하다. 둘째, 피드백이 필요한데, 이는 피드백을 통해 사람들이 자신의 행동이 목표에 다가가고 있는지 여부를 알 수 있기 때문이다. 만약 피드백을 받지 못한다면 목표 자체가 행동의 방향을 설정하는 역할을 하기가 어려울 것이다. 셋째, 목표가 어려울수록 수행은 더욱 좋아질 가능성이 크다. 평균 평점 4.0을 달성하겠다는 목표는 평균 평점 3.5의 목표보다 더 나은 수행을 낳을 수 있고, 3.5의 목표는 3.0의 목표보다 더 나은 수행을 낳을 것이다. 언제나 모든 사람이 자신의 목표를 달성할 수 있는 것은 아니지만, 적어도 자신의 능력의 한계치까지 온 힘을 다해서 일을 한다면 목표가 도달하기에 힘든 것일수록 수행은 더 좋아진다. 넷째, 구체적이고 힘든 목표는 '최선을 다해라'와 같은 애매한 목표보다 훨씬 더 효과적이다. 애매한 목표 역시 효과적일 수 있긴 하지만 목표를 언제 달성할 수 있는지 알 수 있도록 해 주는 구체적인 목표가 최선이다. 마지막으로, 자신이 스스

〈표 8-2〉 직무 수행을 향상시키기 위해 목표 설정에 중요한 요인

1. 종업원의 목표 수용
2. 목표를 향한 각 과정에 대한 피드백
3. 어렵고 도전적인 목표
4. 구체적인 목표

출처: "Work Motivation Theories," by E. A. Locke and D. Henne, 1986, in C. L. Cooper and I. T. Robertson (Eds.), *International Review or Industrial and Organizational Psychology*, Chichester, England: John Wiley.

로 설정한 목표는 일반적으로 조직에 의해 부여되는 목표보다 더 낫다. 일반적으로 종업원들이 자신이 스스로 목표를 설정하도록 허용하는 것 또는 적어도 목표 설정에 참여하도록 하는 것이 종업원들의 참여 없이 단지 감독자가 부여하는 목표보다 일반적으로 최상이다. 종업원의 참여는 목표가 효과적이기 위해서 필요한 목표 수용의 가능성을 높인다.

목표 설정 이론은 직무 성과를 높이는 데 효과적이라는 사실이 밝혀졌다(예: Ludwig & Goomas, 2009). 이 이론에서 주장하는 명제들이 많은 연구에서의 주제가 되고 있음은 물론이고, 목표 설정은 직무 성과를 높이는 수단으로 인기가 있다. 일례로, Klein, Wesson, Hollenbeck과 Alge(1999)는 83개 연구에 대한 통합분석을 실시하여, 목표 몰입(goal commitment)의 증가가 성과의 향상을 가져온다는 결과를 얻었다. 목표 설정의 이론과 연구는 〈표 8-2〉에 제시된 중요한 요인들을 강조하고 있는데, 이 요인들은 목표 설정 프로그램에 반드시 포함시켜야 한다.

비록 목표 설정이 효과적일 수 있음을 보여 주는 연구들이 있음에도 불구하고, 이 이론의 한계점에 대해 지적하는 연구자가 나타나기 시작했다. Yearta 등(1995)은 대부분의 목표 설정 연구들이 공장의 생산량을 증가시키는 등 단 하나의 목표만을 포함하고 있음을 지적하였다. 그들은 직무가 복잡하고 목표의 수가 다수인 경우 만약 목표가 어렵다면 수행이 낮아짐을 보였다. Doerr, Mitchell, Klastorin과 Brown(1996)은 생선 가공 공장에서 집단 목표가 개인 목표보다 생산 속도를 더 많이 증가시킨다는 것을 보여 주었다('연구 상세히 보기' 참조). Ambrose와 Kulik(1999)은 목표 설정의 몇 가지 결점을 열거하였다. 가장 심각한 결점은 때로 종업원들이 당면 목표에만 너무 몰두하여 직무에서 당면 목표와 거의 동일한 비중을 갖는 다른 중요한 측면들은 무시하게 되면서 목표 간의 충돌이 발생할 수 있는데, 이렇게 되면 하나의 목표에 집중함으로써 다른 목표를 달성하는 것이 불가능해질 수 있다는 점이다. 마지막으로, Drach-Zahavy와 Erez(2002)는 스트레스가 높을 때 목표가 어려우면 수행이 나빠지는 이유에 대한 연구 결과를 내놓았다. 이 같은 사실을 종합해 보면 상황이 비교적 단순하고(단일 목표에 단순한 직무) 스트레스가 적을 때 어려운 목표가 효과가 있다고 볼 수 있다.

연구 상세히 보기

일부 거대 조직들에서는 작업을 완수하는 데 있어서 개인 단위보다는 작업 집단이나 팀 단위를 사용하는 경향이 있다. 따라서 집단과 개인이 행동과 반응에 있어서 어떻게 다른지를 이해하는 것은 중요한 일이다. 관심을 쏟아야 하는 한 분야는 사람들이 집단으로 일할 때 그 사람들의 동기를 어떻게 유발할지에 관한 것이다. 목표 설정이 개인에게 있어서는 효과적인 동기 유발 기법일 수 있으나, 이와 마찬가지로 집단에도 효과적인지는 연구할 필요가 있다.

미국의 북서 지역에 있는 생선 가공 공장에서 미국 시민이 아닌 이민자들로만 구성된 작업 집단을 대상으로 연구가 행해졌다. 이 종업원들은 하루에 배에 실려 오는 연어 고기를 가공하는 일에 2~3시간 동안 일하는 사람들이었다. 연구 과정의 하나로 목표 설정에 대한 실험에 39명의 피험자가 참여하였다. 조건은 세 가지였는데, 집단의 목표, 개인의 목표, 그리고 아무런 목표도 없는 조건이었다. 목표 설정의 기준으로 삼기 위해서 시초의 생산 속도를 기저의 값으로 측정했다. 목표는 평소보다 더 빠른 속도로 일관되게 일을 하는 것이었다. 종업원들이 목표 달성을 했을 때 주에서 발행하는 복권을 주는 것은 물론이고 피드백을 제공하였다.

집단의 목표를 달성하기 위해서는 모두의 결과를 합한 것이 미리 정해진 양만큼 되어야 했다. 개인 조건에서는 각자 자기 자신의 목표를 설정하였다. 결과를 보면 통제 조건인 아무런 목표 없는 조건일 때보다 목표를 설정한 두 조건에서 생산성이 훨씬 높았다. 또한 집단의 목표에 의한 생산성이 개인 목표일 때보다 높았다. 50마리의 연어 가공에 걸린 평균 시간은 집단 목표인 조건에서는 538초였던 반면, 개인 목표인 조건에서는 570초였다. 목표가 없는 조건에서는 702초였다.

이러한 결과는 생산 현장에서는 목표 설정이 정말로 효과적임을 보여 주는 것이다. 더욱이 개인 목표보다는 집단 목표인 경우 그 결과가 더욱 좋았다. 12장에서 논의할 바와 같이 집단은 그 구성원들에게 미치는 영향이 강력하며, 집단 단위로 동기를 유발하는 것은 그러한 집단에 속해 있는 개인들에 미치는 영향을 더욱 크게 한다. 그러나 이 연구에서는 매우 단순한 과업을 대상으로 하였으며 목표의 개수도 단 하나였다는 점에 주목해야 한다. 앞서의 효과는 좀 더 복잡한 상황에서는 발생하지 않을 수도 있다. 그럼에도 불구하고 목표 설정은 만약 적당한 상황에 적절하게 응용된다면 강력한 동기 유발 도구가 될 수 있다.

출처: "Impact of Material Flow Policies and Goals on Job Outcomes," by K. H. Doerr, T. R. Mitchell, T. D. Klastorin, and K. A. Brown, 1996, *Journal of Applied Psychology, 75*, 142-152.

9. 제어 이론

제어 이론(control theory)(Klein, 1989)은 목표 설정 이론에 기반을 두고 있으며 목표를 향한 노력을 계속하려는 동기에 피드백이 어떻게 영향을 주는지에 초점을 맞추고 있다. 이 이론이 제안하는 과정은 달성하고자 의도하는 목표와 함께 시작한다. 목표는 감독자가 부여할 수도 있고 개인이 단지 선택할 수도 있다. 그러나 이론에 의하면, 개인은 그 목표가 달성 가능하다고 믿어야 하며 또한 목표를 수용해야만 한다. 목표를 향하여 일해 나가는 과정에서 수행에 대한 피드백이 주어진다. 개인은 현재의 목표 진척의 정도와 내적 기준 혹은 기대하는 진척의 정도와 비교하여 피드백을 평가한다. 만일 진행 상황이 원활하지 않으면 어떤 행위를 하려는 동기가 생기고 이 행위에는 목표 재평가 및 수정 혹은 수행을 개선하기 위한 다른 전략의 채택이 포함될 수 있다. 이 새로운 전략에는 단순히 더 많은 노력의 발휘(더 열심히 일하기) 혹은 더 효과적일 수 있는 새로운 방법의 채택(더 현명하게 일하기)이 있을 수도 있다.

제어 이론이 예측하는 바를 지지하는 연구 결과들이 있다. 한 예로, Donovan과 Williams (2003)는 대학 육상 경기 선수들의 목표와 수행을 8주의 시즌 동안 연구했다. 시즌 전에 선수들은 첫 시합과 시즌 전체에 대한 목표를 세웠다. 매주 그들은 그 주의 수행 정도와 다음 주의 목표를 포함하는 진행 상황 보고서를 작성하였다. 육상 선수들은 그 주의 수행과 목표의 차이를 근거로 미래의 목표를 수정하는 경향이 있었고 목표 조정의 양은 먼 시즌 목표보다 가까운 내주의 목표에 대해서 더 컸다. 이것은 피드백이 원래 세웠던 목표를 이루기 위한 노력의 증가보다 목표의 조정으로 귀결되었음을 보여 주고 있다.

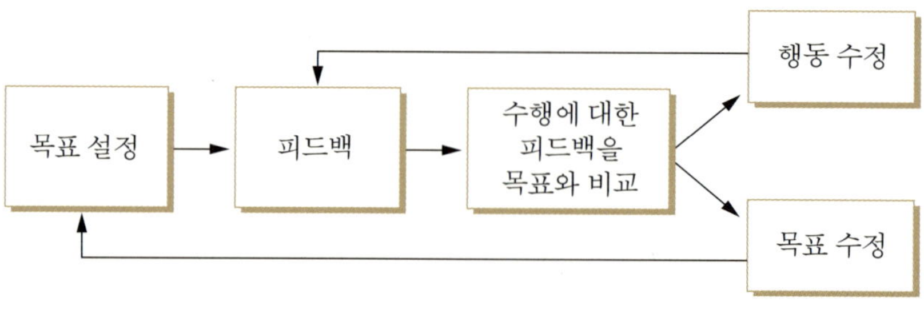

그림 8-3 제어 이론 과정

제어 이론에 따르면, 사람들은 목표를 세우고 난 후 자신의 수행으로 목표를 어느 정도 달성했는지에 관한 피드백을 평가한다. 목표와의 괴리가 있으면 사람들에게 자신의 행동 혹은 자신의 목표를 수정하려는 동기가 생긴다.

10. 활동 이론

활동 이론(action theory)은 목표에서 행동까지 연결되는 과정을 설명하는 작업 행동에 관한 포괄적 이론이다(Frese & Zapf, 1994). 독일에서 탄생한 이 이론은 작업 동기 이론들이 활동(actions)이라고 부르는 목표 지향적인 행동, 즉 자유 의사에 의한(자발적인) 행동 등에 주로 초점을 맞추어야 한다고 주장한다. 그러한 활동은 무언가를 성취하고자 하는 의식적인 의지에 의해 발생하며, 작업 조립 라인에서 부품 하나의 조립을 끝내는 사소한 것에서부터 직장에서의 승진에 이르기까지 모두 해당된다. 이 이론에서 중점적으로 강조하는 것은 활동 그 자체, 그리고 그러한 활동에 이르기까지의 과정들이다. 목표를 달성하기 위해 과업을 수행하고 있는 직장에서는 목표가 조직에 의해 부과된 것이든, 종업원 스스로가 선택한 것이든, 활동이 두드러지게 많이 나타난다.

활동 이론은 활동 및 환경으로부터의 피드백과 인지의 위계 사이를 연결하는 활동 과정(action process)에 대해 설명하고 있다. [그림 8-4]에 이러한 순서가 나와 있다. 순서를 보면 먼저 무언가를 달성하거나 갖고자 하는 시초의 욕구로 시작하는데, 이 바람은 그것을 달성하고자 하는 구체적인 목표와 목적을 낳게 된다. 직장에서의 이러한 목적은 자주 과업(직무분석에서의 과업과 같은 뜻)과 결합되는데, 이러한 과업들은 개별 종업원들이 직장에서 달성해야 하는 것을 규정하게 된다. 이 이론에서는 외적 과업(external tasks)과 내적 과업(internal tasks) 간에 중요한 차이점이 있다고 한다. 외적 과업이란 조직에 의해 종업원에게 부여되는 것인 반면, 내적 과업이란 종업원 스스로가 선택한 것이다. 중요한 것은 종업원들이 외적 과업을 내적 과업으로 변환시키는 재정의 과정(redefinition process)이다. 즉, 종업원들은 부여받은 과업을 자신에게 맞게 변환한다.

목표의 다음 단계는 이러한 목표를 계획으로 바꾸는 것이다. 계획이란 목표를 달성하기 위해 선택한 구체적인 단계이며, 활동 및 활동의 순서를 구체화한 것이다. 다음 단

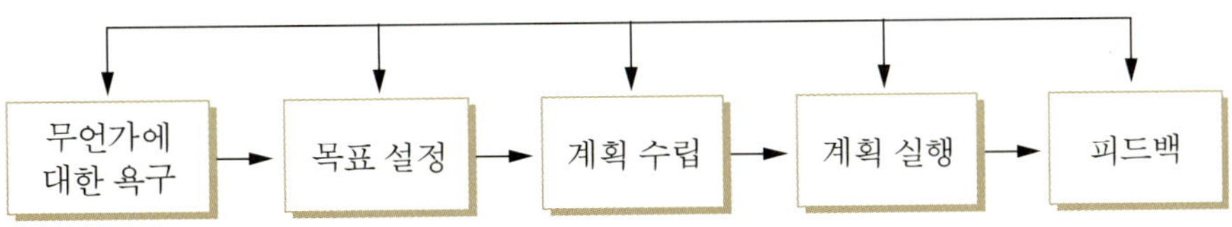

그림 8-4 활동 이론에서 보는 활동 과정

계에서 이러한 계획이 실행되는데, 실행에 활동이 포함된다. 마지막으로 환경 또는 다른 이들로부터 피드백을 받게 된다. 이러한 피드백은 종업원들에게 목표를 향한 진전이 있는지의 여부를 알려 준다. 피드백이 긍정적이면 계획의 일부인 현재의 활동들을 계속하게 되고, 피드백이 부정적이면 목표, 계획 또는 활동을 수정하게 된다.

이상의 과정에 대한 예를 살펴보자. P는 돈을 많이 벌고 싶어서 대학을 졸업한 다음 많은 보수를 받는 직업을 얻는 것을 목표로 설정했다고 가정하자. P의 계획은 그러한 직업들이 어느 분야에 많이 있는지를 알아서 그 분야를 전공하고 전공에서 높은 학점을 받는 것이 될 것이다. 활동에는 계획의 이러한 점들이 반영될 것인데, 예를 들면 다양한 전공에서의 구직 기회를 조사하고 좋은 학점을 받기 위해 열심히 공부를 하는 것 등이다. 학점으로 피드백을 받을 것이고, 만일 학점이 만족스럽게 높지 않다면 목표를 바꾸고 더 적은 보수를 받는 직업을 선택하기를 결심하거나, 계획을 바꾸어서 다른 전공을 선택하거나, 혹은 활동을 바꾸어 더 열심히 공부하게 될 것이다.

활동 이론에는 또한 성격 변인이 포함된다. 가장 중요한 변인은 활동 지향 대 상황 지향(action orientation vs state orientation)에 관한 것이다. 활동 지향적인 사람은 활동 과정을 따르려는 경향을 지닌 사람이다. 목표를 설정하고 계획을 세운 다음에 목표를 달성할 때까지 목표에 집중할 것이다. 상황 지향적인 사람들은 그 반대다. 이들은 활동 과정에 몰입하는 것이 어렵고, 쉽게 주의가 분산되며, 좌절을 경험하게 되면 포기하는 경향이 있다(Kuhl & Beckmann, 1994). 연구 결과들을 보면 활동 지향적인 사람들이 직무에서 더 나은 수행을 보이는 경향이 있는데(Diefendorff, Hall, Lord, & Strean, 2000; Jaramillo, Locander, Spector, & Harris, 2007), 이는 아마도 부분적으로는 상황 지향적인 사람들이 활동하기를 주저하는 경향이 있기 때문이다(Van Eerde, 2000).

연구 결과들은 활동 이론을 근거로 한 예측들 중 몇 가지를 지지하는 경향이 있다. 예를 들어, Sonnentag(1998)은 높은 수행을 보이는 컴퓨터 소프트웨어 프로그래머들과 평균적인 수행을 보이는 컴퓨터 프로그래머들의 과업 행동들에 기저하고 있는 인지적인 기제들을 연구하고 활동 이론에 바탕을 둔 몇 가지 예측을 내놓았다. 예상한 대로 높은 수행을 보인 사람들을 살펴보면 문제를 빨리 이해하는 능력이 있었으며, 따라서 그들은 계획 수립 단계(세 번째 단계)로 넘어갈 수 있었고, 또한 피드백(활동 순서에서의 다섯 번째 단계)을 더 잘 활용하였다. 활동 이론의 틀 내에서, 높은 수행을 보이는 사람들에 대한 연구는 종업원들이 더 효과적으로 일할 수 있도록 교육시키는 방법에 대한 시사점을 던져 준다는 점에서 유용한 잠재력을 갖는다.

또한 활동 이론은 종업원의 동기 향상을 목적으로 하는 조직 개입 프로그램을 설계하는 데 유용하게 쓰인 바 있다. Raabe, Frese와 Beehr(2007)는 한 독일 회사의 의뢰를 받고 회사 종업원들이 자신의 직무 기술 향상과 경력 관리를 잘하게 하기 위하여 사용할 개입 프로그램을 개발하였다. 목표 이론을 기반으로 한 개입은 단지 목표에만 초점을 맞추지만, 활동 이론 방법은 종업원들이 목표 달성을 위하여 스스로 계획을 수립하는 것을 돕는 데 초점을 둔다.

활동 이론은 인지를 기반으로 하고 있는 복잡한 이론으로, 환경에 반응하는 방식을 강조하는 강화 이론이나 다른 동기 이론들과 대조적으로 개인들을 활동의 유발자(initiator), 즉 자기 자신의 행동의 원인으로 보고 있다. 어떤 점에서 이 이론은 목표 설정 이론과 제어 이론의 확장 형태다. 앞에서 논의한 바 있는 미국의 목표 설정 이론은 주로 목표의 설정이 어떻게 직무 수행으로 바뀌는지에 관심을 두고 있다(Farr, Hofmann, & Ringenbach, 1993). 또한 제어 이론은 목표로 향한 진척에 관한 피드백이 행동에 어떻게 영향을 주는지에 주안점을 둔다. 이 이론들에서 더 나아가 활동 이론은 목표와 수행 간에 개입되는 인지적인 과정을 탐구한다.

요약 SUMMARY

이 장에서는 매우 상이한 관점에서 동기를 바라보고 있는 9개의 이론에 대해 논의하였다. 욕구 위계 이론과 2요인 이론 등은 동기가 내적인 요구에서 발생하는 것으로 보고 있다. 욕구 위계 이론은 인간의 모든 욕구를 5개의 유형으로 분류하고 있다. 이 이론에서 욕구란 다소 광범위하며, 비록 욕구가 행동의 일반적인 방향성을 결정한다는 것을 예측할 수는 있으나 어떠한 행동이 발생할 것인지에 대해서는 구체적으로 알려 줄 수 있는 바가 없다. 예를 들어, 성공 욕구가 높은 사람은 성공을 거머쥐기 위해 맡은 직무의 일을 열심히 할 것이다. 한편으로 이 사람은 직장 바깥에서도 자신의 노력의 대부분을 성공을 얻기 위해 쏟아부을 것이다. 2요인 이론은 작업과 관련된 두 가지 유형의 욕구에서 동기가 발생한다고 주장한다.

강화 이론은 상황적 관점의 입장을 취하고 있는데, 행동은 개인의 강화 경험에 의한 결과로 보고 있다. 이 이론에 따르면 직무와 관련 있는 행동들 중에서 보상을 받은 행동들은 앞으로도 반복될 가능성이 크다. 기대 이론은 보상이 어떻게 행동을 낳는지를 설명하려고 한다. 이 이론은 만약 사람들이 그들의 노력이 성공적 수행으로 이어지고 성공적 수행이 보상으로 이어진다고 믿으며, 그들이 그 보상을 원한다면 수행을 잘 할 것이라고 설명하고 있다.

자기 효능감 이론은 사람들이 자신의 능력에 대해 갖고 있는 신념이 동기의 중요한 요인이라고 한다. 자신이 직무 수행을 할 능력이 없다고 믿는 사람은 시도조차 하려고 하지 않을 것이다. 높은 수준의 자기 효능감, 즉 자신의 능력에 대한 높은 수준의 믿음은 작업 동기와 후속적인 직무 수행의 필수적인 요인이다.

형평 이론은 사람들이 조직에 의해 주어지는 공정성과 형평한 대우에 높은 가치를 둔다고 말한다. 사람들은 타인과 자신의 투입물 대비 산출물 비율을 비교하며, 그 비율의 불일치로 발생하게 되는 불형평성은 사람들이 행동하도록 동기 유발시킨다고 설명하고 있다. 이때 개인은 조직에 대한 기여의 수준을 변화시키거나, 일에서 얻는 보상을 바꾸거나, 직장을 그만두는 행동을 취하게 된다. 보다 최근의 공정성 이론은 보상의 분배(분배 공정성)와 보상이 할당되는 절차의 공정함(절차 공정성) 모두에 초점을 두고 있다.

목표 설정 이론은 사람들의 행동 방향이 의식적인 목표와 목적에 따라 정해진다고 주장한다. 이 이론에서는 목표 설정이 직무 수행을 향상시키는 데 있어서 중요한 몇 가지 선행 요인이 있다는 것을 강조한다. 특히 네 요인이 중요한데, 종업원의 목표에 대한 몰입, 목표를 향한 진전에 대한 피드백, 목표의 난이도, 그리고 목표의 구체성이다.

독일에서 탄생한 활동 이론은 목표와 행동을 연결하는 활동 과정에 대해 설명하고 있다. 그 과정은 무언가를 성취하고자 하는 욕구로부터 시작하며, 욕구는 곧 목표로 변화한다. 이러한 목표를 달성하기 위해 계획을 세우게 되는데, 계획의 실행에 바로 활동이 포함된다. 피드백은 활동에 대응하여 발생하며 곧 앞서의 단계들을 수정하는 역할을 하게 된다.

비록 이렇게 다양한 이론이 동기를 상이한 관점에서 바라보고 있으나, 이 이론들이 반드시 상호 간에 충돌을 일으키는 것은 아니며, 사실 다양한 이론의 여러 요소는 상호 간에 연결되어 있다. Locke와 Latham(1990)은 기대 이론, 자기 효능감 이론 그리고 목표 설정 이론의 특징들에 공통점이 있다는 것을 역설한 바 있다. 특히 이들은 자기 효능감을 목표 몰입에 있어 중요한 성분으로 보았다. 목표 달성과 관련하여 자기 효능감이 낮은 사람은 그러한 목표에 몰입하게 될 가능성이 낮다.

산업 및 조직 심리학 현장 연구

다음의 사례는 Lynn Summers 박사가 설계에 참여한 '목표 기반의 절도 통제 프로그램'에 관한 것이다.

Summers 박사는 1977년에 사우스플로리다 대학교에서 산업 및 조직 심리학으로 박사학위를 받았다. 그는 여러 조직에 몸담았으며, 현재는 State Personnel사의 노스캐롤라이나 지점에서 인적자원 전문가로 있다. 현재의 직장으로 옮기기 전에 그는 Performaworks Corporation의 부사장으로 재직했는데, 이 회사는 인터넷을 통해 산업 및 조직 심리학과 관련된 서비스를 제공하는 회사다. 이 회사의 장점 중의 하나는 온라인으로 다면 평가(4장 참조)를 제공한다는 점이다. 동료, 부하 그리고 상사들은 웹페이지를 통해 한 종업원에 관한 평가를 완수할 수 있다. 다양한 관점에서 자신에 관해 주어진 피드백을 본 후 종업원은 온라인 프로그램으로 상호 의견을 교환함으로써 향상 계획을 마련할 수 있다. 이 회사는 또한 인터넷을 사용하여 다른 유형의 측정 및 의견 설문을 실시하는데, 이는 산업 및 조직 심리학자들이 이 새로운 의사소통 수단을 어떻게 사용할 수 있는지에 대한 좋은 예 중의 하나다. 이 회사의 창립 멤버가 되기 전에도 Summers 박사는 이미 활발한 컨설팅을 하고 있었다. 그가 행한 프로젝트 중의 하나는 고객 조직이 종업원들의 절도를 해결하려는 노력에 도움을 주는 것이었다.

Summers 박사는 전국망을 갖고 있는 한 패스트푸드 업체로부터 식당에서 발생하는 절도를 통제하는 프로그램을 만들어 달라는 요청을 받았다. 외식 산업에서는 조직 내부에서의 절도가 외부 침입에 의한 절도보다 훨씬 심각한 문제다. 이 체인 업체는 종업원들 중에 누가 자기 스스로 먹기 위해 또는 자기 주변의 친구 등에게 공짜로 주기 위해 절도를 행하는지를 알고 싶어 했다. Summers 박사는 상황을 살펴본 후 6개 지점의 종업원들이 각기 팀을 이루고 여섯 가지 유형의 해결 방법 중 하나를 시도하도록 설계했다. 우리가 여기에서 관심을 갖는 해결 방법은 목표 설정의 과정인데, 이 절차가 가장 효과적인 접근법이라는 것이 밝혀졌다.

목표 설정 절차는 매우 단순한데, 각 지점에서 점장들은 소수의 종업원에게 특정한 판매 품목(예: 닭가슴살)의 절도에 대한 책임을 지도록 했다. 집단에게 맡겨진 목표는 매일 없어지는 닭가슴살의 수를 세는 것이었다. 또한 절도를 줄이는 구체적인 목표가 집단에 부과되었다.

회사는 목표 설정 프로그램이 절도를 줄이는 데 매우 효과적이라는 것을 알게 되었다. 아무도 확실하게 알 수 없었던 것은 왜 그렇게 효과적이었느냐에 관한 것이었다. 종업원들은 어떻게 절도를 줄여야 하는지에 관한 어떠한 교육도 받지 않았고 단지 하나의 목표를 부여받았을 뿐이었다. 집단의 구성원들이 절도를 했으므로 단지 그만두었다고 설명할 수도 있다. 또한 집단의 구성원들이 누가 절도를 하는지를 알아서 그들에게 그만두도록 압력을 행사했을 가능성도 배제할 수 없다. 그러나 적어도 프로그램이 종업원들로 하여금 절도 문제에 관심을 두도록 했고, 이전에 설명한 대로 바로 이것이 목표 설정이 수행을 향상시키는 여러 형태들 중의 하나다. 어떻게 해서 효과가 있었든 간에 이 예는 목표 설정이 행동을 변화하는 효과적인 수단이 될 수 있음을 보여 준다. 관리자들은 단지 목표를 설정하기만 하면 되고 그 후에는 부하들이 목표를 달성하는 법을 깨우칠 때까지 기다려 주기만 하면 된다.

토의 문제

1. 종업원 절도 유발 요인은 무엇인가?
2. 목표 설정 프로그램이 절도를 줄인 이유는 무엇인가?
3. 다른 해결 방법도 절도를 감소시킬 수 있었을까?
4. 대기업에서 종업원들의 절도의 심각성은 어느 정도라고 생각하는가?

체험학습

직무에서의 동기 사례

이 장에서 논의한 동기 이론 중 하나와 관련된 동기 부여의 예를 찾아보시오. 신문 기사도 좋고 온라인 뉴스 서비스 제공 기사도 좋다. 선택한 사례에 대한 배경을 밝히되, 누가 무엇을 했는지 설명하시오. 그런 다음에 선택한 사례와 동기 이론이 어떻게 연관되는지 설명하시오.

조직이 종업원에게 동기를 부여하는 방법

회사에서 종업원에게 동기를 부여하는 방식에 대한 예를 찾아보시오. 자신의 직무 경험도 좋고, 친지의 경험 혹은 인터넷에서 검색한 사례도 좋다. 찾은 방식을 설명하고 그 방식이 이 장에서 논의한 어떤 동기 이론들과 관계가 있는지 설명하시오.

CHAPTER 09

일에 대한 느낌: 직무 태도와 정서

학습목표

1. 직무 만족과 조직 몰입을 정의한다.
2. 직무 만족과 조직 몰입의 특성 차이를 기술한다.
3. 직무 만족과 조직 몰입이 어떻게 측정되는지 설명한다.
4. 직무 만족과 조직 몰입의 가능한 원인과 결과에 대한 연구 결과들을 요약한다.
5. 직장인들이 정서를 어떤 식으로 경험하고 정서가 조직에 어떻게 영향을 끼치는지를 논의한다.

미국 근로자를 대상으로 한 전미(全美) 여론 조사들에서 근로자 대부분은 자신의 직업에 만족하고 있는 것으로 밝혀졌다. 예를 들어, 미국 인적자원관리협회(Society of Human Resources Management: SHRM)에서 2009년에 실시한 조사는 86% 회사원이 직업에 만족한다고 밝히고 있다. 2002 여론 조사에 따르면, 캐나다인들은 미국인들보다 훨씬 더 만족하고 있어서 응답자의 92%가 자신의 직업을 좋아한다고 말한 것으로 나타났다.

산업 및 조직 심리학자들이 수행하는 주요 연구 중 하나는 직원들의 일에 대한 태도, 특히 직무 만족 등을 측정하고 그러한 태도를 향상시키기 위한 방법들을 강구하는 것이다. 산업 및 조직 심리 연구자들은 산업 및 조직 심리 분야의 시초부터 직무 만족의 원인과 결과에 대해 광범위하게 연구를 해 오고 있다. 직무 만족은 산업 및 조직 심리학에서 직무 수행과 더불어 가장 많이 연구되는 두 가지 변인 중 하나다. 직무 만족 변인이 많이 연구되는 이유는, 앞으로 살펴보겠지만 상대적으로 측정하기 쉽기 때문이다. 또 다른 이유는 직무 만족이 작업의 특성, 관리 감독 그리고 직무 환경과 같은 조직의 현상을 다루고 있는 많은 이론에서 핵심 변인이기 때문이다. 직무 만족은 직무 수행에서 건강과 장수에 이르는, 종업원과 조직의 결과물들의 원인으로 간주되어 왔다.

하지만 직무 만족이 자신의 일에 대해 어떻게 생각하는지를 보여 주는 유일한 변인은 아니다. 조직 몰입(organizational commitment)은 자신이 속한 조직과 직무에 대한 사람들의 애착과 관련된 또 다른 태도다. 승진을 한 기쁨 혹은 불공정한 대우를 받아서 느끼는 분노와 같이 직장에서 경험하는 긍정적인 정서와 부정적인 정서도 탐구해야 할 또 다른 주제다.

이 장은 직무 만족의 논의로 시작하는데 직무 만족의 측정 방법, 직무 만족의 잠재적 원인과 가능한 결과들을 논의한다. 직무 만족은 모든 유형의 조직 현상에 대한 연구에 흔히 포함되는 변인이다. 이 책의 대부분의 장에서 직무 만족이 논의되고 있다. 또한 조직 몰입에 대해서도 논의할 것이다. 직무 만족과 관련이 있는 변인들은 거의 모두 조직 몰입과 관계가 있다. 끝으로, 직장에서의 정서 및 정서의 원인과 결과에 대해서도 논의할 것이다.

1. 직무 만족의 본질

직무 만족(job satisfaction)은 사람들이 자신들의 직무 전반과 직무의 다양한 단면에 대해 어떻게 느끼는지를 나타내는 태도 변인이다. 좀 더 간단히 말하면, 직무 만족은 사람들이 자신들의 직무를 좋아하는 정도를 말하는 것이며, 직무 불만족(job dissatisfaction)은 사람들이 직무를 싫어하는 정도를 말한다.

직무 만족 연구는 두 갈래의 방향으로 진행되어 왔는데 '전반적(global)' 연구 방식과 '단면적(facet)' 연구 방식이 그것이다. 전반적 연구 방식에서는 직무 만족을 일에 대한 전반적인 단일의 감정으로 취급하고 있다. 많은 연구가 사람들의 전반적인 만족을 측정하고 있으며, 이 장에서 논의되는 많은 결과물이 이러한 개념을 반영하고 있다.

단면적 연구 방식은 직무의 단면(facet)들, 즉 직무의 여러 측면에 초점을 두어 연구한다. 이에는 보상(급여와 부가급부), 직무 관련 타인들(상사, 동료), 직무 조건, 작업 자체의 본질이 포함된다. 가장 많이 연구되는 단면은 〈표 9-1〉에 제시되어 있다.

단면적 연구 방식은 직무 만족에 대한 좀 더 완벽한 그림을 보여 준다. 사람들은 보통 다양한 단면에 대해 각기 다른 수준의 만족감을 느낀다. 급여와 부가급부에 대해서는 매우 불만족해하면서 동시에 작업의 본질과 상사에 대해서는 매우 높은 수준의 만족감을 느낄 수 있다. 이것은 미국인들에게 있어 매우 전형적인 패턴이며, 다음에서 이 부분을 다룰 것이다.

〈표 9-1〉 일반적인 직무 만족의 요소

급여	직무 조건
승진 기회	작업의 본질
부가급부	의사소통
관리감독	안전
동료	

2. 자신의 직무에 대한 느낌

앞서 언급한 대로 2009년도 미국 인적자원관리협회의 조사는 미국인 대부분이 자신의 직업을 좋아한다는 것을 보여 주었다. 하지만 이것은 자신의 직업의 모든 면을 고르게 좋아한다는 것을 의미하지는 않는다. 직무 만족조사(Job Satisfaction Survey: JSS)의 여러 규준(norm)으로부터의 자료를 바탕으로 정리한 미국인들의 전형적인 단면 만족의 패턴은 [그림 9-1]에 제시되어 있다(Spector, 1985). JSS는 여덟 가지의 직무 만족 단면을 측정하는 척도다. 이 규준들은 미국 전역에 걸쳐 많은 조직에서 근무하는 3만 6,380명의 종업원을 대상으로 실시한 직무 만족 점수들에 근거한 것이다. 이 그림을 통해 알 수 있는 것은 미국인들이 일반적으로 자신들의 상사, 동료 그리고 직무 자체 특성에는 매우 만족하고 있다는 것이다. 반면에 급여, 승진 기회, 부가급부와 같은 보상의 측면에 있어서는 덜 만족하고 있다.

여러 국가에서 시행한 조사 결과, 직무 만족 수준은 나라에 따라 달랐다. Pichler와

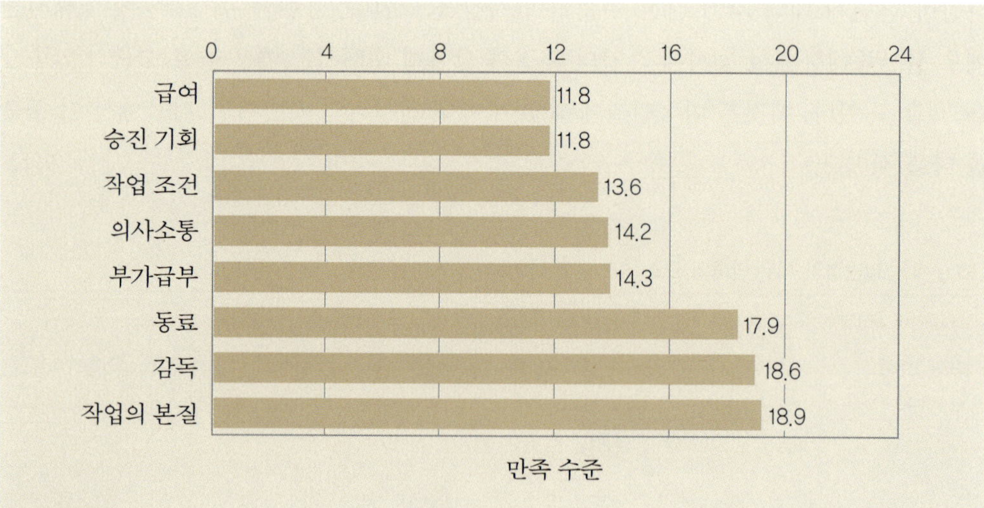

그림 9-1 직무 만족조사의 단면들에 대한 평균 만족 수준

가로축에 평행하게 만족 수준이 나타나 있다. 각 막대그래프 옆에 제시된 숫자는 각 단면에 대한 평균값을 나타낸다. 낮은 만족 수준의 급여와 승진(11.8)부터 높은 만족 수준의 작업의 본질(18.9)까지 널리 퍼져 있다.

출처: "Measurement of Human Service Staff Satisfaction: Development of the job Satisfaction Survey," by P. E. Spector, 1985, *American Journal of Community Psychology, 13*, 693-713.

Wallace(2009)는 27개 유럽 국가 간 직무 만족 평균값을 비교하여 직무 만족이 스칸디나반도 국가(덴마크, 핀란드, 스웨덴), 독일, 호주에서 가장 높고 동유럽(불가리아, 슬로바키아, 폴란드, 라트비아)에서 가장 낮다는 사실을 발견했다. Spector, Cooper, Sanchez, O'Driscoll, Sparks 등(2001)이 24개국의 관리자 간의 직무 만족 수준을 비교한 결과 국가 간에 유의미한 차이가 있었다. 〈표 9-2〉는 (비록 상위 9개국 간에 큰 차이는 없지만) 가장 높은 수준의 만족을 나타낸 나라에서 가장 낮은 만족을 보인 나라까지의 순위 목록이다. 아시아 국가들(중국과 일본)의 관리자들이 좀 더 낮은 직무 만족을 보이는 것으로 나타났다.

이들 연구가 나라마다 자신의 일에 대해 다르게 느끼고 있음을 보여 주고 있기는 하지만, 왜 이러한 차이가 나타나는지에 대해서는 제시한 결과만으로는 잘 알 수 없다. 이러한 차이에 대한 가능한 설명으로는 나라들 간에 기본적인 가치(basic value)에 있어 차이가 있다는 것이다. Hofstede(1984)는 네 가지 중요한 가치를 40개 국가에서 측정하였다. 비록 국가 내에서도 가치에 있어서 사람들 사이에 변산이 있긴 했지만, 직장에서의 중요한 변인들에서 국가 간에 평균 차이가 있었다. 측정된 문화적 가치들은 다음과 같다.

- 개인주의/집단주의

〈표 9-2〉 24개국에서 관리자의 직무 만족이 높은 순에서 낮은 순으로 제시된 순위표

1. 캐나다	9. 뉴질랜드	17. 프랑스
2. 스웨덴	10. 우크라이나	18. 불가리아
3. 이스라엘	11. 슬로베니아	19. 루마니아
4. 에스토니아	12. 폴란드	20. 남아프리카
5. 인도	13. 스페인	21. 중국
6. 미국	14. 대만	22. 홍콩
7. 벨기에	15. 브라질	23. 일본
8. 독일	16. 호주	24. 영국

출처: "Do National Levels of Individualism and Internal Locus of control Relate to Well-being: An Ecological Level International Study", by P. E. Spector, C. L.Cooper, J. I. Sanchez, M. O'Driscoll, K. Sparks, P. Bernin, A. Büssing, P. Dewe, P. Hart, L. Lu, K. Miller, L. Renault de Moraes, G. M. Ostrognay, M. Pagon, H. Pitariu, S. Poelmans, P. Radhakrishnan, V. Russinova, V. Salamatov, J. Salgado, S. Shima, O. L. Siu, J. B. Stora, M. Teichmann, T. Theorell, P. Vlerick, M. Westman, M. Widerszal-Bazyl, P. Wong, and S. Yu, 2001, *Journal of Organizational Behavior, 22*, 815-832.

- 남성성
- 권력 거리
- 불확실성 회피

개인주의(individualism)는 사람들이 자신들을 자율적인 존재로 여기고 다른 사람들의 이익과 욕구보다는 자기 자신의 이익과 욕구에 더 많이 중점을 두어 생각하는 정도를 의미한다. 이와는 반대로, 집단주의(collectivism)는 자신들이 다른 사람들과 엮여 있다고 생각하고 자신들이 속한 집단에 중점을 두어 생각하는 정도를 말한다. 호주, 캐나다, 영국, 미국 등의 서양 국가들은 개인주의가 높게 나타난 반면, 중국과 한국 등의 아시아 국가와 콜롬비아와 베네수엘라 등의 라틴 국가들의 경우에는 집단주의가 높은 것으로 나타났다. 남성성(masculinity)은 조직이 종업원의 건강과 안녕보다는 이와 대비되는 성취와 직무 수행에 초점을 두는 정도를 반영하는 것이다. 스칸디나비아 국가들은 이러한 가치가 낮게 나타났는데, 이들 국가에서 직장에서의 건강과 안녕을 매우 중요하게 생각한다는 것을 반영하고 있다. Erez의 1994년도 연구는 스칸디나비아 사람들이 이러한 주제에 관심을 갖고 있음을 보여 주고 있으며, 이는 1장에서도 언급되었다. 그에 반해 일본, 오스트리아는 이러한 가치가 높게 나타났으며, 미국은 세 번째로 높게 나타났다.

권력 거리(power distance)란 조직에서의 권력과 지위에 대한 수준의 차이를 사람들이 용인하는 정도를 의미한다. 권력 거리가 높은 나라들에서는 부하직원들에게 복종을 요구하는 관리자가 많은 경향이 있다. 필리핀과 멕시코 같은 라틴 나라들은 권력 거리가 높은 경향이 있는 데 반해, 오스트리아와 이스라엘은 권력 거리가 가장 낮은 것으로 나타났다. 미국은 권력 거리 차원에서 중하위의 수준을 나타냈다. 불확실성 회피(uncertainty avoidance)란 예측하기 어려운 상황을 불편하게 느끼는 정도를 나타낸다. 조직에서 사람들은 규정된 절차와 규칙들을 충실하게 따름으로써 예측 가능성을 유지할 수 있으며 이 차원에서 높은 수준을 나타내는 나라들에서의 조직은 규칙 중심적인(rule oriented) 경향이 매우 높음을 보여 주고 있다. 이 차원에서 가장 높은 수준을 나타낸 나라들은 그리스와 포르투갈이며, 반면에 싱가포르와 덴마크는 가장 낮은 국가로 나타났다. 미국은 불확실성 회피 차원에서 세 번째로 낮은 수준인 것으로 나타났다.

이들 차원은 많은 조직 관련 변인과 관계가 있는 것으로 밝혀졌다. 직무 만족의 분야에서 Hui, Yee와 Eastman(1995)의 연구는 한 국가의 개인주의/집단주의 점수가 일의 사회적 측면에 대한 만족과 유의미한 관계가 있음을 보여 주었다. 집단주의적 국가의 사람들은 개인주의적 국가의 사람에 비해서 동료 작업자에게 더 만족하였다. Huang과 Van de Vliert(2003)는 권력 거리와 직무 만족이 관계가 있음을 발견했는데, 큰 권력 거리를 관용하는 사람들은 자신의 직무에 만족을 덜 하였다.

3. 직무 만족의 측정

직무 만족은 통상적으로 설문이나 인터뷰를 통해 사람들에게 자신의 직무를 어떻게 느끼는지 물어보는 식으로 측정된다. 그중 대부분은 설문지를 사용한다. 이는 설문지가 심리학자 입장에서는 시행이 용이하고 상대적으로 적은 노력과 시간을 요하기 때문이다. 또한 설문지는 직원들이 자신의 입장을 좀 더 솔직하게 나타낼 수 있도록 익명으로 실시할 수도 있다. 연구보다는 현장에서 실용적 목적으로 종업원들의 직무 만족을 측정하기 위하여 면접을 사용하는 경우도 가끔 있다. 종업원의 직무 만족을 추정하기 위해 상사(Spector, Dwyer, & Jex, 1988)나 관찰자들(Glick et al., 1986)에게 질문을 하여 평가한 사례도 찾아볼 수 있다. 하지만 종업원 자신의 태도는 본인만이 알기 때문에 그러한 추정이 아주 정확할 가능성은 높지 않다.

1) 직무기술지표

현존하는 직무 만족 척도들 중에서 연구자들이 가장 많이 사용하고 있는 것은 직무기술지표(Job Descriptive Index: JDI)(P. C. Smith, Kendall, & Hulin, 1969)로, 가장 철저하고 치밀하게 타당화된 척도로 알려져 있다. 이 척도는 다음의 5개의 단면을 평가한다.

- 업무(work)
- 관리감독(supervision)
- 급여(pay)
- 동료(co-workers)
- 승진 기회(promotion opportunities)

이 척도를 사용하는 많은 사람은 하위척도 점수들을 합산하여 전반적인 직무 만족 점수를 산출하여 사용하여 왔지만, 척도 개발자들 중 한 사람인 Patricia Cain Smith (Ironson, Smith, Brannick, Gibson, & Paul, 1989)는 이와 같은 산출 관행을 추천하지 않고 있다. 이 부분에 대해서는 직무 만족 척도들에 대해 먼저 소개한 후에 논의하겠다.

〈표 9-3〉은 척도들의 72개 문항과 각 하위척도의 예시다. 각 문항은 직무를 기술하는 형용사 혹은 짧은 구문으로 이루어져 있으며, 응답은 '예(yes)', '잘 모르겠음(uncertain)', 혹은 '아니요(no)'로 하게 되어 있다. 각 하위척도의 첫 부분에는 측정하고 있는 단면에 대한 간단한 설명이 있고, 그 뒤를 단면과 관련된 문항들이 따른다.

JDI는 조직 연구자들이 매우 빈번하게 사용해 오고 있다. 이 척도를 사용한 많은 연구는 이 척도가 타당도가 있음을 광범위하게 입증해 주고 있다. JDI의 가장 큰 한계는 5개의 단면만을 포함하고 있다는 것이다. 또 다른 비판으로는 문항들 중에 모든 종업원 집단에 적용될 수 없는 것들도 있다는 것인데, 이러한 비판은 아마도 모든 직무 만족 척도에 해당되는 것이다.

〈표 9-3〉 직무기술지표(JDI) 문항 표본

현재 당신의 승진 기회를 생각해 보시기 바랍니다. 다음에 제시되는 단어나 문구가 승진 기회를 얼마나 잘 설명하고 있습니까? 각각의 단어 옆에 제시된 빈칸에 다음과 같이 쓰십시오.

만약 당신의 승진 기회를 기술하는 것이라면, 예
만약 당신의 승진 기회를 기술하는 것이 아니라면, 아니요
만약 어느 쪽인지 결정하지 못하겠다면, ?

승진에 대한 기회(opportunities for promotion)

_______ 승진 기회가 없음(dead-end job)
_______ 불공정한 승진 정책(unfair promotion policy)
_______ 정규적인 승진(regular promotion)

현재 당신이 하는 업무(work)에 대해 생각해 보시기 바랍니다. 다음에 제시되는 단어나 문구가 당신의 업무를 얼마나 잘 설명하고 있습니까? 각각의 단어 옆에 제시된 빈칸에 다음과 같이 쓰십시오.

만약 당신의 작업을 기술하는 것이라면, 예
만약 당신의 작업을 기술하는 것이 아니라면, 아니요
만약 결정하지 못하겠다면, ?

현재 직무에서 하는 업무(work on present job)

_______ 판에 박힌(routine)
_______ 만족스러운(satisfying)
_______ 좋은(good)

당신이 지금 받고 있는 급여에 대해 생각해 보시기 바랍니다. 다음에 제시되는 단어나 문구가 당신의 현재 급여를 얼마나 잘 설명하고 있습니까? 각각의 단어 옆에 제시된 빈칸에 다음과 같이 쓰십시오.

만약 당신의 급여를 기술하는 것이라면, 예
만약 당신의 급여를 기술하는 것이 아니라면, 아니요
만약 결정하지 못하겠다면, ?

현재 급여(present pay)

_______ 일반적인 지출에 적당한 수입(income adequate for normal expenses)
_______ 불안정한(insecure)
_______ 내가 받아야 할 정도보다 적은(less than I deserve)

당신이 직무상에 받고 있는 관리감독의 종류에 대해 생각해 보시기 바랍니다. 다음에 제시되는 단어나 문구가 이를 얼마나 잘 설명하고 있습니까? 각각의 단어 옆에 제시된 빈칸에 다음과 같이 쓰시오

만약 당신의 직무상 관리감독을 기술하는 것이라면, 예
만약 당신의 직무상 관리감독을 기술하는 것이 아니라면, 아니요
만약 결정하지 못하겠다면, ?

관리감독(supervision)

_______ 무례한(impolite)
_______ 잘한 일에 대하여 칭찬한다(praises good job)
_______ 충분히 관리 감독하지 않는다(doesn't supervise enough)

당신과 주로 작업을 하는 사람들 혹은 당신의 작업을 같이하는 사람들에 대해 생각해 보시기 바랍니다. 다음에 제시되는 단어나 문구가 이들을 얼마나 잘 설명하고 있습니까? 각각의 단어 옆에 제시된 빈칸에 다음과 같이 쓰십시오.

만약 당신과 함께 작업하는 사람들을 기술하는 것이라면, 예
만약 당신과 함께 작업하는 사람들을 기술하는 것이 아니라면, 아니요
만약 결정하지 못하겠다면, ?

동료 직원들(사람들)(co-workers[people])

_______ 지루한(boring)
_______ 책임감 있는(responsible)
_______ 지적인(intelligent)

출처: Job Descriptive Index, which is copyrighted by Bowling Green State University. The complete forms, scoring key, instructions, and norms can be obtained from Dr. Patricia C. Smith, Department of Psychology, Bowling Green State University, Bowling Green, OH 43403.

2) 미네소타 만족 질문지

널리 사용되고 있는 또 다른 직무 만족 척도는 미네소타 만족 질문지(Minnesota Satisfaction Questionnaire: MSQ)(Weiss, Dawis, Lofquist, & England, 1966)다. 이 척도는 두 가지 형태로 출간되었는데, 100문항으로 이루어진 원형과 20문항으로 이루어진 단축형이 있다. 이 두 가지 형태 모두 직무 만족의 20개 단면에 대해 묻는 문항들로 구성되어 있지만, 단면에 대한 점수는 원형에서만 산출된다. 단축형은 전반적인 만족 혹은 내적 만족과 외적 만족을 평가하는 데 사용된다. 내적 만족(intrinsic satisfaction)은 직무 자체의 특성과 사람들이 자신이 하는 일을 어떻게 느끼는지에 대한 만족을 말하며, 외적 만족(extrinsic satisfaction)은 부가급부와 급여와 같은 작업 상황의 외적 측면에 관한 만족을 의미한다. 내적 만족과 외적 만족은 몇 가지 단면의 조합으로 이루어진다.

MSQ의 20개 차원은 〈표 9-4〉에 제시되어 있다. MSQ 각 문항들은 하나의 단면을 기술하는 서술문으로 이루어져 있다. 종업원들은 자신이 각 단면에 대해 얼마나 만족하는지를 표시해야 한다. 예를 들어, 활동(activity) 단면에 대한 문항의 예는 "항상 바쁘게 지낼 수 있다(Being able to keep busy all the time)."이다. MSQ의 신뢰도와 타당도는 괜찮은 것으로 밝혀졌지만, 일부 연구자는 어떻게 문항을 내적 문항과 외적 문항으로 구분했는지에 대해 의문을 제기하기도 했다(C. A. Schriesheim, Powers, Scandura, Gardiner et al., 1993).

〈표 9-4〉 MSQ의 단면

• 활동(activity)	• 능력 활용(ability utilization)
• 독립성(independence)	• 회사 정책과 시행(company policies and practices)
• 다양성(variety)	• 보상(compensation)
• 사회적 지위(social status)	• 승진(advancement)
• 관리감독(인간관계)(supervision[human relation])	• 책임(responsibility)
• 관리감독(기술적)(supervision[technical])	• 창의성(creativity)
• 도덕적 가치(moral values)	• 작업 조건(working conditions)
• 안전(security)	• 동료(co-workers)
• 사회봉사(social service)	• 인정(recognition)
• 권위(authority)	• 성취(achievement)

출처: *Instrumentation for the Theory of Work Adjustment*, by D. J. Weiss, R. Dawis, L. H. Lofquist, and G. W. England, 1966, Minnesota Studies in Vocational Rehabilitation, xxi, Minneapolis: University of Minnesota.

〈표 9-5〉 직무전반척도(JIG) 중 세 개의 문항

전반적인 당신의 직무에 대해서 생각해 보시기 바랍니다. 전체적으로 봤을 때, 당신의 직무는 대부분 어떠한 것 같습니까? 각각의 단어나 구문 옆에 제시된 밑줄에 다음과 같이 쓰십시오.

만약 당신의 직무를 묘사하는 것이라면, 예
만약 당신의 직무를 묘사하는 것이 아니라면, 아니요
만약 결정하지 못하겠다면, ?

직무 전반(JOB IN GENERAL)

_______ 바람직하지 못한(undesirable)
_______ 최상의(better than most)
_______ 고약한(rotten)

출처: Job in General Scale, which is copyrighted by Bowling Green State University. The complete forms, scoring key, instructions, and norms can be obtained from Dr. Patricia C. Smith, Department of Psychology, Bowling Green State University, Bowling Green, OH 43403.

3) 직무전반척도

Ironson 등(1989)은 직무의 단면들을 묘사하고 있지 않은 문항들로 구성된 전반적 직무 만족 척도(global job satisfaction scale)를 개발하였다. 직무전반척도(Job in General scale: JIG)는 JDI를 모태로 한 것이며, 직무 전반에 대한 형용사 혹은 구문으로 된 18개의 문항을 포함하고 있다. 이들 문항 중 세 개의 문항이 〈표 9-5〉에 제시되어 있다. 이 척도는 만족스러운 신뢰도를 보이며, 다른 전반적인 직무 만족 척도들과도 상관이 높은 것으로 밝혀졌다.

4) 전반적 만족은 단면 만족의 합인가

전반적 만족이 단면 만족의 합인지 여부에 대해서 연구자들 사이에 뜨거운 논쟁이 있어 왔다. JDI와 JIG의 개발자인 Patricia Cain Smith는 그 둘이 별개의 것이라고 주장하였다(Ironson et al., 1989). 그러나 많은 연구자는 단면 점수의 합을 전반적 직무 만족의 지표로서 간주해 왔다. MSQ에 포함된 각 문항들은 특정한 단면을 반영하고 있기 때문에, 총점은 바로 단면들의 합이 된다. 이러한 생각은 단면들과 전반적 직무 만족과의 상관이 상당히 높다는 사실에 의해서 정당성을 부여받고 있다. 예를 들어, Ironson 등

(1989)은 JIG가 JDI '업무' 척도와 .78의 상관이 있음을 밝혔다. 단, 하위척도 점수들을 합치는 것은 모든 단면을 빠짐없이 측정하고 있고, 각 단면이 전체적인 만족에 동일하게 기여를 하고 있음을 전제로 한다. 그러나 각 단면이 모든 사람에게 동일한 정도로 중요할 가능성은 희박하다. 따라서 단면들의 합은 전반적 직무 만족의 근사치라 할 수는 있지만, 이것이 개인의 총체적 직무 만족과 정확히 일치하는 것이라고 할 수는 없을 것이다.

4. 직무 만족의 선행 변인

무엇 때문에 사람들은 자신의 직무를 좋아하거나 혹은 싫어할까? 이러한 의문의 해답을 구하기 위하여 수많은 연구가 행해졌고, 이들 중 많은 연구는 환경적인 관점에서 이 문제에 접근하고 있다. 환경적 관점에서의 연구는 종업원을 만족 혹은 불만족하게 하는 직무와 조직의 여러 가지 면모를 조사한다. 그러나 일부 연구에서는 동일한 직무를 매우 유사한 직무 조건에서 수행하는 사람들 사이에 만족 수준에서 상당한 차이가 있음이 밝혀졌다. 이와 같은 연구 결과 때문에 일부 연구자는 성격적인 관점으로 눈을 돌렸다. 성격적인 관점에서의 연구의 목적은 어떤 유형의 사람들이 자신의 직무를 좋아하거나 혹은 싫어하는 경향이 있는지 밝히고자 하는 것이다. 또 다른 연구자들은 개인-직무 적합의 상호작용 주의적 입장을 취하고 있다. 이러한 입장은 환경적 관점과 성격적 관점을 결합한 것이다.

개인-직무 적합의 개념은 사람들마다 선호하는 직무의 특성이 다르다는 인식을 바탕으로 한다. 상호작용주의적 입장의 연구자들은 어떤 유형의 사람들이 어떤 유형의 작업 조건에 만족하는지를 알아내려고 한다. 이 관점에 의하면 직무 만족이란 개인이 직무와 잘 부합될 때 나타나는 산물인 것이다. 환경적, 성격적 그리고 상호작용주의적 관점이 [그림 9-2]에 도식으로 제시되어 있다.

1) 직무 만족의 환경적 선행 변인

앞으로 살펴보겠지만, 직무와 직무 환경의 단면이 직무 만족과 관련이 있음을 보여주는 연구 결과가 있다. 다시 말해, 만족을 낳는 상황이 있고, 불만족을 낳는 상황이 따

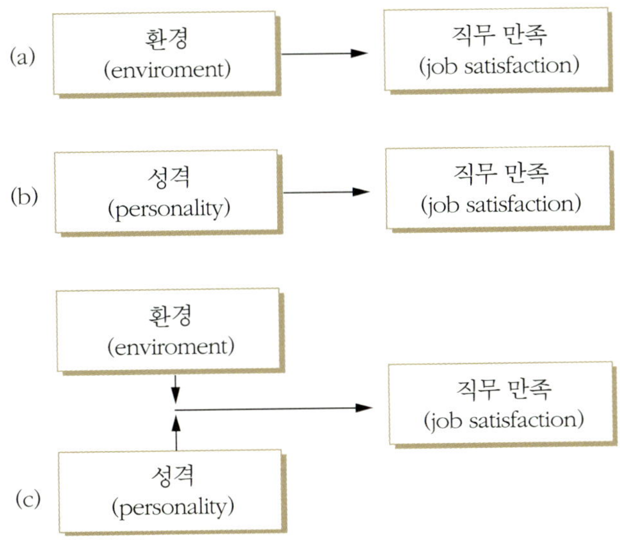

그림 9-2 세 가지 모형의 도식화

(a) 직무 만족에 대한 환경의 영향, (b) 직무 만족에 대한 성격의 영향, (c) 직무 만족에 대한 환경과 성격의 공동 영향

로 있다는 것이다. 여기에서는 직무 과업의 본질, 급여, 조직 공정성과 스트레스를 주는 직무 상황의 영향을 살펴보겠다.

■ 직무 특성

직무 특성(job characteristics)은 직무 과업 자체의 내용과 특성을 말한다. 직무 만족에 기여하는 요인으로 연구된 특성들은 겨우 몇 가지에 불과하다. 이 중에서 5개의 특성이 Hackman과 Oldham의 영향력 있는 직무특성 이론에 포함되어 있다(이 이론에 대한 자세한 내용은 10장 참조).

- 기술 다양성(skill variety): 직무를 수행하기 위해 필요한 기술의 수
- 과업 정체성(task identity): 종업원이 직무 전체에 관한 일을 하는지 혹은 일부에 관한 일을 하는지 여부
- 과업 중요성(task significance): 다른 사람에 대한 내 직무의 영향력
- 자율성(autonomy): 종업원 자신이 옳다고 생각하는 바대로 직무를 수행할 수 있는 자유
- 과업 피드백(task feedback): 종업원이 자신의 일을 올바르게 하고 있음을 분명히 아

는 정도

통틀어 말하면, 이 다섯 가지의 핵심 특성은 직무의 범위(scope), 즉 복잡성과 도전성을 의미한다. 직무특성 이론은 직무 범위가 크면 직무 만족을 하게 되고, 범위가 작으면 권태와 불만족을 느낀다고 가정한다.

많은 종류의 직무를 대상으로 한 수십 편의 연구 논문은 다섯 가지의 직무 특성 각각이 직무 만족과 관련됨을 보여 주었다. Fried와 Ferris(1987)는 Hackman과 Oldham의 직무 특성들이 전반적 직무 만족과 상관이 있다고 보고한 많은 연구를 통합분석하였다. 2장에서 논의된 바대로, 통합분석은 여러 연구 결과들을 통합하기 위한 일종의 정량적 연구 방법이다. 〈표 9-6〉에는 Fried와 Ferris가 직무 특성과 전반적 직무 만족 간의 상관 연구들을 통합하여 산출한 평균 상관이 제시되어 있다. 산출된 평균 상관의 크기가 과업 정체성의 .20에서 직무 범위의 .45에 이르고 있음을 알 수 있다. 여기서 범위의 정도는 다섯 가지의 핵심 특성 점수를 합하여 측정하였다.

직무 특성이 직무 만족에 끼치는 영향에 대한 대부분의 연구의 제한점은 종업원 자신에게 설문지를 돌려 직무 특성을 평가하게 했다는 점이다. 2장에서 논의하였다시피, 두 변인 간에 상관이 있음을 입증한다고 해서 그중 한 변인이 다른 변인의 원인이라는 것을 보여 주는 것은 아니다. 예를 들어, 자신의 직무를 좋아하는 사람들은 자신의 직무를 좋아하지 않는 사람들보다 직무를 좀 더 호의적으로 기술하는 경향을 가지며, 이 때문에 직무의 범위를 좀 더 크게 보고할 수도 있다. 따라서 직무 만족이 직무 특성의 결과라기보다는 직무 특성의 원인일 수도 있다는 것이다. Fried와 Ferris의 연구 결과는 특

〈표 9-6〉 직무 특성 차원과 직무 만족의 평균 상관

특성	평균 상관	특성의 정의
기술 다양성	.29	직무를 수행하는 데 필요한 기술의 수
과업 정체성	.20	종업원이 직무의 부분 혹은 전체를 일하는지 여부
과업 중요성	.26	다른 사람에 대한 내 직무의 영향력
자율성	.34	종업원 자신이 옳다고 생각하는 바대로 직무 수행을 할 수 있는 자유
직무 피드백	.29	종업원들이 자신의 직무를 올바르게 하고 있음을 명확하게 아는 정도
직무 범위	.45	직무 전체 복잡성을 나타내는 것으로, 다섯 가지 개별 특성의 통합 점수로 산출

출처: "The Validity of Job Characteristics Model: A Review and Meta-analysis," by Y. Fried and G. R. Ferris, 1987, *Personnel Psychology, 40*, 287-322.

정 직무 특성이 직무 만족으로 이어진다는 견해와 일치하는 것이지만, 이러한 결론을 확신하기 위해서는 좀 더 많은 증거가 필요하다고 할 수 있다.

설문지 이외의 방법을 사용한 연구들은 다섯 가지의 직무 특성이 직무 만족을 야기한다는 생각을 늘 지지하지는 않았다. 예를 들어, Spector와 Jex(1991)는 아주 다양한 직무에 종사하는 종업원 표본을 대상으로 설문지와 직무분석 기법을 사용하여 직무 특성을 측정하였다. 그 결과, 설문지로 측정한 직무 특성은 직무 만족과 상관이 있는 것으로 나타났으나 직무분석으로 측정한 경우에는 상관이 나타나지 않았다.

한편 직무 특성을 조작한 유사 실험 현장 연구에서는 직무 특성이 직무 만족에 단기적으로는 영향을 준다는 점이 어느 정도 지지를 받았다. Holman, Axtell, Sprigg, Totterdell과 Wall(2010)의 연구 결과, 핵심 특성을 지닌 업무를 수행하는 사람들의 직무 만족은 9개월 기간 동안 증가했다. Griffin(1991)도 유사 실험을 수행하여 핵심 특성의 증가가 직무 만족의 증가로 이어졌음을 보여 주었다. 2년간의 후속 연구 끝 무렵에는 직무 만족이 직무가 변하기 이전 수준으로 되돌아갔다. 이 연구 결과에 의하면, 직무 만족의 변화는 단기적이고 사람들이 변화에 익숙하게 되면 원래 수준으로 복귀한다. 달리 말하면, 직무 만족의 변화는 상황의 새로움 때문이라는 것이다.

비록 직무 특성과 직무 만족의 관계가 미국과 서양 여러 국가에서의 표본들을 대상으로 한 연구에서 일관되게 나타난다 할지라도, 이것을 범세계적인 결과로 볼 수는 없을 것이다. Pearson과 Chong(1997)은 말레이시아에서는 이와 일치하는 결과가 나타나지 않음을 보고하였다('연구 상세히 보기' 참조). 간호사 표본에서 다섯 가지의 핵심 특성은 직무 만족과는 상관이 없는 것으로 나타났다. 이에 대해 연구자들은 집단주의적 아시아 문화권에서는 높은 직무 만족을 얻는 방법으로서 직무 자체의 특성보다는 동료와 상사와의 관계에 좀 더 초점을 맞추는 것이 중요할 수도 있다는 주장을 하였다. 그러나 좀 더 발전되고 서구화되어 있는 홍콩에서 시행된 연구에서는 직무 만족과 직무 특성의 관계가 미국에서의 결과와 매우 유사한 것으로 나타났다(Wong, Hui, & Law, 1998). 한 국가에서 얻은 결과를 다른 국가들로 일반화하는 데 있어서는 신중을 기할 필요가 있으며, 미국에서 나타난 결과와 동일한 결과를 모든 곳에서 얻을 것이라고 가정해서는 안 될 것이다.

연구 상세히 보기

미국에서 이루어진 많은 연구는 직무 특성과 직무 만족이 서로 상관이 있음을 보여 주고 있다. 연구자들의 관심사는 문화적으로 매우 다른 나라에서도 이와 동일한 결과를 얻을 것인지 여부였다. Pearson과 Chong(1997)은 집단주의적 특성을 지닌 동남아시아 국가인 말레이시아에서 직무 특성에 대한 연구를 하였다. 그들은 말레이시아 사람들이 중국적인 가치를 갖고 있기 때문에, 과업 특성을 포함하는 핵심 직무 특성이 직무 만족에 매우 적은 영향을 줄 것이라는 가설을 세웠다. 그들의 가치 때문에, 말레이시아인들은 업무의 대인관계적인 측면에 대해 더 민감할 것이며, 따라서 이러한 측면들이 직무 만족과 더 강한 상관을 가질 것이다.

이 연구에 참여한 사람들은 큰 규모의 병원에서 근무하는 286명의 간호사였다. 영어로 된 설문지는 무기명으로 배포되었는데, 설문지에는 직무 특성, 직무 만족 그리고 중국적 가치를 재는 중국적 가치 조사 설문지가 포함되었다. 이 설문지는 네 가지 차원을 측정하는데, 이에는 공자의 가르침을 반영하는 유교적 업무 역동성, 자기 통제와 도덕적 행동을 포함하는 도덕적 규율이 포함되어 있다. 그 밖에 5개의 핵심 특성인 자율성, 피드백, 기술의 다양성, 과업 정체성 그리고 과업 유의미성이 포함되었으며, 여기에 대인관계적 차원인 타인으로부터의 피드백이 덧붙여졌다. 이 마지막 차원은 개인이 얼마나 직무를 잘 수행하는지에 대해 상사 및 타인들이 피드백을 제공하는 정도에 관한 것이었다.

미국에서 이루어진 연구들에서는 두 변인들 사이의 관계가 줄곧 있었지만, 예상한 대로 5개의 핵심 직무 특성과 직무 만족 간에는 유의미한 상관이 나타나지 않았다. 그러나 타인으로부터의 피드백과 직무 만족 간에는 상관이 있는 것으로 나타났다(=.40). 저자들은 이러한 결과가 타인으로부터 받은 피드백에 많은 가치를 두는 말레이시아인들의 높은 집단주의를 반영하는 것이라고 설명하였다. 연구의 결과가 가치 때문이라는 이러한 생각을 검증하기 위해서, 연구자들은 연구 참여자들을 강한 중국적 가치를 보인 집단과 그렇지 않은 집단으로 분류하였다. 직무 만족과 핵심 직무 특성의 상관은 높은 중국적인 가치를 보인 사람들보다 낮은 중국적인 가치를 보인 사람들에게서 더 크게 나타났다. 예를 들어, 낮은 중국적인 가치를 보인 사람들에서는 자율성과 직무 만족 간의 상관이 .24로 나타났지만, 높은 사람들에서는 단지 .07의 상관만을 보였다. 이 연구는 미국에서 나타난 연구 결과가 항상 다른 나라에서도 동일하게 나타나는 것은 아니라는 것을 명확히 보여 주는 것이다.

출처: "Contributions of Job Content and Social Information on Organizational Commitment and Job Satisfaction: An Exploration in a Malaysian Nursing Context," by C. A. L. Pearson and J. Chong, 1997, *Journal of Occupational and Organizational Psychology, 70*, 357-374.

■ 급 여

급여(pay)는 전반적 직무 만족과 어느 정도 상관을 갖지만, 급여 만족과 더 강한 상관을 갖는다. Brasher와 Chen(1999)은 최근에 대학을 졸업한 사람들을 대상으로 조사를 실시하여 그들의 초봉 수준이 전반적 만족(상관=.17)보다는 급여 만족과 더 강한 상관을 갖는다는 것(상관=.36)을 발견하였다. 게다가 급여 만족은 급여 자체의 실질적인 수준보다는 급여 배분에 대한 공정성 혹은 형평성(8장 참고)이 결정한다(Williams, McDaniel, & Nguyen, 2006). 최소 임금을 받으면서도 급여에 만족하는 사람들이 있는 반면에 수십만 심지어는 수백만 달러의 봉급에도 불만을 나타내는 프로 운동선수와 연예인도 있다.

이러한 점들을 고려하여 여러 직업에 종사하는 사람들을 한꺼번에 조사하면 급여와 급여 만족의 상관이 매우 낮거나 없는 것으로 나타날 것이라는 가설을 세울 수 있다. 서로 다른 일을 하는 사람들을 비교했을 때에는 돈을 더 많이 번다고 해서 반드시 더 만족하는 것은 아니다. 반면에 모두 같은 일을 하는 사람들의 표본에서는 돈을 더 많이 버는 사람들이 더 많이 만족하게 된다. 이러한 가설을 지지하는 연구 두 편을 인용한다. Spector(1985)는 다양한 직업을 가진 근로자들로 구성된 세 표본에서 산출한 급여 수준과 급여 만족 간의 상관의 평균이 단지 .17이라는 것을 발견하였다. Rice, Phillips와 McFarlin(1990)은 동일 직무를 가진 정신건강 전문가 집단 표본에서 급여와 직무 만족 사이에 .50의 훨씬 큰 상관이 있음을 발견하였다. 급여 만족은 한 개인의 급여를 일반 사람들의 급여와 비교하느냐 혹은 동일 직종에 종사하는 타인의 급여와 비교하느냐에 따라 달라진다. 공정성과의 연관을 지지하는 직접적 증거는 공정성과 급여 만족에 대한 연구에서 찾을 수 있다. Cohen-Charash와 Spector(2001)는 그들의 통합분석에서 분배 공정성과 절차 공정성이 급여 만족과 각각 .58과 .45의 강한 상관을 갖는다는 사실을 알아냈다.

■ 공정성

8장에서 공정성(justice) 이론을 설명할 때 지적한 대로, 공정성 지각은 사람들의 행동과 직무에 대한 반응의 중요한 결정 요인이다. 분배 공정성(distributive justice)은 종업원들이 직장에서 보상의 분배가 공정하다고 지각하는 정도를 의미한다. 반면 절차 공정성(procedure justice)은 사람들이 직장에서 보상이 분배되는 과정이 공정하다고 지각하는 정도를 말한다. Cohen-Charash와 Spector(2001)의 통합분석에서는 이 두 가지 공정성이 단면적 직무 만족 및 전반적 직무 만족과 관련이 있음이 밝혀졌다. 전반적 직무 만

〈표 9-7〉 직무 만족 유형별 분배 공정성과 절차 공정성의 상관관계

직무 만족 유형	분배 공정성	절차 공정성
전반적 직무 만족	.39	.40
급여에 대한 만족	.58	.45
관리감독에 대한 만족	.36	.47
작업의 본질에 대한 만족	.32	.31

출처: "The Role of Justice in Organizations: A Meta-Analysis," by Y. Cohen-Charash and P. E. Spector, 2001, *Organizational Behavior and Human Decision Processes, 86*, 538-551.

족과 급여, 관리감독, 업무에 대한 단면 만족은 두 가지 공정성과 상당한 관련성을 갖고 있다(〈표 9-7〉 참조). 급여 만족에 대해서는 절차 공정성보다는 분배 공정성이 더 밀접한 관계가 있음에 주목할 필요가 있다. 이는 두 공정성 모두 중요하지만 분배 공정성이 절차 공정성보다는 급여 만족에 더 중요하다는 점을 시사한다. 관리감독에 대한 만족에는 분배 공정성보다 절차 공정성이 더 중요하다. 왜냐하면 업무 할당과 보상을 분배하는 절차를 관장하는 사람이 상사이기 때문이다.

2) 직무 만족의 인적 선행 변인

직무 만족의 원인에 대한 대부분의 연구는 환경적인 측면에 치중되어 왔다. 그러나 일부 연구자는 개인적 특성 또한 직무 만족의 중요한 결정 요인이라고 느끼고 있다(예: Staw & Cohen-Charash, 2005). 개인 특성에는 인구학적 변인(예: 연령, 성별 및 인종)과 성격 특성이 포함된다. 여기에서는 직무에 대한 사람들의 반응과 직무 만족에 역할을 하는 인적 요인들을 논의한다.

■ 성 격

성격(personality)이 직무 만족의 원인일 수 있다는 생각은 호손 연구로 거슬러 올라갈 수 있다. 호손 연구자들은 그들이 습관적 불평자(chronic kickers)라고 부르는 사람들이 직무에 대해 계속 불평을 늘어놓는다는 것에 주목했다(Roethlisberger, 1941). 연구자들이 그들에게 무엇을 해 주든 간에 습관적인 불평자들은 항상 새로운 불만을 갖고 있었다. 최근에 Bowling, Beehr와 Lepisto(2006)는 만족이 일관적이라는 생각을 검증하기 위해서 직무 혹은 고용주를 바꾼 사람들의 만족을 연구하였다. 그들은 이들 개인의 직무 만족

이 직무나 조직과 관계없이 일관되게 상관이 있다는 것을 발견하였다. 다시 말해, 한 직무에 대한 사람들의 직무 만족이 다른 직무에서의 그들의 만족과 연관이 있다는 것이다. Bowling 등은 직무 만족이 부분적으로는 잠재적(underlying) 성격에 따라 결정된다는 결론을 내렸다. 쉽게 자신의 직무를 좋아하는 경향이 있는 사람들이 있는 반면에, 자신의 직무를 좋아하지 않는 경향이 있는 사람들도 있다는 것이다. T. Newton과 Keenan(1991)은 유사한 연구를 했지만, 성격뿐만이 아니라 환경도 중요하다는 증거를 발견하였다. 이 연구자들은 대학 졸업 후 직장에서 4년간 일한 영국인을 대상으로 연구했다. 그들은 이전의 연구에서 나온 결과처럼 한 개인의 직무 만족 수준이 시간이 지나도 변하지 않는다는 사실을 알아냈지만, 직업을 바꾼 엔지니어의 경우에는 직무 만족이 증가한다는 사실 또한 발견하였다. Dormann과 Zapf(2001)는 이러한 연구들을 통합분석하여, 사람들이 직업을 바꾸었을 때(평균 상관=.18)보다 동일한 직무를 계속 할 때(평균 상관=.42) 시간이 지나도 직무 만족 수준이 변하지 않음을 보고하였다. 따라서 성격이 만족에 영향을 끼치기는 하지만 직무 조건도 중요한 요인이라고 할 수 있다.

수십 년에 걸쳐 사람들의 직무 만족을 연구한 Staw, Bell과 Clausen(1986)은 성격의 영향을 지지하는 강력한 증거를 내놓았다('연구 상세히 보기' 참조). 그들은 청소년 시기에 측정한 성격이 50년 후의 직무 만족까지도 예측한다는 사실을 발견하였다.

장기간에 걸쳐 직무 만족이 일관적임을 보여 주는 이러한 연구들은 성격이 중요하다는 생각을 지지하지만, 직무 만족과 연관되는 성격 특질들의 본질에 대해서는 별로 밝혀진 것이 없다. 아주 소수의 특정한 성격 특질이 연구된 바 있는데, 특히 두 가지 특질, 즉 부적 정서성과 통제 소재에 각별히 관심이 모아졌다.

부적 정서성(negative affectivity: NA)이란 개인이 아주 여러 상황에 걸쳐 불안과 우울 같은 부적인 정서를 경험하는 경향성을 말한다. Watson, Pennebaker와 Folger (1986)는 부적 정서성의 개념을 직장으로까지 확대하여 높은 부적 정서성을 보이는 사람들은 그들이 살고 있는 세상의 모든 면을 부정적으로 바라보기 때문에 불만족할 가능성이 높다는 가설을 세웠다. 부정적 정서성이 높은 사람들은 삶의 부정적 측면에만 매몰되어 있다는 점에서 부적 정서성의 개념은 이전에 언급한 습관적 불만자라는 개념과 일치한다. 이러한 이론적 생각은 27개의 연구를 통합분석한 Connolly와 Viswesvaran(2000)의 연구에 의해서 지지를 받고 있는데, 통합분석 결과 부정적 정서성과 직무만족의 평균 상관은 −.27이었다. 이는 부정적 정서성이 높은 사람들은 직무 만족에서 낮은 점수를 받는 경향이 있음을 보여 준다.

연구 상세히 보기

많은 산업 및 조직 심리 연구가 안고 있는 한계점 중 하나는 자료가 한 시점에서 수집된다는 점이다. Staw, Bell과 Clausen(1986)의 연구는 직무 만족에 대한 장기간의 종단연구로서 보기 드문 독보적인 사례라고 할 수 있다. 이 연구는 청소년기의 성격과 50년 후의 직무 만족을 비교한 50년에 걸친 연구다. 이 연구는 1920년대에 UC 버클리에서 시작된 세대에 걸친 연구(Intergenerational Studies)의 자료를 토대로 이루어졌다. 세 집단으로 나눈 피험자들을 평생 동안 수차례의 인터뷰와 설문을 통해 평가하였다. Staw 등은 임상심리학자 혹은 정신의료 사회사업가(psychiatric social worker)들로 구성된 판정자들이 각 피검자 파일에 있는 방대한 자료를 읽은 후, 여러 개의 성격 특성에 대해 평정을 하도록 하였다. 17개의 특성 점수를 합쳐서 감정 특질(affective disposition) 점수를 산출하였다. 포함된 특성의 예는 성마른(thin-skinned), 가혹한(punitive), 겸손한(condescending), 적대적인(hostile), 의심이 많은(distrustful), 화를 잘 내는(irritable), 변덕스러운(moody) 등이다.

결과는 청소년기 초반에 측정된 감정 특질이 50년 후에 측정된 직무 만족과 유의미한 상관을 갖는 것으로 나타났다. 청소년기에 대한 자료와 수십 년 후의 직무상 자료가 존재하는 46명의 피검자를 대상으로 한 이 연구에서, 특질과 만족 간의 상관은 .37이었다. 이는 그동안에 직무 조건과 직무 만족 간에 산출된 많은 상관 값들보다도 더 큰 값이다.

Staw 등은 이와 같은 결과에 대해 몇 가지 설명을 제시하였다. 첫째, 여기서 측정된 감정 특질들은 개인이 세상을 바라보는 관점과 연관 지을 수 있다는 것이다. 부적인 특질을 가진 사람들은 긍정적 특질을 가진 사람들보다도 직무를 포함한 생활 전반에 대해 더 부정적으로 인식한다. 또 다른 설명으로는, 특질은 직업 선택에 영향을 끼치며, 부정적인 사람들은 긍정적인 사람들보다 좋지 않은 직업을 선택한다는 것이다. 비록 이 연구가 이러한 의문들에 대해 답을 줄 수는 없지만, 아직 규명되지 않은 기제를 통해 성격이 직무 만족의 선행 요인일 가능성이 있음을 입증하고 있다. 이러한 결과는 조직이 직무 만족을 높이기 위하여 직무의 변화를 시도하고자 할 때, 개인들의 특성을 잘 고려해야 한다는 점을 시사한다.

출처: "The Dispositional Approach to Job Attitudes: A Lifetime Longitudinal Test," by B. M. Staw, N. E. Bell, & J. A. Clausen, 1986, *Administrative Science Quarterly, 31*, 56–77.

통제 소재(locus of control)는 사람들이 삶에서 강화(reinforcement)에 대한 통제력이 있다고 믿는지 여부를 말한다. 자신이 강화에 대한 통제력이 있다고 믿는 사람들은 '내재론자(internals)'라고 부르며, 반대로 운명, 운, 혹은 힘 있는 타인이 강화를 통제한다고 믿는 사람들은 '외재론자(externals)'라고 부른다. 내재론자들은 외재론자들보다 자신들의 직무에 대해 더 많이 만족하는 것으로 나타났다(Ng, Sorensen, & Eby, 2006; Q. Wang,

Bowling, & Eschleman, 2010).

비록 이들 성격 특질에 대한 연구들이 직무 만족과의 연관성을 보여 주고 있기는 하지만 그 이유가 무엇인지에 대한 윤곽은 잘 잡혀 있지 않다. Watson 등(1986)은 부적 정서성이 직무 불만족과 연관이 있는 이유는 부적 정서성이 높은 사람은 자신이 실제 처한 상황과 상관없이 직무를 부정적으로 지각하고 경험하기 때문이라고 설명하였다. 외재론자들도 자신의 직무를 이와 유사하게 경험할 가능성이 있다. 그러나 이와는 다른 설명의 가능성을 제기하는 연구자도 있다. 예를 들어, Spector(1982)는 내재론자들이 더 높은 만족을 보이는 이유는 높은 직무 수행 때문이라고 가정하였다. 수행을 잘하는 개인들은 더 많은 보상을 받을 것이고 따라서 자신의 직무를 더 많이 좋아하게 된다는 것이다. 성격은 또한 직무 선택(job choice)과 관련이 있을 수 있다. 특정한 성격 특질을 지닌 사람들은 더 나은 직업을 선택하며, 따라서 만족 수준이 더 높다. 성격과 직무 만족이 왜 관련이 있는지를 분명하게 밝혀 줄 연구가 필요하다.

■ 성 별

점점 더 많은 여성이 전통적으로 남성들이 차지해 왔던 직무에서 일을 하고 있으며, 남성과 여성이 어떻게 직무에 대한 태도에 있어 차이가 나는지를 이해하는 것이 중요하게 되었다. 전체적인 직무 만족에 있어 남성과 여성을 비교한 대부분의 연구에서 남녀 간에 차이가 없었으며, 거의 수천 명의 종업원과 여러 표본을 포함한 통합분석에서도 남녀 간의 차이를 발견하는 데 실패하였다(Witt & Nye, 1992). Greenhaus, Parasuraman과 Wormley(1990)는 연구에 사용된 남녀 표본의 직무 분포가 동일하지 않았음에도(남

▶▶▶ 대부분의 미국인은 자신의 직무를 좋아한다고 말하고 있다.
(© Peter Bernik, sourced from Shutterstock images)

성은 관리직/전문직이 더 많이 포함되어 있었고, 여성은 사무직이 더 많이 포함되어 있었다), 남녀 간에 유의미한 차이를 발견하지 못하였다. 이러한 결과는 여성이 남성에 비해 적은 급여와 책임에 대해 더 많이 만족한다는 점을 나타내며, 이는 아마도 자신이 받을 것에 대한 여성들의 기대가 더 낮기 때문일 것이다.

■ 나 이

국민의 인구통계학적인 구성이 변화하고(노령 인구가 더 많아짐), 나이로 인한 차별을 불법으로 규정하는 법규 때문에 많은 나라에서 노동력이 점점 고령화되어 가고 있다. 산업 및 조직 심리학자들이 관심을 갖는 한 가지 의문은 직무 만족이 일생 동안 변화할 가능성이 있는지에 관한 것이었다. 많은 연구(예: Siu, Lu, & Cooper, 1999)가 젊은 사람들보다는 나이가 든 작업자들이 자신의 직무에 대해 더 많이 만족한다는 것을 보여 주고 있다. 영국에서 행해진 대규모 표본 조사 연구(Clark, Oswald, & Warr, 1996)와 미국을 포함한 9개국에서 행해진 대규모 조사 연구(Birdi, Warr, & Oswald, 1995)에서 연령과 직무 만족은 서로 곡선 관계라는 것이 밝혀졌다. 이들 나라에서는 처음엔 연령이 증가함에 따라 직무 만족이 감소하였다가 26세에서 31세 사이에 최저점에 이르고, 그 후의 남은 경력 동안에는 직무 만족이 증가하였다. 이러한 양상은 연령에 기인하기도 하지만 다른 요인이 중요할 수도 있다. 근속 연수가 그러한 요인이다. 입사 초기에는 직무 만족이 높았다가 밀월 기간이 지나면 감소하는 것으로 밝혀졌다(Boswell, Shipp, Payne, & Culbertson, 2009). 연령은 근속 연수와 교란(confounded)되며(나이 든 근로자만이 근속 연수가 길게 된다), 따라서 직무 만족과 연령의 관계의 일부는 근속 연수 때문일 수도 있다. 나이가 어린 근로자는 신입일 것이므로 그들의 직무 만족은 높다. 종업원이 나이가 들어 가면서 평균 근속 연수도 증가하고 그중 많은 종업원이 밀월 기간을 지나게 되어 직무 만족의 감소를 경험하게 된다. 그러나 시간이 흐르면 직무 만족이 다시 증가하게 되는데, 이는 아마도 직장 생활에 적응하게 되기 때문일 것이다.

■ 문화 및 인종 차이

미국과 여타 국가에서의 노동력 구성에서의 새로운 경향은 점점 다문화적(multicultural) 경향이 심화된다는 것이다. 그뿐 아니라 대기업들은 여러 국가에 공장을 두고 현지인들을 고용하는 경우가 많다. 예를 들어, 미국 자동차 제조사가 미국 밖에 공장을 갖고 있고, 한국 자동차 회사가 미국에 공장을 갖고 있는 경우를 들 수 있다. 만약 조직이 다양한 노동력을 잘 다루고자 한다면, 반드시 다양한 종교적 · 인종적 · 문화적 배경을 가진 사람들이 자신의 직무를 어떻게 보는지를 이해할 필요가 있다.

몇몇 연구는 미국의 흑인과 백인 종업원들의 직무 만족을 비교하였다. 일부 연구에서는 흑인들이 조금 더 낮은 만족을 보이는 것으로 나타났다(Greehaus et al., 1990). 만족에서 차이를 발견한 연구들은 다른 변인들에서도 차이를 발견했는데, 이는 적어도 일부 조직에서는 직무 경험에서 차이가 있을 수 있음을 시사하는 것이다. 예를 들어, Greenhaus 등(1990)의 연구에서 흑인들은 백인들보다 더 낮은 평균 수행 평정을 받은 것으로 나타났다. 아마도 더 낮은 평정의 원인이 되는 요인들로 인해 직무 만족이 낮게 나왔을 것이다. Somers와 Birnbaum(2001)은 병원에 종사하는 흑인과 백인 종업원을 대상으로 한 연구에서 인구통계학적인 변인들(예: 연령과 교육 수준)을 통제한 후에는 두 집단 간 차이가 사라졌음을 발견했다.

3) 개인-직무 적합

대부분의 연구자는 환경적인 요인들과 개인적인 요인들이 직무 만족에 상호 독립적으로 영향을 끼치는 것으로 간주하는 경향이 있었다. 다시 말해서, 직무 만족을 일으킬 수 있는 직무 특성 혹은 개인의 특성에 대한 연구를 별도로 해 왔다는 것이다. 그러나 직무 만족을 양 요인들의 상호작용 측면에서 살펴보려는 연구자들도 있다. 개인-직무 적합(person-job fit)의 연구 방식에서는 직무 만족이 개인과 직무가 서로 잘 조합이 될 때 발생한다고 설명한다(Greguras & Diefendorff, 2009).

개인-직무 적합에 관한 대부분의 연구는 사람들이 직무에서 원하는 것과 그들이 현재 직무에서 갖고 있다고 말하는 것 간의 일치 정도를 살펴 왔다(예: Yang, Che, & Spector, 2008). 예를 들어, 종업원들은 현재 직무에서 어느 정도의 자율성이 부여되고 있으며, 어느 정도의 자율성을 원하는지에 대한 질문을 받는다. 현재 가진 것과 원하는 것의 차이는 개인이 직무에 적합한 정도를 나타내게 된다. 연구는 가진 것과 원하는 것의 불일치가 작아질수록 직무 만족이 높아지는 매우 일관된 결과들을 보여 주고 있다.

직무와 개인의 상호작용을 연구하는 또 다른 방법은 직무 만족을 예측할 때 개인과 직무 요인들 간의 상호작용을 살펴보는 것이다. 다시 말해서, 직무 변인들과 직무 만족의 관계에서 개인 변인을 조절변인으로 사용한다는 것을 말한다. 조절변인(moderator variable)이란 두 개의 다른 변인들의 관계에 영향을 끼치는 변인을 말한다. 특정한 개인

변인의 한 수준 혹은 한 유형을 나타내는 사람들에 있어서는 어떤 특정 직무 변인이 직무 만족과 상관이 있는 것으로 나타나는 반면에, 개인 변인의 다른 수준 혹은 다른 유형의 사람들에서는 그렇지 않은 것으로 나타날 수 있다. 예를 들어, 남성들은 어떤 직무 조건에 대해 여성들과는 다르게 반응할 수 있다. 따라서 남성에게 있어서는 그 직무 조건과 직무 만족 간에 정적인 상관이 있지만, 여성에게는 상관이 나타나지 않을 수 있다. 이러한 경우에는 성별이 직무 조건과 직무 만족 간의 관계를 조절한다고 말할 수 있으며, 두 변인이 서로 상관이 있을지 여부를 성별이 결정하게 된다.

직무 특성의 분야에서 많은 연구가 높은 범위의 직무(즉, Hackman과 Oldham[1976]의 다섯 가지 직무 특성에서 수준이 높은 직무들)에 대해 정적으로 반응하는 사람들의 유형을 밝히려는 시도를 하였다. Hackman과 Oldham(1976)의 이론에서 나온 한 가지 성격 특성이 바로 성장 욕구 강도(growth need strength: GNS)다. 이 특성은 자율 혹은 성취와 같이 고차원의 욕구를 충족하려는 한 개인의 욕망(desire)을 말하는 것이다. 성장 욕구 강도의 효과에 대한 연구들의 통합분석에서, 성장 욕구 강도가 직무 특성과 직무 만족 간의 관계를 조절함이 밝혀졌다(예: Loher, Noe, Moeller, & Fitzgerald, 1985). 이들 두 변인 간의 상관은 성장 욕구 강도가 낮은 사람들보다는 높은 사람들에게서 더 크게 나타났다.

이러한 관계가 [그림 9-3]에 나타나 있다. 그래프의 가로축은 직무 범위(job scope)를

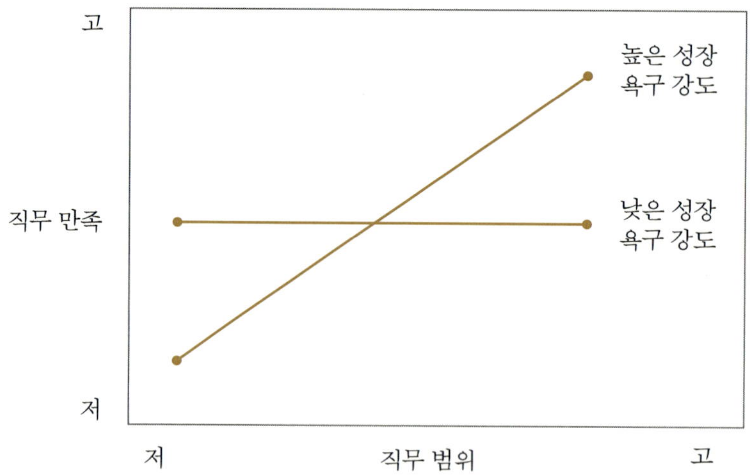

그림 9-3 직무 범위-직무 만족 관계에 대한 성장 욕구 강도의 조절 효과

그래프의 가로축은 범위를, 세로축은 직무 만족을 나타내고 있다. 높은 성장 욕구 강도를 보이는 사람들은 범위가 높을 때 높은 만족을 나타내며, 범위가 낮을 때는 낮은 만족을 나타낸다. 낮은 성장 욕구 강도를 나타내는 사람들의 만족은 직무 범위의 수준에 의해서 아무런 영향을 받지 않는다.

나타내며, 그래프의 세로축은 직무 만족을 나타낸다. 두 선 중 하나는 높은 성장 욕구 강도를 보이는 사람들을 나타내며, 다른 선은 낮은 성장 욕구 강도를 보이는 사람들을 나타낸다. 그래프가 보여 주듯이, 높은 성장 욕구 강도를 보이는 사람들은 높은 범위의 직무에 대해서는 만족을 하지만 낮은 범위의 직무에 대해서는 그렇지 않다. 성장 욕구 강도가 낮은 사람들에 있어서는 직무의 범위가 중요하게 작용하지 않으며, 그들의 만족은 직무 범위와 관계없이 일정했다.

5. 직무 만족의 잠재적 효과

조직에 의미 있는 많은 행동이 직무 만족 혹은 불만족의 결과인 것으로 여겨지고 있다. 많은 산업 및 조직 심리학자는 직무 만족에 대한 자신들의 관심을 정당화하기 위해서, 직무 만족이 조직의 안녕에 중요한 영향을 미치는 행동들과 연관이 있다는 것을 관리자들에게 보여 주고자 하였다. 이들 행동 중 세 가지 행동이 문헌에 자주 등장하는데, 직무 수행, 이직 그리고 종업원의 결근이다. 직무 만족은 또한 종업원의 건강 및 안녕과 직접적 연관이 있는 변인들과 관련을 갖는다.

1) 직무 만족과 직무 수행

직무 만족과 직무 수행이 관련 있다는 생각은 직관적으로 분명한 것처럼 보인다. 결국 만족하는 종업원이 생산적인 종업원이지 않겠는가? Judge, Thoresen, Bono와 Patton(2001)에 따르면, 312개 연구를 포함하는 철저한 통합분석 결과 직무 수행과 전반적 직무 만족의 평균 상관은 .20으로 다소 낮았다. Iaffaldano와 Munchinsky(1985)의 연구에서는 단면들과의 상관값이 다양하게 나타났는데, 급여 만족에 대한 상관이 .05였고, 직무의 내재적 단면에 대한 만족은 .20이었다.

이들 통합분석에서 상대적으로 작은 평균 상관이 나타난 데 대한 원인의 일부는 많은 연구에서 사용한 직무 수행 측정치와 연관이 있을 것이다. 대부분의 연구는 이미 4장에서 논의한 바와 같이, 여러 가지 한계점을 지닌, 수행에 대한 상사 평정에 의존하고 있다. 상사들은 빈번히 평정 오류를 범하는데, 특히 평정이 조직의 목적을 위하여 행해질 때 오류가 심하게 된다. 이로 인해 수행 평정에 있어 부정확성이 발생하며, 이는 통계치

그림 9-4 직무 수행이 직무 만족과 상관을 갖는 이유에 대한 두 가지 설명

직무 만족은 직무에 대한 노력을 증가시키고, 직무 수행을 이끌어 낸다. 두 번째 모형에서, 직무 수행은 보상을 이끌어 내고, 이 보상은 직무 만족을 이끌어 낸다. 본문에 언급되었다시피, 두 번째 모형을 지지하는 증거가 존재한다.

에 대한 추가적인 오류로 이어진다. 만일 좀 더 정확한 수행 측정치들을 사용한다면 만족과 수행 간의 관계가 더 강하게 나타날 가능성이 높다.

수행과 만족 간에 상관이 있다는 것은 분명하지만(Scleicher, Watt, & Greguras, 2004), 이에 대한 두 가지 상반된 설명이 존재한다. 첫째, 만족이 수행의 원인일 수 있다. 즉, 자신의 직무를 좋아하는 사람들은 일을 더 열심히 하게 되고, 따라서 수행을 더 잘하게 된다. 둘째, 수행이 만족의 원인으로 작용할 수 있다. 수행을 잘하는 사람들은 수행을 통해서 이득을 얻을 수 있으며, 이러한 이득은 만족을 증진시킬 수 있다. 수행을 잘하는 종업원은 더 많은 급여와 인정을 받을 것이며, 이는 직무 만족을 증가시킬 것이다. 이들 두 가지 설명은 [그림 9-4]에 도식으로 나타냈다. [그림 9-4]의 윗쪽 도식은 만족이 노력을 이끌어 내고, 노력이 수행을 이끌어 내는 것을 나타낸다. 그림의 아래쪽 도식은 수행이 보상을 이끌어 내고, 보상은 만족을 이끌어 내는 것을 나타낸다.

Jacobs와 Solomon(1977)은 두 번째 설명을 지지하는 연구를 수행하였다. 그들은 만족과 수행의 상관은 수행이 보상을 이끌어 낼 때 더 강해질 것이라는 가설을 세웠다. 이러한 가설의 근거는 수행을 잘하는 종업원들은 보상을 받기 때문에 보다 더 만족하게 된다는 것이다. Jacobs와 Solomon(1977)은 수행-보상의 연계가 더 강한 만족-수행 관계로 이어질 것이라는 그들의 가설을 지지하는 연구 결과를 얻었다.

2) 직무 만족과 이직

직장을 그만두는 것인 이직(turnover)은 직무 만족과 결부시켜 생각해 왔다. 많은 연구가 불만족하는 종업원들은 만족하는 종업원들보다 직장을 그만둘 가능성이 높음을 보여 주고 있다(Blau, 2007).

직무 만족과 이직 간의 상관은 만족이 이직 행동에 미치는 효과를 나타내는 것으로 해석되어 왔다. 직무 만족과 이직의 이와 같은 연계를 입증하는 것이 가능했던 이유는 이직 연구의 설계와 이직의 특성에 있다. 대부분의 이직 연구들은 예측적 연구로서 어느 한 시점에서 종업원들의 만족을 측정하고, 몇 개월 혹은 몇 년을 기다린 다음에 누가 그만두었는지를 기록한다. 이러한 연구의 예측적 특성 때문에 불만족이 종업원을 이직하게 만드는 하나의 요인이라는 결론에 도달할 수 있다.

3) 직무 만족과 결근

결근은 종업원의 직무 불만족의 부산물이라는 것이 과거부터의 통념이다. 자신의 직무를 싫어하는 사람들은 자신의 직무를 좋아하는 사람들보다 결근할 가능성이 높다. 이러한 문제에 대한 해답을 구하기 위해 행한 통합분석들에 의하면 직무 만족과 결근 간의 상관은 일관되지 않으며, 상관이 있다고 해도 매우 작은 것으로 나타났다. 예를 들어, Bowling과 Hammond(2008)는 결근과 전반적 직무 만족 사이의 평균 상관이 −.12임을 발견했다. 그러나 Tharenou(1993)는 호주의 육체노동자를 대상으로 한 연구에서 결근과 만족 간에 −.34의 상관 값을 얻었다. 일부 연구에서 결근−직무 만족의 상관이 높이 나온 이유가 명확히 밝혀지지 않았지만, 상관이 강하게 나올 수 있는 특정 상황이 있는 것 같다.

만족과 결근 사이에 상관이 낮은 것에 대한 가능한 이유는 종업원이 결근을 하게 되는 사유가 여러 가지일 수 있기 때문이다(Koher & Mathieu, 1993). 결근 사유에는 그냥 직장에 가고 싶지 않기 때문이라는 이유뿐만 아니라 종업원이 아프거나, 가족 구성원이 아프거나(특히 자녀들), 개인적인 일, 피로 등이 포함될 수 있다. 이러한 이유들 중에서 일부만이 직무 만족과 관련이 있고 나머지는 그렇지 않다. 예를 들어, 직장에 가고 싶지 않은 느낌 때문에 기인한 결근은 만족과 연관될 것이지만, 심하게 아파서 하게 된 결근은 만족과 관련되지 않을 것이다. 따라서 모든 결근을 포함하면 직무 만족과 상관이 높지 않을 수 있지만, 만일 결근의 사유를 고려한다면 만족과 결근의 관계는 한층 더 강해질 것이다(Kohler & Mathieu, 1993).

4) 건강과 안녕

적지 않은 산업 및 조직 심리학자가 직무 만족이 종업원의 건강 및 안녕(well-being)과 연관될 수도 있다고 생각하고 관심을 가져왔다. 상관 연구들은 직무 만족이 건강 관련 변인들과 상관이 있다는 것을 보여 주고 있다. 일례로, 불만족한 종업원이 만족한 종업원보다 수면장애, 복통과 같은 신체적인 증상을 더 많이 호소한다(Bowling & Hammond, 2008). 불만족은 또한 불안과 우울과 같은 일터에서의 부적인 정서와 상관이 있는 것으로 밝혀졌다(Bowling & Hammond, 2008; Jex & Gudanowski, 1992). 이와 같은 부적인 정서 상태들은 심리적인 건강 혹은 일터에서의 안녕감에 대한 지표로 여겨질 수 있다. 직무 만족이 심장 질환과 같은 좀 더 심각한 건강 문제와 관련이 있다는 증거를 연구를 통해서 확보하는 것은 쉽지 않은 편이다(Heslop, Smith, Metcalfe, Maclead, & Hart, 2002).

5) 직무 만족과 삶의 만족

산업 및 조직 심리학에서 또 하나의 중요한 주제는 한 개인이 자신의 삶에 얼마나 만족하는지를 나타내는 전반적인 삶의 만족(life satisfaction)에 직무 만족이 얼마나 기여하는지에 관한 것이다. 삶의 만족은 전반적인 행복감과 정서적인 안녕에 대한 지표로 여겨진다. 삶의 만족에 관한 여러 연구는 삶의 만족이 직무 만족과 상관이 있음을 밝혔다(Bowling & Hammond, 2008).

직무 만족과 삶의 만족이 어떻게 서로에게 영향을 끼치는지에 대해서는 세 가지 가설이 제안되었다(Rain, Lane, & Steiner, 1991). '파급 가설(spillover hypothesis)'은 삶의 한 영역에서의 만족(혹은 불만족)이 다른 영역에 영향을 끼치거나 파급된다고 주장한다. 따라서 가정에서의 문제들이나 불만족이 일에 대한 만족에 영향을 끼칠 수 있으며, 직장에서의 문제들이나 불만족이 가정에서의 만족에 영향을 끼칠 수 있다는 것이다. '보상 가설(compensation hypothesis)'은 삶의 한 영역에서의 불만족이 삶의 다른 영역에서의 만족으로 보상된다는 것을 말한다. 직무에 대해 불만족한 사람은 삶의 다른 측면에서 만족을 추구하게 될 것이며, 가정에 대해 불만족하는 사람은 일에서 만족을 추구하게 될 것이다. '분리 가설(segmentation hypothesis)'은 사람들은 자신들의 삶을 구분하며, 삶의 한 영역에서의 만족은 다른 영역에서의 만족과 아무런 상관이 없다고 주장한다.

이 세 가지 가설은 직무 만족과 삶의 만족의 상관에 대해 서로 모순되는 예측을 하게 된다. 파급 가설은 직장에서의 만족이 삶의 다른 영역에서의 만족에 영향을 끼칠 것이라는 측면에서 정적인 상관을 예측한다. 보상 가설은 삶의 한 영역에서의 불만족이 다른 영역에서의 만족에 의해 보상된다고 보기 때문에 부적인 상관을 예측하게 된다. 분리 가설은 사람들이 삶의 서로 다른 영역에서의 만족을 분리해서 생각하기 때문에 상관이 없을 것이라고 예측을 한다. Rain 등(1991)은 모든 연구에서 일관되게 직무 만족과 삶의 만족 간에 정적인 상관이 산출됐기 때문에 연구에 의해 지지받는 가설은 파급 가설뿐이라고 주장하고 있다.

6. 조직 몰입

조직 몰입(organizational commitment)은 직무 영역에서 인기 있는 태도 변인 중 하나다. 직무 만족과의 관계가 강하기는 하지만, 조직 몰입은 직무 만족과 명백히 다른 개념이다. 조직 몰입은 직무에 대한 개인의 호불호가 아니라 조직에 대한 개인의 애착에 초점을 맞춘 개념이다. 조직 몰입 연구는 전반적(global) 조직 몰입과 유형적(component) 조직 몰입의 두 가지 관점에서 이루어진다. 애초의 전반적 관점은 Mowday, Steers와 Porter(1979)의 연구를 기반으로 하고 있고 조직 몰입을 다음의 세 가지 개념을 포함하는 전반적 느낌으로 간주한다.

- 조직 목표의 수용
- 조직을 위해 기꺼이 열심히 일하고자 하는 마음가짐
- 조직에 계속 있고자 하는 욕구

그 후에 몰입을 세 가지 유형으로 나누는 개념화가 이루어졌다(Meyer, Allen, & Smith, 1993). 몰입의 세 가지 유형은 다음과 같다.

- 정서적 몰입
- 지속적 몰입
- 규범적 몰입

정서적 몰입(affective commitment)은 종업원이 정서적인 애착 때문에 조직에 계속 머물고자 할 때 발생한다. 지속적 몰입(continuance commitment)은 종업원이 혜택이나 임금이 필요하거나 혹은 다른 직무를 찾을 수 없어서 조직에 어쩔 수 없이 남아야 할 때 나타나

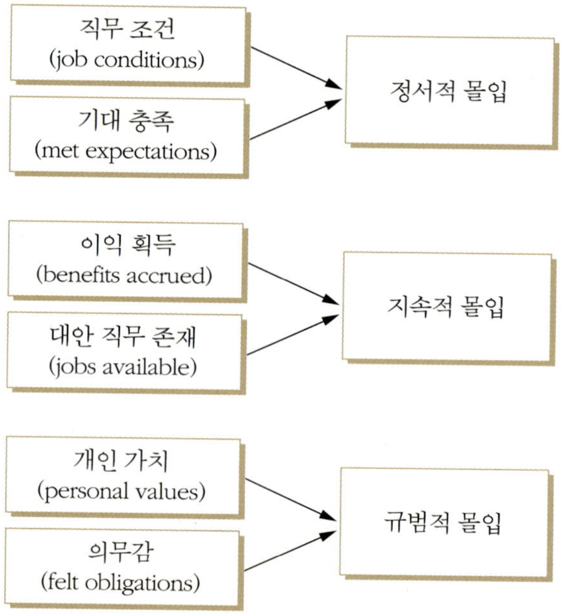

그림 9-5 세 가지 조직 몰입 유형의 선행 변인

각 몰입 유형은 서로 다른 선행 변인들을 갖는다. 정서적 몰입은 직무에서의 우호적인 경험에 의해 생겨난다. 지속적 몰입은 직무에서의 투자(investment)와 다른 직무를 찾는 것의 어려움에 의해 발생한다. 규범적 몰입은 개인의 가치로 인한 혹은 조직이 개인에게 준 혜택으로 인한 의무감으로부터 생겨난다.

는 몰입을 말한다. 규범적 몰입(normative commitment)은 종업원의 가치에서 비롯되는 것으로, 종업원이 조직에 남아야 하는 이유가 남는 것이 옳은 일이기 때문이라고 믿는 것을 말한다.

Meyer 등(1993)은 몰입의 세 가지 유형에 대한 특성과 기원에 대해 논의를 하였으며, [그림 9-5]는 각 유형에 미치는 주요한 영향 요인들을 보여 주고 있다. 몰입 유형마다 각기 다른 요인들이 영향을 끼치는데, 정서적인 몰입은 직무 조건과 기대 충족이 영향을 끼친다. 여기서 기대 충족이라는 것은 직무가 종업원이 기대한 보상을 제공해 주는지 여부를 말한다. 지속적 몰입은 조직을 위해 일을 함으로써 얻어지는 이득과 다른 가능한 대안적인 직무가 없을 때 생겨나는 것이다. 규범적 몰입은 종업원의 개인적인 가치와 고용주에 대해서 개인이 느끼는 의무감에서 생겨나는 것이다. 이러한 의무감은 조직이 개인에게 준 도움들(예: 종업원에게 학비 지원)로 인해 생긴다.

1) 조직 몰입의 측정

조직 몰입은 자기보고식 척도로 측정되며 이는 직무 만족 측정을 위해서 사용되는 척도의 형식과 크게 다르지 않다. 〈표 9-8〉에는 가장 널리 사용되는 척도인 Mowday 등(1979)의 척도 중에서 네 문항을 뽑아 제시하였다. 조직 몰입의 세 가지 측면인 목표에 대한 수용, 기꺼이 열심히 일하려는 마음가짐, 조직에 남고자 하는 의도에 관한 문항들이다. 세 구성 요소는 서로 상관이 높으며, 합한 점수로 몰입을 나타낸다.

Meyer 등(1993)의 몰입 개념에서의 세 가지 몰입 유형은 연구자들이 개발한 척도로 측정할 수 있다. 〈표 9-9〉는 각 몰입 유형에 관한 문항들 중에서 2개씩을 뽑은 것이다. Mowday 등(1979)과는 대조적으로, Meyer 등의 척도는 유형마다 분리하여 점수를 산출한다. 이 척도를 사용한 연구에서 몰입의 세 가지 유형이 상호 구분되는 변인이라는 생각이 지지를 받았다(Dunham, Grube, & Castaneda, 1994). Hackett, Bycio와 Hausdrof (1994)는 Mowday 척도는 주로 정서적 몰입을 측정하는 것이라고 주장하였는데, 이 척도는 Meyer 등의 정서적 몰입 하위척도와는 강한 상관을 보이지만 지속적 몰입 혹은 규범적 몰입 척도와는 그렇지 않은 것으로 나타났기 때문이다.

〈표 9-8〉 조직 몰입 설문(Organizational Commitment Questionnaire) 중 네 문항

- 나의 가치와 조직의 가치가 서로 매우 비슷하다.
- 다른 사람들에게 내가 조직의 일원이라고 말하는 것이 자랑스럽다.
- 작업의 유형이 비슷하다면, 나는 다른 조직에서도 일을 잘할 수 있다.
- 이 조직은 내가 직무 수행을 할 때 최고의 능력을 발휘할 수 있도록 해 준다.

출처: "The Measurement of Organizational Commitment," by R. T. Mowday, R. M. Steers, and L. W. Porter, 1979, *Journal of Vocational Behavior, 14*, 224-247.

〈표 9-9〉 세 유형 몰입 척도 중 여섯 문항

정서적 몰입	• 나는 이 조직에서 정년 때까지 다니게 된다면 좋겠다. • 나는 진정으로 조직의 문제를 나의 문제로 느낀다.
지속적 몰입	• 현재 조직에 남아 있는 것은 원하기도 하지만 필요하기 때문이다. • 내가 원한다 하더라도 지금 당장 조직을 떠나는 것은 매우 어려운 일이다.
규범적 몰입	• 지금 다니는 회사에 남아 있어야 한다는 의무감을 느끼지는 않는다. • 내게 이득이 된다고 하더라도 지금 조직을 떠나는 것은 옳지 않다고 생각한다.

출처: "Commitment to Organizations and Occupations: Extension and Test of a Three-Component Conceptualization," by J. P. Meyer, N. J. Allen, and C. A. Smith, 1993, *Journal of Applied Psychology, 78*, 538-551.

2) 조직 몰입과 기타 변인

조직 몰입은 많은 조직 변인을 포함하는 수많은 모형에서 중요한 위치를 차지하고 있다. Cooper-Hakim과 Viswesvaran(2005)은 몰입의 결과 변인으로 제안된 여러 가지 변인과 몰입의 관계를 살핀 약 1,000개의 연구에 대한 통합분석을 실시했다. 〈표 9-10〉은 몰입의 세 가지 구성 요소와 4개의 중요 변인의 관계를 살펴본 결과를 요약하고 있다. 직무 만족은 정서적 몰입과 상관이 가장 높았는데, 두 변인 모두 직무에 대한 태도라는 점을 고려할 때 의외의 결과는 아니다. 직무 수행도 직무 만족만큼 정서적 몰입과 상관이 가장 강했다. 지속적 몰입과는 어느 정도 상관이 있었는데 상관의 방향은 정서적 몰입과는 반대였다. 이러한 결과는 정서적 애착 때문에 일하는 사람들은 더 나은 수행을 하는 경향을 보였지만, 어쩔 수 없다고 생각하고 일하는 사람들은 실제로 수행이 가장 좋지 않았음을 의미한다.

특히 이직은 많은 몰입 연구의 중심 변인이었다(Somers, 2009). 몰입은 직무에 대한 사람들의 애착을 말하는 것이기 때문에 이직과 상관이 있어야 한다. 몰입이 낮은 사람들은 몰입이 높은 사람들보다 직무를 그만둘 가능성이 더 높다. Cooper-Hakim과 Viswesvaran(2005)의 연구에 의하면, 이직(〈표 9-10〉의 마지막 행 참조)은 몰입의 세 가지 구성 요소 모두와 부적 상관이 있으며 그중에서 지속적 몰입과의 상관이 가장 높았다. 몰입과 이직 의도와의 상관 패턴은 달랐는데, 세 가지 몰입 유형 중 지속적 몰입과의 상관이 가장 약했다. 이러한 결과는 정서적 몰입이 이직 의도에 반영된 그만두고자 하는 욕망과의 상관이 가장 강했지만, 이직 의도가 이직으로 바뀌는 데 가장 중요한 것은 지속적 몰입에 반영된 직무에의 실제 투자 혹은 투입이라는 의미다.

몰입과 잠재적 선행 변인들과의 관계에 대해서도 연구가 이루어졌다. Meyer, Stanley,

〈표 9-10〉 조직 몰입과 작업 변인들의 평균 상관

변인	정서적 몰입	지속적 몰입	규범적 몰입
직무 만족	.50	.09	.29
직무 수행	.22	−.09	.06
이직 의도	−.48	−.15	−.29
이직	−.17	−.20	−.13

출처: "The Construct of Work Commitment: Testing an Integrative Framework," by A. Cooper-Hakim and C. Viswesvaran, 2005, *Psychological Bulletin, 131*, 241-259.

Herscovitch와 Topolnytsky(2002)는 몰입이 직무 스트레스(자신의 직업이 스트레스가 많은 직업이라고 지각하는 사람들의 몰입 수준은 낮다)와 조직 공정성(자신이 불공정한 대접을 받고 있다고 생각하는 사람들의 몰입 수준은 낮다)과 연관이 있음을 보여 주는 155개의 연구를 통합분석했다. 이들 변인과의 관계는 지속적 몰입이나 규범적 몰입보다 정서적 몰입이 더 강했다. 지속적 몰입은 기술이 현재의 직업에서 다른 직업으로 얼마나 잘 전이될 수 있는지와 강하게 관계가 있었는데, 전이 가능성이 없으면 직업을 바꾸는 것이 쉽지 않아서 지속적 몰입이 높아지기 때문에 이러한 결과는 당연한 것 같다.

직무 만족의 경우와 마찬가지로 조직 몰입도 성별과 인종에 따른 차이가 거의 없었다. 예를 들어, Ng, Butts, Vandenberg, DeJoy와 Wilson(2006)은 남자와 여자, 그리고 백인과 비백인의 조직 몰입 수준이 동일함을 밝혔다.

조직 몰입에 관한 이들 결과를 다른 나라로 일반화하는 것은 매우 신중해야 한다. Robert, Probst, Marocchio, Drasgow와 Lawler(2000)는 인도, 멕시코, 폴란드, 미국의 4개국에 위치한 한 다국적 기업의 종업원들을 대상으로 조직 몰입에 대해 조사하였는데, 미국과 폴란드에서는 조직 몰입과 이직 의도의 상관이 강하게 나타났다. 그러나 멕시코에서는 상관이 다소 작게 나타났으며, 인도에서는 상관이 유의미하지 않은 것으로 나타났다. 몰입 수준이 낮은 인도인과 멕시코인은 몰입 수준이 낮은 미국인과 폴란드인에 비해서 직장을 그만두는 경향이 덜했다.

이러한 국가 간 차이에 대한 한 가지 이유는 문화적 가치와 관련 있는 것 같다. 이 장의 앞에서 언급한 대로, 개인주의와 집단주의는 사람들이 자신에 중점을 두는지(개인주의) 혹은 타인에 중점을 두는지(집단주의)에 관한 개념이다. 집단주의적 사회의 구성원으로서, 인도인과 멕시코인은 고용주에게 더 많은 충성심을 보이며, 몰입이 낮다고 쉽게 이직을 하지는 않을 것이다. Cohen(2006)에 의하면, 이스라엘의 집단주의자들은 조직 몰입이 더 크며 개인주의자들에 비해서 고용주를 돕는 행동에 종사할 가능성이 더 높았다.

몰입에 대한 생각은 조직 이외의 일과 관련된 영역으로 확장되었다. Vandenberghe, Bentein과 Stinglhamber(2004)는 감독자에 대한 몰입과 작업 집단 혹은 동료에 대한 몰입을 측정하는 척도를 개발했다. 이 연구자들은 집단에 대한 몰입이 조직이나 감독자에 대한 몰입보다 이직을 더 잘 예측함을 보여 주었다. 또한 집단 몰입은 작업 집단 성과와 관련이 있음이 밝혀졌다(Neininger, Lehmann-Willenbrock, Kauffeld, & Henschel, 2010). 이러한 연구 결과들은 조직에 계속 머물지를 결정하는 데 있어서 가장 문제가 되는 것은 직장 동료들과의 관계이며 집단 몰입은 직장 동료들끼리 협력해서 얼마나 일을 잘하는지에 영향을 준다는 사실을 입증한다.

Meyer 등(1993)은 직업 몰입(occupational commitment)이라는 개념을 개발하였다. 직업 몰입은 특정 조직이 아닌 직업에 관한 것으로, 사람들은 자신이 몸담고 있는 조직에 몰입하지 않고, 예를 들어 회계, 법, 조직심리학과 같은 자신의 직업에 더 몰입할 수도 있다. 개인이 어떤 몰입에 중점을 두는지에 따라 그 사람이 어떤 반응을 할지가 결정된다는 점에서 중요하다. 예를 들어, Keller(1997)는 엔지니어와 과학자의 직업 몰입은 발간된 논문의 수와 같은 객관적인 수행 측정치와 상관이 있지만, 조직 몰입은 이 측정치들과 관련이 없다는 사실을 발견하였다. 논문 발간의 성패는 엔지니어와 과학자가 조직이 아닌 자신의 직업을 어떻게 바라보는지와 연관이 있는 것 같다. 반면에 Cropanzano, Howes, Grandey와 Toth(1997)는 직업 몰입이 조직 몰입보다는 직무를 그만두려는 의도와 더 상관이 작다고 보고하였다. Lee, Carswell과 Allen(2000)은 직업 몰입 연구에 대한 통합분석에서, 직무 만족과 직업 몰입과의 상관(r=.37)은 조직 몰입과의 상관보다 작다는 것을 발견하였다. 직업 몰입은 직업상의 성공과 관련된 행동과 상관이 높고, 조직 몰입은 현재 맡고 있는 직무와 관련된 행동 및 변인들과 가장 상관이 강할 것으로 예상할 수도 있다.

마지막으로, 노조가 있는 직업과 직장의 사람들은 자신이 속한 노조에 몰입하는 정도에 차이가 있다. 그러한 몰입은 노조 활동에 쏟는 시간과 노력과 관계가 있음을 보였다. 예를 들어, Fullagar, Gallagher, Clark와 Carroll(2004)은 노조에 대한 몰입은 10년에 걸쳐 노조 활동에의 참여를 예측한다는 사실에 주목했다. 이는 직무 만족의 경우와 마찬가지로 몇 가지 유형의 몰입은 장기간 동안 매우 안정적일 수 있음을 시사한다.

7. 직장에서의 정서

대부분의 사람에게 작업은 삶의 중요한 한 부분이고 생활에 필요한 것들을 얻을 수 있는 자원(급여와 복리후생)일 뿐만 아니라 사회적 접촉과 목적 의식을 제공한다. 사람들은 직장에서 벌어지는 사건이나 상황에 불가피하게 정서적으로 반응하게 마련이다. 중요한 프로젝트를 성취했다는 것은 행복과 자부심과 같은 긍정적인 정서를 불러일으키지만, 상사와의 격렬한 논쟁은 틀림없이 화와 곤혹스러움 같은 감정을 유발할 것이다.

더욱이 근무 중의 정서 표현이 직무에서 중요한 부분일 때도 있다. 영업사원은 미소를 짓고 친절해야 하지만 경찰은 범죄자에게 엄격한 행동을 취해야 한다.

정서(emotion)와 기분(mood)을 구별하는 것은 중요하다. 정서 상태란 어떤 상황, 예를 들면 상사가 부하직원을 질책하는 상황에 대한 반응으로 표출되는 분노와 공포와 같은 특정한 정서를 즉각적으로 경험하는 것을 말한다. 기분은 기쁨이나 슬픔과 같은 단기적인 특정한 감정이 아니라 장기적이고 일반적인 수준의 긍정적 혹은 부정적 감정 상태(좋은 기분 혹은 나쁜 기분)를 말한다(Fisher, 2000). 직장에서의 정서 상태와 기분은 중요한 연구 대상이다.

1) 직장 정서의 원인과 결과

Brief와 Weiss(2002)는 직장에서 짜증나게 하거나 스트레스 받게 하는 일들이 어떻게 부정적인 정서 상태와 기분을 나타나게 하는지에 대해 논의했다. 역할 갈등(중요한 회의가 있는 날에 아이가 아픈 상황)을 해결해야 하는 일, 과중한 시간적 압박 그리고 불공정한 대우 등이 이러한 상황에 포함될 것이다. 또한 연구자들은 긍정적 정서를 유발할 수 있는 것들도 논의했는데, 상사와 동료의 긍정적 기분에 의해 긍정적 정서가 야기될 수 있다. 직장에서의 특별한 보상은 긍정적인 정서를 일으킨다. 예를 들어, 보너스와 임금 인상을 받는 것뿐만이 아니라 상사로부터 인정을 받는 것 등은 긍정적 정서를 낳는다.

정서는 조직에 영향을 주는, 종업원의 행동 및 기타 변인들과 밀접한 관계를 갖는다. Ashkanasy, Hartel과 Daus(2002)는 부정적인 정서와 긍정적인 정서의 효과를 비교했다. 연구자들은 긍정적인 기분은 높은 창의성, 높은 직무 만족, 낮은 이직률, 더 많은 맥락 수행(예: 가외의 과업을 자청해서 하는 것; 4장 참조) 및 더 나은 직무 수행과 관련이 있다고 보고했다. 반면 부정적인 기분은 낮은 직무 만족과 빈번한 결근, 이직과 관련이 있다. 다음 장에서 살펴볼 것이지만, 정서는 반사회적 작업 행동(예: 동료에게 언어 폭력을 행하고 고의로 일을 지연시키려 노력하는 것)과 연관이 있는데, 긍정적인 정서는 낮은 수준의 이러한 위해 행위로, 부정적 정서는 높은 수준의 위해 행위로 이어진다(Fox, Spector, & Miles, 2001).

직무 만족과 기분이 관련이 있다는 근거는 Fuller, Stanton, Fisher, Spitzmüller, Russell과 Smith(2003)의 연구에서 찾을 수 있다. 연구자들은 14명의 종업원에게 천 가지 이상의 스트레스 상황, 기분 및 만족에 대한 검사를 작성하게 했다. 검사 결과는 예상대로 스트레스 상황은 부정적인 기분을 야기했고 긍정적인 기분은 높은 직무 만족과 관련이 있다는 것을 보여 주었다.

2) 정서 노동

민간 기업들은 고객이나 소비자를 다루는 종업원의 감정 표현이 고객 서비스의 중요한 부분으로서 영업 수익에 영향을 미친다는 사실을 오랫동안 인식해 왔다(Grandey, Fiske, Mattila, Jansen, & Sideman, 2005). 그러한 만남은 무례하고 때로 난폭하기까지 한 고객을 응대하는 종업원들에게는 힘든 일이다(Grandey & Diamond, 2009). 많은 회사에는 고객이 품위 있게 행동하지 않더라도 고객을 웃음으로 대하거나 즐겁게 일하는 모습을 보여 주어야 하는 등의 긍정적인 정서를 표현해야 하는 감정 표현에 대한 규정이 있다(Diefendorff, Richard, & Croyle, 2006). 직장에서 의무적으로 해야 하는 특정한 정서의 표현을 정서 노동(emotional labor)이라고 부른다. 정서 노동이란 용어는 종업원들이 긍정적 감정을 지속적으로 나타내려면 상당한 노력이 필요하기 때문에 붙여진 명칭이다(Glomb & Tews, 2004).

정서 노동은 종업원들에게 여러 가지 요인에 따라 긍정적 효과도 갖고 부정적 효과도 갖는 것으로 밝혀졌다. 아마도 가장 중요한 요인은 정서 노동이 어떻게 수행되는지다. 내면 행위(deep acting)는 나타내려고 하는 정서를 실제로 경험하고 있을 때의 정서 노동의 형태다. 표면 행위(soft acting)는 실제 감정을 숨기고 기분이 좋은 것처럼 위장 표현할 때의 정서 노동의 형태다. 기분이 좋지 않으면서도 행복한 척해야 하는 표본 행위는 정서 불일치(emotional dissonance)로 이어지고 스트레스가 쌓이게 되어 부정적 효과를 야기한다(Zapf, 2002). 그러나 다른 사람에게 표현하는 긍정적 정서를 자기 자신이 느끼게 하는 내면 행위는 안녕감에 대하여 긍정적 효과를 갖는다. 예를 들면, Judge, Woolf와 Hurst(2009)는 직무 만족이 내면 행위와 표면 행위와 상반된 관계를 갖고 있음을 보여 주었다. 내면 행위를 하는 사람은 자신의 직업을 좋아하는 경향이 있는 반면에, 표면 행위를 하는 사람은 자신의 직업을 싫어하는 경향이 높았다. Johnson과 Spector(2007)는 유사한 결과를 얻었는데, 내면 행위와 표면 행위는 탈진의 정서적 소진 요소와 상반된 관계를 나타내었다(11장의 탈진 부분 참조). 표면 행위를 하는 사람은 그렇지 않은 사람에 비해서 더 많은 정서적 소진을 경험한다. 내면 행위를 하는 사람은 그렇지 않은 사람에 비해서 소진을 덜 경험한다. 마지막으로, Yanchus, Eby, Lance와

Drollinger(2010)의 연구에 의하면, 표면 행위를 하는 사람은 삶의 만족 수준이 낮았다.

정서 노동과 종업원에 미치는 정서 노동의 효과에 영향을 주는 개인 요인과 조직 요인이 있다. 첫째, 여성(Johnson & Spector, 2007)과 나이 든 근로자(Dahling & Perez, 2010)가 남성과 젊은 근로자에 비해서 내면 행위를 할 가능성이 더 높았다. 표면 행위와 안녕감의 관계는 성별과 성격에 따라 차이가 났다. 표면 행위의 부정적 효과는 남성에 비해서 여성이(Johnson & Spector, 2007), 그리고 내향적 사람에 비해서 외향적 사람이(Judge et al., 2009) 더 높았다. 종업원이 높은 수준의 자율성과 통제력을 갖고 있을 때 정서 노동의 부정적 효과는 감소했다(Grandy, Fisk, & Stein, 2005; Johnson, & Spector, 2007). 상황에 대하여 통제력을 갖는 것, 예를 들면 무례한 고객에게 어떻게 응대해야 하는지에 대한 재량이 주어졌을 때 부정적 효과가 감소하는 경향이 있었다. 이는 아마도 종업원이 고객에게서 무례한 취급을 당했을 때 기분 좋은 척할 필요가 없기 때문일 것이다.

종업원이 행하는 정서 노동의 형태는 종업원뿐만 아니라 그러한 행위를 목격하는 고객에게도 영향을 줄 수 있다. Groth, Thurau와 Walsh(2009)는 고객 서비스 담당 직원의 정서 노동에 대해서 보이는 고객의 반응을 연구했다. 피험자는 학생이었고 고객 서비스를 받는 상황에서 설문지에 응답하도록 하였다. 또한 서비스 담당 직원에게도 자신의 정서 노동에 관하여 묻는 동등한 설문지에 답하도록 하였다. 연구 결과, 고객은 종업원이 내면 행위를 하고 있는지 표면 행위를 하고 있는지를 알아차릴 수 있었다. 더 중요한 발견은 종업원이 내면 행위를 하면 고객이 서비스 접대에 대해 더 긍정적으로 지각한다는 사실이다. 그러므로 내면 행위만이 고객을 위한 서비스 접대의 질을 향상시킬 수 있어 정서 노동의 조직적 목적을 진정으로 달성할 수 있을 것으로 보인다.

요약 SUMMARY

직무 만족은 산업 및 조직 심리 분야에서 가장 많이 연구되고 있는 변인이다. 직무 만족은 종업원이 자신의 직무를 좋아하거나 혹은 싫어하는 정도(전반적 만족), 또는 직무의 단면들을 좋아하거나 싫어하는 정도(단면 만족)를 말하는 것이다. 직무 만족은 일반적으로 종업원들을 대상으로 시행하는 설문지들을 통해서 측정하는데, 다음 몇 가지 직무 만족 척도가 널리 사용된다.

- 직무기술지표(JDI)
- 미네소타 만족 척도(MSQ)
- 직무전반척도(JIG)

직무 만족을 여러 직무 환경 변인과 연결시킨 연구들이 많이 있으며, 직무 만족이 직무 특성, 급여 및 공정성 등과 상관이 있음을 보여 주었다. 직무 만족은 또한 연령을 포함한 개인 특성들과도 상관이 있으며, 부적 정서성과 통제 위치와 같은 다양한 성격 변인과도 상관이 있는 것으로 나타났다.

또한 직무 만족을 몇 가지 종업원 행동들과 연관시켜 연구한 예도 있다. 만족의 결여는 종업원 이직의 원인인 것으로 보인다. 직무 만족은 직무 수행과는 어느 정도의 상관이, 그리고 결근과는 약간의 상관이 있는 것으로 나타났지만 만족이 직무 수행과 결근의 원인 변인인지는 명확하지 않다. 수행이 만족의 원인일 수도 있다는 증거도 있다. 심지어는 만족을 종업원의 건강과 연결한 연구도 있다. 특히 직무 태도가 건강에 어떤 식으로 영향을 미치는지를 밝힐 연구가 필요하다.

조직 몰입은 산업 및 조직 심리학자들이 많이 연구한 또 다른 태도 변인이다. 몰입이란 조직에 대한 종업원들의 애착을 말한다. 몰입은 직무 만족과 강한 상관을 갖지만, 개념상으로 서로 다르다. 몰입의 세 가지 요소는 정서적 · 지속적 · 규범적 몰입으로 파악되었다. 조직 몰입과 관계 있는 변인은 조직 만족의 관련 변인과 상당 부분 일치하는데, 여기에는 직무 만족, 직무 수행, 이직, 스트레스 그리고 공정성이 포함된다.

직무상에서 종업원들이 정적인 정서를 경험하는 것은 종업원과 조직에 긍정적 효과를 가질 수 있는 반면, 부적인 정서를 경험하는 것은 그 반대의 효과를 나타낼 수 있다. 정서적 노동에 종사해야만 하는 경우는 고객에게는 긍정적 효과를 가질 수 있지만, 종업원에게는 부적인 효과를 나타낼 수 있는데, 특히 정서를 거짓으로 꾸며야 하거나, 정서 제어 기술 수준이 낮거나, 통제력이 작거나 보상을 거의 받지 못하는 경우에 부적인 효과가 나타난다.

산업 및 조직 심리학 현장 연구

이 사례는 Christopher McGivern이 수행한 직무 만족 프로젝트에 관한 것이다. McGivern은 1976년 버벡 런던 대학교에서 직업심리학 석사학위를 받았다. 그는 여러 회사에서 종업원 설문 조사(employee survey)와 조직개발에 관련하여 25년 이상 일한 경력이 있다. McGivern은 1980년 종업원 설문 조사 회사(employee survey business)를 설립했다. McGivern의 회사는 이 분야의 선두주자로 성장하였고 2006년 다른 자문 회사와 합병하였다. 현재 McGivern은 종업원 설문 조사 전문 회사인 Employee Feedback사의 이사로 활동하고 있다.

한 컨설팅 프로젝트는 '사고 관리 및 긴급 출동 서비스 회사(incident management and road-side assistance provider)'를 위한 직무 만족 설문 조사였다. 그 회사에는 콜센터 환경에서 일하는 약 400명의 직원이 있었다. 프로젝트 초반에 많은 변화가 일어났고 새로운 인사담당 이사가 부임하였다. 조직 현황을 이해하기 위한 방법으로 종업원 설문 조사를 실시했다. 최고 경영진은 설문 조사가 변화에 대한 계기가 되기를 바라면서 어느 곳에 집중하면 최대의 효과를 얻을 수 있는지에 대한 지침을 받기를 원했다.

McGivern은 여러 종업원 집단을 면접하는 것으로 프로젝트를 시작하였다. 면접을 통해서 조직이 당면한 문제들을 반영하는 직무 만족 설문지를 개발할 수 있었다. 개발된 설문지를 사용하여 모든 종업원에게 설문 조사를 하였고 이를 통해 만족이 매우 낮다는 사실을 확인했다. 특히 급여와 의사소통에 대한 불만족이 높은 것으로 나타났다. 이 연구의 결과는 보고서로 정리되어 최고 경영진에게 전달되었다. 경영진은 어떤 조치를 목표로 해야 하는지를 결정하기 위하여 보고서를 활용하였고 이를 통해 급여와 의사소통의 문제를 개선하였다. 1년 후 McGivern은 반복하여 설문 조사를 하였고, 그 결과 직무 만족이 상당히 증가하였음을 발견하였다. 더욱이 가장 큰 증가를 보인 것은 급여와 의사소통에 대한 만족이었다. 지난 6년 동안 매년 종업원 설문 조사를 실시하였고, 상세한 행동 계획을 세웠다. 종업원 몰입과 만족이 매년 증가하였고 응답률도 일관되게 높았다. 게다가 이 회사는 '가장 일하기 좋은 100대 기업'에 선정되었다. 이 사례는 직무 만족 조사가 종업원들을 위한 작업 조건을 개선하는 데 사용될 수 있음을 보여 주고 있다.

토의 문제

1. 종업원의 직무 만족을 증진시킬 수 있다고 생각되는 것들은 어떤 것들인가?
2. 만일 McGivern이 전체 경영진의 지지를 받지 못했다면 프로젝트의 결과는 달라졌을 것으로 생각하는가?
3. 만약 최고 경영진이 연구의 결과를 무시했다면 어떤 일이 일어났을 것으로 생각하는가?
4. McGivern이 직무 만족을 측정할 수 있는 다른 방법이 있다고 생각하는가?

체험학습

직무 만족의 단면

〈표 9-1〉에 제시된 직무 만족의 단면 각각에 대해서 적어도 5명의 잘 아는 직장인에게 현재의 직무에서 만족하는지 여부를 물어보시오. 현재의 직무에서 각 단면들에 대해 만족하고 있는 사람들의 백분율을 계산하시오. 만족의 패턴이 [그림 9-1]과 잘 들어맞는가? 그림에는 안전이 나타나 있지 않다. 이를 수업 시간에 하게 되면 다른 학생들과 자료를 통합할 수 있다.

정서 노동 관찰하기

상점이나 레스토랑에 가서 점원 혹은 서빙 직원과 손님 사이의 상호작용을 관찰해 보시오. 5명의 점원이 손님을 처음 대할 때의 상호작용을 지켜보시오. 직원들이 어떤 형태의 정서 표현을 하는지 기록하시오. 미소를 짓는가?(아니면 웃는가?) 손님도 미소로 보답하는가? 직원은 신체적인 접촉, 예를 들어 악수를 하거나 손님의 등을 가볍게 치는가? 둘 이상의 조직에서 이것을 관찰하고 손님에 대한 직원들의 행동에 차이가 있는지 살펴보시오.

CHAPTER 10

종업원의 생산적 행동과 반생산적 행동

학습목표

1. 환경 특성과 개인 특성이 어떻게 직무 수행에 영향을 주는지를 논의한다.
2. 직무 수행을 향상시키는 데 인간 요인의 원리를 어떻게 활용할 수 있는지 설명한다.
3. 조직시민행동에 관한 연구를 수행한다.
4. 종업원 이탈의 원인에 대한 연구를 요약한다.
5. 환경적 요인과 인간적 요인이 어떻게 반생산적 행동을 야기하는지를 논의한다.

1991년 11월 14일, Thomas McIlvane이라는 전직 우체국 직원이 미시간 주 Royal Oak 우체국으로 장총을 들고 와 동료들을 향해 발사했다. 네 명을 살해하고 네 명을 부상케 한 다음에 스스로 총을 쏴 목숨을 끊었다. 이러한 일을 저지른 이유는 상관에 대한 불복종으로 해고된 데 대한 분노 때문이었던 것 같았고, 수사 결과 이 남자는 상사들로부터 부당한 대접을 받은 것으로 드러났다. 이 사건 및 유사 사고가 발생한 후 우체국은 문제를 겪고 있는 종업원들에게 상담 서비스를 제공하는 근로자 지원 프로그램(employee assistance program)을 개설했다. 이 프로그램은 정서적 문제를 다루는 것이 주목적이고 산업 및 조직 심리학자보다는 임상심리학자가 관여한다.

이 사건은 언론으로부터 큰 주목을 받았지만 이 같은 폭력 사건이 우체국에서만 발생한 것은 아니다. 예를 들면, 2008년 6월 25일 켄터키 주 헨더슨 시에 위치한 Atlantis Plastics의 종업원 Wesley Higdon은 상사와 말다툼을 벌인 후 직장 동료 5명을 살해했다. 그러나 일반적으로 직장에서 극단적 폭력은 매우 드물다. 직장에서 일어나는 대부분의 폭력이 극단적인 결과로 이어지지 않기 때문에 언론에서는 거의 관심을 기울이지 않는다. 살인이나 심각한 부상으로 이어지지 않는 종업원들 사이의 싸움은 보통 있는 일이며, 대부분은 경찰에 보고조차 되지 않는다. 종업원 사이의 언어 폭력은 훨씬 더 흔히 볼 수 있다. 폭력뿐만이 아니라 사보타주, 절도 그리고 이탈 행동(결근, 지각, 이직) 등의 반생산적 행동(counterproductive work behavior)은 조직에게는 정말 심각한 문제다.

Rotundo와 Sakett(2002)은 종업원의 수행 관련 행동을 세 가지 유형으로 분류하였다. 반생산적 행동은 이미 언급한 대로 조직과 조직원에게 해가 되는 행위를 말한다. 직무 수행(task performance)은 직무분석을 통해 도출되며 수행 평가 체계의 근간이 되는 수행의 핵심 차원들과 관련된 행동이다. 예를 들어, 고객 서비스 담당 종업원은 고객을 응대하고 교사는 수업을 진행한다. 조직시민행동(organizational citizenship behavior)은 4장에서 논의한 맥락 수행과 유사하다. 조직시민행동은 직무의 핵심 차원을 넘어 조직의 성과를 지지하는 활동으로 구성된다. 여기에는 자원해서 초과근무를 하는 행위, 동료의 과업을 도와주는 행위 등이 포함된다. 직무 수행과 조직시민행동은 조직에 이득이 된다. 이 장에서는 이 세 가지 수행 관련 분야를 논의한다.

1. 생산적 행동: 직무 수행

조직이 목적을 달성하기 위해서는 개별 종업원들이 상당히 능숙한 수준으로 자신의 직무를 수행해야 한다. 이는 형편없는 수행이 곧 파산을 의미하는 사기업에서와 마찬가지로, 수행이 형편없다는 의미가 당연히 제공해야 하는 공공 서비스를 제공하지 않고 있음을 뜻하는 정부 조직에서도 마찬가지다. 사회적 관점에서 볼 때, 조직이 직무를 잘 수행하는 종업원들을 많이 보유하고 있는지 여부는 모든 사람의 관심사다. 종업원의 높은 직무 수행은 조직 생산성을 높이고 이는 곧 대중에게 제공되는 재화와 용역을 향상시킬 뿐만 아니라 국가 경제도 나아지게 한다.

사람들은 필요한 능력과 동기가 모두 있을 때에만 그들의 직무를 잘 수행할 수 있다. 조직의 관행과 직무 조건은 이들 개인적 특성의 영향을 고양시킬 수도 있지만 그들에 대한 제약 요인으로도 작용할 수 있다. 이 세 가지 요인, 즉 능력, 동기, 조직 제약의 역할은 [그림 10-1]에 제시되어 있다. 이 그림은 어떻게 능력과 동기가 수행으로 이어지는지, 그리고 이런 관계가 어떻게 제약 요인들에 의해 방해받을 수 있는지를 보여 준다.

1) 능력과 수행

산업 및 조직 심리학자들은 선발에 있어 대부분의 노력을 특정한 직무를 수행하는 데 필요한 능력과 기술을 밝히고 그러한 능력을 갖고 있는 사람을 찾는 데 힘을 기울이고 있다. 첫째, 작업자 중심 직무분석 방법(3장 참조)은 직무 수행에 필요한 KSAO(지식,

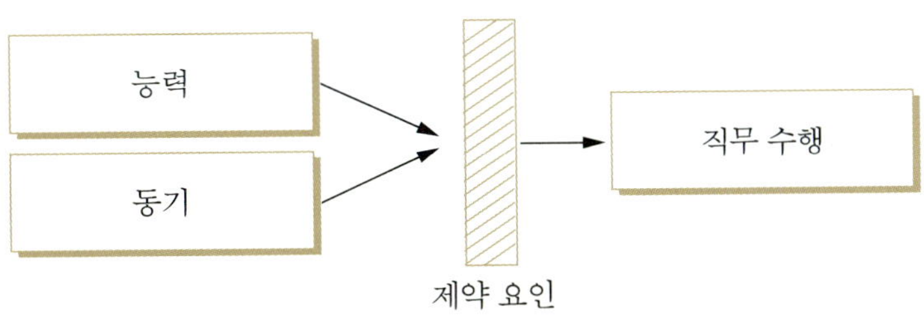

그림 10-1 직무 수행의 세 가지 요인

수행을 잘하기 위해서는 능력과 동기가 모두 필요하다. 적절하지 않은 훈련과 같은 조직의 제약 요인들은 좋은 수행을 방해할 수 있다.

기술, 능력, 기타 개인 특성들)를 파악하는 데 사용된다. 일단 KSAO가 밝혀지고 나면 이에 적합한 특성을 지닌 사람을 찾기 위한 선발 절차가 진행된다. KSAO는 다양한 특질을 나타내긴 하지만 대부분의 선발 도구(5장 참조)는 능력과 기술을 평가하기 위해 제작되었다. 마지막으로, 종업원이 입사할 때 지니고 있는 특성에 더하여 추가적인 지식과 기술들이 훈련을 통하여 개발될 수 있다. 만약 조직이 직무 수행을 잘하기 위해 필요한 능력을 갖춘 노동력을 확보하고자 한다면 직무분석, 선발 그리고 훈련의 세 가지 단계를 반드시 밟아야만 한다.

능력의 다양한 측정치와 직무 수행이 관련 있다는 생각은 명확히 확립된 사실이다(5장과 6장 참조). 직무의 본질에 따라 직무에 필요한 특정한 능력 유형들이 달라진다고 쉽게 예상할 수 있다. 예를 들어, Gutenberg, Arvey, Osburn과 Jeanneret(1983)은 대부분의 직무에서 인지 능력이 직무 수행을 예측한다는 것을 보여 주었다. 그리고 정신적인 요구가 큰 직무일수록 인지 능력과 직무 수행의 관계는 강해진다. 다시 말하면, 인지 능력은 단순한 직무(예: 파일 정리 직원)보다는 정신적인 요구가 큰 직무(예: 엔지니어)의 경우에 더욱 중요해진다. Caldwell과 O'Reilly(1990)는 직무분석에서 도출한 KSAO 요건들에 사람들의 능력들을 맞추는 것이 직무 수행을 높이는 유용한 전략이 될 수 있음을 입증하였다. 연구자들은 또한 능력과 직무가 잘 조화를 이루는 종업원들의 만족도가 더 높다는 사실도 밝혀 왔다. 이러한 결과는 직무 수행이 만족으로 이어진다는 개념(9장 참조)과 일치한다. 높은 수행 성과를 올리는 데 필요한 특성을 갖춘 종업원들은 직무를 더 잘 수행할 것이고 또한 더 만족할 것이다.

2) 동기와 수행

동기(motivation)는 개인적인 특성이지만 종업원의 내적 요인(예: 성격)과 환경적 조건 모두에 의해서 발생할 수 있다. 조직은 종업원의 동기를 고양할 목적으로 인력 채용보다는 환경적 개입에 더 신경을 써 왔다. 이론적으로 직무 지원자의 동기를 평가하여 가장 높은 수준에 있는 사람들을 고용하는 것이 가능하다. 그러나 산업 및 조직 심리학자들은 선발 시 동기를 평가하기보다는 능력을 평가하는 데 관심을 더 기울여 왔다. 동기를 높일 목적으로 주로 직무의 구조, 인센티브 제도, 기술의 설계 변화에 초점을 맞추어 왔는데, 이 장에서는 이러한 변화 활동에 대해 논의할 것이다.

3) 개인 특성과 수행

몇 가지 종업원 특성이 직무 수행과 관련이 있고 이 특성들은 직무를 수행하는 능력에 영향을 미칠 수 있다. 또 다른 특성들은 열심히 일하고자 하는 종업원 동기에 영향을 미친다(Tett & Burnett, 2003). 대부분의 경우 직무 수행에 능력이 미치는 영향과 동기가 미치는 영향을 구분해 내는 것은 쉽지 않다. 예를 들어, 능력 수준이 높은 사람들은 동기 수준 역시 높을 수 있다. 그들의 능력이 좋은 성과로 이어지고 이는 보상과 연계되기 때문에 수행에 대한 동기가 높아질 수 있다. 높은 능력을 가진 사람들이 더 좋은 수행을 보이는 것은 남보다 숙련되어 있기 때문일 수도 있고, 더 많은 노력을 기울이기 때문일 수도 있으며, 혹은 둘 다일 수도 있다.

인지 능력(수 추리와 언어 추리)이 다양한 직무에서 수행을 예언한다는 것이 밝혀졌다(Schmitt, Gooding, Noe, & Kirsch, 1984). 3장과 5장에서 특정한 능력 척도들이 어떻게 직무 수행과 관련되는지 살펴보았기 때문에 여기서는 다시 논의하지 않는다. 이 장에서는 많은 연구자가 인간 성격의 기본 차원들을 나타낸다고 믿고 있는 '5요인' 성격 특성들에 대해 다룰 것이다. 통제 소재와 나이가 어떻게 수행과 관련되는지도 살펴볼 것이다.

■ 5요인과 수행

오늘날 많은 심리학자는 인간의 성격이 5요인(Big Five)이라고 불리는 다섯 가지 차원, 즉 외향성, 정서적 안정성, 호감성, 성실성, 경험에 대한 개방성으로 묘사될 수 있다고 믿는다(Barrick & Mount, 1991). 〈표 10-1〉에 각 차원이 간략히 기술되어 있다.

여러 차례의 통합분석 연구는 5요인의 각 차원과 직무 수행의 관계를 요약하였다.

〈표 10-1〉 '5요인' 성격 차원 기술

차원	기술문
외향성	사회적인, 사교적인, 적극적인, 이야기하기 좋아하는
정서적 안정성	불안한, 우울한, 화난, 걱정이 많은, 자신이 없는
호감성	예의 바른, 유연한, 착한, 협조적인
성실성	믿을 수 있는, 책임감 있는, 열심히 일하는, 성취 지향적인
경험에 대한 개방성	상상력이 풍부한, 호기심이 많은, 편견이 없는, 지적인

출처: "The Big Five Personality Dimensions and Job Performance: A Meta-Analysis," by M. R. Barrick and M. K. Mount, 1991, *Personality Psychology, 44*, 1-26.

Hurtz와 Donovan(2000)의 연구와 Salgado(2003)의 연구는 모두 성격이 직무 수행과 관련이 있다는 결론을 내렸고, 특히 성실성 차원이 가장 좋은 예언변인임을 밝혔다. 또한 Hurtz와 Donovan(2000)은 특정한 성격 차원이 특정한 직업에서의 수행과 보다 강하게 관련된다는 것을 발견하였다. 비록 평균 상관이 크지는 않았지만 이 연구들은 많은 종류의 직업에서 성격이 직무 수행에 중요한 요인이라는 증거를 제공하였다. 그러나 특정한 성격 특성을 특정한 직업 및 과업과 밀접하게 부합시킴으로써 더 높은 상관을 도출할 수 있다(Hogan & Holland, 2003; Tett, Steele, & Beauregard, 2003). 예를 들어, 정서적 안정성 요인은 경찰관처럼 스트레스를 다루는 능력이 필요한 직업에서의 업무 수행을 잘 예측할 것이라고 예상할 수 있다. 또한 외향성은 잠재적 고객을 일대일로 다루어야 하는 영업 직원들과 관련이 있을 것이다.

■ 통제 소재와 수행

'통제 소재(locus of control)'는 사람들이 자신이 처한 환경 속에서 강화물을 통제할 수 있는 능력이 있다는 믿음과 관련이 있다(9장 참조). 연구 결과, 강화를 통제할 수 있다고 믿는 내적 통제형의 사람들이 강화를 통제할 수 없다고 믿는 외적 통제형의 사람들보다 직무 동기 수준이 더 높다는 것이 밝혀졌다(Ng, Sorensen, & Eby, 2006; Wang, Bowling, & Eschleman, 2010). 내적 통제형의 사람은 동기가 더 높기 때문에 더 나은 직무 수행을 보일 것으로 예상할 수 있지만 수행에 대한 통제 소재의 효과는 미미하며(Ng et al., 2006), 이는 통제 소재와 과업 수행의 관계가 간단치 않음을 시사한다. Blau(1993b)는 통제 소재가 은행 금전출납계원의 직무 수행의 다른 두 측면과 어떻게 연관되는지를 연구하였다('연구 상세히 보기' 참조). Blau는 그동안 내적 통제형의 사람들은 작업 동기 수준이 더 높다는 사실이 밝혀졌고, 따라서 그 유형의 사람들이 직무에서 더 높은 주도성을 발휘할 것이라고 주장하였다. 반면에 외적 통제형의 사람들은 보다 순응적인 것으로 밝혀졌고, 따라서 개인적 주도성이 거의 허용되지 않는 고도로 구조화된 과업에 더 잘 적응할 것으로 예상하였다. 이러한 가설은 그의 연구 결과와 정확히 일치한다. 내적 통제형의 사람들은 업무상 중요한 기능을 자기 개발하는 일을 잘하는 반면, 외적 통제형의 사람들은 고도로 구조화된 기계적인 사무를 더 잘 수행하였다. Blau의 연구는 성격과 직무 수행의 관계가 직무 수행의 특정한 차원에 따라 달라질 수 있음을 시사하고 있다.

연구 상세히 보기

직무 수행에 관한 대부분의 연구는 수행의 여러 측면이 다양한 요인에 의해 영향을 받을 수 있다는 점을 간과했다. Blau(1993)의 연구는 통제 소재와 수행의 세 가지 측면의 측정치와의 관계를 보고자 했다는 점에서 예외적이다. Blau는 내적 통제형의 사람들은 수행의 어느 한쪽 측면을 더 잘하겠지만 외적 통제형의 사람들은 다른 쪽 측면의 수행을 더 잘할 것이라는 가설을 설정하였다. 특히 내적 통제형의 사람들은 독립성과 주도성을 필요로 하는 과업을 더 잘 수행할 것이고, 외적 통제형의 사람들은 규칙과 상사의 지시를 잘 따르는 것을 필요로 하는 과업을 더 잘 수행할 것이다.

이 연구는 은행의 금전출납계원 146명을 대상으로 이루어졌다. 업무와 관련된 통제 소재와 세 가지 수행 측면(생산성, 달러 부족액, 자기 개발)이 측정되었다. 생산성은 각 금전출납계원이 처리한 업무의 양에 대한 객관적인 척도였고 직무의 고도로 구조화된 측면을 나타냈다. 달러 부족액은 출납의 정확성에 대한 객관적인 척도로 이 역시 직무의 고도로 구조화된 부분이었다. 자기 개발은 종업원들이 주도적이고 독립적인 활동을 통해 스스로의 기술을 증진시키는 정도를 말하는 것으로, 상사가 평가하도록 하였다.

Blau가 예상한 바와 같이 통제 소재는 여러 가지 수행 척도들과 서로 다른 상관을 보였다. 상관은 각각 .27(생산성), .05(달러 부족), −.30(자기 개발)이었다.

생산성에 대해서는 외적 통제형의 사람들이 내적 통제형의 사람들보다 유의미하게 좋은 수행을 보였지만, 자기 개발에 있어서는 내적 통제형의 사람들이 유의미하게 더 좋은 수행을 보였다. 통제 소재와 달러 부족액 간의 상관은 유의미하지 않았다. 생산성과 자기 개발의 상관이 부적인 것은 생산성 수준이 가장 높은 종업원들이 자기 개발의 수준은 가장 낮음을 시사한다.

이러한 결과는 동일한 직무일지라도 사람들마다 잘할 수 있는 측면이 상이할 수 있음을 나타낸다. 가장 생산성이 높은 종업원들이 자기 개발에서는 가장 뒤처졌다. 아마도 이는 개인이 직무의 여러 가지 측면 중 어디에 시간과 노력을 기울이는지에 있어 서로 차이가 있음을 보여 주는 증거일 것이다. 외적 통제형의 사람들은 생산성을 높이기 위하여 매일의 요구에 초점을 맞추었을 것이다. 반면에 내적 통제형의 사람들은 미래의 승진이라는 개인적인 목표를 위해서 새로운 과업을 배우는 데 노력을 기울일 것이다. 이 연구는 직무 수행이라는 것이 꽤 복잡할 수 있음을 강조한다. 조직은 생산적인 종업원이 되는 방식이 단 한 가지가 아닐 수 있음을 깨달아야만 한다.

출처: "Testing the Relationship of Locus of Control to Different Performance Dimensions," by G. Blau, 1993, *Journal of Occupational and Organizational Psychology*, *66*, 125-138.

■ 연령과 수행

많은 사람은 직무 수행이 나이가 들어 감에 따라 쇠퇴할 것이라고 예측한다. 나이 든 작업자는 비생산적이라는 고정관념은 아마도 육체적 능력의 많은 부분이 나이가 들어 감에 따라 쇠퇴한다는 사실에서 연유한 것 같다. 예를 들어, 프로 운동선수들은 40세가 되기 전에 거의 은퇴한다. 그러나 연구 결과는 이러한 고정관념이 옳지 않다는 것을 보여 준다. 많은 직무에 있어서 나이 많은 작업자들은 젊은 동료 작업자들만큼 생산적이다.

Ng와 Feldman(2008)은 연령과 과업 수행 및 기타 수행 관련 변수들과의 관계를 연구한 280개의 논문을 통합분석하였다. 예상과 달리 직무 수행은 연령 증가에 따라 감소하지 않았고 둘 사이는 관계는 거의 없었다. 오히려 나이 든 근로자가 젊은 근로자에 비해서 과업 수행이 다소 더 좋았고, 조직시민행동을 더 많이 했으며, 사고, 결근 및 지각 횟수도 적었다. 비록 연령이 증가함에 따라 쇠퇴하는 능력들도 있지만, 오히려 경험에 따라 증가하는 기술도 있고, 업무상 효율성을 높이는 데 도움이 되는 직무 지혜도 늘어난다(Warr, 2001). 나이 든 작업자들은 향상된 과업 전략, 시간 관리, 효율적인 접근 방식 등으로 육체적 능력에서 부족한 점을 보완하는 것 이상의 일을 할 수도 있다. 대다수의 직무에서의 육체적인 요구는 건강이 특별히 나쁘지 않는 한 대부분의 나이 든 작업자의 능력 범위 안에 있다. 물론 건강이 나쁘다면 젊은 작업자라 할지라도 직무 수행을 잘 하지 못할 것이다.

4) 환경 조건과 수행

직무 환경은 여러 가지 방식으로 직무 수행에 영향을 미칠 수 있다. 환경은 종업원의 동기에 긍정적인 영향과 부정적인 영향 모두 미칠 수 있으며, 이는 종업원들이 기울이는 노력의 증가나 감소로 이어진다. 그러므로 종업원들이 자신의 직무를 쉽게 달성할 수 있도록 환경을 구조화함으로써 수행을 촉진할 수 있다. 연구에 의하면, 단순히 종업원들에게 스테레오 헤드셋으로 음악을 듣도록 허용하는 것만으로도 직무 수행을 증가시킬 수 있었는데, 이는 긴장의 감소 때문인 것으로 보인다(Oldham, Cummings, Mischel, Schmidtke, & Zhou, 1995). 반대로 수행을 방해하는 환경 속 제약 요소들도 있다. 여기에서는 인센티브 제도, 기술의 설계, 조직 제약 등의 보다 더 복잡한 요인들을 살펴볼 것이다.

■ 직무 특성과 수행

직무의 본질과 수행의 관계에 관한 이론 중 매우 영향력 있는 이론 중 하나는 Hackman과 Oldham(1976, 1980)의 직무 특성 이론이다. 이 이론은 사람들이 직무 과업의 내재적 본질에 의해 동기화될 수 있다는 가정에 기초하고 있다. 일이 흥미롭고 즐거울 때, 사람들은 자신의 직무를 좋아하게 되고, 크게 동기화될 것이며, 좋은 수행을 보일 것이다.

[그림 10-2]에 직무 특성 이론이 그림으로 설명되어 있다. 이 이론은 직무의 특징이 궁극적으로 직무 만족, 동기, 직무 수행으로 이어지는, 심리적 상태를 야기한다고 설명한다. 이 직무 특징 혹은 핵심 특성(〈표 9-6〉 참조)은 세 가지 심리적 상태를 이끌어 낸다. 기술 다양성, 과업 정체성, 과업 중요성은 일의 유의미성의 경험으로, 자율성은 책임감의 경험으로, 피드백은 결과에 대한 지식으로 이어진다. 이들 세 가지 상태는 종업원 만족과 동기에 있어 결정적이다. 직무가 이들을 유발하면 개인은 동기화되고 만족하며 더 높은 수행을 보일 것이다.

핵심 특성들의 수준은 직무가 어느 정도의 동기적 잠재력을 갖게 되는지를 결정한다. Hackman과 Oldham(1976)은 핵심 특성의 점수들을 결합하여 직무의 동기부여 잠재력 점수(Motivation Potential Score: MPS)를 계산할 수 있다고 주장하였다. 특히 다음의 공식이 사용된다.

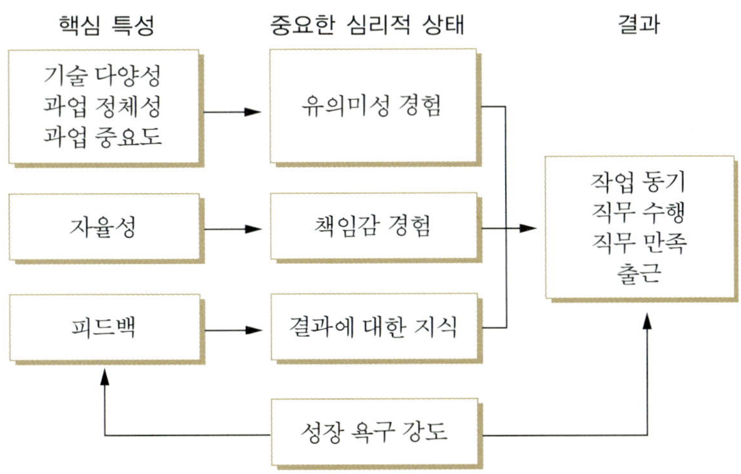

그림 10-2 Hackman과 Oldham(1976)의 직무 특성 모형.

출처: "Motivation Through the Design of Work: Test of a Theory," J. R. Hackman and G. R. Oldham, 1976, *Organizational Behavior and Human Performance, 16*, 250-279.

MPS = (기술 다양성 + 과업 정체성 + 과업 중요성)/3 × 자율성 × 피드백

여기서 유의미성의 경험으로 이어지는 세 가지 특성에 대한 평균이 산출된다는 것에 주목할 필요가 있다. 이 평균값에 각각 책임감 경험과 결과에 대한 지식으로 이어지는 자율성과 피드백을 곱한다. 공식이 곱셈 형식으로 되어 있다는 것은 세 가지 심리 상태 중 어느 하나라도 낮은 단계에 있다면 직무의 동기화 역량이 거의 없다는 것을 의미한다. 만약 셋 중 하나라도 0의 값을 갖는다면 MPS는 0이 될 것이다.

이 이론에 대해 한 가지 더 언급할 것은 성장 욕구 강도(growth need strength: GNS)의 조절 효과다. 9장에서 논의했듯이 성장 욕구 강도는 개인적 성장, 자율, 성취 등과 같은 고차 욕구들의 충족 요구에 관한 성격 변인이다. Hackman과 Oldham(1976)에 따르면, 직무 특성으로부터 심리적 상태, 그리고 다시 결과로 이어지는 연결은 주로 성장 욕구 강도가 높은 사람들에게 해당된다. 이는 이 이론이 오직 특정한 유형의 사람만이 동기부여 잠재력 점수가 높은 직무에 잘 반응한다는 개인-직무 합치 이론이라는 것을 의미한다. Hackman과 Oldham은 성장 욕구 강도가 낮은 사람들과 그들을 어떻게 동기화할 수 있는지에 대해서는 언급한 바가 없다.

종업원들의 자기 보고로 핵심 특성을 측정한 연구들은 동기와 수행이 핵심 특성과 상관이 있음을 입증했고(Fried & Ferris, 1987), 성장 욕구 강도의 조절 효과도 지지하였다(Loher, Noe, Moeller, & Fitzgerald, 1985). 다른 방법을 사용한 연구들의 경우에는 그 결과가 뚜렷하지 않았다. 동기부여 잠재력 점수를 높이기 위해 직무를 바꾸거나 재설계하는 것이 직무 수행을 향상시켰음을 보인 연구들도 있었지만, 직무 재설계가 아무런 효과가 없음을 보인 연구도 있었다. Griffin(1991)의 종단연구는 흥미로운 결과를 보였는데, 직무 재설계로 일시적으로 직무 만족은 증가하였지만 직무 수행은 뒤늦게 증가하였다. 이러한 결과들은 직무 조건, 만족, 수행 간의 연결이 직무 특성 이론을 통한 예측보다 훨씬 더 복잡하다는 점을 시사한다.

■ 인센티브 제도와 수행

적어도 수행의 양적 측면에서 직무 수행을 증가시킬 수 있는 방법은, 수행하는 업무의 단위를 기준으로 종업원을 보상해 주는 인센티브 제도다(8장의 강화 이론에 대한 논의 참조). 이와 같은 제도는 커미션을 받는 영업사원이나 각 생산 단위에 대해 지급하는 개당 지급제(piece-rate system)에 따라 일하는 공장 근로자들에게는 특별한 것이 아니다. 인

센티브 제도는 조직에게 이로운 행동을 한 종업원에게 보상함으로써 동기에 영향을 미친다. 이러한 제도는 대부분 직무 수행에 대해 보상하지만, 출근과 같은 행동에 대해 종업원에게 보상하는 경우도 찾아볼 수 있다.

비록 인센티브 제도가 생산성을 높일 수 있지만 모든 상황에서 성공적이지는 못했다. 예를 들어, Yukl과 Latham(1975)은 개당 지급제가 시행된 3개 집단 중 2개 집단에서만 생산성이 높아졌음을 발견하였다. Coch와 French(1948)의 공장 근로자들에 대한 고전적 연구에서는 집단 내 동료의 압력이 어떻게 개당 지급제의 효과를 손상시킬 수 있는지를 밝혔다. 한 공장 근로자의 생산성이 동료 작업자의 압력에 의해 절반으로 감소하는 결과를 초래했다.

인센티브 제도가 효과적이기 위해서는 세 가지 요소를 갖추어야 한다. 첫째, 종업원들이 생산성을 높일 수 있는 능력을 갖추어야 한다. 만약 그들이 일하는 능력에 한계가 있다면 인센티브 제도를 도입한다고 수행이 향상되지는 않을 것이다. 둘째, 종업원들이 인센티브를 원해야 한다. 누구나 돈이나 그 밖의 다른 보상을 얻기 위해 더 열심히 일하지는 않는다. 인센티브 제도가 제대로 작용하기 위해서는 인센티브가 사람들이 원하는 것이어야 한다. 마지막으로, 수행에 물리적 혹은 심리적 제약이 있다면 인센티브 제도가 제대로 작용하지 않을 것이다. 손님이 없다면 상점의 판매원은 무언가를 판매할 수가 없다. [그림 10-3]은 어떻게 세 가지 요소가 결합하여 인센티브 제도의 효과성을 결정하는지를 보여 준다.

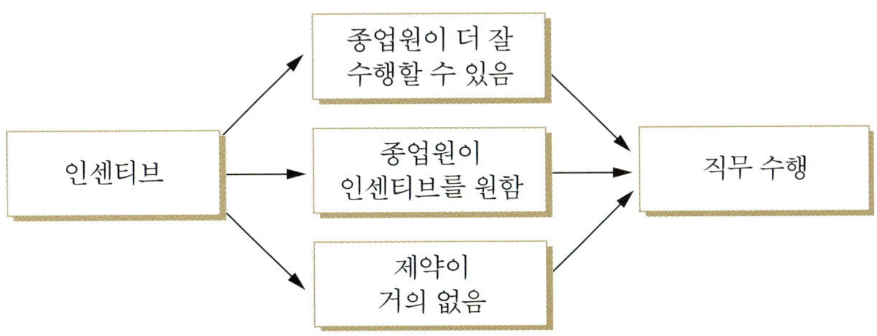

그림 10-3 직무 수행을 증가시키는 효과적인 인센티브 제도

종업원이 수행을 더 잘할 수 있는 능력이 있고, 인센티브를 원하며, 제약이 거의 없다면 인센티브가 수행 향상으로 이어진다.

■ 기술의 설계

호손 연구는 직무 수행에 있어 사회적 요인이 물리적 환경보다 더 중요할 수 있음을 보여 주었다. 그러나 직무 수행의 물리적 특징이 수행에 영향을 미칠 수 있음에는 의심할 여지가 없다. 인간 요인(인간공학이나 공학심리학이라고도 불림) 영역은 도구, 장비, 기술 등을 포함하는 물리적 환경과 사람의 상호작용에 관심을 둔다. 인간 요인 심리학자들은 직무를 보다 안전하고 달성하기 쉽게끔 물리적 환경을 설계하는 데 관여한다. 인간 요인 심리학자들은 지난 수십 년간의 작업을 통해 확고한 설계 원칙이나 절차들을 개발하였다. 자동차와 소비재에서부터 군용 항공기와 핵발전소에 이르기까지의 모든 분야의 설계에서 이 영역의 영향을 찾아볼 수 있다.

■ 표시와 제어

인간 요인은 주로 도구, 기계 혹은 기술과 사람 간의 상호작용에 초점을 두고 있다. 두 가지 주요 관심 분야는 사람에게 정보를 제시하는 것과 관련된 분야와 사람이 도구나 기계를 조작하는 것과 관련된 분야다.

자동차 운전자는 속도에 대한 정보를 얻어야 하며, 속도와 자동차의 방향을 제어(control)할 수 있어야만 한다. 인간 요인의 원리를 바탕으로 엔지니어들은 정보를 제시하는 최선의 장치를 만들 수 있고 또한 최선의 제어 장치를 설계할 수도 있다. 기계를 사용하여 사람에게 다양한 방식으로 정보를 제공할 수 있다. 정보의 성격과 용도에 따라 정보가 제시되는 방식이 달라진다. 대부분의 기계에 의한 정보는 시각 채널이나 청각 채널 혹은 두 가지 모두를 통해 제공된다. 철로 건널목 같은 곳에서는 위험이나 경고 신호를 보내야 할 때 종소리와 깜빡이는 빛 등 두 가지를 모두 사용하는 것이 최선이다.

기계를 통한 정보 전달은 대부분 시각적으로 이루어진다. 계량적 정보(비행기 고도)를 표시하는 두 가지 유형이 [그림 10-4]에 제시되어 있다. 이 그림은 짧고 굵은 바늘이 1,000피트 단위의 고도를 나타내고 길고 얇은 바늘은 100피트를 나타내는 전통적 시계 같은 두 개의 바늘(two-point) 형태다. 아래의 것은 숫자를 보여 줌으로써 고도를 나타내는 디지털 표시기다. 오류가 발생하면 곧 재앙으로 이어질 수 있는 비행기에서는 고도를 빠르고 정확하게 파악할 필요가 있다. 바늘은 혼동할 우려가 있기 때문에 두 개의 바늘 형태보다는 디지털이 더 좋다(Buck, 1983). 예를 들어, 2,100피트를 1,200피트라고 잘못 읽을 수 있는데, 이는 2,000피트 높이의 산 위로 비행하려는 조종사에게 큰 문제가 될 수 있다.

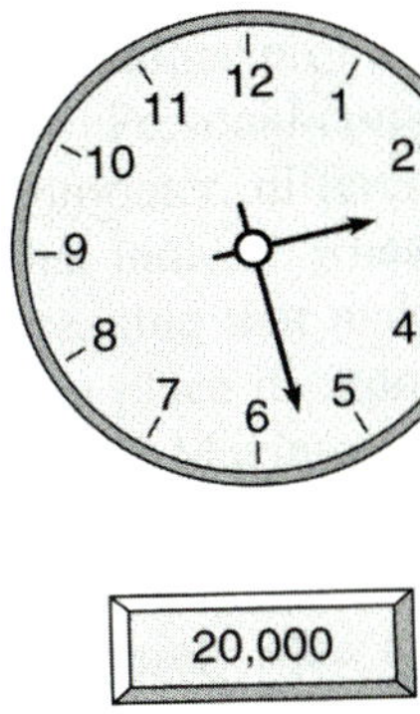

그림 10-4 비행기 고도 표시 유형

출처: "Control and Tools" (p. 214), by J. R. Buck, 1983, in B. H. Kantowitz and R. D. Sorkin (Eds.), *Human Factors: Understanding People-System Relationships*. New York: John Wiley.

흔히 표시(display)를 통해 제공된 정보에 대한 반응으로 사람들은 제어를 통해 기계를 조작한다. 최상의 제어 장치가 되기 위한 설계는 특정한 목적이나 상황에 따라 결정된다. 다른 방법(무릎이나 발꿈치)도 있겠지만 대부분의 제어기는 손이나 발로 조종된다. 자동차의 운전대를 조작할 때처럼 정교하고 정확한 움직임이 요구될 때는 손으로 제어하는 것이 좋고, 브레이크 페달과 같이 정확성보다 힘이 더 중요할 때는 발을 사용하는 제어기가 가장 좋다.

제어와 관련해서 설계상에 중요하게 고려할 사항들이 많이 있다. 첫째, 모든 것은 논리적으로 알맞은 장소에 배치되어야 하고 같은 기능을 하는 제어기들은 함께 있어야 한다. 예를 들어, 잘 설계된 자동차 콘솔이라면 조명 제어 장치들이 함께 있고, 앞 유리 와이퍼와 세정액 제어 장치들이 함께 놓이며, 히터와 에어컨 제어기가 함께 놓여야 할 것이다. 앞 창문에 관한 제어기는 뒤 창문에 대한 제어기보다 앞에 있고, 차의 오른쪽에 대한 제어기들은 오른쪽에, 왼쪽에 대한 제어기들은 왼쪽에 있어야 한다.

둘째, 중요한 결과로 이어질 수 있는 중요한 제어기들은 만져서 인식할 수 있어야 한다. 이것은 차 라디오의 음량 조절기의 경우에는 중요하지 않지만 비행기의 착륙 기어의 경우에는 극히 중요하다. [그림 10-5]는 자동차의 변환 레버와 같은 스틱형 레버의 몇 가지 손잡이를 보여 주고 있다. 이들 각각은 촉감만으로도 구별할 수 있다. 이와 같은 손잡이들은 비행기에서 사용된다.

셋째, 제어기는 적절한 피드백을 제공하여 기능이 완료되었는지 사람들이 알 수 있도록 해야 한다. 켜짐/꺼짐 스위치에서 스위치를 껐다 켰다 하는 것을 나타내는 딸깍하

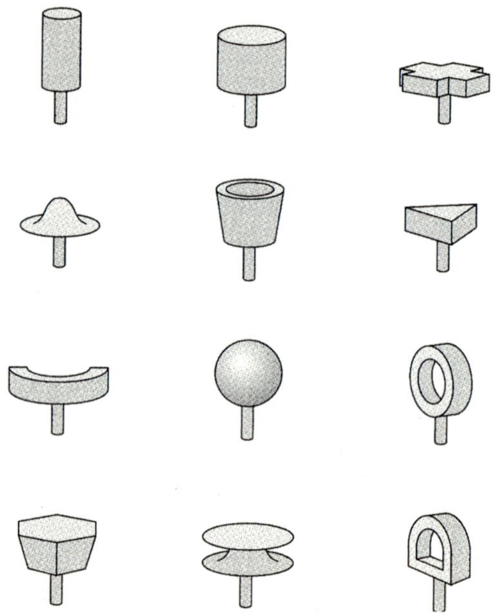

그림 10-5 오직 촉감만으로 구별될 수 있는 변환 손잡이의 예

출처: *Human Factors: Understanding People-System Relationships* (p. 311), edited by B. H. Kantowitz and R. D. Sorkin, 1983, New York: John Wiley.

는 소리나 촉감을 느낄 수 있게 할 수도 있을 것이다. 어떤 스위치는 스프링을 사용하여 레버가 켜짐 또는 꺼짐 상태에만 있도록 하여 레버가 제자리에 고정되어 있는지 감지할 수 있다. 마지막으로, 제어기가 움직이는 방향은 기계가 움직일 방향과 논리적으로 일치되어야 한다. 예를 들어, 어떤 요인을 증가시키기 위해서는 스위치를 시계 방향이나, 위나 오른쪽(시계 반대 방향이나, 아래나 왼쪽이 아닌)으로 움직여야 한다. 이는 라디오나 텔레비전처럼 음량 조절기가 달린 대부분의 장비에서 일반적으로 지켜지는 규칙이다. 장치를 오른쪽으로 움직이게 하기 위한 레버는 대부분의 자동차에서처럼 시계 방향이나 오른쪽으로 움직여야 한다.

■ 컴퓨터-인간 상호작용

표시기와 제어기에 대한 이런 원칙들은 여러 해 동안 활용되어 왔기 때문에 오늘날 이에 대한 연구를 수행해야 할 필요는 많지 않다. 대신 인간 요인 심리학자들은 그들의 주의를 '컴퓨터-인간 상호작용'으로 돌렸다. 컴퓨터-인간 상호작용은 노동직과 사무직 모두의 일터에 엄청난 변화를 일으킨 컴퓨터 및 관련 기술과 사람의 상호작용이다.

자동화와 컴퓨터화로 많은 직무의 성격이 변화하였고 이로 인해 늘어나고 있는 과업을 완수하기 위하여 컴퓨터 기반 시스템을 사용해야 한다. 웹 기반 시스템은 많은 과업(예: 요금 납부)에서 지필 시스템을 빠르게 대체하고 있다.

컴퓨터-인간 상호작용의 주요 문제는 인간과 기계 사이의 의사소통이다. 이는 컴퓨터가 사람들에게 정보를 얼마나 잘 제공해 주는지와, 사람이 컴퓨터에게 처리시키려고 하는 바를 얼마나 잘 전달하는지에 관한 것이다. 사람들이 컴퓨터와 효과적으로 소통하기 위해서는 컴퓨터가 어떻게 작동하는지에 대한 개념적 이해, 즉 정신 모형(mental model)을 개발해야만 한다(Wickens et al., 2004). 예를 들어, 자동차를 어떻게 운전하는지 아는 사람은 어떻게 제어기를 조종하면 자동차가 적절히 움직이게 되는지에 대한 정신 모형을 갖고 있다.

Frese(1987)는 사람들이 두 가지 본질적인 요소, 즉 사람들을 훈련시키는 것과 적절하게 시스템을 설계하는 것에 초점을 맞춤으로써 컴퓨터를 효율적으로 사용할 수 있게 된다고 언급하였다. 많은 직무에서 사람들은 업무에 필수적인 컴퓨터 시스템을 다루는 데 꼭 필요한 기술을 모두 갖추지 못하고 있기 때문에 훈련이 필수적이다. 사람들이 필수적인 기술을 갖추었다고 하더라도 컴퓨터 시스템과 소프트웨어는 끊임없이 변하기 때문에 능숙함을 유지하기 위해서는 지속적인 훈련이 필요하다. 컴퓨터 훈련에 관한 연구 결과, 수행을 증진시킬 수 있는 몇 가지 방법이 제안되었다. 예를 들어, Augustine과 Coovert(1991)는 컴퓨터 과업의 수행을 증진시키는 데 동영상 모형(animated models)을 사용하는 것이 꽤 효과적일 수 있음을 보여 주었다. 동영상 모형은 글로 설명하거나 지시하는 대신 동작으로 컴퓨터 시스템을 보여 준다. 이와 같은 방식은 비디오 게임(예: 닌텐도의 Wii와 마이크로소프트의 X-box)이 실제의 게임 장면을 실연해 보여 주는 것과 유사하다.

현존하는 많은 시스템의 설계가 형편없고 비효율적이기 때문에 시스템 설계는 필수적이다. 컴퓨터-인간 상호작용을 연구함으로써 사람들이 효율적으로 배우고 사용할 수 있는 최상의 시스템을 개발하는 방법에 대한 풍부한 통찰을 얻을 수 있었다. Coovert(1990)는 최상의 시스템은 시스템을 사용하는 사람들이 문제를 표현하는 방식대로 문제를 표현해야 한다고 주장하였다. 익숙한 문제를 다루는 데 있어 사람들이 새로운 방식을 사용하게 하는 시스템은 배우기가 어렵다.

모든 전자 기기가 다 그렇지는 않지만, 스마트폰 등의 오늘날의 전자 기기는 사용자를 염두에 두고 설계된다. 터치스크린에 정보가 표시되고 이는 전자 기기와의 상호작용을 용이하게 한다. 이용하려는 기능은 아이콘(스크린상의 작은 그림)을 사용하여 나타낸다. 예를 들면, 스마트폰에서 전화 수신기를 닮은 아이콘을 터치하면 전화번호판 화면이 나타난다. 사람 아이콘을 터치하면 개인 전화번호부가 나타난다. 화면 상단에 있는 아이콘은 중요한 정보를 표시한다. 배터리 아이콘은 배터리가 얼마 남아 있는지 표시하며 증가하는 모양의 수직 막대들 아이콘은 신호 강도를 나타낸다. 아이콘 사용은 배우기 쉽고 직관적으로 분명하기 때문에 스마트폰은 손 안의 작은 컴퓨터이지만 별도의 컴퓨터 훈련을 받지 않고서도 사용할 수 있다.

지금까지는 개인과 기술 간의 상호작용에 대해서 논의했지만, 함께 일하는 종업원들 간의 협동을 촉진하고자 할 때도 기술이 사용될 수 있다. 컴퓨터 지원 협동 작업(computer supported cooperative work: CSCW)은 사람들이 함께 과업을 수행하는 데 도움이 되도록 어떻게 기술을 이용할 수 있는지에 관한 연구다(Coovert & Thompson, 2001). 인터넷을 사용하는 컴퓨터 기반 기술로, 멀리 있는 사람들에게 거의 즉각적으로 메시지를 전달하고(이메일 혹은 문자), 서로 보고 듣고 말할 수 있다(화상 회의). 사람들은 단지 인터넷상으로만 만나는 가상 팀을 이루어 일할 수도 있다. 면대면(face-to-face) 의사소통에 비하여 이러한 기술이 지니는 영향이나 효과성에 대한 연구는 새로운 것이지만, 이미 우리는 그 둘 사이에 차이가 있음을 알고 있다. 예를 들어, 면대면 상호작용에 비하여 이메일을 통해 함께 일하는 사람들은 억제를 덜 하고(보다 적대적인 발언을 하거나 서로를 더 모욕함), 상대방의 의견에 따를 가능성이 더 적으며, 결정에 이르는 데 더 어려움이 있고, 서로의 노력을 조정하는 데도 더 많은 어려움을 겪게 될 것이다(Coovert & Thompson, 2001). 기술의 설계를 더 낫게 하거나 아니면 사람들을 더 잘 훈련시켜 컴퓨터 지원 협동 작업의 효과적인 사용자가 되게 함으로써 이 문제들을 해결할 방법을 찾기 위한 연구가 이 분야에서 필요하다.

사람들이 과업을 보다 쉽고 효율적으로 수행할 수 있도록 인간 요인의 원리를 적용하여 도구나 장비를 설계할 수 있다. 이것이 실제로 전반적인 직무 수행의 향상으로 이어질지는 다른 많은 요인에 의해서 영향을 받는다. 만약에 종업원들에게 잘 수행하고자 하는 동기가 없다면 장비의 설계를 더 낫게 하여 직무 과업을 더 쉽게 만드는 것은 단지 똑같은 정도의 일을 하는 데 노력을 덜 들이게 됨을 의미하는 것일 뿐이다. 더군다나 어떤 과업이 보다 효과적으로 성취될 수 있다 하더라도, 다음에 논의될 작업 환경의 제약 요소들이 더 좋은 수행을 방해할 수 있다.

인간 요인 관점에서 보면, 사람들에게 도움이 될 기술을 설계하는 것이 목표다. 그러나 기술에는 대가가 뒤따르고, 모든 효과가 긍정적인 것은 아니다. 제조업에 컴퓨터를 도입함으로써 직무가 변화되었지만 언제나 더 나은 방향으로 변화한 것은 아니다. 새로운 공장 시스템이 보다 효율적일 수는 있지만, 종업원의 권태와 스트레스를 증가시킬 수 있다(Wall & Davids, 1992). 조립 라인에서 활동적으로 일하던 사람들은 이제 기계가 작동하는 것을 수동적으로만 지켜보는 사람으로 전락했다. 과업에 대한 통제를 기계에게 빼앗겨 버리면 직무 불만족이 증가하고 정서적 안녕감은 낮아질 수 있다(Mullarkey, Jackson, Wall, Wilson, & Grey-Taylor, 1997).

5) 조직의 제약

조직의 제약(organizational constraints)은 좋은 직무 수행을 방해하거나 막는, 작업 환경의 측면들을 말한다. 물리적 환경, 감독 활동 및 훈련 · 도구 · 장비 · 시간의 부족 등을 포함한 직무의 모든 측면에서 조직의 제약은 발생할 수 있다. Peters와 O'Connor(1980)는 중요 사건들에서 여덟 가지 제약 영역을 도출하였다. 그들은 62명의 종업원에게 작업을 하는 데 있어 직무 수행을 방해하는 사건을 기술하도록 요청하였다. 연구자들은 이 사건들을 분석하여 제약 영역을 제안하였다. 〈표 10-2〉에 이들 영역이 간략한 설명과 함께 제시되어 있다.

Hochwarter, Witt, Treadway와 Ferris(2006)에 따르면, 조직의 제약은 직무 수행에 불리한 결과를 가져오는데, 종업원이 직무 과업을 수행하기 위하여 자신의 기술을 적절히 사용하는 것을 방해한다. Klein과 Kim(1998)은 판매원이 보고한 제약의 수준이 그들

〈표 10-2〉 여덟 가지 조직 제약 영역

- 직무 관련 정보: 직무에 필요한 데이터와 정보
- 도구와 장비: 컴퓨터나 트럭과 같이 직무에 필수적인 도구, 장비, 기구, 기계류
- 재료와 원료: 목재나 종이처럼 직무에 필수적인 재료와 원료
- 예산 지원: 직무를 수행하는 데 필요한 자원을 얻기 위해 필요한 자금
- 타인의 서비스와 도움의 필요: 다른 사람으로부터 얻을 수 있는 도움
- 과업 준비성: 종업원이 직무에 필수적인 KSAO를 갖추었는지 여부
- 시간 가용성: 직무 과업을 수행하는 데 사용 가능한 시간의 양
- 작업 환경: 건물이나 날씨 같은 직무 환경의 물리적 특징

출처: "Situational Constraints and Work Outcomes: The Influence of a Frequently Overlooked Construct," by L. H. Peters and E. J. O'Connor, 1980, *Academy of management Review*, *5*, 391-397.

의 객관적 판매 수행과 상관이 있음을 밝혀냈다. 즉, 제약이 제일 많다고 보고한 사람들이 가장 적은 양을 판매했다. Tesluk과 Mathieu(1999)는 도로 보수 및 건설 근로자들의 수행에서도 이와 유사한 결과를 발견하였다. 제약의 수준이 높으면 관리자가 평가한 수행 수준은 낮았다. O'Connor, Peters, Rudolf와 Pooyan(1982)은 더 나아가 제약이 종업원의 직무 수행뿐만 아니라 종업원 자신에게도 해로울 수 있다는 것을 증명하였다. 이들 연구자는 종업원들이 보고한 높은 수준의 상황적 제약이 직무 불만족 및 좌절과 관련된다는 것을 밝혔다. Jex와 Gudanowski(1992)도 유사한 결과를 얻었고, 이와 함께 높은 수준의 제약을 보고하는 종업원들이 직업을 그만둘 의도가 높은 경향이 있다는 것을 발견하였다. 따라서 조직의 제약은 직무 수행뿐만 아니라 종업원 만족, 좌절, 그리고 아마 이직에도 해로운 영향을 줄 수 있는 것으로 보인다. 이러한 결론은 대부분의 제약 측정값이 전적으로 종업원의 자기 보고에 의존하고 있다는 사실을 감안하여 이해해야 할 것이다. 직무 환경에 대한 사람들의 지각이 아닌 직무 환경 그 자체의 중요성을 결정하기 위해서는 자기 보고식 이외의 다른 방법을 사용한 연구들이 필요할 것이다.

2. 조직시민행동

조직시민행동(organizational citizenship behavior: OCB)은 핵심적인 과업 요건(직무 기술서에 열거된 과업) 이상의, 조직에 도움이 되는 행동으로 정의된다. 조직시민행동은 보통 상사에게 부하의 행동을 평가하도록 하여 측정된다. 잘 알려진 Smith, Organ과 Near(1983)의 조직시민행동 척도 예시 문항이 〈표 10-3〉에 나와 있다. 직무 요건 이상이라는 정의에 부합하는 문항도 있지만(예: 제안하기) 그렇지 않은 문항도 있다는 것(예: 시간을 잘 지킴)에 주목해야 한다.

〈표 10-3〉 조직시민행동 척도 문항

상사의 업무를 돕는다.
부서의 발전을 위해 혁신적인 제안을 한다.
시간을 엄수한다.
회사에 올 수 없을 때는 사전에 알린다.

출처: "Cognitive Versus Affective Determinants of Organizational Citizenship Behavior," D. W. Organ and M. Konovsky, 1989, *Journal of Applied Psychology, 74*, 157-164.

Organ과 Konovsky(1989)는 조직시민행동을 두 행동 유형, 즉 명백히 해야 하는 행동과 그렇지 않은 행동으로 나누었다. '이타성'은 직무상 필수적이지 않지만 다른 동료나 상사의 문제를 돕는 것을 말한다. 이타성에는 결근한 동료를 돕거나 조건을 개선하기 위한 제안을 하는 것이 포함된다. '응종'은 제시간에 직장에 오고 시간을 낭비하지 않는 등 해야만 하는 일을 하고 규칙을 따르는 것을 말한다.

조직시민행동은 전반적인 조직의 효과성에 기여하는 종업원 행동의 중요한 한 측면이다. 그러나 조직시민행동이 높은 개인이 반드시 다른 영역에서도 최고의 수행을 보이는 것은 아니다. MacKenzie, Podakoff와 Fetter(1991)는 판매원들의 조직시민행동과 객관적인 판매 수행을 측정하였다. 이들 연구자는 두 유형의 행동 간에 거의 상관이 없음을 발견하였다. 최고의 판매 기록을 세운 종업원들은 최저의 판매를 기록한 사람들과 조직시민행동에서 차이가 없었다. 영업에서는 저조한 수행을 보인 영업사원이 조직시민행동을 통해 조직에 중대한 기여를 하는 경우도 있을 수 있다. 실제로 그런 사례가 발생한다는 증거가 있다. Podsakoff, Ahearne과 MacKenzie(1997)는 제지 공장의 40개 작업 집단들을 대상으로 각 집단 구성원들의 조직시민행동들이 종업원 개인의 수행보다는 집단의 전반적인 수행과 연관됨을 검증하고자 하였다. 연구 결과, 구성원들의 높은 수준의 조직시민행동은 높은 총생산성 및 낮은 불량률과 관계가 있었다. 마찬가지로, Podsakoff, Whiting, Podsakoff와 Blume(2009)이 행한 통합분석은 집단 내 사람들의 조직시민행동 수준이 높으면 조직의 수익과 고객의 만족도 높아진다는 점을 보여주었다.

조직시민행동의 원인으로 몇 가지 요인이 제안되었다. Hoffman, Blair, Meriac와 Woehr(2007)가 실시한 조직시민행동 통합분석에 따르면, 조직시민행동은 종업원들이 자신의 직무에 만족하고, 정서적 몰입이 강하며, 공정하게 대우를 받고 있다고 느끼고, 상사와 좋은 관계를 맺고 있을 때 일어날 가능성이 크다. 그리고 조직시민행동과 연관된 성격 특성도 있다. Kaplan, Bradley, Luchman과 Haynes(2009)는 통합분석을 통해 높은 수준의 조직시민행동은 낮은 수준의 부적 정서성(부적 정서를 경험하는 경향성) 및 높은 수준의 정적 정서성(정적 정서를 경험하는 경향성)과 관련이 있음을 밝혔다. 또한 조직시민행동은 전염성이 있는 것 같다. 집단 구성원들이 조직시민행동을 수행하는 경향이 있는 집단에서 일하는 사람들은 그러한 행동을 할 가능성이 높다(Bormmer, Miles, & Grover, 2003). 이러한 여러 결과 중 몇 가지는 다른 나라에서도 마찬가지로 나타났다. Farh, Podsakoff와 Organ(1990)은 대만에서 조직시민행동이 직무 만족과 상사의 지지적 행동에 대한 종업원의 지각과 상관이 있음을 밝혔다. Munene(1995)은 나이지리아에서 조직시민행동이 직무 만족 및 조직 몰입과 관계가 있음을 보였다.

McNeely와 Meglino(1994)는 조직시민행동을 다른 종업원을 돕는 행위(OCBI)와 조직에 이익이 되는 행위(OCBO)로 구분하였다. 이 두 유형의 조직시민행동이 각기 다른 변인들과 관계가 있음을 밝혔다. 예를 들어, 다른 종업원들에게 이익이 되는 행동은 다른 이들에 대한 관심과 상관이 있었고, 반면에 조직에 이익이 되는 행동은 지각된 공정성과 상관이 있었다. 또한 조직시민행동의 두 유형은 모두 직무 만족과 상관이 있었다. 이와 마찬가지로, 조직 몰입은 조직시민행동의 두 유형과 모두 연관이 있었는데, 미국(Lavelle et al., 2009)과 터키(Wasti, 2005)에서는 OCBI보다 OCBO와 상관이 높았다. 한편 조직시민행동은 정서적 몰입과 상관이 있었지만 지속적 몰입과는 상관이 없었다(Johnson & Chang, 2006). Lee와 Allen(2002)는 OCBI와 OCBO가 직장에서의 긍정적 기분과 관계가 있었지만, OCBO만 절차적 공정성과 관계가 있었다고 보고했다. 이 모든 연구 결과를 종합해 보면 두 유형의 조직시민행동은 각기 다른 조합의 원인들을 갖고 있는데 공통적 원인들도 있고 각 유형에 특유한 원인들도 있다.

조직시민행동을 흔히 개인이 사심 없이 하는 이타적인 행동으로 여기고 있지만, 최근의 연구에 따르면 어떤 경우에는 조직시민행동이 직장에서 출세하기 위한 전략일 수 있다. Hui, Lam과 Law(2000)는 다국적 은행의 금전출납계원을 대상으로 실시한 연구에서 승진을 하기 전과 후에 각각 조직시민행동 수준을 평가하였다. 또한 종업원들에게 자신들이 조직시민행동을 하는 것이 승진의 기회를 높여 준다고 생각하는지를 실제로 승진이 되기 전에 물어보았다. 그렇다고 대답한 이들의 경우 조직시민행동 수준은 승진 전에 높았으며 승진 후에 하락하였는데, 이는 그들이 원하는 승진을 추구하기 위한 전술의 하나로서 조직시민행동을 늘렸으며 일단 그들의 목표를 성취한 후에는 조직시민행동을 줄였다는 것을 시사한다.

3. 반생산적 행동: 이탈

대부분의 큰 규모의 조직에서는 어느 날이든지 누군가는 지각을 하고, 누군가는 결근을 하고, 또 누군가는 직장을 그만둔다. 이들 모든 이탈(withdrawal) 행동은 지각이나 결근과 같이 일시적인 것이건 이직과 같이 영구적인 것이건, 근무 시간이나 필요한 때에 회사에 있지 않는 종업원들과 관계된다. 이탈 행동에 대한 대부분의 연구는 이러한 행동들을 서로 관련된 현상으로 여겨 왔다. Mitra, Jenkins와 Gupta(1992)가 언급하였듯이, 어떤 연구자들은 결근과 이직을 직무 불만족에 대한 대안적인 반응으로 간주한다. 이 둘은 모두 종업원들이 불쾌하게 여기는 상황으로부터 일시적이든 영구적이든 도피하고자 하는 시도를 나타낸다.

Mitra 등(1992)은 통합분석을 통해 결근과 이직이 중간 정도의 상관을 보임을 알아냈다. 즉, 일을 그만두는 종업원은 그만두기 전에 상대적으로 높은 결근율을 보인다는 것이다. 이와 유사한 통합분석을 통해 Koslowsky, Sagie, Krausz와 Singer(1997)는 지각이 결근과 이직 모두와 상관이 있음을 밝혔다. 지각하는 사람들은 종종 결석하는 사람들이고 또한 이직하기 쉬운 사람들이다. 이탈 척도들 간에 존재하는 상관은 그러한 행동들이 유사한 원인을 갖는다는 것을 의미할 수도 있지만 또 다른 설명 역시 가능하다. 예를 들어, 직장을 그만두고자 계획을 세운 사람들은 병가를 다 써 버리고자 할 것이고 새로운 직업을 물색하기 위해 지각하거나 결근할 수도 있다.

1) 결 근

나오기로 되어 있을 때 종업원이 직장에 나타나지 않는 결근(absence)은 조직에 있어 중요한 문제가 될 수 있다. 많은 직무의 경우, 하기로 한 사람이 빠졌을 때에도 누군가가 그 일을 대신해야 한다. 결근에 대비하여 조직은 언제라도 활용할 수 있도록 필요 이상의 종업원을 두거나, 혹은 요청하면 달려올 수 있는 대체 인원을 갖추고 있어야 한다. 대리 선생님이라는 개념은 모든 사람에게 친숙하지만, 많은 조직, 특히 공장 일에서도 대체 인력을 사용한다. 요청에 의해 근무하는 대체 인력(on-call substitute)은 높은 초과 근무 수당을 대가로 추가로 일을 하는 동료 종업원들인 경우가 많다.

결근이 일어나는 원인을 찾기 위하여 주로 불만족스러운 직무나 직무 조건에 대한 반응으로서의 이탈이라는 점에 초점을 맞추어 왔다. 연구에 의하면, 결근과 직무 불만족은 관련되어 있지만 그 둘 사이의 상관은 작았다. 9장에서 언급한 대로 Bowling과 Hammond(2008)의 통합분석에서 결근과 직무 만족 사이의 상관은 −0.1이었다. Farrell과 Stamm(1988)은 72개의 결근에 관한 연구를 통합분석하여, 직무 불만족보다는 이전의 결근 내력과 조직의 결근 정책이 결근의 가장 좋은 예언변인임을 밝혔다. 과거에 자주 결근했던 사람들은 미래에도 결근하기 쉽다. 출근에 대해 보상하거나 결근에 대해 처벌하는 등 결근 통제를 위한 정책이 있는 조직의 경우에는 결근이 덜 일어난다.

종업원이 아프거나 직장에 가고 싶지 않기 때문에 결근을 하는 것은 분명해 보이지만 가족에 대한 책임도 결근의 주요 원인이다. Goff, Mount와 Jamison(1990)은 아이를 돌보는 주된 책임이 직무 만족보다 결근과 더 높은 상관을 갖고 있고 따라서 결근을 더 잘 예언한다는 사실을 발견하였다. Erickson, Nichols와 Ritter(2000)는 결근이 종업원의 6세 이하의 자녀의 수와 관련이 있다는 것을 밝혔다. 핀란드에서 수행한 연구에서는 가임 연령인 젊은 여성의 결근율이 가장 높았다(Elovainio, Kivimäki. Vahtera, Virtanen, & Keltikangas-Jarvinen, 2003). 이러한 연구들은 종업원이 직무를 좋아하든 그렇지 않든 관계없이 아이를 돌보는 문제가 결근을 유발할 수 있다는 생각을 지지한다.

Dalton과 Mesch(1991)는 참가자들에게 자신들의 결근을 두 개의 범주, 즉 질병으로 인한 결근과 다른 사정으로 인한 결근으로 분류해 달라고 요청하였다. 연구자들은 두 가지 유형의 결근이 각기 다른 변인들과 상관을 보임을 발견하였다. 질병으로 인한 결근은 직무 만족 및 성별과 관계가 있었지만 다른 사정으로 인한 결근은 그렇지 않았다. 그런데 불만족한 종업원들과 여성들(만족하는 여성들일지라도)이 더 빈번하게 아팠다. 다른 사정으로 인한 결근은 근속 연수와 결근 정책과 관계가 있었다. 종업원들의 평균적인 근속 연수가 길고 결근에 대한 제약이 덜한 정책을 채택하는 조직일수록 높은 결근율을 보였다. 이러한 결과는 결근 유형마다 원인이 다르고 그 때문에 서로 다른 조치를 통해 결근을 줄일 수 있음을 시사한다.

Nicholson과 Johns(1985)의 결근에 대한 설명은 달랐다. 그들은 작업 집단이나 조직의 결근 문화가 결근의 원인이 될 수 있음을 지적하였다. 이는 어떠한 작업 집단이나 조직에도 몇 번이나 결근을 할 수 있는지, 용납되는 결근의 이유는 무엇인지를 결정하는, 일반적으로 받아들여지는 사회적 규칙이 있음을 의미한다. 종업원이 직장에 오고 싶지 않으면 언제나 결근할 것을 장려하는 문화를 갖고 있는 조직이 있다. 반면에 정말로 피치 못할 사정이 있는 경우를 제외하고는 종업원들이 반드시 직장에 출근해야 하는 조직도 있다. 이러한 생각을 지지하는 Mathieu와 Kohler(1990)는 집단마다 결근과 관련된 고유한 분위기가 있음을 보여 주었다. 즉, 직장인은 동료들이 결근을 하면 결근할 가능성이 높아졌다.

[그림 10-6]은 결근 문화와 결근 정책이 결근에 있어 가장 중요한 두 가지 요인임을 나타낸다. 결근에 관한 대부분의 연구는 직무 만족에 초점을 맞춰 왔지만 직무 만족의 잠재적 영향은 결근 문화와 정책에 의해 차단될 수 있다. 불만족한 개인은 아프다는 핑

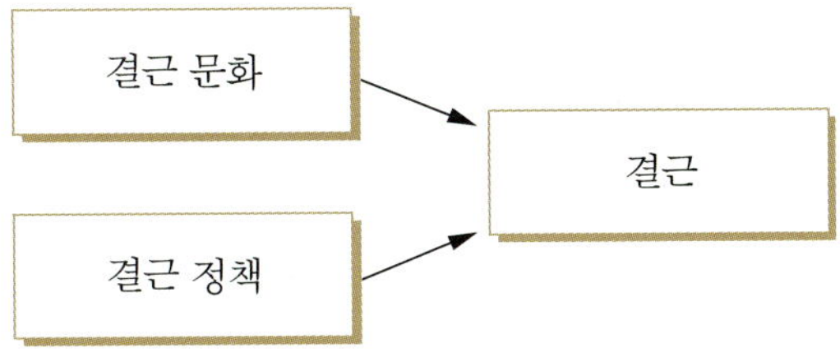

그림 10-6 작업 집단의 결근 문화와 조직의 결근 정책은 모두 종업원의 결근에 영향을 미친다.

계로 일을 회피하고 싶어 할 수 있지만, 결근하면 처벌을 받는다거나 동료들이 그것을 받아들일 수 없는 것으로 본다면 실제로는 결근하지 않을 것이다. 조직은 출근을 장려하고 결근을 단념시키는 쪽으로 정책을 바꿈으로써 결근을 줄일 수 있다. 한 연구에서 밝혀진 결근을 줄이는 간단한 절차는 각 종업원에게 그들이 그동안 결근한 날의 수를 적은 편지를 보내는 것이었다(Gaudine & Saks, 2001). 단지 관리자가 결근에 신경 쓰고 있다는 것을 보여 주는 것만으로도 충분히 종업원들의 결근을 줄일 수 있었다.

2) 지 각

많은 직무에서 종업원들은 고정된 업무 일정에 따라 출퇴근하지만, 제시간에 직장에 도착하지 못하는 일도 빈번히 있다. 어떤 이들은 휴식을 건너뛰든지, 점심을 빨리 먹든지, 늦게까지 남아 일을 하든지 하여 이를 보충할 수 있을 것이다. 그러나 종업원들이 지각한 시간을 보충하지 못하거나 혹은 그 시간이 아예 보충될 수 없는 것일 수 있다. 예를 들어, 선생님이 수업에 늦는다면 그 시간은 재조정될 수 없다. 지각으로 대체인을 불러야 하거나 동료들에게 불공평한 짐을 지우는 등 조직에 비용이 발생한다.

결근처럼 지각도 여러 가지 원인이 있을 수 있다. Koslowsky(2000)는 몇 가지 원인을 포함하는 지각 모형을 개발하였다. Koslowsky는 불만족과 같은 직무 태도들을 지각과 연결하여 생각했지만, 통근 거리와 통근 편리성, 일-가정 갈등도 중요한 원인이라고 주장하였다. 멀리서 통근하는 사람들은 교통 정체에 갇힐 수 있다. 아이가 있는 사람의 경우에는 아이가 아파서 의사에게 데리고 가야 하기 때문에 늦을 수도 있다. 또 다른 중요한 요인은 문화다. 어떤 나라에서는 시간을 지키는 것을 다른 어떤 것보다 중요하게 여긴다. 예를 들어, 미국인들은 브라질 사람들보다 시간을 지키는 것에 더 높은 가치를 둔다. 조직에는 결근 문화처럼 그들의 고유한 지각 문화가 형성되어 있다(Elicker, Foust,

O'Malley, & Levy, 2008).

Foust, Elicker와 Levy(2006)는 일반적인 직무 태도보다 지각에 대한 태도가 지각에 더 중요한 결정 요인이라고 주장했다. 이 연구자들은 종업원들에게 자신의 행동(늦은 것에 대해 죄책감을 느낌)과 동료들의 행동(동료들이 늦을 때 허탈해함)에 관해서 묻는 지각 태도 척도를 개발하였다. 이 새로운 척도는 종업원에 대한 조사의 일환으로 실시되었는데, 지각 태도는 직무 만족이나 조직 몰입보다 지각을 더 잘 예언하는 변인으로 밝혀졌다. 마지막으로, Iverson과 Deery(2001)는 지각과 조퇴의 관계를 조사한 결과, 그 둘이 관련되어 있음을 발견하였다. 늦게 출근하는 것과 일찍 퇴근하는 것은 불공평에 대한 지각(8장 참조) 및 직무 불만족과 연계되어 있었다.

3) 이 직

어느 조직이나 직장을 그만두는 종업원이 있게 마련이다. 종업원이 일을 그만두는 것을 이직(turnover)이라고 한다. 일정 기간 동안 노동력이 이직하는 비율을 '이직률(turnover rate)'이라고 부른다. 이 비율이 지나치게 높으면 조직의 노동력은 경험이 지나치게 부족하고 훈련되지 않은 상태가 되어 조직의 목표를 달성하는 데 어려움과 비효율성을 초래하게 된다. 이직은 높은 수행을 보인 사람이 그만 두었을 때 문제가 되지만 낮은 수행을 보인 사람이 그만두었을 때는 문제가 되지 않는다. Trevor, Gerhart와 Boudreau(1997)는 직무 수행과 이직 사이의 관계를 연구하였다. 그들은 최상의 종업원과 최하의 종업원이 가장 그만두기 쉽다는 곡선 관계를 발견하였다. 수행을 잘 못하는 사람들을 더 나은 사람들로 대체할 수 있다면 이직은 긍정적인 결과를 가져올 수도 있다. 그러나 좋은 수행을 보이는 사람들 또한 그만두기가 쉬운데, 이는 다른 조직에서 볼 때 그들이 가장 매력적인 사람들이기 때문이다. 최상의 수행자들의 경우에는 급여를 많이 올려주었을 때 이직이 감소했다.

낮은 수행을 보이는 사람들은 몇 가지 이유 때문에 일을 그만둔다. 임금과 보상이 수행에 연계하여 지급되는 경우라면 낮은 수행자들은 보상이 낮기 때문에 그만두기도 한다(Williams, 1999). 더욱이 자신이 직무를 잘 수행하지 못하고 있다는 사실을 알고 있다면 자신에게 더 적합한 일을 찾으려 시도할 수도 있다. 또한 상사가 직원들을 괴롭힘으로써 의도적으로 이직을 '조장'하는 것이 드문 일은 아니다. 수행이 낮은 사람들을 그만두게 하기 위해 보상을 주지 않는다거나, 싫어할 만한 일을 하도록 한다거나, 불친절하게 대할 수 있다.

괴롭히는 방법으로 이직을 유도하는 것은 문제를 해결하기보다는 오히려 더 심각한 문제를 만들어 낸다. 이는 의도하지 않았던 종업원에게 영향을 미칠 수 있다. 한 명을 괴롭힘으로써 전반적인 업무 환경이 적대적이고 불쾌해지기도 한다. 괴롭힘을 당한 종업원들이 소송을 걸 수도 있기 때문에 법적인 문제 또한 일어날 수 있다. 만약 상사와 괴롭힘을 당하는 대상의 성 혹은 인종적 배경이 다르다면 차별로 고소당할 수도 있다. 결국 괴롭히는 행위는 비윤리적이며, 수행이 나쁜 종업원들일지라도 공정하고 정당하게 대우해야만 한다.

이직으로 인해 조직에 발생하는 비용을 결정하는 두 번째 요인은 그만둔 사람을 대체하는 데에 따른 지출의 정도다. 모집과 채용에 따른 비용과 시간이 많이 드는 직무도 있다. 고위 경영진을 채용하는 데는 지원자를 찾고, 광범위한 지역을 찾아다니며 면접을 수행하고, 높은 수준의 보너스와 복리후생(benefit)을 제시하는 등 수개월이 걸릴 수 있다. 어떤 직무의 경우에는 종업원이 완전히 생산적인 사람이 되기까지 오랜 기간의 훈련이 필요할 수도 있다. 군대에서는 전투기 조종사를 충분히 훈련시키는 데 1년 이상이 걸린다. 만약 비행사들의 이직률이 높게 되면 정부가 부담해야 하는 비용은 막대할 것이다.

이직에 관한 연구에 있어서 가장 주요한 변인은 직무 만족이었다(Griffeth, Hom, & Gaertner, 2000). [그림 10-7]은 이직 과정이 어떻게 이루어지는지를 설명하고 있다. 그림을 보면 직무 만족이 이직 의도로 이어지고, 이는 다시 이직으로 이어진다. 또한 이직 의도와 이직은 실업률에 의해 조절된다. 자신의 직무에 불만족하는 사람들은 이직 의도를 갖기 쉬울 것이다. 이직 의도는 흔히 이직 행동의 전조가 된다. 그러나 일을 그만두고 난 후 할 수 있는 대안적인 직무가 없는 한 사람들이 현 직장을 그만두지 않을 것이다. 모형에서 볼 수 있듯이 대안적인 직장을 구할 수 있는 정도를 반영하는 실업률은

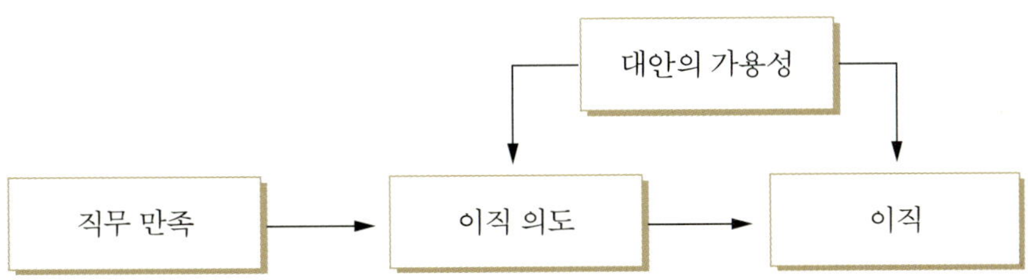

그림 10-7 종업원의 이직은 직무 만족과 실업률의 함수다.

불만족과 의도가 실제로 이직으로 연결되는지에 영향을 미친다.

이 모형의 명제들을 잘 지지해 주는 연구들이 있다. 우선 직무 만족과 이직 의도는 꽤 큰 상관을 보이는데(Bowling & Hammond, 2008), 이는 만족이 이직 의도로 이어진다는 견해와 일치한다. 둘째, Blau(2007)는 직무 만족과 이직 의도 모두 다른 직업에 지원한다든지, 면접에 간다든지 하는 직업 탐색 행동과 상관이 있음을 발견하였다. 셋째, Griffeth(2000)는 통합분석을 통해 직무 만족과 이직 의도 모두 미래의 이직을 예언하기는 하지만, 이직 의도(r=.35)가 직무 만족(r=−.17)에 비해 더 큰 상관을 보인다는 것을 밝혔다. 이런 연구들은 직무 만족과 이직 의도가 이직의 전조임을 지지한다. 마지막으로, 직무 만족과 이직 그리고 의도와 이직 사이의 관계를 실업률이 조절함을 보여 주는 연구들이 있다(예: Trevor, 2001). 이들 연구는 실업률이 낮고 대안적인 직무 기회가 충분할 때에는 만족과 이직 의도가 이직과 강하게 관련됨을 보여 주었다. 그러나 실업률이 높고 대안적인 직무 기회가 부족할 때는 의도와 직무 만족이 이직을 예언하는 정도가 낮았다. 다시 말하자면, 불만족한 사람들은 그만두려는 의도를 가질 수는 있지만 옮길 수 있는 곳이 있을 때에만 실제로 이를 행동으로 옮기게 된다.

Dickter, Roznowski와 Harrison(1996)은 자신의 직무를 좋아하거나 싫어하는 사람들의 이직을 수년 동안 추적 조사하였다. 두 집단 모두에서 이직 가능성은 채용한 순간부터 2년이 될 때까지 증가하다가 그 후에 감소하였다. 불만족한 개인은 직무를 시작한 지 약 4년이 될 때까지는 만족하는 사람들에 비해 이직할 가능성이 더 높았다. 4년이 지난 후에는 차이가 없어졌다. 명백히, 직무 만족이 이직에 미치는 효과는 시간 제한적인데, 이는 아마 이직을 희망하는 사람이 결국 이를 포기하고 그 상황에서 최선을 다하기 시작하기 때문일 것이다.

많은 종업원이 자신의 직무에 대해 만족하지 못하기 때문에 이직을 하지만 이직에는 다른 이유들도 있다(Maertz & Griffeth, 2004). 첫째, 건강상의 이유로 일을 그만둘 수 있다. 심장마비를 겪고 살아난 사람들은 직업을 그만두는 등 자신의 생활양식을 급격하게 바꾸는 경우가 자주 있다. 둘째, 사람들은 직장에서의 사고로 인해 직무에서의 필수적인 과업을 수행할 수 없는 상태가 되어 직무를 계속할 수 없게 될 수도 있다. 11장에서 논의할 것이지만, 자동차 사고는 직무상 입을 수 있는 심각한 상해의 가장 일반적인 원인이다. 셋째, 사람들은 때때로 삶의 다른 흥미를 추구하기 위해 직무를 그만둔다. 여기에는 아이를 기른다거나, 학업을 계속한다거나, 올림픽과 같은 운동경기에 출전하기 위한 훈련 등이 포함된다. 넷째, 임신 등의 가정 문제 때문에 직장을 떠난다(Lee, Wilbur,

Kim, & Miller, 2008). 마지막으로, 자신의 배우자가 더 나은 직무를 제안받고 다른 지역에서 근무해야 하기 때문에 직장을 그만두기도 한다.

이러한 이유들 중 일부는 직장과 관계없이 발생하는 것이어서 조직이 해결할 수 없지만, 직장 내의 원인을 해결하는 데 조직은 상당한 역할을 할 수 있다. 조직은 상해를 줄이기 위해 업무 환경을 보다 안전하게 만들 수 있고, 질병을 줄이기 위해 건강한 행동을 하도록 도와줄 수도 있다. 많은 조직에서는 운동 프로그램, 금연 및 체중 조절 프로그램, 스트레스 관리 워크숍 등의 종업원 건강 프로그램을 개설하고 있다. 조직의 정책과 실천 방안들을 통하여 종업원이 업무를 계속하면서 자신의 다른 관심사를 처리하도록 도와준다. 예를 들어, 직장에서의 탁아는 어린아이들이 있는 종업원들이 일을 계속하는 것을 용이하게 한다. 이러한 프로그램을 통해 직장에서 어린아이들을 돌보는 서비스를 제공하게 되면 종업원들은 아이들을 직장에 데려올 수 있고 휴식 시간이나 점심시간을 아이들과 함께 보낼 수 있다. 아이들을 가까이 둠으로써 종업원은 마음의 안정을 찾고 일에 집중할 수 있게 된다. 다른 관심거리를 행하는 시간과 겹치지 않는 시간에 일할 수 있도록 허용하는 유동 근무 계획(flexible work schedule)을 마련하여 이직을 방지할 수 있다.

4. 반생산적 행동: 공격, 사보타주, 절도

종업원이 직장 동료나 자기 자신을 총으로 쏘는 사건은 종업원들의 공격 행동에 대한 전국적인 관심을 불러일으켰다. 상대적으로 드물고(Neuman & Borman, 1997) 극단적인 이런 예들은 임상심리학이나 범죄학의 영역에 들어가지만, 조직에 피해를 끼치는 덜 극단적인 종업원 행동은 산업 및 조직 심리학 영역에서 중요한 문제다. 대중매체에서 흔히 '책상 분노(desk rage)'라고 부르는 반생산적 작업 행동(counterproductive work behavior: CWB)은 동료, 상사, 고객 등 직장에 있는 타인들과 조직을 해치려는 의도로 행해지는 행동을 말한다. 반생산적 작업 행동에는 공격, 동료를 향한 적대적이고 비열한 행동, 조직 자산의 파괴, 일을 고의로 잘못 처리하기, 절도, 노력의 회피 등이 포함된다.

사보타주(sabotage)와 절도는 조직에 중요한 문제로 인식되어 왔다. 재물 혹은 일터의 파괴를 의미하는 사보타주는 재물의 손괴로 직접적인 손실을 야기할 뿐만 아니라 일에 필요한 재물을 보수하는 동안의 생산성 손실로 인한 간접적 비용도 만만치 않다. 적지 않은 사보타주가 건물을 태워 버리는 행위처럼 노골적이지만 대부분은 은밀하게 이루어지고 증명하기도 어렵다. 장비 손상 사고가 정말 우연에 의한 사고였는지 판단 내리기가 불가능할 때도 많다. 예를 들어, 종업원은 트럭에 기름이나 물이 부족하다는 것을 나타내는 표시기의 경고 신호를 고의로 무시할 수도 있다. 어떤 경우에는 장비가 손상될 것을 뻔히 알면서도 기름이나 물을 제거할 수도 있다. 만일 종업원이 치밀한 계획하에 그런 행위를 했다고 해도 고의로 장비를 파괴했는지 증명하기란 쉽지 않을 것이다.

미국에서 절도로 인해 발생하는 비용이 매년 수십억 달러에 이르는 것으로 추정된다(Greenberg, 2002). 소매업에 대한 전국적인 설문 조사 결과, 상점 좀도둑에 의한 절도보다 종업원의 절도가 더 심각한 것으로 드러났다(Hollinger, Dabney, Lee, Hayes, Hunter, & Cummings, 1996). 조직은 절도를 막기 위해 상당한 정도의 돈과 자원을 투입한다. 여러 조직에서 정직성을 평가하기 위한 지필형 정직성(integrity) 검사(5장 참조)를 사용하여 잠재적 절도자를 솎아내려는 시도를 한다. 또한 직무 지원자나 재직자를 대상으로 거짓말 탐지기 검사를 사용하는 조직도 있다.

Bennett과 Robinson(2000)은 오하이오 주 톨레도에서 전화번호부에서 무작위로 뽑은 주민들을 대상으로 익명의 우편 조사를 실시하였다. 이 조사에서 사보타주나 절도를 포함한 많은 반생산적 작업 행위의 목록을 제시하고 그런 행위를 했는지를 물어보았더니, 그중 많은 행위가 흔한 일이라는 것을 발견하였다. 예를 들어, 응답자의 1/4이 영수증을 위조하여 실제로는 쓰지 않은 돈을 받아냈음을 인정하였고, 1/3은 회사의 누군가에게 못된 짓을 했다고 응답했으며, 52%는 허락 없이 회사의 재물을 가져갔다고 말했고, 61%는 지시를 따르지 않았으며, 78%는 직장의 누군가를 놀렸다고 응답했다.

[그림 10-8]은 반생산적 작업 행동의 원인에 대한 모형이다. 이는 이 장의 초반에 논의된 조직의 제약이나 불공정성과 같이 스트레스가 많은 조건에서부터 시작된다. 예를 들어, Thomas McIlvane이 동료들을 총으로 난사하던 날은 우체국에서 해고당한 것이

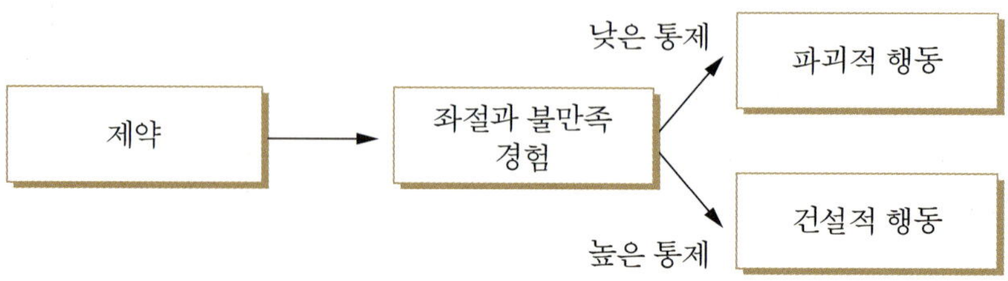

그림 10-8 반생산적 작업 행동의 원인 모형

부당하다고 제소한 항소심에서 패한 날이었다. 스트레스가 많은 상황과 불공정성은 분노와 공포 같은 부적 정서를 유발한다. 이러한 느낌은 부적 정서와 불공정성을 극복하기 위한 보다 효과적인 전략을 세우는 등의 건설적인 행동으로 이어질 수도 있고 혹은 반생산적 작업 행동 같은 파괴적인 행동으로 이어질 수도 있다.

통제에 대한 신념은 개인이 건설적인 반응을 택할 것인지, 아니면 파괴적인 반응을 택할 것인지를 부분적으로 결정한다. 건설적인 노력이 효과적일 수 있다고 믿는 종업원들은 그렇게 시도할 가능성이 크다. 상황을 통제할 수 없다고 믿는 종업원들은 부적인 정서에 대처하는 수단으로서 반생산적 작업 행동을 택할 가능성이 높다.

많은 반생산적 행동이 본질적으로 불법이기 때문에 익명 이외의 조사 방법으로는 연구하기 어렵다. 종업원들로 하여금 자신들의 직무와 반응에 대해 (보통 익명으로) 보고하도록 한 설문 연구의 결과들은 앞서 제시된 모형을 지지한다. 이 연구들은 스트레스가 많은 직무 조건(Spector, Fox, Penney, Bruursema, Goh, & Kessler, 2006)과 불공정성(Hershcovis, Turner, Barling, Arnold, Dupre, Inness et al., 2007)이 부적 정서 및 반생산적 작업 행동과 관계 있다는 것을 보여 주었다.

반생산적 작업 행동은 작업장 요인들뿐만 아니라 성격과 관련이 있음이 밝혀졌다. 반생산적 작업 행동을 가장 잘 예언하는 성격 변인은 분노 특질인데, 이는 하찮은 일에도 화를 내는 경향을 말한다(Spielberger, 1966). 분노 특질 성향이 높은 사람들이 반생산적 행동을 할 가능성이 높다는 것은 누구나 짐작할 수 있다(Hershcovis et al., 2007). 분노를 느끼는 경향성만이 아니라 그 밖의 다른 부적인 정서도 반생산적 행동과 관련이 있다. 부적 정서성의 특질이 높은 사람들(9장 참조)은 반생산적 작업 행동을 할 가능성이 높다(Penny & Spector, 2005). 반생산적 행동은 이 장의 앞에서 논의한 성격의 5개 차원과 관련하여 연구되었다. 호감성, 성실성과 정서적 안정성에서 낮은 수준의 사람들은 반생산적 작업 행동을 할 가능성이 높다(Berry, Ones, & Sackett, 2007). 성격과 환경적 요인의 옳은 배합(아마도 옳지 않은 배합이라고 표현하는 것이 더 나을 수도 있지만)은 종업원이 반생산적 작업 행동에 몰두할 가능성을 극대화할 것이다.

반생산적 작업 행동에 대한 연구는 대부분 북미에서 이루어졌기 때문에 미국과 캐나다와 문화적으로 다른 국가에서의 반생산적 작업 행동에 대해서는 알려진 바가 거의 없다. 예외적으로 터키에서 행해진 반생산적 작업 행동에 대한 연구(Bayram, Gursakal, & Bilgel, 2009)가 있는데, 스트레스가 높은 작업 상황 및 직무 만족과 반생산적 작업 행동의 관계에 대해서 북미의 연구와 유사한 결과를 보여 주었다('연구 상세히 보기' 참조).

연구 상세히 보기

반생산적 작업 행동(CWB)은 조직에 해가 되는 여러 가지 행동으로 이루진다. 반생산적 작업 행동에 대한 연구는 보통 북미에서 실시되었지만, 매우 이례적으로 터키에서도 행해졌다.

Bayram, Gursakal과 Bilgel(2009)은 터키 근로자들의 반생산적 행동의 유형을 살펴보고, 북미에서 실시된 연구에서 반생산적 작업 행동과 관련 있게 나타난 변인들이 터키에서도 유사한 관계성을 보이는지 알아보기 위한 연구를 시행하였다. 또한 연구자들은 여러 업종에 걸쳐 개별적 반생산적 행동의 빈도를 비교하여 차이가 나타나는지의 여부를 확인하였는데, 이는 과거에 연구된 적이 없는 주제다.

이 연구는 터키의 금융 중심 도시로 유명한 부르사에서 진행되었다. 766명의 사무직 근로자들 표본으로부터 익명으로 설문이 수집되었다. 그들은 자동차, 식품, 기계, 섬유 산업 등을 포함하는 다양한 업종으로부터 추출되었다. 이 근로자들은 마흔다섯 가지 유형의 반생산적 행동을 얼마나 행하는지, 자신의 직업에 대해 어느 정도 만족하는지, 조직 제약을 얼마나 경험했는지, 그리고 직장에서 다른 사람들과의 갈등을 얼마나 자주 경험하는지 등을 묻는 질문을 받았다. 이 연구에서 사용된 척도는 이와 유사한 미국의 연구(Spector et al., 2006)에서 사용된 척도의 터키어 번역판이기 때문에 두 국가에서의 연구 결과의 비교가 가능하다. 연구 결과, 반생산적 행동의 총 발생량에 있어 업종별로 차이가 나타났으며, 가장 많이 발생한 곳은 식품업이고, 가장 적은 곳은 기계 업종으로 밝혀졌다. 이는 향후 연구에서 업종별 연구, 더 세부적으로는 직군별 연구를 고려하는 것이 중요하다는 점을 시사한다. 또한 연구 결과 구체적 반생산적 행동의 빈도 차이가 나타났는데, 실제로 아프지 않은데 아프다는 전화를 거는 행동의 빈도와 과도하게 긴 휴식을 취하는 행동의 빈도가 가장 높았다.

이 연구와 유사한 미국의 연구 결과(Spector et al., 2006)를 비교해 보았더니 터키인이 미국인에 비해 더 자주 하는 반생산적 행동과 자주 하지 않는 행동이 있음이 밝혀졌다. 예를 들어, 터키인은 미국인에 비해 근무 회피(예: 미국인의 54%, 터키인의 28%가 아프다는 핑계로 결근했다고 응답함)와 언어적 공격 행동(예: 미국인의 26%, 터키인의 14%가 직장에서 누군가를 모욕했다고 응답함)을 덜 한다고 답변했다. 반면에, 직장에서의 절도(26%와 13%)와 타인을 때리거나 밀치는 등의 신체적 공격 행동(15%와 3%)은 터키인들이 더 자주 하는 것으로 응답했다.

미국의 연구와 유사하게, 반생산적 행동은 직무 만족, 조직 제약 그리고 대인관계 갈등과 관계가 있다. 반생산적 행동과 직무 만족의 상관 그리고 반생산적 행동과 대인관계 갈등의 상관의 크기는 두 국가에서 모두 유사하게 나타났다. 그러나 반생산적 행동과 조직 제약 간의 상관에서는 다소 차이가 있었다. 두 국가에서 모두 상관이 유의하게 나타나기는 하였지만, 미국에 비해 터키에서 상관 값이 두 배가량 더 크게 나타났다. 이는 터키인들이 미국인들에 비해 조직 제약에 보다 민감함을 보여 주는 결과다.

이 연구 결과를 통해 미국인과 터키인은 직장에 대한 반응과 반생산적 행동에 있어 많은 유사성과 차이점을 갖는다는 것을 알 수 있다. 한편 터키인도 미국인과 마찬가지로 스트레스를 많이 주고 불만족스러운 작업 상황에 대해 반생산적 작업 행동으로 반응할 가능성이 높다. 그러나 선택된 반생산적 행동의 유형은 국가마다 다른 문화의 영향을 매우 많이 받는 것 같다.

출처: "Counterproductive Work Behavior Among White-Collar Employees: A Study From Turkey," by N. Bayran, N. Gursakal, and N. Bilgel, 2009, *International Journal of Selection and Assessment, 17,* 180-188.

1) 노동 소요와 파업

분노나 불공정한 대우에 대한 반응으로 일어나는 반생산적인 행동의 또 다른 영역은 노동자와 경영층 간의 분쟁이다. 노동자 조직화의 역사는 노사 양측의 서로에 대한 폭력 행위들로 얼룩져 있다. 노동조합이 흔히 사용하는 방법은 결과물을 산출하지 않음으로써 조직을 '공격'하는 것이다. 더욱이 파업과 같은 노조의 활동 기간 중에는 사보타주나 심지어 폭력까지 흔히 일어날 수 있다. 이러한 활동은 종업원의 입장에서는 꼭 그렇지 않지만 조직의 입장에서 볼 때에는 반생산적인 것이다.

노동 소요와 파업(labor unrest and strikes)은 여러 가지 이유로 인해 발생할 수 있다. 이러한 행동은 흔히 자신이 공정하게 대우받지 못한다고 믿는 종업원들의 좌절에 수반되어 나타난다. 이러한 믿음은 태업이나 사보타주와 같이 다양한 반생산적 행동들로 이어질 수 있다. 불공정한 대우를 받는다고 지각하는 것과 분노는 파업과 연관되어 있다 (Giacalone & Knouse, 1990).

요약 SUMMARY

종업원의 생산적인 행동과 반생산적인 행동은 산업 및 조직 심리학 분야에 있어 매우 중요한 분야다. 수행의 세 영역은 직무 수행, 조직시민행동 그리고 반생산적 작업 행동이다.

직무 수행은 산업 및 조직 심리학 영역에서 중심이 되는 변인이다. 산업 및 조직 심리학자들의 연구와 실무의 많은 부분은 직무 수행을 이해하고, 평가하고, 고양하는 것과 관련된 것이다. 수행은 능력과 동기 간 상호작용의 결과다. 환경 요인과 개인 요인 모두가 중요한 영향을 미친다. 5요인이나 통제 소재 같은 개인 특성들이 수행과 관계 있는 것으로 알려졌다. 직무 특성, 인센티브 제도, 과학기술은 중요한 환경적 영향 요인이다.

인간 요인 분야의 주된 주제 중 하나는 도구와 장비의 설계를 통해 직무 수행을 고양하는 것이다. 호손(Hawthorne) 연구가 사회적 환경이 물리적 환경보다 더 중요함을 시사하고 있기는 하지만 물리적 환경은 여전히 직무 수행에 영향을 미칠 수 있다. 장비의 설계뿐만 아니라 조명이나 소음 수준과 같은 물리적 측면과 정보가 제시되는 방식 등도 모두 수행에 중요한 영향을 끼친다.

조직의 제약은 훌륭한 직무 수행을 방해하는 작업 환경의 특성이다. 이러한 조건은 직무 만족을 낮추고 종업원의 이직을 높일 수 있다.

조직시민행동은 공식적인 직무 요구를 넘어서는 행동으로, 조직에 이익이 되는 것을 말한다. 여기에는 이타적 행동(타인 돕기)과 응종(규칙 준수하기)이 포함된다. 조직시민행동은 조직의 안녕에 기여할 수 있기 때문에 중요하다. 직무 만족과 상사의 지원적 행동은 모두 종업원이 얼마나 조직시민행동에 관여하는지와 상관이 있다.

이탈 행동(결근, 지각, 이직)은 조직에 심각한 문제를 일으킬 수 있다. 이 변인들에 관한 연구의 대부분은 이런 행동들을 직무 불만족에 대한 반작용으로 보고 있다. 이러한 관점은 직무 만족과 상관이 작은 결근이나 지각보다는, 구할 수 있는 직업이 많이 있는 상황에서는 이직에 더 해당되는 것 같다. 더욱이 이탈은 여러 가지 원인에서 비롯될 수 있으며, 이런 원인들 중 일부만이 직무 태도와 관련이 있다.

반생산적 작업 행동(예: 직장에서의 공격, 다른 이들에 대한 적대적 행위, 사보타주, 절도)은 조직에 엄청난 비용을 치르게 할 수 있다. 이와 관련된 연구들에 의하면, 이런 반생산적 행동은 부적 정서를 일으키는 스트레스가 높은 직무 조건과 불공성에 대한 반작용이다. 더욱이 업무에 대해 자신의 통제권이 거의 없다고 믿는 종업원들은 파괴적인 행동에 보다 많이 관여하려 든다. 분노 특질, 불안 특질, 호감성, 성실성 및 정서적 안정성 등의 성격 특성은 반생산적 작업 행동과 관련이 있다.

산업 및 조직 심리학 현장 연구

다음의 사례는 Jeanne M. Carsten 박사가 수행한 이직 프로젝트에 관한 것이다.

Carsten 박사는 1987년 사우스플로리다 대학교에서 산업 및 조직 심리학으로 박사학위를 받았다.

그 후에 전 세계에서 가장 큰 금융기관 중 하나인 뉴욕 시의 JP Morgan Chase에 입사하여 근무하고 있으며 현재 전략 기획 및 실행을 담당하는 부서장이다. Carsten 박사는 태도 조사, 종업원 개발, 선발, 훈련 등을 포함해서 산업 및 조직 심리학 분야의 많은 부분의 책임을 맡고 있다. 그녀가 수행하는 주요 기능 중 하나는 특정한 조직 문제들을 다루기 위한 프로젝트들을 수행하는 것이다.

처음으로 그녀가 맡은 주요 프로젝트는 금전출납계원의 과도한 이직률에 대한 해결책을 찾는 것이었다. 그들이 이직을 많이 하는 것은 특별한 것이 아니고 일반적인 현상이지만 은행 경영진은 이 비율이 너무 과도하게 높아졌다고 생각했다. Carsten 박사가 그 이유를 밝히고 해결책을 제안하는 일의 책임을 맡게 되었다.

이 프로젝트의 첫 번째 단계는 정보를 수집하는 것이었다. 왜 그들이 그만두는지를 알아내기 위해 금전출납계원들과 그 상사들을 대상으로 면접을 실시하였다. 금전출납계원들에게 그들이 직무를 수행하면서 직면하는 문제가 무엇인지를 물었다. 또한 혹시 다른 은행에서는 금전출납계원들이 돈을 더 많이 받는지를 알아보기 위해 급여에 대해서도 조사하였는데, 실제로 그런 결과가 나왔다.

두 번째 단계는 은행의 경영진에게 활동 계획(action plan)을 마련하여 제시하는 것이었다. 급여 인상, 부하들을 더 잘 도와주도록 금전출납계원의 상사들을 훈련시키는 것, 직무 수행의 기준을 명확히 하는 것, 금전출납계원들에게 추가적인 훈련을 제공하는 것 등을 포함하여 열두 가지 권고 사항을 제안하였다.

프로젝트의 마지막 단계 동안 거의 모든 권고 사항이 실행되었다. 그 후로 이직률이 거의 50% 정도 감소하였다. 하지만 통제 집단이 없으면 이직률이 낮아진 것이 무엇 때문이었는지를 확신할 수 없다. 프로젝트가 진행되는 과정 동안 전국적인 실업률이 증가했는데 이로 인해 이직률이 감소했을 수도 있다. 그러나 Carsten 박사는 이직률이 다른 은행들에 비해서도 낮아졌다는 점이 변화가 효과적이었다는 것을 입증하는 것임을 지적하였다. 더욱이 상사의 관행들을 개선하고 수행 기준을 명확히 하는 것과 같은 변화는 이직 감소뿐만 아니라 여러 가지 면에서 회사에 긍정적인 영향을 끼쳤을 것이다. 이 사례는 조직을 위해 일하는 산업 및 조직 심리학자가 어떻게 종업원들의 근로 조건을 개선하는 데 도움을 줄 수 있는지를 보여 준다.

토의 문제

1. 금전출납계원들이 그만두는 이유가 무엇이라고 생각하는가?
2. 좋아하지 않는 직무를 계속 하도록 만드는 요인은 무엇인가?
3. Carsten 박사의 개입 활동이 이직을 줄이는 것 외에 어떤 영향을 주었을까?
4. 이 은행의 종업원들이 이직 이외의 다른 형태의 이탈 행동을 했을 것이라고 생각하는가?

체험학습

자동차의 인간공학적 설계

자동차는 인적 요인을 설계에 도입한 예다. 자동차를 면밀히 살펴보시오. 계기반(dashboard) 그림을 그리고, 계기반 그림에 있는 표시 장치(예: 계기판)와 제어 장치를 비롯한 계기반 요소의 목록을 작성하시오. 이 장에서 논의한 원리들이 반영된 실례들을 찾아보시오.

조직시민행동

적어도 5명의 취직한 친구 혹은 가족들에게 부탁하여 직장에서 관찰한 조직시민행동의 예를 말해 달라고 하시오. 첫째, 각 사람에게 조직시민행동의 정의(조직을 돕는 행위 중 직무에 필수적인 핵심 과업 이외의 행동)를 설명해 주시오. 그리고 그들이 알려 준 예를 기록하시오. 이러한 예 가운데 조직에 이득이 되는 예, 다른 사람에게 이득이 되는 예, 그리고 양쪽에 이득이 되는 예를 기술하시오.

CHAPTER 11

직업건강심리학

학습목표

1. 사고의 원인과 사고를 예방하기 위해 취하는 단계들을 설명한다.
2. 종업원의 건강에 영향을 미치는 중요한 물리적 근무 조건을 열거한다.
3. 근무 일정이 종업원의 건강과 안녕에 어떤 영향을 미치는지 설명한다.
4. 직무 스트레스의 내용과 스트레스의 원인 및 결과를 논의한다.
5. 탈진을 정의하고 탈진이 종업원의 건강 및 안녕과 어떤 관계가 있는지 설명한다.

〈세계무역센터(World Trade Center)〉와 〈레스큐 미(Rescue Me)〉와 같은 영화는 소방관이 얼마나 위험하고 극한적 직업인지를 여실히 보여 주었다. 영화에서의 세계무역센터와 같이 언제 무너질지도 모르는 불타고 있는 빌딩에 진입하여 부상자와 죽어 가고 있는 사람을 다루어야 한다는 것은 정말 스트레스 쌓이는 일이다. 그러한 일은 소방관의 건강과 정서적 안녕에 악영향을 주는가? Del Ben, Scotti, Chen과 Fortson(2006)은 미국의 한 주에서 근무하는 소방관들을 설문 조사하여 약 5%의 소방관이 외상후 스트레스 증후군의 모든 증상을 보이고 22%가 몇 가지 징후를 보인다는 사실을 발견했다. 그들의 연구에는 외상후 스트레스 증후군이나 그 밖의 건강 관련 문제 때문에 이미 그만둔 소방관들은 포함하지 않았기 때문에 아마도 그런 사례의 실제 비율은 훨씬 더 높을 것이다. Del Ben 등의 연구가 밝힌 바와 같이, 직무와 직무 관련 경험의 특징은 건강과 안녕에 영향을 미치는 중요한 요소다. 이 사례에서 소방관들은 누군가의 죽음을 다루어야만 하고 부상당하고 거의 죽을 뻔한 경험은 정신적인 충격이 큰 사건들이었다고 말했다. 소방관만이 이러한 문제를 다루는 직업이 아니다. 간호사와 의사 등의 의료 종사자도 부상과 죽음을 다루지만, 경찰관이나 여타 위험한 직업에 종사하는 사람들은 직무상 부상을 당하거나 죽임을 당할 가능성이 있는 문제를 처리한다.

〈표 11-1〉은 직무상 발생하는 질병과 상해를 자주 일으키는 위해(危害) 요인과 각 요인에 취약한 직업들을 나열한 것이다. 이 요인들은 장비나 독성물질과 같이 신체적 건강을 해칠 가능성이 높은 일터의 구체적인 물리적 조건을 나타낸다. 이런 위해 요인의 영향은 직접적인 경향이 있지만 장기간에 걸쳐 위해 요인에 노출된 후에 발병하거나 부상을 입는 경우도 있다. 예를 들어, 타이핑과 같은 반복적인 동작으로 부상을 입거나 장애를 얻기까지는 오랜 시간이 걸릴 수 있다. 이런 위해 요인들에 유난히 많이 노출될 가능성이 높은 직업이 있긴 하지만, 대부분의 직업의 종사자들이 이런

〈표 11-1〉 흔히 접하는 직업의 종사자에게서 발생하는 질병과 부상의 빈번한 원인

위해 요인	직업
전염병	치과 의사, 간호사
소음	공항 수하물 관리원, 음악가
폭행(중상)	경찰관, 택시 운전사
폭행(경상)	간병인, 정신과 간호사
반복 활동과 운반	자료 입력 사무원, 간호사
독성물질	해충 구제업자, 농부

요인들과 마주칠 가능성이 있다. 공원 관리인이나 지붕 공사를 하는 사람과 같이 실외에서 근무하는 사람들은 매우 덥거나 추운 조건에서 일하는 경우가 많다. 하지만 사무직 종사자들조차 사무실에 적정한 난방이나 냉방이 이루어지지 못하여 온도가 극단적인 상황에서 근무하는 경우도 있다. 경찰관이나 택시 운전사들이 폭행을 당할 가능성이 가장 높지만, 대부분의 직업에서 드물기는 해도 사실상 누구나 일터에서 폭행의 피해자가 될 수 있다.

〈표 11-1〉에 제시되어 있는 물리적 환경 이외에도, 특정한 비물리적 환경이 건강과 정서적 안녕에 영향을 미칠 수 있다. 야간 교대 업무와 같은 비정기적 근무 일정이 육체적 · 심리적 문제를 야기한다. 몇 가지의 비물리적 근무 조건이 직무 스트레스라는 일반적인 주제하에서 자주 다루어진다. 작업부하(workload), 통제 결여, 역할 모호성, 역할 갈등, 조직 제약은 신체적 건강 혹은 정서적 안녕에 모두 영향을 끼친다.

이 장에서는 일터에서의 종업원의 건강, 안전, 안녕의 물리적 · 심리적 측면을 다루는 직업건강심리학(occupational health psychology: OHP) 주제를 살펴볼 것이다. 직업건강심리학은 심리학의 신생 하위 분야로 의학과 공공보건 분야 등과 더불어 일터에서의 종업원의 건강과 안녕에 기여하는 심리적 요인을 다루는 분야다. 이 분야는 건강에 영향을 주는 행동뿐만 아니라 물리적 근무 환경과 비물리적 근무 환경에 대한 심리학적 반응을 다룬다. 이 장에서는 건강, 직무 스트레스, 탈진 및 일과 가족 간의 상호작용에 영향을 끼치는 물리적 조건들을 논의한다.

1. 직업 건강과 안전

물리적 근무 환경은 사람들의 신체에 직접적인 영향을 줄 수 있다. 자동차 사고의 경우처럼 영향이 즉시 나타나는 경우도 있지만, 일터에서 위해한 상황(예: 소음) 혹은 독성 물질에 수년 동안 노출되어야 발병하거나 부상을 입는 경우도 있다. 직장을 안전하게 설계하거나 업무를 수행할 때 안전 절차를 채택하여 사고나 위해한 상황의 노출을 피하거나 최소화할 수 있는 조치를 취할 수 있다. 질병과 부상은 신체적인 영향뿐만 아니라 정서적 안녕감에 유해한 심리적 결과를 초래할 수 있다. 심각한 질병과 부상은 어느 정도의 심리적 고통이나 외상으로 이어지는 경우가 대부분이며, 장애를 입었을 경우 특히 그러하다.

이 장에서는 사고와 안전 관련 행동에 관해서 우선 논의한다. 사고는 기계에 손이 물리거나 손가락을 칼로 베이는 등의 즉각적 부상을 야기하는, 일터에서 발생하는 사건을 말한다. 앞으로 설명하겠지만, 사고는 종업원 개인과 조직 모두에게 막대한 손실을 입히는, 직장에서의 주요 문제다. 사고 이외에 일터에서 부상과 질병을 유발하는 다음의 다섯 가지 위해 요인을 논의할 것이다.

- 전염병
- 소음
- 반복 행위
- 독극물
- 직장 폭력

흔히 종업원에게 해를 입히는 이러한 위해 요인은 안전하지 못한 행동과 작업장 설계에 기인하지만 노력하면 피할 수 있다.

1) 사고와 안전

사고(accident)는 미국인의 사망 원인 가운데 심장 질환, 암, 뇌졸중, 호흡기 질환에 이어 다섯 번째의 사망 원인이다(National Safety Council, 2005-2006). 20세기 미국의 주요

업적 중 하나는 직장에서 발생하는 사고율을 90%나 감소시켰다는 것이며, 오늘날 근로자는 직장 밖보다 안에서 더 안전하며 사고사의 10%만이 직장에서 발생한다. 하지만 2008년에 미국 내에서는 여전히 5,214명이 직장에서 사고로 목숨을 잃었으며(Bureau of Labor Statistics, 2010), 더욱이 직장에서 목숨을 잃지 않은 사고 건수는 목숨을 잃은 사고 건수를 훨씬 초과한다. 예를 들어, Glasscock, Rasmussen, Carstensen과 Hansen(2006)이 덴마크에서 행한 연구에서 농부의 36%가 전해에 부상당했다고 보고하였고, 그중 1/3이 의사의 치료를 받아야 했다. 사고율은 경험이 부족하고 고령의 농부보다 위험을 더 감수하는 경향이 있는 젊은 농부들에게서 훨씬 높게 나타날 수 있다(Cigularov, Chen, & Stallones, 2009).

[그림 11-1]은 2008년 미국에서 발생한 치명적인 직장 사고의 주요 유형을 나타낸 것이다(Bureau of Labor Statistics, 2010). 자동차에 의한 사고가 43%로 사고의 제1원인이다. [그림 11-2]는 9개로 분류한 직업의 사고율을 나타낸다. 농업/어업/임업/수렵이 가장 위험한 반면, 교육 및 공공 의료 서비스업과 판매업이 가장 안전하다. 성별 또한 사망률과 관련이 있다. 미국 내 노동력의 57%가 남성인데(근로시간 기준) 이들이 종업원 사망률의 93%를 차지하고 있다(Bureau of Labor Statistics, 2010). 이는 남성들이 가장 위험한 직업들에 편중되어 종사하고 있기 때문이라고 볼 수 있다.

사고로 인해 종업원과 조직에 발생하는 비용 때문에 사고 예방은 주요한 관심사가 되고 있다. 치명적 사고와 비치명적 사고를 함께 생각하면, 미국 직장 사고 비용이 총

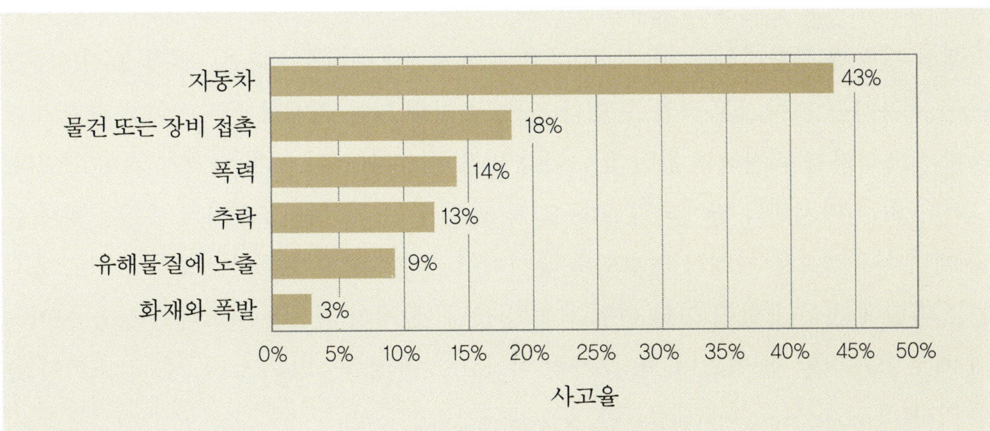

그림 11-1 2008년 미국에서 발생한 치명적인 작업 사고의 주요 유형

출처: Census of Fatal Occupational Injuries, 1992-2008 (Revised Data). Bureau of Labor Statistics, 2010, Author.

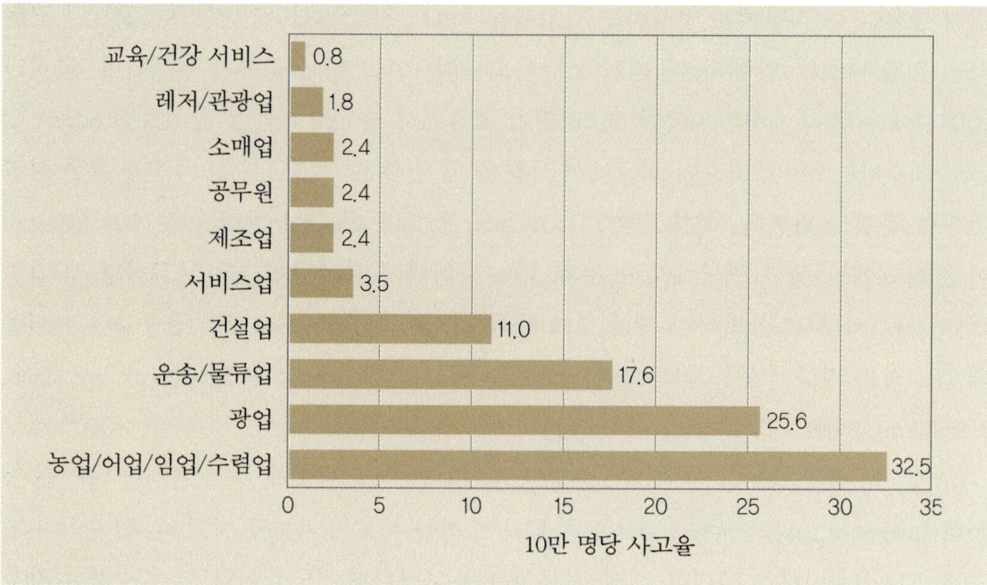

그림 11-2 2002년 미국에서 발생한 각 직무군의 치명적 사고율

출처: Census of Fatal Occupational Injuries, 1992-2008 (Revised Data). Bureau of Labor Statistics, 2010.

1,400억 불로 추정되며(National Safety Council, 2005-2006), 그 대부분의 비용은 고용주와 고용주가 가입한 보험회사가 부담했다. 사고를 예방하기 위하여 다양한 접근이 시도되고 있는데, 기계의 설계를 통한 예방 방법도 있고 인간에 초점을 두는 접근 방법도 있다. 최신의 전략은 특정한 상황과 사고의 원인 분석에 따라 달라진다. 눈을 보호하기 위해 종업원이 보호 안경을 착용하는 것처럼, 해결책은 매우 단순할 때도 있다. 안전의 관점에서 장비가 불완전하게 설계되었다면(혹은 개선할 여지가 있다면), 인간 요인(인간공학)을 적용하는 것이 효과적일 수 있다. 일례로 잔디 깎는 기계를 들 수 있다. 과거에 이 기계는 조작자가 회전하는 칼날에 손이나 발을 베일 위험이 있게 설계가 되어 있었다. 그러나 최근 미국에서 판매되는 모든 신형 잔디 깎는 기계는 조작자가 손잡이에서 손을 떼면 자동적으로 기계가 멈추도록 설계되어 있다. 이 방식은 사람들이 실수로 움직이는 칼날에 손이나 발이 끼일 위험을 막아 준다. 설계의 개선은 사고나 부상을 줄이는 데 매우 효과적일 수 있으며, 또 부가적 이득으로 종업원들의 스트레스를 감소시켜 줄 수 있다(Kompier, Aust, Van den Berg, & Siegrist, 2000).

직장 사고를 예방하려고 할 때 겪는 어려움은 주로 종업원이 적절한 안전 장비를 사용하지 않으려 하고 안전한 행동을 행하는 데 협조를 잘하지 않는다는 점이다. 때로 사

〈표 11-2〉 직장 내 사고/안전과 관련된 요소

- 안전에 대한 경영진의 각오
- 안전 풍토
- 일과 관계없는 스트레스 유발 원인
- 안전 훈련
- 성격 특성
- 일 관련 스트레스 유발 요인
- 생산성 강조 대 안전 강조

람들은 안전 설비나 안전 장비를 불편하고 거북하게 여긴다. 그들은 불편하다고 보호 안경을 착용하지 않거나 귀찮다고 잔디 깎는 기계의 안전 스위치를 없애 버린다. 안전 장비를 착용하는 것이 시간 낭비이거나 너무 많은 노력을 필요로 하거나 위험한 상황에 직면할 용기가 없는 겁쟁이처럼 보이게 한다고 여기며 특정 안전 행동을 하는 것을 무시하는 것이 종업원들 사이에서의 관행이다. 〈표 11-2〉에는 사고와 관련된 요인들이 열거되어 있다.

안전 풍토(safety climate)는 안전 절차, 안전 실행, 안전 행동을 관리자가 장려하고 보상한다는 종업원의 공유된 지각을 의미한다(Zohar, 2010). 안전 풍토는 조직의 정책과 안전과 관련하여 조직이 채택한 관행, 예를 들어 안전한 장비의 사용에 반영된다. 여러 연구에서 안전 풍토와 사고(Clarke, 2010), 안전 행동과 직무상 당하는 부상(Beus, Payne, Bergman, & Arthur, 2010) 간의 관계가 있음이 명백히 밝혀져 왔다. 안전 풍토 수준이 높은 조직의 종업원은 낮은 조직의 종업원보다 더 안전하게 행동하고 사고를 더 적게 냈다. 이 연구에서는 횡단 설계가 사용되었는데 풍토와 기타 변인들을 동시에 측정하였다. 이러한 설계로 인해 안전 풍토가 사고의 원인이 아닌 결과일 가능성이 열려 있다. Neal과 Griffin(2006)은 좀 더 결정적인 연구를 수행하였다. 이 연구자들은 안전 풍토가 사고를 3년 후까지 예측하며, 역으로 사고가 안전 풍토를 야기할 가능성은 없음을 밝혔다.

사고는 또한 생산성과 안전 중 무엇을 강조하는지에 따라 영향을 받을 수 있다(Humphrey, Moon, Conlon, & Hofmann, 2004). 예를 들어, Kaminski(2001)는 미국의 86개 소규모 제조업체를 대상으로 사고를 연구했다. 그 결과, 두 유형의 급여 인센티브제가 직장에서의 부상과 관련이 있다는 것을 발견했다. 생산성에 따라 급여를 받을 때보다 시급을 받을 때 조립 라인 근로자들이 더 안전하게 행동했으며, 그 이유는 생산성에 따라 급여를 받는 근로자들은 일을 더 빨리 해야 했으므로 이것이 안전을 저해하는 요인으로 작용했기 때문으로 보인다.

직장 내외에서의 스트레스도 안전에 영향을 미치는 중요한 요인일 수 있다. 예를 들어, Savery와 Wooden(1994)은 61곳의 조직에 종사하는 호주 노동자를 대상으로 조사를 실시하여, 스트레스를 야기하는 사건(예: 이혼)의 빈도가 직장에서의 사고와 관련이 있음을 밝혔다. 사람들이 자신의 직무에 대해서 어떻게 느끼고 있는지와 안전에 대한 태도 또한 사고와 부상에 영향을 끼친다. 종업원들이 그들의 직무에 대해 어떻게 느끼는지, 그리고 안전에 대해 어떠한 태도를 취하고 있는지도 사고와 부상에 영향을 미친다. 직무에 만족하는 종업원(Barling, Kelloway, & Iverson, 2003)과 안전에 대해 긍정적인 태도를 갖고 있는 종업원(Newnam, Griffin, & Mason, 2008)은 직장에서 사고를 겪을 가능성이 더 적다.

마지막으로, 개인차 또한 직장에서의 사고와 부상의 요인일 수 있다. Christian, Bradley, Wallace와 Burke(2009)는 성격과 직장 내 사고 간의 관계를 탐구한 연구들을 통합분석하였다. 그들은 5요인 성격 특징 중 성실성과 정서적 안정성 차원이 사고와 부적인 상관이 있음을 발견했다. 성실성과 정서적 안정성 수준이 높은 사람은 낮은 사람보다 사고를 일으킬 가능성이 낮았다. 성실한 사람은 주의 깊게 규칙을 따르기 때문에 조직의 안전 규칙도 잘 따를 것이고 결과적으로 사고를 피할 수 있다. 정서적 안정성 수준이 높은 사람들이 사고를 덜 겪는 이유는 다소 불분명하지만, 앞서 말했듯이 스트레스 경험은 사고와 연계되는데 정서적으로 안정된 사람은 스트레스 경험 자체를 덜 하는 경향이 있기 때문일 수도 있다.

Ludwig와 Geller(1997)는 피자 배달 운전사를 대상으로 안전한 운전 습관을 들이게 하는 방법으로 목표 설정(8장 참조)을 사용하여 성공하였다. 이 연구자들은 운전사들에게 운전을 시작하기 전에 완벽하고 안전하게 정지하는 횟수의 백분율에 대한 목표를 세우라고 지시했다. 목표 설정은 목표로 삼은 행동을 향상시켰을 뿐만 아니라 안전벨트를 착용하는 것처럼 목표로 설정하지 않은 안전한 행동도 향상시켰다. 목표는 8장에서 논의한 바와 같이 직무 수행뿐만 아니라 안전을 향상시키는 효과적 수단이다.

2) 전염병 노출

대중과 직접 접촉하는 일에 종사하는 사람들(미용사, 경찰관, 판매원, 교사 등)은 대부분의 경우 감기나 독감 등 상대적으로 경미한 질병이긴 하지만 전염병(infectious disease)에 노출된다. 중환자나 죽음을 앞둔 환자를 치료하는 의료 전문가들은 특히 심각한 전염병에 감염될 위험을 안고 있다. 특별히 우려되는 상황은 매우 치명적일 수 있는 AIDS와 B형 간염에의 노출이다. 모든 의료계 종사자들이 준수해야 하는 규약이 전 세계적으로 널리 채택되었다. 일반적 예방규정(Universal Precautions)은 의료계 종사자들이 환자의 체액에 노출되는 것을 피할 수 있도록 고안된 안전 절차다. 이에는 다음의 사항이 포함된다.

- 날카로운 물건(예: 주사바늘)은 지정된 통에 폐기한다.
- 피나 분비물을 처리할 때는 일회용 장갑을 착용한다.
- 소독약으로 즉시 모든 분비물을 씻어 낸다.
- 가운과 마스크를 착용한다.

많은 연구에서 이 절차의 효과성이 입증되고 있지만 유감스럽게도 많은 의료업계 종사자들은 이 절차를 따르지 않고 있다. Gammon, Morgan-Samuel과 Gould(2008)는 전 세계에서 실시된 일반적 예방규정에 대한 37개의 연구 결과를 요약하였다. 연구 결과에 따르면, 일반적 예방규정 준수 현황은 상당히 실망스러웠다. 날카로운 물건을 제대로 폐기하기(91%) 등의 규정은 어느 정도 잘 준수하고 있었지만, 마스크 착용(30%) 등의 규정은 잘 지켜지지 않았다. 날카로운 물건을 제대로 처리하는 일은 간호사들에게 특히 중요한데, 이는 간호사들이 우발적으로 주사바늘에 찔리거나 여타 날카로운 물건에 의해 부상을 당하는 일이 흔하기 때문이다. Talas(2009)는 매년 날카로운 물건에 의해 부상을 당하는 간호사는 4%인 반면 미숙한 간호 실습생들의 부상률은 그 10배에 달한다고 지적했다. 의료계 종사자들, 특히 실습 학생들의 전염병 노출을 줄이기 위해서 해야 할 일이 많다. 일반적으로 사고와 관련된 중요한 요인은 전염병 노출에도 해당되는데, 일반적 예방규정의 준수를 장려하는 안전 풍토 요인이 한 예다.

3) 소 음

소음(loud noise)은 많은 직업에서 발생한다. 특히 중장비나 기계를 다루는 직업에서 매우 심하다. 공항, 건설 현장, 공장과 탄광은 모두 소음 지역으로 종업원들이 건강과 직무 수행에 영향을 미칠 수 있는 상황에 늘 노출된다.

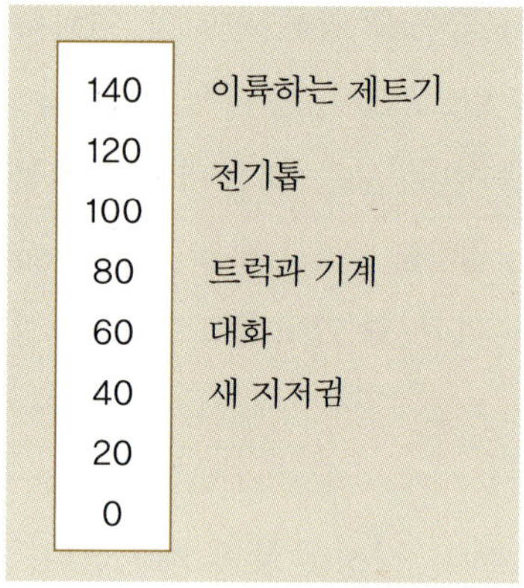

그림 11-3 흔한 소리에 대한 데시벨 단위에서의 소리 크기

출처: *Sound Sense*, by National Safety Council, 1992, Itasca, IL: Author.

소음의 크기는 데시벨(dB) 단위로 측정한다. 데시벨 척도는 대수 척도인데, 이는 데시벨 수준과 소리의 강도 관계가 선형이 아니라는 것을 의미한다. 소리의 수준이 10데시벨까지 증가하면 소리의 크기는 10배 증가하며, 소리의 수준이 20데시벨까지 증가하면 소리의 크기는 100배 증가한다. [그림 11-3]에 직장에서 흔히 들을 수 있는 소리의 데시벨 수준을 제시하였다.

폭발 같은 큰 소음은 사람의 청각에 심각한 손상을 가져올 수 있으며 극단적인 경우 청각을 잃을 수도 있다. 이 정도 크기의 소음은 고통스러우며 대부분의 사람은 그러한 소음이 발생하는 장소를 피하게 된다. 일터에서 더 우려할 만한 경우는 85데시벨을 넘는 중간 정도의 소음에 지속적으로 노출되는 것이다(National Safety Council, 1992c). 몇 달 혹은 몇 년 이상 계속적으로 중간 정도 크기의 소음에 특히 높은 빈도로 노출된다면 영구적인 청력 손상을 입을 수 있다. 이 정도 크기의 소음은 흔히 통증을 유발하지 않기 때문에, 많은 종업원은 소음을 피하기 위한 행동을 취하지 않는다. 시끄러운 근무 환경에서 일하는 종업원들이 청력 손실로 고통받는 것은 매우 흔한 일이다. 큰 음악 소리도 청력 손상의 원인이 될 수 있다. 높은 볼륨으로 헤드폰을 사용할 경우 귀에 미치는 데시벨 수준이 매우 높기 때문에 특히 위험하다.

청력 손실의 가능성 때문에 많은 국가에서는 종업원들이 노출될 수 있는 소음 수준의 한계를 법으로 규정해 놓았다. 시끄러운 환경에서 근무하는 종업원들은 청력 손상을 예방하기 위해 귀마개를 한다. 예를 들어, 엔진이 돌고 있는 제트 비행기 주위에서 일하는 공항 근로자들이 이런 보호 장비를 착용한 것을 쉽게 볼 수 있다. 일반적 예방

수칙을 따르지 않는 경우처럼 종업원들이 안전 장비를 사용하지 않아 건강을 해치는 상황에 노출되는 경우가 증가하고 있다.

직장에서 소음에 대한 노출이 청각 손상뿐만 아니라 심장혈관계 질병과 관계가 있음을 시사하는 증거가 있다. Melamed, Fried와 Froom(2001)은 소음에 대한 노출이 단순 직무를 제외한 복잡한 직무에 종사하는 개인들의 혈압 수준과 관련이 있다고 보고하였다. 아마도 소음이 복잡한 직무에서 요구되는 주의 집중을 방해하는 직무 스트레스 유발 요인으로 작용하는 것 같다(스트레스 유발 요인에 관해서는 이 장의 뒤에서 논의한다).

4) 근골격계 질환

여러 신체 부위를 반복적으로 사용해야 하는 직무들이 있다. 직장에서 컴퓨터를 사용하는 종업원들은 타이핑으로 하루를 보내기도 한다. 전통적인 조립 라인에서 종업원들은 계속해서 동일한 동작을 반복 수행해야 한다. 이런 반복적인 행동은 반복사용 상해 증후군(repetitive strain injury)의 원인이 될 수 있다. 들어 올리는 행동은 심한 부상 흔히 허리 부상을 일으킨다. 이 두 가지 유형의 부상은 근골격계 질환(musculoskeletal disorder)의 일종이다. 유형에 관계없이 이러한 부상은 종업원의 결근과 비효율성을 야기하고 결과적으로 조직 생산성에 부정적인 영향을 미치기 때문에(Escorpizo, 2008) 조직 차원에서 중요한 문제가 되고 있다.

Faucett(2005)에 따르면, 근골격계 질환은 직무 과업의 신체역학(biomechanics) 및 종업원의 심리적 요인 모두와 관련이 있다. 신체역학 측면에서 부상은 동일한 동작의 반복 수행, 신체에 가해지는 과도한 물리적 힘, 부적절한 자세에 의해 일어날 수 있다. 심리적 측면에서 근골격계 질환은 직무 스트레스(이에 대해서는 뒤에서 논의한다)와 관련이 있다. 직무에 있어 자율성과 통제력이 낮고(Larsman & Hanse, 2009) 불만족(Sobeih, Salem, Daraiseh, Genaidy, & Shell, 2006)하며 불안 혹은 우울(Sprigg, Stride, Wall, Holman, & Smith, 2007)을 느끼는 사람들의 경우 근골격계 질환을 겪을 가능성이 더 높다.

직무에 따라 근골격계 질환의 발생률과 질환이 일어나는 신체 부위가 다르다(Nordander, Ohlsson, Akesson, Arvidsson, Balogh, Hansson et al., 2009). 예를 들면, 도시에서 버스나 전철을 운전하는 운전사들은 대부분 허리나 목에 통증이 유발될 위험성이 높다(Greiner & Krause, 2006). 간호사는 환자들을 들어 올려야 하기 때문에 허리에 부상을 입을 가능성이 높다(Rickett, Orbell, & Sheeran, 2006). 치과의사도 목과 허리에 부상을

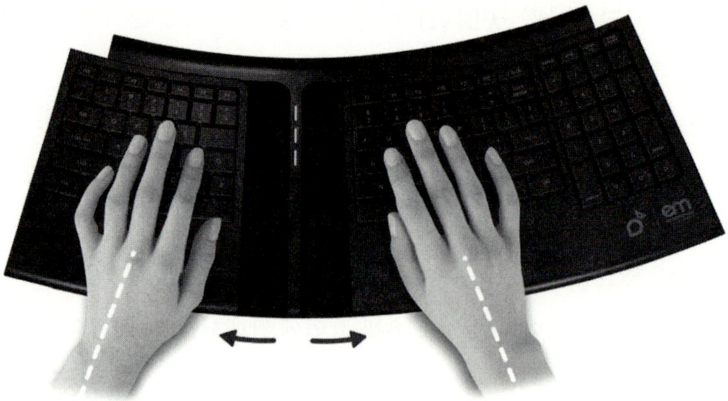

그림 11-4 분리식 키보드

이 장치는 컴퓨터를 사용하는 사람의 손목 긴장을 줄여 주는 분리식 키보드다. (Photo courtesy of Handout/MCT/Newscom)

입는 경향이 있지만 어깨와 손목/팔에 문제가 생기기도 한다(Palliser, Firth, Feyer, & Paulin, 2005). 하루 종일 걸어 다니는 판매원은 다리와 등 하부에 통증을 호소할 위험성이 있다(Pensri, Janwantanakul, & Chaikumaru, 2009). 컴퓨터 자판 작업이나 타이핑 작업을 많이 하는 사람들은 수근관 증후군(carpal tunnel syndrome)의 위험성이 높다. 이 증후군은 손가락과 손목의 반복적인 사용으로 인한 손가락과 손의 통증, 마비, 약해짐 등을 수반하는 손목 부상이다.

반복사용 상해 증후군을 줄일 수 있는 비교적 비용이 적게 드는 두 가지 전략이 있다. 첫 번째 전략은 이런 부상을 야기하는 신체의 긴장을 줄일 수 있도록 적절하게 고안된 기구나 기계를 사용하는 장기적인 방법이다. [그림 11-4]는 컴퓨터 자판을 사용하는 사람들의 수근관 증후군을 예방하기 위한 손목관절 보호대다. 이것은 막대기 모형으로, 타자 치는 사람의 손목을 수평으로 유지시켜 손목의 긴장을 풀어 준다. 손목이 수평으로 유지될 수 있는 각도로 자판키를 배치하기 위해 자판을 분리하는 방식이 점차 인기를 얻고 있다. 물건을 들어올리다 입는 급성 부상을 줄이는 방법은 무거운 기계 장치를 사용하는 것이다(Rickett et al., 2006).

두 번째 전략은 종업원들에게 휴식 시간을 자주 제공하는 것이다. 스웨덴에서는 종업원들이 휴식 없이 컴퓨터 자판을 사용하도록 시킬 수 있는 최대 시간과 하루에 자판을 칠 수 있는 최대 시간에 대한 규정을 법률로 제정하였다. 미국에서 이와 유사한 법령이 논의되었지만 제정되지는 않았다. 장비 설계와 휴식 시간은 종업원들이 반복사용

상해 증후군에 걸릴 수 있는 가능성을 줄이는 데 큰 도움을 줄 수 있다.

5) 유해물질 노출

유해물질(harmful substance)과 독성물질이 건강에 미치는 영향에 관한 연구들로 인해 종업원들이 이런 물질에 노출되는 문제에 대한 관심이 점점 고조되고 있다. 독성물질에 노출되는 것의 문제점은 노출이 건강에 미치는 영향(예: 암)이 수 년 혹은 수십 년이 지난 후에 나타난다는 점이다. 더욱이 이런 물질에 노출된 사람들이 모두 발병하지는 않고 특정한 사람만이 발병하는 데에는 여러 요인이 관여하기 때문에 노출의 효과를 단정하기 어렵다.

많은 직업의 종사자들은 예기치 못한 장소에서 독성물질에 노출될 수 있다. 화학공장 종사자와 살충제를 사용하는 해충구제업자와 농부들은 이런 물질에 노출될 것으로 당연히 예상할 수 있다. 그러나 밀폐된 건물에서 일하는 사무직 근로자들은 독성물질에 노출되고 있다고 생각하지 못하고 있지만 복사기의 토너나 잉크를 씻어 내는 데 사용되는 용해제 같은 다양한 화학물질에 노출될 수 있다. 더욱이 사람들마다 다양한 종류의 물질에 대한 민감성이 다르다. 노출되었을 때의 반응은 두통이나 메스꺼움 같은 경미한 증상에서부터 신장이나 간 같은 장기에 영구적으로 치명적인 손상을 입을 수 있는 심각한 상태에 이르기까지 그 범위가 넓다. 사무실의 민감한 몇 사람만이 증세를 나타내는 경우도 있지만 사무실의 대부분의 사람이 발병하게 되는 경우도 드물지는 않으며, 이는 질병 유발 건물 현상(sick building phenomenon)에 이르게 되는데, 이러한 현상은 독성물질이나 미생물로 인해 발생할 수 있다.

먼지, 곰팡이, 꽃가루를 포함한 다양한 물질에 의해 발생하는 알레르기도 심각한 문제다. 알레르기는 미국에서 점점 부각되고 있는 문제인데, 미국의 빌딩들은 외부와 완벽하게 차단되고 늘 동일한 공기가 순환되어 알레르기를 일으키는 물질들이 집적될 수 있는 환경을 조성한다. 흔한 알레르기 반응은 코막힘, 기침, 눈물, 피부 발진 등이지만 천식이나 호흡기 질환을 앓고 있는 종업원들의 경우에는 심각하거나 치명적인 상태에 이를 수도 있다.

독성물질에 종업원을 노출시키는 조직은 발병하거나 장애를 입은 종업원들로부터 소송을 당할 위험성이 있다. 미국 직업안전 및 건강관리청(Occupational Safety and Health Administration: OSHA)은 근로자를 보호하기 위한 안전 시설과 장치들을 조직이 사용하는지의 여부를 감시하는 임무를 맡고 있다. 많은 국가에서 건강을 해치는 독성물질이나 상황들로부터 종업원을 보호하기 위한 법률을 제정하였다. [그림 11-1]에서 보는 바와 같이 직장 내 사망자의 9%가 유해물질 노출에 의해 사망했다. 그리고 유해물질에 의하여 수많은 사람이 부상당하거나 질병에 걸렸다.

6) 직장 폭력

직장 폭력(workplace violence)을 언급할 때 대부분의 사람은 미국 우체국을 연상하는데, 이는 'going postal(걷잡을 수 없을 정도로 매우 화가 난다)'이라는 용어가 우리에게 일상적인 용어가 되었기 때문이다. 수년간 뉴스 매체들은 분노한 우체국 직원이 동료와 상사에게 총을 난사하여 적지 않은 사상자를 낸 여러 사건을 보도했다. 이러한 사건들이 뉴스 매체를 통해 부각되면서, 직장은 위험한 곳이며 함께 일하는 동료들이 매우 위협적이라는 잘못된 인상을 심어 주었다. 비록 직장에서 살인이 발생하기는 하지만 전체 살인 사건 중에서 높은 비율을 차지하지는 않는다. 노동통계청(Bureau of Labor sratistics, 2010)은 2008년 미국에서 발생한 직장 내 살인이 526건이었는데, 이는 그해 미국 내에서 발생한 총 1만 6,272건의 살인 사건의 3%에 불과하다고 보고하였다(Federal Bureau of Investigation, 2010a). 더욱이 동료에 의한 살인은 직장 내 살인 사건의 약 15%로 흔하게 발생하는 일이 아니다(Sygnatur & Toscano, 2000). 그리고 여성이 살인의 희생자가 되는 경우는 더욱 드물다. 여성은 미국 노동인구의 43%를 차지하지만 살인 피해자 중 19%만이 여성이다(Bureau of Labor sratistics, 2010).

직장 폭력은 가해자와 직장의 관계에 따라 네 부류로 나뉜다. 유형 1은 조직과 관련 없는 사람, 예를 들어 강도가 저지르는 폭력이다. 유형 2는 조직의 고객, 손님 혹은 환자에 의한 폭력이다. 유형 3은 조직의 종업원에 의한 것이다. 유형 4는 직장으로 파급되는 친척 폭력(예: 배우자 학대)이다. 〈표 11-3〉은 폭력 유형에 따라 발생 빈도가 높은 직업들

〈표 11-3〉 네 가지 유형의 직장 폭력과 연관된 직업

폭력 유형	정의	발생 빈도가 높은 직업
유형 1	범죄를 저지르는 외부인	편의점 직원, 택시 운전사
유형 2	고객, 손님, 환자	간호사, 복지사
유형 3	다른 종업원	동료와 일하는 직업
유형 4	친척	모든 직업

의 예다.

대부분의 직업에서 치명적인 공격은 매우 드물게 일어나며 종업원들은 일반적으로 그 어느 곳에서보다 직장에 있을 때 더 안전하다. 하지만 일부 직업에서 살인은 큰 위협이 된다. 전국의 직장에서의 평균 살인 건수는 10만 명당 0.70건이지만, 택시 운전사(41.1), 주류 판매원(7.5), 경찰관(7.0) 그리고 주유소 직원(4.8)은 대단히 위험한 직업이다(National Institute for Occupational Safety and Health, 1996). 2008년 미국에서 41명의 법 집행관이 살해되었다(Federal Bureau of Investigation, 2010b).

물론 직장에서 흔히 겪는 직업적 위험 요인은 치명적이지 않은 공격인데, 이는 특히 대중을 상대로 일하는 사람들의 경우에 그렇다. 고용주를 상대로 한 조사 결과, 700만여 미국 직장의 4.3%에서 적어도 한 번의 직장 폭력이 있었다(Bureau of Labor sratistics, 2006). 요양소 등의 보건 시설 종사원, 경찰관, 교도관, 교사 등은 유형 2의 폭력의 위험성에 노출되어 있는데(National Institute for Occupational Safety and Health, 2004), 대부분의 경우 종업원들은 정신적 외상을 입기도 하지만 신체적 상해는 거의 입지 않는다(Walsh & Clarke, 2003).

물리적 폭력의 대상이 되는 데 기여하는 직무 요인과 조직 요인들이 있다. 이러한 요인들 중 일부는 일 자체의 본질과, 잠재적으로 폭력적이 될 수 있는 상황에 어떻게 노출되는지와 관련이 있다. LeBlanc와 Kelloway(2002)는 특히 폭력에 노출되기 쉬운 직무의 본질을 분석하였다. 직원들이 타인을 물리적으로 통제하고(예: 교도관), 무기를 다루며(예: 경찰), 약을 복용하는 환자와 접촉하고(예: 간호사), 보안 기능을 시행하는(예: 법 집행관) 직무들은 특히 위험에 노출되어 있다. 조직 수준에서 볼 때 폭력 예방에 기여하는 종업원의 행위를 보상하고 지지하는 정도는 직장마다 차이가 있다. 안전 풍토와 마찬가지로 상사가 폭력 예방 풍토를 장려하여 종업원에 대한 폭력의 위험을 최소화할 수 있다.

2. 근무 일정

대부분의 피고용인은 평일에 대략 주간 8시간 동안의 표준적인 일을 하지만, 장시간 근무, 야근 근무, 주말 근무 등의 비표준적 일정의 채택이 확산되고 있다. 특히 산업 및 조직 심리학자들은 세 가지 유형의 근무 일정, 즉 야간 근무, 장시간 근무, 근무시간 자유 선택제에 특별히 관심을 갖는다.

1) 야간 근무

병원이나 경찰서 같은 조직들은 24시간 동안 운영되므로, 전일을 망라하려면 2교대 혹은 3교대가 필요하다. 전형적인 3교대 순서는 다음과 같다.

- 오전 8시~오후 4시
- 오후 4시~자정
- 자정~오전 8시

이를 각각 낮 근무, 저녁 근무, 야간 근무(night shifts)라고 부른다. 어떤 조직에서는 항상 동일한 시간대에 일을 하는, 고정된 근무시간대에 일할 사람을 고용한다. 반면 순환식 교대 근무제를 채택하고 있는 조직도 있다. 종업원들은 일정 기간 동안(예: 1개월)은 특정 근무시간대에 근무하며, 그 기간 후에는 다른 근무시간대로 교대 혹은 순환된다.

야간 근무로 인한 중요한 건강상의 문제는 전형적인 취침/기상 주기의 방해다. 이 주기와 관련된 것은 하루를 주기로 발생하는 생리 변화의 24시간 주기 리듬(circadian rhythms)으로, 여기에는 체온과 혈액 속의 호르몬 수준의 변화가 포함된다. 야간 근무가 이런 자연적인 리듬을 교란시킨다는 점에서 건강상의 문제를 야기할 수 있다.

야간 근무로 인한 가장 명백한 건강상의 문제는 수면장애다. 수면장애는 잠이 드는 데 어려움을 느끼거나 깊은 잠을 잘 수 없는 경우다(Daus, Sanders, & Campbell, 1998). 이러한 일이 발생할 수 있지만, 부정적인 효과를 최소화할 수 있는 방안이 존재한다. 많은 조직에서 종업원들이 근무 일정을 번갈아 하는 순환 교대 근무 시스템을 사용한다. 일주일 동안은 주간 근무, 다음 주는 저녁 근무, 그다음 주는 야간 근무를 하는 식으로 교대 근무를 한다. Karlson, Eek, Orbaek과 Osterberg(2009)는 역 방향으로 교대 근무를 하도록 하고(낮에서 야간에서 저녁으로) 각 순번에 여러 주 동안 배치하여 순환교대 근무의 부정적 효과를 최소화할 수 있음을 보여 주었다. Barton과 Folkard(1991)는 임시로 야간 근무를 하는 근로자가 고정적으로 야간 근무를 하는 근로자에 비해 더 큰 수면 문제를 보이지만 고정적 야간 근무자가 주간 근무자보다 수면 문제를 더 많이 겪는 것은 아니라고 보고하였다. 이러한 결과는 고정 근무가 순환 근무보다 더 적은 문제를 야기함을 시사한다. Barton과 Folkard 연구의 또 다른 측면은 연구에 참여한 간호사들이 본인의 근무 일정에 자원했다는 점이다. 사람마다 야간 근무에 적응하는 능력에 차이가 있음을 고려할 때(Willis, O'Connor, & Smith, 2008), 자원한 간호사들은 야간 근무를 잘 견딜 수 있는 사람들일 것이다.

야간 근무 교대와 관련된 건강상의 문제가 단지 수면장애만 있는 것이 아니다. 소화기 계통의 문제가 야간 근무 교대 근무자들에게 좀 더 흔한 것으로 알려져 있다(예: Koller, Kundi, & Cervinka, 1978). Akerstedt와 Theorell(1976)은 야간 근무 교대 전과 근무 동안 그리고 그 이후의 근로자들의 생리적 변화에 관해 연구하였다. 이 연구에서 5주 동안 하루에 두 번씩 위액 분비를 촉진하는 호르몬인 가스트린의 혈액 내 수치를 측정하였다. 그 결과, 야간 근무 기간 동안 근로자들의 가스트린 수치가 감소되었음을 알 수 있었다. 이 연구를 통해 야간 근무 교대가 생리적인 결과를 초래한다는 것을 알 수 있었지만, 이런 현상이 일어나는 이유를 설명할 수는 없었다. 가스트린의 비정상적 분비가 24시간 주기 리듬 혼란 때문인지, 아니면 수면 부족 때문인지([그림 11-5] 참조) 확실하지 않다. 이런 문제들의 원인이 어떤 것이냐에 상관없이 야간 근무의 영향에 대한 한 가지 해결책은 매주 며칠 동안 연속적으로 휴식을 취하는 것이다(Totterdell, Spelten, Smith, Barton, & Folkard, 1995).

근무 교대는 건강상의 문제뿐만 아니라 사회적 문제도 초래한다. 밤에 근무하고 낮에 잠을 자는 종업원은 가정과 친구들로부터 고립된다. Bohle과 Tilley(1998)는 병원 간호사들을 대상으로 근무 교대에 대한 그들의 생각을 설문 조사하였다. 불만족에 대한 가장 좋은 예언변인은 직장과 직장 외 활동 사이의 갈등이었다. 심한 갈등을 경험하고 있는 사람들일수록 근무 교대에 대해 큰 불만을 표시하는 경향이 있었다.

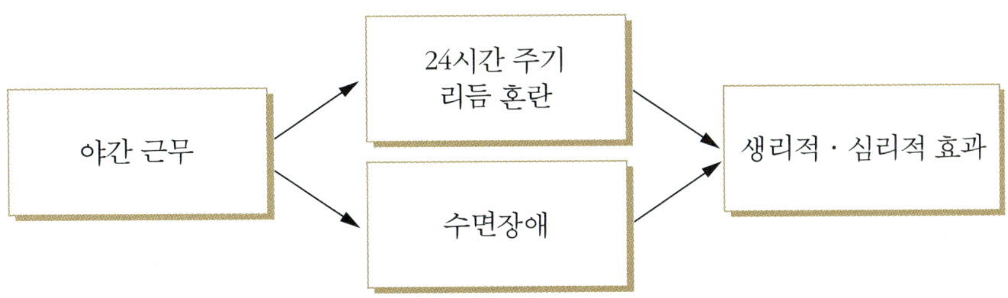

그림 11-5 야간 근무의 부적 효과

야간 근무는 24시간 주기 리듬 혼란과 수면 문제를 유발하며, 이어서 신체적 문제(예: 위경련)와 심리적 문제(예: 불안)를 야기한다.

2) 장시간 근무

전형적인 근무 시간은 8시간이다. 하지만 많은 조직에서 장시간 근무(longer shifts)를 시행하고 있으며, 많은 종업원은 고정된 교대 시간 없이 장시간 일해야 하는 직무에 종사하고 있다. 예를 들어, 트럭이나 버스 운전사들은 하루 8시간 안에 운송을 완수할 수 없는 경로를 다닐 수도 있다. 가장 흔한 장기 시간 일정의 유형은 4일 근무, 10시간 교대 근무, 즉 4/40이다. 24시간 온종일 운영하는 조직 중에는 12시간씩 2교대를 운용하는 조직도 있다.

장시간 근무를 하면서 겪는 한 가지 중요한 어려움은 피로다(Bendak, 2003). 정신적으로나 육체적으로 큰 노력을 요구하는 업무를 하루에 10시간에서 12시간 동안 계속하게 되면 매우 지치게 된다. 그러나 다수의 종업원은 일에서 회복할 시간이 더 많으며 주중에 자유롭게 활용할 시간을 더 많이 확보할 수 있기 때문에 장시간 근무를 선호하며(Bendak, 2003), 장시간 근무는 직무 수행과 직무 만족의 향상으로 이어질 수 있다(Baltes, Briggs, Huff, Wright, & Newman, 1999).

반면에 Raggatt(1991)는 호주의 버스 기사들을 대상으로 장시간 근무가 건강에 심각한 결과를 초래할 수도 있다는 연구 결과를 발표하였다('연구 상세히 보기' 참조). 근무시간의 길이는 수면 문제, 음주량 그리고 각성제 복용과 상관이 있었다. 또 수면 문제 등의 결과는 직무 불만족과 건강 문제와도 관련이 있다. 따라서 특정 직업에서 장시간 근무는 해로운 영향을 줄 수 있지만 경찰관과 같은 직업에서는 이로울 수도 있다.

장거리 운전자들은 수면 패턴을 방해하는 장시간 운전을 한다.
(© Andrey Pavlov, sourced from shuttersteck images).

연구 상세히 보기

직무 스트레스 요인의 형태는 다양하며 직원들의 안녕에 부정적인 영향을 끼친다. 역할 명료성과 그 대립 개념인 역할 모호성은 그동안 많은 연구자가 연구해 온 개념이다. 이 연구에서, Lang, Thomas, Bliese와 Adler(2007)는 직무 요구 및 심리적 · 신체적 스트레스 반응에 역할 명료성이 갖는 효과가 무엇인지 이들 간의 관련성을 보기 위해 연구를 실시했다. 워싱턴에 있는 국립 고급 리더십 캠프(National Advanced Leadership Camp: NALC)에서 진행된 이 연구는 5주 과정의 집중 훈련을 받고 있는 육군 사관생도들을 대상으로 이루어졌다. 총 1,418명의 생도들이 이 연구에 참여하였다. 모든 생도는 26일 동안 연속해서 훈련 및 평가를 받은 후 설문에 참여하였다. 생도들은 이 시점까지 많은 요구에 노출되었고 군 과업을 수행하는 동안 지속적으로 관찰되었다. 생도들은 훈련 과정 동안 경험한 직무 요구가 그들에게 어떤 영향을 미쳤는지, NALC에 있는 동안 자신의 역할 명료성을 어떻게 지각하고 있는지, 그리고 그들이 느낀 심리적 · 신체적 스트레스는 어떤지에 대해 다수의 자기보고식 척도에서 평정을 했다. 35일째 되는 날, 리더십 수행을 정량화한 척도인 생도 평가 척도(The Cadets Evaluation Score)를 사용하여 생도들의 개인별 수행을 측정하였다. 26일째 되는 날 실시한 개인 설문 자료는 훈련 마지막 날의 수행 점수와 짝을 이루게 되었다.

연구 결과, 높은 직무 요구를 경험했지만 자신의 역할 명료성을 높게 인지한 생도들은 심리적 · 신체적 스트레스를 낮게 보고했다. 반대로 강한 직무 요구를 경험했지만 자신의 역할 명료성이 낮다고 생각한 생도들은 스트레스를 높게 보고했다. 그러므로 역할 명료성은 직무 요구와 직무 스트레스 간 관계에서 중요한 조절변수라는 결론을 내릴 수 있다.

이 연구는 직무 역할에 있어 자신에게 무엇을 기대하고 있는지를 확실히 이해하고 있는 사람은 자신의 역할에 있어 모호성을 겪는 사람보다 직무 요구로부터 영향을 덜 받을 수 있음을 입증하였다. 따라서 역할 명료성은 종업원들이 높은 수준의 직무 요구를 견뎌 낼 수 있음을 나타낸다. 역할 명료성은 직무가 수직적 구조로 이루어져 있을 때와 의사결정 허용 범위가 늘어날 수 없는 직무에서 특히 중요하다. 종업원들이 언제, 어떻게 일할지 스스로 결정하는 것이 허용되지는 않더라도 역할 명료성을 부여하는 것이 직무 요구로부터 그들의 회복력을 높여 줄 수 있음을 의미한다. 그러므로 조직은 특히 직무 요구가 과중한 상황에서 종업원을 보다 완벽히 지원하기 위해 명확한 역할과 책무를 부여하는 풍토를 조성하는 것이 중요하다.

출처: "Job Demands and Job Performance: The Mediating Effect of Psychological and Physical Strain and the Moderating Effect of Role Clarity," by J. Lang, J. Thomas, P. Bliese, and A. Adler, 2007, *Journal of Occupational Health Psychology, 12*(2), 116-124.

그런데 사람들에게 해로운 영향을 미치는 것은 장시간 근무만이 아니다. 주당 근무시간은 고혈압과 연관이 있었다(Yang, Schnall, Jauregui, Su, & Baker, 2006). 그러한 유해한 효과는 비자발적으로 오랫동안 근무하는 사람들에게만 발생하는 것으로 보이며, 이것은 조직을 축소했거나 인력을 감축한 조직에서 나타나는 현상이다(Sparks, Cooper, Friedo, & Shirom, 1997). 일반적으로 남아 있는 종업원들은 해고된 동료들의 업무를 떠맡아 더 많은 시간을 일해야 한다. 유럽이사회(The European Council) 회원국들은 1990년대 중반에 하루 13시간, 주당 48시간 이상 일을 할 수 없게 한 규정을 채택했다. 그러한 규제는 미국과 기타 비유럽 산업화 국가에서는 시행되지 않고 있다.

3) 유동적 근무 일정

아직도 고정 일일 근무 일정(fixed daily work schedules)이 보편적이지만 근무시간 자유 선택제(flexible work schedules: flextime)라는 유동적인 일정의 도입을 시도하고 있는 조직이 늘고 있다. 근무시간 자유 선택제는 근로자가 최소한 부분적으로나마 하루 중에 자신이 일하는 시간을 결정할 수 있도록 허용하는 제도다. 2004년 미국 근로자 중 약 30%는 고정된 근무 일정으로 일하지 않았다. 여러 유형의 근무시간 자유 선택제가 있는데, 종업원이 자신에게 하루에 배정된 시간만 채워 일하면 되는 제도부터 한 시간 먼저 혹은 한 시간 늦게 업무를 시작하도록 허용하는 제도에 이르기까지 다양하다. 이 장 후반부의 일-가정 이슈에 대한 논의에서 언급하겠지만, 근무시간 자유 선택제는 맞벌이 부부들이 자녀 양육의 책임을 수행하도록 유동성을 허용하는 가정 친화적 정책의 일환이 될 수 있다.

조직의 관점에서 유동적인 근무 일정의 이점은 종업원들이 근무시간이 아닌 개인 시간에 개인적 업무를 처리할 수 있다는 점이다. 따라서 종업원들은 오전에 병원에 들러 의사를 만나고 늦게 자신의 근무 일정을 시작할 수 있다. Baltes 등(1999)은 통합분석을 통해 결근이 감소했음을 확인하였으며, Ralston(1989)은 예상대로 고정 근무 일정보다 근무시간 자유 선택제에서 지각이 적게 일어남을 밝혔다. 이 제도와 직무 수행 및 직무 만족과의 관계는 일관성이 낮은 편이다. Baltes 등(1999)이 연구를 통해 밝힌 바에 의하면, 근무시간 자유 선택제에서 객관적 생산량 측정치가 더 높았지만 상사의 수행 평가는 그렇지 않았다. 근무시간 자유 선택제에서 직무 만족이 약간 높았던 반면에 효과 크기는 미미했다.

3. 직무 스트레스

스트레스(stress)를 경험하지 않는 사람은 없다. 대부분의 학생, 특히 좋은 성적을 받길 원하는 학생들에게 시험은 매우 스트레스가 심한 상황이다. 대부분의 직업에서 종업원들이 스트레스를 느끼는 상황이 있다. 상사에게 질책당하거나, 할당된 중요한 업무를 완수할 시간이 부족하거나, 해고 통보를 받았을 때 모든 사람이 스트레스를 느낀다. 여기에서는 직무 스트레스의 결과에 대해 알려진 바를 살펴볼 것이다.

1) 직무 스트레스 과정

직무 스트레스를 이해하기 위해서는 먼저 스트레스 과정과 관련된 여러 개념을 이해해야 한다. 직무 스트레스 요인(job stressor)은 종업원에게 적응적 반응을 요구하는 일터의 조건이나 상황을 의미한다(Jex & Beehr, 1991). 야단을 맞거나, 일을 완성할 시간이 부족하거나, 해고당할 가능성에 대한 이야기를 들었을 때와 같은 상황들이 모두 직무 스트레스 요인의 예다. 직무 스트레스 반응(job strain)은 화남, 불안, 혹은 두통 등의 신체 증상처럼 스트레스 요인에 대한 종업원의 부정적 반응을 말한다. Jex와 Beehr(1991)는 스트레스 반응을 다음과 같이 분류하였다(〈표 11-4〉 참조).

- 심리적 반응
- 신체적 반응
- 행동적 반응

심리적 반응에는 걱정이나 좌절 같은 정서 반응이, 신체적 반응에는 두통, 위통과 같은 증상 및 암 같은 질병이 포함된다. 행동적 반응에는 약물 남용, 흡연, 사고, 반생산적 근무 행동이 포함된다.

직무 스트레스 과정에 대한 모형에서 직무 스트레스 요인이 직무 스트레스 반응을 유발한다고 가정하고 있지만, 이런 과정은 일반적으로 알려진 것처럼 자동적이지 않으며 종업원들이 스트레스 요인을 인지하고 평가하는 과정이 반드시 필요하다. 평가(appraisal)는 근로자가 사건과 상황을 자신에게 위협적이라고 인식하는 정도를 의미한

〈표 11-4〉 세 가지 직무 스트레스 반응과 각각의 사례

직무 스트레스 반응	구체적 결과의 예
심리적 반응	분노 불안 좌절 직무 불만족
신체적 반응	신체 증후 현기증 두통 가슴 두근거림 질병 위통 암
행동적 반응	사고 흡연 약물 복용 이직

출처: "Emerging Theoretical and Methodological Issues in the Study of Work-Related Stress," by S. M. Jex and T. A. Beehr, 1991, *Research in Personnel and Human Resources Management, 9*, 311-365.

다. 모든 사람이 동일한 상황을 직무 스트레스 요인으로 판단하지는 않는다. 초과근무가 할당되었을 때 상사에게 좋은 인상을 심어 줄 수 있는 기회로 생각하는 사람도 있지만, 반면에 자신의 자유 시간을 빼앗는 불공정한 상황으로 판단하는 사람도 있다.

[그림 11-6](Frese & Zapf, 1988)은 직무 스트레스 요인이 어떤 방식으로 직무 스트레스

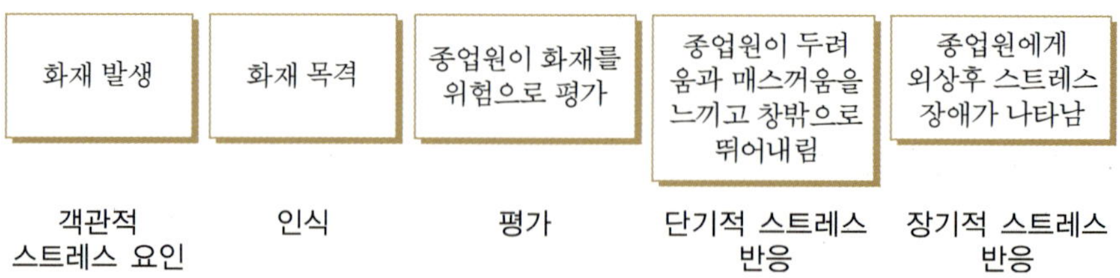

그림 11-6 직무 스트레스 과정의 5단계 모형

객관적 스트레스 요인(1단계)은 지각(2단계)으로 이어지며, 개인은 그것을 평가한다(3단계). 도전이나 위협으로 평가되면 단기적 반응(4단계)과 궁극적으로는 장기적 반응(5단계)을 초래한다(Frese & Zapf, 1988).

출처: "Methodological Issues in the study of work stress: Objective vs subjective Measurement of work stress and the Questions of Longitudinal studies" (pp. 375-411), by M. Frese and D. Iapf, 1988, in C. L. cooper and R. Payne (Eds.), *Couse, Coping and Consquences of stress at work*, Oxford, England: John Wiley.

반응을 유발하는지를 보여 준다. 이 모형에서 객관적 스트레스 요인(단계 1)은 근무 환경의 객관적 조건이나 상황을 의미한다. 예를 들어, 직장에 화재가 발생한 경우 화재가 스트레스 요인 역할을 하기 위해서는 종업원들이 화재 발생을 인지해야 한다. 이것이 2단계로서 스트레스 요인에 대한 인지를 의미한다. 하지만 인지만으로 스트레스 반응으로 이어지는 데 충분하지 않다. 종업원은 반드시 스트레스 요인을 회피나 위협의 대상으로 평가해야 한다(3단계). 만약 건물에 화재가 발생했다면 실제로 사람들은 그것을 위협적 상황으로 평가하겠지만 재떨이에 불이 났을 때 위협으로 느낄 가능성은 희박하다. 하지만 가연성 물질로 가득 찬 장소라면 성냥 한 개비도 위험할 수 있다. 스트레스 반응을 수반하는 다음 단계로 넘어갈지를 결정하는 것은 상황에 대한 해석이나 판단이다. 이 모형에서는 스트레스 반응을 단기(4단계)와 장기(단계 5)로 구분한다. 단기적 반응은 즉각적으로 일어난다. 종업원들은 불을 보자마자 두려움(심리적 반응)을 느끼며, 구토를 하고(신체적 반응) 창밖으로 뛰어내린다(행동적 반응). 만약 개인이 이런 경험을 통해 심한 정신적 외상 장애를 입게 된다면, 후에 외상후 스트레스 장애가 나타날 수 있다.

2) 직무 스트레스 요인

근무 환경의 여러 측면이 스트레스를 유발할 수 있다. 동료와의 갈등이나 과도한 작업부하가 대부분의 직업에 나타나는 상황인 반면에 특정한 직업에서만 나타나는 것도 있다. 예를 들어 Patasuraman과 Purohit(2000)은 오케스트라 연주가들이 예술적 숭고함을 저버려야 하는 상황에서 가장 큰 스트레스를 받는다는 것을 발견했다. 간호사들에게는 이 같은 상황이 나타나지 않는 반면, 그들은 죽어 가는 환자를 돌봐야 하는 스트레스를 받는다. 일터에서의 다양한 조건이 직무 스트레스 요인(job stressor)의 역할을 하고 있지만 상대적으로 연구가 많지 않다. 여기에서는 종업원 스트레스 반응의 잠재적 원인으로서 연구에서 상당히 주목을 받았던 5개의 개념에 대해 논의할 것인데 각 원인은 여러 개의 스트레스 반응과 연관되어 있다.

■ 역할 모호성과 역할 갈등

흔히 스트레스 요인으로 부르는 역할 모호성과 역할 갈등은 업무 스트레스 연구 분야에서 가장 많이 연구된 스트레스 요인이다. 역할 모호성(role ambiguity)은 종업원들이 자신의 직무 기능과 책임이 무엇인지 불명확하게 느끼는 정도를 말한다. 많은 상사는 명확한 지침과 방향을 제시하지 못하여 종업원이 무엇을 해야 할지를 모르는 모호성을 유발한다.

역할 갈등(role conflict)은 직장 내 요구들 간의 모순(역할 내 갈등) 혹은 직장의 요구와 직장 밖 요구 사이의 모순(역할 외 갈등)이 있을 때 발생한다. '역할 내 갈등(intrarole conflict)'은 직무상에서 요구가 여럿일 때 발생한다. 예를 들어, 두 명의 상사가 종업원에게 대립하는 과업을 요구할 때 일어난다. 한 상사는 과업을 꼼꼼하게 하라고 지시하고 다른 상사는 신속하게 업무를 처리하라고 지시할 때 두 요구는 대립적인데, 꼼꼼하게 일하기 위해서는 더 느리게 해야 하기 때문이다. 이러한 모순이 역할 갈등에 반영된다.

'역할 외 갈등(extrarole conflict)'은 일의 영역과 일 이외의 영역에서의 요구들 사이에서 발생한다. 이와 같은 갈등은 흔히 종업원에게 자녀가 있고 자녀가 필요로 하는 것과 업무상의 요구가 상충할 때 발생한다. 부모라면 아이가 아플 때 직장이 아닌 집에 머물며 아이를 돌봐야 할 것이다. 그래서 역할 갈등을 경험하게 된다. 이런 특별한 유형의 역할 갈등은 후에 일-가정 갈등(work-family conflict) 부분에서 다룰 것이다.

역할 모호성과 역할 갈등에 관한 연구는 주로 심리적 스트레스 반응에 초점을 맞춰왔다. Jackson과 Schuler(1985)의 통합분석에 의하면, 역할 모호성과 역할 갈등의 수준이 높으면 직무 만족의 수준이 낮고 불안/긴장(tension)과 이직 의도의 수준이 높았다. Glazer와 Beehr(2005)는 역할 변인들은 미국뿐만 아니라 헝가리, 이탈리아 및 영국에서도 심리적 스트레스 반응과 관계가 있었다. 결근과 직무 수행 등의 행동적 반응 간의 상관(Tuber & Collins, 2000)은 대부분의 연구에서 아주 작았다. 대부분의 직무 수행에 대한 연구(4장에서 논의된 바처럼)가 매우 부정확할 수 있는 상사 평정을 사용했다는 점을 명심해야 한다. Fried, Ben-David, Tiegs, Avital과 Yeverechyahu(1998)는 근무의 질과 양을 재는 전형적인 평정보다는 수행에 대한 구체적 질문(예: "피평정자에게 부서에서 가장 어려운 과업이 배정되었다." 또는 "종업원은 기술 도안을 읽을 수 있다.")을 사용하여 직무 수행의 전통적인 척도를 개선하였다. 직무 수행에 대한 개선된 척도의 점수와 역할 모호성 및 역할 갈등의 관계는 이전의 척도에 비해 상당히 높은 관련성을 보였다. 이는 연구자들이 향후 연구에서 수행 측정의 질에 좀 더 유의할 필요가 있음을 시사한다. 물론 확고한 결론에 이르기 위해서는 이에 대한 반복 연구가 필요하다.

역할 스트레스 요인에 관한 대부분의 연구에서는 종업원의 자기보고식 척도가 사용된다. 이것은 5단계 모형의 평가 수준(3단계)에서 역할 스트레스 요인을 평가한다는 것을 의미한다. 객관적 직무 조건이 이런 평가에 대해 어느 정도의 원인이 되었는지 또는 이런 조건이 심리적 스트레스 반응을 유발했는지 명확하지 않다. Jex와 Beehr(1991)는 역할 모호성과 역할 갈등이 별로 중요한 스트레스 요인이 아닐 것이라는 의심을 하였다. 종업원들에게 근래에 가장 스트레스를 받은 일들을 말하도록 한 결과, 두 요인이 중요한 변인이 아님이 드러났다. 역할 모호성과 역할 갈등을 나타내고 있는 사건은 매우 드물게 언급되었다(Liu, Spector, & Shi, 2007).

■ 작업부하

작업부하(workload)는 직무에서 종업원에게 부과되는 업무 요구량에 관한 것으로 양적인 것과 질적인 것의 두 가지 유형이 있다. '양적 작업부하(quantitative workload)'는 개인이 수행하는 근무의 양을 의미하며, 과도한 양의 작업부하란 개인이 수행하기에 힘들 정도로 많은 업무를 말한다. '질적 작업부하(qualitative workload)'는 개인의 능력에 비해 작업이 어려운 정도를 의미한다. 과도한 질적 작업부하는 종업원들에게 업무가 너무 어렵기 때문에 업무를 쉽사리 수행할 수 없음을 의미한다. 어렵지는 않지만 너무 많은 과업을 수행해야 하거나 많지는 않지만 어려운 과업을 수행해야 하기도 한다.

작업부하에 관한 연구에 따르면, 작업부하는 세 종류의 스트레스 반응인 심리적 반응, 신체적 반응 그리고 행동적 반응과 모두 관련되어 있다(Jex & Beehr, 1991). 이 연구에서는 작업부하의 결과에 대해 좀 더 명확한 결론을 내리기 위해 다양한 방법을 사용하였다.

질문지법 연구는 종업원들의 작업부하에 대한 보고가 여러 가지 반응과 상관이 있음을 보여 주었다. Spector, Dwyer와 Jex(1998)는 작업부하가 불안, 좌절, 직무 불만족, 이직 의도를 포함하는 심리적 반응 및 건강 관련 증상의 신체적 반응과 상관이 있음을 밝혔다. Jamal(1990)은 작업부하가 직무 불만족, 이직 의도 그리고 건강 증상과 유의미한 상관이 있다고 보고하였다. Karasek, Gardell과 Lindell(1987)은 작업부하가 우울, 피로, 직무 불만족, 건강 관련 증상, 심장 질환 등의 스트레스 반응과 관계가 있다고 밝혔다. 이 세 연구가 수행된 지역은 각각 미국, 캐나다, 스웨덴이다.

■ 사회적 스트레스 요인

종업원들에게 최근 직장에서 겪은 가장 스트레스가 많이 쌓인 사건을 물어보면 대인관계를 포함하는 사건을 자주 언급한다(Liu et al., 2007). 다른 사람들과 좋은 관계를 유지하는 것은 안녕감의 중요한 요소이며 이것이 실패하게 되면 스트레스 반응의 심각한 원인이 될 수 있다. 직장에 다니는 사람들은 일터에서 많은 시간을 보내기 때문에 동료, 상사 등의 사람들과의 사회적 관계는 그들 삶의 가장 중요한 부분이다. 다른 사람과 관련하여 스트레스를 일으키는 사건을 사회적 스트레스 요인(social stressor)이라고 한다. 사회적 스트레스 요인에는 대인 갈등과 조직원(예: 동료, 상사 혹은 부하직원) 혹은 비조직원(예: 고객, 환자)에 의한 학대가 포함된다.

다른 사람과 논쟁 혹은 다툼이 벌어질 때 대인 갈등이 일어난다. 갈등은 사소한 의견 불일치부터 가열되고 험악한 신체적 다툼까지 다양하다. Bowling과 Beehr(2006)는 일터에서의 대인 갈등과 직무 스트레스의 관계를 검증한 28개의 연구를 통합분석하였다. 그들은 대인 갈등이 건강 관련 증상의 신체적 스트레스 반응(예: 두통과 복통) 및 일터에서의 불안, 우울, 좌절, 직무 불만족 등의 심리적 스트레스 반응과 관련이 있음을 밝혀냈다. Dormann과 Zapf(1999)는 1990년과 1991년에 걸쳐 동독과 서독의 통일 전후에 동독의 노동자 표본을 평가하는 종단적 연구를 수행하였고('연구 상세히 보기' 참조), 사회적 스트레스 요인(동료와 상사들과의 갈등 및 소원한 관계)과 우울 증상(슬픈 느낌과 무능감) 척도로 종업원 표본을 조사하였다. 그들은 사회적 스트레스 요인은 시간이 지나면서 우울 증상과 결부된다는 사실을 밝혔는데, 이는 소원한 관계가 심리적 스트레스 반응으로 이어질 수 있음을 시사하는 것이다.

대인 갈등은 두 명 이상의 사람들 간의 양방향 상호작용이라고 생각하지만, 일부 사회적 스트레스 요인은 주로 일방적으로 작용하여, 한두 명의 대상이 다른 사람들로부터 박대를 받는 것을 의미한다. 이 같은 스트레스 요인에는 무례함과 같은 다소 약한 형태부터 욕설과 폭언과 같은 강한 형태를 포함한다. 그러한 사건은 신체적 대립과 폭력으로까지 수위가 높아지기도 한다. 폭력의 경우와 마찬가지로, 조직 내외의 사람들이 비신체적 행위를 자행한다. 행위자가 동료 혹은 상사 등의 직원(Hershcovis, 2010)이건 고객 등의 비직원(Milam, Spitzmueller, & Penny, 2009)이건 상관없이 학대의 대상이 된다는 것은 스트레스가 쌓이는 일이다. 이러한 경험은 불안, 우울 등의 심리적 스트레스 반응, 두통 등의 신체적 반응 및 직무 불만족으로 이어졌다(Bowling & Beehr, 2006).

Lim, Cortina와 Magley(2008)가 설명했듯이, 무례(incivility)는 낮은 강도의 언행인 버릇없음과 무신경(insensitivity)으로 이루어져 있는데, 남에게 항상 해를 끼칠 분명한 의도가 있는 것은 아니다. 남을 폄하하는 발언이라든지 비꼬는 말투, 적대적인 표정, 남을 무시하는 행동 등이 포함된다. 이러한 것들의 공통적인 요소는 아무리 행위자가 악의가 없었다고 생각하더라도 피행위자가 무례한 대우를 받았다고 느낀다는 점이다. 무례

연구 상세히 보기

일의 사회적 측면은 종업원의 행동에 매우 중요하다. 사회적 지원의 결여뿐만 아니라 종업원들 간의 갈등이나 소원한 관계는 직무 스트레스 반응의 주요 원인으로 볼 수 있다. 독일에서 행해진 Dormann과 Zapf(1999)의 연구에서 일의 사회적 측면과 우울 증상이 어떤 연관성을 지니고 있는지 알아보았다.

1990년과 1991년에 걸친 독일 통일 기간 동안 심리적 스트레스 반응에 영향을 미치는 사회적 스트레스 요인을 조사하기 위하여 과거 동독의 도시인 드레스덴에서 연구가 행해졌다. 이 시기는 상당한 격변기로 직무 스트레스를 연구하기에 적합한 기간이었다. 집집마다 찾아가는 면접 설문 조사 방식을 사용하였고 무작위로 거리를 선택하여 매 네 번째 아파트마다 방문하였다. 16세와 65세 사이의 정규직 근로자를 대상으로 면접원들은 사회적 스트레스 요인(직장에서 타인에 대한 원한이나 갈등), 사회적 지원(직장에서 타인을 돕거나 정서적으로 지원하는 정도) 그리고 우울 증상(슬픔과 무력감)을 측정하는 척도를 실시하였다. 종단적 연구였기 때문에 면접원들은 3개월 후 그리고 1년 후에 처음 조사를 받은 참가자의 집을 다시 방문하였다.

종단적 연구 설계를 통해서 스트레스 반응에 영향을 미칠 가능성이 있는 스트레스 요인의 효과에 대해 좀 더 확실한 결론을 이끌어 낼 수 있다. 종단적 연구의 특성상, 3분기에 걸쳐 참여자의 수가 축소되어 표본 크기도 분석에 따라 230명에서 259명의 범위에 이른다.

1년간의 연구였지만 사회적 스트레스 요인이 우울증과 상관이 있다는 결론을 내릴 수 있었다. 이 결과는 사회적 스트레스 요인이 우울증을 유발한다는 생각을 지지하였다. 게다가 사회적 지원이 사회적 스트레스 요인과 우울증 관계의 조절변인임을 밝혀냈다. 직장에서 사회적 지원이 낮다고 보고한 종업원들에게서 사회적 스트레스 요인과 우울증 간의 정적인 관계를 발견할 수 있었다. 말하자면 스트레스 요인이 클수록 증상도 훨씬 뚜렷했다.

이 연구는 일의 사회적 측면이 심리적 스트레스 반응의 중요 유발 요인이라는 증거를 제공하였다. 사회적 스트레스 요인의 수준이 높으면서 사회적 지원이 낮으면 심각한 우울증이 발병할 수 있다. 그러므로 조직은 종업원들의 원만한 대인관계 개선을 장려하는 것이 중요하다. 만약 직속상사들이 종업원 갈등에 민감하고 사회적 지원을 제공하는 훈련을 받았다면 직속 상사는 원만한 대인관계를 달성하는 수단이 될 수 있다.

출처: "Social Support, Social Stressors at Work, and Depressive Symptoms: Testing for Main and Moderating Effects with Structural Equations in a Three-wave Longitudinal Study," by C. Dormann and D. Zapf, 1999, *Journal of Applied Psychology, 84*, 847-884.

는 매우 주관적인 문제인데, 모든 대상자가 같은 경험을 무례하다고 해석하지는 않기 때문이다. 그럼에도 불구하고 무례의 대상이 되었다고 느낀 개인들은 정서적 고통, 직무 불만족과 같은 스트레스 증상을 보이는 것으로 밝혀졌다(Lim et al., 2008).

더욱 극단적인 형태의 박대(mistreatment)는 심할 경우 약자 괴롭힘의 형태로 나타나기도 한다(Ryaner & Keashly, 2005). 약자 괴롭힘(bullying)은 타인을 향해 지속적이고 반복되는 형태의 비인격적 행동이다. 약자 괴롭힘에는 언어적 · 신체적 행동 모두가 포함되는데, 신체적 공격과 폭력을 행사하는 행위자도 있다. 약자 괴롭힘은 한 명의 행위자가 한 명 이상의 개인을 선택하여 집중적으로 괴롭히는 현상으로 흔히 생각하지만, 작업장에서의 약자 괴롭힘은 다수가 한 명을 괴롭히는 집단 괴롭힘(mobbing)으로 나타나기도 하며, 이는 북미보다 유럽에서 많이 볼 수 있는 현상이다(Zapf & Einarsen, 2005). Zapf와 Einarsen(2005)은 약자 괴롭힘과 집단 괴롭힘을 목표 당사자에게 심각한 영향을 초래할 수 있는 극단적 형태의 사회적 스트레스 요인으로 간주했다. 이러한 스트레스 요인에 노출된 사람들이 정서적 스트레스와 신체적 스트레스를 받는 것은 물론 정신과적 치료를 받아야 할 수도 있고, 외상후 스트레스 증상과 다르지 않은 심각한 스트레스 반응을 나타낼 수도 있다.

■ 조직 내 정치

조직 내 정치(organizational politics)는 동료들과 상사들이 조직이나 타인의 이익에 앞서 그들 자신의 이익을 추구하는 이기적 행동을 한다는 종업원의 인식을 말한다. 또한 보상이 성과보다 편애에 근거한다고 지각하기도 한다(Kacmar & Carlson, 1997). 조직 내 정치 행위는 스트레스 반응을 유발하는 스트레스 요인이 될 수도 있다. 예를 들어, Hochwarter, Kacmar, Perrewé와 Johnson(2003)은 다양한 조직에서 311명의 종업원을 대상으로 조사를 하여 조직 내 정치가 심리적 및 신체적 스트레스 반응과 관련된다는 사실을 알아냈다. 또한 세 번에 걸친 일련의 연구에서 Vigoda(2002)는 조직 내 정치가 심리적 · 신체적 스트레스 반응뿐만 아니라 낮은 수준의 직무 만족 및 낮은 조직 몰입과 관련이 있음을 밝혔다.

■ 통제력

통제력(control)은 종업원들이 자신의 과업에 대해 결정 내릴 수 있는 정도를 의미한다. 이런 결정은 언제, 어디서, 어떻게, 어떤 일을 할 것인지를 포함하여 과업의 모든 측면을 포괄한다. 통제력이 높은 종업원은 자신의 근무 일정을 자기 뜻대로 계획하고 자신의 과업을 선택하며 이런 과업을 어떤 방식으로 완수할 것인지 스스로 결정 내릴 수 있다. 통제력이 낮은 직무에서는 근무 일정이 미리 짜여 있고, 과업을 할당받으며, 때로 과업을 달성하는 절차까지도 정해져 있다. 대학교수들은 어떤 과목을 어떻게, 심지어 언제, 어디서 가르칠지를 스스로 결정한다는 점에서 매우 높은 수준의 통제력을 지니고 있다. 공장 근로자들은 일반적으로 정해진 일정에 따라 일하고 특정 과업이 정해져 있으며 과업을 수행하는 방법도 정확하게 지시받기 때문에 통제력이 거의 없다. 많은 공장에서 작업은 기계 속도에 맞춰진다. 다시 말해, 근로자들은 일정한 비율로 작동하는 컨베이어 벨트의 속도에 맞춰 작업해야만 한다. 이렇게 작업 속도에 대해서도 전혀 통제력을 행사하지 못한다.

통제력은 직무 스트레스 진행 과정에서 극히 중요한 요소이며 또한 직무 특성 이론의 요소이기도 하다(9장과 10장 참조). 여러 연구에 의하면, 통제력에 대한 종업원의 지각은 세 종류의 스트레스 반응과 모두 관련이 있지만 심리적 스트레스 반응과 가장 상관이 높다. 〈표 11-5〉는 종업원이 지각한 통제력 보유 정도와 Spector(1986)의 통합분석에서 보고된 심각한 스트레스 반응 상태 간의 평균 상관을 제시한 것이다. 높은 수준의 통제력은 높은 수준의 직무 만족, 조직 몰입, 직무 관여, 직무 수행과 관련이 있다는 것을 표를 통해 알 수 있다. 낮은 수준의 통제력은 높은 수준의 정서적 고통, 이직 의도, 건강 증후군, 결근율, 이직률과 관련이 있었다.

Spector(1986)의 통합분석에서 요약한 통제력 연구들은 종업원들이 일터에서 어느 정

〈표 11-5〉 직무 스트레스 반응과 지각된 통제 간의 평균 상관계수

스트레스 반응	평균 상관
직무 만족	.30
조직 몰입	.26
직무 관여	.41
정서적 고통	−.25
이직 의도	−.17
건강 증상	−.25
결근율	−.19
직무 수행	.20
이직 가능성	−.22

출처: "Perceived Control by Employees: A Meta-analysis of Studies Concerning Autonomy and Participation at Work," by P. E. Spector, 1986, *Human Relations, 11*, 1005-1016.

도의 통제력을 갖고 있다고 지각하는지에 관한 것이었다. 대부분의 연구에서는 종업원들에게 설문을 실시하여 통제력과 스트레스 반응을 평가하게 하였다. 이런 유형의 연구를 통해 직무 스트레스 반응이 지각된 통제력의 결과인지, 반대로 지각된 통제력이 스트레스 반응의 결과인지 알 수 없다. 아마도 자신의 직무를 좋아하지 않는 종업원들이나 몰입을 하지 않는 종업원들 또는 건강이 나쁜 종업원들은 사실 그렇지 않은데도 자신의 직무에 대해 통제력을 낮게 지각할 것이다. 앞에서 언급했듯이, 사람들이 현재 하고 있는 일에 대해서 어떻게 느끼는지는 그들이 갖고 있는 통제력의 정도를 포함한 직무에 대한 지각에 영향을 미친다는 증거가 있다(Spector, 1992). 다시 말해, 스트레스 요인이 스트레스 반응을 일으키는 것이 아니라 스트레스 반응이 스트레스 요인을 초래할 수 있다. 직무 수행을 잘하는 종업원들에게 보다 많은 통제력이 주어진다는 사실이 상황을 보다 복잡하게 만드는데, 이는 수행이 종업원이 지닌 통제의 양에 영향을 미침을 시사한다(Dansereau, Grae, & Hafa, 1975). 뛰어난 수행자에게 더 많은 통제력을 부여하면 직무 만족이 증가할 수도 있다. 직무 스트레스에 대한 통제력의 역할에 대해 더 확고한 결론을 내릴 수 있게 하는 객관적 통제에 관한 몇 편의 연구가 있다.

객관적 혹은 실제 통제력에 관한 연구는 스트레스 반응에 미치는 통제력의 효과를 추론하는 데 도움이 되는데, 그 이유는 통제에 대한 종업원들의 주관적인 보고에 의존하지 않기 때문이다. 즉, 이런 연구들은 종업원들의 지각이나 평가와는 독립적으로 측정된, 혹은 [그림 11-6]의 직무 스트레스 모형의 1단계에서 평가되는 통제력의 효과에 대한 결론을 내리는 데 도움이 된다. 객관적 척도(measure)를 사용한 연구 결과는 통제력을 자기보고한 결과와 항상 일치하는 것은 아니다. 예를 들어, Liu, Spector와 Jex (2005)는 통제에 대한 O*NET 점수(3장 참조)는 결근과 질병과 관계가 있지만 심리적 스트레스 반응과는 관계가 없다고 보고했다. 이와는 달리 통제력의 자기보고 점수는 질병과 심리적 스트레스 반응과는 상관이 있었지만 결근과는 상관이 없었다.

■ 기계 속도

통제력이 객관적으로 연구된 분야 중 하나는 기계 속도(machine pacing)에 맞추어 작업하는 업무(machine-paced work)이며 기계가 근로자 반응 시간을 통제함을 의미한다. 컨베이어 벨트가 근로자의 업무 속도를 조절하는 공장이 가장 좋은 예다. 컴퓨터 기술은 공장 외의 근무에도 기계 속도의 상황을 도입하였다. 전 세계 수백만 명의 사람들은 하루 종일 컴퓨터 앞에 앉아 단순한 공장 업무와 별반 다르지 않은 업무를 수행하고 있다. 그들은 기계에 설정된 속도로 화면에 제시되는 정보에 반응한다.

스웨덴의 스톡홀름 대학 연구 팀은 몇 년 동안 기계 속도의 효과와 그 밖의 다른 근무 조건의 효과를 비교 연구하였다. 이 연구에서는 인간의 생리 기능이 기계 속도 같은 직무 스트레스 요인들로부터 어떤 영향을 받는지를 이해하는 데 중점을 두고 스트레스와 관련이 있는 호르몬인 카테콜아민(아드레날린과 노르아드레날린)과 코르티솔을 연구하였다. 이들 호르몬은 사람이 위험이나 위협을 느꼈을 때 신체가 반응할 태세를 갖추게 하는 데 도움을 준다. 아드레날린은 때로 운동선수가 시합을 할 때 힘을 북돋우는 데 도움을 주는 호르몬으로 알려져 있다. 이들 호르몬의 작용으로 가슴이 두근거림을 느낀다. 코르티솔은 상처를 입었을 때 부풀어 오르는 것을 억제하는 작용을 한다(Sarafino, 1990).

스톡홀름 대학의 연구를 통해 통제력과 작업부하 모두 생리적 반응에 영향을 미친다는 사실을 알 수 있다. 종업원에 대한 일련의 연구에서 연구자들은 집에 있을 때와 일터에 있을 때 소변의 호르몬 수준을 분석하였다. 그들은 작업부하가 증가할 때 아드레날린과 노르아드레날린의 수치가 증가한다는 사실을 알아냈다(Frankenhaeuser & Johansson, 1986). 사람들이 열심히 일할 때 신체는 수행에 힘을 불어넣기 위해 이 두 가지 호르몬을 사용한다. 또한 통제력은 이 두 가지 카테콜아민에 대해 효과를 발휘한다. 기계 속도에 따라 근무하는 종업원들은 자신이 속도를 조절하여(self-paced) 근무하는 종업원들보다 아드레날린과 노르아드레날린 수치가 더 높았다(Johansson, 1981). 통제력이 코르티솔에 미치는 영향은 약간 달랐다. 기계 속도(낮은 통제)일 경우 가정에서 일터로 이동하면 코르티솔 수치는 증가하였다. 하지만 자기 속도(높은 통제)일 경우 가정에서 일터로 이동하면 코르티솔 수치가 감소하였다(Frankenhaeuser & Johansson, 1986). 연구자들은 심리적 고통이 이런 결과들의 중요한 요소라고 가정했다. 통제력이 결여되면 코르티솔 수치가 증가한다고 추측할 수 있는데, 통제력에 대한 결여는 종업원을 고통스럽게 하며 심리적 고통은 코르티솔 분비와 관련 있기 때문이다.

생리적 반응 이외에 기계 속도는 심리적 스트레스 반응 및 건강 증상과 관련되어 있다. 자신의 속도로 근무하는 것과 비교해서 기계 속도에 맞춰 근무하는 것은 불안(Broadbent & Gath, 1981), 불만족 및 건강 증상(M. J. Smith, Hurrell, & Murphy, 1981)과 관계가 있는 것으로 밝혀졌다. 이런 연구들을 종합해 볼 때, 직무 스트레스 요인은 생리적 효과와 심리적 효과 모두를 갖는다고 결론 내릴 수 있다. 하지만 이들 연구자는 이런 효과들이 직접적으로 심각한 질병을 유발한다는 것을 입증하지는 못했다. Johansson (1989)은 카테콜아민과 코르티솔의 수치가 자주 높아지게 되면 심장 질환을 일으킬 수 있다고 지적한다. 따라서 우리는 고통을 야기하는 상황에서 근무하는 것이 후에 발병의 위험 요인이 될 수도 있다는 추론을 할 수 있다.

■ 요구/통제 모형

요구/통제 모형(demand/control model)(Karasek, 1979)에 의하면, 직무 스트레스 요인의 효과는 요구 수준과 종업원 통제력 간의 복잡한 상호작용의 결과다. 요구는 작업부하와 같이 적응해야만 하는 스트레스 요인이다. 달리 말하면, 요구는 환경에 대처하는 종업원의 능력에 부담을 준다. 이론에 따르면, 요구는 통제력이 충분하지 못할 때에만 스트레스 반응을 유발한다. 다시 말하면, 통제력은 요구의 부정적 효과를 줄인다. 즉, 스트레스 완충제 역할을 한다. [그림 11-7]은 요구와 스트레스 반응의 관계에 통제력이 어떤 영향을 미치는지 보여 준다. 통제력이 높으면 요구(스트레스 요인)는 스트레스 반응을 유발하지 않지만 통제력이 낮으면 스트레스 반응은 스트레스 요인들이 증가함에 따라 늘어난다. 이 모형은 일터에서 사람들에게 통제력을 부여하는 것이 직무 스트레스 요인의 부정적 효과를 줄이는 뛰어난 전략이라는 사실을 말해 준다.

요구/통제 모형을 지지하는 연구는 혼재되어 있으며 위에 언급한 가설적 효과를 지지하는 연구는 매우 적다(Häusser, Mojzisch, Niesel, & Sculz-Hardt, 2010). 연구 결과들이

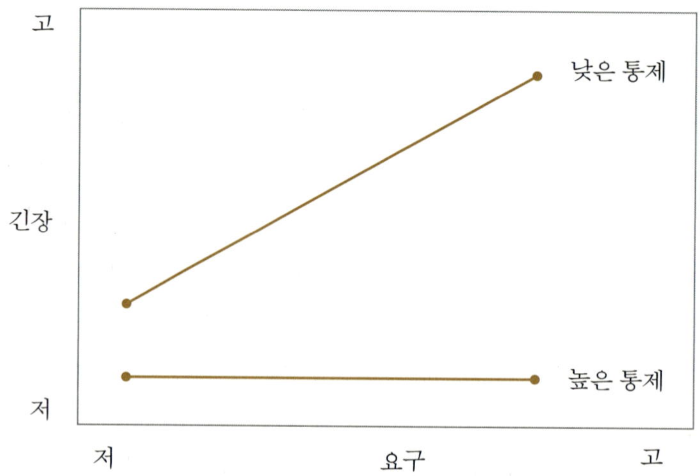

그림 11-7 요구/통제 모형

통제력이 높을 때 요구와 스트레스 반응은 관계가 없다. 통제력이 낮을 때 요구가 높아짐에 따라 스트레스 반응도 높아진다.

일관성이 없는 이유 중 하나는 연구마다 각기 다른 요구 및 통제 측도를 사용하였기 때문일 수 있다. Wall, Jackson, Mullarkey와 Parker(1996)는 모형에 대한 검증에서, 통제력의 특성이 문제가 된다는 것을 보여 주었다. 그들은 종업원의 현재의 과업에 대한 통제력에 초점을 맞춘 측도를 사용하여 모형을 지지할 수 있었지만 좀 더 일반적인 통제력에 대한 측도로는 모형이 지지받지 못했다.

또 다른 가능성은 대부분의 연구가 스트레스 반응, 통제, 요구의 일반적이고 전형적인 수준을 측정하였다는 것이다. Bishop 등(2003)이 하루 동안 반복해서 통제, 요구와 혈압을 측정했을 때 요구 수준이 높고 통제력이 낮은 상황에서는 이론이 예측하는 대로 혈압이 높아진다는 것을 알아냈다.

3) 대처 기제로서의 알코올

종업원들은 직장 내 스트레스에 대처하기 위하여 다양한 행동을 취한다. 과도한 작업부하에 대처하기 위하여 더 효과적인 과업 수행 방법을 모색하는 것과 같이 직접적으로 스트레스 유발 요인을 제거하거나 감소시키는 대처 행동을 할 수도 있다. 스트레스 요인이 유발한 스트레스 반응을 다루기 위한 방법을 모색하는 대처 행동을 하기도 한다. 스트레스가 많은 직무 환경에 대처하기 위한 수단으로 알코올을 섭취하기도 한다. 예를 들어, Frone(2008)은 미국인들을 대상으로 전국 조사를 실시했는데, 알코올의 소비는 작업부하와 직무 불안정성 등의 스트레스 유발 요인과 관련이 있었다. Bacharach, Bamberger와 Doveh(2008)도 뉴욕의 소방관들을 대상으로 한 연구에서 직무상 자살 기도나 사망 사고를 처리하면서 겪어야 하는 정신적인 고통을 대처하기 위한 수단으로 알코올이 사용된다는 것을 확인했다.

스트레스에 대처하기 위하여 알코올을 섭취하는 것은 개인적 요인과 조직적 요인 모두에 의해 영향을 받을 수 있다. 예를 들어, M. Wang과 동료 연구자들은 중국의 종업원들을 대상으로 알코올 섭취에 대해 연구하였다. 그들은 부적 정서성(부정적 정서를 경험하는 경향성; 9장 참조)이 높은 사람들이 부적 정서성이 낮은 사람들보다 스트레스가 많은 직무 환경에 대처하기 위해 알코올을 섭취할 가능성이 더 높다는 점을 발견했다(S. Liu, Wang, Zhan, & Shi, 2009). 그뿐 아니라 동료들이 음주를 용인하는 것으로 인식할수록 종업원들이 음주를 할 확률이 높아지기 때문에 동료 규범은 음주 행위에 영향을 미친다(M. Wang, Liu, Zhan, & Shi, 2010).

적당한 음주는 조직에 별다른 영향을 미치지 않겠지만 과도한 음주는 큰 문제가 되기도 한다. 숙취(workplace intoxication)는 직무 수행을 감소시키고 사고와 부상의 위험성을 증가시키기 때문에 직장에서의 음주는 명백히 문제가 될 수 있다. 그러나 직장 밖에서의 음주 또한 조직에 문제가 된다. 예를 들어, 집에서의 과음은 결근과 관련이 있었는데(Bacharach, Bamberger, & Biron, 2010), 이는 아마도 숙취와 연관된 질병 때문일 수 있다.

4. 일-가정 갈등

일-가정 갈등(work-family conflict)은 역할 외 갈등(앞의 역할 갈등에 대한 논의 참조)으로 업무적 요구가 가정을 돌보는 일을 방해하는 상황을 말한다. 일하는 데 시간을 보내느라 가정을 충분히 돌보지 못하는 경우를 예로 들 수 있다(Baltes & Heydens-Gahir, 2003). 이 같은 문제는 특히 아이가 있는 맞벌이 부부나 혼자서 아이를 키우는 편부모의 경우 매우 심각하다. 맞벌이 부부나 편부모의 경우 학교 행사에 참석해야 하거나 아이가 아파서 집에 있어야 할 때 역할 갈등이 일어난다.

여러 가지 요인이 일-가정 갈등의 경험에 기여한다. 조직 쪽의 변인으로는 장시간 근무해야 하거나(M. T. Ford, Heinen, & Langkamer, 2007) 업무 일정에 유동성이 없으면 갈등이 발생할 수 있다(Major, Klein, & Ehrhart, 2002). 일-가정 갈등은 역할 갈등 및 역할 모호성과 상관이 있음이 밝혀졌다(M. T. Ford et al., 2007). 한편 종업원 쪽의 요인으로 성격 변인 또한 갈등의 원인이 될 수 있다. 예를 들어, 부적 정서성(부적 정서를 경험하는 경향성) 수준이 높은 사람은 더 많은 일-가정 갈등을 보고하고 있다(Bruck & Allen, 2003; Wayne, Musisca, & Fleeson, 2004). 물론 그런 사람들은 높은 수준의 스트레스 요인과 스트레스 반응을 경험하는 경향이 있다.

일-가정 갈등은 남녀 모두에게 많은 부정적 영향을 준다. 일-가정 갈등 연구들을 모아 T. D. Allen, Herst, Bruck과 Sutton(2000)이 통합분석한 결과 일-가정 갈등과 직무 만족의 평균 상관이 -.23으로 밝혀졌다. 높은 수준의 갈등을 보고하는 사람들은 낮은 수준의 직무 만족을 보고하는 경향이 있다. 또한 일-가정 갈등은 업무 스트레스와 관련이 있는 것으로 나타났는데, 높은 수준의 갈등은 우울과 신체적 건강 증상(Major et al., 2002), 결근 및 지각(Hammer, Bauer, & Grandey 2003), 가정생활에 대한 불만족, 생활 전반에 대한 불만족(Michel, Mitchelson, Kotrba, LeBreton, & Baltes, 2009)과 상관이 있었다.

부모 역할과 업무 역할을 동시에 수행해야 한다면 부정적 효과가 나타날 수 있지만 아이 양육에 주요 책임을 맡는 여성들에게는 특히 이중 역할이 긍정적 효과를 보일 수도 있다(Langan-Fox, 1998). 일을 함으로써 자존감이 높아지고 다른 사람들로부터 지지를 받을 수 있어서, 이로 인해 어떤 사람들에게는 이중 역할의 부정적 효과가 상쇄되기도 한다. 이와 마찬가지로 일이 가정에 긍정적 영향을 주고 가정이 일에 긍정적 영향을 줄 수 있다. Hanson, Hammer와 Colton(2006)에 의하면, 직장 동료는 가정 문제 해결에 도움을 줄 수 있고 가족은 직장 문제 해결에 도움을 줄 수 있다.

일-가정 갈등에 관심이 있는 조직은 종업원을 돕기 위해 몇 가지 조치를 취했다. 가장 많이 채택하는 두 가지 방법은 유동적 근무 일정과 직장에서 아이를 돌보아 주는 제도다. 두 방법은 아이가 있는 종업원이 가정과 직장을 병행하는 것을 용이하게 한다. 유동적 근무 일정 덕분에 아픈 아이를 데리고 병원에 가야 하는 등의 비업무적 상황을 처리할 수 있는 시간을 확보할 수 있다. 근무 현장에서 아이를 돌보는 제도의 시행으로 부모인 종업원은 일과 아이를 돌보는 일을 동시에 처리할 수 있다. 쉬는 시간에 아이에게 가 볼 수 있고 아이가 아플 때 가까이에서 보살필 수 있다. Scandura와 Lankau(1997)는 남녀 관리자들에게 유동적 근무시간과 그들의 직무 태도에 대해 물어보았다. 아이와 함께 살고 있는 남녀 관리자 모두에게 유동적 근무시간이 높은 수준의 직무 만족과 관련이 있었지만 아이가 없는 사람에게는 그렇지 않았다. Chiu와 Ng(1999)는 홍콩 회사에서 그들이 여성 우호적 활동이라고 부르는 회사 방침(예: 육아 시설, 출산 수당, 유동적 근무시간 및 가족상담)에 주목했는데, 이러한 방침은 여성의 태도에 긍정적 영향을 주었지만 남성의 태도에는 영향을 주지 않았음을 발견했다. 유동적 근무제와 일-가정 갈등을 줄이기 위해 만들어진 여타의 정책은 잠재적인 이점이 있지만, 이러한 정책들은 상사들의 지지가 부족하여 잘 활용되지 못하고 있는 실정이다(Shockley & Allen, 2010).

5. 탈 진

탈진(burnout)은 종업원들이 일정 기간 동안 직무를 수행한 후 경험하는 지친 심리적 상태를 의미한다. 탈진으로 고통받는 사람은 정서적으로 지쳐 있으며 낮은 근무 동기를 보인다. 어떤 의미에서는 일에 의욕을 잃고 직무를 수행할 에너지와 열정이 소진된 상태다. 원래 탈진은 심리치료사나 사회사업가와 같이 남을 돕는 전문직에 종사하는 사람들의 반응을 설명하기 위해 개발된 개념이다. 초기 탈진 연구자들은 탈진이 다른 사람들과 밀접하게 근무함으로써 발생한다고 믿었고 이 생각을 지지하는 연구도 있다. 예를 들어, Barkker, Schaufeli, Sixma, Bosveld와 Van Dierendonck(2000)는 환자들의 요구와 의사의 탈진이 관계가 있다는 것을 알아냈다. 하지만 최근에 이러한 생각은 모든 직종의 근로자들에게 해당되는 것으로 알려졌는데 타인과 접촉이 거의 없는 사람들에게도 발생한다.

탈진은 탈진 검사를 종업원에게 실시하여 평가한다. 가장 많이 사용되고 있는 척도는 Maslach 탈진 검사(Maslach Burnout Inventory; Maslach, 1998)로서 탈진의 세 가지 구성 요소를 측정한다.

- 정서적 고갈
- 인격 상실
- 개인적 성취감 감소

'정서적 고갈(emotional exhaustion)'은 일터에서 느끼는 피로감과 권태감을 의미한다. '인격 상실(depersonalization)'은 타인에 대해 냉소적이고 냉담하게 행동하는 것을 의미한다. '개인적 성취감 감소(reduced personal accomplishment)'는 종업원이 업무를 통해 가치 있는 것을 성취하지 못하고 있다는 느낌을 말한다. 〈표 11-6〉은 탈진의 각 구성 요소의 부산물의 일부를 열거한 것이다. 예를 들어, 정서적 고갈로 피로와 결근이 발생할 수 있다.

탈진 경험은 다양한 직무 스트레스 요인과 직무 스트레스 반응 변인과 상관이 있는

〈표 11-6〉 탈진의 세 가지 구성 요소와 각각에 대한 예측된 결과

구성 요소	결과
정서적 고갈	결근 피로
인격 상실	고객과 타인에 대해 무관심하고 배려하지 않는 태도 타인에 대한 적대감
개인적 성취감 감소	낮은 동기 낮은 수행

것으로 밝혀졌으며, 스트레스 반응의 한 유형으로 간주될 수도 있다. 탈진은 역할 모호성, 역할 갈등 등의 스트레스 요인(Beehr, Bowling, & Bennett, 2010) 그리고 지각된 통제력(Fernet, Guay, & Senecal, 2004)과 상관이 있다. 또한 탈진은 결근, 이직, 낮은 성과(Swider & Zimmerman, 2010) 그리고 신체적 증상(Beehr et al., 2010)과도 상관이 있다. 탈진은 심장 질환의 증가 위험성(Melamed, Shirom, Toker, Berliner, & Shapira, 2006)과도 연관이 있다. [그림 11-8]은 탈진과 상관이 있는 직무 스트레스 요인과 스트레스 반응을 보여 준다. 이러한 스트레스 요인들은 탈진을 유발할 수 있는 원인들이다.

산업 및 조직 심리학의 다른 분야들에서 살펴본 바와 같이, 탈진에 대한 연구도 대부분 자기보고식 조사 방식으로 이루어졌다. 이런 연구들로부터 탈진과 관련된 많은 변인을 알게 되었다. 그러나 우리는 아직 탈진의 원인도, 조직이 어떻게 탈진을 예방할 수 있는지에 대해서도 확신하지 못하고 있다. 연구에 의하면 탈진은 두 가지 방법으로 줄일 수 있다. 첫째, 근무하지 않는 시간 동안 심리적으로 작업과 분리되거나 혹은 일에 관하여 잊고 휴식(respite)을 취하여 탈진을 줄일 수 있다(Fritz, Yankelevich, Zarubin, & Barger, 2010). '휴가 효과'는 일시적이며 일터로 돌아온 후 몇 주가 지나자 사라져 버렸다. 둘째, 탈진을 줄이는 한 가지 방안으로 조직이 관리자로 하여금 부하직원에게 긍정적 피드백을 제공하고 일의 긍정적인 면을 얘기함으로써 정서적 지지를 제공하도록 유도하는 방안이 제시되었다(Kahn, Schneider, Jenkins-Henelman, & Moyle, 2006).

그림 11-8 탈진과 관련 있는 직무 스트레스 요인과 직무 스트레스 반응

출처: "A Review and Integration of Research on Job Burnout," by C. L. Cordes and T. W. Dougherty, 1993, *Academy of Management Review, 18*, 621-656.

요약 SUMMARY

직장은 위험한 기계와 물질을 다루는 육체노동자들뿐만 아니라 사무노동자들에게도 위험한 공간이 될 수 있다. 사고로 인한 부상처럼 많은 재해는 즉각적인 결과로 나타난다. 그러나 화학약품에 수년 동안 노출되어 발생하는 암이나 수년 동안의 고강도 요구와 낮은 통제력에 기인한 심장 질환처럼 근로 조건의 효과는 흔히 시간이 많이 흐른 뒤에 나타나기도 한다.

사고는 노동 연령에 있는 사람들에게 있어 주요한 사망 원인이다. 사고의 원인에는 종업원 요인과 조직 요인 모두가 포함된다. 직장에서 물리적 위험 요소를 제거하고 안전 풍토의 조성을 통하여 안전한 행동을 유도하는 방향으로 나아가는 프로그램은 사고를 줄이는 데 가장 효과적인 방법이다.

물리적 근로 조건은 주로 신체에 효과를 미치는 경향이 있다. 전염병균에 노출되면 질병에 걸릴 수 있고, 소음으로 인해 청각을 상실할 수도 있으며, 반복적 활동으로 손이나 손목에 문제가 생길 수 있고, 독성물질에 노출되면 암에 걸릴 수도 있다. 비물리적 조건은 생리적 혹은 심리적 영향을 미칠 수 있다. 예를 들어, 근무 일정은 직무 만족 및 신체 증상과 관련이 있다.

연구에 의하면 직무 스트레스는 심리적 스트레스 반응의 원인일 수 있다. 아직까지 연구의 많은 결론이 정황에 근거하지만 근무 요구와 통제력이 신체적 건강에 중요한 함의를 지닌다는 생각을 지지하는 증거들이 축적되고 있다. 그러나 직무 스트레스 요인의 효과는 간접적일 수 있다. 예를 들어, 근로 조건이 흡연과 알코올 사용 등의 건강 관련 행동과 관계가 있다는 연구가 있다.

탈진은 일에 대한 동기의 감소와 피로를 수반하는 심리적 상태다. 탈진에 대한 연구에서 탈진은 다양한 직무 스트레스 요인 및 스트레스 반응과 관련이 있으며 그 자체가 심리적 스트레스 반응으로 간주될 수 있음이 밝혀졌다.

산업 및 조직 심리학 현장 연구

이 사례는 Kate Keenan이 종업원의 스트레스 수준을 낮추어 보다 건전한 조직을 만들기 위하여 조직과 어떻게 협업하는지에 관한 내용이다. 공인심리학자인 Keenan은 1978년에 버벡에서 직업심리학 석사학위를 받았고, 2002년 킹스 컬리지 런던 대학교에서 정신건강연구(Mental Health Studies) 전공으로 이학 석사학위를 받았다. 그녀는 코칭과 멘토링을 전문으로 하는 Formulas 4 Life라는 회사의 이사이고, 영국 심리학회 남서부 잉글랜드 위원회의 회원이며, 국민건강공단(National Health Service Trust)의 비상임 이사를 역임했다. 그녀는 '관리 지침서(Management Guide)' 시리즈의 저자이며, 이 시리즈 중에는 스트레스를 다루는 구체적인 지침의 내용도 포함되어 있다. Keenan의 역할은 조직을 도와서 일터에서의 스트레스 관리에 관한 문제에 심리학적 원리들을 적용하는 것이다. Keenan은 스트레스의 개념, 스트레스 유발 요인, 스트레스 관리 방법들을 소개하는 등의 스트레스를 둘러싼 여러 문제에 대해 종업원을 교육 · 훈련시키는 방식으로 회사들을 돕는다. 그녀는 사고, 탈진, 스트레스 및 맞춤형 스트레스 정책 개발을 포함한 OHP의 전 영역을 다룬다.

그녀의 프로젝트 중 하나는 영국의 대형 에너지 공급업체를 대상으로 한 스트레스 교육 프로그램이었다. 이 회사는 안전이 막중한 업체이므로 직업상의 위험을 평가하고 줄이는 데 지대한 관심을 갖고 있는데, 높은 스트레스가 사고의 증가로 이어질 수 있다는 연구 결과에 따라 스트레스 수준을 줄이고자 하는 의욕이 강하다. 종업원들이 종사하는 대부분의 일상적인 작업 활동들은 부상을 일으킬 위험이 있기 때문에 일터에서 스트레스에 대처하는 것에 초점을 맞추고 있다. 이 프로젝트의 목표는 중간관리자 이상의 관리진에게 스트레스의 정의와 원인 및 몇 가지 스트레스 관리 방법을 가르치는 것이었다. Keenan은 인사 팀과 협업하여 모든 직원에게 조직의 스트레스 정책을 알리는 방법을 개발하였다. 먼저, 조직에서의 스트레스에 대한 정보 요약 패키지를 만들었는데, 이에는 무료 비밀 상담 서비스의 연락처와 스트레스에 대한 정보가 포함되어 있다.

중간관리자 이상의 모든 관리자를 스트레스와 그 영향에 대한 교육 · 훈련에 참석하게 하였다. 그리고 참석한 관리자들에게 차후 예정된 모임에서 그들의 팀원들에게 배포할 요약정보 패키지와 설명서를 나누어 주었다. 이 과정을 거치게 되면 관리자들은 스트레스의 원인들을 잘 알게 되고, 스트레스를 겪는 사람들을 알아보고 그들을 도울 수 있는 기법들을 인지할 수 있게 된다. 또한 이 과정은 관리자들에게 그들의 팀과 공유할 수 있는 정보도 제공하였다.

이 스트레스 교육 프로그램의 결과로 종업원들은 이전에 잘 알지 못했던 비밀 상담 서비스를 활용하게 되었다. 이와 더불어 종업원의 스트레스에 대한 인식이 높아짐에 따라서 직원들의 결근과 이직이 감소하는 것으로 밝혀졌다. 전반적으로 조직이 스트레스 문제에 대해 분명한 책임의식을 갖고, 모든 팀이 직무에서의 스트레스 발생을 줄이기 위해 함께 노력하도록 장려하면서, 종업원들은 경영진이 자신들을 지원해 주고 권한과 자율을 부여한다는 느낌을 가지게 되었다.

Keenan의 프로그램은 이 에너지 산업 전반에 폭넓게 사용되어 스트레스 수준을 줄이기 위해 취해야 하는 단계에 대한 정보를 조직들에게 전파하였다. 이 프로젝트는 중요한 문제를 해결하기 위하여 취해야 할 효과적인 활동 유형에 관한 구체적인 정보와 지식을 제공하게 되면 어떻게 조직에 긍정적인 변화가 일어나는지 보여 주는 사례다.

토의 문제

1. 에너지 공급 업체가 종업원들의 스트레스 수준에 대해 관심을 가지게 된 이유는 무엇이라고 생각하는가?
2. 스트레스 수준을 낮추기 위해 훈련을 제공하는 것 이외에 조직이 할 수 있는 일은 무엇인가?
3. 조직은 조직 내 스트레스 요인들을 어떻게 줄일 수 있는가?
4. 일부 관리자는 종업원 복지는 자신들이 관여할 바가 아니며, 종업원들은 자신의 스트레스를 관리할 책임이 있다고 주장한다. 이런 주장을 반박하고 스트레스 감소가 경영진의 관심사여야 하는 이유를 설명하시오.

체험학습

직장 내 안전

고객, 직원 또는 방문자의 신분으로 접근이 가능한 직장을 선정하시오. 현재 재학 중인 대학도 가능하다. 안전 절차가 사용되는 사례를 찾아보시오. 이에는 안전 메시지의 부착(예: 안전 장비 사용을 위한)과 안전 도구의 착용, 안전 장비의 존재 및 기타 안전 활동의 표시들이 포함된다. 발견한 예들을 기록하고 수업 시간에 논의하거나 다른 학생 것과 비교해 보시오.

직장 스트레스

Keenan과 Newton(1985)의 연구를 간단하게 재현해 보시오. 먼저 자신이 알고 있는 다섯 명의 사람(지인, 가족 또는 친구)에게 최근 30일 동안 스트레스를 받았던 사건에 대해 질문하시오. 무엇 때문에 사건이 일어났는지, 실제 무슨 일이 일어났는지, 그리고 그들이 어떻게 반응했는지도 물어보시오. 다섯 명의 답변을 모두 얻은 후 검토해 보고 사건의 본질이 무엇인지 생각해 보시오. 직장 밖에서 일어난 사건에 비해서 직장에서 일어난 사건은 얼마나 되는지 알아보시오. 일-가정 갈등과 관련된 사건은 없는지 알아보시오. 직장에서 일어난 사건들 중에서, 우리가 이 장에서 논의했던 역할 모호성, 역할 갈등, 업무 과부하, 통제력의 결여, 혹은 사회적 스트레스 요인 등과 같은 스트레스 원인들과 관련된 사건들이 있는지 확인해 보시오. 스트레스 사건에 대한 전형적인 반응은 어떤 것인지도 확인해 보시오.

PART
05

일의 사회적 맥락

(Getty Images)

INDUSTRIAL AND
ORGANIZATIONAL
PSYCHOLOGY

CHAPTER 12

작업 집단과 작업 팀

학습목표

1. 작업 집단과 작업 팀을 정의하고 두 개념을 구분한다.
2. 집단에 대한 중요 개념 네 개와 팀에 대한 중요 개념 두 개를 설명한다.
3. 집단 수행에 관하여 밝혀진 사실들을 요약한다.
4. 집단 내 다양성이 갖는 이점과 단점을 말한다.
5. 작업 집단과 작업 팀의 수행을 향상시킬 수 있는 절차들을 논의한다.

1988년 7월 3일 미 해군 유도 미사일 순양함 빈센스(Vincennes)는 이란 여객기를 격추했고 기내에 있던 290명 전원이 사망했다. 인명 피해를 가져온 미사일 발포에 대해 방공 전투 팀원들 중 일부가 책임을 졌다. 이 팀은 적군 비행기를 정확하게 파악하고 공격을 받는 상황일 때만 공격하도록 되어 있다. 하지만 변명의 여지가 없는 실수를 범했고 무능한 팀워크에 대해 많은 비난이 쏟아졌다. 팀원 중 한 명이 여객기를 적기로 오판했고 그 긴장되는 순간 아무도 실수를 바로잡지 못했다. 미 해군은 이 참사 이후 향후 유사한 실수를 예방하기 위한 최선의 방책을 세우기 위해 상당한 시간과 노력을 투자했다. 산업 및 조직 심리학자들은 해군의 이러한 노력에 많이 참여해 왔다(이 장의 '산업 및 조직 심리학 현장 연구' 참조).

팀으로 작업하는 조직은 미 해군만이 아니다. 팀은 공장, 병원, 상점에도 존재할 수 있다. 한 명 이상의 사람이 조화를 이루어 활동해야만 하는 직무라면 팀으로 작업한다. 다양한 업무 상황에서 사람들은 서로 독립적으로 일하지만 그래도 여전히 서로 접촉한다. 조직에서 여러 사람이 유사한 일을 하고 있지만 대학교수, 판매사원, 안전 경호원, 교사 등의 직업은 대부분 동료의 협조 없이 업무를 한다. 가장 독립적으로 일하는 사람들이라도 직장에서 상호작용하는 다른 사람들의 행동에 의해 영향을 받게 된다.

이 장에서는 종업원 개인에서 종업원 집단으로 관심을 돌리고 업무 상황에서 개인 행동이 타인 행동에 의해 얼마나 많은 영향을 받게 되는지를 설명한다. 철저하게 혼자 일하고 타인에게 영향을 받지 않는 직업은 거의 없기 때문에 타인의 영향력을 고려하지 않고서는 개인의 행동을 완벽하게 이해할 수는 없을 것이다.

작업 팀(work teams)과 작업 집단(work groups)을 구분하는 것으로 논의를 시작할 것이다. 집단에 대한 주요 개념 네 가지와 팀에 대한 두 가지는 다음과 같다.

- 역할
- 규범
- 집단 응집력
- 과정 손실
- 팀 몰입
- 팀 정신 모형

다음에서 직무 수행에 대한 집단의 영향력을 다루고 집단과 팀 수행을 향상시키는 기법을 설명할 것이다.

1. 작업 집단과 작업 팀

작업 집단(work group)은 상호작용하면서 상호 연관된 과업 목표를 공유하는 둘 또는 그 이상의 개인들의 집합이다. 이 두 가지의 특성, 즉 상호작용과 상호 연관성으로 집단과 단순한 사람들의 집합을 구분한다. 대학의 한 학과의 교수진은 작업 집단이다. 교수들은 이따금 서로 상호작용하며 학생들의 교육과 관련한 상호 연관된 목표를 갖고 전공 교과목을 가르친다. 반면 대학의 학생들 전체는 집단이라고 볼 수 없는데, 하위 집단 내에서는 상호작용을 하겠지만 전체는 상호작용하지 않으며 상호 연관된 목표를 공유하지 않기 때문이다. 오히려, 각 학생은 다른 학생들의 목표와 관련이 없는 개인적 목표를 갖는다.

작업 팀(work team)은 작업 집단의 한 유형이지만 세 가지 특별한 속성을 갖는다(West, Borrill, & Unsworth, 1998).

① 개개인의 행동은 상호 의존적이고 서로 잘 조화를 이루어야만 한다.
② 각 구성원은 특별하고 정해진 역할을 맡아야 한다.
③ 공통의 과업 목표와 목적이 있어야 한다.

예를 들어, 외과 수술 팀의 각 구성원은 특정한 역할이 있다. 외과 의사는 집도와 봉합을 한다. 간호사는 의사를 보조하고 의료 기구를 건네준다. 마취 의사는 환자가 의식이 없는 상태를 유지하면서 생존해 있는지를 체크한다. 이러한 사람들의 행동은 통합적으로 조화를 이룬다. 환자가 마취 상태가 되기 전에는 집도를 할 수 없다. 외과 의사는 간호사가 해당 의료 기구를 건네주지 않으면 봉합을 할 수 없다. 이들은 성공적으로 수술을 마무리하려는 공통 목표가 있다.

집단과 팀의 구분은 중요하다. 모든 팀은 집단이지만 모든 집단이 팀은 아니다. 집단은 함께 일하는 사람들로 구성되지만 다른 사람이 없어도 직무를 수행할 수 있다. 팀은 해당 팀의 다른 구성원이 없다면 직무를 수행할 수 없거나 적어도 효과적이지 못한 수행을 하게 되는 집단이다. 이 장에서 앞으로 논의되는 집단에 대한 모든 사항은 팀에 대해서도 적용되지만 팀에 대한 개념들이 반드시 집단에 적용되는 것은 아니다.

1) 가상 팀

10장에서 설명한 대로, 기술(컴퓨터 지원 협동 작업)의 발달은 사람들이 직접 얼굴을 보지 않고도 사람들이 팀으로 일하는 것을 가능하게 하였다. 이러한 가상 팀(virtual teams)은 이메일, 실시간 메시지 주고받기, 전화, 웹 카메라 그리고 기타 기술을 활용하여 의사소통한다(Kirkman & Mathieu, 2005). 그러나 가상성은 실무율(all-or-none)적 현상이 아니다. 팀마다 이메일과 전화 등의 가상 도구를 사용하는 정도에 차이가 있다. 지리적으로 멀리 떨어져 있는 사람들로 구성된 팀에서는 면대면 상호작용을 할 수 없어서 전적으로 가상공간에 의존하는 반면, 동일한 장소에서 근무하고 있는 팀은 때때로 가상 도구를 사용하여 의사소통하기로 결정하기도 한다.

면대면 집단과 가상 집단을 비교하면 면대면 집단이 보다 효과적으로 기능하는 것을 알 수 있다. 면대면 집단과 가상 집단을 비교한 52개 연구를 통합하여 분석한 결과, 가상 집단의 과업 수행이 더 낮고 과업을 완수하는 데 걸리는 시간이 더 길며 집단 구성원의 직무 만족도가 더 낮았다(Baltes, Dickson, Sherman, Bauer, & LaGanke, 2002). 가상 팀이 저조한 이유는 팀이 사용한 가상 도구의 유형 때문일 수도 있다. 좀 더 정교한 도구, 예를 들어 영상과 음성을 동시에 사용했을 경우 문자만을 사용했을 때보다 수행이 더 좋았다(Martins, Gilson, & Maynard, 2004). 집단 과업의 유형 또한 수행에 영향을 미치기도 한다. 이 장의 후반부에서 논의하겠지만, 가상적 브레인스토밍은 면대면 브레인스토밍에 비해 우수할 수 있다.

2. 집단과 팀의 중요 개념

집단에 대한 중요 개념 네 개와 팀에 대한 중요 개념 두 개로 집단과 팀 행동의 많은 부분을 설명할 수 있다. 처음 세 개(역할, 규범, 집단 응집력)는 집단과 팀이 어떻게 작용하는지를 이해하는 데 도움이 되는 집단의 중요한 측면을 설명한다. 네 번째 개념(과정 손실)은 작업 집단과 팀의 구성원들이 직무 수행에 매진하지 못하도록 하는 것에 관한 것이다. 팀 몰입과 팀 정신 모형은 팀의 중요한 특성이지만 집단에 있어서는 중요하지 않다.

1) 역 할

역할(role)이란 개념은 집단이나 팀의 모든 구성원이 동일한 기능이나 목적을 갖고 있지 않음을 함축한다. 외과 수술 팀에서 각 개인은 외과 의사의 역할, 간호사의 역할, 마취 의사의 역할을 맡는다. 각 구성원의 역할은 명확하게 정의되어 있고 모든 팀 구성원이 자신의 역할이 무엇인지 정확하게 알고 있을수록 작업 팀은 잘 운영된다.

공식적 역할(formal roles)은 조직이 구체적으로 정하며 공식적으로 직무 기술서에 진술되어 있다. 외과 수술 팀에서 각 구성원의 직무명, 즉 외과 의사, 간호사, 마취 의사 등은 공식적으로 역할을 정의한다. 즉, 역할을 정의하는 조직 문서인 직무 기술서와 직무 분석집 등이 있을 수 있다. 비공식적 역할(informal roles)은 조직의 공식적 내규와 규정보다는 집단 상호작용에 의해 발생한다. 집단은 공식적으로 존재하지 않는 역할을 만들어 낼 수 있고 집단의 비공식적 역할이 공식적 역할을 대체할 수 있다.

작업 집단에서 만들어 낸 비공식적 역할의 한 예는 경조사 카드 발송자(greeting card sender)다. 작업 집단에서는 생일을 축하하기 위해서 혹은 가족 구성원의 사망 시 조의를 표하기 위해서 구성원들이 서로 카드를 보내는 것은 흔한 일이다. 집단의 한 구성원이 적절한 시간에 카드를 사서 보내는 역할을 맡을 수도 있다. 비공식적 역할이 공식적 역할을 대체하는 경우의 한 예는 한 구성원이 감독자라는 공식적 직함을 갖고 있으나 다른 구성원이 비공식적인 실질적 리더일 때다. 이러한 상황은 전투 부대 팀에서 일어날 수 있다. 병사들은 계급이 높지만 경험이 없는 위관(소위, 중위)보다 계급은 낮지만 경험 많은 하사관을 오히려 리더로서 여긴다.

구성원 사이에 역할의 전문화 정도는 집단마다 상당히 다르다. 외과 수술 팀을 예로 들면, 외과 의사, 간호사, 마취 의사의 역할에서 중복이 거의 없도록 양성 과정과 자격 요건을 엄밀히 구분한다. 그러나 구성원들은 역할을 바꾸고 책임을 교대하기도 하는 집단 혹은 팀이 있다. 대학교 학과에서는 교수들이 흔히 학과장을 교대로 한다.

2) 규 범

규범(norms)은 작업 집단 구성원들이 받아들이는 불문율이다. 이 규칙에는 옷 스타일과 말하는 방식부터 모든 사람이 어느 정도로 열심히 일해야 하는지에 이르기까지 모든 것이 포함된다. 많은 집단이 규범을 강하게 밀어붙이기 때문에 규범은 개인의 행동

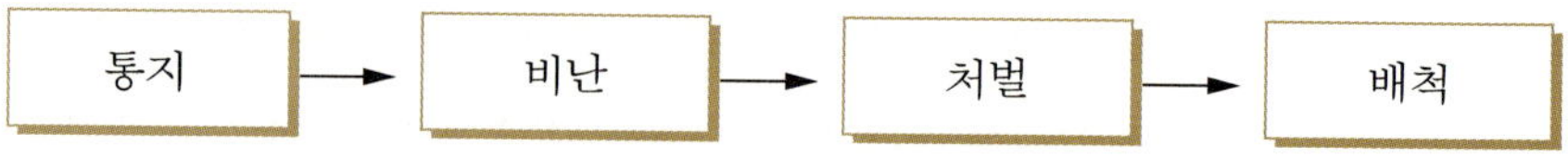

그림 12-1 규범 위반자 처리 과정

규범 위반자는 통지를 받고, 비난을 당하며, 처벌을 받고, 집단에서 배척당한다.

에 강력한 영향력을 발휘할 수 있다. 조직 구성원이 좋은 평가를 받으려면 규범에 따라야만 한다. 규범을 위반한 사람들에게는 압력이 가해질 것이다. 먼저 집단 구성원들은 "여기에서는 그런 일을 하면 안 됩니다."라고 말하면서 위반자의 행동이 규칙을 위반한 비정상적인 것임을 일깨워 줄 것이다. 위반이 계속되면 좀 더 엄하게 규범을 강요하기 시작하고 심지어 폭력적인 방법을 행사할 수도 있다. 위반한 사람과 소유물에 대한 공격적 행동은 중요한 규범이 위반되었을 때 드물지 않게 발생한다. 규범에 순응하도록 하는 모든 노력이 끝내 실패하면 위반자는 집단의 구성원들에 의해 배척될 것이다. 아무도 그 사람에게 말을 걸거나 일을 함께 하려고 하지 않을 것이다. 이런 과정은 [그림 12-1]에 제시되어 있다.

작업 집단은 흔히 각 구성원이 생산해야 할 양을 지정하는 생산 규범을 채택한다. 이는 특히 수량으로 셀 수 있는 생산품을 산출하는 제조 공장에서 볼 수 있지만 실제로는 거의 모든 유형의 조직에서 일어날 수 있다. 너무 열심히 일하는 조직원(rate busters, 임률 파괴자)이나 열심히 일하지 않는 종업원(gold bricks, 게으름뱅이)은 집단 규범에 따르라는 압력을 받을 것이다. 대개 압력은 "여기에서는 이렇게 열심히 일하지 않아요."라는 친근한 설명으로 시작하고 일부 조직에서는 폭력으로 차츰 확대되기도 한다. 생산 규범의 대표적 예는 생산한 한 벌당 임금을 받는 체계로 이루어진 파자마 공장에 관한 Coch와 French(1948)의 고전적 연구에서 발견할 수 있다. 이 공장에서는 종업원들이 자신이 원하는 속도로 파자마를 만드는 작업을 할 수 있었다. Coch와 French는 소속 작업 집단의 생산 규범이 시간당 50벌인데 그 규범을 초과하기 시작한 한 종업원의 성과를 기록했다. 집단 구성원들이 그 종업원을 압박했을 때 시간당 약 45벌로 다시 자신의 성과를 낮추었다. 얼마 동안 시간이 흐른 후 그 집단은 해산되었고, 며칠이 지나지 않아 그 종업원의 성과는 두 배 이상으로 뛰었다.

작업 집단 규범은 감독자나 조직의 관례보다 구성원 행동에 더 큰 영향을 미칠 수 있다. Coch와 French(1948)의 연구를 보면, 한 벌당 임금을 받는 체계의 작업장임에도 불구하고 규범에 의해 생산이 한정되는 것으로 나타났다. 종업원들은 집단 규범을 위반하지 않기 위해 더 많은 돈을 벌 수 있는 기회를 포기했다. 규범의 방향을 적절하게 설정하면 규범은 분명히 생산성을 향상시킬 수 있는 유용한 수단이 될 수 있을 것이다. 조직의 경영진이 집단 규범을 변화시키는 것이 어려울 수 있는데, 규범을 채택하는 것이 집단에게 최선의 이득이 될 수 있도록 변화를 잘 조직화하기가 쉽지 않기 때문이다. 예를 들어, 집단 보상 제도는 집단이 고성과 규범을 채택하도록 하는 효과적인 수단일 것이다. 집단이 특정한 수행 수준에 도달하면 집단의 모든 구성원은 이 제도를 통해 금전적 보너스와 같은 보상을 받게 된다. 하지만 Coch와 French(1948)가 보여 준 바와 같이 보상 시스템이 집단이 수행을 더 잘하도록 항상 동기화할 수 있는 것은 아니다.

3) 집단 응집력

집단 응집력(group cohesiveness)은 집단 구성원들을 끌어안아 집단을 유지하는 힘의 총합이다. 집단의 응집력이 높으려면 대부분의 구성원이 집단에 남고자 하는 강한 동기를 가져야 한다. 높은 수준의 집단 응집력은 집단 행동에 중요한 함의를 갖는다. 규범은 응집력이 높은 집단에서만 강력한 효과를 발휘하는 경향이 있다. 규범의 위반은, 특히 중요한 규범일 경우 집단의 존재 자체를 위협할 수 있다. 만약 집단의 존속이 집단 구성원들에게 대단히 중요하다면 규범에 순응하고 따르는 것은 중대한 사항이 될 것이다. 직장에서 사람들은 대부분 경제적 생존을 위해서 직업에 의지하고 있기 때문에 작업 집단은 가족만큼 중요한 가치가 있다. 집단의 안녕을 위협하는 사항은 심각하게 받아들이게 된다.

응집력이 있는 집단은 집단 규범이 강력히 시행되고 작업 집단은 높은 생산성 규범이나 낮은 생산성 규범을 채택할 수 있다. 그렇기 때문에 집단의 응집력과 직무 수행 사이의 상관이 다소 일관되지 않았다. 그러나 최근의 통합분석에 의하면, 높은 응집력은 낮은 수행이 아닌 높은 수행과 관련이 있을 가능성이 높다. 예를 들어, Mam과 Lam(2003)은 한 다국적 은행의 홍콩과 미국 지점의 작업 팀들을 대상으로 연구를 수행했다. 팀원들은 응집력에 대한 설문지에 응답했고 상사들은 팀 수행에 대한 평정을 제공했다. 결과는 응집력이 있는 팀이 팀 수행에서 높은 평정 점수를 받았음을 보여 주었다.

4) 팀 갈등

사람들이 팀으로 작업할 때, 과업 목표를 달성하기 위해 여러 사람의 활동을 조정 ·

통합해야 한다. 어떠한 절차를 따라야 할지, 자원을 어떻게 분배할지, 그리고 팀 구성원들에게 어떻게 과업을 할당할지에 대한 결정을 내려야 하기 때문이다. 모든 사람의 의견이 언제나 일치할 수는 없으므로 팀 구성원에게 중요한 사안에 관하여 갈등이 초래될 수 있다. 이러한 갈등을 팀이 어떻게 다루는지가 팀의 효과성을 결정한다. 갈등은 협력적 갈등과 경쟁적 갈등으로 나눌 수 있다(Hempel, Zhang, & Tjosvold, 2009). 협력적 갈등(cooperative conflict)은 각 개인이 서로 다른 견해들을 개방적으로 공유하고, 타인의 의견을 존중하며, 팀 구성원들이 수용할 수 있는 해결책을 찾는 데 초점을 맞춘다. 반면 경쟁적 갈등(competitive conflict)에서는 팀 구성원들이 각자의 견해를 부각하고, 타인의 의견에 무관심하며, 자신의 주장을 관철시키기 위해 노력한다. 팀 내에서의 협력적 갈등은 팀 수행과 정적인 상관을 보이고 경쟁적 갈등은 부적인 상관을 나타내었다(Hempel et al., 2009; Somech, Desivilya, & Lidogoster, 2009). 따라서 팀이 잘 기능하려면 팀 구성원들은 협력적인 태도를 갖는 것이 중요하다.

5) 과정 손실

작업 집단 구성원이 들이는 대부분의 시간과 노력은 개인의 수행을 통해 조직의 목적 달성에 기여한다. 그러나 많은 노력이 직무 수행과 거의 직접적으로 관련이 없는 집단 기능에 소진되기도 한다. 예를 들어, 규범의 강요나 구성원 간의 갈등 해결 등의 집단 유지 기능에 시간을 보낸다. 또한 식사를 하거나 대화를 하는 등의 사교 활동도 포함되는데 이는 집단 응집력을 높이고 효율적인 집단 운영에 중요할 수 있다. 생산이나 과업 성과와 직접적으로 관련 없는 활동에 소비되는 모든 시간과 노력을 과정 손실(process loss)이라고 말한다.

유지 활동에 들이는 시간은 집단에 따라 매우 다양하다. 어떤 집단은 규범 위반자와 대인관계 갈등 문제로 엄청나게 많은 시간과 에너지를 낭비한다. 또 어떤 집단은 마찰과 내부 불화가 거의 없이 매끄럽게 운영된다. 집단 수행에 대한 다음 절은 집단이 항상 기대한 만큼 수행을 잘하지는 못함을 보여 준다. 과정 손실은 집단에서 종종 발생하는 비효율성과 많은 관련이 있을 것이다. 그럼에도 과정 손실은 일부분 필요하고 집단이 미래에 더 나은 수행을 하는 데 도움이 될 수도 있다.

6) 팀 몰입

조직 몰입이란 개념은 팀을 포함한 다양한 실체로 확대되었다. 팀 몰입(team commitment)은 개인이 팀에 관여하는 정도의 크기이며 팀 목표의 수용, 팀을 위하여 열심히 일하려는 의지, 팀에 남아 있기를 바라는 마음 등으로 구성된다(Bishop & Scott, 2000). 그러므로 팀 몰입이 높으면 팀 수행이 높고, 이직이 낮으며, 팀 만족이 높을 것으로 기대할 수 있다. 기존 연구들은 최소한 두 가지의 기대를 지지했다. Bishop, Scott과 Burroughs (2000)는 자동차 부품 조립 공장에서 작업 팀 수행이 팀 몰입과 정적인 상관이 있음을 증명했다. J. W. Bishop과 Scott(2000)은 재봉사들을 연구했는데, 조직 몰입뿐 아니라 팀 몰입도 동료와 감독자 만족과 관련이 있음을 밝혔다. Van Der Vegt, Emans와 Van De Vliert(2000)는 네덜란드에서 실시한 연구에서 일반적 직무 만족과 팀 만족이 팀 몰입과 유의미한 정적 상관이 있다고 보고했다('연구 상세히 보기' 참조).

연구 상세히 보기

구성원들이 과업을 수행하기 위해서 자원을 공유해야 하거나 함께 일해야 하는 정도를 뜻하는 과업 상호의존성은 집단과 팀을 구분하는 중요한 요소다. 집단은 구성원끼리 단지 서로 가까운 곳에서 일할 뿐 상호 의존적일 수도 있고 그렇지 않을 수도 있다. 반면 팀은 상호 의존적이다. 네덜란드에서 실시한 연구에서 Van Der Vegt, Emans와 Van De Vliert(2000)는 상호 의존성이 팀 몰입과 팀 구성원의 직무 만족과 관련된 정도를 연구했다. 연구자들은 함께 밀접하게 일해야만 하는 상황에서는 대부분의 사람이 즐겁게 여기는 좋은 대인관계와 동료애로 이어지기 때문에 과업 상호의존성은 직무 만족, 팀 만족, 팀 몰입을 높일 수 있다고 주장했다.

참여자들은 22개의 작업 팀으로 조직되어 있는 기술 컨설팅 회사의 148명의 종업원이었다. 질문지는 상급 관리자들이 종업원들에게 우편으로 보내어 설문에 참여하도록 요청했다. 과업 상호 의존성, 직무 만족, 팀 만족, 팀 몰입을 측정하는 척도가 포함되었다. 팀의 과업은 상호 의존성의 정도에 있어서 다양했다.

연구 결과 과업 상호 의존성은 직무 만족(.18), 팀 만족(.29), 팀 몰입(.45)과 유의미한 정적 상관을 보였다. 그러므로 상호 의존성이 클수록 팀 구성원들은 더 많이 만족하고 몰입했다. 또한 팀 몰입은 직무 만족(.59)과 팀 만족(.69)과 강한 상관을 보였다.

이러한 결과들은 상호 의존성이 직무 만족, 과업 만족, 팀 몰입을 유발한다는 Van der Vegt 등의 주장을 지지한다. 물론 질문지를 사용한 횡단적 연구였기 때문에 상호의존성이 그 원인이라고 확언할 수 없지만 사람들이 자신의 직무와 팀에 대해 느끼는 데 있어 상호 의존성이 중요한 역할을 하는 것 같다고 말할 수 있다.

출처: "Team Members' Affective Responses to Patterns of Intragroup Interdependence and Job Complexity," by G. Van Der Vegt, B. Emans, and E. Van De Vliert, 2000, *Journal of Management, 26*, 633-655.

팀 몰입은 집단 응집력과 매우 유사해 보이지만 더 포괄적인 개념이다. 응집력은 개인이 집단에 끌리는 정도를 의미하지만 몰입은 팀 목표의 수용과 팀원으로서 열심히 일하려는 의지 또한 포함하는 개념이다. 물론 이러한 모든 요소는 서로 관련성이 매우 높기 때문에 실제로 응집력 있는 팀은 몰입이 높은 팀일 것이다.

7) 팀 정신 모형

사람들이 팀으로 일할 때는 함께 해야만 하는 것에 대해 어느 정도의 공통된 생각들이 있어야만 한다. 팀 정신 모형(team mental model)은 팀 구성원이 업무, 팀, 장비, 상황에 대하여 이해를 공유하는 것을 말한다(Mohammad & Dumville, 2001). Smith-Jentsch, Mathieu와 Kraiger(2005)는 정신 모형은 복잡하며 두 가지 유형으로 나눌 수 있다고 설명하고 있다. 한 가지 유형은 과업, 다른 유형은 팀워크와 관련된다. 과업 모형은 수행해야 하는 직무의 특성에 관한 것이다. 외과 수술 팀의 모든 구성원은 함께 수행해야 하는 수술과 각 구성원의 역할에 대한 이해를 공유해야 한다. 각 구성원의 정신 모형들이 동일해야 함을 의미하지 않고 모순되지 않기만 하면 된다는 것을 의미한다. 간호사가 환자의 질병에 대해 의사와 동일한 수준만큼 이해하고 있지는 않겠지만 팀의 구성원들은 함께 달성해야만 하는 것과 각자가 하는 일에 대한 이해를 공유한다(Cannon-Browers & Salas, 2001). 외과 의사가 의료 기구를 요청할 때 간호사는 그에 관한 이해를 공유하고 있기 때문에 자신이 무엇을 해야 할지를 알고 있다. 팀워크 모형은 팀과 팀으로서 어떻게 함께 일해야 하는지에 대한 팀 구성원의 공유된 생각을 말한다.

한 팀이 효과적으로 일을 수행하기 위해서는 충분히 공유된 팀 정신 모형이 반드시 필요할 것이다. 정신 모형이 부족한 팀은 협력이 잘되지 못할 것이고 비효율적이며 오류를 범하기 쉬울 것이다. 또한 오해 때문에 갈등이 발생할 수도 있고, 현재 행해지고 있지 않는 과업을 서로 다른 사람이 할 것으로 기대하기 때문에 팀원들이 서로에 대해 실망하여 갈등이 발생하기도 한다. 연구에 의하면 팀 정신 모형의 질은 팀 수행과 상관이 있는데 정신 모형이 정확하고 팀 구성원들 사이에 유사할수록 수행이 더 좋았다(DeChurch & Mesmer-Magnus, 2010; Edwards, Day, Arthur, & Bell, 2006).

3. 집단 수행과 팀 수행

많은 과업에 대해 집단 수행(group performance)이 개인 수행(individual performance)보다 더 우수하다는 믿음이 널리 퍼져 있다. 이 믿음은 사람들이 상호작용하면서 집단 구성원들의 합 이상으로 집단이 일을 더 낫게 할 수 있다는 생각에 바탕을 둔 것이다. 바꿔 말하면, 사람들은 혼자 있을 때보다 더 잘하도록 서로를 격려한다는 뜻이다. 둘 또는 그 이상의 사람의 통합적인 노력이 필요한 과업에서는 한 개인이 그 업무를 혼자 달성할 수 없기 때문에 함께 작업해야 효과적인 것은 당연한 일이다. 한 예로, 집을 짓기 위해 몇 명의 사람이 필요하다고 생각해 보자. 어떤 일은 둘 이상의 손품이 필요할 것이고 또 혼자 들어 올릴 수 없는 물건을 들어야 하는 경우도 생긴다. 그러나 모든 일에서 개인보다 집단이 항상 더 나은 것은 아니다. 가능한 이유 중 하나가 과정 손실인데, 이는 집단 구성원들이 서로의 주의를 흐트러뜨려 당면한 과업 수행에만 전념하는 것을 방해하는 행위를 의미한다. 또 다른 이유들이 있는데 집단 수행과 개인 수행을 비교하여 논의할 때 언급할 것이다.

1) 타인의 존재하에서의 수행

심리학에서 집단 현상으로 초창기에 알려진 것은 과업 수행이 타인의 존재에 영향을 받는다는 점이다. 1800년대 후반 Norman Triplett은 자전거 경주자는 혼자 달릴 때보다 다른 사람과 경쟁하면서 경주할 때 더 빠르다는 점에 주목했다. 그러나 실험실 과제로 실시한 후속 연구들에서 타인이 존재할 때 사람들은 더 나은 수행을 보인다는 생각이 항상 지지를 받은 것은 아니었다. 타인이 존재하면 더 나은 수행을 보인 연구도 있었지만 더 낮은 수행을 보인 연구도 있었다.

이러한 결과에 대해 가장 널리 받아들여지는 설명은 Zajonc(1965)가 발표한 것이다. Zajonc는 타인의 존재하에서 수행이 향상될지 억제될지를 결정하는 요인은 과업의 유형이라는 사실을 알아냈다. 그는 타인의 존재가 생리적 각성을 증가시키고 이는 과업 수행에 영향을 준다고 주장했다. 자전거를 타는 것처럼 과업이 단순하거나 잘 숙련되어 있을 때 타인이 유발한 각성으로 인해 수행은 향상된다(사회 촉진[social facilitation] 효과). 반면에 복잡한 수학 문제를 푸는 것처럼 과업이 복잡하거나 수행자에게 생소한 것

청중 앞에서의 수행은 각성을 야기한다. 사진 속의 발표자는 틀림없이 각성되었을 것이다.
(© Yuri Arcurs, sourced from shutterstock images)

일 때 타인이 유발한 각성에 의해 수행은 감소된다(사회 억제[social inhibition]). 이러한 결과는 복잡한 과업을 하는 경우 각성 수준을 상대적으로 낮게 유지할 수 있도록 구성원들에게 사적인 공간을 확보해 주어야 한다는 점을 시사한다. 단순한 과업의 경우 타인의 존재로 발생한 각성은 수행을 향상시킬 수 있지만 이것이 늘 보장되는 것은 아니다. 왜냐하면 사람들은 작업장에서의 방해 요인이 될 수 있고 이는 더 낮은 수행으로 연결될 수도 있기 때문이다.

2) 가법적 과업에서 집단 수행과 개인 수행의 비교

연구자들은 개인과 집단의 과업 수행을 비교할 때 대개 가법적 과업(additive task)에 관심을 갖는다. 가법적 과업의 산출물은 셀 수 있고 전체 산출물은 집단 내 개인 구성원의 산출물의 합이다. 슈퍼마켓 계산원 집단의 전체 산출은 가법적인데 총 판매액이 개별 계산원의 판매액의 합이기 때문이다. 가법적 과업 수행에 대한 집단 과정의 효과를 알아보려면 상호작용하는 집단의 산출량과 집단 구성원과 동일한 수의 상호작용하지 않는 개인의 산출량의 합을 비교하면 알 수 있다. 상호작용하지 않는 개인들은 명목 집단(nominal group)이라고 부른다. 명목 집단의 산출량은 단순히 개인들의 산출량의 합을 의미한다. 그에 비해 상호작용하는 집단의 산출량은 명목 집단 내의 개인과 동일한 수의 사람들이 집단을 이루어 얼마나 잘 수행했는지를 반영한다.

19세기에 진행된 연구는 일관되게 명목 집단이 상호작용 집단(interacting group)과 동

〈표 12-1〉 집단 크기의 작용에 따른 물건의 밀고 당기는 강도

집단 크기	예상되는 당김(Kg)	실제 당김(Kg)	예상되는 수행에 대한 실제 수행의 비율
1	1	1	100
2	2	1.86	93
4	4	3.08	77
8	8	3.92	49

출처: "Ringelmann Rediscovered: The Original Article," by D. A. Kravitz and B. Martin, 1986, *Journal of Personality and Social Psychology, 50*, 936-941.

일하거나 대개 상호작용 집단보다 더 나은 수행을 했음을 보여 주었다(J. H. Davis, 1969). 이러한 결과를 보여 주는 대표적 연구의 예는 Ringelmann이라는 프랑스 농업 기술자가 100여 년 전에 행한 연구다. Kravitz와 Martin(1986)은 Ringelmann의 연구가 집단과 개인의 과업 수행을 비교했다고 기술했다. Ringelmann은 개인별 노력의 합은 집단으로 일하는 동일한 수의 사람들의 노력의 합보다 낫다고 말했다. 〈표 12-1〉은 집단과 개인의 노력을 비교 요약하고 있다. 이 표는 물체를 밀고 당기는 여러 가지 유형의 과업들의 결과를 종합한 것이다. 첫 번째 열은 집단의 사람 수를 나타낸다. 두 번째 열은 집단의 기대되는 성과를 나타내는데 집단의 사람 수에 개인의 평균 성과를 곱해서 계산하였다. 즉, 두 명 집단은 한 사람 성과의 두 배를 산출해야만 하고 네 명 집단은 한 사람 성과의 네 배를 산출해야만 한다. 세 번째 열은 해당 집단의 실제 수행을 나타낸다. 표에 나와 있는 것처럼 실제 상호작용을 하는 집단의 성과는 명목 집단의 성과보다 현저하게 작다. 상호작용 집단의 성과 비율은 집단 크기가 증가함에 따라 감소한다(네 번째 열 참조). 상호작용 집단에서는 수행을 억제하는 무슨 일이 벌어지고 있음이 명백하다.

가법적 과업 수행에 미치는 집단 영향은 최소한 두 가지로 설명할 수 있다. 첫 번째 설명은 과정 손실의 가능성이다. 집단 구성원들은 서로의 과업 수행을 방해할 수도 있다. 혹은 당장의 과업 수행보다는 집단 유지 활동에 시간과 노력을 소비할 수도 있다. 이것이 일부 연구에서 나타난 수행의 억제에 대한 설명이 될 수 있겠지만 밧줄 당기기 과업 수행에 대한 설명일 가능성은 희박한 것으로 보인다. 밧줄 당기기 과업의 특성은 신호를 했을 때 모든 집단 구성원이 동시에 밧줄을 당기는 데 노력을 집중해야 한다. 집단 구성원들은 그 순간 다른 행동을 하고 있을 수 없다.

두 번째 더 그럴듯한 설명은 사회적 태만(social loafing)이라고 불리는 현상이다. 사람들은 혼자 있을 때 하는 만큼 집단에서 많은 노력을 들이지 않고 집단이 커질수록 개

인의 노력이 점차 감소된다. Latané, Williams와 Harkins(1979)는 이 현상이 실험실 연구와 현장 연구에서 모두 볼 수 있는 흔한 현상임을 밝혔다.

성과가 개인별로 평가된다고 집단 구성원들이 믿을 때 사회적 태만 효과는 감소할 수 있다. 한 현장 연구에서 종업원들이 개인의 생산성을 다른 사람들이 볼 수 있다고 느꼈을 때 이 현상은 낮아졌다(Liden, Wayne, Jaworski, & Bennett, 2004). 또한 이 현상은 호주, 캐나다, 영국, 미국에서와 같이 사회보다는 개인에 중점을 두는 개인주의적 문화에서만 발생할 수도 있다(9장의 문화적 가치에 관한 논의 부분 참조). Earley(1989)는 집단과 사회를 강조하는 집단주의 문화권인 중국 출신의 관리자 연수생들에게서는 사회적 태만을 관찰할 수 없었다고 말했다.

3) 브레인스토밍

집단은 개인보다 아이디어를 내거나 문제를 해결할 때 더 우수하다고 여겨진다(Osborn, 1957). 이 이론은 집단 구성원들이 서로를 고무하여 혼자서는 생각하지 못했던 아이디어를 낼 수 있도록 한다는 것이다. 브레인스토밍(brainstorming)은 아이디어 제안과 같은 종류의 과업에서의 수행을 향상시키기 위한 집단 활용 기술이다. 집단은 어떤 식의 비판이나 판단을 배제하고 아이디어를 내라는 지시를 받는다. 브레인스토밍 후 아이디어는 평가되고 수정된다.

기대와 달리 그동안의 연구에서는 브레인스토밍을 하는 집단의 수행이 명목 집단 수행보다 더 우수하다는 증거를 찾지 못했다(McGlynn, McGurk, Effland, Johll, & Harding, 2004). 오히려 집단 구성원들은 흔히 서로 고무하기보다 서로 억제한다. 고무가 아닌 억제가 일어나는 까닭 중 하나는 과정 손실 때문이다. 아이디어를 내는 데 집단은 개인만큼 많은 시간을 투자하지 않을 것이다. 더 중요한 이유는 개인은 수줍음이나 사회적 불안 때문에 집단에서 아이디어를 공유하는 것을 꺼릴 수 있다는 점이다. 혼자 있을 때 사람은 아이디어를 내는 데 더 자신감이 있고 안정적일 수도 있다. 마지막으로 생각해 볼 수 있는 이유는 집단으로 작업할 때 구성원들은 여러 가지 생각을 내놓기보다 타인의 의견을 듣는 데 대부분의 시간을 소비하게 된다는 것이다.

컴퓨터를 활용하여 아이디어를 창출하는 브레인스토밍은 수행을 향상시키는 것으로 나타났다(Dennis & Valacich, 1993). 각 구성원들은 종이에 적지 않고 컴퓨터에 아이디어를 입력하게 된다. 이 기법은 명목 집단의 수행(혼자 작업한 개인의 산출량을 합한 것)과 동일하거나 더 나은 수행을 보이며 모여서 아이디어를 공유하는 집단보다 더 나은 수행을 보였다. Gallupe, Bastianutti와 Cooper(1991)의 컴퓨터 브레인스토밍 연구에서 피험자들은 여러 명의 구성원이 동시에 같은 업무를 하고 있으며 자신이 컴퓨터로 입력하는 아이디어는 모든 사람이 보게 된다는 것을 알았다. 피험자들은 서로를 알지 못하였는데, 이는 상호작용하는 집단에서 수행을 억제하는 사회적 불안을 감소시킬 수 있었다. 그러나 유사한 연구에서 Valacich, Dennis와 Nunamaker(1992)는 컴퓨터로 연결하여 브레인스토밍을 하는 집단의 수행은 익명성 여부로 차이가 나지는 않음을 밝혔다. 이 연구는 사회적 불안이 상호작용 집단의 수행을 떨어뜨리는 이유가 아님을 시사한다.

Gallupe, Cooper, Grisé와 Bastianutti(1994)는 타인이 말하는 동안 자신의 차례를 기다릴 필요가 없기 때문에 전자 브레인스토밍이 더 나은 수행을 보인다고 했다. 사람들은 아이디어가 생각나자마자 아이디어를 입력할 수 있다. 컴퓨터를 활용하여 브레인스토밍을 하는 사람들이 컴퓨터에 자신의 아이디어를 입력할 차례를 기다리도록 한 조건에서의 수행은 상호작용 집단의 수행과 거의 동일했다. 이 결과는 컴퓨터를 사용한 브레인스토밍 집단이나 명목 집단과 비교했을 때, 상호작용 집단의 수행을 낮추는 원인이 과정 손실임을 암시한다.

Paulus(2000)는 집단 구성원들이 서로 영감을 준다는 기본적 생각은 맞지만 집단 과정이 방해 요인으로 작용한다고 주장했다. Paulus는 타인의 아이디어를 알게 되면 더 많은 아이디어를 내게 된다는 사실을 밝혔다. 그는 처음에 사람들이 함께 모여 집단으로 토론하게 하고 그 이후 더 많은 대안을 내놓도록 혼자 작업하는 절차를 제안하고 있다. 연구에서 밝혀진 바에 의하면, 초반의 집단 활동이 그 이후의 단독 활동을 촉진하였고 그 결과로 수행이 증가됨을 보여 주었다(Paulus, 2000).

4) 집단 문제 해결

지금까지 우리는 과업을 수행하고 브레인스토밍을 하는 과정에서 상호작용 집단보다 명목 집단이 수행을 더 잘한다는 것을 보여 주었다. 그러나 이것은 개인들이 항상 집단의 수행을 능가한다는 것은 아니며 사람들이 상호작용하면서 함께 과업을 해낼 때 더 좋은 수행을 나타낼 수 있는 과업도 있기 때문이다. 문제 해결(problem solving) 과업에는 수수께끼를 푸는 것처럼 주어진 상황에 대한 해결책을 찾아내는 것이 포함된다. 옳은 정답이 하나인 문제가 있을 수도 있고, 일리가 있는 해결책이 여러 개 존재하는 문제도 있을 수 있다. 전자의 경우에는 옳은 정답을 찾아내는 시간으로 수행을 평가하고, 후자의 경우에는 적절한 답을 찾아내는 시간으로(혹은 답의 질적인 측면으로) 수행을 평가한다. 집단 문제 해결 연구에서는 흔히 집단과 개별 구성원을 비교할 때 문제를 해결하는 데 집단이 걸리는 시간과 최고의 수행을 보인 개인을 대조한다. 문제 해결 연구들에서 흔히 집단적 수행은 집단 내에서 가장 잘하는 팀원의 수행과 비슷하거나 더 낫다는 것을 발견했는데, 이는 이런 종류의 과업에서는 집단을 이루어 과업을 수행하는 것이 더 나은 선택임을 시사하는 것이다(Bonner, Baumann, & Dalal, 2002).

5) 집단 의사결정

조직 내의 집단은 비교적 덜 중요한 사항(예: 새로운 문구의 색상)에서 수천 명의 생활과 안녕이 걸린 중요한 사항(예: 공장의 폐쇄와 모든 근로자의 해고)까지 자주 의사결정을 내린다. 조직은 중요한 결정을 개인 관리자가 하는가(독단적 접근), 집단이 하는가(민주적 접근)의 정도에 따라 매우 다양하게 분류될 수 있다. 그러나 가장 독단적인 조직에서조차도 집단 혹은 위원회의 자문을 구한 뒤 개인이 결정을 내리는 경우가 흔하다. 미국 대통령은 중요한 결정 사항에 대해 보좌관들의 자문을 구하고, 주식회사의 사장들도 보통 대통령 보좌관들과 동일한 목적을 행하는 보좌진의 '측근 집단(inner circle)'을 갖고 있다.

의사결정의 질을 평가하는 것이 항상 쉽고 수월한 것은 아니다. 일반적으로 결정의 질의 평가는 평가를 내리는 사람의 가치와, 비교를 위해 선택한 준거에 따라 달라진다. 만약 정부가 참전하기로 결정한 경우 전쟁에서 이겼기 때문에 그 결정을 긍정적으로 여기는 사람도 있고 많은 사람이 죽었기 때문에 부정적으로 여기는 사람도 있을 것이다. 대부분의 미국인이 2003년 이라크의 사담 후세인 정부를 전복하기 위해 군사력을 사용한 부시 대통령의 결정을 지지했음에도 많은 사람은 너무 많은 생명을 앗아 간 그릇된 결정이었다고 여긴다. 이와 유사하게, 어떤 회사 사장이 인력을 축소하고 수천 명의 종업원을 해고하는 결정을 한다면 주주들에게는 주가가 올라가는 면에서 좋은 결정이며 종업원에게는 직업을 잃는 면에서 그릇된 결정이 될 것이다. 이 딜레마의 해결책은 달성하고자 한 목적에 비추어 결정 사항을 평가하는 것이다. 이라크 전쟁은 후세인을 전복하려는 목적을 달성했기 때문에 좋은 결정으로 간주될 수도 있다. 만일 사람의 목숨과 비용을 기준으로 한다면, 이라크 전쟁의 감행은 그릇된 결정으로 간주될 수도 있다. 대량 해고 후 재정적으로 회사가 건강해졌다면 해고는 좋은 결정이지만 그렇지 못했다면 그릇된 결정일 것이다.

여기서는 집단 결정의 두 부분을 고찰한다. 먼저 의사결정에 있어서 개인보다 집단이 더 많은 위험을 감수하는지, 아니면 더 보수적인지 하는 문제다. 집단 극화를 설명할 때 살펴보겠지만 이 물음에 대한 답은 간단하지 않다. 두 번째 문제는 대부분의 집단 구성원이 좋지 않은 결정임을 알면서도 집단이 부적절한 결정을 내리게 되는 경우다. 이것은 집단 사고 현상이며, 뒤에서 논의할 것이다.

■ 집단 극화

한 집단이 몇 가지 가능한 행동 방향 중 하나를 선택했을 때 그 선택은 개인이 한 선택보다 위험이 더 클 것인가, 아니면 더 작을 것인가? 바꿔 말하면, 집단의 결정은 개인의 결정보다 더 모험적인가 혹은 더 보수적인가? 이 질문은 집단 결정과 개인 결정을 비교한 수백 개의 연구에서 논의되었다. 그 답은 집단의 결정은 개인의 결정과 흔히 다르지만 집단의 결정이 더 모험적일지 혹은 보수적일지는 결정의 성격에 따라 다르다는 것이다.

전형적인 모험적 사안에 대한 결정 연구(risky decision study)에서는 개인과 집단에게 위험 정도가 다양한 선택 사항 중 한 가지를 선택하게 한다. 수술을 받을지 여부의 판단 기준이 되는, 생존 가능성의 확률을 결정하는 과업이 한 예가 될 수 있을 것이다. 〈표 12-2〉는 여러 위험 연구에서 사용되어 온 선택-딜레마 상황들 중 하나다(Kogan & Wallach, 1964). 이들 연구에서는 실험 피험자에게 먼저 개인적인 선택을 하게 한다. 그리고 개인들이 집단을 이루게 한 다음 집단으로 의사결정을 하도록 지시받는다. 대부분의 연구에서 집단 결정은 개인 결정의 평균보다 더 극단적이었다. 예를 들어, 5명의

〈표 12-2〉 집단 결정 연구에서 사용된 모험 관련 선택 과제

45세의 회계사인 B씨는 최근 그의 주치의를 통해 심각한 심장병이 생겼다는 진단을 받았다. 이 병은 B씨의 완고한 생활 습관 중 많은 부분을 바꿔야 할 만큼(즉, 작업량 줄이기, 현저한 식단 변화, 가장 좋아하는 여가 활동 포기 등) 매우 심각했다. 의사는 까다로운 의료 수술을 받을 것을 제안했다. 만약 성공하면 심장은 완전히 정상 상태로 회복되지만 성공을 확신할 수 없다. 사실상 그 수술은 치명적일 수도 있다.

출처: *Risk Taking: A Study in Cognition and Personality*, by N. Kogan and M. A. Wallach, 1964, New York: Holt, Rinehart and Winson.

피험자가 수술 중 사망하는 것을 100으로 보았을 때 수술을 위한 수용 가능한 확률로 각각 20, 20, 20, 60, 80을 선택했다고 가정하자. 그들이 선택한 기준 수치의 평균은 40이다. 그러나 집단으로 논의했을 때 동일한 사람들은 평균보다 다수가 선택했던 20에 가까운 수치로 결정할 가능성이 높았다.

일반적으로 집단에서 소수의 태도보다 다수의 태도가 더 큰 영향력을 가지며 집단은 다수의 관점 쪽으로 이동한다. 집단 구성원의 대부분이 모험적인 선택을 한다면 집단 결정은 개인 결정의 평균보다 더 모험적 방향으로 정해질 것이다. 대다수가 보수적인 선택을 한다면 집단은 보수적인 방향의 결정으로 이동하기 쉽다. 이렇게 집단 평균에서 벗어나 편향되는 행위를 집단 극화(group polarization)(Lamm & Myers, 1978)라고 하며, 집단이 개인들의 평균보다 더 극단적(양극단 중 어느 한 극단에 가까워지는 것)이 되는 것을 의미한다.

집단 극화 현상에 대한 여러 가지 설명이 제안되었다. 한 가지 가능한 설명은 소수의 관점을 가진 구성원들이 다수의 관점을 따르려고 할 것이라는 것인데, 특히 한 구성원의 선택이 다른 집단 구성원들의 선택과 현저한 차이가 있을 때 더욱 그렇다. 본인의 선택이 다른 사람들이 한 결정과 동일하다고 생각되면 그들은 그 선택이 최상의 선택이었다고 확신하게 될 것이다. 대부분의 집단 토론은 소수가 다수의 '옳은' 관점을 받아들이도록 소수를 납득시키는 방향으로 기울어진다. 집단 결정 이동 연구의 대부분이 모험을 해야 하는 의사결정에 초점을 두고 있지만, 이 현상은 아마 선택을 해야 하는 어떤 유형의 상황에서도 해당될 것이다. 예를 들어, 한 품목을 사는 데 얼마의 금액을 사용할지 결정하는 상황에서 결정의 이동이 일어날 수도 있다.

■ 집단 사고

기업과 정부의 고위 의사결정 집단은 대개 옳은 결정을 내릴 수 있는 전문가들로 구성된다. 그러나 전문가들이 집단을 이루어 결정할 때는 이 의사결정 과정에 어떤 일이 발생하여 합리적이고 명석한 전문가라면 아마도 도저히 내릴 수 없는 터무니없는 결정을 하게 되는 어처구니없는 일이 발생한다. Janis(1972)는 크게 실패한 결정들을 심층 분석하여 집단이 결정할 때 무엇이 잘못될 수 있는지에 대한 이론을 발전시켰다. 집단 사고(group think)는 개별 구성원의 생각으로는 좋지 않다고 생각하는 결정을 집단이 선택할 때 나타나는 현상이다(Janis, 1972). Janis는 Ford 자동차 회사가 Edsel을 생산하기로 결정하고 300만 달러를 손해 본 사건, 결국 완전히 실패로 끝난 케네디 정부의 쿠바 피그스만 침공 결정, 존슨 정부가 베트남전을 단계적으로 확대하기로 결정했지만 미국이 결코 이기지 못한 전쟁을 예로 들었다(Janis, 1972). Moorhead, Ference와 Neck(1991)은 1986년 챌린저호를 발사한 결정을 분석했다. 추운 날씨가 심각한 기계적 결함을 야기할 수 있다는 경고에도 불구하고 NASA 직원들은 결빙 온도에서 챌린저호를 발사하기로 결정했고 미국 역사상 최악의 우주선 재앙을 낳았다.

Janis(1972)에 따르면, 집단 사고는 강력한 리더가 있는 응집력이 높은 집단에서 순응과 조화를 유지하려는 사회적 압력이 합리적인 의사결정보다 우위에 있을 때 발생하기 쉽다. 집단 사고의 가능성은 의사결정을 하는 집단이 외부의 의견과 영향력에서 고립되어 있을 때 증가한다. 다음에 제시된 사건의 단계를 주목할 필요가 있다. 한 집단의 리더가 회의에서 좋지 않은 아이디어를 제시한다. 처음에 각 구성원은 그 아이디어가 좋지 않다고 의심하지만 그렇게 말하기를 꺼린다. 임금님의 새 옷 이야기처럼 아무도 손을 번쩍 들고 리더의 의견에 이의를 제기하기를 원하지 않는다. 각 구성원들은 방을 둘러보고 모든 사람이 침묵하는 데 주목한다. 그리고 자신이 처음에 했던 판단이 잘못

챌린저호의 재앙을 이끈 결정은 집단 사고에 의한 것으로 보인다(Moorhead, Ference, & Neck 1991). (NASA/Science Source/Photo Researchers)

되었다고 생각하기 시작할 것이다. 결국 자신 이외의 모든 사람이 그 아이디어를 그리 나쁘게 여기고 있는 것 같지 않다는 생각이 들기 시작한다. 집단 과정이 진행됨에 따라 아주 사소한 의구심까지도 합리화되어 빠르게 사라지고, 집단의 관점을 따르라는 압력이 개인 구성원들을 짓누른다. [그림 12-2]에는 집단 사고에 이르게 하는 일부 요소가 제시되어 있다.

Janis(1972)는 집단 사고를 피하는 방법을 몇 가지 제안하고 있는데, 이 제안들을 아우르는 두 가지 기본적 생각이 있다. 첫째, 집단 리더는 집단 회의에서 제시되는 여러 가지 대안을 억제하려고 하지 말고 공정한 중재자의 역할을 해야 한다. 둘째, 집단 구성원들은 의사결정의 단계마다 대안들을 비판적으로 평가하고 결정이 현명한지를 지지하거나 반박하는 정보를 계속 얻으려고 노력해야 한다. Janis는 집단이 비판적이고 객관적인 마음가짐을 유지하도록 하는 특정한 행동들을 논의했다. 예를 들어, 중요한 주제를 논의하기 위해 집단을 주기적으로 더 작은 하위 집단들로 나누고, 의사결정을 하는 집단의 구성원들은 하급자들과 문제를 논의해야만 한다. 이러한 행동들은 집단이 잘못된 결정을 내리게 하는 집단사고의 순환에 빠지지 않도록 하는 데 도움이 될 수 있다.

Aldag와 Fuller(1993)는 집단 사고에 대한 연구들을 고찰하였다. 고찰 결과, 집단 사고의 가설들에 대한 검증이 거의 없었음을 밝혔다. 그나마 존재하는 연구는 집단 사고 이론을 부분적으로만 지지했다. 예를 들어, 집단 응집력은 집단 사고가 발생하는 데 필요한 요소가 아니라고 주장한다. Janis(1972)는 다양한 관점을 구하여 그릇된 집단 결정을 피할 수 있는 방법에 대한 합리적인 충고를 하였다. 집단 구성원들의 사회적 배경이 다양하면 유익할 가능성이 있다. 다양한 배경의 사람들이 모인 집단에는 문제와 해결책을 바라보는 다양한 견해가 존재하게 될 것이다. 이 장의 후반부에서 집단 다양성에 대해서 논의할 것이다.

그림 12-2 집단 사고에 이르게 하는 여러 요인

Aldag와 Fuller(1993)에 따르면 여기에 제시된 4개 요소 중 집단 응집력은 불필요한 것처럼 보인다.

6) 팀 혁신

오늘날의 조직은 경쟁이 극심하고 급변하는 세계에서 적응과 변화를 잘 해야 한다. 작업장에 새로운 혁신을 도입하여 실행하는 작업 팀 수준에서 많은 변화가 일어난다. 혁신은 새로운 아이디어, 절차 혹은 생산물을 팀에 도입하는 것을 의미한다. 혁신은 창조와 같지 않은데, 팀 구성원은 자신들이 채택하는 혁신을 스스로 창조해 내야 하는 것은 아니기 때문이다. 혁신은 변화를 도입하는 과정이며 팀 구성원들이 혁신을 스스로 창조하든 다른 곳에서 빌려오든 상관이 없다.

팀은 내적 요인(조직 제약과 작업부하)과 외적 요인(요동치는 환경)에 기인한 필요에 따라 혁신을 단행한다. 빠르게 발전하는 분야에서 제품을 생산하는 하이테크 회사들이 겪고 있는 환경은 매우 유동적이고 도전적이다. 극심한 경쟁으로 인하여 조직이 시장 점유율을 유지하고 생존하기 위해서는 끊임없는 혁신이 필요하다. 또한 조직은 여러 가지 장애와 과중한 작업부하 등의 제약을 뛰어넘기 위하여 혁신이 필요한데 혁신을 위하여 효율적으로 과업을 완수하기 위한 새로운 방식을 모색해야 한다.

팀마다 혁신을 지향하는 방식에 차이가 있다. 작업하는 방식과 그것의 개선에 대해서 시간을 내어 비판적으로 논의하는 팀은 최상의 혁신 팀이다(Somech, 2006). 이러한 팀에서는 과업에 관해서 구성원 사이에 갈등을 유발하는 의견의 차이를 허심탄회하게 논의한다. 팀의 혁신을 촉진할 수 있는 최적의 상황은 과업에 대한 구성원 간의 갈등이 중간 정도의 수준이고(De Dreu, 2006), 특히 팀 갈등이 협력적일 때(이 장의 팀 갈등에 대한 설명 참조)다.

7) 팀 KSAO

중요한 과업을 달성하기 위하여 팀을 활용하는 조직에서 해결해야 하는 중요한 쟁점은 개인이 유능한 팀원인지를 결정하는 특별한 팀 KSAO가 있는지 여부, 그리고 아마도 더 중요한 쟁점은 팀원들의 팀 KSAO 수준이 팀의 수행과 관련이 있는지 여부다. 연구 결과에 따르면, 개인의 직무 수행을 예언하는 KSAO들의 적어도 일부는 팀의 수행도 예언한다. 예를 들면, 팀의 평균 인지 능력(팀원의 개별 인지능력 검사 점수를 평균하여 산출)이 높을수록 팀 수행이 좋을 가능성이 커진다(Stewart, 2006). 팀 수행과 관련이 있는 추가적인 팀 KSAO를 발견하면 팀원을 선발하고 훈련시키는 데 좋은 정보가 될 것이다.

예상대로, 팀 수행과 관련이 있는 서너 가지의 팀 KSAO가 밝혀졌다. 세 가지가 특히 중요하다.

① 유능한 팀원이 되기 위해서는 팀워크에 관한 지식을 갖추어야 한다(Hirschfeld, Jordan, Field, Giles, & Armenakis, 2006). 그러한 지식에는 사람들이 팀에서 효과적으로 함께 일을 하는 방법과 다른 사람들과 원만한 협업 관계를 발전시킬 수 있는 방법에 관한 것이 포함된다.
② 유능한 팀원은 우수한 사회적 기술을 갖추고 있다(Morgeson, Reider, & Campion, 2005). 어떤 식으로 팀에서 일을 해야 하는지에 관한 지식뿐만 아니라, 의사소통 기술과 타인에게 영향을 끼치는 기술도 갖추어야 한다.
③ 팀워크에 특히 적합한 성격 특성이 있다. 개인주의적 가치에 대비되는, 집단주의적 가치를 지닌 개인은 팀에서 더 효과적으로 수행한다(Jackson, Colquitt, Wesson, & Zapata-Phelan, 2006).

이러한 연구들을 종합하면, 가장 효과적인 팀원은 어떤 식으로 팀에서 일을 해야 하는지에 관한 지식과 기술을 갖추고, 타인과 긴밀하게 일을 하는 데 적합한 성격 특성을 갖춘 사람이다.

4. 집단 내 다양성

북미를 비롯하여 산업화된 국가들의 직장에는 소수민족과 여성의 수가 증가하고 있다(Triandis, 2003). 팀워크에 대한 의존이 증가하면서 집단 내 다양성은 조직에 중요한 문제가 되었다(Mohammed & Angell, 2004). 다양성(diversity), 즉 사람들 간의 차이는 인지적 유형과 인구학적 유형으로 나눌 수 있다(Van Der Vegt & Janssen, 2003). 인지적 다양성은 지식, 기술 및 가치의 다양성을 말하고, 인구학적 다양성은 연령, 성별 및 인종 등 좀 더 가시적인 특성에서의 다양성을 의미한다. 다양성에서의 중요한 문제는 작업 집단 내 다양성이 구성원의 수행과 반응에 미치는 영향에 관한 것이다.

Jackson, Joshi와 Erhardt(2003)는 집단 내 구성원의 다양성의 영향, 즉 집단 구성원들이 여러 가지 면에서 서로 다른 것이 집단에 어떤 효과를 미치는지에 관해 연구한 63개의 논문을 고찰하였다. 그들은 다양성이 긍정적인 영향과 부정적인 영향을 모두 나타낼 수 있지만 연구 결과는 논문마다 일관적이지 않음을 지적했다. 한 가지 이유는 연구마다 서로 다른 유형의 다양성을 탐구했다는 것이다. 예를 들어, Mannix와 Neale(2005)에 의하면 인지적 다양성은 팀 혁신에 도움이 될 가능성이 크지만 인구학적 다양성은 그렇지 않다. 반면에 마케팅 상황에서 인구학적 다양성은 다양한 잠재적 고객 혹은 소비자 집단의 관점을 알 필요가 있을 때 도움이 된다(Jackson & Joshi, 2004).

조직의 맥락 또한 다양성에서 중요하다. Van der Vegt와 Janssen(2003)은 네덜란드 회사의 팀에서 팀 수행이 인지적 다양성 또는 인구통계학적 다양성과 어떠한 관계도 없다는 것을 발견했다. 그러나 동료들과의 협력이 필요한 직무에서 다양성이 큰 집단은 최고의 수행을 보였고 독립적으로 할 수 있는 직무에서는 최악의 수행을 보였다. 네덜란드의 또 다른 연구에서 다양성과 집단 목표가 공동으로 미치는 영향을 조사했을 때 직무 만족에 대해서도 비슷한 결과가 나왔다(Schippers, Den Hartog, Koopman, & Wienk, 2003). 다양성과 직무 만족 사이에 전반적 상관은 없었다. 그러나 공동의 목표를 가지고 있는 팀의 구성원들은 팀 내의 다양성이 높을 때 더 만족하였다. 반면에 개인마다 다른 목표를 가지고 있는 팀 구성원들은 팀이 다양하지 않을 때 더 만족하였다. 종합해 보면, 이 연구들은 팀원들의 직무가 독립적이거나 혹은 그들의 목표가 상호 연결되어 있지 않으면 서로 잘 지낼 이유가 없기 때문에 다양성은 부정적 영향을 끼칠 수 있음을 시사하고 있다. 다른 사람과 함께 일을 잘 해내야만 할 때 다양성의 부정적인 영향이 사라질 뿐 아니라 직무 수행과 직무 만족 모두에서 확실히 긍정적 효과가 나타날 것이다.

5. 조직 내 작업 집단에 대한 개입

대부분의 조직은 상호 연관된 작업 집단의 연결망으로 구성된다. 조직이 효과적으로 기능하기 위하여 개인들은 자신이 속한 집단에서 자신들의 노력을 잘 통합하여야 하며 집단들은 집단의 노력을 잘 통합해야만 한다. 여기에서는 집단의 기능을 향상시키는 세 가지 기법을 소개한다. 자율적 작업 팀은 공장의 전통적 편제에 대한 대안이다. 제품은 모든 생산직 종업원이 아닌 소규모 집단의 사람들이 조립한다. 자율적 작업 팀 제도는 비제조업 조직에서도 채택하고 있다. 품질관리 분임조는 경영진에게 어떻게 생산성을 증진시킬 것인지에 대한 제안을 하기 위해 모인 종업원 집단이다. 팀 구축은 팀의 기능을 향상시키기 위해서 사용되는 절차다.

1) 자율적 작업 팀

전통적 공장에서 생산품의 조립은 수많은 작은 작업 단위로 나뉘어 있다. 자동차와 같은 크고 복잡한 생산품인 경우는 개별 종업원이 작업하는 수백 내지 수천의 작업 단위가 있을 것이다. 이러한 작업 체계에서 생산품을 조립하는 데는 수많은 사람의 통합된 노력이 필요하기 때문에 감독에 많은 자원이 필요하다. 반면에 자율적 작업 팀(autonomous work team)은 작은 팀이 생산품 전체를 조립하는 대안적 편제다. 공장은 하나의 생산품을 완벽하게 조립하는 많은 작업 팀으로 이루어진다. 이 대안적 체제에서의 생산품 조립에는 팀 구성원들만의 통합이 필요하므로 감독에 비교적 적은 자원이 소요된다. 팀은 자체적으로 스스로를 관리하므로 감독자가 거의 필요 없다.

자율적 작업 팀이 운영되는 세부적인 방법은 조직마다 매우 다양하다. Butler 주식회사는 새로운 곡물 건조기 조립공장을 시작했을 때 Hackman과 Oldham(1980)이 묘사한 자율 작업 제도를 도입하여 시행하였다. 곡물 건조기는 3,000개 이상의 부품으로 이루어진 대형 농업 설비다(사진 참조). Butler사의 각 건조기는 자율적 작업 팀이 조립하였다. 각 팀은 자체 관리와 생산품 조립에 책임을 졌다. 〈표 12-3〉에는 Butler사 팀의 두드러진 10개 특성이 열거되어 있다. 표에서 볼 수 있듯이 팀의 구성원은 모두 각 공정을 익혀서 약 18개월 후 모든 종업원이 건조기 전체를 조립할 수 있었다. 팀은 완성된 생산품

Butler 주식회사의 자율적 작업 팀은 증기로 둘러싸인 원통 모양의 곡물 건조기 전체를 조립했다.
(© Stan Zack/Alamy)

〈표 12-3〉 Butler 주식회사의 자율적 작업 집단의 두드러진 특징

1. 종업원들은 직무를 자주 순환했다.
2. 약 18개월 후 대부분의 종업원은 전체 생산 과정을 알고 있었다.
3. 집단은 자체의 도구를 고안했고 구입했다.
4. 집단 구성원들은 보증 수리를 하기 위해 서비스 요청에 응했다.
5. 품질 관리 검증은 해당 집단 구성원들이 시행했다.
6. 감독자는 거의 없었다.
7. 집단 구성원들은 고용과 해고 결정에 참여했다.
8. 감독자들은 지도자의 역할로서 상담과 훈련을 담당하였다.
9. 매주 집단 회의와 매달 공장 회의가 있었다.
10. 경영진에게 제안을 하는 종업원 자문 집단이 있었다.

출처: *Work Redesign*, by J. R. Hackman and G. R. Oldham, 1980, Reading, MA: Addison-Wesley.

의 품질에 책임을 지고, 생산품을 공장에서 배송하기 전에 팀 스스로 검증을 해야 한다. 농장에 건조기를 설치한 후에 결함이 발생하면 팀 구성원들은 농장을 방문하여 설비를 고쳐야만 한다. Butler사에서는 감독자의 역할도 달랐다. 감독자는 거의 없고 그들의 주요 역할은 팀 구성원들을 훈련시키고 구성원들에게 조언을 하는 것이다. 이 시스템은 참여적으로 운영되는데, 회의를 자주 갖고 여러 팀의 팀원들로 구성된 자문 위원회를 둔다.

연구는 자율적 작업 집단이 종업원과 조직에게 모두 이롭다는 결과를 보여 주었다. 전통적인 집단보다 자율적 작업 팀이 전반적으로 더 높은 직무 만족도를 보였다(Cordery, Mueller, & Smith, 1991). 직무 수행의 수준은 전통적 제조업 조직과 비교해 보면 동일하거나(Wall, Kemp, Jackson & Clegg, 1986) 더 높았다(Banker, Field, Schroeder, & Sinha, 1996). 그러나 생산성이 동일하게 나온 결과에서도 필요로 하는 감독 인원이 줄어들기 때문에 결국 자율적 작업 팀이 더 큰 효과성을 올렸다고 할 수 있다('연구 상세히 보기' 참조). 자율적 작업 팀은 장점이 있지만 모든 상황에 적합한 방식은 아니다. Langfred(2005)에 의하면, 자율적 작업 팀에 소속된다는 것은 다소의 개인적 자율을 포기한다는 의미다. 따라서 자율적 작업 팀은 과업을 완수하기 위하여 구성원들 사이에 상호 의존적인 노력이 많이 필요한 과업에 적합하다.

연구 상세히 보기

현장 상황에서 두 가지 이상의 실험 조건을 고안하고 피험자들을 조건에 무선적으로 할당하는 진정한 실험을 할 수 있는 경우는 매우 드물다. Wall, Kemp, Jackson과 Clegg(1986)는 연구의 설계가 실험에 근접함을 의미하는 유사 실험(quasi-experiment)을 실시했다. 연구자가 관심을 갖고 있는 두 가지 실험 조건을 대표하는 두 공장을 비교하였다. 그러나 각 공장에서 종업원들을 무선적으로 작업에 할당하지는 않았다. 그러므로 관찰되는 효과는 자율적 작업 집단 처치(treatment)보다 두 공장의 차이에 기인할 가능성도 있다.

이 연구는 영국의 캔디 제조 공장에서 실시되었다. 회사의 임원진은 한 공장에 자율적 작업 집단을 시도하여 실험을 하기로 결정했다. 이 새로운 작업 제도의 효과를 검증하는 일이 연구자들에게 맡겨졌다. 자율적 작업 집단 공장의 생산성, 직무 만족, 종업원의 정신건강 등의 변인을 전통적 조립 라인 방식을 사용한 통제 집단 공장의 동일 변인과 비교하였다. 새로운 방식을 도입한 후 6개월, 18개월, 30개월 시간 간격으로 자료를 모았다.

연구 결과, 전통적 공장의 종업원들보다 자율적 작업 집단 공장의 종업원들이 자신의 직무에 더 만족했지만 생산성은 더 높지 않았다. 사실 새로운 제도 도입 후 6개월 동안 자율적 작업 집단의 생산성은 상당히 실망스러웠다. 새로운 장비 때문에 생기는 문제들과 새로운 생산 절차를 종업원들에게 훈련시키는 데 필요한 시간으로 인해 많은 어려움이 발생했다. 30개월 동안 두 공장의 수행은 동일했다. 그러나 자율적 작업 팀은 감독자의 수가 매우 적었기 때문에 비용 대비 효율성이 더 높은 것으로 밝혀졌다.

이 연구에서 밝혀진 한 가지 사실은 유사 실험을 통해서 결론을 도출하는 데 어려움이 따른다는 점이다. 이직률이 전통적 공장보다 자율적 작업 집단 공장에서 더 높은 것으로 밝혀졌다. 이러한 사실은 자율적 작업 집단의 종업원이 전통적 공장 종업원들보다 직무 만족이 더 높았다는 점에 비추어 볼 때 의외의 발견이다. 연구자는 자율적 작업 집단 공장이 위치한 영국 해당 지역의 실업률이 전통적 공장이 위치한 지역보다 더 낮다는 점에 주목했다. 그들은 실업률이 이직률 차이의 원인일 수 있다고 추측했다. 외부 조건을 통제하지 못하는 연구 설계 때문에 이직률 차이의 원인을 확신할 수 없다. 이 연구는 자율적 작업 집단이 전통적 공장 구조보다 비용 대비 효율성이 더 높을 것이라는 생각을 지지하는 증거를 제공한다. 그러나 조직은 새로운 제도가 성공적으로 뿌리내리기 위해서는 더 많은 별도의 노력과 시간이 필요할 수 있음을 인식해야 한다.

출처: "Outcomes of Autonomous Workgroups: A Long-Term field Experiment," by T. D. Wall, N. J. Kemp, P. R. Jackson, and C. W. Clegg, (1986), *Academy of Management Journal, 29*, 280-304.

2) 품질관리 분임조

품질관리 분임조는 종업원들에게 일터에서의 문제에 더 많은 투입을 할 기회를 주는 집단 수준의 개선 방식이다. 품질관리 분임조(quality circles)는 직무와 관련된 문제를 논의하고 해결책을 제안하기 위해 정기적으로 모이는 종업원 집단을 말한다. 대개 분임조 집단은 제조 회사에서 유사한 직무를 가진 사람들로 구성된다. 분임조 집단은 생산품의 품질과 생산 효율성을 중심으로 논의를 한다. 자율적 작업 팀의 경우와 마찬가지로 품질관리 분임조도 모든 유형의 조직에서 시행되고 있다.

이론적으로는 품질관리 분임조는 종업원과 조직 모두에게 이익이 된다. 분임조에서는 종업원 개개인에게 더 많은 참여 기회가 주어지는데 참여함으로써 많은 사람이 활기와 즐거움을 느낀다. 일상적인 업무에서 벗어나 동료들과 업무에 관한 문제를 논의하면서 시간을 보내는 것은 즐거운 휴식이 될 수 있다. 조직의 입장에서 분임조 활동은 개선된 생산 절차를 의미한다. 그것은 업무를 하는 사람들이 보통 업무상의 문제가 무엇이고 문제를 어떻게 해결해야 할 것인지를 가장 잘 아는 사람이기 때문이다.

품질관리 분임조가 종업원이나 조직에 미치는 효과에 대해서는 확고한 결론을 내릴 수 있을 만큼 충분한 연구는 되어 있지 않다(Van Fleet & Griffin, 1989). 또한 품질관리 분임조의 이점을 연구한 소수의 연구 결과들은 일치하지 않는다(Bettenhausen, 1991). Marks, Mirvis, Hackett과 Grady(1986)의 연구는 동일한 조직에서 분임조의 참여자와 비참여자를 비교한 몇 안 되는 연구들 중 하나다. 품질관리 분임조 과정에 참여한 종업원들은 참여하지 않은 종업원들에 비해 더 생산적이고 결근율이 낮다는 것이 연구 결과였다. 이 결과는 꽤 긍정적이지만 품질관리 분임조가 생산성을 증가시키고 결근율을 낮춘다는 결론을 내리기 전에 다른 조직에도 반복 검증해 볼 필요가 있다.

품질관리 분임조의 기본 개념은 직무 수행이 아닌 종업원의 건강에도 적용되었다. 독일의 건강관리 분임조(health circle; Gesundheitszirkel)는 종업원들이 집단을 이루어 건강과 복지를 향상하는 방법을 논의하는 개입 방식이다. Aust와 Ducki(2004)는 건강관리 분임조 활동의 긍정적인 효과를 주로 보여 주는 11개 논문을 고찰했다. 이 연구들에 따르면, 분임조에서의 많은 제안은 실천에 옮겨졌을 뿐만 아니라 건강과 복지에서의 향상도 이루어졌다.

3) 팀 구축

팀 구축(team building)은 작업 집단 혹은 작업 팀의 운영을 개선하기 위해 고안된 많은 활동을 말한다. 과업 지향적인 팀 구축에서는 팀 구성원들이 팀 과업을 완수하는 능력이 향상되도록 하는 활동을 한다. 반면에 대인관계 지향적인 팀 구축에서는 팀 구성원들이 의사소통과 상호작용을 잘할 수 있도록 하는 것에 관심을 둔다. 대인관계 지향적 접근은 팀의 구성원들이 서로 효과적으로 의사소통하고 상호작용할 수 있을 때 더 나은 수행을 할 것이라고 가정한다(Buller, 1986).

팀 구축을 시행하는 데 있어 정해진 방식은 없지만 세 가지 특징적 요소를 지닌다(Buler, 1986). 첫째, 팀 구축은 계획된 활동이다. 특정 목적을 달성하기 위해 고안된 하나 이상의 활동과 경험을 하는 것으로 구성된다. 둘째, 팀 구축은 보통 현재 조직에 시행되고 있는 특정 유형의 팀 구축의 전문가인 컨설턴트나 트레이너가 운영하거나 촉진자 역할을 한다. 팀 스스로 팀 구축을 운영하기 어렵기 때문에 트레이너는 팀 구축의 필수적인 부분이다. 셋째, 팀 구축은 대개 현존하는 작업 팀에서 시행한다. 사람들은 작업 팀 내에서의 자신의 개인적 팀 기술을 향상하기 위해 팀 구축으로 훈련을 받는다.

팀 구축에서는 흔히 팀 구성원들이 문제를 토론하고 해결책을 제안한다. 팀 트레이너의 역할은 팀 구성원들이 서로 이야기하도록 하여 논의를 촉진하는 일이다. 이 과정에서 개인 구성원에게 직접적인 질문도 하게 된다.

> "톰, 제품의 품질에 관련된 문제점으로는 어떤 것이 있습니까?"
> "엘렌, 왜 필요한 정보를 얻으려고 하지 않나요?"

또는 토의된 논점을 집단에게 요약하여 상기시켜 준다.

> "모든 분이 너무 결함이 많다는 점을 걱정하는 것 같습니다."
> "모든 분이 결정 사항들에 대해 잘 모른다고 느끼는 것 같습니다."

트레이너의 역할은 사람들이 쟁점을 제기하고 문제를 명확히 인식하며 가능한 해결책을 토론하도록 하는 것이다. 또한 트레이너는 토론이 팀 구성원들 간의 언쟁으로 변할 경우 갈등을 조정해야만 한다.

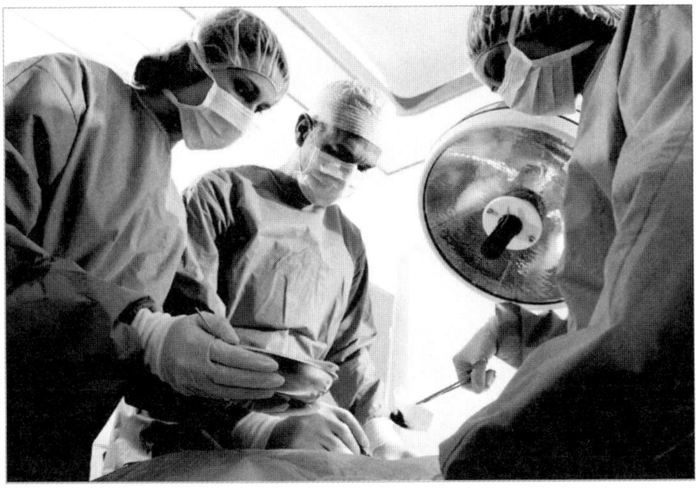

▶▶▶ 팀 구축은 모든 유형의 팀에 효과가 있다. (© Stefanolunardi, sourced from Shutterstock images)

연구를 통해 팀 구축이 팀과 팀 구성원들에게 긍정적인 영향을 미치는 것으로 밝혀졌다. Klein, DiazGranados, Salas, Le, Burke와 Lyons(2009)는 20개의 팀 구축과 관련한 연구 결과들을 요약하기 위해 통합분석을 실시하였다. 분석 결과, 팀 구축의 도입은 팀 성과의 증가, 팀 조정의 효율성 향상, 팀원들의 팀 기술 증진, 그리고 팀에 대한 태도의 개선으로 나타났다. 예상했던 대로, 팀 구축은 개별 구성원에게 초점이 맞추어져 있었기 때문에 이 기법은 팀 수행보다는 팀 구성원들(기술과 태도)에게 더 큰 영향을 미쳤다. 과업 지향적인 팀 구축과 대인관계 지향적인 팀 구축 모두 효과적이었지만, 과업 지향적인 팀 구축이 대인 지향적인 팀 구축보다 더 큰 효과를 나타냈다.

요약 SUMMARY

오늘날 조직에서 행하는 대부분의 작업은 작업 집단이나 작업 팀에 의해 수행된다. 작업 집단은 일을 할 때 상호작용하고 서로 관련된 과업 목표를 공유하는 사람들의 집합이다. 작업 팀은 작업 집단의 한 유형이지만 각 구성원들의 과업이 통합되어 진행되고, 서로 관련되어 있으며, 팀 구성원들의 역할은 각기 다르고, 팀은 공동 목적이나 과업 목표를 갖는 특징이 있다. 네 가지 개념이 작업 집단과 관련이 있다. 역할은 집단이나 팀 내에서 구성원들의 특정 지위와 기능을 구분해 준다. 규범은 많은 집단에서 엄격하게 강요하는 집단 행동 규칙이다. 집단 응집력은 집단을 하나로 유지하는 힘의 총합이다. 응집력이 높은 집단은 엄격하게 규범을 강요한다. 과정 손실은 집단 구성원들이 과업 활동보다 집단이 잘 운영되도록 유지하는 데 들이는 시간과 노력이다. 팀은 두 가지 중요한 개념이 더 필요하다. 팀 몰입은 구성원이 자신의 팀에 대해 갖는 열정이다. 팀 정신 모형은 과업과 상황에 관한 팀 구성원들의 공유된 이해를 말한다.

타인의 존재는 과업 수행에 영향을 준다. 단순하거나 잘 아는 과업은 타인이 존재할 때 촉진되지만 복잡하거나 새로운 과업은 타인이 있으면 억제된다. 집단 수행은 동일한 수로 혼자 일하는 개인 수행의 합보다 낮은 경우가 많다. 전체 수행이 각 개인의 수행의 합인 그러한 과제를 말하는 가법적 과제에서 사회적 태만 현상은 집단이 클수록 각 개인이 들이는 노력이 줄어드는 이유를 설명한다.

집단 극화는 집단 결정이 상황에 따라 개인적 결정보다 더 모험적이거나 더 보수적이 될 수 있음을 설명한다. 집단 사고는 개개인으로 보면 매우 유능한 의사결정자들이 집단을 이루어 의사결정을 할 때 집단이 잘못된 결정을 내리게 되는 현상을 말한다.

세 가지 개입 방식은 집단의 기능과 수행을 향상시킬 수 있는 잠재력이 있다. 자율적 작업 팀은 직무 전반에 대한 책임을 갖는다. 전자제품이나 자동차 같은 제품 전체의 조립에 대한 책임을 지는 것이 한 예다. 품질관리 분임조는 작업 문제의 해결책을 찾기 위해 주기적으로 만나는 종업원 집단이다. 팀 구축은 작업 팀의 기능을 향상시키기 위해 고안된 팀 개선 방식이다.

산업 및 조직 심리학 현장 연구

이 사례는 Janis Cannon-Bowers 박사가 만들고 시행했던 미 해군 팀 개발 훈련 프로그램에 관한 것이다. Cannon-Bowers 박사는 1988년 사우스 플로리다 대학교에서 산업 및 조직 심리학 박사학위를 받았다. 졸업 후 2003년에 센트럴 플로리다 대학교에서 교편을 잡기까지 플로리다 주 올란도에 있는 해군 항공전투센터의 훈련 시스템 부서에서 연구 심리학자로 일했다. 새롭고 좀 더 효과적인 훈련 방법을 개발하기 위해 팀 수행과 훈련에 관한 연구를 하는 것이 주요 책무였다. 자신이 행한 연구의 결과에 따라 도입된 팀 개선 프로그램에서 해군 장교를 훈련시키는 일에 관여하게 되었다.

1980년대 후반 두 차례의 해군 관련 참사는 팀 수행에 관한 수많은 연구로 이어졌다. 1987년 미군함 스타크호가 이라크 미사일에 피격되었고, 1988년에는 미군함 빈센트호가 이란 여객기를 격추시키는 불상사가 일어났다. 두 사건의 원인에 대한 연구 결과, 약한 팀워크가 주요인임이 밝혀졌다. 이 두 사건을 계기로 미 해군은 팀 수행을 향상하기 위한 방안을 찾는 노력을 기울이게 되었다. Cannon-Bowers 박사는 이를 위한 연구도 했지만 해군함 내 팀 수행 향상에 목적을 둔 개선 프로그램의 개발에도 참여했다.

전함 내의 많은 팀은 극심한 스트레스를 주는 전투 상황에서 복잡하고 위험한 임무를 자주 수행한다. 생사가 걸린 결정을 짧은 시간에 내려야 하는 이러한 숨 막히는 상황에서는 모든 임무를 빠르고 효율적으로 수행해야만 하기 때문에 집단은 심사숙고할 시간이 없다. 팀들이 자신들이 맡은 바 과업을 효율적으로 수행하여 기능을 잘하는 단위로 변모하는 것이 절대적으로 중요하다. 전투함 내의 다양한 팀이 효과적인 단위로 향상되도록 신경을 써야 하는 사람은 지휘관이다. 그렇게 하기 위해서 지휘관은 팀을 개발하는 능력을 가져야 한다.

Cannon-Bowers 박사와 동료들은 해군 수상 전투 학교(Navy's Surface Warfare School)에서 실시된 지휘관들을 위한 팀 개발 훈련 프로그램을 고안했다. 이 프로그램의 목적은 지휘관에게 팀 기능과 건실한 훈련 원칙에 대한 통찰력을 키워 주는 데 있었다. 훈련에서는 다음의 방법들을 가르친다.

① 피드백 주는 방법
② 하급자의 비판 수용하는 방법
③ 학습하는 분위기를 조성하는 방법
④ 팀의 임무에 대한 공유된 정신 모형, 즉 공통된 이해를 확립하는 방법
⑤ 집단 사고를 피하는 방법

훈련에 대한 지휘관의 반응은 긍정적이었다. 지휘관들은 훈련 프로그램을 통해서 많은 것을 알게 되었고 그것이 유용했다고 입을 모았다. 참가자의 반응을 준거로 할 때 성공적이었다. 훈련이 곧장 함정 내에서의 더 나은 팀 수행으로 이어질지는 아직 미지수이지만 처음 나온 결과로 보면 그렇게 되리라고 여겨진다.

토의 문제

1. Cannon-Bowers 박사의 프로그램이 효과적으로 판명되리라고 생각하는가?
2. 함정 인력의 팀 수행을 개선하기 위하여 미 해군은 어떤 조치를 취해야 한다고 생각하는가?
3. 팀 구성원들은 집단 사고를 피할 수 있을 만큼 그 원인을 충분히 인식하고 있는가?
4. 만일 군함의 지휘관이라면 하급자에게 어떻게 피드백을 주겠는가?

체험학습

팀 혁신

실제 조직에서 작업 팀의 일원으로 일하는 사람을 친구, 친지 혹은 가족들 중에서 찾아서 팀이 새로운 작업 방식(예: 새로운 유형의 장비 혹은 새로운 절차)을 채택한 사례에 대해 물어보시오. 다음의 질문을 하시오.

1. 혁신의 성격은 무엇인가?
2. 무엇 때문에 팀이 혁신을 택하게 되었는가?
3. 누가 혁신을 제안했는가? 팀원, 팀장 혹은 그 외의 사람?
4. 다른 방식의 혁신도 검토되었는가?
5. 기존의 혁신적 아이디어가 팀에 맞도록 수정되었는가?

CHAPTER 13

조직에서의 리더십과 권력

학습목표

1. 리더십을 정의할 수 있다.
2. 권력의 다섯 가지 기반과 정치적 권력의 세 가지 원천을 설명할 수 있다.
3. 리더십에 관한 주요 접근과 이론을 요약할 수 있다.
4. 리더십에 관한 주요 접근과 이론을 비교 · 대조할 수 있다.
5. 리더십에서의 남성과 여성이 어떻게 다른지 논의할 수 있다.

훌륭한 리더가 되기 위한 조건은 무엇일까? 빌 클린턴 대통령은 훌륭한 리더였을까? 클린턴의 재임 기간 동안 대중매체는 끊임없이 클린턴에 관한 루머와 스캔들을 보도하였다. 탄핵의 대상이 되었고, 성희롱으로 고소당했으며, 임기 내내 범죄 수사의 대상이 되었다. 반대자들은 클린턴이 도덕적인 면에서 대통령이라는 직무에 적합하지 않은 인물이라고 주장하면서 그의 인격에 대해 지속적으로 공격하였다. 하지만 비도덕적인 행동과 위증에 대한 혐의와 미 상원에서의 탄핵재판의 와중에도 여론조사 결과 대다수(2/3)의 미국인은 클린턴이 대통령으로 업무 수행을 잘하고 있다고 인정했다. 10년간 미국 경제는 수십 년 내 가장 호황이어서 주식 시장은 기록을 경신했고, 연방 예산은 균형을 이뤘으며, 심각한 범죄 역시 감소하였고, 복지 개혁도 성공적인 것처럼 보였다. 이들 사건은 클린턴 대통령의 유능함을 보여 주는 지표일까, 아니면 단지 우연에 불과한 것일까? 클린턴이 얼마나 유능한지 어떻게 결정할 것인가? 훌륭한 리더십은 인격의 문제일까, 아니면 중요한 것들을 해내느냐의 문제일까? 동일한 사람이 다양한 상황에서 한결같이 훌륭한 리더가 될 수 있을까? 이런 의문들은 정부 조직이나 비정부 조직 모두에 해당되는 중요한 사항들이다. 그 대답은 누구를 리더로서 선택해야 하며, 효과적인 리더가 되기 위해 해야 하는 행동은 무엇인지 말해 준다.

이 장에서는 조직에서의 리더십과 관련된 중요 영역을 다룬다. 리더십의 본질, 리더들이 어떻게 부하들에게 영향을 미치는지 등에 대해 알아본다. 또한 훌륭한 리더십 수행과 관련된 개인적인 특성 및 리더의 행동이 부하들에게 미치는 영향에 대해 지금까지 알려진 것들을 요약한다. 다음으로 리더십 행동, 리더십 특성, 리더십 상황 등의 결과로 어떻게 훌륭한 리더십이 나타나는지 살펴본다. 마지막으로 리더 위치에 있는 여성들과 리더십에 있어서의 문화적 차이에 대해 논의한다.

1. 리더십이란 무엇인가

아마도 모두들 리더십이 무엇인지에 대해서 직관적인 생각은 가지고 있을 것이다. 리더는 책임이 있는 사람 혹은 다른 사람들의 우두머리다. 하지만 누군가를 책임지고 있다고 해서 다른 사람들이 그 사람의 말을 듣거나 따르는 것은 아니다. 리더십의 개념은 일견 간단해 보이지만 실제로는 꽤 복잡하다. 리더십 연구자들은 리더십에 대해 매우 다양한 정의를 내렸지만 현재로서는 보편적으로 인정받는 정의는 없다(Yukl, 1989). 다양한 정의를 관통하는 공통되는 생각은 리더십은 다른 사람의 태도, 믿음, 행동 그리고 감정에 영향을 미친다는 사실이다. 리더가 아닌 사람들도 타인에게 영향을 미치지만 리더들은 보다 큰 영향력을 발휘한다. 즉, 리더는 리더가 아닌 사람보다 더 영향력이 있다.

조직 내에서 리더들은 대개 상사의 지위를 맡고 있지만 상사가 되었다는 것만으로 그 사람이 다른 사람에게 영향을 미칠 수 있음이 보장되는 것은 아니다. 더욱이 조직에서 공식적인 직책을 가지고 있지 않는 리더들도 많다. 보통 비공식적인 리더들은 작업집단에서 생겨나고 그 집단 구성원들의 행동에 실제로 상사보다 더 큰 영향을 줄 수 있다. 공식적 리더십과 비공식적 리더십은 12장에서 논의한 공식적 역할과 비공식적 역할의 한 단면이다. 조직은 누군가에게 리더의 역할(예: 관리자 또는 상사)을 부여한다. 어떤 사람은 동료들과의 상호작용을 통해서 비공식적 리더로 떠오르게 된다. 사람들은 상사보다 기술이 훨씬 더 뛰어난 사람을 자신의 길잡이로 삼기도 한다. 어떤 사람이 타인에게 행사하는 영향력의 정도는 다음에 소개될 몇 가지 개인 요인과 조직 요인들에 의해 결정된다.

2. 영향력과 권력의 원천

1) French와 Raven(1959)의 권력 기반

French와 Raven(1959)은 상사가 부하에 대해 갖는 권력처럼 한 사람이 다른 사람에 대해 갖는 권력의 다섯 가지 기반을 기술했다. 권력(power)은 한 사람이 다른 사람에게

〈표 13-1〉 French와 Raven의 다섯 가지 대인 영향력과 권력의 원천과 사용 방법

원천	사용
전문적	정보를 제공한다.
참조적	부하들이 자신을 좋아하게 만든다.
합법적	높은 지위를 획득한다.
보상적	순종하는 것에 대해 보상을 제공한다.
강압적	순종하지 않는 것에 대해서 처벌을 가한다.

출처: "The Bases of Social Power" (pp. 150-167), by J. R. P. French, Jr., and B. Raven, 1959, in D. Cartwright (Ed.), *Studies in Social Power*, Ann Arbor, MI: Institute for Social Research.

어떤 것을 하도록 영향력을 행사할 수 있는 정도다. 〈표 13-1〉에 나열된 권력의 기반은 개인의 특성 및 조직의 조건 모두가 포함되며, 리더와 부하, 혹은 상사와 부하 간의 관계와 관련이 있다. 권력의 기반들이 상사가 갖는 특성으로 논의되기는 하지만, 권력은 부하와 상사 간의 상호작용을 통해서 나타난다. 상사는 영향력을 행사하기 위해 노력하지만 부하의 행동이 그러한 노력이 효과적인지의 여부를 결정한다. 〈표 13-1〉은 상사들이 어떻게 각 권력의 원천을 사용할 수 있는지를 보여 준다.

전문적 권력(expert power)은 상사가 보유하고 있는 지식과 전문적 기술 등에 근거한다. 부하는 어떤 사람이 특별한 지식과 기술을 보유하고 있다고 믿을 때 그 사람의 지시를 더 잘 따르려고 한다. 이때 실제 보유하고 있는 전문성보다 부하가 상사가 가지고 있다고 믿는 전문성이 더 중요하다. 실제의 전문성이 지각된 전문성에 영향을 주기는 하지만 어떤 이들은 자기를 전문가처럼 보이게 하는 능력이 다른 사람보다 뛰어나다. 직책(의사), 대학 학위(박사), 자격증(공인 회계사), 명성(노벨상 수상자) 등은 지각된 전문적 권력을 강화시킬 수 있다. 전문적 권력은 그 상사의 지시가 옳은 것이며 따라야 하는 것이라고 부하들이 생각하기 쉽기 때문에 특히 효과적일 수 있다.

참조적 권력(referent power)은 부하가 상사를 좋아해서 자신을 그와 동일시하려는 정도를 말한다. 사람은 자신이 존경하거나 좋아하는 타인에 의해 영향을 받기 쉽다. 이 권력의 원천은 타인과의 개인적 관계를 통해 생성된다. 이 권력은 또한 상사의 지위가 높으면 강화될 수 있다. 명성이 높은 사람은 높은 수준의 참조적 권력을 확보하기 쉽다. 도널드 트럼프 같은 대기업 총수 몇 명은 전국적인 명사가 되기도 했다.

합법적 권력(legitimate power)은 상사의 직책에 고유하게 내재하는 권력이다. 이 권력은 상사가 합법적 권리나 책임을 맡을 수 있는 권위를 가진다는 부하의 믿음으로부터 나온다. 이 권력의 강약은 상사의 권리에 대해 부하가 얼마나 높게 평가하는지에 따라 결

정된다. 만약 부하가 상사의 권위를 인정하지 않는다면 상사의 직책에는 아무런 권력도 존재하지 않을 것이다.

보상적 권력(reward power)은 상사가 추가 수당, 선호하는 직무의 할당, 승진 등으로 부하들에게 보상해 줄 수 있는 능력을 말한다. 강압적 권력(coercive power)은 징계, 벌금, 해고, 임금 삭감 등으로 부하를 처벌할 수 있는 능력을 말한다. 상사가 처벌이나 보상을 줄 수 있는 정도는 조직에 따라 차이가 있다. 사기업에서는 상사가 부하에게 봉급 인상이나 승진을 해 줄 수 있다는 것이 특이한 일이 아니다. 반면에 정부 조직에서는 이러한 보상들이 법적으로 결정되기 때문에 개인적으로 상사가 부하를 승진시키거나 봉급을 인상해 줄 수 없다.

이 모든 권력 유형은 적절히 사용된다면 효과적일 수 있다. 보상적 권력의 주요한 한계점은 부하들이 보상에 익숙해져서 보상이 있을 때만 수행한다는 점이다. 예를 들어, 건당 수수료를 바탕으로 일하는 영업 직원들은 판매 이외의 것을 하는 것을 꺼릴 수 있다. 강압적 권력은 부하들이 반발하여 직간접적인 보복(예를 들어, 반생산적인 행동[10장 참조]을 통하여)을 할 수도 있기 때문에 역효과를 나타낼 수 있다. Arguinis, Nesler, Quigley, Suk-Jae-Lee와 Tedeschi는 전문적 · 참조적 · 보상적 권력이 대학교수들과 학생들 간의 좋은 관계와 연관된다는 것을 보여 주었다. 반면에 강압적 권력은 이들 간의 좋지 않은 관계와 연관되었다.

2) Yukl(1989)의 정치적 권력의 원천

French와 Raven의 권력의 기반은 어떤 상황에서든 사람들이 서로에게 미치는 영향에 관한 내용이다. 반면에 Yukl(1989)이 제시한 '정치적 권력'의 원천은 특히 조직에서의 권력에 관한 설명이다. Yukl에 따르면, 정치적 활동은 사람들이 조직 내에서 권력을 획득하고 지키려고 하는 과정이다. Yukl은 사람들이 조직에서 정치적 권력을 획득하고 유지하는 세 가지 방법에 대해 개괄하였다([그림 13-1] 참조).

'의사결정 과정에 대한 통제(control over decision process)'는 자원의 할당과 같이 조직에서 이루어지는 중요한 결정 과정을 통제하고 그 과정에 영향을 미치는 것을 의미한다. 이런 종류의 권력은 해당 위원회(예: 재무부서)에서 활동하거나, 관련된 과업들(예: 예산 편성)을 맡아서 수행함으로써 획득할 수 있다. 미국 의회에서의 영향력은 주로 가장 힘이 있는 위원회에 소속됨으로써 발휘된다.

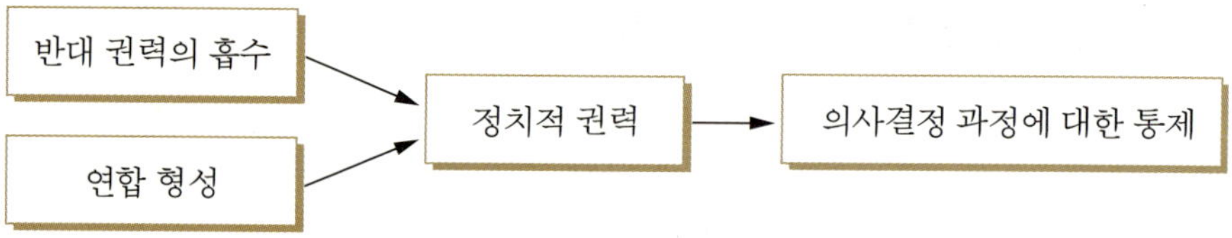

그림 13-1 정치적 권력 책략이 정치적 권력을 얻는 수단이 되는 방식

출처: *Leadership in Organizations*, by G. A. Yukl, 1989, Englewood Cliffs, NJ.: Prentice Hall.

'연합 형성(forming coalitions)'은 다른 사람의 입장을 지지해 주는 대가로 상대방도 자신의 입장을 지지해 주기로 하는 계약을 맺는 것을 의미한다. 이 역시 입법부에서 흔히 볼 수 있는데, 각기 다른 정파들이 서로의 입장을 우호적으로 지지하기로 합의할 때 발생한다. 평등 고용 기회를 여러 집단으로 확장하는 법률과 같은 중요한 문제를 발의한 의원들은 그 문제에 대해 지지를 받는 대가로 총기 규제를 발의한 의원들을 도와주는 데 동의할 수도 있다.

'반대 권력의 흡수(co-optation)'는 어떤 문제에 대해 반대하는 파벌의 구성원을 결정 과정에 참여시킴으로써 그 파벌의 반대를 어렵게 하고자 하는 노력을 말한다. 그렇게 함으로써 상대 파벌이 계속해서 반대하는 것을 어렵게 할 것이라고 기대하는 것이다. 예를 들어, 지역 내 기업에서 방출하는 오염 물질을 줄이려고 하는 지방 정부는 반대에 부딪힐 것이 분명하다. 그러한 반대를 줄이거나 무력화하기 위한 정치적인 방법은 기업 대표를 포함시키기는 하지만 최종 결정을 좌우하기에는 부족한 수의 기업 대표들만을 참여시킨 위원회에 그 과업을 맡기는 것이다.

이런 유형의 정치적 행위는 권력이 어떻게 획득되는지에 관련되며, 11장에서 논의한 이기주의적 조직 정치와는 다른 것이다. 여기서 논의하는 정치적 행위 유형은 좋은 목적에 사용될 수 있고 정부 조직과 비정부 조직 모두에서 흔히 볼 수 있다. 큰 조직에서 영향력을 얻고자 할 때는 개인의 권력보다는 정치적인 권력을 획득하는 것이 더 중요한 문제일 수 있다. 미국의 대통령조차도 국가의 가장 심각한 문제들을 해결할 수 있는 법을 제정할 수 있는 개인적인 권력은 가지고 있지 않다. 지미 카터 대통령 이래로 모든 미국 대통령들은 의회가 균형 연방 예산안을 통과하도록 하겠다는 선거 공약을 내세웠다. 하지만 세 번 정부가 바뀌고 난 뒤에야 클린턴 대통령이 이 약속을 이행할 수 있었다.

3) 정치적 기술

리더십이 다른 사람에게 영향을 끼치는 행위에 관한 것이라면 정치적 기술은 리더십에 중요한 요소다. 정치적 기술(political skill)은 다른 사람에게 영향을 끼쳐 자신에게나 조직에게 이로운 행동을 수행하게 하는 정도를 말한다(Zellars, Perrewe, Rossi, Tepper, & Ferris, 2008). 그러한 기술은 11장 조직 내 정치에 관한 절에서 다룬 바대로 이기적인 방식으로 사용될 수도 있지만 다른 사람과 조직에게 이로운 방향으로 사용될 수도 있다. 정치적 기술을 연구한 Ferris 등은 정치적 기술을 네 차원으로 나누었다(Ferris, Treadway, Kolodinsky, Hochwarter, Kacmar, Douglas et al., 2005). 사회적 통찰력(social astuteness)은 사람들과 사회적 상황을 이해하는 능력이다. 이 능력은 정서적 지능과 별로 다르지 않지만 정서를 이해하는 능력 이외의 다른 기술도 포함한다. 대인적 영향력(interpersonal influence)은 다른 사람이 자신이 바라는 행동을 하게 만들거나 특정한 입장을 받아들이도록 납득시키는 기술을 말한다. 인맥 형성 능력(networking ability)은 넓은 범위의 사람들과의 관계를 발전시키는 능력과 목표를 달성하기 위하여 그러한 관계를 관리하는 능력을 포함한다. 마지막으로, 외현적 성실성(apparent sincerity)은 정직하고 개방적이거나 그렇게 보이게 하는 기술을 말한다. 종합하면, 정치적 기술이 있는 사람은 사회적 상호작용을 이해하고 다른 사람들에게 영향력을 행사할 수 있으며, 믿고 의지할 수 있는 동지애적 인맥을 형성하고 고결한 기운을 발산하는 인물이다. 정치적 기술이 있는 리더는 결국 성공하는 리더다(Ferris et al., 2005).

3. 감독 권력의 남용: 성적 희롱과 인종적 괴롭힘

다양한 종류의 권력들은 적절하게 사용하면 조직의 기능을 강화하는 도구가 될 수 있다. 또한 그러한 권력을 사용하여 부하직원들로 하여금 작업에 대해 긍정적인 느낌을 갖고 직무를 잘 수행하도록 도움을 줄 수 있지만, 잠재적으로 부정적인 면도 있다. 간혹 상사들은 부하들이 수행을 잘하도록 하기 위해서는 처벌이라는 방법을 사용할 필요가 있다고 믿기 때문에 권력을 사용하여 부하들을 학대한다. 혹은 단지 다른 사람들에게 권력을 행사하는 것 자체가 즐겁기 때문에 부하들을 학대하기도 한다.

다른 이들을 괴롭히는 일을 즐기는 상사들은 여러 가지 방법을 사용한다. 상사들이 부하들에게 요구하는 바가 적절한지 여부와 상관없이 부하들이 지시대로 정확하게 일을 하도록 마음대로 강요할 수 있을 때 종업원 괴롭힘이 일어난다. 이처럼 종업원들은 사적인 부탁을 받아서 일을 하거나 그렇지 않으면 처벌을 받을 수도 있다. 자신의 부하들을 가혹하고 잔인하게 대하고 사소한 실수조차도 용납하지 못하고 부하들을 닦달하는 상사도 있다. 이러한 상황에서 부하들은 작업 환경을 위협적이고 불편하게 느끼게 된다. 다른 성별이나 성적 지향을 가진 부하를 학대하는 것을 통해 성희롱을 하는 상사도 있다. 또한 인종을 바탕으로 종업원을 학대하는 인종적 괴롭힘을 자행하는 상사도 있다(Bergman, Palmieri, Drasgow, & Ormerod, 2007; Schneider, Hitlan, & Radhakrishnan, 2000). Fox와 Stallworth(2005)는 인종적 괴롭힘의 가장 흔한 형태는 경멸적 언사, 인종 관련 농담, 종업원 간 교류에서의 특정 대상 종업원의 배제 등임을 밝혔다.

가장 잘 알려진 권력 남용의 형태는 성희롱(sexual harassment)이다. 성희롱은 다음과 같은 성 관련 행동이다.

- 피해 당사자들이 원하지 않는다.
- 피해 당사자 고용에 부정적 영향을 미칠 수 있다.
- 피해 당사자의 직무 수행을 방해한다.
- 적대적이고 위협적인 작업 환경을 조성한다.

성희롱에 해당하는 행동은 다음과 같다.

- 달갑지 않은 성적인 접근 및 요청
- 원치 않는 신체적 접촉
- 모욕적인 언어의 사용
- 반복적인 데이트 요구
- 요구 불응에 대한 처벌 위협

성희롱은 미국 등 여러 나라에서 불법이다. 미국에서 성희롱은 시민권법에 포함되어 있으며 차별의 한 형태로 간주된다. 많은 사례가 소송으로 이어졌고, 기업들이 종업원들에게 10만 달러가 넘는 보상금을 지급해야 했다. 성희롱이 개인의 행동이긴 하지만 조직이 종업원들의 행동에 대해 책임을 져야만 한다. 따라서 조직은 상사가 종업원들에 대한 성희롱에 관여되지 않도록 방지해야 한다.

성희롱이 얼마나 만연되어 있는지를 정확하게 알기는 어렵다. 여성에게 무례한 말이나 농담, 혹은 원하지 않는 데이트 요구와 같은 성희롱의 정의에 맞는 행동을 한 번이라도 경험한 적이 있는지를 여러 건의 설문조사 연구에서 물었다(예: Schneider, Swan, & Fitzgerald, 1997). Ilies, Hauserman, Schwochau와 Stibal(2003)은 55개의 연구를 통합 분석하여 58%의 여성이 직장에서 위와 같은 종류의 행동을 경험했음을 밝혔다. 하지만 위의 연구로 대부분의 여성이 성희롱의 피해자라고 결론을 내려서는 안 된다. 이러한 행동 중 많은 행동이 상대방이 원하지 않고 적대적이거나 위협적인 작업 환경을 조성할 만큼 충분히 지속적일 때에만 성희롱이 성립된다. 한 번의 말이나 단순한 데이트 요구는 성희롱이 아니며, 따라서 이런 설문 결과를 두고 대부분의 여성이 피해자라고 해석해서는 안 된다. 사실 Ilies 등(2003)은 위와 같은 행동을 경험했다고 밝힌 여성들의 절반 이하만 그들이 실제로 성희롱을 당했다고 느꼈음을 지적했다. 또한 성희롱이 여성이 당하는 문제로만 인식하고 있지만 남성 역시 성희롱의 피해자가 될 수 있음을 알아야 한다(Berdahl & Moore, 2006).

또 다른 문제는 사람들마다 상사 혹은 타인의 행동을 괴롭히는 행위라고 지각하는 정도에 있어서 차이가 있다는 점이다(Timmerman & Bajema, 2000). 즉, 괴롭힘은 관점에 따라 달라질 수 있으며 종업원이 다른 사람의 의도나 동기에 대해 갖고 있는 생각에 따라 달라진다(Luthar & Pastille, 2000). 예를 들어, Wayne(2000)은 대학생들에게 가해자와 피해자의 성별과 조직에서의 지위를 조작한 실제 성희롱 사례를 읽도록 시켰다. 실험 참가자들은 피해자가 지위가 낮을 때보다는(부하일 때보다는) 높을 때(상사일수록) 소위 가해자를 유죄라고 판단되는 경우가 많았다. Wayne은 상황에 대한 지각은 가해자의 행동이 기대와 상반되는지 여부에 의해 부분적으로 결정된다고 주장하였다. 상사에게는 어느 정도의 강압성이 예상된다고 볼 수 있지만 부하들에게는 그렇지 않기 때문에 상사에 대해서는 그들의 행동이 성희롱이라고 지각되는 데 있어서 높은 역치가 존재할 것이다.

성희롱이나 여타 형태의 종업원 괴롭힘은 조직이 통제하도록 애써야 하는 심각한 문제다. 이런 괴롭힘의 발생은 흔히 조직 내에 가혹 행위가 만연하는 풍토임을 방증하는 것인데 이러한 풍토 속에서는 인종 및 성 관련 괴롭힘과 일반적인 괴롭힘이 한꺼번에 존재한다(Berdahl & Moore, 2006). 조직 내의 관리자들을 비롯한 조직의 종업원들이 어떤 형태의 괴롭힘에 연루되었을 때 그런 사건들로 조직은 법적인 어려움에 직면할 수 있다. 하지만 법적 문제들로 인해 발생하는 겉으로 드러난 비용은 조직에 부과되는 숨겨진 비용과 비교할 때 아마도 극히 일부에 불과하다. 성희롱과 인종적 희롱은 스트레스가 많이 쌓이는 사건으로 직무 불만족, 심리적 긴장과 신체적 긴장으로 이어질 수 있다(Lance, Dawson, Birkebach, & Hoffman, 2010; Willness, Steel, & Lee, 2007). 그러나 실제 성희롱 사례들이 얼마나 되는지는 확인되지 않았으며, 횡단적인 연구(2장 참조)만을 통해서는 괴롭힘이 스트레스의 원인이 된다는 것에 대해 확신할 수 없다는 점을 유념해야 한다. 스트레스를 경험하고 있는 종업원들이 어떤 특정한 상황을 괴롭힘으로 지각하는 성향이 더 강할 수도 있다. 하지만 성희롱이 사람들에게 심각하게 해로운 효과를 끼칠 수 있다고 주장할 수 있는 충분한 증거들이 학대(10장 참조)와 같이 권력을 잘못 사용하는 행동에 대한 연구들에서 제시되고 있다. 조직은 권력을 남용하는 상사들과 다른 종업원들 때문에 종업원들이 피해를 입지 않도록 노력을 기울여야 할 것이다.

4. 리더십을 이해하기 위한 접근

리더십을 연구하고 이해하기 위해서 많은 접근 방식이 사용되었다. 특질적 접근은 훌륭한 리더들의 개인적인 특성들을 알아내는 데 목표를 둔다. 이 접근에서는 다음과 같은 질문을 던진다.

"어떤 사람이 훌륭한 리더가 되는가?"

행동적 접근은 어떤 리더 행동이 효과적인지를 알아내고자 하는 것이다. 이 접근에서는 다음과 같은 질문을 던진다.

"훌륭한 리더들은 무엇을 하는가?"

상황적 접근(Fiedler의 이론과 경로-목표 이론)은 훌륭한 리더십은 개인과 개인의 행동 그리고 상황, 이 세 요인 사이의 상호작용의 함수라고 가정한다. 이 접근에서는 다음과 같은 질문을 던진다.

"특정한 조건에서 어떤 사람이 훌륭한 리더가 되며 어떤 행동이 효과적일까?"

리더-부하 교환 이론과 카리스마적/변혁적 접근은 상사와 부하의 관계에 초점을 맞춘다. 이런 이론들에서는 다음과 같은 질문을 한다.

"상사와 부하의 상호작용이 어떻게 부하의 행동에 영향을 미칠까?"

이 모든 접근은 리더십을 이해하는 데 기여했다. 이런 이론들 외에도 일터에서의 의사결정을 하는 과업에 어떻게 접근할 것인지를 결정하는 문제를 다루는 Vroom-Yetton 모형도 소개할 것이다.

1) 특질적 접근

리더십 연구에서 가장 오래된 접근은 '특질적 접근(trait approach)'이다. 이 접근은 어떤 사람은 다른 사람들보다 더 훌륭한 리더가 되며 훌륭한 리더들의 특질들을 알아내는 것이 가능하다는 가정에 기반을 두고 있다. 이 접근 방식의 지지자들은 훌륭한 리더십이 사람에 따라 결정되며 한 상황에서 성공적인 리더는 어떤 다른 상황에서도 훌륭한 리더가 될 것이라고 주장한다. 그들은 이순신, 세종대왕, 알렉산더 대왕, 윈스턴 처칠, 마틴 루터 킹, 조지 워싱턴과 같은 리더들은 다른 시대와 상황에서도 훌륭한 리더가 되었을 것이라고 주장한다. 하지만 거론한 이들은 각기 다른 특성들을 가지고 있었고 특정한 환경에서 적절한 리더십을 구사하였기 때문에 이러한 주장이 옳은 것 같지는 않다.

훌륭한 리더들의 특질을 밝히려고 시도한 대부분의 연구에서는 두 가지 접근을 사용했다. 하나는 6장에서 소개한 종업원 선발 연구와 비슷한 방법을 사용한다. 주로 상사들로 구성된 리더 표본이 정해지고, 리더십 수행, 특히 직무 수행에 대한 준거가 선택된다. 상사들은 준거와 연구 대상이 되는 개인적인 특질들에 대해서 평가받는다. 개인적 특질에는 다양한 능력, 직무 경험, 동기, 성격 등이 포함된다. 이러한 과정을 통해 측정된 개인적 특성과 수행 간의 관계는 개인의 특질들이 리더 수행에 미치는 영향으로 해석된다.

다양한 연구에서 개인 특성과 수행을 측정할 때 많은 측정 도구를 사용하였다. 예를 들어, Randle(1956)은 약 100개의 관리자 특질을 측정하였다. 많은 연구에서 타당한 측정 도구들이 사용되긴 했지만, 특정 연구를 위해서 개발된 검증되지 않은 도구들을 사용한 연구도 많다. 심리측정에 영향을 미치는 편파들을 완전히 이해하기 전에 실시한 초기의 연구에서는 측정 도구들의 품질이 좋지 않았다. 결과적으로 리더 수행을 예측하는 연구들마다 일치하지 않는 결과가 나왔다. 하지만 관리자의 수행에 관한 연구들에서는 인지 능력과 같은 개인 특질이 관리자의 수행을 예측한다는 것을 보여 주었다(Hogan, Curphy, & Hogan, 1994).

두 번째 접근은 리더의 출현(leader emergence), 즉 집단에서 누가 리더가 되는지를 연구하는 것이다. 이 접근을 사용한 연구에서는 집단의 사람들에게 실험실 과제를 수행하도록 하고, 누가 그 집단의 리더가 되는지를 준거로 사용하였다. 리더의 수행은 일반적으로 평가되지 않았다. 한 개인이 리더가 되도록 하는 신체적 매력 같은 개인적 특성들이 반드시 훌륭한 리더가 되게 하는 요인이 되지 않을 가능성이 있기 때문이다.

이러한 많은 연구의 결과가 일치하지 않는 것에 의아해할 필요는 없다. 리더의 출현과 리더의 성과에 관련된 개인적 특성들을 찾아낸 연구도 있었지만 그렇지 않은 연구들도 있었다. 일관성이 없는 연구 결과들에서 의미를 찾기 위해서 Judge, bono, Ilies와 Gerhardt(2002)는 여러 연구 결과를 통계적으로 결합하기 위해 통합분석을 실시했다. 그들은 리더의 효과성과 출현이 성격 5요인 중 외향성, 정서적 안정성, 경험에 대한 개방성, 성실성과 높은 관련성이 있음을 발견했다.

2) 행동적 접근

'행동적 접근(leader behavior approach)'은 리더들의 개인적 특성보다는 그들이 하는 행동에 관심을 둔다. 리더 행동 연구들이 특정한 행동들을 다루기는 했지만, 대부분의 연구에서는 리더십 유형에 초점을 두었다. 리더십 유형(leadership style)은 상사들이 부하를 다루는 방식을 나타내는 상호 연관된 행동들의 군집을 말한다. 예를 들어, 어떤 상사는 부하들을 결정에 참여시키기를 좋아한다. 다른 사람들에게 조언을 구하고 쟁점에 대해 논의하기를 좋아하는 유형을 참여적(participative) 유형이라고 부른다. 어떤 상사는 결정 과정에 부하들을 참여시키기보다는 스스로 결정을 하고 집단의 구성원들에게 이를 통보하는 상사도 있다. 부하들이 정보를 거의 받지 못하는 이러한 유형을 '독단적(autocratic)' 유형이라고 한다.

리더 행동을 탐구한 연구 프로그램 중에 가장 영향력 있는 것은 1945년에 시작된 오하이오 주립대 리더십 연구(Stogdill, 1963)다. 이 일련의 연구에서 상사의 특정한 행동이 부하에게 미치는 영향을 밝히고자 했다. 오하이오 주립대 연구자들은 우선 우수한 감독 행동 사례와 잘못된 감독 행동 사례를 나타내는 1,800개의 중요 사건을 수집하였다. 연구자들은 이런 사건들을 기초로 해서 리더 행동에 대한 150문항의 설문지를 개발하였다. 설문지는 여러 개의 종업원 표본을 대상으로 시행되었는데, 종업원들은 그들의 상사들에 대해서 각 문항에 응답했다. 요인분석이라는 복잡한 통계적 절차를 통해서 150문항을 리더십을 구성하는 더 작은 수의 잠재적 차원으로 축소하였다. 150문항 간의 상호 상관을 기초로 해서 2개의 차원이 밝혀졌는데, 연구자들은 이 차원들을 배려와 구조 주도라고 불렀다.

배려(consideration)는 상사가 부하들의 행복과 복지에 대해서 관심을 갖는 정도를 나타낸다. 여기에는 부하들이 직장에서 즐겁게 일할 수 있도록 하는 친절하고 지원적인 행동이 포함된다. 구조 주도(initiating structure)는 상사가 자신의 역할을 정의하고 부하들에게 무엇을 해야 하는지 명확히 하는 정도를 의미한다. 이러한 행동에는 부하들에게 과업을 할당하고 작업 일정을 세워 주는 것 등이 포함된다. 오하이오 주립대 리더십 연구의 가장 큰 공헌은 이런 차원들을 평가하는 척도들을 개발했다는 점이다. 가장 널리 쓰이는 것에는 리더 행동 기술 설문지(Leader Behavior Description Questionnaire: LBDQ)가 있다. 이는 상사들이 어떤 행동을 보이는지에 대해서 부하들이 평정하는 것이다.

〈표 13-2〉에 배려 행동을 평가하는 4개의 예시 문항과 구조 주도적 행동을 평가하

〈표 13-2〉 리더 행동 기술 설문지(LBDQ)의 배려 행동과 구조 주도적 행동 측정 문항 예

배려 행동 문항
나의 상사는 친절하고 가까이 하기 쉽다.
나의 상사는 집단 구성원들이 소속감을 느끼도록 하려는 노력을 거의 하지 않는다.
나의 상사는 집단이 내놓은 제안 사항을 실제로 실행한다.
나의 상사는 집단의 모든 구성원을 자신과 동등하게 대한다.
구조 주도 행동 문항
나의 상사는 집단 구성원들에게 무엇을 해야 하는지 알려 준다.
나의 상사는 일정한 절차를 사용하도록 권유한다.
나의 상사는 자신의 아이디어를 집단 내에 적용해 본다.
나의 상사는 집단 구성원들에게 자신의 태도를 분명히 한다.

출처: *Manual for the Leader Behavior Description Questionnaire-Form XII*, by R. M. Stogdill, 1963, Columbus: Ohio State University.

는 4개의 예시 문항이 제시되어 있다.

많은 연구에서 리더 행동이 부하에게 미치는 영향을 알아보기 위해서 LBDQ를 사용했다. Fleishman과 Harris(1962)가 트럭 제조 공장의 생산 근로자들을 대상으로 한 연구가 좋은 예다. 57명 상사의 부하들에게서 LBDQ를 이용해서 자료가 수집되었다. 또한 불만율과 이직률을 각 상사의 작업 집단에서 수집하였다. 불만율은 작업 조건에 대한 불만족을 측정하는 것으로 볼 수 있다. 노동조합이 구성되어 있는 조직과 정부 조직에서 불만이 발생하면 상담하느라 종업원들의 시간을 상당히 빼앗아야만 한다. 과도한 불만율은 사람들이 비생산적인 방법으로 시간을 소비한다는 뜻이기 때문에 작업 집단의 효율성에 지장을 줄 수 있다.

Fleishman과 Harris(1962)는 상사들에 대한 평균 LBDQ 점수가 그들 부서의 불만 빈도 및 이직률과 상관이 있다는 사실을 발견했다. 배려 행동에서 낮은 점수를 받고 구조 주도적 행동에서는 높은 점수를 받은 상사 밑에서 일하는 부하들은 배려 행동에서 높은 점수를 받고 구조 주도적 행동에서는 낮은 점수를 받은 상사의 부하들보다 이직률이 높고 불만이 많았다. 배려 행동에서 가장 낮은 점수를 받은 상사 밑에서 일하는 부하들은 가장 높은 점수를 받은 상사의 부하들보다 4배나 많은 이직률을 나타내었다([그림 13-2]와 [그림 13-3] 참조).

이런 결과들은 리더 행동이 부하들의 중요한 행동에 영향을 주는 증거로 해석할 수도

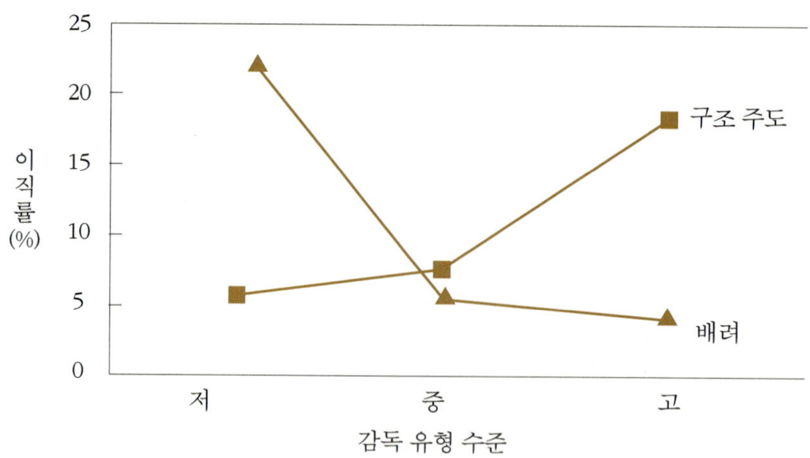

그림 13-2 상사의 배려 행동과 구조 주도적 행동의 결과로 인해 나타나는 이직률

출처: "Patterns of Leadership Behavior Related to Employee Grievances and Turnover," by E. A. Fleishman and E. F. Harris, 1962, *Personnel Psychology, 15*, 43-56.

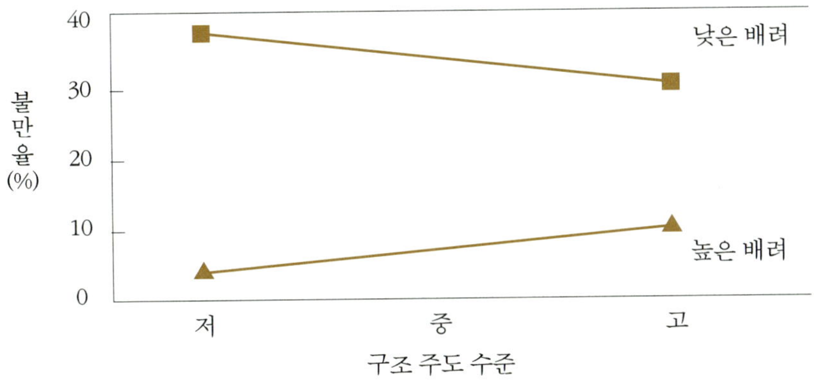

그림 13-3 상사의 배려 행동과 구조 주도적 행동의 결과로 인해 나타나는 불만율

출처: "Patterns of Leadership Behavior Related to Employee Grievances and Turnover," by E. A. Fleishman and E. F. Harris, 1962, *Personnel Psychology, 15*, 43-56.

있겠지만 여기에는 두 가지 해석상의 어려움이 존재한다. 첫째, LBDQ는 상사의 행동을 나타내 주는 좋은 지표가 아닐 수도 있으며, 상사에 대해서만큼 그 부하들에 대해서도 많은 것을 말해 주는 측정 도구일 수 있다. 부하들이 그들의 상사에 대해서 보고한 것이 실제로 무엇을 의미하는지를 알아본 연구들이 있었다. 부하들의 보고는 부하들의 편파와 고정관념에 의해 영향을 받았음이 밝혀졌다. 일련의 연구에서 대학생들에게 상사가 부하들과 상호작용하는 것을 찍은 비디오를 보여 주었다. 동일한 비디오를 본 모든 피험자에게 무선적으로 그 상사가 수행에서 높은 점수를 받았다고 말해 주거나 낮은 점수를 받았다고 말해 주었다. 상사가 우수한 수행자라고 들은 피험자들과 낮은 수행 점수를 받았다고 들은 피험자들은 서로 다른 LBDQ 점수를 보였다(Lord, Binning, Rush, & Thomas, 1978).

둘째, 횡단적 연구(2장 참조) 설계, 즉 어느 한 시점에서 수집된 자료들을 바탕으로 인과적 결론을 도출하고자 했다는데 문제가 있다. Fleishman과 Harris(1962)의 연구와 같은 횡단적 연구에서는 상사의 행동 때문에 불만율과 이직률이 영향을 받았는지 혹은 불만율과 이직률 때문에 상사의 행동에 대한 평가가 영향을 받았는지 확신할 수 없다. 여러 연구에서 상사의 행동이 부하의 행동, 특히 부하의 직무 수행에 의해 영향을 받기도 한다는 사실이 밝혀졌다(Lowin & Craig, 1968). Yukl(1989)은 상사의 유형과 부하의 행동 간에 서로 영향을 주는 순환(reciprocal) 관계가 존재할 것이라는 결론을 내렸다. 부하들이 많은 불만을 제기하면 상사는 화가 나서 배려 행동을 줄일 수 있다. 그러면 부하도화가 나게 되고 보다 많은 불만을 제기하는 식으로 악순환이 계속될 것이다. 이런 종류의 상호 영향 과정은 산업 및 조직 심리학 분야에서 거의 연구되지 않았다.

미국에서 참여적 리더십 유형은 직무 수행과 직무 만족 모두와 관련이 있지만, 이 관계가 항상 강하지는 않다(Wagner, 1994). 효과가 작은 이유 중의 하나는 종업원들에게 참여를 허용한 영역과 관계가 있을 수 있다. Sagie와 Koslowsky(1994)는 종업원들이 애초에 변화를 시도할지 여부를 결정할 때보다는 변화를 어떻게 실행할지를 결정하는 데 참여했을 때 지각된 참여와 직무 만족 간의 관계가 더 강하게 나타남을 발견했다. 그들은 어떤 유형의 결정에 부하들의 참여가 적절한지를 고려하는 것이 중요하다는 결론을 내렸다.

참여가 긍정적인 영향을 미친다는 결과를 보여 주는 연구도 있었지만 정적인 영향을 발견하지 못한 연구도 있었다. 예를 들어, Bragg와 Andrews(1973)의 연구에서는 세 부서 중 두 부서에서 참여가 효과적이었다. 연구 초반에 병원 세탁 부서의 상사는 독단적 유형에서 참여적 유형으로 변화를 주었다. 이어지는 18개월 동안 출근율, 직무 수행(42% 증가), 직무 만족이 긍정적으로 변했다. 이러한 관리적 변화는 의료 기록 부서에서도 성공적으로 적용되었지만, 간호 부서에서는 성공적이지 못했다. 참여적 유형이 어떤 때는 성공하고 어떤 때는 성공하지 못하는 이유는 복잡하지만 적용되는 상황과 관련이 있는 듯하다. 이러한 결과들은 리더 특성과 리더 행동이 상황과 상호작용한다는 상황 이론의 기본적인 생각으로 이어진다.

3) Fiedler의 상황 이론

특질적 접근은 개인의 특성 때문에 훌륭한 리더가 된다고 가정한다. 행동적 접근은 특정한 리더 행동들이 상황에 관계없이 효과적이라고 가정한다. Fiedler의 상황 이론(Fiedler's contingency theory)은 리더십이 사람과 상황 모두에 따라 결정된다고 주장한다. 한 가지 종류의 리더 특성과 세 가지 상황 특성이 리더십 효과성을 결정한다.

이 이론은 Fiedler(1978)가 리더의 '동기 구조(motivational structure)'라고 부르는 리더의 특성에서 시작된다. 동기 구조는 가장 싫어하는 동료 작업자 척도(Least Preferred Coworker[LPC] scale)라고 부르는 자기보고식 도구로 평가된다. LPC가 명칭상으로는 동료 작업자를 평가하는 것으로 보이지만, 실제로는 부하가 아닌 리더의 특성을 측정한다. LPC는 리더가 일할 때 가장 많은 문제를 갖고 있는, 즉 가장 싫어하는 동료 작업자

〈표 13-3〉 Fiedler의 LPC 척도 문항 예

유쾌한	____	____	____	____	____	____	____	____	____	불쾌한
친절한	____	____	____	____	____	____	____	____	____	불친절한
거부적	____	____	____	____	____	____	____	____	____	인수용적인
긴장하는	____	____	____	____	____	____	____	____	____	안정된

출처: "The Contingency Model and the Dynamics of the Leadership Process" (pp. 59-112), by F. E. Fiedler, 1978, in L. Berkowitz (Ed.), *Advances in Experimental Social Psychology* (Vol. 11), New York: Academic Press.

에 대해 생각하도록 한다. 그다음 리더는 의미 변별 유형 척도(semantic differential scale; Osgood, Tannenbaum, & Suci, 1957)를 사용해서 가장 싫어하는 동료 작업자를 평가한다. LPC는 18개의 양극 형용사 문항들로 구성되어 있는데, 이 문항들은 리더에게 유쾌한-불쾌한, 친절한-불친절한과 같이 서로 반대되는 두 단어 중에서 어느 쪽이 피평정자를 가장 잘 묘사하는지 표시하도록 하는 척도다(LPC 척도의 예가 〈표 13-3〉에 나와 있다).

Fiedler의 이론은 상황 통제력이라는 상황적 변인에도 관심을 둔다. 상황 통제력(situational control)은 리더가 부하들에 행사하는 권력과 영향력의 양이다. 이 변인은 상사의 행위가 부하의 행동으로 이어질 것으로 예상할 수 있는 정도다. 리더십 상황의 세 가지 특성이 상황 통제력을 구성한다. 이 세 가지 특성 중 리더-부하 관계(leader-member relation)는 부하들이 상사와 잘 어울리고 상사를 지원해 주는 정도다. 과업 구조는 부하들의 직무 과업이 명확하고 세부적으로 잘 정의된 정도를 말한다. 지위 권력(position power)은 보상과 처벌을 줄 수 있는 능력을 포함한 상사가 보유한 권력과 영향력의 양을 말한다. 좋은 리더-부하 관계를 유지하고 부하들의 과업들이 잘 구조화되어 있으며 지위 권력이 높은 상사는 통제력이 높은 상황에 놓이게 된다. 반면에 리더-부하 관계가 좋지 않고 부하들의 과업들이 잘 구조화되어 있지 않으며 지위 권력이 낮은 상사는 통제력이 낮은 상황에 놓이게 된다.

Fiedler(1978)의 이론에 따르면, 상사의 LPC는 그가 수행을 잘할 수 있는 상황을 결정한다. LPC 점수가 낮은 상사는 상황 통제력이 매우 높거나 낮은 조건에서 높은 수행을 보인다. LPC에서 높은 점수를 받은 상사는 중간 정도의 상황 통제력 조건에서 일을 잘한다. 리더가 부하들과 잘 어울리지 못하고 부하들이 비구조화된 과업들을 맡고 있으며 리더가 권력을 별로 가지고 있지 못한 상황을 예로 들어 보자. 이것은 어려운 상황이며 LPC 점수가 낮은 리더가 LPC 점수가 높은 리더보다 더 효과적일 것으로 예상된다. 하지만 만약 상황이 중간 정도로 호의적이면 LPC 점수가 높은 사람이 LPC 점수가 낮은

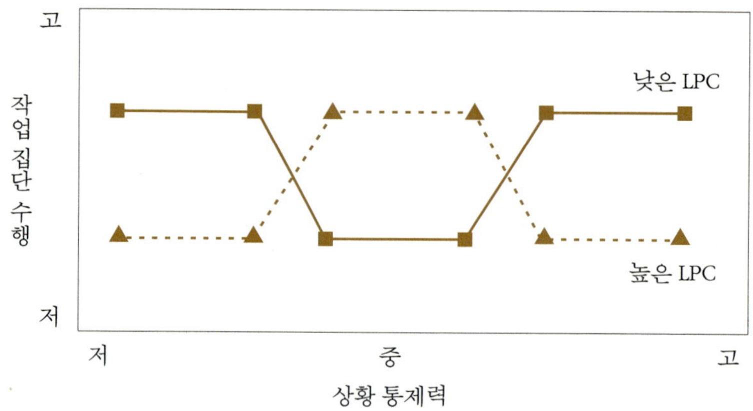

그림 13-4 상황 통제력과 리더의 LPC 점수에 따른 집단 수행

출처: "The Contingency Model and the Dynamics of the Leadership Process," by F. E. Fiedler, 1978, in L. Berkowitz (Ed.), *Advances in Experimental Social Psychology* (vol. 11), New York: Academic Press.

사람보다 더 효과적일 것이다. [그림 13-4]는 LPC 점수가 높은 리더와 낮은 리더가 자신의 상황 통제력에 따라 작업집단의 수행이 어떻게 달라지는지를 보여 준다.

상황 이론에 대한 연구는 이론의 타당도에 대한 일관된 결과를 보여 주지 못하고 있으며 Fiedler의 이론도 역시 비판을 받는다. 두 차례의 통합분석은 이 이론을 검증한 여러 연구 결과를 종합하였다(Peters, Hartke, & Pohlmann, 1985; Strube & Garcia, 1981). 비록 이 이론이 완벽하게 지지받지는 못했지만 두 통합 연구 모두 리더의 수행이 LPC와 상황 통제력에 의해 영향을 받는다는 사실을 밝혀냈다. 현재 분명하지 않은 것은 LPC와 상황 통제력이 상호작용하는 정확한 이유다. 이유를 밝혀내는 데 있어서 가장 어려운 점은 Fiedler뿐만 아니라 어느 누구도 LPC가 무엇을 나타내는지에 대해 확실히 모른다는 점이다. LPC는 리더의 동기를 측정하기 위해 만들어졌지만 실제로 동기가 측정되는지는 명확하지 않다. Fiedler(1978)는 LPC 점수가 낮은 리더들이 부하들과 좋은 관계를 유지하기보다는 과업을 완수하는 데 더욱 관심이 있는 반면, LPC 점수가 높은 리더들은 반대의 동기를 가지고 있어서 직무를 완수하기보다는 부하들과 좋은 관계를 유지하는 데 관심을 갖는다고 주장한다. 현재 우리가 확실하게 말할 수 있는 것은 아직 정확히는 모르지만 LPC가 리더의 중요한 어떤 특성을 측정한다는 점이다.

이 이론에서는 상황에 따라 최적의 리더 특성이 달라진다고 주장하고 있지만, Fiedler는 상사가 자신의 유형을 특정한 상황에 맞추려고 노력해야 한다고 생각하지는 않는다. Fiedler는 상사들이 상황을 자신의 리더십 유형에 맞도록 변형시켜야 한다고 믿는다. 이것을 위해서 그는 리더 맞춤(Leader Match)이라는 훈련 프로그램을 개발했다. Fiedler는 리더 맞춤으로 훈련받은 상사들과 그렇지 않은 상사들을 비교한 현장 실험의 결과들을 요약했다. 연구 결과, 훈련받은 상사들의 집단이 더 나은 수행을 보였다. 하지만 이론에서처럼 리더 맞춤 훈련 때문에 리더가 상황을 변화시켰는지 혹은 리더 맞춤 연구의 결과가 다른 요인들 때문이었는지에 대해서는 의문이 제기되었다(Jago & Ragan, 1986).

이론에 대한 여러 비판에도 불구하고 Fiedler는 리더십 연구에서 가장 영향력 있는 사람 중 하나다. 그가 가장 크게 공헌한 점은 리더십이 리더 특성과 리더십 상황의 복잡한 상호작용으로 이루어짐을 보여 주었다는 점이다. Fiedler의 이론은 보다 복잡한 상황 이론을 개발한 연구자들에 의해 확장되었다. 그러한 연구들 중의 하나가 다음에 논의될 경로-목표 이론이다.

4) 경로-목표 이론

경로-목표 이론(path-goal theory)(House & Mitchell, 1974)은 Fiedler의 이론보다 더 복잡한 상황 이론이다. 이 이론은 부하들의 직무 수행과 직무 만족이 상황 특성, 부하 특성, 상사 유형의 결과로 나타난다고 가정한다. 기대 이론을 기초로 하고 있는 이 이론의 기본적인 생각은 상사가 부하들에게 훌륭한 직무 수행에 대해 보상을 제공하고 부하의 과업 목표 달성을 더 쉽게 해 줌으로써 부하들의 동기와 직무 만족을 증진시킬 수 있다는 것이다. 상사는 네 가지 감독의 유형 중 하나를 적용함으로써 이를 성취할 수 있는데, 이런 유형들의 효율성은 상황과 부하 특성에 따라 결정된다.

네 가지 감독 유형은 다음과 같다.

- 지원적 유형(supportive style): 오하이오 주립대 리더십 연구의 배려 행동과 유사하다. 부하들의 욕구와 복지에 관심을 갖는다.
- 지시적 유형(directive style): 오하이오 주립대 리더십 연구의 구조 주도적 행동과 유사하다. 부하들의 직무 과업들을 구조화하고 부하들이 무엇을 해야 하는지 알려 준다.
- 참여적 유형(participative style): 부하들로부터 정보를 구하고 부하들이 의사결정 과정에 참여할 수 있도록 허용한다.

- 성취 지향적 유형(achievement style): 성취와 높은 수행을 강조한다. 도전적인 과업 목표를 설정하고 높은 수행 수준을 강조한다.

부하 특성에는 통제 소재와 같은 성격 변인과 지각된 능력이 포함된다. 통제 소재는 부하들이 자신들의 삶에서 보상을 통제할 수 있다고 믿는 정도를 말한다. 내적 통제 소재의 특성을 지닌 사람은 보상을 통제할 수 있다고 믿는다. 외적 통제 소재의 사람은 보상이 다른 사람이나 외부의 힘에 의해서 통제된다고 믿는다. 지각된 능력은 자신이 과업을 잘 수행할 수 있다고 믿는 정도다. 이는 8장에서 논의된 자기 효능감과 비슷하지만, 그보다는 현재 하고 있는 특정 과업에 한정되는 개념이다. 상황 특성에는 과업이 위험한지, 반복적인지, 구조화되어 있는지 등의 과업의 여러 측면이 포함된다.

House와 Mitchell(1974)은 이 이론의 기본 개념에 기초해서 일련의 가설을 세웠다. 이 가설들은 어떻게 특정한 상사 유형이 특정한 조건에서 부하들에게 영향을 주는지를 설명한다. 예를 들면 다음과 같다.

① 과업이 지루하고 위험하며 스트레스를 줄 때는 지원적 유형이 가장 적절할 것이다. 이런 상황들을 다루어야 하는 부하들은 지원적인 상사가 있을 때 자신들의 불안을 낮추고 자아 존중감을 높일 것이다.

② 과업이 구조화되어 있지 않고 부하들의 경험이 없을 때는 부하들이 무엇을 할지에 대해서 잘 모르기 때문에 지시적 유형이 가장 적절하다. 지시적 유형의 상사는 부하들에게 기대하는 바가 무엇이고 무엇을 해야 하는지를 말해 줌으로써 부하들의 노력과 직무 만족을 증가시킬 것이다.

그러나 연구자들은 경로-목표 이론의 여러 가설 중 위에 있는 두 번째 가설에만 관심을 기울였다. 일부 연구에서 경로-목표 이론이 지지를 받았지만(Podsakoff, MacKenzie, Ahearne & Bommer, 1995), 많은 연구의 결과는 일치하지 않았다(Wofford & Liska, 1993). 결과가 일치하지 않는 이유는 일부 연구에서 나타나는 방법론적 취약성 때문이기도 하다. 또 가설들 중 일부가 틀렸을 가능성도 있다.

Keller(1989)는 모든 사람이 직무가 구조화되지 않은 것을 불편해하는 것은 아니며, 비구조화된 직무를 선호하는 사람도 있다고 주장한다. 비구조화된 과업을 선호하는 사람은 구조화 정도가 낮은 직무에 더 만족할 것이며 지시적 상사 유형에 부정적으로 반응할 것이다. Keller(1989)는 4개 조직의 종업원 표본을 대상으로 구조화에 대한 부하들의 욕구, 직무 수행, 직무 만족 그리고 상사의 지시적 유형을 측정하였다. 결과는 구조화를 원하는 부하들이 지시적 상사 유형에 긍정적으로 반응할 것이라는 예상과 일치했다('연구 상세히 보기' 참조). Keller의 연구에 의하면 가설 중 하나는 부하의 성격을 고려하여 수정되어야 한다.

후속 연구로는 House와 Mitchell(1974)의 원래 가설 중에 어떤 것이 지지를 받는지를 조사하는 연구가 필요할 것이다. Keller(1989)의 연구 결과에 비추어 봤을 때, 상황, 부하, 상사의 상호작용을 포함하는 새로운 가설이 개발될 가능성이 높다. Keller의 연구 결과가 지니는 한 가지 의의는 부하들마다 다른 상사 유형이 필요할 것이라는 점이다. 이러한 관점은 각 부하–상사의 양자 관계에 관심을 가지는 리더–부하 교환 이론으로 이어진다.

연구 상세히 보기

경로–목표 이론의 가설 중 하나는 과업이 구조화된 정도가 낮을 때 리더의 구조 주도적 행동이 부하의 만족으로 이어진다는 것이다. 즉, 부하들이 무엇을 해야 하는지에 대한 확신이 없을 때 상사가 그것을 명확히 해 주는 것을 좋아한다. Keller(1999)는 그동안의 연구 결과들이 이 가설을 일관되게 지지하지 않고 있음을 지적했다. 그리고 이는 경로–목표 이론에서 모든 종업원이 과업이 구조화되어 있지 않은 상황을 불편하게 여긴다고 가정하는 오류를 범하고 있기 때문이라고 주장했다. 그의 가설은 직무가 구조화되지 않은 상황에서 명확성에 대한 부하의 욕구에 따라서 구조 주도적 행동에 대한 반응이 결정된다는 것이었다.

이 연구에서는 연구 개발 조직의 전문가들을 대상으로 설문 조사를 실시했다. 연구 개발이라는 작업은 새로운 지식과 기술을 발견하는 것이 주된 업무이기 때문에, 일반적으로 구조화가 덜 된 직무다. 응답자들은 그들이 필요로 하고 선호하는 직무의 명확성 정도, 상사의 구조 주도적 행동 그리고 직무 만족의 정도를 측정하기 위한 척도에 응답했다.

분석 결과는 Keller의 가설이 옳다는 것을 보여주었다. 명확성에 대한 욕구가 높은 사람들은 낮은 구조 주도적 행동보다 높은 구조 주도적 행동에 더욱 만족했다. 명확성에 대한 욕구가 낮은 사람들은 높은 구조 주도적 행동보다 낮은 구조 주도적 행동에 더욱 만족했다. 이 연구는 상사들이 가장 적절한 관리 방법을 선정하고자 할 때 각 부하들의 성격을 고려해야 한다는 것을 시사한다.

출처: "A Test of the Path-goal Theory of Leadership with Need for Clarity as a Moderator in Research and Development Organizations," by R. T. Keller, 1989, *Journal of Applied Psychology, 74*, 208–212.

5) 리더-부하 교환 이론

리더-부하 교환 이론(leader-member exchange[LMX] theory)(Dansereau, Graen, & Haga, 1975)은 상사와 작업 집단의 관계보다는 부하-상사의 양자 관계에 초점을 맞춘다. Dansereau 등에 따르면, 대부분의 리더십 연구들의 중요한 한계점은 각 상사가 속한 집단을 하나의 단위로 보는 견해를 정당화하기 위해 집단이 충분히 동질적이며, 각 상사가 모든 부하에 대해서 동일한 리더십 유형을 적용한다고 가정하고 있는 점이다. 반면에 Dansereau 등은 상사들이 각 부하들을 다르게 대하며, 시간이 지남에 따라 상사와 부하 간의 관계가 서서히 발전한다고 주장한다.

Dansereau 등(1975)은 상사와 부하 사이에서 발전하는 두 가지 형태의 관계를 제시했다. 핵심집단(cadre) 혹은 내집단(in-group)은 작업 집단에서 신뢰받고 영향력 있는 부하들로 구성된다. 상사는 그들에게 배려 행동을 보이며, 참여적 유형을 적용한다. 이와는 대조적으로, 품팔이(hired hands) 혹은 외집단(out-group)은 지시적 유형으로 감독을 받고 의사결정 과정에 대한 정보를 거의 제공받지 못하는 부하 집단이다. 이러한 관계는 시간이 지나면서 발전하는데, 부하 특성이 부하 자신이 내집단과 외집단 중 어느 범주에 속할지에 영향을 준다. 핵심집단의 일원이 되기 위해서 부하직원들은 믿을 만하고 열심히 일한다는 평가를 받아야 한다. 부하는 내집단 구성원으로서의 지위를 얻는 대가로 직무를 수행할 때 최소한의 요구 조건을 넘어서는 노력을 기울일 준비가 되어 있어야 한다.

Dansereau 등(1975)은 연구를 통해서 작업 집단 내에서 참여를 얼마나 많이 허용하는지를 기준으로 상사가 작업 집단의 구성원들을 두 집단으로 뚜렷이 나누는 것을 발견했다. 내집단에 속한 구성원들은 자신들의 직무에 만족했고, 그들이 상사와 더 좋은 관계를 유지한다고 믿었으며, 외집단에 속한 구성원들보다 이직 의도가 낮았다. 하지만 만족과 이직에 있어서의 차이가 상사의 처우에 대한 결과라고 결론을 내리는 데는 주의가 필요하다. 각 부하에 대한 상사의 행동이 부하의 직무 수행에 대한 원인이라고 볼 수 있지만, 반대로 부하의 직무 수행에 대한 결과로도 볼 수 있기 때문이다(Bauer & Green, 1996).

리더-부하 교환 이론이 기여한 바는 각 상사-부하의 쌍 내의 개인적 관계의 중요성에 주목했다는 점이다. 이 생각은 상사들이 각 부하와의 관계를 개선하기 위해서 훈련을 받는 개입(intervention) 연구의 기초가 되었다. Graen, Novak과 Sommerkamp(1982)는 상사들로 구성된 집단을 리더-부하 교환 이론의 틀에서 훈련시키는 현장 실험을 했다. 훈련은 상사들이 부하들과의 관계를 향상시킬 수 있도록 도우려는 의도로 시행되었다. 훈련을 받은 상사는 자신의 부하와 만남을 갖고 일 자체의 문제와 일을 수행하는 동안의 둘 사이의 관계에 대해서 논의하였다. 그 결과, 훈련을 받은 상사의 부하들은 훈련을 받지 않은 통제 집단의 상사의 부하들보다 더 높은 직무 수행과 직무 만족을 나타냈다.

부하들이 지각하는 리더-부하 교환 관계의 질이 몇 가지 중요한 변인과 연관되어 있음이 연구를 통해서 밝혀졌다. 예를 들면, 상사들과 좋은 리더-부하 교환 관계를 갖고 있다고 보고한 종업원은 좋지 않은 관계를 갖고 있다고 보고한 종업원에 비해서 상사로부터 직무 수행과 조직시민행동에서 더 높은 평가를 받았다(Petruzello, Gapin, Snook, & Smith 2009; Radloff, 1977; Vidyarthi, Liden, Anand, Erdogan, & Ghosh, 2010). Gerstner와 Day(1997)는 79개의 연구를 통합분석하였는데, 상사들과의 관계가 좋은 사람들이 그렇지 않은 사람들보다 업무 수행을 더 잘하고, 높은 직무 만족을 느끼며, 조직에 몰입하고, 직무로 인한 스트레스를 적게 받았다. 이 연구들이 시사하는 바는 상사와 부하 간의 좋은 관계는 종업원과 조직에게 유익하기 때문에 중요하다는 것이다.

리더-부하 교환 관계 이론에 대한 비판과 한계점도 있다. 첫째, 한 작업 집단 내에서 부하들을 차별적으로 다루는 것은 좋지 않은 결과를 낳을 수 있다(Yukl, 1989). 8장에 소개되었던 형평 이론은 종업원들이 불공정한 처우에 어떻게 반응하는지를 설명한다. Dansereau 등(1975)의 연구에서 외집단 구성원들이 더 높은 이직율과 낮은 직무 만족을 보였던 것도 불공정에 대한 반응으로 해석될 수 있을 것이다. Schriesheim(1980)은 상사가 부하직원마다 차별적으로 대하기보다는 전체 작업 집단에 한꺼번에 영향을 미치려고 시도한다고 지적한다. Schriesheim은 리더십을 가장 잘 이해하려면 작업 집단과 개별적 양자 관계 모두에 초점을 맞추어야 한다고 믿는다. 리더-부하 교환 관계 이론은 부하와 상사 간의 관계에 유의하도록 하였고, 상사들이 모든 부하에게 똑같은 방식으로만 행동하지 않는다는 점을 이해하는 데 도움을 주었다.

6) 변혁적 리더십 이론

변혁적 리더십 이론(transformational leadership theory)은 부하들에 대해서 상당한 정도의 영향력을 갖고 있는 리더, 즉 카리스마적 리더(charismatic leader)를 다룬다. 이 이론은 효과성과 관련된 리더의 특성에 초점을 맞춘다는 점에서 특질적 접근으로 돌아가는 측면이 있다. 하지만 변혁적 리더십은 단순히 특질과 수행을 연결 짓는 정도를 넘어서, 리더들이 어떻게 부하들에게 영향을 미치는지를 알아내려고 한다는 점에서 기존 접근들과는 다르다. 변혁적 리더(transformational leader)는 타인들을 감동시켜 높은 목표를 세우고 그 목표를 달성하기 위하여 혼신의 힘을 다하도록 하게 만드는 리더다. 그러한 리더는 추종자들을 위하여 비전을 명확히 세우고 추종자들이 비전을 추구하도록 고무한다. Gardner와 Avolio(1998)는 자신들이 능력이 뛰어나고 제시하는 비전이 중요하다는 것을 추종자들에게 납득시킬 수 있는 리더가 있다고 설명한다. 그들은 스스로를 창조적이고, 혁신적이며, 힘 있고, 신뢰할 만하게 보이도록 하는 행동을 한다. 리더의 영향력의 대부분은 리더를 따라야만 비전을 이룰 수 있을 것(예: 기업의 수익성을 높이는 것)이라는 추종자들의 믿음에서 나온다. 변혁적 리더의 예는 역사적으로 많이 찾아볼 수 있다. 이순신, 세종대왕, 에이브러햄 링컨, 윈스턴 처칠, 존 F. 케네디, 마틴 루터 킹 등이 그 예다. 1963년 8월 28일 '나는 꿈이 있습니다(I have a dream)'라는 제목으로 행한 킹 목사의 유명한 연설에 반영된 자유 사회를 향한 비전은 감동을 일으키는 비전의 일례다.

Bass와 Riggio(2006)는 변혁적 리더십이 네 가지 요소로 구성되어 있다고 주장한다. 이상적 영향력(idealized influence)은 리더가 말로 부하들을 격려하고 모범적으로 귀감이 되는 행동을 하는 정도를 의미한다. 영감적 동기부여(inspirational motivation)는 킹 목사의 꿈과 같은 비전을 제시하는 언행을 말한다. 지적 자극(intellectual stimulation)은 추종자들이 현 상황에 의문을 제기하고 과업을 수행하는 더 나은 방법을 모색하도록 격려하는 행위를 의미한다. 개별적 배려(individualized consideration)는 추종자들의 성장과 복지에 관심을 두는 태도를 말한다. 종합하면, 변혁적 리더는 집단을 위한 비전을 명확히 제시하고 추종자들을 격려하고 지원하며 타에 모범이 되도록 행동함으로써 동기를 부

킹 목사(좌)와 케네디 대통령(우)은 민권(civil rights)을 옹호한 카리스마 있는 지도자였다. (© Bettmann/CORBIS)

여하는 인물이다.

변혁적 리더십에 대한 연구에 의하면, 변혁적 리더십은 조직의 기능에 중요한 부하 특성 변인들과 상관이 있다. 예를 들어, 자신의 상사를 변혁적이라고 지각하는 부하직원은 직무 수행(Keller, 2006; Yang, Spector, Chang, Gallant-Roman, & Powel, 2010), 직무 만족(Judge & Piccolo, 2004), 조직시민행동, 조직 몰입, 공정성의 지각(Pillai, Schriesheim, & Williams, 1999)에서 높은 수준을 나타내는 경향이 있다. 또한 변혁적 리더십이 천부적인 것처럼 보이지만 변혁적 리더와 동일한 행동을 하도록 사람들을 훈련시키는 데 성공하기도 하였다. 예를 들어, Towler(2003)는 경영학과 학생들을 변혁적 훈련을 받는 집단과 통제 집단에 무선 할당하여 실험실 연구를 실시했다. 변혁적 훈련을 받은 학생들은 상사의 역할을 맡아 부하직원 역할을 맡은 집단에게 연설을 하게 하였다. 훈련된 관찰자들이 평정을 했는데, 변혁적 훈련을 받은 학생들은 통제 집단의 학생들보다 변혁적 리더십에서 더 높은 점수를 받았다. Barling, Weber와 Kelloway (1996)는 은행 지점장들이 더 나은 변혁적 리더가 되도록 훈련시키는 데 성공했고, 이 훈련은 지점의 재정적 업무 성과에도 영향을 주었다.

기존의 연구들에 의하면, 변혁적 리더십은 실용적으로 활용될 가능성이 높다. 만약 변혁적 리더의 부하들의 생산성과 직무 만족이 높고 변혁적 리더십을 가르칠 수 있다면, 조직은 상사들로 하여금 이런 리더십을 채택하도록 고무함으로써 이득을 얻을 수 있을 것이다. 이런 장밋빛 결과를 확신하기 위해서는 Barling 등(1996)의 연구와 유사한 연구들이 더 필요하다.

7) Vroom-Yetton 모형

Vroom-Yetton 모형(Vroom & Yetton, 1973)은 이제까지 논의된 리더십 이론들과는 다른 종류의 이론이다. Vroom-Yetton 모형은 리더십 과정이 어떻게 이루어지는지를 묘사하기보다는 의사결정을 하는 특정한 상황에서 가장 효과적일 것으로 예상되는 관리 방식을 제시해 주는 처방적(prescriptive) 모형이다. Vroom-Yetton 모형은 의사결정 상황만을 위해 고안되었을 뿐, 문제에 대한 해결 방안을 내놓는다든지 혹은 부하의 행동을 지시하는 등 관리감독 행동의 다른 측면을 위한 모형은 아니다. 이 모형은 특정한 상황의 특성을 바탕으로 가장 적절한 의사결정 방식을 선정하는 데 도움이 될 수 있는 심리학적 원리들에 근거하고 있다. 관리자는 의사결정을 해야 하는 각 상황에 가장 적합한 방법을 선택해야 할 때 이 모형을 사용할 수 있다.

이 모형은 독단적인 결정에서 민주적인 결정에 이르는 의사결정의 다섯 가지 방식을 제시한다.

① 상사가 혼자 결정을 내린다.
② 부하들에게서 정보를 얻고 결정은 상사가 혼자 내린다.
③ 상사는 해결하려는 문제에 대해 몇 명의 부하와 논의한 후 결정을 내린다.
④ 상사는 해결하려는 문제에 대해 모든 부하와 함께 논의한 후 결정을 내린다.
⑤ 상사는 회의를 열어 모든 부하에게 문제를 제시하고 그들에게 결정을 내리도록 한다.

여기에서 볼 수 있듯이, 상사는 독자적으로 행동할 수도 있고(방식 1), 문제를 집단에게 넘길 수도 있으며(방식 5), 단지 정보를 얻는 것에서부터(방식 2) 실제로 타인과 함께 문제에 대해 논의하고 타인의 의견을 고려하는 방식(방식 3이나 4)까지, 의사결정을 타인과 함께 공유하는 다양한 수준의 방식 중 하나를 선택할 수 있다.

의사결정 상황은 문제 자체와 부하들을 고려한 7개의 특성으로 정의된다.

① 요구되는 결정의 질(올바른 결정을 내리는 것이 중요한가?)
② 상사가 보유한 정보의 충분성
③ 문제의 구조화 정도(무엇을 해야 하는지가 명백한가 혹은 상황이 모호한가?)
④ 결정에 대한 부하 수용의 필요성
⑤ 상사 혼자서 결정을 내렸을 때 부하의 수용 가능성
⑥ 문제를 해결하고자 하는 부하들의 의지
⑦ 해결책에 대한 부하들의 갈등

각 특성들에 대해서는 '예/아니요'로 대답할 수 있는 질문이 만들어진다(예: "문제가 구조화되어 있습니까?"). 응답 패턴에 따라 최선의 실행 방법이 선정된다. 예를 들어, 결정의 질이 중요하지 않고(특성 1), 부하들의 수용이 중요하며(특성 4), 부하들이 상사가 일방적으로 만든 결정을 수용하지 않으려 한다면(특성 5), 최선의 방법은 부하들에게 결정을 내리도록 하는 것이다. 반면에 결정의 질이 그다지 중요하지 않고, 부하들의 수용 정도도 중요하지 않다면, 모든 다섯 가지 방식이 똑같이 효과적일 것이다. 대부분의 경우에는 민주적인 방식이 적합하며, 독단적인 방식이 효과적인 경우는 제한적이다.

Vroom-Yetton(1973)은 자신들의 모형에 기초하여, 관리자들이 의사결정 방식을 선택하는 데에 사용할 수 있는 의사결정 도구를 제공했다. 결정에 필요한 시간을 최소화하는 것을 원하는지 혹은 집단에서 결정이 수용될 가능성을 최대화하는 것을 원하는지에 따라 적절한 방식이 추천된다. 혼자서 결정을 내리는 방식이 가장 빠른 방법이 되기도 하지만, 항상 가장 효과적인 선택은 아니다. 7개 질문에 대해 모두 답을 하면 적절한 의사결정 방식에 도달할 수 있도록 도와주는 지필 도구(표와 의사결정 나무)도 있다. Vroom-Yetton은 질문을 제시하고 답을 하도록 한 다음 상황에 어떻게 접근할 것인지, 즉 어떤 의사결정 방식을 사용할 것인지에 대한 조언을 제공하는 컴퓨터 소프트웨어도 개발했다.

Vroom-Yetton 모형을 검증한 연구들은 많지 않다. 대부분의 결과가 이론에서 추천하는 의사결정 방식을 지지했다. Vroom과 Jago(1988)는 이론과 일치하는 결정의 효과성과 이론에서 제시한 조언과 일치하지 않는 결정의 효과성을 비교한 6개 연구의 결과들을 수집했다. 이론에 일치하는 결정의 성공률(62%)은 이론과 일치하지 않는 결정의 성공률(37%)보다 25% 더 높았다. 반면 Field와 House(1990)는 이론에 대한 부분적 지지만을 보고하였다. 그들은 상사들과 부하들에게 결정의 과정과 효과성에 대해서 보고하도록 했다. 상사 자료는 이론을 지지하였지만 부하 자료는 이론을 지지하지 않았다. Field와 House는 이론이 타당하지 않다는 결론을 내리지는 않았고, 추가적인 연구의 필요성을 언급했다.

Vroom-Yetton 모형은 어떤 관리 방식을 쓸 것인지를 안내해 줄 수 있는 가장 최신의 연구 결과를 사용하고자 하는, 실제 관리자들의 관점에서 보면 가장 유용한 리더십 이론이 될 잠재력을 갖고 있다. 이 이론은 어떻게 부하들을 관리할지에 대한 매우 상세한 조언을 제공하고 있는 반면에, 다른 이론들은 원리만을 제공하고 이론을 어떻게 적용해야 하는지에 대해서는 스스로 알아내야 한다. Vroom-Yetton 모형을 한동안만 사용하면 이론의 근본 원리를 배울 수 있어서 새로운 의사결정 상황에 직면할 때마다 표나 소프트웨어를 참고할 필요가 없게 된다. 현재까지의 연구 결과들은 희망적이지만, 이론을 따르면 결정의 질적인 면에서나 시간적인 면에서 항상 더 나은 의사결정으로 이어지는지를 검증한 현장 연구는 거의 수행되지 않았다.

5. 리더 지위에 있는 여성

여성들은 그동안 조직에서 관리직을 차지하는 데 상당한 진전을 이루어 냈다. 1999년을 기준으로 볼 때 미국 여성의 약 46%가 관리직에 종사하고 있는 것으로 추정됐다. 하지만 여성들이 하위 관리직에서는 성공을 거두었음에도 불구하고, 고위 관리직에서는 여전히 그 수가 적다. 그러나 그 수는 늘고 있고 2002년을 기준으로 할 때 회사 고위 관리직의 15% 이상을 여성들이 차지하고 있다. MBA 졸업생들의 경력 진전에 관한 한 연구에 따르면, 남성은 여성에 비해서 초봉이 높고 봉급 인상도 나이가 들어 감에 따라 여성보다 더 빨랐다(Goldberg, Finkelstein, Perry, & Konrad, 2004). 그러나 이러한 결과가 전형적인 상황인지는 명확하지 않은데, 금융 서비스 기업의 고위 관리직을 대상으로 한 보다 최근 연구에서는 남성과 여성의 보수 간에 거의 차이가 없는 것으로 밝혀졌다(Lyness & Thompson, 1997). 아마도 업종마다 달라서 어떤 업종에서는 남녀의 봉급 인상률이 형평을 이루는 데 진전을 본 반면에 아직도 그렇지 않은 업종도 있는 듯하다.

대부분의 기업에서 여성들이 고위직에 올라가는 데 어려움을 겪고 있긴 하지만, 이런 문제가 모든 조직에서 나타나는 것은 아니다. Powell과 Butterfield(1994)는 미국 공공기관에서는 승진에 지원한 여성들이 남성들보다 최고위층으로 승진될 가능성이 더 높았다. 이러한 성차는 여성 지원자들의 수행이 더 좋았던 데 일부 원인이 있다. 여성에 대한 편견이 없는 이유는 정부기관에서의 좀 더 공정한 승진 방침들과 동등한 고용 기회 제공에 대한 의지 때문일 것이다.

여성이 하위 관리직 이상으로 진출하고자 할 때 겪는 어려움을 상징하는 유리 천장(glass ceiling) 현상이 왜 일어나는지에 대해서 여러 가지 설명이 있었다. 그 일부는 여성과 남성의 경력 준비와 태도에서의 차이에 초점을 맞추고 있다. 반면 고위 관리직 여성에 대한 편견을 다룬 설명도 있다. 예를 들어, 네덜란드의 van Vianen과 Fischer(2002)는 여성이 남성에 비해 야심차지 못하고, 봉급이나 지위에 연연하지 않으며, 일-가정 갈등에 대해 더 염려한다는 사실을 밝혀냈다. 이러한 요소들은 남성에 비해 적은 수의 여성만이 더 높은 지위로 승진하려 하는 이유에 대한 설명이 되나, 더 높은 지위에 오르려는 여성들이 왜 승진을 하는 데 남성보다 어려움을 겪고 있는지에 대한 설명은 되지 않는다.

유리 천장의 원인을 편견으로 설명하는 관점은 고용 결정을 하는 조직의 최고 경영

이 두 여성에게는 어떤 공통점이 있을까? 이들은 모두 국가의 리더였다. 미국에서는 여성 대통령이 한 번도 없었지만, 다른 나라에서는 여성 리더들이 있었다. 이스라엘의 골다 메이어(왼쪽)와 영국의 마거릿 대처(오른쪽) 모두 국가의 수상이었다.
(© Bettmann/CORBIS)

층의 태도나 고정관념과 관련되어 있다. Schein 등(Schein, Mueller, Lituchy, & Liu, 1996)의 연구에서는 남성과 여성의 특성에 대한 미묘한 고정관념이 어떻게 관리직 선발에서 여성들을 불리하게 하는지를 증명하였다. 이 연구자들은 사람들에게 관리자, 남성, 여성의 특성을 묘사하도록 하였는데, 관리자들에 대한 묘사가 남성에 대한 묘사와는 겹치지만 여성에 대한 묘사와는 겹치지 않는다는 것을 발견했다. 여성이 승진하는 데 어려움을 겪는 이유는 높은 직위에 필요한 특성들을 갖고 있지 않은 것처럼 보이기 때문이라는 결론이다. 의사결정자들이 의식적으로 여성을 차별하는 것은 아니다. 그보다는 남성 지원자가 여성 지원자보다 직무의 요구 사항에 더 적합하다고 보이기 때문이다. 이 관점에 따르면, 고위 관리직에 똑같이 진출하기 위해서는 고용하는 쪽의 태도가 변해야 한다. 더욱이 이런 현상은 여러 나라나 문화에 걸쳐 보편적인 것처럼 보이는데, 연구자들이 중국, 영국, 독일, 일본, 미국에서 동일한 결론을 내렸기 때문이다.

한편 의사결정자가 가지는 편향도 유리 천장에 대한 완전한 설명이 되지는 못한다. Lyness와 Thompson(2000)은 중간직에서 고위직까지의 남성과 여성 관리자들의 짝진 표본을 대상으로 그들의 경력 진전에 대해 설문 조사를 했다. 그들은 여성이 남성보다 동료들과 잘 맞지 않는다는 느낌을 더 많이 보고한다는 사실을 밝혀냈다. 이런 결과가 여성이 관리직에 적응하는 데 어려움을 겪는다는 점을 반영하는지, 동료들과 상사들이 그들을 덜 받아들인다는 점을 나타내는지, 혹은 단지 잘 맞지 않는다고 지각하는 것인지는 확실치 않다. 하지만 그것이 단지 지각일 뿐이라 할지라도, 자신의 자리에 어울리지 않는다는 느낌은 자신감과 행동에 영향을 미쳐 경력 진전에 부정적인 영향을 줄 것이다.

Powell과 Butterfield(1994)는 연방정부가 유리 천장을 어떻게 없앨 수 있는지에 대한 모범이 될 수 있음을 시사했다. 여기에서 중요한 요인은 동등한 고용 기회를 제공하고자 하는 관리층의 강한 의지와 고용 결정에서 주관성을 줄이는 일관된 선발 절차 등이다.

1) 성과 리더십 유형

리더십을 발휘해야 하는 지위에 있는 남성과 여성은 관리 유형에 차이가 있을까? 남성과 여성에 대한 우리의 고정관념은 여성이 부하들의 느낌과 정서적인 안녕감에 더욱 관심이 있고(배려 행동), 남성은 직무를 완수하는 데 더 관심을 가진다(구조 주도적 행동)는 것이다. 그러나 리더십에서의 성차에 관한 연구들은 결과가 간단치 않다는 것을 보여 준다.

Eagly와 Johnson(1990)은 여성과 남성의 리더십 유형을 비교한 연구들에 대한 통합분석을 실시했다. 그들은 160개가 넘는 리더십 연구의 결과를 통합하여 몇 가지 결론에 도달했다. 하나는 남성이 높은 구조 주도적 행동을 보이고 여성은 높은 배려 행동을 보인다는 고정관념이 학생들을 대상으로 한 실험실 연구에서는 지지되었지만 실제 리더들을 대상으로 한 현장 연구에서는 나타나지 않았다는 것이다. 연구자들은 이런 결과에 대해 두 가지 설명을 제시했다. 첫째, 조직 상황에서 환경적 제약과 요구 조건들 때문에 남성과 여성 상사가 모두 유사한 유형을 적용할 수밖에 없다는 것이다. 둘째, 조직에서 남성과 유사한 리더십 유형을 갖고 있는 여성을 선발한다는 것이다. 실험실 연구에서는 피험자들이 보다 무선적으로 선택되고, 피험자들이 적용하는 리더 행동에 대한 제약이 훨씬 적다. 이와 같이 여성은 남성과 다른 방식으로 부하들을 관리하는 경향이 있지만, 조직 환경이 이러한 경향을 나타내지 못하도록 제한한다.

한편 독단적 경향이나 민주적 경향에 대해서 남성과 여성을 비교해 보았을 때, 실험실과 현장 모두에서 성차가 발견되었다. 남성은 보다 독단적이고 여성은 보다 민주적이었다. Eagly와 Johnson(1990)은 각 유형이 서로 다른 환경에서 더 효과적이라고 지적했다. 그들은 실제 현장의 상사의 수행에서 성차가 있는지를 알아보는 연구가 필요하다고 지적했다.

부하들이 남성 상사와 여성 상사를 변혁적으로 생각하는 정도에 차이가 있는지를 비교하였다. Bass, Avoilo와 Atwater(1996)는 세 표본을 대상으로 한 연구에서 여성이 남성과 동일한 혹은 남성보다 높은 변혁적 리더십을 보인다는 것을 발견했다. 안타깝게도 그들의 연구는 효과성에 대한 결론을 내리지는 않았다. 그렇지만 이 연구는 리더십 유형에 성차가 있다는 점은 말해 준다.

6. 리더십에서 비교 문화적 문제

이 장에서 다루고 있는 모든 연구 결과와 이론이 보편적으로 모든 나라와 문화에 적용될 것이라고 가정해서는 안 된다. 리더를 생각하는 관점과 어떤 리더를 효과적으로 생각하는지는 모든 국가에서 반드시 동일하지 않다. 예를 들어, 훌륭한 리더십과 관련된 속성들은 문화에 따라 다를 수 있다. 국제적 리더십 및 조직 효과성 연구 프로그램(Global Leadership and Organizational Effectiveness[GLOBE] Research Program; House, Hanges, Ruiz-Quintanilla, Dorfman, Javidan, Dickson et al., 1999)에서 전 세계 62개국이 이 문제에 대해 가장 폭넓게 연구를 수행했다. GLOBE를 통해서 밝혀진 관리자의 특성들 중 많은 특성이 보편적이었지만, 나라에 따라 차이가 있는 특성들도 있었다. 예를 들어, 지적이고 신뢰할 수 있다는 것은 보편적으로 긍정적인 특성이었다. 하지만 개인주의적이거나 위험을 감수하고자 하는 특성은 긍정적인 국가도 있고 부정적인 국가도 있었다.

유사하게, Ensari와 Murphy(2003)는 집단주의적 국가(터키)와 개인주의적 국가(미국)의 학생들에게 행동과 성과에서 차이를 보이는 관리자들에 대한 기술문을 읽도록 하고, 그 리더가 얼마나 변혁적인지 평점을 내리도록 했다. 터키 학생들의 평점은 대부분 상사의 성과에 영향을 받은 반면, 미국 학생들은 주로 행동에 초점을 맞췄다. 변혁적 리더십에 대한 지각이 종업원의 태도와 행동에 영향을 끼친다는 관점에서 보면, 이러한 연구 결과는 상사의 특정한 행동이 결과를 중시하는 터키보다 미국에서 더 중요하다는 것을 뜻한다. 물론 이는 현직의 경영 관리자들을 대상으로 조직 장면에서 반복적으로 연구되어야 할 필요가 있다.

또 다른 중요한 문제는 서로 다른 리더 행동들의 효과성에는 문화적인 차이가 있다는 점이다. Scandura, Von Glinow와 Lowe(1999)는 미국 종업원들과 요르단 및 사우디아라비아 등 중동 국가의 종업원들을 비교함으로써 이 문제를 조사했다('연구 상세히 보기' 참조). 그들은 미국에서는 배려 행동이 구조 주도적 행동보다 리더십 효과성과 더

연구 상세히 보기

미국의 연구에서는 특정한 리더십 유형이 다른 리더십 유형보다 더 효과적이라는 믿음이 기정사실화되어 있다. 하지만 그와 동일한 유형이 미국과 문화가 다른 나라들에서도 효과적일지는 확실하지 않다. Scandura, Von Glinow와 Lowe(1999)는 미국과 중동 국가들의 리더십 유형을 비교하는 연구를 수행하였다. 그들은 이 두 지역 간의 문화적 차이 때문에 각 지역에서 어떤 리더십 유형이 효과적인지 여부가 달라지리라고 생각했다.

미국에서 144명, 요르단에서 47명, 사우디아라비아에서 60명이 설문에 참여했다. 두 중동 국가에서 수집된 자료들은 합쳐졌다. 사용된 척도는 배려 행동과 구조 주도적 행동을 평가하기 위한 리더 행동 기술 설문지(LBDQ) 및 직무 만족, 자신의 상사에 대한 지각된 효과성을 측정하는 척도들이었다. 중동 국가들에서는 설문지를 아랍어로 번역하여 실시하였다.

결과는 미국 표본에서는 배려 행동이 구조 주도적 행동보다 직무 만족(.61 대 .20), 지각된 효과성(.65 대 .30)과 더 큰 상관을 보였다. 중동 국가 표본에서는 반대의 상관 양상을 보였는데, 배려 행동이 구조 주도적 행동보다 직무 만족(.22 대 .38), 지각된 효과성(.25 대 .34)과의 상관이 더 낮았다. 더욱이 중동 국가에서는 두 리더십 유형과 직무 만족, 조직 효과성 간의 상관은 미국에서 배려 행동이 두 결과 변인과 나타낸 상관만큼 높지 않았다.

이런 결과들은 배려 행동이 중동 사람들보다 미국 사람들에게 더 중요하다는 것을 말해 준다. Scandura 등이 지적했듯이, 리더에 대한 아랍인의 관점은 미국인의 관점보다 훨씬 더 군사주의적인 경향이 있다. 따라서 아랍인은 리더가 좀 더 독단적이고 과업 지향적이어야 한다고 생각하고 있었다. 그들은 배려 행동에 대해 별로 기대를 갖고 있지 않고, 따라서 이 유형은 덜 중요하다. 하지만 미국인 표본에서도 구조 주도적 행동이 두 결과 변인과 상관이 있었고, 중동 표본에서도 배려 행동이 두 결과 변인과 상관이 있었다는 점을 유념해야 한다. 따라서 절대적으로 어느 한쪽만이 중요한 것이 아니라 상대적인 중요성에서 차이가 있을 뿐이다.

출처: "When East Meets West: Leadership 'Best Practices' in the United States and the Middle East" (pp. 171-233), by T. A. Scandura, M. A., Von Glinow, and K. B. Lowe, 1999, in W. H. Mobley, M. J. Gessner, and V. Arnold (Eds.), *Advances in Global Leadership* (Vol. 1), Stamford, CT: JAI.

강하게 관련되었지만, 중동 국가에서는 반대의 결과가 나타난다는 것을 발견했다. 이는 미국에서 사용하는 접근법을 그대로 적용하면 미국과 문화적으로 다른 국가에서는 효과적이지 않을 수 있다는 점을 보여 준다.

지시적 관리나 참여적 관리에 대한 선호는 나라에 따라 다를 수 있다. Narayanan, Menon과 Spector(1999)는 인도와 미국의 사무 직원들에게 지난 한 달 동안 직장에서 일어난 가장 스트레스 쌓였던 사건에 대해 기술하도록 했다. 훈련된 내용 분석가들이 이 사건을 분석해서 여러 범주로 분류했다. 미국에서는 참가자의 거의 1/4이 통제의 결여(lack of control)가 스트레스를 쌓이게 하는 두 번째 요인이라고 언급했다. 인도에서는 1/4을 조금 넘는 참가자들이 상사가 제공하는 불충분한 구조(insufficient structure)가 가장 스트레스 쌓이는 상황이라고 말했다. 단 한 명의 미국인 참가자도 불충분한 구조에 대해 언급하지 않았으며, 단 한 명의 인도 참가자도 통제의 결여에 대해서는 말하지 않았다. Euwema, Wendt와 van Emmerik(1997)은 인도와 미국을 포함한 33개국 종업원에게 그들 상사의 리더십 유형에 관한 설문을 실시하여 지시적 리더십 유형은 집단주의적 국가보다 개인주의적 국가의 종업원들에게 부정적인 영향을 끼친다는 사실을 발견했다. 이 두 연구의 결과는 리더십 유형의 선호도와 효과성이 국가마다 다를 수 있음을 시사하는 것이다.

리더십 선호도와 효과성에서의 이러한 차이에도 불구하고 문화를 초월하는 리더십 단면들도 있다(Lim & Ployhart, 2004). 변혁적 리더십은 서구에서와 마찬가지로 싱가포르에서도 직무 수행과 관련이 있는 것으로 밝혀졌다(Walumbwa, Wang, Lawler, & Shi, 2004). 더욱이 변혁적 리더십은 중국과 인도에서 긍정적 직무 태도와도 관련이 있었다. 이러한 결과들을 종합해서 말하면, 어느 국가에서나 효과적인, 리더의 보편적 특성이 있는 것 같다. 물론 변혁적 리더가 어느 나라에서나 똑같이 행동한다는 것을 의미하지는 않는다. 변혁적이라고 생각하는 바는 주로 문화적으로 결정될 가능성이 높기 때문이다.

요약 SUMMARY

리더십은 많은 개인의 노력을 조정해야 하고 방향 설정이 필요한 조직에서 중요한 기능을 한다. 리더십은 한 사람이 다른 사람들에 대해서 갖는 특별한 영향력을 의미하며, 조직에서는 특히 관리직과 관련이 있다. 리더가 부하들에게 갖는 영향력은 많은 요인에 기초하고 있다. French와 Raven(1959)은 권력과 영향력의 다섯 가지 원천을 제시했다.

- 전문적
- 참조적
- 합법적
- 보상적
- 강압적

Yukl(1989)은 다음과 같은 정치적 영향 책략들을 추가했다.

- 의사결정 과정에 대한 통제
- 연합 형성
- 반대 권력의 무력화

리더십 연구에는 많은 접근이 있었다. 특질적 접근은 훌륭한 리더가 되게 하는 특성들을 사람에게서 발견하려고 한다. 오하이오 주립대 리더십 연구로 대표되는 행동적 접근은 리더십을 효과적이거나 효과적이지 않은 행동의 관점에서 본다. Fiedler의 이론이나 경로-목표 이론과 같은 상황 이론들은 리더십이 리더 특성과 리더십 상황의 복잡한 상호관계라고 본다. 리더-부하 교환 이론은 상사와 각 부하 간의 고유한 상호작용에 주의를 기울여야만 리더십을 완전히 이해할 수 있다고 지적한다. 카리스마적 리더십과 변혁적 리더십 이론들은 리더들이 어떻게 부하들의 태도, 믿음, 행동, 가치에 강한 영향을 미치는지에 초점을 맞춘다. 마지막으로, Vroom-Yetton 모형은 상사에게 의사결정 상황에서 어떻게 하는 것이 최상의 접근법인지를 말해 주는 처방적(prescriptive) 이론이다.

여성이 작업장에 많이 진출하긴 했지만, 그들은 여전히 고위 관리직으로 가기 위해 유리 천장을 뚫는 것에 어려움을 겪고 있다. 이런 현상이 일어나는 이유는 여성의 행동에 대한 고정관념으로 가장 잘 설명될 수 있을 것이다. 여러 연구에서 남성과 여성 관리자들 간에 배려 행동과 구조 주도적 행동 유형에서의 차이를 거의 발견하지 못했다는 점은 흥미롭지만, 여성은 남성보다 민주적인 것처럼 보인다.

이 장에서 논의된 이론들은 주로 서구 선진국에서 개발되고 검증된 것들이다. 그러한 이론들이 문화적으로 유사하지 않은 국가들에서 어느 정도 유효한지는 분명하지 않다. 연구에 따르면, 세계 보편적인 리더십 측면도 있고 보편적이지 않은 측면도 있다. 예를 들면, 지시적 리더십 유형은 국가마다 다르게 지각된다.

산업 및 조직 심리학 현장 연구

이 사례는 기업 관리자들을 대상으로 변혁적 리더십 기술을 육성하기 위한 훈련 프로그램 제작에 관한 것이다. Steve Cohen 박사는 이 프로그램의 제작과 실행에 관여한 컨설턴트 팀을 이끌었다. Cohen 박사는 1971년에 테네시 대학에서 산업 및 조직 심리학 박사학위를 받았다. 그는 경력을 대학교수로 시작했지만 정년 보장을 받자마자 컨설팅을 더 좋아한다는 결정을 내렸다. 그 후 25년 동안 컨설팅 회사에서 일하거나 자신의 회사를 경영했다. 현재 그는 미네소타의 Dove 컨설팅사의 학습해결 사업부(learning solution group)의 사장(managing director)로 있다. Dove는 110명의 종업원이 일하는 국제적인 전략·조직 효과성 전문 컨설팅 회사다. 학습해결 사업부는 훈련 프로그램과 종업원 수행 향상 시스템 개발을 전문으로 하고 있다.

그가 참여했던 가장 흥미로운 프로젝트 중 하나는 능력 있는 관리자들을 변혁적이고 비전을 가진 리더로 훈련시키는 도전적인 과업이었다. 미국에 본사를 두고 170개국에 진출해 있는 유수의 국제적인 식·음료 회사는 7,500명의 관리자가 자신의 관리 스타일을 바꾸는 훈련을 실시하기 위해서 Dove와 계약했다. 이 회사는 수십 년 동안 성공의 길만을 걸었기 때문에 최고 경영층에서는 조직의 모든 수준에서 일하고 있는 종업원들이 비교적 자기만족에 빠졌다고 판단했다. 관리자들은 하루하루 사업을 해 나가는 데는 성공적이었지만, 단기적인 목표에만 초점을 맞추고, 위험을 피하려는 경향이 있으며, 미래에 대한 비전이 부족했다. 이 장에서 묘사된 바처럼, 변혁적 리더는 미래에 대한 비전을 제시함으로써 부하들에게 일을 더 잘하고자 하는 열의를 불러일으키는 리더다.

프로젝트는 기업의 미래를 위해 이상적인 관리자를 묘사하는 리더십 역량 모델을 개발하는 것에서부터 시작되었다. 현재의 관리자들을 이상적인 관리자로 만드는 것이 프로젝트의 궁극적인 목표였다. 다음으로는 교과과정을 개발했는데 관리자들의 현재의 기술 수준과 결점들이 어떤 상태인지에 대한 요구 평가(needs assessment)로 시작했다. Cohen 박사 팀은 요구 평가에서 확인된 기술들을 향상시키기 위한 훈련 도구들을 설계하고 개발했다. 팀은 도구들에 대한 예비 검사를 시행하고 전 세계 7,500명의 관리자에게 훈련을 실시할 훈련자들을 훈련시켰다. 마지막으로, 다면평가를 사용해서 프로젝트를 평가하였다. 부하, 동료, 상사들은 변혁적 리더십 행동을 나타내는 문항들로 구성된 평정 척도에 응답했다.

훈련에 사용된 방법들은 복합적이었다. 훈련자들과 피훈련자들에게 전통적인 지필 자료를 제공하는 전통적인 훈련도 있었고, 훈련 중 일부는 교실 상황에서 실시되었다. 하지만 Cohen 박사는 훈련에 컴퓨터 기술을 도입하는 데 앞장섰으며, 훈련 도구의 대부분은 온라인으로 제공되었다. 관리자들이 회사 웹사이트에 접속해서 스스로 진도를 나가면서 배울 수 있는 자료뿐만 아니라 스스로의 발달 정도를 관리할 수 있는 여러 수단이 제공되었다. 이러한 접근법을 사용하여 훈련 교사 수를 대폭 줄일 수 있게 되어 효율적으로 훈련을 실시하게 되었을 뿐 아니라, 피훈련자가 스스로 계획을 세우고 훈련의 목표까지의 진행 경과를 점검할 수 있는 개별적인 훈련이 가능하게 되었다.

토의 문제

1. Cohen 박사는 왜 직접 훈련을 진행하지 않고 훈련 교사들을 육성했는가?
2. 웹 기반 접근법의 장점과 단점에는 어떤 것들이 있을까?
3. 먼저 요구 평가를 수행하는 것이 왜 필요할까?
4. 회사의 모든 리더가 변혁적 접근법을 사용하도록 하는 것에는 어떤 장점과 단점이 있을까? 한 가지씩 생각해 보시오.

체험학습

변혁적 리더십

당신이 변혁적이라고 생각하는 주지사 또는 기업 CEO를 생각해 보시오. 공식적인 발언(구두 발언 혹은 서면 발언)에서 변혁적이라는 증거를 찾으시오. 증거에는 변혁적 리더십의 네 가지 요소 중 어떤 요소가 반영되어 있는가? 리더가 사용한 비전 진술의 예를 찾아보시오.

권력 남용

Helen Green은 누구이고, 어느 회사에서 일했으며, 어떤 권력 남용과 관련되었는가? Helen의 경험은 자신과 자신이 일하는 회사에 어떻게 부정적 영향을 끼쳤는지 설명하시오.

CHAPTER 14

조직 개발과 이론

학습목표

1. 조직개발이 무엇인지, 어떻게 적용되는지 설명한다.
2. 논의된 조직개발 기법을 설명하고, 각각의 효과성을 말한다.
3. 이 장에서 제시되는 조직 이론들을 설명한다.
4. 이 장에서 논의되는 네 가지 조직 이론 사이의 연계성을 말한다.

지금까지 우리는 종업원 개인 또는 조직의 소집단에 초점을 맞추었다. 이 책의 마지막 장에서는 우리의 시각을 개인에서 조직으로 옮겨 두 가지 중요한 주제인 조직개발과 조직 이론을 논의할 것이다.

현대 산업화 시대의 조직은 구조와 기능의 모든 면에서 적절한 변화를 요구하는 빠르게 변화하는 환경에 처해 있다. 조직개발 분야는 조직이 변화를 합리적으로 계획하고 실행하도록 돕는 역할을 한다. 조직의 변화는 흔히 조직을 맡고 있는 사람들의 통제를 벗어난 상황과 위기로 인해 어쩔 수 없이 일어나기 때문에 긴급사태에 대한 대응으로 급작스러운 변화가 일어난다. 2008년 금융위기를 맞은 AIG와 2010년 여름 멕시코 만에서 기름 유출 사고를 일으킨 British Petroleum은 변화를 실행할 최상의 방법을 계획할 시간이 충분하지 않은 상태에서 조직 변화를 시도했을 것이다. 그러한 갑작스러운 변화는 장기적으로 조직에 해를 끼치는 의도하지 않은 결과를 가져오기도 한다.

예를 들어, 오늘날 많은 조직은 감축(downsizing)을 시행하고 있다. 때로는 감축이 필요하긴 하지만, 조직원과 조직에 미치는 영향이 고려되지 않고 단순히 경제적 관점에서만 너무나 빈번히 이루어지고 있다. 생산성이 종업원들이 겪게 되는 사회적 혼란으로 손상을 받기 때문에 해고를 통한 비용 절약은 실현되기 어려울 수도 있다. 남은 종업원은 사기가 저하되어 효율성이 떨어지고, 많은 수의 아주 유능한 종업원들이 조직을 떠나게 된다. 조직개발은 조직이 효과적으로 유지될 수 있도록 조직 변화의 인간적인 측면과, 변화를 수행하는 최선의 방법을 고려한다.

조직 이론은 조직이 어떻게 작동하는지를 설명한다. 조직의 다양한 요소와 이러한 요소들이 어떻게 서로 연관되는지 등을 포함하는 조직 구조에 초점을 맞춘 조직 이론들이 있다. 반면에 의사소통 및 사람들이 서로 어떻게 관련을 맺는지를 포함한 조직의 대인관계적 측면에 관심을 두는 이론들도 있다. 또한 조직의 인간적 측면과 기술적 측면의 상호작용에 초점을 두는 이론도 있다. 다시 말해, 이 이론들은 사람들이 조직의 기술적 측면에 어떻게 영향을 주는지, 또 기술적 측면이 사람들에게 어떻게 영향을 주는지를 살펴본다. 이러한 접근 방식들은 네 가지 중요한 조직 이론을 다룰 때 설명할 것이다.

1. 조직개발

조직개발(organizational development: OD)은 조직이 더 낫게 변화하는 데 도움을 주는 여러 가지 기법들의 통칭이다. 이 기법은 행동과학 원리와 절차를 사용하여 종업원 개인의 수행을 향상시키고 동료들과 더욱 효과적으로 협력하여 일할 수 있도록 도움을 준다. 조직개발에는 조직 전체 혹은 조직 내의 큰 구성 요소가 관련되고, 조직의 운영 방식에서의 큰 변화로 귀결된다. 그러한 변화에는 오래된 부서를 없애고 새 부서를 만드는 재조직화나, 기능이 영역 간에 그리고 사람 간에 이동하는 것이 포함된다. 그러나 조직개발은 일반적으로 재조직화 그 이상이며, 재조직화가 포함되지 않는 경우도 많다. 일반적으로 조직개발에는 사람들이 일하는 방식이나 다른 사람과 의사소통하는 방식, 상호 협력하는 방식의 변화가 포함된다.

조직개발 프로그램은 조직의 모든 수준에 있는 직원들에 해당된다. 조직개발은 한 명 또는 여러 명의 변화 촉진자가 수행한다. 변화 촉진자(change agent)는 조직 내 변화를 위한 촉매제로, 조직의 활동을 향상시키기 위하여 조직을 위해 일하는 전문가다. 변화 촉진자는 이 장의 마지막 부분의 사례에서와 같이 조직의 직원일 수도 있다. 그러나 대부분의 사례에서 변화 촉진자는 조직개발 프로그램의 실행을 위해 고용된 외부 컨설턴트다. 전 세계의 많은 컨설팅 회사가 조직개발을 전문으로 하고 있다.

변화 촉진자는 조직개발 과정에서 안내자와 훈련자의 역할을 수행한다. 그들은 조직 내 종업원들에게 새로운 의사소통 방법과 일하는 방법을 훈련시키는 수업을 진행한다. 그들은 조직 구성원들이 모여서 조직 향상을 위한 변화를 계획하는 집단 소회의들을 이끈다. 집단 소회의에서 변화 촉진자는 참여자가 당면한 과제에 지속적으로 집중하도록 하고, 사람들 간의 논쟁을 중재하는 촉진자 또는 조절자로서의 역할을 수행한다. 요약하면, 변화 촉진자는 조직 구성원이 조직개발에 노력을 기울이도록 지원한다. 변화 촉진자는 보통 변화를 위한 특정한 계획이 아닌, 종업원이 자신들의 조직을 재설계할 수 있는 과정을 준비하고 조직으로 온다.

일반적으로 조직개발을 비롯한 여타의 변화를 이행하는 것은 쉽지 않다. Armenakis와 Bedeian(1999)은 변화를 성공적으로 달성하기 위해 조직이 반드시 거쳐야 할 다단계 과정을 논의하였다. 조직개발은 우선, 종업원들이 변화가 일어나야 한다는 사실을 깨닫게 되는 것에서부터 시작되는데, 많은 경우에 이 단계에서 불안이나 근심이 야기된다. 다음 단계에서는 변화의 특정한 형태를 결정해야 하는데 변화에 영향을 받는 종업원들이 결정에 참여한다. 일단 계획이 수립되면 변화에 착수하게 된다. 전형적으로 변화에 대한 어느 정도의 저항이 존재하게 되는데, 이는 극복되어야 한다. 마지막으로 새로운 작업 방식이 공고화되어 사람들이 일하는 방식으로 수용되어야 한다.

1) 변화에 대한 종업원의 수용

경영자가 변화의 도입을 강력히 원한다고 해서 변화의 성공이 보장되는 것은 아니다. 자신의 행동을 반드시 바꾸어야 하거나 새로운 장비나 기술을 효과적으로 사용해야만 하는 종업원들은 기꺼이 변화를 받아들일 것이고, 변화가 성공적으로 이루어지도록 몰입할 것이다. 변화는 스트레스를 많이 쌓이게 하는 사건이므로 부정적 정서와 불확실한 느낌을 유발하게 되고, 이는 변화의 수용 여부에 영향을 주기도 한다(Fugate, Kinicki, & Prussia, 2008; Rafferty & Griffin, 2006). 개별 종업원 요인과 조직의 요인은 함께 사람들이 변화를 수용할 용의에 영향을 미친다. 개인적 측면에서는 유연성이 있고 새로운 것을 시도해 보기를 좋아하는 사람은 변화를 받아들일 가능성이 매우 높다(Choi & Price, 2005). 과거에 변화에 대해 긍정적인 경험을 해 본 사람들은 미래에 변화를 받아들일 가능성이 더 높다(Cunningham, Woodward, Shannon, MacIntosh, Lendrum, Rosenbloom et al., 2002).

조직의 측면에서 종업원이 변화를 수용하는 데 있어서 리더십은 중요한 요소다(Furst & Cable, 2008). 변혁적 리더는 추종자들로 하여금 변화를 수용하도록 효과적으로 설득할 수 있다(Bommer, Rich, & Rubin, 2005; Groves, 2005). 변혁적 리더가 성공하기 위해서는 변화와 합치하는 비전을 분명히 표현하는 것이 아주 중요하다. 달리 말하면, 유능한 변혁적 리더는 변화를 하게 되면 중요한 목표를 좀 더 쉽게 달성할 수 있게 된다는 사실을 추종자들에게 설명하고, 변화는 환영할 만한 것임을 납득시킬 줄 안다. Wanberg와 Banas(2000)는 14개월에 걸쳐 미 정부기간 내의 종업원의 변화 수용에 대해서 연구했다. 그들의 연구에서는 종업원에게 충분히 정보를 제공해 주고 변화 과정에 종업원의 참여 기회를 확대하면 종업원들이 변화를 수용하게 된다는 사실을 밝혔다('연구 상세히 보기' 참조). Klein, Conn과 Sorra(2001)는 39개 미국 제조 공장에서의 변화를 연구한 결과, 충분한 재정적 자원과 경영진의 지원이 성공적인 변화와 관련이 있음을 발견하였다.

연구 상세히 보기

치밀하게 계획된 조직 변화에서도 종업원들 사이에 어느 정도의 저항은 일어나기 마련이다. 이러한 상황에서 우리의 관심사는 어떠한 요인이 저항을 완화시킬 수 있는지를 결정하는 것이다. Wanberg와 Banas(2000)는 주택 및 도시개발부(Department of Housing and Urban Development)가 재정 지원하는 미 공공주택 기관들에서의 조직 변화를 연구하였다. 주택 및 도시개발부와 그 기능들에 대한 재구조화가 진행되는 가운데, 조직 변화에 대하여 종업원의 우호적 반응을 일으키는 요인들을 알아보기 위한 조사가 실시되었다.

이 연구의 참가자들은 전국 주택 및 재개발 공무원협회(National Association of Housing and Redevelopment Officials) 소속 2개 주의 회원들이었다. 주에서 개최한 전국 주택 및 재개발 공무원협회 회의에 참가한 173명의 종업원을 대상으로 조사가 이루어졌다. 조사에는 종업원 개인의 특성과 그들이 지각한 조직 상황을 평가하는 많은 척도가 포함되었다. 높은 자아 존중감, 삶에 대한 낙관적 전망, 통제감으로 구성되는 낙천성(resilience)을 측정하는 척도도 포함되었다. 조직 관련 척도는 정보 공유(종업원들이 변화에 대하여 들은 정도)와 변화 참여도를 평가하였다. 2개월 후에, 참여자들에게 조직 변화에 대한 개방적 태도, 직무 만족, 이직 의도 등을 묻는 질문지를 우편으로 보냈다. 또한 1년 후에 개별 참여자들이 직장을 그만두었는지 여부를 조사하기 위하여 조직과 연락을 취하였다.

조사 결과, 변화에 대한 개방성에서 가장 중요한 두 가지 요인은 종업원들이 정보를 들었다고 느끼는 정도와 변화에 참여한 정도임을 보여 주었다. 성격 특성도 개방성과 관련이 있었는데, 낙천성이 바로 그 요인이었다. 게다가 변화에 대한 개방적 태도는 직무 만족이나 이직 의도와 관련이 있었고 직무 만족과 이직 의도는 이직과 관련이 있었다. 이는 강요된 변화는 불만족이나 이직 의도로 이어지고 결과적으로 이직을 야기할 수 있음을 보여 준다.

이 연구는 사람마다 조직 변화에 대하여 마음을 여는 정도가 다르고, 낙천성이 높은 사람들은 변화에 저항하기보다는 지지할 가능성이 매우 높다는 점을 보여 준다. 더욱이 연구 결과는 임박한 변화에 대하여 충분한 정보를 제공하고 종업원들로 하여금 변화의 계획과 실행에 참여하도록 한다면, 변화에 대한 종업원들의 열린 마음이 증가하고 저항이 감소하여 결과적으로 조직 변화가 성공적으로 신속하게 정착할 수 있음을 시사한다.

출처: "Predictors and Outcomes of Openness to Changes in a Reorganizing Workplace," by C. R. Wanberg and J. T. Banas, 2000, *Journal of Applied Psychology, 85*, 132-142.

2) 목표 관리

목표 관리(management by objectives: MBO)는 목표 설정(goal setting)에 기초한 조직 변화

기법이다. 각 종업원의 목표는 상사와 부하 양쪽의 목표와 조화를 이루어야 한다. 전통적인 목표 관리 프로그램에서 목표 설정은 조직의 상위 계층에서 조직 전체를 위한 포괄적인 목표를 설정하는 것을 필두로 시작된다. 그다음 전체 종업원의 목표는 상사의 목표와 연계하여 상위 직급에서 하위직급 순으로 정해진다. 목표는 노력의 방향을 정해 주는 동기적 도구, 종업원 수행 평정의 준거, 혹은 조직의 공동 목표를 향한 모든 종업원의 노력을 조율하는 도구의 역할을 한다.

목표 관리 프로그램의 실행은 전통적으로 조직 전체의 목표를 수립하는 조직의 최고위층과 변화 촉진자의 회의로 시작된다. 조직 전체의 목표는 가능한 한 구체적이고 측정 가능해야 하는데, 모든 종업원의 목표가 이 전체 목표와 연관이 되어야 하기 때문이다.

다음과 같은 목표는 가치 있는 목표이지만 어떤 노력을 할지를 정하기에는 너무 모호하다.

조직의 기능을 향상시키자.

더 나은 목표는 다음과 같을 것이다.

영업 이익을 20% 향상시키자.

이러한 목표는 구체적이고 측정 가능하여, 목표 달성을 위하여 정확히 무엇을 해야 하는지와 언제 달성했는지 알 수 있다.

다음 단계에 변화 촉진자들은 관리자들과 회합을 갖고 목표 설정 과정에 대해서 그들을 훈련시킨다. 목표 설정 프로그램은 관리자들이 측정 가능한 목표를 진술하는 방법, 부하와 상사가 함께 목표를 세우는 방법을 이해할 때에만 효과가 있다. 세 번째 단계는 조직 내 모든 상사-부하 관계에 있는 사람들이 쌍을 이루어 만나는 단계인데, 최고위층에서 시작하여 직급별로 내림차순으로 쌍으로 회합을 갖는다. 이 기법에는 부하의 적극적인 참여가 특징인데, 부하직원은 자신의 목표를 상사와 협의하되 자신의 목표가 상사의 목표와 부합되어야 한다. 일단 모든 목표가 설정되면 종업원은 목표를 달성하도록 노력해야 한다. 6개월에서 12개월의 기간이 지난 후에 각 종업원의 직무 수행은 자신이 세운 목표에 다가간 정도에 비견하여 평가된다. [그림 14-1]에는 전 과정

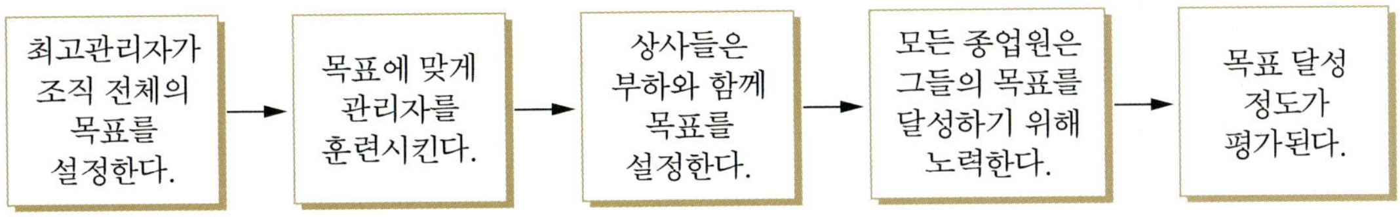

그림 14-1 목표 관리 프로그램 실시 5단계

이 정리되어 있다.

목표 관리에 대한 연구는 목표 관리의 사용이 조직 수행을 향상시키는 효과적인 수단임을 보여 주었다. Rodgers와 Hunter(1991)는 목표 관리의 효과성에 대한 통합분석을 실시하였다. 그들이 검토한 70개 연구 중 68개가 목표 관리 기법이 종업원 생산성에 대하여 긍정적 효과를 갖는다는 사실을 발견했다. 또한 23개의 연구 결과를 통합했더니 목표 관리 프로그램의 결과로 생산성이 평균 39% 증가하였음을 알 수 있었다. Rodgers와 Hunter(1991)는 23개의 연구를 최고 경영진이 목표 관리 프로그램에 참여한 수준에 따라 3개의 그룹으로 분류하여 추가 분석을 실시하였다. 〈표 14-1〉에서 보여 주듯이 경영진의 참여 수준이 높은 조직은 수준이 낮은 조직보다 더 나은 결과를 보여 주었다 (생산성 증가 수준: 57% 대 6%).

Rodgers와 Hunter(1991)가 발견한 높은 성공률은 목표 관리 프로그램을 시도한 많은 조직에서의 목표 관리의 효과성을 과대 추정한 수치일 수도 있다. 이러한 연구들은 목표 관리를 실시하면서 더 효과적인 노력을 기울인 경우일 가능성이 높다. 많은 조직에서는 경영진의 전폭적인 지지 혹은 필요한 자원이 부족한 상태에서 목표 관리의 이행을 시도하였다. 이러한 경우에 종업원들은 쉬운 목표를 세우고 목표 달성을 향한 노력을 거의 기울이지 않게 되어, 조직에 의도한 효과를 가져오지 못할 가능성이 높게 된다.

〈표 14-1〉 경영진의 참여가 목표 관리 실시 후 성과 증가에 미치는 효과

참여 수준	생산성 증가 비율
상	56.5
중	32.9
하	6.1

출처: "Impact of Management by Objectives on Organizational Productivity," by R. Rodgers and J. E. Hunter, 1991, *Journal of Applied Psychology*, *76*, 322-336.

3) 서베이 피드백

서베이 피드백(survey feedback, 조사 결과 전달 기법)은 종업원들의 태도와 의견을 조사하고 조직 전체에게 조사 결과를 통보해 주는 조직개발 기법이다. 이 기법의 기본적인 생각은 종업원들이 익명 혹은 신분 노출 방지를 보장하는 질문지를 통해서 신변에 위협을 받지 않는 상황에서 자신들의 의견을 자유롭게 표현한다는 점이다. 조사 자료는 후에 조직에게 필요한 변화에 대해 논의할 때 출발점으로 사용될 수 있다.

서베이 피드백 프로그램은 두 가지 주요 단계로 이루어진다. 우선 변화 촉진자가 질문지를 고안하여 조직의 종업원들에게 실시한다. 종업원들은 직무 태도, 직무 만족, 직무 조건에 대한 지각, 직장에서의 여러 가지 문제점에 대해 질문을 받는다. 이러한 변인들을 측정하기 위해 표준화된 척도가 사용되기도 한다. 예를 들면, 직무 만족을 측정하기 위해서 직무기술지표(Smith, Kendall, & Hulin, 1969)와 같은 표준화된 검사가 사용되기도 한다(9장 참조). 종업원 표본을 대상으로 한 인터뷰를 바탕으로 변화 촉진자는 특정한 조직을 위하여 기존의 표준화된 척도에 담긴 문항들과는 다른 문항들이나 맞춤형 척도(custom-made scales)를 개발하기도 한다. 표준화된 검사를 사용함으로써 얻는 이점은 한 조직의 결과를 다른 조직의 결과와 비교할 수 있다는 점이다. 가령 종업원의 직무 만족이 유별나게 높은지 혹은 낮은지를 알고자 할 수도 있다. 맞춤형 척도의 장점은 맞춤형이 훨씬 더 구체적이고, 특정 조직의 종업원들이 관심 있는 사안들만을 다룰 수 있다는 점이다. 그러므로 우리는 표준화된 검사를 통하여 종업원들이 일반적으로 임금에 대하여 어떤 생각을 하고 있는지를 측정한다. 그러나 특정한 임금 정책에 대한 종업원의 생각을 알아내려면 조직 맞춤형 검사를 사용해야 한다.

서베이 피드백의 두 번째 단계에서는 종업원들에게 조사 결과를 전달한다. 조사 자료를 수집하여 보고서를 만들고, 보고서를 보통 집단 회의 때 종업원들에게 제시한다. 변화 촉진자가 회의를 진행하기도 하며, 종업원들은 결과에 대해 논의하고 조사에서 밝혀낸 문제점들에 대한 잠정적 해결 방안을 내놓는다. 조직의 문제에 대한 해결 방안이 실천에 옮겨지면 서베이 피드백 프로그램은 성공적으로 끝나게 된다.

서베이 피드백의 효과성에 대한 연구는 긍정적인 결과가 많다. Bowers(1973)는 23개의 조직에서의 1만 4,000명 이상의 종업원을 대상으로 한 광범위한 종단연구에 대한 결과를 보고하였다. 서베이 피드백 프로그램 도입 후 직무 만족과 직무 조건에 대한 종업원 보고에는 긍정적 변화가 나타났다. 조직개발 연구의 통합분석 결과, 서베이 피드백 프로그램은 참여한 종업원들의 직무만족 수준에 정적 영향을 끼친다는 사실이 밝혀졌다(Neuman, Edwards, & Raju, 1989). 서베이 피드백은 종업원들에게 건설적인 분위기에서 그들의 불만을 토로할 수 있게 한다. 또한 조직 전체에 영향을 주는 정책 결정 시 종업원들의 참여도를 높일 수 있다. 서베이 피드백이 적절하게 이루어진다면 조직 문제를 해결하는 데 도움이 되고, 종업원들의 조직에 대한 소속감도 증대시킨다.

4) 팀 구축

팀 구축(team building)은 작업 팀의 활동을 향상시킬 목적으로 고안된 여러 기법을 일컫는다. 12장에서 논의된 바와 같이, 팀 구축은 의사소통 등의 대인관계적 문제나 원활한 협력 등의 과업 문제에 초점을 맞출 수 있다. 과업 지향적 팀 구축에서 변화 촉진자는 작업 팀이 효과적으로 함께 일하는 방법을 배워 자신들의 과업 수행을 향상하도록 돕는다. 대인관계적 팀 구축에서 변화 촉진자는 작업 팀이 자신들의 의사소통과 상호작용을 더 잘하도록 돕는다. 이러한 팀 구축 노력은 작업 팀 내 대인 간 갈등을 감소시키는 일에 집중되기도 한다.

조직에서 많은 과업은 개별보다는 작업 팀으로 수행되기 때문에 팀 구축이 조직개발 노력의 필수적인 요소이기도 한다. 작업 팀이 제대로 기능하지 못하는 조직은 효과적인 조직이 되기 어렵다. 팀 기능이 향상되면 결국에는 조직이 향상되는 데 도움이 된다. 12장에서 미 해군이 훈련을 통하여 팀 기능을 향상시키는 방법을 찾기 위해 얼마나 매진하고 있는지 살펴보았다. 12장에서 이미 언급한 대로 포괄적 통합분석 결과는 팀 구축이 팀 기능과 팀 수행에 정적 영향을 미친다는 사실을 보여 주었다(Klein, DiazGranados, Salas, Le, Burke, Lyons et al., 2009). 또한 통합분석을 실시한 Neuman 등(1989)도 팀 구축이 직무 만족에 긍정적 효과를 지닌다는 점을 밝혔다.

5) T-집단

T-집단(T-group), 즉 훈련 집단(training group)은 특수한 집단 훈련을 통해 개별 종업원의 의사소통 능력과 대인관계 기술을 향상시키는 개입법이다. T-집단에는 많은 종류가 있다. 대부분의 T-집단은 직장이 아닌 곳에서 3일 내지 2주 정도의 기간에 걸쳐 서로 모르는 사람들끼리 모여서 이루어진다. 이 방법의 기본적인 생각은 훈련자나 촉진

자가 지도하는 상황에서 서로 모르는 사람들이 함께 일련의 대인관계적 기술 훈련을 경험하도록 하는 것이다.

T-집단 훈련의 참가자는 비판단적 피드백을 받는 상황에서 자신의 대인관계적 행동을 실험해 본다. 이러한 경험을 통해 집단 구성원은 다른 사람에게 미치는 자신의 영향력이나, 자신이 다른 사람에 의해 어떻게 지각되는지에 대한 통찰을 얻는다. 이 방법의 목표는 조직 구성원, 특히 관리자가 자신의 직무를 보다 효과적으로 수행하는 데 필요한 대인관계적 기술을 향상시키는 것이다.

한때 T-집단은 인기 있는 조직개발 기법이었기 때문에 많은 대기업은 그들의 관리자들을 훈련시키기 위해 외부로 보냈다. 지금은 그때만큼 인기가 많지 않은데, 이는 최소한 두 가지 이유에 기인한다. 첫째로, T-집단에 대한 연구에 따르면 T-집단 참가 경험이 개인에게 긍정적인 효과를 나타내지만 직장에 복귀해서는 효과가 아예 없거나 심지어 부정적 효과도 있었다. 예를 들어, Bowers(1973)는 T-집단에 참여한 종업원들의 직무 조건과 직무 만족에 대한 보고에서 부정적인 변화를 발견하였다. 둘째로, T-집단 훈련은 참가자들이 자신들에게 민감하고 잠재적으로 위협적인 측면을 탐구하도록 한다는 점에서 집단 심리치료와 매우 유사하다. T-집단에 의해 개인이 상처를 받고 혼란을 겪었다는 보고가 있었다. 또한 조직이 T-집단 참여를 요구하는 것은 비윤리적이라고 이의를 제기하는 사람들도 있었다.

T-집단이 인기를 잃었지만, 조직은 여전히 의사소통 기술에 많은 관심이 있다. 그러한 기술을 향상시키기 위해 조직은 T-집단 이외의 다양한 다른 방법을 사용한다. 예를 들어, 7장에 소개된 행동 모방 기법(behavior modeling)은 대인관계 기술을 훈련시키는데 효과가 있음이 입증되었다. 이 기법에서는 배우가 직무에서 타인과 의사소통하는 적절한 방식을 연기하는 것을 종업원들이 관찰한다. 그 후에 피훈련자는 훈련자의 지도에 따라 자신들이 관찰한 바를 연습한다. 이 방법을 사용하면 종업원에게 해로운 효과 없이 대인관계 기술을 향상시킬 수 있다. 따라서 T-집단 기법 이외에 종업원들의 의사소통 기술을 향상시킬 목적으로 조직이 할 수 있는 여러 대안적 기법이다.

6) 조직개발의 효과성

조직개발을 위한 다양한 방법이 존재하기 때문에 진정한 조직개발 프로그램이 무엇인지 정확히 정의하기 어렵다. 조직개발 프로그램은 한 가지 이상의 기법들로 구성되는데, 이 장에서 논의한 네 가지 기법이 조합된 프로그램도 있다. 조직개발 프로그램은 문제점 규명을 위한 서베이 피드백으로 시작할 수도 있다. 서베이 피드백 결과 목표 관리나 팀 구축이 적절한 조직개발 방식이라는 결론이 나면 이들 방식을 시행한다. 조직개발 기법이 다양하고 프로그램이 복잡하기 때문에 조직개발 기법의 효과를 단정하기가 어렵다.

또 다른 문제는 전체 조직에 대한 연구가 이루어지기 어렵다는 점이다. 조직이 조직개발 프로그램을 실시하고 결과를 평가하려 한다면 통제 집단을 어떻게 정할 것인가? 이상적인 조직개발 연구에서는 조직개발 개입 집단과 통제 집단 중 하나에 조직들(개인 참여자와 대비되는 개념으로서)의 표본을 무작위로 배정한다. 이러한 유형의 연구 설계에는 수많은 조직의 협조가 필요하며, 일반적으로 현실적이지 못하다. 대부분의 조직개발 연구는 단일 조직에서 행해지며 조직개발 프로그램의 실시 전과 후의 비교가 이루어진다. 그러나 조직개발 프로그램 시행 전후의 종업원 수행이 비교 가능하다 할지라도 발견된 차이점을 일으킨 원인이 무엇인지 확신하기 어렵다. 이러한 차이점은 조직개발의 실시 효과보다는 호손 효과로 인한 향상으로 볼 수도 있기 때문이다.

가장 합리적인 결론은 적절히 실시되고 고위 경영진으로부터 지지를 받는다면 조직개발 프로그램이 효과적일 수 있다는 것이다. 통합분석은 많은 조직개발 기법이 효과가 있다는 것을 밝혔다(Guzzo, Jette, & Katzell, 1985; Neuman et al., 1989). T-집단을 제외하고는 조직에 해로운 효과를 준다는 보고는 거의 없다. 미국 대기업의 대다수는 조직개발의 가치를 신뢰한다. McMahan와 Woodman(1992)은 『포춘(*Fortune*)』지 500대 기업에 대한 조사에서 대부분의 조직이 조직을 향상시키기 위해 활발히 일하는 내부 조직개발 전문가를 두고 있다는 사실을 발견하였다. 기업의 38%는 6명 이상의 조직개발 직원을 두고 있었고, 14%의 기업은 21명 이상의 직원을 두고 있었다. 이러한 결과는 미국 대기업의 조직개발 활동을 과대 추정한 결과일 것이다. 왜냐하면 이 연구의 참여율은 대상이 되는 기업의 1/5에 불과했기 때문이다. 그럼에도 불구하고 그들의 연구는 많은 대기업에서 조직개발을 중요하게 여기고 있음을 시사하고 있다.

2. 조직 이론

조직 이론(organization theories)은 조직의 구조와 기능을 설명해 주며, 다음과 같은 주제를 다룬다.

① 조직의 구별되는 특성
② 조직의 구조
③ 조직 내 사람들 간의 상호관계
④ 조직 내 사람과 기술 간의 상호작용

기술적 이론(descriptive theories)은 기존의 조직이 어떻게 기능하는지 설명한다. 훌륭한 기술적 이론은 조직이 어떻게 구조화되고 운영되는지 정확하고 생생하게 묘사한다. 규범적 이론(prescriptive theories)은 조직이 어떻게 운영되어야 하는지 규정한다. 규범적 이론을 적절하게 적용하면 효과적이고 능률적인 조직이 될 것이다.

실제로 기술적 이론과 규범적 이론 사이의 구별이 명백하지는 않다. 어떤 한 이론에 두 이론의 구성 요소가 존재할 수 있다. 우리에게 무엇을 해야 하는지 보여 주는 규범적 이론이 사실상 조직의 특정 유형을 기술한 것일 수 있다. 전자에서 논의된 관료제는 조직의 특정 유형을 기술하고 있지만, 사실 그 이론의 개발자는 규범적 이론으로서 제안한 것이다.

이 장에서는 조직을 이해하기 위해 상이한 네 가지 이론적 접근을 제시한다. '관료제'는 그 기원이 19세기로 거슬러 올라가는 가장 오래된 이론으로 지난 세기 동안 아주 큰 인기를 누렸던 특정 유형의 조직의 구조에 관심을 가진다. 'X이론/Y이론'은 조직의 대인관계적 측면에 관한 것으로, 부하에 대한 관리자의 견해에 따라 관리자가 채택하는 관리 형태가 어떻게 달라지는지를 설명한다. '개방형 체계 이론'은 조직을 포함하여 모든 일반적인 체계에서 공통되는 10개 요소를 기술한다. '사회기술 체계 이론'은 조직 내부의 사람과 기술 간의 상호작용에 관한 이론이다.

1) 관료제 이론

관료제(bureaucracy) 이론은 18세기 후반에 Max Weber가 최초로 내놓은 조직 구조에 관한 고전적 이론이다(Weber, 1947). 대기업이 생겨난 초기에는 조직에 대한 효과적인 구조화 기법이나 관리 기술에 대해 거의 알려진 바가 없었다. Weber는 조직이 규칙적이고 효과적으로 기능하도록 하는 합리적인 구조와 몇 가지 원리를 창시하였다. 우리는 오늘날 관료제를 비효과적이고 둔한 조직으로 생각하는 경향이 있지만 이는 관료제가 창시된 당시에 존재하던 많은 조직 구조에 비해서 개선된 구조였다. 초기의 조직은 조직 질서가 없고 비효율적이었다. 관료제 이론은 효과적인 조직이 되기 위하여 중요하다고 간주되는 특성과 원리를 제공하고 있는데, 이들 중 다음의 네 가지를 살펴볼 것이다.

- 분업(division of labor)
- 권한의 위임(delegation of authority)
- 통제의 폭(span of control)
- 라인 대 스태프(line vs staff)

이러한 원리들은 원래 관료적인 조직이 아닌 경우에도 대부분의 조직이 어떻게 운영되는지를 설명하는 데 유용하다.

■ 분 업

분업(division of labor)은 조직에서 각각 다른 업무에 책임을 지고 있는 전문화된 직책을 일컫는다. 자동차 생산과 같은 복잡한 제조 과정에서 전체 과업은 수많은 개별적 부분으로 나뉜다. 이와 같은 제조 조직에서 디자인, 생산, 영업, 물류 등은 각기 다른 부서에서 각기 다른 사람들이 다루는 일이다.

분업의 장점은 각 직무에 필요한 기술의 수가 상대적으로 적다는 점이다. 그러므로 직무를 수행하는 데 필요한 능력을 갖추고 있는 사람을 찾는 일이 어렵지 않고, 훈련을 시키는 데 시간이 거의 소요되지 않으며, 숙달해야 할 과업이 매우 적기 때문에 근로자는 전문가가 될 것이다. 분업의 단점은 전문화된 많은 사람의 협동이 필요하다는 점이다. 예를 들어, 공장의 많은 관리자와 감독자는 모든 종업원이 맡은 직무를 올바르게 잘하고 있는지, 종업원들의 그러한 노력이 잘 어우러지고 있는지 살펴야 한다. 이로 인해 다음의 특성인 권한의 위임이 필요하다.

■ 권한의 위임

대부분의 조직은 최상위에 최대의 권위와 통제력을 가진 한 사람이 있는 위계적인 구조를 이루고 있다. 상위자에게 보고하는 사람은 위계상으로 자신보다 아래에 있는

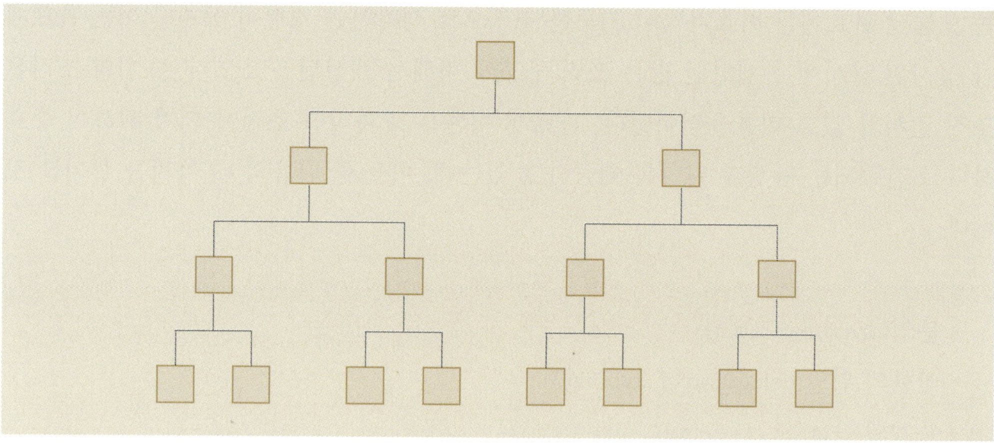

그림 14-2 위계적 조직의 조직도

예를 들어, 이러한 관료제 조직에서는 각 개인을 한 사람의 감독자에게 보고를 한다.

사람들을 관리하는 권한을 가진 한 명 이상의 사람일 것이다. 맨 위의 사람을 제외한 각 계층의 사람은 자신의 상사에게 보고를 하게 된다. 최하위 계층의 사람은 윗사람에게 보고를 올리지만 아랫사람에게 보고를 받지는 않는다. [그림 14-2]는 위계화된 조직의 조직도를 보여 준다.

분업은 조직 내에서 누구도 조직 전체의 일을 담당하는 사람이 없다는 것을 의미한다. 그러므로 최상위에 있는 사람은 조직의 상품과 서비스의 생산을 위하여 아래에 있는 모든 사람들에게 의존한다. 이를 달성하려면 각 상급자는 특정 업무를 완수하기 위해 자신 아래에 있는 하급자에게 권한의 위임(delegation of authority)을 하여야 한다. 그러므로 최상위자는 제품의 디자인은 R&D 관리자에게 권한을 위임하여야 하며, 제품의 판매는 영업 관리자에게, 제품 배송은 배송 관리자에게 권한을 위임하여야 한다. 이들 관리자에게 보고하는 하급자는 자신의 직무에서 해야 하는 일에 대한 권한을 위임받게 된다. 개개인의 이런 다양한 노력은 위계적 감독망, 즉 지휘 계통(chain of command)을 통해서 협력을 이루게 된다. 각 사람은 자신이 권한을 갖고 있는 과업과 기능에 책임을 진다.

■ 통제의 폭

통제의 폭(span of control)은 각 감독자에게 보고하는 부하직원의 수를 일컫는다. 관료제마다 최적의 통제 폭이 있다. 최고 관리자를 제외한 모든 사람은 감독자를 갖게 되므로, 통제의 폭이 너무 작으면 지나치게 많은 관리자를 필요로 하게 된다. 또한 너무 큰 통제의 폭은 혼란스러울 것이다. 왜냐하면 한 사람이 많은 사람의 일을 충분히 감독할 수 없기 때문이다. 충분히 관리할 수 있는 사람의 수는 두 가지 요소에 따른다. 첫째, 잘 숙련된 부하일수록 그들을 감독하는 시간이 덜 필요하다. 반면에 숙련되지 못한 사람은 지속적인 도움과 지도가 필요하다. 직무를 잘 아는 사람은 단지 가끔씩 주의를 주면 된다. 둘째, 상사의 감독 유형은 최적의 통제 폭을 결정하는 데 영향을 준다. 지시적(directive) 유형은 각각의 부하에게 상당한 시간을 소비한다. 의사결정을 해야 하거나 문제가 발생할 때마다 그러한 감독자는 해결하는 데 시간을 투여해야 하기 때문이다. 참여적(participative) 유형은 통제 폭이 넓어도 상관이 없는데, 이는 부하직원이 자신의 문제를 스스로 처리하고, 그들 자신이 스스로 결정을 내릴 수 있도록 하기 때문이며, 따라서 감독자는 더 자유롭게 시간을 사용할 수 있다.

■ 라인 대 스태프

조직 내의 각 직책은 라인(line)이나 스태프(staff) 둘 중 하나로 분류할 수 있다. '라인직(line position)'은 조직의 주요 목적과 직접적으로 관련된 직책을 말한다. 군대에서는 전투병, 교육에서는 교사, 생산에서는 조립공, 소매에서는 판매 직원이 라인 직책이다. 또한 라인직에는 이러한 직책을 감독하는 모든 상위 관리자 계층도 포함된다. '스태프직(staff position)'은 라인직의 활동을 지원한다. 급여나 복리후생, 인사 선발, 교육 등이 스태프직에 있는 사람들이 수행하는 기능이다.

2) X이론/Y이론

McGregor(1960)의 X이론/Y이론(theory X/theory Y)은 감독자와 부하직원의 상호작용에 관한 인간관계 이론이다. 기본적인 생각은 부하직원에 대한 감독자의 태도와 신뢰가 조직의 관리 형태를 결정짓는다는 것이다. 그리고 관리 형태는 다시 부하직원의 행동에 영향을 준다. 이는 관리자가 부하직원이 어떻게 행동할 것이라는 기대에 따라 부하직원을 대하게 되고, 부하직원은 기대대로 행동하게 된다는 점에서 '자기 충족적 예언(self-fulfilling prophecy)'이다. 예를 들어, 부하직원이 철저한 감독 없이는 직무를 제대로 하지 못한다고 생각하는 관리자는 면밀하게 감독하는 경향이 있을 것이다. 철저한 감독하에 있는 부하직원은 당연히 자신이 신뢰받지 못한다고 믿을 것이며, 아마도 감독자가 없을 때는 일을 잘하지 않을 것이다. 관리자는 부하직원의 그러한 행동 때문에 철저히 감독할 수밖에 없었다고 생각하겠지만, 사실은 그 반대로 감독이 부하직원의 행동에 대한 원인이라고 할 수 있다.

McGregor(1960)는 X이론이 관리자의 역할과 부하직원 특성에 대한 전통적 관점을 나타낸다고 생각하였다. 그는 일반적인 관리자의 믿음을 나타내는 여덟 가지 명제(proposition)를 언급하였다(〈표 14-2〉 참조). 이 명제에는 관리자가 조직의 인간관계적 요소와 비인간관계적 요소(예: 장비, 자본, 공급, 도구 등) 모두를 구조화할 책임이 있고, 부하직원을 지도하고 동기화해야 한다는 생각을 담고 있다. 조직의 요구에 무관심하고 게으르며 동기 수준이 낮고 영리하지 않은 것으로 여겨지는 종업원에게 관리자는 두 가지 전략 중 하나를 사용하게 된다. 감성적(hard) 방법은 강압과 위협을 사용하여 세밀한 감독을 하는 것인데 종업원의 저항, 즉 반생산적 행동, 생산의 제한 등을 야기할 수 있다. 반면 연성적(soft) 방법은 부하직원을 묵인하고 부하직원들과의 갈등을 회피하는 방법인데 이러한 방식은 조직을 비효과적으로 만들게 된다.

Y이론은 McGregor가 선호한 관리 방법으로, 종업원들의 만족은 높아지고 조직의 효과성도 커질 것이라고 믿었다. 여기에는 네 가지 명제가 있는데(〈표 14-2〉 참조), 관리자의 역할과 부하직원의 특성 모두를 포함하고 있다. Y이론에 따르면 관리자는 조직의 다양한 인간관계적 요소, 비인간관계적 요소를 감독하기보다는 조직화하는 데에 더 책임이 있다. 종업원들은 유능할 뿐만 아니라 선천적으로 동기부여가 낮거나 조직의 요구

〈표 14-2〉 McGregor의 X이론/Y이론의 명제

X이론	• 관리자는 조직의 요소를 감독할 책임이 있다. • 관리자는 부하직원의 활동을 지시하여야 한다. • 종업원들은 조직적 요구에 저항적이다. • 보통의 종업원들은 게으르다. • 보통의 종업원들은 열정이 결여되어 있고 책임을 지고 싶어 하지 않는다. • 보통의 종업원들은 조직이 아닌 그들 자신에게만 관심이 있다. • 보통의 종업원들은 변화를 거부한다. • 보통의 종업원들은 잘 속고 영리하지 못하다.
Y이론	• 관리자는 조직의 요소를 구성할 책임이 있다. • 종업원들은 본성적으로 조직의 요구를 거부하는 것이 아니다. 그들은 이전의 조직 경험으로 인하여 그렇게 된 것이다. • 관리자들은 부하직원이 조직에 필요한 능력을 인식하고 개발할 수 있도록 도와주어야 한다. • 관리자들은 부하직원이 조직 목표를 성취함으로써 그들 자신의 목표를 달성할 수 있도록 조직 내 환경을 조성해야 한다.

출처: *The Human Side of Enterprise*, by D. M. McGregor, 1960, New York: McGrow-Hill.

에 둔감한 것이 아니다. 종업원들이 조직의 목표에 노력을 경주하여 그들의 목표를 달성할 수 있도록 환경을 조성하는 것이 관리자의 역할이다. 이러한 마지막 관점은 리더가 부하에게 좋은 직무 수행을 통해 개인적 보상을 받도록 하는 방법을 제공하여야 한다는 경로–목표 리더십 이론과 매우 유사하다(13장 참조). Y이론 관리자가 사용하는 감독 방법은 X이론의 관리자가 사용하는 방법과 매우 상이하다. Y이론에서는 지도감독보다는 종업원의 자율성과 개발을 강조한다. 이 이론은 종업원을 위한 목표와 목적을 설정하고, 관리자는 여러 가지 제약을 제거하고 지도하여 목표 달성을 도와야 함을 강조한다.

McGregor는 대부분의 사람이 X이론 상황에서의 경험을 갖고 있으므로 Y이론으로의 전환이 느리다고 생각하였다. 오늘날 우리는 많은 Y이론적 접근 사례를 볼 수 있다. 예를 들어, 자율적인 작업 팀은 부하직원이 그들 자신을 관리할 수 있다는 철학에 근거한 것이다. 조직이 계속해서 감축을 통한 비용 절감의 압력을 받기 때문에, 하위 계층에 있는 종업원들에게 더 많은 책임이 부여되어야 한다. 그렇게 하기 위해서는 Y이론의 적용이 필요하다.

X이론과 Y이론이 사람을 관리하는 유일한 방법은 아니다. Ouchi(1981)는 일본의 방식에 근거한 관리 방법을 제안하였다. Z이론(theory Z)은 효과적인 조직의 기초는 장기 고용에 있다고 가정한다. 자신의 평생 경력을 동일한 조직에서 보낼 것이라 기대하는 사람들은 높은 수준의 몰입(commitment)을 하게 되며, 고용주의 장기적인 성공이 자신의 이득과 연관되는 이해관계에 놓이기 때문에 조직이 성공할 수 있도록 더 많은 노력을 기꺼이 기울일 것이다.

3) 개방형 체계 이론

Katz와 Kahn(1978)의 개방형 체계 이론(open system theory)에 따르면 조직은 개방형 체계의 한 유형으로 볼 수 있다. 이 생각은 자연과학에서 유래하였는데, 식물이나 동물, 박테리아, 바이러스와 같은 생물 조직을 개방형 체계로 간주하였다. 조직은 생물 조직과 다르다 할지라도 많은 특성을 공유한다([그림 14–3] 참조).

Katz와 Kahn(1978)은 개방형 체계의 열 가지 특성을 제안하였다. 〈표 14–3〉에 열 가지 특성이 제시되어 있다. 조직과 같은 개방형 체계는 에너지를 들여오고 에너지를 다른 것으로 전환하며, 상품이나 서비스를 생산한다. 모든 조직은 사람과 재료를 들여오

그림 14-3 조직은 생물 조직 특성의 많은 부분을 공유하는 개방형 체계로 생각할 수 있다.
(© Ronnie Howard, sourced from Shutterstock Images)

〈표 14-3〉 Katz와 Kahn의 개방형 체계 이론에 의한 열 가지 조직 특성과 조직에서의 각 예시

특성	예시
1. 에너지 투입	인력 고용
2. 에너지 변환	상품 제조
3. 상품 생산	상품 판매
4. 사건의 순환	작업 교대
5. 엔트로피 회피	이윤 유지
6. 정보 투입	시장 조사
7. 항상성	연간 예산 균형 유지
8. 전문화	전문화된 직무 창출
9. 협동과 통합	종업원 감독
10. 등종국성(equifinality)	조직을 운영하는 여러 가지 효과적인 방법이 있다.

출처: *The Social Psychology of Organizations* (2nd ed.), by D. Katz & R. L. Kahn, 1978, New York: John Wiley.

고, 상품과 서비스를 생산하며, 이러한 상품과 서비스를 고객에게 전달한다. 정부조직조차도 시민들에게 교육이나 건강 관리, 보호, 교통 서비스를 제공한다.

개방형 체계는 사건(event)의 순환을 경험하게 되는데 조직 역시 이와 다르지 않다. 대부분의 조직은 회계연도에 따라 예산을 편성하고, 종업원들은 일주일 작업 일정을 갖고 있으며, 많은 조직에서 하루에 두 번 이상의 작업 교대를 한다. 대학은 교육과정을 학기 단위로 구성하며, 학기는 다시 학년을 구성한다. 많은 종업원이 계약직으로 고용되는

데, 특히 프로 야구나, 농구, 미식축구, 축구 등과 같은 스포츠 조직은 더욱 그러하다.

개방형 체계는 어떻게든지 체계의 소멸과 파괴를 의미하는 엔트로피(entropy)를 피해야 한다. 생물 조직에서 엔트로피는 죽음을 초래하는데, 죽어 가는 조직이 다른 조직에 합병되는 경우도 종종 있지만, 기업 조직에서 엔트로피는 역시 죽음을 초래할 수 있다. 민간 기업에서 엔트로피는 회사의 경제적 건강 정도를 나타내는 지표일 수 있다. 투입(input)을 합당한 이윤을 남기고 팔 수 있는 상품과 서비스로 효과적으로 전환하는 조직은 살아남을 것이다. 이득을 남기는 상품과 서비스를 생산할 수 없는 기업은 점차 자본이 바닥나게 되고, 더 이상 종업원에게 임금을 지불할 수 없게 되고 에너지를 투입할 수 없게 될 것이다. 이러한 상황이 발생했을 때 더 이상 살 수 있는 추가적 에너지가 없다면 조직의 기능은 정지될 것이다. 외부 기관이 조직을 유지할 자금을 제공한다면 추가적 에너지의 공급이 발생할 것이다. 2008년 미 정부가 자동차 회사인 Chrysler와 General Motors에게 문을 닫지 않도록 자금을 빌려 주었던 사례가 있다.

에너지뿐만이 아니라 개방형 조직은 환경에 대한 정보를 투입할 수 있다. 조직은 다양한 유형의 많은 정보 전문가를 두고 있다. 조직은 안정을 유지하기 위해, 금융 문제를 다루는 회계사나 법적 문제를 해결할 변호사들을 두고 있다. 가정집의 자동온도 조절 장치가 일정한 온도를 유지시키는 것처럼 조직의 시스템도 특정 조건을 유지시킨다. 조직은 적정한 인원의 종업원을 유지하여야 하고, 작업에 필요한 적합한 장비가 있어야 하며, 필요한 자재를 보유하고 있어야 하고, 예산의 균형을 맞추어야 한다. 이 모든 것이 조직의 안정을 유지한다.

개방형 체계가 성장하고 복잡해지면서 전문화된 기능들을 개발하게 된다. 조직이 커져 감에 따라 작업은 더욱 전문화된 기능으로 세분화되는 경향이 있다. 작은 규모의 조직은 한 사람이 회계나 인적자원, 법률적 기능 모두를 맡는다. 규모가 큰 조직에는 하나의 부서 혹은 사업부 전체가 이러한 기능을 맡는다. 기능이 전문화되어 감에 따라 개방형 체계는 조정과 통합을 위한 구조를 수립하게 된다. 이러한 기능은 감독과 지휘 계통을 통해 달성하게 된다.

개방형 체계의 마지막 특징은 등종국성(等終局性, equifinality)이다. 등종국성이란 한 체계가 여러 다양한 시점으로부터 시작하여 여러 다양한 방식을 사용하여 특정 상태에 이를 수 있다는 의미다. 개방형 체계의 관점에서 보면, 조직을 구조화하고 가동하는 단 한 가지 방법이란 존재하지 않으며 성공적인 조직은 여러 가지 방식으로 운영될 수 있다. 예를 들어, 제품은 자율적인 작업 집단의 방식을 통해서 생산될 수 있고 혹은 전통적인 조립 라인의 방식을 통해서도 생산될 수 있다.

개방형 체계 이론은 조직의 특성을 이해하기 위한 틀을 제공한다는 점에서 기술적(descriptive) 이론이며, McGregor의 X이론/Y이론에서처럼 조직이 어떻게 운영되어야 하는지에 대한 규범적인 통찰은 제공하지 않는다.

4) 사회기술 체계 이론

사회기술 체계 이론(sociotechnical systems theory)은 조직 환경 맥락에서 사람과 기술 간의 상호관계의 관점을 통해 조직을 바라본다. 사람(people)은 조직의 종업원과 그들 상호 간의 관계를 뜻한다. 기술(technology)은 장비와 재료, 도구 등 비인간적 요소를 뜻한다. 환경(environment)은 그 속에서 조직이 기능을 발휘해야 하는 물리적 · 사회적 상황이다. 이 이론은 사람들이 기술에 어떻게 영향을 미치는지와 기술이 어떻게 사람에게 영향을 미치는지를 설명한다. 사회기술 체계 이론은 바람직한 조직 설계의 원리를 제공하기 위해 연구 결과들을 사용한다는 점에서 규범적(prescriptive)이다.

사회기술 체계 이론의 기원은 영국 석탄 공장에서 기술 변화의 영향을 묘사한 Trist와 Bamforth(1951)의 논문에서 찾을 수 있다([그림 14-4] 참조). 작업 변화가 있기 이전에 석

그림 14-4 석탄 채광에서의 기술적 변화는 때때로 광부들의 사회적 체계를 혼란스럽게 하고 종업원의 불만을 야기할 수 있다.

(© Jeff Morgan 08/Alamy)

탄 채광은 자신의 작업 속도를 스스로 조절하는 소규모 작업자 집단에 의해 이루어졌다. 각 집단의 구성원들은 탄광의 위험한 환경 속에서 아주 밀접한 상태로 함께 일했다. 기계가 도입되면서 광부들 간의 작업 집단 관계가 변화되었고, 작업자들은 작업 속도를 조절할 수 없었다. 광부들 각자는 이제 동료의 친밀한 지원 없이 홀로 커다란 기계를 작동하는 처지가 되었다. 이 때문에 결근율은 높아지고, 광부들의 건강에 대한 불만은 증가했다. Trist와 Bamforth의 논문은 조직의 인간적 측면과 기술적 측면이 연결되어 있음을 매우 명확히 보여 주었다.

Trist와 Bamforth(1995)의 논문 이후로, 사회기술 체계 이론은 발전을 거듭했고 자주 적용되었다(Winterton, 1994). Cooper와 Foster(1971)는 이 이론의 몇 가지 원리를 언급하였다. 공동의 최적화(joint optimization)는 사회 체계와 기술 체계가 가능한 한 서로 가장 적합하게 고안되어야 한다는 개념이다. 기계와 장비는 사람들이 사용하기에 쉬워야 하며, 기계와 장비를 잘 사용할 수 있도록 사람들을 과업과 직무들에 잘 배치해야 한다. 이것은 인적 요소가 장비 설계의 일부분이 되어야 할 뿐만 아니라, 사용하는 기술 역시 조직의 인간적 측면을 고려해서 고안되어야 한다는 것이다. 1980년대 사무실에 개인 컴퓨터에서의 문서편집이 도입된 것은 이러한 접근 방식의 한 예다. 이러한 기술을 사용하는 종업원은 컴퓨터 전문가가 아니었으므로, 하드웨어와 소프트웨어 모두 사용하기 쉽게 설계되어야 했다. 또한 컴퓨터에서의 문서편집의 장점을 최대한 살리기 위해서는 컴퓨터가 단순히 타자기를 모방하는 것만으로 부족했다. 추가적인 기능을 사용하려면 컴퓨터는 타자기와 다소 다르게 작동되어야 했다. 이 때문에 컴퓨터 사용 경험이 별로 없는 사무 직원을 위한 집중적 훈련이 필요했다. 그러나 많은 조직의 관리자들은 그들의 할 일은 단지 컴퓨터를 주문하여 종업원의 책상에 놓으면 그만이라는 생각으로, 사회기술 체계 이론의 원리를 무시하였다.

변동의 단위 통제(unit control of variance)는 업무상 문제가 발생하였을 때 누가 문제를 해결할 것이냐에 관한 것이다. 많은 조직에서 각 종업원은 일상적으로 부과된 과업만을 책임진다. 일상의 일에 변동이 생길 경우, 예를 들어 기계가 고장 나거나 고객 문제가 발생하면, 전문가나 감독자를 불러 이를 해결한다. 단위 통제(unit control)의 기본 생각은 변동이 발생하면 당장 문제에 직면한 종업원이나, 종업원들이 직접 해결해야 한다는 것이다. 그러므로 기계 조작원들은 기계를 수리할 수 있어야 하며, 판매원들은 고객의 문제를 도울 수 있어야 한다. 사무실에서 문서편집기를 사용하는 종업원들은 가장 어려운 문제 외에는 그들이 직면한 모든 문제를 해결할 수 있어야 한다. 이러한 접근으로 동기, 자기 효용성, 종업원의 기술이 향상되고, 전문가와 감독자의 시간은 절약된다.

사회기술 체계 이론의 도입은 개별 종업원 또는 종업원 집단에 의한 자율 규제(self-regulation)로 이어졌다. 그러므로 자율적 작업 팀 방식은 조직에 사회기술 체계의 이념이 도입된 주요한 사례다(Majchrzak & Borys, 1998). 자율 규제 또는 자기 관리(self-managed) 단위가 생기면서 새로운 관리 유형이 필요해졌다. 관리자는 종업원의 행동을 직접적으로 지시하는 것보다, 상담을 해 주고 작업 단위 활동을 지원하며 종업원 간의 상호작용을 촉진하는 일에 더 많은 시간을 투자한다.

사회기술 체계 이론은 널리 조직에 적용되었고, 최소한 두 가지 이유로 인하여 앞으로도 지속적으로 확산될 것이다. 첫째, 이 장의 앞에서 언급하였듯이 관리 직원의 규모를 축소하여 조직을 감축하려는 것이 세계적인 추세다(Kozlowki, Chao, Smith, & Hedlund, 1993). 관리자가 적어지므로, 개별 종업원은 더욱 독립적으로 작업을 해야 한다. 둘째, 오늘날의 조직들은 급격하게 변화하는 환경에서 변화 요구에 적응할 수 있는 유연성이 필요하다는 점을 인식하고 있다. 사회기술 체계 이론의 원리는 이러한 상황에서 어떻게 하면 조직이 잘 기능할 수 있지를 설명한다(Lin, Shah, & Schroeder, 2006).

그동안 연구는 사회기술 체계 이론의 적용을 지지하고 있다. 예를 들어, 영국에서 실시한 두 개의 연구에서 단위 통제가 생산성에 정적인 영향을 끼친다는 점이 밝혀졌다. Wall, Corbett, Martin, Clegg와 Jackson(1990)은 사회기술 체계 이론을 바탕으로 공장 근로자들이 문제를 직접 처리하도록 하면 조정이나 수리를 위해서 기계가 서 있는 시간이 줄어들 것이라는 가설을 세웠다. 그들은 단위 통제 방식의 채택으로 고정 시간이 줄었을 뿐만 아니라 종업원들이 느끼는 직무 압박감이 줄고 직무 만족이 증가했음을 발견하였다. 영국 공장에서 행해진 이와 유사한 또 다른 연구에서, Wall, Jackson과 Davids(1992)는 공장 근로자들이 기계 문제를 해결할 책임을 맡았을 때 기계가 고장 나 있는 시간이 줄어들어 생산성이 증가했음을 발견하였다('연구 상세히 보기' 참조).

사회기술 체계 이론을 바탕으로 한 개입 연구를 통합분석한 결과 개입이 상당히 성공적이었음이 밝혀졌다. Pasmore, Francis, Haldeman과 Shani(1982)는 134개의 연구 결과를 분석한 결과, 대부분의 연구에서 사회기술 체계 이론적 개입이 생산성, 비용, 종업원 이탈, 종업원 태도, 만족, 불평, 작업의 질에 정적 영향을 미친다는 것을 발견하였다(〈표 14-4〉 참조). Guzzo 등(1985)은 사회기술 체계를 바탕으로 한 개입이 생산성과 이직에 정적 효과를 갖는다는 사실을 확인했다.

연구 상세히 보기

사회기술 체계 이론의 원리를 적용하는 장소로 사람과 산업로봇이 어우러진 자동화된 공장보다 더 좋은 곳은 없을 것이다. 영국 공장의 생산성에 대한 Wall, Jackson과 Davids(1992)의 연구가 이러한 공장에서 시행되었다. 이 공장은 4명의 사람과 6개의 로봇이 상호작용하는 로봇식 조립 라인에서 드릴에 끼우는 날을 생산하였다. 로봇들은 금속을 드릴 날로 만드는 조립 작업의 대부분을 맡았다. 작업자들은 금속을 첫 번째 로봇에게 투입하였고, 마지막 로봇에서 완성된 날을 빼내고 기계를 미세하게 조정했다.

연구자들은 사회기술 체계 이론에 근거하여 작업자가 산업로봇에게 흔한 기계적인 문제를 직접 처리하도록 직무를 새로 구성해야 한다고 제안하였다. 기술자들이 기계 조작원들은 이러한 일을 할 능력이 없다고 판단하고 반대하는 바람에 경영진은 연구자들의 건의를 받아들이지 않았다. 경영진은 기계 조작원을 위한 성과급 제도(incentive system)를 만들었으나 로봇이 조립 라인의 속도를 통제하므로 생산성을 향상시키는 유일한 방법은 고장 시간을 줄이는 것뿐이었다. 기계 조작원이 기계 문제를 직접 처리하는 일을 맡아서 잘할 수 있다는 것을 보여 주자 기술자들이 반대를 철회했다. 그렇게 우연하게 실험이 이루어졌다.

기계 조작원들이 자신들의 직무를 확대하기 전 6개월 동안과 확대 후 8개월 동안 고장 시간에 대한 자료가 수집되었다.

개입 전의 기간에 비해 개입 후에 고장 시간이 확연히 단축되었다. 흥미롭게도 짧은 시간(15분 미만) 동안 고장 난 횟수는 증가하였으나 긴 시간(15분에서 1시간까지) 동안 고장 난 횟수는 오히려 줄어들었다. 전체적으로 보면, 총 고장 횟수는 동일했으나 총 고장 시간은 줄었다. 이러한 결과는 조작원이 직접 기계 문제를 처리하게 되면 더 빨리 대처할 수 있고 시간을 절약할 수 있음을 시사한다. 연구자들은 생산성 향상으로 인하여 이익이 일주일당 2,400달러나 증가했다고 추정하였다.

이 연구는 사회기술적 접근이 사전 계획 없이 행해진다 해도 생산성에 긍정적 효과를 줄 수 있음을 보여 준다. 이 연구를 행한 연구자들 중 일부가 행한 유사한 연구에서는 사회기술적 접근이 사람들에게도 긍정적 효과를 미칠 수 있음을 보여 주었다(Wall, Corbett, Martin, Clegg, & Jackson, 1990). 조직이 사회기술 체계 이론의 원리를 신중하게 적용하면 이득을 얻을 수 있다. 이 연구에서 종업원들은 생산성 증가에 대해 성과급을 받았다는 것을 기억할 필요가 있다. 동기의 증가(성과급)와 우연한 직무 재설계가 결합하여 고장 시간을 감소시켰다. 종업원의 동기나 선호를 고려하지 않은 채 직무 변화를 시도한다면 동일한 효과를 기대하기 어려울 것이다. 또한 종업원들이 변화에 저항한다면 반생산적 행동을 야기할 수도 있을 것이다.

출처: "Operator Work Design and Robotics System Performance: A Serendipitous Field Study," by T. D. Wal, P. R. Jackson, & K. Davids, 1992, *Journal of Applied Psychology*, *77*, 353-362.

〈표 14-4〉 사회기술 체계 이론 개입의 여러 긍정적인 효과를 보고한 연구의 백분율

효과	성공률
생산성	87
비용	89
결근	81
이직	65
태도	94
안전	88
불만	89
품질	97

출처: "Sociotechnical Systems: A North American Reflection on Empirical Studies of the Seventies," by W. Pasmore, C. Francis, J. Haldeman, and A. Shani, 1982, *Human Relations, 12,* 1179-1204.

5) 이론의 비교

앞에서 논의한 4개의 이론은 각각 독특한 이론이며, 모두 조직의 다른 측면에 초점을 맞추고 있다. 물론 이 이론들 사이에도 공통된 개념과 연관성이 있다. 관료제의 완고한 구조는 완고한 X이론에 잘 들어맞는다. 관료제에서 각 사람의 직무는 명확하게 정의되고 개인의 자율과 재량권은 상대적으로 작다. 이는 X이론으로 정의된 리더십 유형과 어울리는 경향이 있는데, 이러한 리더십에는 철저한 감독과 비참여적인 방식이 포함된다.

사회기술 체계 이론의 적용은 Y이론의 개념과 일치하는 경향이 있다. 사회기술 체계적 접근 방식으로는 자율적 작업 팀이 있다(12장 참조). 자율적 작업 팀의 기본적인 생각은 종업원이 자신의 직무를 하는 방식에 자율권과 재량권을 주자는 것이다. 이는 경영진이 종업원을 신뢰하는 관점을 택함을 가정한다. 감독자는 종업원이 직무를 올바르게 행할 것이라는 믿음 없이 재량권을 부여하지 않을 것이다. 그러므로 사회기술 체계 이론을 적용하려면 종업원이 자신이 맡은 직무를 잘 해내리라고 믿는 Y이론의 철학이 필요하다.

개방형 체계 이론은 아주 다르다. 이 이론은 열 가지의 꽤 일반적인 원리의 관점에서 조직의 기능을 묘사하지만 세부적인 실행 방식은 추천하지 않고 있다. 이 원리는 다른 이론들을 바탕으로 한 조직의 과정을 설명하는 데 사용될 수 있다. 예를 들어, 종업원이 감독을 받는 방식은 협동과 통합의 원리로 설명될 수 있다. 그러나 개방형 체계 이론은

협동과 통합의 방식에 대해서 거의 언급하지 않고 있다. 물론 등종국성 원리에 의하면 조직을 운영하는 효과적인 방법이 많을 수 있는데 이 원리는 사회체계 이론의 원리와 일치한다(Walker, Stanton, Salmon, & Jenkins, 2008).

이들 이론은 조직과 조직이 운영되는 방식에 대해 폭넓은 시야를 제공해 준다. 사회기술 체계 이론에 근거한 자율적 작업 팀처럼, 일부 이론은 구체적으로 응용되었다. 다른 이론들은 특정한 기법을 묘사하기보다는 조직 관리자의 철학에 영향을 미친다. 예를 들어, X이론이나 Y이론은 관리자에게 잘 알려져 있고 관리자의 행동에 영향을 미치고 있다.

요약 SUMMARY

이 장에서 우리는 조직의 시각에서 조직개발과 조직 이론을 간단하게 살펴보았다. 조직개발은 조직의 기능을 향상시키기 위해서 행동과학의 원리를 적용하는 것을 말한다. 우리는 단독으로 혹은 조합하여 사용할 수 있는 네 가지 구체적 기법을 논의했다. 목표 관리는 조직 전체에 걸쳐 서로 연결된 목표를 설정한다. 서베이 피드백은 집단 논의와 조직 향상을 위한 토대로서 종업원에 대한 설문조사 결과를 사용한다. 팀 구축은 작업 팀의 기능을 향상시키기 위해 사용할 수 있는 기법을 말한다. T-집단은 개인의 의사소통과 대인관계 기술을 향상시킬 목적으로 설계된 일련의 집단 훈련이다.

목표 관리, 서베이 피드백, 팀 구축에 대한 지금까지의 연구 결과에서는 이 기법들이 종업원과 조직 모두에 긍정적 영향을 미치는 효과적인 개입이라는 것이 밝혀졌다. 반대로 T-집단은 효과적이라는 것이 밝혀지지 않았고 오히려 부정적인 효과를 나타내었다.

조직 이론은 조직이 어떻게 운영될 수 있고 운영되어야 하는지를 말해 준다. 관료제 이론은 조직의 구조적 요소에 초점을 둔 고전 이론이다. X이론/Y이론은 관리 철학이 종업원의 행동에 어떻게 영향을 주는지에 중점을 둔 인간관계 이론이다. 개방형 체계 이론은 조직을 개방 체계의 열 가지 특성의 관점에서 기술한다. 사회기술 체계 이론은 조직의 인간 측면과 기술 측면 사이의 상호관계에 관심이 있다. 이 이론을 바탕으로 많은 개입이 이루어졌으며, 연구문헌에 보고된 개입의 대부분은 성공적이었다.

산업 및 조직 심리학 현장 연구

이 사례는 기업 감축으로 인하여 발생하는 조직 변화에 종업원이 대처할 수 있도록 돕기 위한 노력에 관한 내용이다. Tom White 박사는 이 조직개발 프로젝트의 기획자이자 수석 변화 촉진자다.

White 박사는 1985년 사우스플로리다 대학교에서 산업 및 조직 심리학 박사학위를 받았다. 그는 졸업 직후 호주로 이주하여 산업 및 조직 심리학자로서 활동하고 있다. 이 사례는 Compaq Computer Corporation이 Hewlett-Packard와 합병하기 전 호주 지사에서 그가 조직개발 책임자일 때의 사례다. White 박사는 조직의 변화와 개발을 촉진하는 책임을 맡았다. 또한 종업원들 간의 갈등 해결, 리더십 개발, 미래 설계, 팀 구축과 관련한 일도 수행했다. 그의 역할은 주로 내부 컨설턴트와 촉진자로서의 임무다. 컴퓨터 산업 분야에서의 급속한 기술 발달로 필연적으로 발생하는 잦은 변화를 조직이 관리할 수 있도록 도와주는 변화 촉진자로서의 역할을 하였다.

White 박사가 맡은 중요한 프로젝트는 극심한 경쟁 구도 속의 컴퓨터 산업에서 계속적인 이윤 창출에 필수적인 기업 감축(corporate downsizing)에 종업원들이 대처할 수 있도록 돕는 일이었다. 종업원들에게 신경을 많이 쓴다는 회사의 평판에도 불구하고, 최근 몇 년 동안에 회사가 입은 큰 손실로 비용을 줄이기 위한 과감한 조치가 필요했다. 어떤 부서에서는 종업원의 30% 정도가 그만두어야 했다. 이러한 구조조정은 해고에서 살아남은 사람들에게도 정신적인 충격이 큰 경험이었다. 많은 사람이 가까운 직장 동료를 잃었다. 회사 전체에 분열이 발생하였고 이로 인해 사람들은 효율적으로 일하는 데 어려움을 겪었다. White 박사의 임무는 회사에 남은 사람들이 이 상황을 잘 헤쳐 나갈 수 있도록 돕는 방법을 찾는 일이었다.

White 박사가 선택한 방식은 가족의 죽음에 대처할 수 있도록 돕는 기법을 바탕으로 한 것이었다. 이틀의 회기로 구성된 프로그램에 100명 이상의 종업원이 참여했다. 관리자들이 주도한 회기 동안에, 종업원들이 동료를 상실한 아픔을 이겨 내고 미래 설계에 마음을 기울이도록 돕는 일련의 소집단 활동을 실시했다. 이 프로그램은 과거를 흘려보내고 미래를 기약하는 두 가지 주제로 진행되었다. White 박사의 역할은 전사적 활동을 조직한 후 프로그램을 주도할 관리자들을 육성하는 일이었다. 관리자들이 실제 변화를 주도하기 때문에 White 박사는 전형적인 변화 촉진자 역할을 맡았다. 심리학자는 촉진자이자 변화를 행하는 이들의 자원 역할을 한다.

한 달 정도 소요되는 프로그램을 모두 마치고 효과성을 검증하기 위한 평가가 실시되었다. 평가 결과, 종업원들이 변화에 대해 보다 수용적이 되었고 회사 경영진을 더 신뢰하게 되었다. 종업원들의 직무 수행은 향상되었으며 따라서 총 생산성도 증가하였다. 종합적으로 이러한 조직적인 변화 노력은 종업원과 조직 모두에 이득이 되었다.

토의 문제

1. White 박사는 왜 회기 진행에서 더 적극적인 역할을 하지 않았을까?

2. 만약 관리자가 조직에서 모든 권한을 가지고 있다면 변화 촉진자들은 어떻게 변화를 촉진시킬 수 있을까?
3. 조직개발을 하는 사람에게는 어떤 KSAO가 필요할까?
4. White 박사의 프로그램에서처럼 프로그램 평가는 왜 중요할까?

체험학습

조직개발

조직개발을 실시하는 회사의 웹사이트를 방문하고 다음의 질문에 답하시오.

1. 회사 내 종업원들의 배경은 어떠한가?
2. 무슨 일을 하는 회사인가?
3. 회사는 이 장에서 논의한 조직개발의 네 가지 기법을 어떤 상황에서 사용할 수 있는가?
4. 조직개발 기법마다 최적한 산업체가 다른가?

개방형 체계 이론

자신이 잘 아는 조직(재학 중인 대학도 좋다)을 선정하시오. 선정한 조직에서 개방형 체계 이론의 열 가지 조직 특성 각각을 나타내는 예를 한 가지씩 찾아보시오.

용어사전

2요인 이론(two-factor theory): 직무 만족과 불만족은 동일 연속선상의 서로 반대쪽에 있는 개념이 아니라 각각 별개의 요인들이라고 생각하는 이론.

24시간 주기 리듬(circadian rhythms): 호르몬 수준과 체온을 포함한, 하루 동안의 신체적 변화.

5분의 4 법칙(four-fifths rule): 불리 효과 여부를 가르는 경계선. 만약 소수 그룹의 고용 비율이 다수 집단의 4/5 미만일 경우 4/5 규칙이 침해됨.

5요인(Big Five): 인성의 주요 요인을 나타내는 것으로 간주되는 5개의 차원(호감성, 성실성, 정서적 안정성, 외향성, 경험에 대한 개방성).

A/B 유형 성격(type A/B personality): 성격 변인. A유형의 사람은 매우 추진력 있고 성급한 반면, B유형의 사람은 태평하고 느긋함.

E-러닝(e-learning): 인터넷을 이용한 온라인 학습처럼, 전자 매체 활용 학습.

Fiedler의 상황 이론(Fiedler's contingency theory): 리더의 효과성을 리더와 리더십 상황의 상호작용 결과로 해석하는 이론.

KSAO: 훌륭한 직무 수행을 위해 필요한 지식, 기술, 능력, 기타 개인 특성.

SIOP: '산업 및 조직 심리학회' 참조.

T-검증(T-test): 두 개의 평균을 비교하기 위해 사용되는 통계적 검증.

T-집단(T-group): 대인관계 기술을 배우기 위해서 종업원들이 며칠간 훈련 회기에 참가하는 조직 변화 기법.

Vroom-Yetton 모형(Vroom-Yetton model): 부하직원을 포함하는 최선의 의사결정 방식을 제시하는 의사결정 처방 모형.

X이론/Y이론(theory X/theory Y): 관리자가 부하직원을 보는 관점은 그들의 감독 형태에 영향을 준다고 주장하는 이론.

Z이론(theory Z): 종업원들이 한 조직에서 평생을 보낼 것이라고 가정하는 대규모 조직을 위한 일본식 관리 형태.

가법적 과업(additive task): 집단 수행이 개인 구성원 수행의 합인 과업. 예를 들어, 상점에서 판매원 집단의 전체 산출은 개인 판매원의 판매액의 합.

가상 팀(virtual teams): 전자우편, 전화 또는 여타 원거리 통신 수단을 이용하여 의사소통하며 각자 독립적인 과업과 역할을 수행하는 두 명 또는 그 이상의 사람으로 구성된 팀.

가설(hypothesis): 연구 결과에 대한 연구자의 추측.

가장 싫어하는 동료 작업자 척도(Least Preferred Coworker [LPC] scale): 리더의 성격 특성을 평가하기 위해 사용되는 척도. LPC는 Fiedler의 상황 이론의 중요한 구성 요소임.

간섭 방법(obtrusive method): 피험자들이 자신이 연구 대상임을 알고 있는 상태에서 진행되는 자료 수집 방법.

갈라테아 효과(Galatea effect): 자신은 잘할 수 있을 것이라는 믿음이 더 나은 수행을 가져온다는 자기 충족적 예언의 한 유형. 자기 효능감과 유사한 개념.

강압적 권력(coercive power): 처벌 사용에 기반을 둔 권력.

강의(lecture): 피훈련자가 강연을 듣는 훈련 방법.

강화 이론(reinforcement theory): 표출된 행동에 따라 보상을 주는 방식에 기초한 동기 이론.

개당 지급제(piece rate system): 생산의 단위를 기준으로 급여를 지급하는 제도.

개방형 검사(open-ended test): 논술형 시험과 같이, 피검자가 자신의 응답을 서술하도록 요구하는 검사.

개방형 체계 이론(open system theory): 조직을 개방형 체계의 모든 특징을 가진 것으로서 기술하는 이론.

개인 검사(individual test): 검사를 한 번에 한 명에게만 실시하는 심리검사.

개인주의(individualism): 다른 사람들보다 자기 자신에게 초점을 두는 문화적 가치. 집단주의의 반대 개념.

객관식 검사(objective test): 응답자가 각 문항의 고정된 선택지들 중에서 답을 고르는 방식의 검사.

건강관리 분임조(health circle): 종업원의 건강과 복지를 향상시킬 수 있는 방법을 공식적으로 제안하는 종업원 집단.

검사-재검사 신뢰도(test-retest reliability): 시간 간격을 두고 동일한 검사를 반복 시행하였을 때, 측정의 일관성이 유지되는 정도.

결과 준거(results criteria): '수익'과 같이 훈련이 실제 조직에 끼친 효과를 측정하여 훈련을 평가하는 방법.

경력 사다리(career ladder): 군대의 계급과 같이 승진의 기회를 단계적으로 나타내는 조직 체계.

경로-목표 이론(path-goal theory): 리더가 행동과 보상 간의 경로를 명확하게 제시해 줌으로써 부하의 동기를 어떻게 향상시킬 수 있는지를 강조하는 리더십 이론.

경쟁적 갈등(competitive conflict): 팀 구성원들이 자신의 의견만을 내세우려 하고 타인의 의견은 거의 받아들이지 않으며 자신의 입장만을 채택시키려는 시도에서 발생하는 팀 내 갈등.

경험적 생활사 검사(empirical biographical inventory): 직무 수행을 예측하는 문항만을 뽑기 위해 많은 문항을 통계적으로 분석하여 개발한 생활사 검사.

고전적 측정 이론(classical measurement theory): 측정이 진점수와 오차점수 요소로 구성되어 있다고 주장하는 이론.

공동의 최적화(joint optimization): 조직의 사회적 시스템과 기술적 시스템이 상호 보완할 수 있도록 설계되어야 한다는 사회공학적 체계 이론의 개념.

공식적 역할(formal role): 관리자와 같이 조직에서 공식적으로 정한 역할.

공정성 이론(fairness theory): 조직 구성원이 고의적이고 불합리해 보이는 부정적인 보상에 근거하여 상황을 공정 혹은 불공정으로 판단한다는 이론.

공학심리학(engineering psychology): 사람과 기술의 상호작용에 관심을 둔 심리학의 한 분야. 인간공학, 인간 요인과 같은 개념.

과업 정체성(task identity): 종업원이 직무 전체를 수행하는 정도를 의미하는 직무 특성 모형의 요소.

과업 중요성(task significance): 특정 직무가 타인에게 영향을 미치는 정도를 나타내는 직무 특성 모형의 요소.

과업 질문지(task inventory): 직무를 구성하는 과업의 상세한 목록을 규명하는 직무분석 방법.

과정 손실(process loss): 과업 달성에 전념하지 않는 집단 구성원들에 의한 시간 소모.

과학적 관리(scientific management): 직무 수행의 관리에 과학적인 원리를 적용하는 관리 방식으로서 Frederick Winslow Taylor가 창안함.

관대화 오류(leniency error): 평정자가 모든 사람에게 수행의 모든 차원에서 점수를 높게 주는 경향성.

관료제(bureaucracy): Max Weber의 이론에서 기술된 특성을 갖고 있는 고도로 구조화된 조직 형태.

관찰 설계(observational design): 일하고 있는 종업원들을 관찰하는 연구 설계.

교차 타당화(cross-validate): 한 표본의 타당도 결과가 다른 표본에서도 반복되는지 검토하는 타당화.

구성 타당도(construct validity): 측정 도구의 의미를 정확하게 해석할 수 있고, 도구가 실제로 측정하는 것이 무엇인지 결론 내릴 수 있는 정도.

구조 주도(initiating structure): 과업 성취에 관심을 두는 특성을 지닌 리더십 유형. 오하이오 주립대 리더십 연구에서 개발된 리더 행동 기술 질문지 차원들 중 하나.

구조화된 면접(structured interviews): 모든 면접 대상자에 대한 질문이 표준화된 면접.

권력(power): 다른 사람에게 영향을 미치는 능력.

권력 거리(power distance): 조직 내에서 수준에 따른 권력과 지위의 차이를 용인하는 정도.

권한의 위임(delegation of authority): 관료제 이론에서 나온 개념으로, 상사가 부하직원에게 직무의 일정 부분에 대한 권한을 부여함.

규범(norm): 한 집단에 속한 사람들에 대한 행동의 기준.

규범적 몰입(normative commitment): 의무감이나 가치로 인해 조직에 의무를 느끼는 조직 몰입의 유형.

규범적 이론(prescriptive theory): 조직이 어떻게 운영되어야 하는지를 처방해 주는 조직 이론.

근골격계 질환(musculoskeletal disorder: MSD): 격렬한 일(예: 들어 올리기) 또는 반복적인 과업으로 인해 발생하는 근육, 골격, 관절 등의 부상.

근무시간 자유 선택제(flextime): 종업원들이 자신의 근무시간을 자유롭게 선택하도록 허용하는 작업 일정에 관한 제도.

근접동기 이론(proximal motivation theory): 목표나 의도와 같이 행동과 아주 근접한 변인들을 다루는 동기 이론.

기능적 직무분석(functional job analysis; FJT): 공통의 차원들에서 직업에 대한 점수를 산출하는 직무분석 방법. 직업명 사전을 편찬하기 위해서 사용됨.

기대(expectancy): 노력을 하면 좋은 직무 수행이 나타날 것이라는 믿음.

기대 이론(expectancy theory): 동기 이론 중 하나. 행동을 하면 원하는 보상이 뒤따를 것이라는 사람의 기대를 바탕으로 한 작업 동기 이론.

기술(skill): 과업을 얼마나 잘 수행할 수 있는지를 나타내는 구성 개념.

기술 다양성(skill variety): 직무 수행에 필요한 기술의 수를 나타내는 직무 특성 모형의 차원.

기술 통계(descriptive statistics): 평균, 표준편차와 같이 점수들의 분포를 요약하는 통계.

기술적 이론(descriptive theory): 조직이 운영되는 방식을 설명하는 조직 이론.

기초율(baserate): 어떤 것이 발생하는 빈도. 선발에서는 선발된 사람들 가운데 직무를 성공적으로 수행할 것으로 판단되는 사람의 비율.

기타 개인 특성(other personal characteristics): 지식, 기술, 능력 이외에 직무와 관련된 사람들의 특성.

남성성(masculinity): 사람들의 복지가 아닌 성취에 중점을 두는 문화적 가치.

내용 타당도(content validity): 의도한 영역 전체를 충분히 포함하고 있는 정도를 의미하는 검사의 특성. 기말시험이 내용 타당도가 있다는 의미는 교과과정의 일부분이 아닌 전체를 포함하고 있음을 말함.

내적 일관성 신뢰도(internal consistency reliability): 검사에서 다수의 문항 혹은 평정자들에 의한 다수의 평정이 일치하는 정도.

내집단(in-group): '핵심 집단(cadre)' 참조.

능력(ability): 기술을 개발하거나 과업을 배울 수 있는 역량. 학습 역량.

능력 검사(ability test): 개인의 능력이나 적성을 평가하기 위해 제작된 검사.

다면 평가(360-degree feedback): 동료, 부하, 상사와 본인을 포함하여 여러 관점에서 피드백을 제공하는 수행 평가 방법.

다중 허들(multiple hurdle): 입사 지원자가 고용되기 위해 각 선발 절차에서 소정의 점수 이상을 받아야 하는 선발 기법.

다중 회귀(multiple regression): 여러 개의 예언변인을 결합하여 하나의 준거를 예측하는 통계적 절차.

단면(facet): 급여 또는 관리감독과 같은 직무 만족의 한 측면.

데시벨(decibel; dB): 소리의 크기를 측정하는 단위.

도구성(instrumentality): 기대 이론에서 행동을 하면 보상이 뒤따를 것이라는 믿음.

도식(schemata): 인지적 범주나 참조의 틀.

도식 평정 양식(graphic rating form): 작업의 질이나 작업의 양과 같이 여러 수행 차원에서 조직 구성원을 평정하기 위한 수행 평가 방법.

도제 제도(apprenticeship): 직무상 훈련 방법. 피훈련자가 경험 있는 종업원을 도우면서 배움; 목수나 배관공같이 대부분 숙련된 기술을 가르치기 위해 사용.

독립변인(independent variable): 실험에서 연구자가 조작하는 변인.

동기(motivation): 사람들이 특정 행동을 하는 이유를 설명해 주는 잠재적 힘.

동기 요인(motivator factor): 2요인 이론에서 직무 자체에 내재되어 있는 동기 요인.

동기부여 잠재력 점수(Motivation Potential Score: MPS): 직무 특성 이론에서 직무의 전반적 복잡성 또는 범위.

동시타당화 연구(concurrent validation study): 예언변인과 준거를 동시에 측정하는 타당화 전략.

동일한 요소(identical elements): 훈련에서, 훈련 상황에서의 반응과 직무상 필요한 반응이 일치.

동작 과업(motor task): 못을 박거나 걷는 것과 같은 신체적 동작을 포함하는 과업

리더 맞춤(Leader Msatch): Fiedler의 상황 이론에 근거해서 리더들이 자신들의 개인적 특성(리더십 유형)에 맞게 상황을 변형시키는 방법을 훈련하는 절차.

리더 없는 집단 과제(leaderless group exercise): 평가 센터 과제의 하나로서, 집단 구성원 간의 상호작용을 관찰하기 위해 리더가 없는 상황에서 진행됨.

리더 행동 기술 설문지(Leader Behavior Description Questionnaire): 배려와 과업 구조 주도를 포함하는 리더십 유형 측정 척도.

리더-부하 교환 이론(leader-member exchange[LMX] theory): 리더와 부하의 양자 관계 측면에서 리더십을 바라보는 이론.

매개변인(mediator variable): 두 변인이 관계를 맺는 과정에 개입된 변인. 두 변인이 서로 관련이 있는 이유를 설명해 줌.

맥락 수행(contextual performance): 종업원이 해야 하는 일은 아니지만 조직에 이익이 되는 행동. 조직 시민행동이라 부르기도 함.

멘토링(mentoring): 경력 개발에서 경험 많은 종업원이 경험 없는 종업원을 돕는 직장 내 관계의 형태.

면접(interview): 정보를 공유하기 위한 목적으로 두 명 이상의 사람들이 면대면으로 만나는 방식. 자료 수집과 종업원 선발을 위해 사용됨.

명목 집단(nominal group): 서로 상호작용하지 않는 사람들의 집단으로서, 집단 연구에서 상호작용 집단(interacting group)과 대조됨.

모방 훈련(modeling): 피훈련자가 다른 사람의 특정 직무 행동을 먼저 관찰하고 따라서 연습해 보는 방식의 훈련 기법.

모의 훈련(simulation): 사람들이 인위적이고 통제된 상황에서 기술을 연마하도록 하는 훈련 방법.

목표 관리(management by objectives: MBO): 전사적으로 서로 관련된 목표를 설정하는 조직 변화 기법.

목표 설정 이론(goal setting theory): 목표를 설정함으로써 동기가 높아진다고 주장하는 동기 이론.

목표 지향성(goal orientation): 개인이 지식과 기술을 향상시키거나(학습 지향) 직무 과업에서의 수행을 향

상시키는(성과 지향) 것에 집중하는 것.

무례(incivility): 행위자의 의도가 종종 애매모호할 때의 예의 없고 모욕적인 행동. 집단 괴롭힘이나 약자 괴롭힘의 완화된 형태.

무선 표집(random selection): 모든 피험자가 실험 참여의 기회를 동등하게 한 조건하에서 피험자들을 선택.

무선 할당(random assignment): 각 피험자가 각각의 처치 조건에 할당될 기회를 동등하게 한 조건하에서 피험자를 배정.

미네소타 만족 질문지(Minnesota Satisfaction Questionnaire: MSQ): 직무 만족의 20개의 단면에 대해 묻는 문항들로 구성된 척도.

반복사용 상해 증후군(repetitive strain injury): 컴퓨터 타이핑과 같이 동일한 동작의 지속적 반복으로 인해 발생하는 부상.

반생산적 작업 행동(counterproductive work behavior: CWB): 조직 혹은 다른 종업원에게 해를 끼치는 개인행동.

반응 준거(reactions criteria): 훈련에 대한 피훈련자 반응을 측정하여 훈련을 평가하는 방법.

배려(consideration): 부하의 건강 및 안녕에 관심을 기울이는 관리자 유형. 오하이오 주립대 리더십 연구에서 개발한 리더 행동 기술 질문지(Leader Behavior Description Questionnaire)의 한 차원.

범위(scope): 직무의 복잡성과 도전성.

범주적 측정(categorical measurement): 변인의 값이 연속적이 아닌 비연속적인 범주를 나타내는 측정.

변동의 단위 통제(unit control of variances): 문제에 직면한 종업원들이 스스로 해결하도록 할 것을 권장하는 사회적 체계 이론의 원리.

변인(variable): 사람이나 물건의 변이가 있는 특성이나 속성.

변혁적 리더(transformational leader): '카리스마적 리더' 참조.

변화 촉진자(change agent): 조직개발 계획에서 변화를 실천에 옮기는 사람(들).

보상적 권력(reward power): 보상의 제공에 기반을 둔 권력.

보호 계층(protected class): 과거에 받은 차별로 인해 특별한 법적 보호를 받는 사람들의 집단.

부분 훈련(part training): 전체 훈련(whole training)의 반대 개념으로서, 한 번에 과업의 하위 구성 요소 하나씩 훈련하는 방식.

부적 정서성(negative affectivity: NA): 여러 다른 상황에서 부정적인 정서를 경험하는 경향을 나타내는 성격 변인.

분배 공정성(distributive justice): 조직 구성원들 사이에서 보상의 공정한 분배에 관한 공정성 형태.

분산(variance): 점수 분포에서 개인들 사이의 점수가 다른 정도.

분산 분석(analysis of variance: ANOVA): 두 개 이상의 집단 평균을 비교하기 위해 사용하는 통계적 검증.

분산 훈련(apaced training): 여러 회기에 걸쳐 진행되는 훈련. 집중 훈련과 반대

분업(division of labor): 관료제 이론에서 나온 원리로, 작업을 어떻게 여러 과업으로 나누어 여러 사람에게 분배해야 하는지를 말해 줌.

불리 효과(adverse impact): 소수집단이나 보호 계층 구성원에 대한 불공정한 처우. 고용 시 보호 집단의 선발 비율이 비보호 집단의 선발 비율의 4/5 미만일 경우 발생.

불확실성 회피(uncertainly avoidance): 애매함과 불확실함에 대한 인내력을 나타내는 문화적 가치. 규칙 지향적인 경향을 나타냄.

브레인스토밍(brainstorming): 사람들이 만나서 문제에 대한 해결책을 도출하는 방법.

비간섭 방법(unobtrusive method): 피험자들이 자신이

연구 대상임을 모르고 있는 상태에서 진행되는 자료 수집 방법.

비공식적 역할(informal role): 작업 집단에서 의도적으로 만든 역할이 아니라 조직에서 저절로 발생한 역할.

사람중심 직무분석(person-oriented job analysis): 직무에서 필요로 하는 인적 특성에 초점을 맞춘 직무 분석 방법.

사전검사-사후검사 설계(pretest-posttest design): 동일한 종속변인에 대해 처치 전/후에 측정값을 얻는 연구 설계.

사회 억제(social inhibition): 타인의 존재하에서 때로 발생하는 수행 저하. 연구에 따르면 타인의 존재하에서 복잡하거나 새로운 과업을 하면 수행이 저하된다. '사회 촉진' 참조.

사회 촉진(social facilitation): 타인의 존재하에서 때로 일어나는 수행 향상. 단순하거나 익히 학습된 과업을 할 때 타인이 옆에 있으면 수행이 향상됨을 보여 주는 연구가 있음.

사회기술 체계 이론(sociotechnical systems theory): 조직이 작업 환경을 설계할 때 과업의 인간적 · 기술적 요구를 모두 고려해야 한다고 주장하는 이론.

사회적 스트레스 요인(social stressor): 집단 따돌림 혹은 대인관계 갈등과 같이 사람들 간의 상호작용으로부터 발생하여 스트레스를 유발하는 직무 상황.

사회적 태만(social loafing): 집단이 커질수록 과업을 할 때 각 집단 구성원이 노력을 덜 기울이게 되는 집단 현상.

산술 평균(arithmetic mean): 점수의 총합을 점수의 개수로 나눈 것.

산업 및 조직 심리학(industrial/organizational[I/O] psychology): 조직 내 구성원들을 이해하는 것에 관심을 갖는 심리학의 응용 분야.

산업 및 조직 심리학회(Society for Industrial and Organizational Psychology: SIOP): 미국심리학회의 한 분과로서 세계에서 가장 큰 산업 및 조직 심리학자들의 학회임.

산출물(outcome): 형평 이론에서 개인이 직무에서 얻는 보상.

삶의 만족(life satisfaction): 자신의 전반적인 삶에 대한 한 개인의 태도.

상관(correlation): 두 변수들 간의 연관성.

상관 계수(correlation coefficient): 두 변인의 관계의 크기를 나타내는 통계량.

생활사 검사(biographical inventory): 직무 지원자가 개인의 광범위한 배경 정보를 제공하는 선발 도구.

서류함 과제(in-basket exercise): 평가 센터에서 사용하는 모의 과제. 피평가자에게 관리자의 서류함 속에서 발견할 수도 있는 일련의 서류를 어떻게 처리할지 질문함.

서베이 피드백(survey feedback): 종업원들이 조사의 대상이 되며 조사 결과를 전사의 모든 계층에 전달하는 조직 변화 기법.

선발률(selection ratio): 직무 지원자 중에서 실제 고용된 사람의 비율.

성격 검사(personality test): 개인의 행동 패턴 혹은 정서 패턴을 측정하기 위해 만든 검사.

성격 특질(personality trait): 다양한 상황에서 특정한 방식으로 행동하는 경향이나 기질.

성과 지향성(performance orientation): 특정한 직무 과업 수행의 향상에 중점을 두는 목표 지향성.

성과급(merit pay): 직무 성과의 수준에 따른 임금.

성과급 체계(incentive system): 생산성 수준을 기준으로 종업원에게 급여를 지급하는 보상 체계.

성장 욕구 강도(growth need strength): 직무 특성 이론에 기반을 둔 성격 변인으로 인정과 성취감 등의 고차원적 개인 욕구의 수준과 관련이 있음.

성취 검사(achievement test): 개인의 지식이나 기술 수준을 평가하기 위해 고안된 심리검사로 지식과 기술 검사라고 부르기도 함.

성희롱(sexual harassment): 자신의 직무를 할 수 있는 능력에 부정적 영향을 미치는 성적 행동.

세미나(conference): 피훈련자들이 모여서 훈련 내용을 토론하는 훈련 방법.

속도 검사(speed test): 시간 제한이 있는 검사로 속도가 측정하려는 특성임.

수근관 증후군(carpal tunnel syndrome): 같은 동작을 지속적으로 반복하여 발생하는 손목 마비 증상.

수행 검사(performance test): 피검자가 도구의 조작을 포함하는 과업을 수행해야 하는 검사.

수행 수준 준거(performance-level criteria): 훈련의 성과가 얼마나 잘 직무로 전이되어 적용되는지를 나타내는 척도.

수행 평가(performance appraisal): 조직이 종업원의 직무 수행을 평가하기 위해 사용하는 공식적 절차.

스트레스(stress): 도전적이고 위협적인 것으로 지각되는 요구에 대한 심리적 · 생리적 반응.

시간과 동작 연구(time and motion study): 피험자의 동작을 관찰하고 시간을 재는 것을 포함하는 과업 수행의 분석. 더 효율적인 수행을 위해 동작을 제거하고 수정하는 방식을 찾는 것이 목적임.

시청각 교육(audiovisual instruction): 그림과 소리를 자료로 제시하여 사용하는 훈련 방법.

신뢰도(reliability): 동일 대상에 대해 동일 변인을 반복 측정할 때 검사 점수가 동일하게 나오는 정도로서 측정의 일관성을 의미함.

실제 준거(actual criterion): 이론 준거를 측정하는 방식. 구성 개념의 조작적 정의.

실험(experiment): 연구자가 만든 조건 혹은 처치에 피험자를 무선적으로 할당하는 연구 설계.

실험 참가 동의서(informed consent form): 피험자가 실험에 동의하기 앞서 제공하는 연구에 대한 설명.

실험실 장면(laboratory setting): 관심의 대상이 되는 행동이 저절로 발생하지 않는 연구 장면. 연구자가 변인을 조작하여 관심의 대상이 되는 행동을 발생하게 함.

심리검사(psychological test): 인간의 특성을 평가하기 위해 표준화된 조건하에서 측정하는 행동 표본.

안면 타당도(face validity): 측정 도구가 평가하려는 것을 제대로 평가하는 것처럼 보이는 정도.

약자 괴롭힘(bullying): 한 명 또는 그 이상의 사람들에게 직접적인 비인격적 행동 양식.

엄격화 오류(severity error): 수행 평가에서 모든 피평정자에게 낮은 점수를 주는 것.

역동적 준거(dynamic criterion): 시간이 경과함에 따라 직무 수행이 변한다는 개념.

역량 검사(power test): 시간 제한이 없는 검사.

역량 체계(competency system): 직무에 긴요한 역량(KSAOs)을 파악하고, 종업원이 이러한 역량을 계발해 나가는 정도를 추적하는 조직의 활동.

역할(role): 집단 또는 팀 내에서 개인의 직책.

역할 갈등(role conflict): 직장 내 요구들 간의 모순(역할 내 갈등) 혹은 직장의 요구와 직장 밖의 요구 사이의 모순(역할 간에 갈등)이 있을 때 발생.

역할 모호성(role ambiguity): 종업원들이 자신의 직무가 무엇인지 불명확하게 느끼는 정도.

역할연기(role play): 피훈련자들이 특정한 직무의 역할을 맡아 수행해 보는 훈련 기법.

연구 설계(research design): 과학적 연구의 구조.

연속적 측정(continuous measurement): 숫자가 변인의 잠재 연속 차원의 낮은 값부터 높은 값까지 나타내는 측정 방식.

예언변인(predictor): 준거를 예측하기 위해 사용되는 변인.

예언타당도 연구(predictive Validity study): 시간적으로 이전에 측정된 예언변인들이 이후에 측정된 준거변인들을 얼마나 잘 예측하는지 검증하는 연구.

오차(error): 고전검사 이론에서 측정하고자 하는 구성 개념을 포함하지 않는 관찰된 점수의 부분.

오차 분산(error variance): 실험에서 동일한 처치를 받은 피험자들 사이의 변산성.

외집단(out-group): '품팔이(hired hands)' 참조.

요구/통제 모형(demand/control model): 통제가 어떻게 직무 스트레스 요인의 부정적 효과를 줄일 수 있는지를 말해 주는 직무 스트레스 모형.

요인 분산 분석(factorial analysis of variance: ANOVA): 하나 이상의 독립변인을 가진 실험 자료를 분석하기 위한 통계적인 방법.

요인 설계(factorial design): 두 개 이상의 독립변인이 존재하는 실험 설계.

욕구 위계 이론(need hierarchy theory): 다섯 가지 기본적 욕구의 위계에 근거하여 동기를 이해하는 이론.

원격동기 이론(distal motivation theory): 욕구처럼 행동으로부터 멀리 떨어져 있는 변인을 다루는 동기 이론.

위생 요인(hygiene factors): 2요인 이론에서 급여와 여타의 보상과 같이, 일 자체의 본질 이외의 직무 요인.

유리 천장(glass ceiling): 조직 내에서 소수 인종과 여성들이 특정 수준 이상으로 승진하지 못하는 현상.

유사 실험 설계(quasi-experimental design): 부분적으로 실험의 특징을 갖는 연구 설계. 예를 들어, 조건에 피험자의 무선 할당이 이루어지지 않음.

유인가(valence): 기대 이론에서 개인에게 주어지는 결과물 혹은 보상의 가치.

응답률(response rate): 접촉한 사람들 중에 연구에 참여하기로 동의한 사람들의 백분율 혹은 비율.

응집력(cohesiveness): 집단 구성원이 집단에 느끼는 매력. 집단 구성원이 느끼는 집단의 중요도.

이론 준거(theoretical criterion): 좋은 직무 수행을 구성하는 것은 무엇인지에 대한 개념적 정의.

이론적 생활사 검사(rational biographical inventory): 직무 수행과 연관될 것으로 예상되는 이전 경험에 관한 이론과 연구에 기반을 두는 생활사 검사.

이직(turnover): 종업원이 직장을 그만둠.

인간 요인(human factors): 사람과 기술의 상호작용에 관심을 둔 심리학의 한 영역. 공학심리학, 인간공학과 같은 개념.

인간공학(ergonomics): 사람과 기술의 상호작용에 관심을 둔 심리학의 한 영역. 공학심리학, 인간 요인과 같은 개념.

인도주의적 직업 심리(humanitarian work psychology): 인도주의적인 노력(예: 굶주림과 싸우는 것)을 돕기 위한 산업 및 조직 심리학 내에서의 움직임

인지능력 검사(cognitive ability test): 수리 능력이나 언어 추리 능력과 같은 인지능력이나 정신 능력을 측정하는 검사. 지능검사(intelligent test)는 가장 많이 사용되는 인지능력 검사.

일-가정 갈등(work-family conflict): 가정에서의 요구와 직장에서의 요구가 충돌하는 역할 갈등의 한 형태.

일반적 예방규정(Universal Precautions): 의료 관련 종사자가 에이즈 또는 B형 간염과 같은 전염병에 우발적으로 노출될 위험을 제거하기 위해 마련한 안전 절차.

일반적 원리(general principles): 피훈련자에게 주어야 하는, 훈련받고 있는 영역에 대한 개략적인 설명.

일반화 가능성(generalizability): 한 연구에서 얻은 결론이 다른 연구 장면에서도 사실인 정도.

임금 결정 요인(compensable factor): 직무 평가에서 분석의 근거로 사용되는 변인.

임금 조사(salary survey): 특정 직무에 대한 임금 수준을 결정하기 위해 고용자가 실시하는 조사.

임원 코칭(executive coaching): 고위직 임원 또는 관리자들의 관리 기술을 향상시키기 위해 관리자가 코치와 일대일로 짝을 지어 진행되는 코칭 방법.

자기 효능감(self-efficacy): 과업을 성공적으로 완수할 수 있는 능력에 대한 개인의 믿음.

자기 효능감 이론(self-efficacy theory): 사람들은 자신들이 직무에 능숙하다고 믿을 때 수행을 잘한다는 생각에 기반을 둔 동기 이론.

자동성(automaticity): 기술이나 과업이 아주 잘 학습되어서 개인이 의식적인 점검이나 생각을 거의 하지 않고도 자동적으로 기술이나 과업을 수행하는 것. 프로 운동선수들은 과업 수행을 이 수준까지 달성함.

자동학습(autoinstruction): 스스로 학습하는 훈련 방법.

자율성(autonomy): 종업원이 자신의 직무 수행 방식을 자유롭게 결정할 수 있는 정도.

작업 집단(work group): 공통의 과업 목표를 갖고 상호작용하는 둘 이상의 사람들.

작업 팀(work team): 구성원들이 상호 의존적인 과업을 수행하면서 과업 관련된 개별적 역할을 갖는 작업 집단.

작업 표본(work sample): 지원자에게 실제 직무 수행 상황을 그대로 재현한 상황에서 직무를 수행하게 하는 검사.

전문적 권력(expert power): 개인의 지각된 전문성을 바탕으로 한 영향력.

전체 훈련(whole training): 부분 훈련(part training)의 반대 개념으로서, 동시에 과업 전체를 훈련하는 방식.

절차 공정성(procedural justice): 보상을 분배하는 과정에서의 공정성.

정서 노동(emotional labor): 직무에서 요구하는 특정한 정서 표현으로, 행복감과 열정을 가장 흔히 요구. 판매와 같은 고객 서비스 직무에서 흔히 요구됨. 또는 정서 작업(emotion work)이라 불림.

정서 불일치(emotional dissonance): 슬프지만 실제로는 행복해 보이는 행동을 보여야 하는 것처럼, 실제로 경험하는 정서와 표현해야 하는 정서가 불일치한 상태.

정서적 몰입(affective commitment): 조직에 대한 정서적 애착으로 조직 몰입의 한 유형.

정서지능(emotional intelligence: EI): 다른 사람들과 자신의 정서를 인지하고 통제하는 능력.

정신 모형(mental model): 컴퓨터의 작동 원리와 같이, 사물 혹은 사상에 대한 개념 또는 인지적 표상.

정신운동 능력 검사(psychomotor ability test): 눈-손 협응과 같이 신체적 능력을 평가하기 위해 고안된 심리 검사.

정직성 검사(integrity test): 조직 구성원의 반사회적 행동을 예측하기 위한 지필 검사.

정치적 기술(political skill): 개인적 목표 혹은 조직의 목표를 달성하기 위해서 다른 사람들에게 영향을 미치는 기술.

제어 이론(control theory): 피드백이 목표 설정 과정에 어떻게 영향을 주는지에 초점을 둔 동기 이론.

조사 설계(survey design): 보통 면접이나 설문지와 같은 방식으로 연구 대상자들에게 질문에 답할 것을 요구하는 연구 설계 방식.

조절변인(moderator variable): 두 개의 변수 간의 관계에 영향을 미치는 제3의 변수.

조직 몰입(organizational commitment): 개인이 직무에 대해 갖는 애착. '정서적 · 지속적 · 규범적 몰입' 참조.

조직개발(organizational development; OD): 조직의 기능을 향상시키기 위해 사용되는 방법들 중 하나.

조직시민행동(organizational-citizenship behavior: OCB): 종업원에게 요구되지는 않지만 조직에는 도움이 되는 행동. 맥락 수행이라고도 함.

조직의 제약(organizational constraints): 종업원들의 좋은 직무 수행을 방해하는 조직 내 여러 상황.

종단 설계(longitudinal design): 각기 다른 시점에서 자

료를 수집하는 연구 설계.

종속변인(dependent variable): 실험 상황에서 독립변인의 처치 결과로 변화하는 변인.

종업원 선발절차에 관한 표준 지침(Uniform Guidelines on Employee Selection Procedures): 적절하고 법적으로 방어할 수 있는 선발 절차를 기술한 문서로 미국 정부에 의해 제정됨.

주제관련 전문가(subject matter expect): 특정 주제에 대한 지식이 풍부한 사람.

준거(criterion): 비교의 기준. 수행 평가에서는 좋은 수행의 정의를 말함. 회귀방정식에서 예언변인에 의해 예측되는 변수로서 방정식의 좌측에 놓임.

준거 결핍(criterion deficiency): 이론 준거의 영역 중에서 실제 준거에 의해 측정되지 않는 부분.

준거 관련 타당도(criterion-related validity): 측정하려는 검사 도구가 이론적으로 관련 있다고 추정되는 준거와 상관이 있는 정도.

준거 관련성(criterion relevance): 실제 준거가 이론 준거를 측정하는 부분.

준거 오염(criterion contamination): 이론 준거 이외에 실제 준거가 측정하고 있는 부분.

중앙 집중화 오류(central tendency error): 평가자가 모든 사람에게 수행 차원에서 중간 점수를 주는 경향성.

중앙값(median): 분포의 중심을 나타내는 측도. 관찰치를 가장 낮은 것에서부터 높은 것까지 순서대로 정렬했을 때 중앙에 놓이는 값.

중요 사건(critical incident): 좋은 직무 수행 혹은 나쁜 직무 수행의 사례. 직무분석을 통해 수집.

지속적 몰입(Continuance commitment): 연금, 연공과 같이 종업원이 조직에 투자한 것 때문에 지속적으로 조직에 머무는 조직 몰입의 한 유형.

지식(knowledge): 직무를 수행하기 위해 알아야 할 필요가 있는 것.

지식 검사와 기술 검사(knowledge and skill test): 개인의 지식 또는 기술을 측정할 목적으로 만든 심리검사. 성취 검사라고도 함.

지원서(application form): 지원자가 작성하는 양식. 지원자의 배경 정보를 물음.

지필형 검사(paper-and-pencil test): 여러 선택지에서 정답을 고르거나 혹은 개방형 질문에 대해 응답을 작성해야 하는 지필 검사.

지휘 계통(chain of command): 관료제 이론에서 명령이 상사에서 부하로 전달되는 것을 의미.

직무 만족(job satisfaction): 종업원이 자신의 직무 전반과 직무의 다양한 단면에 대해 갖고 있는 태도와 느낌.

직무 스트레스 반응(job strain): 직무 스트레스 요인에 대한 신체적 혹은 생리적 반응.

직무 스트레스 요인(job stressor): 스트레스를 유발하는 직무 상황.

직무 요소 질문지(Job Components Inventory: JCI): 직무 요건과 사람의 특성을 부합시키는 직무분석 방법.

직무 특성 모델(job characteristics model): 조직 구성원의 동기, 만족과 직무 특성 사이의 관계를 설명한 모델.

직무 평가(job evaluation): 조직 내 직무의 상대적 가치를 결정하기 위한 수리적 절차.

직무기술지표(Job Descriptive Index: JDI): 직무 만족의 5개 요소를 측정하는 척도.

직무분석(job analysis): 직무와 직무에 필수적인 특성을 기술하기 위한 방법.

직무상 훈련(on-the-job-training): 종업원이 실제로 직무를 수행하면서 배우는 훈련 방법.

직무의 범위(job scope): 직무 복잡성과 직무에 대한 도전.

직무전반척도(Job in General scale: JIG): 전반적 직무 만족을 측정하는 척도.

직무중심 직무분석(job-oriented job analysis): 직무의 내용에 초점을 두는 직무분석 방법.

직업 몰입(occupational commitment): 고용주 혹은 조직과 무관한, 직업 자체에 대한 애착.

직업 정보망(Occupational Information Network: O*NET): 직무와 직무에 대한 작업자 요구 사항에 관한 미국 노동부의 대규모 데이터베이스.

직업 흥미 검사(Vocational Interest Test): 다양한 직업에 있는 사람들과 피검자의 흥미를 부합시킬 목적으로 제작된 검사.

직업건강심리학(occupational health psychology: OHP): 종업원의 건강, 안전 그리고 안녕감과 관련된 주제를 연구하는 심리학의 학제적 하위 분야.

직업명 사전(Dictionary of Occupational Titles: DOT): 미국의 2만 개 이상의 직업에 대한 설명이 포함된 사전.

직책 분석 질문지(Position Analysis Questionnaire: PAQ): 공통된 차원들에 따라 직무와 필요한 직무 특성을 기술하는 직무분석 기법.

진짜 후광(true halo): 모든 차원에서 한 개인의 업무 수행 수준이 실제로 동일한 것. 오류로서의 후광 효과와는 구분됨.

질문지(questionnaire): 정보를 수집하기 위해 사용되는 지필형 혹은 온라인상의 도구로서 응답자가 직접 작성하기도 함.

질적 연구 방법(qualitative method): 양적이고 통계적인 방법의 사용을 최소화하는 연구.

집단 검사(group test): 동시에 여러 사람에게 실시하는 심리검사.

집단 괴롭힘(Mobbing): 직장 내에서 한 명 또는 그 이상의 종업원이 다른 사람을 괴롭히고 학대하는 현상. 약자 괴롭힘(bullying)과 유사.

집단 극화(group polarization): 집단 구성원들의 평균적인 입장보다 더 극단적인 입장을 취하게 되는 집단 경향성.

집단 사고(group think): 어떤 집단 과정의 결과로서 발생하는 잘못된 의사결정.

집단 응집력(group cohesiveness): '응집력(cohesiveness)' 참조.

집단주의(collectivism): 자신보다 다른 사람들에게 초점을 두는 문화적 가치. 개인주의의 반대 개념.

집중 훈련(massed training): 훈련 기간이 상대적으로 짧게 진행되는 훈련 형태. 분산 훈련의 반대.

차별수정 조치(affirmative action): 조직에서 소수집단이나 보호계층의 수를 증가시키기 위해 만드는 프로그램.

참조적 권력(referent power): 상사에 대한 부하의 선호에 기반을 둔 영향력.

참조틀 훈련(frame of reference training): 평정자들에게 동일한 참조틀을 제공하여, 직무 수행 평가를 실시하는 평정자 훈련 방식.

초과학습(overlearning): 훈련에서의 성공의 기준을 달성하는 데 필요한 정도 이상으로 훈련을 시키는 것.

추리 통계(inferential statistics): 표본 자료에서 나온 결과를 모집단에 일반화하는 방법을 연구하는 통계학의 한 분야. 확률에 기반을 둔 통계적 검증에 의존함.

측정(measurement): 사람이나 사물의 특징에 숫자를 할당하는 과정.

카리스마적 리더(charismatic leader): 부하들에게 많은 영향력을 끼치고 부하들의 태도나 믿음을 변화시킬 수 있는 리더.

카페테리아식 복리후생(cafeteria benefits): 종업원에게 여러 가지 부가급부 중에서 자신이 원하는 부가급부들을 고르게 하여 종업원 맞춤 서비스를 제공하는 복리후생 프로그램.

컴퓨터 적응 검사(computer adaptive testing): 맞춤형 검사를 실시하기 위하여 컴퓨터를 사용하는 검사. 이전 문항에 정답을 한 능력 수준에 따라 문항 난이도를 결정.

컴퓨터 지원 협동 작업(computer supported cooperative work: CSCW): 컴퓨터 혹은 이와 유사한 기술을 사용하여 두 명 이상이 수행하는 작업. 종종 먼 거리에서 이루어짐.

타당도(validity): 측정 도구의 의미를 해석할 수 있는 정도.

타당도 일반화(validity generalization): 어떤 예언변인이 한 장면에서 준거의 타당한 지표일 때 다른 유사한 장면에서도 타당하면 타당도가 일반화되었다고 말함.

타당화 연구(validation study): 예언변인이 준거와 관련이 있는지를 확인하기 위해 수행하는 연구.

타인(other): 형평 이론에서 투입물과 산출물의 비교에 사용되는 사람.

탈진(burnout): 직무 스트레스의 결과로 생각되는 혐오스러운 정서 상태. 직무에 대한 열정이 식고 직무가 중요하다는 생각이 사라지는 특징을 보임.

통계적 검증(statistical test): 연구 결과를 해석 가능하게 하는, 확률에 기반을 둔 양적인 절차.

통계적 유의성(statistical significance): 통계적 검증의 결과를 평가하기 위한 경험적 방법.

통제(control): 원하지 않는 변인이 결과를 일으킬 가능성을 제거한 연구 절차.

통제 소재(locus of control): 보상의 원인을 자신(내적) 혹은 다른 사람이나 사물(외적)에 귀착시키는 개인의 경향성을 나타내는 성격 변인.

통제 집단(control group): 실험에서 비교 집단. 흔히 실험 처치를 받지 않은 집단.

통제의 폭(span of control): 감독자가 감독할 수 있는 사람의 수와 관련된 관료제 이론의 원리.

통합분석(meta-analysis): 여러 표본의 결과 혹은 동일한 현상의 여러 연구 결과를 수리적으로 요약하는 분석 방법.

통합적 직무분석 방법(Combination Job Analysis Method: C-JAM): 면접이나 설문지와 같은 여러 분석 방법을 포함하는 직무분석 방법.

투입물(inputs): 형평 이론에서 종업원의 기여도.

팀 구축(team building): 작업 팀의 기능을 향상시키기 위해 사용되는 절차.

팀 몰입(team commitment): 개인이 팀과 팀 구성원에 대해 갖는 애착.

팀 정신 모형(team mental model): 팀 구성원들이 하는 다양한 과업과 다양한 과업의 상호 관련성에 대해 구성원이 공유하는 인지적 개념.

평가 센터(assessment center): 직무에 대한 개인의 잠재력을 평가하기 위해 사용되는 직무 과업의 모의 과제를 포함한 일련의 평가 과제로 관리직으로의 승진에 종업원의 적합성을 판정하는 데 자주 사용함.

평균(mean): 분포 중심의 측정치. 관찰 수에 의해 나누어진 관찰치의 합.

평정자 오류 훈련(rater error training; RET): 평정자에게 평정 오류를 인식시켜 이러한 평정 형태를 피하도록 가르칠 목적으로 만들어진 훈련 프로그램.

평정자간 신뢰도(inter-rater reliability): 동일한 변수에 대하여 동일한 피험자를 평정한 두 명 이상의 평정자들 사이의 일치 정도.

폐쇄형 검사(closed-ended test): 2개 이상의 선택지에서 응답을 선택해야 하는 검사.

표본(sample): 연구를 위해 선택한 피험자들.

표준편차(standard deviation): 점수 분포가 퍼져 있는 정도를 나타내는 지표로서 분산의 제곱근임.

품질관리 분임조(quality circle): 작업 향상을 위한 방법을 논의하기 위해 모이는 종업원들의 집단.

품팔이(hired hands): 리더-부하 교환(LMX) 이론에서, 상사가 좋아하지 않는 부하직원.

프로그램화된 교육(programmed instruction): 피훈련자

가 자신의 속도에 맞추어 학습하는 훈련 방법.

피드백(feedback): 자신의 수행에 대해 주어지는 정보.

피어슨 적률상관계수(Pearson product-moment correlation): 두 개의 연속 변인 간의 관계를 나타내기 위해 가장 빈번하게 사용되는 통계 지표.

필수적인 기능(essential function): 어떤 과업은 종업원이 반드시 수행해야 한다는 생각을 의미하는 개념.

필적 가치(comparable worth): 조직에 동등한 가치를 갖는 직무들에는 동등한 임금을 지급해야 한다는 개념. 남성이 주로 하는 직무와 여성이 주로 하는 직무 간의 급여 수준 차이와 관련해서 나온 개념.

학습 준거(learning criteria): 피훈련자가 훈련으로부터 얼마나 많이 배웠는지를 측정하여 훈련을 평가하는 방법

학습 지향성(learning orientation): 지식과 기술의 향상에 중점을 두는 목표 지향성.

합격점(cutoff score): 선발 상황에서 합격과 불합격을 가르는 경계선. 합격점 이상의 점수를 얻은 사람은 고용되는 반면, 합격점 이하의 점수를 얻은 사람은 고용되지 못함.

합리적인 편의 제공(reasonable accommodation): 미국 장애인법(Americans with Disabilities Act: ADA)에 근거한 원칙으로서, 조직은 장애를 가진 사람들이 자신의 직무를 수행할 수 있도록 합리적인 지원을 제공하거나 혹은 직무와 작업장을 개선해야 한다는 원칙.

합법적 권력(legitimate power): 상사가 순응을 요구할 권리를 가진다는 부하의 믿음에 기초를 두는 권력으로 보통 지위 또는 직책에 기반을 둠.

핵심집단(cadre): 리더-부하 교환(LMX) 이론에서 나온 용어로 상사가 지지하는 부하를 나타냄.

행동 관찰 척도(Behavior Observation Scale: BOS): 행동에 기반을 둔 직무 수행 평가 도구. 평가자들은 행동 목록을 받고, 피평가자가 목록에 있는 행동을 얼마나 자주 수행하는지 표시.

행동 준거(behavior criteria): 실제 직무에서의 피훈련자의 행동 변화를 측정하여 훈련의 효과를 평가하는 기준 .

행동기준 평정 척도(behaviorally anchored rating Scale: BARS): 행동에 기반을 둔 직무 수행 평가 도구. 평가자들은 여러 행동이 나열된 척도를 받고 어떤 행동이 피평가자의 수행을 가장 잘 나타내는지를 표시.

현실적 직무 소개(realistic job preview: RJP): 직무 지원자에게 직무와 조직에 대한 진실된 정보를 제공하기 위해 사용됨.

현장 실험(field experiment): 문제의 행동이 자연적으로 발생하는 장면에서 실시하는 실험.

현장 장면(field setting): 행동이 자연적으로 발생하는 연구 장면.

협력적 갈등(cooperative conflict): 팀원들이 공개적으로 다양한 견해를 내놓고 서로의 의견을 존중하며 팀원들이 수용할 수 있는 해결책을 찾는 데 초점을 두는 팀 내 갈등 유형.

형평 이론(equity theory): 지각된 기여도(inputs)와 보상(outcomes) 사이의 형평에 기초한 작업 동기 이론.

호손 효과(Hawthorne effect): 피험자들이 연구 참가자라는 것을 알기 때문에 발생하는 연구 결과.

혼란(confounding): 두 개 이상의 변인이 서로 얽혀 있어 어느 한 변인으로 결론을 내릴 수 없는 경우에 발생.

혼합 표준 척도(Mixed Standard Scale: MSS): 행동 기반의 수행 평가 척도.

혼합 학습(blended learning): 강의실 강연과 같은 전통적인 방법과 e-러닝 방법을 결합한 훈련 과정이나 프로그램.

활동 과정(action process): 활동 이론에서 나온 개념으로, 개인이 무언가에 대한 욕구를 행동으로 변환시키는 과정을 묘사하는 일련의 단계.

활동 이론(action theory): 개인의 목표와 행동을 연결하는 동기 이론.

활동/상황 지향(action/state orientation): 목표를 성취하기 위해서, 활동을 순서대로 실행할 수 있는 능력에 관한 성격 변인. 활동 지향적인 사람은 목표를 달성하기 위해서 행동을 자율 규제할 수 있는 반면 상태 지향적인 사람은 그러하기가 힘듦.

회귀방정식(regression equation): 한 변수로 다른 변수를 예측할 수 있게 하는 수리 방정식.

횡단 설계(cross-sectional design): 모든 자료를 한 시점에서 수집하는 연구 설계.

효과의 법칙(law of effect): 보상을 받은 행동은 다시 발생할 가능성이 높아지고 처벌을 받은 행동은 다시 발생할 가능성이 낮아진다는 심리적 원리.

효용성 분석(utility analysis): 특정한 선발 체계의 실행과 같은 조처를 취했을 때 조직에 발생하는 금전적 이득을 분석.

후광 오류(halo error): 평정자가 피평가자에게 수행의 여러 차원에서 동일한 평정 점수를 주는 경향성.

훈련 수준 준거(training-level criteria): 피훈련자가 훈련에서 얼마나 잘했는지를 나타내는 척도.

훈련 전이(transfer of training): 훈련으로 배운 바를 직무에 적용.

휴식(respite): 휴가와 같이 일로부터 잠시 쉬는 것.

힘(force): 기대 이론의 용어로 행동에 몰입하는 동기의 수준.

참고문헌

Adams, J. S. (1965). Inequity in social exchange. In L. Berkowitz (Ed.), *Advances in experimental social psychology* (pp. 276-299). New York, NY: Academic Press.

Aguinis, H., Nesler, M. S., Quigley, B. M., Suk-Jae-Lee, & Tedeschi, J. T. (1996). Power bases of faculty supervisors and educational outcomes for graduate students. *Journal of Higher Education, 67,* 267-297.

Akerstedt, T., & Theorell, T. (1976). Exposure to night work: Serum gastrin reactions, psychosomatic complaints and personality variables. *Journal of Psychosomatic Research, 20,* 479-484.

Aldag, R. J., & Fuller, S. R. (1993). Beyond fiasco: A reappraisal of the groupthink phenomenon and a new model of group decision processes. *Psychological Bulletin, 113,* 533-552.

Allen, D. G., Mahto, R. V., & Otondo, R. F. (2007). Web-based recruitment: Effects of information, organizational brand, and attitudes toward a web site on applicant attraction. *Journal of Applied Psychology, 92,* 1696-1708.

Allen, J., & Sanders, K. (2002). Gender gap in earnings at the industry level. *European Journal of Women's Studies, 9,* 163-180.

Allen, T. D., & Eby, L. T. (2003). Relationship effectiveness for mentors: Factors associated with learning and quality. *Journal of Management, 29,* 469-486.

Allen, T. D., Eby, L. T., & Lentz, E. (2006). The relationship between formal mentoring program characteristics and perceived program effectiveness. *Personnel Psychology, 59,* 125-153.

Allen, T. D., Eby, L. T., Poteet, M. L., Lentz, E., & Lima, L. (2004). Career benefits associated with mentoring for proteges: A meta-analysis. *Journal of Applied Psychology, 89,* 127-136.

Allen, T. D., Herst, D. E., Bruck, C. S., & Sutton, M. (2000). Consequences associated with work-to-family conflict: A review and agenda for future research. *Journal of Occupational Health Psychology, 5,* 278-308.

Allen, T. D., McManus, S. E., & Russell, J. E. (1999). Newcomer socialization and stress: Formal peer relationships as a source of support. *Journal of Vocational Behavior, 54,* 453-470.

Alliger, G. M., Tannenbaum, S. I., Bennett, W., Jr., Traver, H., & Shotland, A. (1997). A meta-analysis of the relations among training criteria. *Personnel Psychology, 50,* 341-358.

Ambrose, M. L., & Kulik, C. T. (1999). Old friends, new faces: Motivation research in the 1990s. *Journal of Management, 25,* 231-292.

American Psychological Association. (1992). Ethical principles of psychologists and code of conduct. *American Psychologist, 47,* 1597-1611.

Anderson, N., De Dreu, C. K., & Nijstad, B. A. (2004). The routinization of innovation research: A constructively critical review of the state-of-the-science. *Journal of Organizational Behavior, 25,* 147-173.

Antonioni, D., & Park, H. (2001). The relationship between rater affect and three sources of 360-degree feedback ratings. *Journal of Management, 27,* 479-495.

Armenakis, A. A., & Bedeian, A. G. (1999). Organizational change: A review of theory and research in the 1990s. *Journal of Management, 25,* 293-315.

Arthur, W., Jr., Bennett, W., Jr., Edens, P. S., & Bell, S. T. (2003). Effectiveness of training in organizations: A meta-analysis of design and evaluation features. *Journal of Applied Psychology, 88,* 234-245.

Arthur, W., Jr., Day, E. A., McNelly, T. L., & Edens, P. S. (2003). A meta-analysis of the criterion-related validity of assessment center dimensions. *Personnel Psychology, 56,* 125-154.

Arthur, W., Jr., Woehr, D. J., & Maldegen, R. (2000). Convergent and discriminant validity of assessment center dimensions: A conceptual and empirical reexamination of the assessment center construct-related validity paradox. *Journal of Management, 26,* 813-835.

Aryee, S., Lo, S., & Kang, I.-L. (1999). Antecedents of early career stage mentoring among Chinese employees. *Journal of Organizational Behavior, 20,* 563-576.

Ash, R. A., & Levine, E. L. (1980). A framework for evaluating job analysis methods. *Personnel Psychology, 57,* 53-59.

Ashkanasy, N. M., Hartel, C. E. J., & Daus, C. S. (2002). Diversity and emotion: The new frontiers in organizational behavior research. *Journal of Management, 28,* 307-338.

Ashton, M. C. (1998). Personality and job performance: The importance of narrow traits. *Journal of Organizational Behavior, 19,* 289-303.

Atwater, L. E., & Brett, J. F. (2005). Antecedents and consequences of reactions to developmental 360 degrees feedback. *Journal of Vocational Behavior, 66,* 532-548.

Augustine, M. A., & Coovert, M. D. (1991). Simulations and information order as influences in the development of mental models. *SIGCHI Bulletin, 23,* 33-35.

Aust, B., & Ducki, A. (2004). Comprehensive health promotion interventions at the workplace: Experiences with health circles in Germany. *Journal of Occupational Health Psychology, 9,* 258-270.

Bacharach, S. B., Bamberger, P., & Biron, M. (2010). Alcohol consumption and workplace absenteeism: The moderating effect of social support. *Journal of Applied Psychology, 95,* 334-348.

Bacharach, S. B., Bamberger, P. A., & Doveh, E. (2008). Firefighters, critical incidents, and drinking to cope: The adequacy of unit-level performance resources as a source of vulnerability and protection. *Journal of Applied Psychology, 93,* 155-169.

Bailey, C., & Austin, M. (2006). 360 degree feedback and developmental outcomes: The role of feedback characteristics, self-efficacy and importance of feedback dimensions to focal managers' current role. *International Journal of Selection and Assessment, 14,* 51-66.

Bakker, A. B., Schaufeli, W. B., Sixma, H. J., Bosveld, W., & Van Dierendonck, D. (2000). Patient demands, lack of reciprocity, and burnout: A five-year longitudinal study among general practitioners. *Journal of Organizational Behavior, 21,* 425-441.

Baldwin, T. T., & Ford, J. K. (1988). Transfer of training: A review and directions for future research. *Personnel Psychology, 41,* 63-105.

Baldwin, T. T., & Padgett, M. T. (1993). Management development: A review and commentary. In C. L. Cooper & I. T. Robertson (Eds.), *International review of industrial and organizational psychology: 1993* (pp. 35-85). Chichester, England: John Wiley.

Baltes, B. B., Briggs, T. E., Huff, J. W., Wright, J. A., & Neuman, G. A. (1999). Flexible and compressed workweek schedules: A meta-analysis of their effects on work-related criteria. *Journal of Applied Psychology, 84,* 496-513.

Baltes, B. B., Dickson, M. W., Sherman, M. P., Bauer, C. C., & LaGanke, J. (2002). Computer-mediated communication and group decision making: A meta-analysis. *Organizational Behavior and Human Decision Processes, 87,* 156-179.

Baltes, B. B., & Heydens-Gahir, H. A. (2003). Reduction of work-family conflict through the use of selection, optimization, and compensation behaviors. *Journal of Applied Psychology, 88,* 1005-1018.

Balzer, W. K., & Sulsky, L. M. (1992). Halo and performance appraisal research: A critical examination. *Journal of Applied Psychology, 77,* 975-985.

Bandura, A. (1982). Self-efficacy mechanism in human agency. *American Psychologist, 37,* 122-147.

Bandura, A., & Locke, E. A. (2003). Negative self-efficacy and goal effects revisited. *Journal of Applied Psychology, 88,* 87-99.

Banker, R. D., Field, J. M., Schroeder, R. G., & Sinha, K. K. (1996). Impact of work teams on manufacturing performance: A longitudinal study. *Academy of Management Journal, 39,* 867-890.

Banks, M. H., Jackson, P. R., Stafford, E. M., & Warr, P. B. (1983). The Job Components Inventory and the analysis of jobs requiring limited skill. *Personnel Psychology, 36,* 57-66.

Baranik, L. E., Roling, E. A., & Eby, L. T. (2010). Why does mentoring work? The role of perceived organizational support. *Journal of Vocational Behavior, 76,* 366-373.

Barling, J., Kelloway, E., & Iverson, R. D. (2003). Accidental outcomes: Attitudinal consequences of workplace injuries. *Journal of Occupational Health Psychology, 8,* 74-85.

Barling, J., Weber, T., & Kelloway, E. (1996). Effects of transformational leadership training on attitudinal and financial outcomes: A field experiment. *Journal of Applied Psychology, 81,* 827-832.

Baron, L., & Morin, L. (2010). The impact of executive coaching on self-efficacy related to management soft-skills. *Leadership and Organization Development Journal, 31,* 18-38.

Barrett, G. V., & Kernan, M. C. (1987). Performance appraisal and terminations: A review of court decisions since Brito v. Zia with implications for personnel practices. *Personnel Psychology, 40,* 489-503.

Barrick, M. R., & Mount, M. K. (1991). The Big Five personality dimensions and job performance: A metaanalysis. *Personnel Psychology, 44,* 1-26.

Barton, J., & Folkard, S. (1991). The response of day and night nurses to their work schedules. *Journal of Occupational Psychology, 64,* 207-218.

Bass, B. M., Avolio, B. J., & Atwater, L. E. (1996). The transformational and transactional leadership of men and women. *Applied Psychology: An International Review, 45,* 5-34.

Bass, B. M., & Riggio, R. E. (2006). *Transformational leadership* (2nd ed.). Mahwah, NJ: Lawrence Erlbaum.

Bauer, T. N., & Green, S. G. (1996). Development of leader-member exchange: A longitudinal test. *Academy of Management Journal, 39,* 1538-1567.

Bayram, N., Gursakal, N., & Bilgel, N. (2009). Counterproductive work behavior among white-collar employees: A study from Turkey. *International Journal of Selection and Assessment, 17,* 180-188.

Beal, D. J., Cohen, R. R., Burke, M. J., & McLendon, C. L. (2003). Cohesion and performance in groups: A meta-analytic clarification of construct relations. *Journal of Applied Psychology, 88,* 989-1004.

Becker, B. E., & Huselid, M. A. (1992). Direct estimates of SDy and the implications for utility analysis. *Journal of Applied Psychology, 77,* 227-233.

Beehr, T. A., Bowling, N. A., & Bennett, M. M. (2010). Occupational stress and failures of social support: When helping hurts. *Journal of Occupational Health Psychology, 15,* 45-59.

Bell, S. T., & Arthur, W., Jr. (2008). Feedback acceptance in developmental assessment centers: The role of feedback message, participant personality, and affective response to the feedback session. *Journal of Organizational Behavior, 29,* 681-703.

Bendak, S. (2003). 12-h workdays: Current knowledge and future directions. *Work and Stress, 17,* 321-336.

Benjamin, L. T., Jr. (1997). Organized industrial psychology before Division 14: The ACP and the AAAP (1930-1945). *Journal of Applied Psychology, 82,* 459-466.

Bennett, R. J., & Robinson, S. L. (2000). Development of a measure of workplace deviance. *Journal of Applied Psychology, 85,* 349-360.

Berdahl, J. L., & Moore, C. (2006). Workplace harassment: Double jeopardy for minority women. *Journal of Applied Psychology, 91,* 426-436.

Bergman, M. E., Palmieri, P. A., Drasgow, F., & Ormerod, A. J. (2007). Racial and ethnic harassment and discrimination: In the eye of the beholder? *Journal of Occupational Health Psychology, 12,* 144-160.

Bernardin, H. J. (1988). Police officer. In S. Gael (Ed.), *Job analysis handbook* (pp. 1242-1254). New York: John Wiley.

Bernardin, H. J., & Beatty, R. W. (1984). *Performance appraisal: Assessing human behavior at work.* Boston, MA: Kent.

Bernardin, H. J., & Pence, E. C. (1980). Effects of rater training: Creating new response sets and decreasing accuracy. *Journal of Applied Psychology, 65,* 60-66.

Berry, C. M., Ones, D. S., & Sackett, P. R. (2007). Interpersonal deviance, organizational deviance, and their common correlates: A review and meta-analysis. *Journal of Applied Psychology, 92,* 410-424.

Berry, M. O. N., Reichman, W., Klobas, J., MacLachlan, M., Hui, H. C., & Carr, S. C. (in press). Humanitarian work psychology: The contributions of organizational psychology to poverty reduction. *Journal of Economic Psychology, 32,* 240-247.

Bertolino, M., & Steiner, D. D. (2007). Fairness reactions to selection methods: An Italian study. *International Journal of Selection and Assessment, 15,* 197-205.

Bettenhausen, K. L. (1991). Five years of groups research: What we have learned and what needs to be addressed. *Journal of Management, 17,* 345-381.

Beus, J. M., Payne, S. C., Bergman, M. E., & Arthur, W., Jr. (2010). Safety climate and injuries: An examination of theoretical and empirical relationships. *Journal of Applied Psychology, 95,* 713-727.

Birdi, K., Warr, P., & Oswald, A. (1995). Age differences in three components of employee well-being. *Applied Psychology: An International Review, 44,* 345-373.

Birkeland, S. A., Manson, T. M., Kisamore, J. L., Brannick, M. T., & Smith, M. A. (2006). A meta-analytic investigation of job applicant faking on personality measures. *International Journal of Selection and Assessment, 14,* 317-335.

Bishop, G. D., Enkelmann, H. C., Tong, E. M., Why, Y. P., Diong, S. M., Ang, J., & Khader, M. (2003). Job demands, decisional control, and cardiovascular responses. *Journal of Occupational Health Psychology, 8,* 146-156.

Bishop, J. W., & Scott, K. D. (2000). An examination of organizational and team commitment in a self-directed team environment. *Journal of Applied Psychology, 85,* 439-450.

Bishop, J. W., Scott, K. D., & Burroughs, S. M. (2000). Support, commitment, and employee outcomes in a team environment. *Journal of Management, 26,* 1113-1132.

Blanz, F., & Ghiselli, E. E. (1972). The mixed standard scale: A new rating system. *Personnel Psychology, 25,* 185-199.

Blau, G. (1993). Testing the relationship of locus of control to different performance dimensions. *Journal of Occupational and Organizational Psychology, 66,* 125-138.

Blau, G. (2007). Does a corresponding set of variables for explaining voluntary organizational turnover transfer to explaining voluntary occupational. *Journal of Vocational Behavior, 70,* 135-148.

Blickle, G., Witzki, A. H., & Schneider, P. B. (2009). Mentoring support and power: A three year predictive field study on protege networking and career success. *Journal of Vocational Behavior, 74,* 181-189.

Bohle, P., & Tilley, A. J. (1998). Early experience of shiftwork: Influences on attitudes. *Journal of Occupational and Organizational Psychology, 71,* 61-79.

Bolino, M. C., & Turnley, W. H. (2008). Old faces, new places: Equity theory in cross-cultural contexts. *Journal of Organizational Behavior, 29,* 29-50.

Bommer, W. H., Miles, E. W., & Grover, S. L. (2003). Does one good turn deserve another? Coworker influences on employee citizenship. *Journal of Organizational Behavior, 24,* 181-196.

Bommer, W. H., Rich, G. A., & Rubin, R. S. (2005). Changing attitudes about change: Longitudinal effects of transformational leader behavior on employee cynicism about organizational change. *Journal of Organizational Behavior, 26,* 733-753.

Bonner, B. L., Baumann, M. R., & Dalal, R. S. (2002). The effects of member expertise on group decision-making and performance. *Organizational Behavior and Human Decision Processes, 88,* 719-736.

Bono, J. E., Purvanova, R. K., Towler, A. J., & Peterson, D. B. (2009). A survey of executive coaching practices. *Personnel Psychology, 62,* 361-404.

Borman, W. C. (1987). Personal constructs, performance schemata, and "folk theories" of subordinate effectiveness: Explorations in an army officer sample. *Organizational Behavior and Human Decision Processes, 40,* 307-322.

Borman, W. C., Bryant, R. H., & Dorio, J. (2010). The measurement of task performance as criteria in selection research. In J. L. Farr & N. T. Tippins (Eds.), *Handbook of employee selection.* New York, NY: Routledge.

Borman, W. C., Buck, D. E., Hanson, M. A., Motowidlo, S. J., Stark, S., & Drasgow, F. (2001). An examination of the comparative reliability, validity, and accuracy of performance ratings made using computerized adaptive rating scales. *Journal of Applied Psychology, 86,* 965-973.

Borman, W. C., Dorsey, D., & Ackerman, L. (1992). Time-spent responses as time allocation strategies: Relations with sales performance in a stockbroker sample. *Personnel Psychology, 45,* 763-777.

Borman, W. C., Peterson, N. G., & Russell, T. L. (1992). Selection, training, and development of personnel. In G. Salvendy (Ed.), *Handbook of industrial engineering* (2nd ed., pp. 882-914). New York, NY: John Wiley.

Boswell, W. R., Shipp, A. J., Payne, S. C., & Culbertson, S. S. (2009). Changes in newcomer job satisfaction over time: Examining the pattern of honeymoons and hangovers. *Journal of Applied Psychology, 94,* 844-858.

Boudreau, J. W. (1983). Economic considerations in estimating the utility of human resource productivity improvement programs. *Personnel Psychology, 36,* 551-576.

Bowers, D. G. (1973). OD techniques and their results in 23 organizations: The Michigan ICL study. *Journal of Applied Behavioral Science, 9,* 21-43.

Bowler, M. C., & Woehr, D. J. (2009). Assessment center construct-related validity: Stepping beyond the MTMM matrix. *Journal of Vocational Behavior, 75,* 173-182.

Bowling, N. A., & Beehr, T. A. (2006).Workplace harassment from the victim's perspective: A theoretical model and meta-analysis. *Journal of Applied Psychology, 91,* 998-1012.

Bowling, N. A., Beehr, T. A., & Lepisto, L. R. (2006). Beyond job satisfaction: A five-year prospective analysis of the dispositional approach to work attitudes. *Journal of Vocational Behavior, 69,* 315-330.

Bowling, N. A., & Hammond, G. D. (2008). A meta-analytic examination of the construct validity of the Michigan Organizational Assessment Questionnaire Job Satisfaction Subscale. *Journal of Vocational Behavior, 73,* 63-77.

Bragg, J., & Andrews, I. (1973). Participative decision making: An experimental study in a hospital. *Journal of Applied Behavioral Science, 9,* 727-735.

Brannick, M. T., Levine, E. L., & Morgeson, F. P. (2007). *Job and work analysis.* Thousand Oaks, CA: Sage.

Brasher, E. E., & Chen, P. Y. (1999). Evaluation of success criteria in job search: A process perspective. *Journal of Occupational and Organizational Psychology, 72,* 57-70.

Breaugh, J. A. (2009). The use of biodata for employee selection: Past research and future directions. *Human Resource*

Management Review, 19, 219-231.

Breaugh, J. A., & Starke, M. (2000). Research on employee recruitment: So many studies, so many remaining questions. *Journal of Management, 26,* 405-434.

Brett, J. F., & Atwater, L. E. (2001). 360 degrees feedback: Accuracy, reactions, and perceptions of usefulness. *Journal of Applied Psychology, 86,* 930-942.

Brief, A. P., & Weiss, H. M. (2002). Organizational behavior: Affect in the workplace. *Annual Review of Psychology, 53,* 279-307.

Broadbent, D. E., & Gath, D. (1981). Symptom levels in assembly-line workers. In G. Salvendy & M. J. Smith (Eds.), *Machine pacing and occupational stress* (pp. 244-252). London, England: Taylor & Francis.

Brown, K. G. (2005). A field study of employee e-learning activity and outcomes. *Human Resource Development Quarterly, 16,* 465-480.

Bruck, C. S., & Allen, T. D. (2003). The relationship between Big Five personality traits, negative affectivity, Type A behavior, and work-family conflict. *Journal of Vocational Behavior, 63,* 457-472.

Buck, J. R. (1983). Controls and tools. In B. H. Kantowitz & R. D. Sorkin (Eds.), *Human factors* (pp. 195-231). New York, NY: John Wiley.

Buller, P. F. (1986). The team building-task performance relation: Some conceptual and methodological refinements. *Group and Organization Studies, 11,* 147-168.

Bunker, K. A., & Cohen, S. L. (1977). The rigors of training evaluation: A discussion and field demonstration. *Personnel Psychology, 30,* 525-541.

Bureau of Labor Statistics. (2006). Survey of workplace violence prevention, 2005. Retrieved June 6, 2010, from http://www.bls.gov/iif/oshwc/osnr0026.pdf

Bureau of Labor Statistics. (2010). Census of fatal occupational injuries charts, 1992-2008 (revised data). Retrieved June 5, 2010, from http://www.bls.gov/iif/oshwc/cfoi/cfch0007.pdf

Cable, D. M., & Judge, T. A. (1997). Interviewers' perceptions of person-organization fit and organizational selection decisions. *Journal of Applied Psychology, 82,* 546-561.

Caldwell, D. F., & O'Reilly, C. A. (1990). Measuring person-job fit with a profile-comparison process. *Journal of Applied Psychology, 75,* 648-657.

Callahan, J. S., Kiker, D., & Cross, T. (2003). Does method matter? A meta-analysis of the effects of training method on older learner training performance. *Journal of Management, 29,* 663-680.

Callinan, M., & Robertson, I. T. (2000).Work sample testing. *International Journal of Selection and Assessment, 8,* 248-260.

Campbell, J. P., Gasser, M. B., & Oswald, F. L. (1996). The substantive nature of job performance variability. In K. R. Murphy (Ed.), *Individual differences and behavior in organizations* (pp. 258-299). San Francisco, CA: Jossey-Bass.

Campion, M. A., & Campion, J. E. (1987). Evaluation of an interviewee skills training program in a natural field experiment. *Personnel Psychology, 40,* 675-691.

Campion, M. A., Palmer, D. K., & Campion, J. E. (1997). A review of structure in the selection interview. *Personnel Psychology, 50,* 655-702.

Cannon-Bowers, J. A., & Salas, E. (2001). Reflections on shared cognition. *Journal of Organizational Behavior, 22,* 195-202.

Carless, S. A., Mann, L., & Wearing, A. J. (1998). Leadership, managerial performance and 360-degree feedback. *Applied Psychology: An International Review, 47,* 481-496.

Cascio, W. F. (1998). *Applied psychology in personnel management* (5th ed.). Englewood Cliffs, NJ: Prentice Hall.

Cascio, W. F., & Aguinis, H. (2008). Research in industrial and organizational psychology from 1963 to 2007: Changes, choices, and trends. *Journal of Applied Psychology, 93,* 1062-1081.

Cepeda, N. J., Coburn, N., Rohrer, D., Wixted, J. T., Mozer, M. C., & Pashler, H. (2009). Optimizing distributed practice: Theoretical analysis and practical implications. *Experimental Psychology, 56,* 236-246.

Cepeda, N. J., Pashler, H., Vul, E., Wixted, J. T., & Rohrer, D. (2006). Distributed practice in verbal recall tasks: A review and quantitative synthesis. *Psychological Bulletin, 132,* 354-380.

Cepeda, N. J., Vul, E., Rohrer, D., Wixted, J. T., & Pashler, H. (2008). Spacing effects in learning: A temporal ridgeline of optimal retention. *Psychological Science, 19,* 1095-1102.

Chan, D. (1996). Criterion and construct validation of an assessment centre. *Journal of Occupational and Organizational Psychology, 69,* 167-181.

Chapman, D. S., & Rowe, P. M. (2001). The impact of videoconference technology, interview structure, and interviewer gender on interviewer evaluations in the employment interview: A field experiment. *Journal of*

Occupational and Organizational Psychology, 74, 279-298.

Chapman, D. S., Uggerslev, K. L., Carroll, S. A., Piasentin, K. A., & Jones, D. A. (2005). Applicant attraction to organizations and job choice: A meta-analytic review of the correlates of recruiting outcomes. *Journal of Applied Psychology, 90,* 928-944.

Chapman, D. S., Uggerslev, K. L., & Webster, J. (2003). Applicant reactions to face-to-face and technology-mediated interviews: A field investigation. *Journal of Applied Psychology, 88,* 944-953.

Chapman, D. S., & Webster, J. (2003). The use of technologies in the recruiting, screening, and selection processes for job candidates. *International Journal of Selection and Assessment, 11,* 113-120.

Chiu, W. C., & Ng, C. W. (1999). Women-friendly HRM and organizational commitment: A study among women and men of organizations in Hong Kong. *Journal of Occupational and Organizational Psychology, 72,* 485-502.

Choi, J. N., & Price, R. H. (2005). The effects of person-innovation fit on individual responses to innovation. *Journal of Occupational and Organizational Psychology, 78,* 83-96.

Christian, M. S., Bradley, J. C., Wallace, J., & Burke, M. J. (2009). Workplace safety: A meta-analysis of the roles of person and situation factors. *Journal of Applied Psychology, 94,* 1103-1127.

Christiansen, N. D., Janovics, J. E., & Siers, B. P. (2010). Emotional intelligence in selection contexts: Measurement method, criterion-related validity, and vulnerability to response distortion. *International Journal of Selection and Assessment, 18,* 87-101.

Cigularov, K. P., Chen, P. Y., & Stallones, L. (2009). Error communication in young farm workers: Its relationship to safety climate and safety locus of control. *Work and Stress, 23,* 297-312.

Clark, A., Oswald, A., & Warr, P. (1996). Is job satisfaction U-shaped in age? *Journal of Occupational and Organizational Psychology, 69,* 57-81.

Clarke, S. (2010). An integrative model of safety climate: Linking psychological climate and work attitudes to individual safety outcomes using meta-analysis. *Journal of Occupational and Organizational Psychology, 83,* 553-578.

Cleveland, J. N., Barnes-Ferrell, J. L., & Ratz, J. M. (1997). Accommodation in the workplace. *Human Resource Management Review, 7,* 77-107.

Cober, R. T. (2000). The quest for the qualified job surfer: It's time the public sector catches the wave. *Public Personnel Management, 29,* 479.

Coch, L., & French, J. R. (1948). Overcoming resistance to change. *Human Relations, 1,* 512-532.

Cohen, A. (2006). The relationship between multiple commitments and organizational citizenship behavior in Arab and Jewish culture. *Journal of Vocational Behavior, 69,* 105-118.

Cohen-Charash, Y., & Spector, P. E. (2001). The role of justice in organizations: A meta-analysis. *Organizational Behavior and Human Decision Processes, 86,* 278-321.

Colquitt, J. A., LePine, J. A., & Noe, R. A. (2000). Toward an integrative theory of training motivation: A meta-analytic path analysis of 20 years of research. *Journal of Applied Psychology, 85,* 678-707.

Connolly, J. J., & Viswesvaran, C. (2000). The role of affectivity in job satisfaction: A meta-analysis. *Personality and Individual Differences, 29,* 265-281.

Conte, J. M., Dean, M. A., Ringenbach, K. L., Moran, S. K., & Landy, F. J. (2005). The relationship between work attitudes and job analysis ratings: Do rating scale type and task discretion matter? *Human Performance, 18,* 1-21.

Converse, P. D., Oswald, F. L., Gillespie, M. A., Field, K. A., Bizot, E. B., & Smither, J. W. (2004). Matching individuals to occupations using abilities and the O*NET: Issues and an application in career guidance. *Personnel Psychology, 57,* 451-487.

Cooper, R., & Foster, M. (1971). Sociotechical systems. *American Psychologist, 26,* 467-474.

Cooper-Hakim, A., & Viswesvaran, C. (2005). The construct of work commitment: Testing an integrative framework. *Psychological Bulletin, 131,* 241-259.

Coovert, M. D. (1990). Development and evaluation of five user models of human-computer interaction. *Enduser training* (pp. 105-139). Oxford, England: Walter De Gruyter.

Coovert, M. D., & Thompson, L. F. (2001). *Computer supported cooperative work: Issues and implications for workers, organizations, and human resource management.* Thousand Oaks, CA: Sage.

Cordery, J. L., Mueller, W. S., & Smith, L. M. (1991). Attitudinal and behavioral effects of autonomous group working: A longitudinal field study. *Academy of Management Journal, 34,* 464-476.

Cornelius, E. T., DeNisi, A. S., & Blencoe, A. G. (1984). Expert and naive raters using the PAQ: Does it matter? [Comment/Reply]. *Personnel Psychology, 37,* 453–464.

Cropanzano, R., Byrne, Z. S., Bobocel, D., & Rupp, D. E. (2001). Moral virtues, fairness heuristics, social entities, and other denizens of organizational justice. *Journal of Vocational Behavior, 58,* 164–209.

Cropanzano, R., Howes, J. C., Grandey, A. A., & Toth, P. (1997). The relationship of organizational politics and support to work behaviors, attitudes, and stress. *Journal of Organizational Behavior, 18,* 159–180.

Cunningham, C. E., Woodward, C. A., Shannon, H. S., MacIntosh, J., Lendrum, B., Rosenbloom, D., & Brown, J. (2002). Readiness for organizational change: A longitudinal study of workplace, psychological and behavioural correlates. *Journal of Occupational and Organizational Psychology, 75,* 377–392.

Dahling, J. J., & Perez, L. A. (2010). Older worker, different actor? Linking age and emotional labor strategies. *Personality and Individual Differences, 48,* 574–578.

Dalton, D. R., & Mesch, D. J. (1991). On the extent and reduction of avoidable absenteeism: An assessment of absence policy provisions. *Journal of Applied Psychology, 76,* 810–817.

Dansereau, F., Graen, G., & Haga, W. J. (1975). A vertical dyad linkage approach to leadership within formal organizations: A longitudinal investigation of the role making process. *Organizational Behavior and Human Performance, 13,* 46–78.

Daus, C. S., Sanders, D. N., & Campbell, D. P. (1998). Consequences of alternate work schedules. In C. L. Cooper & I. T. Robertson (Eds.), *International review of industrial and organizational psychology: 1998* (pp. 185–223). Chichester, England: John Wiley.

Davis, J. H. (1969). *Group performance.* Reading, MA: Addison-Wesley.

Davis, W. D., Fedor, D. B., Parsons, C. K., & Herold, D. M. (2000). The development of self-efficacy during aviation training. *Journal of Organizational Behavior, 21,* 857–871.

Day, D. V., & Sulsky, L. M. (1995). Effects of frame-of-reference training and information configuration on memory organization and rating accuracy. *Journal of Applied Psychology, 80,* 158–167.

Dayan, K., Kasten, R., & Fox, S. (2002). Entry-level police candidate assessment center: An efficient tool or a hammer to kill a fly? *Personnel Psychology, 55,* 827–849.

De Dreu, C. K. (2006). When too little or too much hurts: Evidence for a curvilinear relationship between task conflict and innovation in teams. *Journal of Management, 32,* 83–107.

De Haas, S., Timmerman, G., & Hoing, M. (2009). Sexual harassment and health among male and female police officers. *Journal of Occupational Health Psychology, 14,* 390–401.

Deadrick, D. L., Bennett, N., & Russell, C. J. (1997). Using hierarchical linear modeling to examine dynamic performance criteria over time. *Journal of Management, 23,* 745–757.

Deadrick, D. L., & Madigan, R. M. (1990). Dynamic criteria revisited: A longitudinal study of performance stability and predictive validity. *Personnel Psychology, 43,* 717–744.

DeChurch, L. A., & Mesmer-Magnus, J. R. (2010). The cognitive underpinnings of effective teamwork: A meta-analysis. *Journal of Applied Psychology, 95,* 32–53.

Del Ben, K. S., Scotti, J. R., Chen, Y.-C., & Fortson, B. L. (2006). Prevalence of posttraumatic stress disorder symptoms in firefighters. *Work and Stress, 20,* 37–48.

DeNisi, A. S., Cafferty, T. P., & Meglino, B. M. (1984). A cognitive view of the performance appraisal process: A model and research propositions. *Organizational Behavior and Human Performance, 33,* 360–396.

Dennis, A. R., & Valacich, J. S. (1993). Computer brainstorms: More heads are better than one. *Journal of Applied Psychology, 78,* 531–537.

Derouin, R. E., Fritzsche, B. A., & Salas, E. (2005). Elearning in organizations. *Journal of Management, 31,* 920–940.

DeShon, R. P., & Gillespie, J. Z. (2005). A motivated action theory account of goal orientation. *Journal of Applied Psychology, 90,* 1096–1127.

DeVoe, S. E., & Iyengar, S. S. (2004). Managers' theories of subordinates: A cross-cultural examination of manager perceptions of motivation and appraisal of performance. *Organizational Behavior and Human Decision Processes, 93,* 47–61.

Dickinson, T. L., & Glebocki, G. G. (1990). Modifications in the format of the mixed standard scale. *Organizational Behavior and Human Decision Processes, 47,* 124–137.

Dickter, D. N., Roznowski, M., & Harrison, D. A. (1996). Temporal tempering: An event history analysis of the process of voluntary turnover. *Journal of Applied Psychology, 81,* 705–716.

Diefendorff, J. M., Hall, R. J., Lord, R. G., & Strean, M. L. (2000). Action-state orientation: Construct validity of a revised measure and its relationship to workrelated variables. *Journal of Applied Psychology, 85,* 250-263.

Diefendorff, J. M., Richard, E. M., & Croyle, M. H. (2006). Are emotional display rules formal job requirements? Examination of employee and supervisor perceptions. *Journal of Occupational and Organizational Psychology, 79,* 273-298.

Dierdorff, E. C., & Morgeson, F. P. (2009). Effects of descriptor specificity and observability on incumbent work analysis ratings. *Personnel Psychology, 62,* 601-628.

Dierdorff, E. C., & Wilson, M. A. (2003). A meta-analysis of job analysis reliability. *Journal of Applied Psychology, 88,* 635-646.

Dipboye, R. L. (1990). Laboratory vs. field research in industrial and organizational psychology. In C. L. Cooper & I. T. Robertson (Eds.), *International review of industrial and organizational psychology: 1990* (pp. 1-34). Chichester, England: John Wiley.

Dipboye, R. L., & Gaugler, B. B. (1993). Cognitive and behavioral processes in the selection interview. In N. Schmitt & W. C. Borman (Eds.), *Personnel selection in organizations.* San Francisco, CA: Jossey-Bass.

Doerr, K. H., Mitchell, T. R., Klastorin, T. D., & Brown, K. A. (1996). Impact of material flow policies and goals, on job outcomes. *Journal of Applied Psychology, 81,* 142-152.

Donovan, J. J., & Williams, K. J. (2003). Missing the mark: Effects of time and causal attributions on goal revision in response to goal-performance discrepancies. *Journal of Applied Psychology, 88,* 379-390.

Dormann, C., & Zapf, D. (1999). Social support, social stressors at work, and depressive symptoms: Testing for main and moderating effects with structural equations in a three-wave longitudinal study. *Journal of Applied Psychology, 84,* 874-884.

Dormann, C., & Zapf, D. (2001). Job satisfaction: A meta-analysis of stabilities. *Journal of Organizational Behavior, 22,* 483-504.

Drach-Zahavy, A., & Erez, M. (2002). Challenge versus threat effects on the goal-performance relationship. *Organizational Behavior and Human Decision Processes, 88,* 667-682.

Driskell, J. E., Willis, R. P., & Copper, C. (1992). Effect of overlearning on retention. *Journal of Applied Psychology, 77,* 615-622.

Dudley, N. M., Orvis, K. A., Lebiecki, J. E., & Cortina, J. M. (2006). A meta-analytic investigation of conscientiousness in the prediction of job performance: Examining the intercorrelations and the incremental validity of narrow traits. *Journal of Applied Psychology, 91,* 40-57.

Dunham, R. B., Grube, J. A., & Castaneda, M. B. (1994). Organizational commitment: The utility of an integrative definition. *Journal of Applied Psychology, 79,* 370-380.

Eagly, A. H., & Johnson, B. T. (1990). Gender and leadership style: A meta-analysis. *Psychological Bulletin, 108,* 233-256.

Earley, P. (1989). Social loafing and collectivism: A comparison of the United States and the People's Republic of China. *Administrative Science Quarterly, 34,* 565-581.

Eby, L. T., Durley, J. R., Evans, S. C., & Ragins, B. R. (2006). The relationship between short-term mentoring benefits and long-term mentor outcomes. *Journal of Vocational Behavior, 69,* 424-444.

Eby, L. T., Durley, J. R., Evans, S. C., & Ragins, B. R. (2008). Mentors' perceptions of negative mentoring experiences: Scale development and nomological validation. *Journal of Applied Psychology, 93,* 358-373.

Eden, D., & Aviram, A. (1993). Self-efficacy training to speed reemployment: Helping people to help themselves. *Journal of Applied Psychology, 78,* 352-360.

Eden, D., & Zuk, Y. (1995). Seasickness as a self-fulfilling prophecy: Raising self-efficacy to boost performance at sea. *Journal of Applied Psychology, 80,* 628-635.

Edwards, B. D., Day, E. A., Arthur, W., Jr., & Bell, S. T. (2006). Relationships among team ability composition, team mental models, and team performance. *Journal of Applied Psychology, 91,* 727-736.

Eleftheriou, A., & Robertson, I. (1999). A survey of management selection practices in Greece. *International Journal of Selection and Assessment, 7,* 203-208.

Elicker, J. D., Foust, M. S., O'Malley, A. L., & Levy, P. E. (2008). Employee lateness behavior: The role of lateness climate and individual lateness attitude. *Human Performance, 21,* 427-441.

Elovainio, M., & Kivimäki, M. (1999). Personal need for structure and occupational strain: An investigation of structural models and interaction with job complexity. *Personality and Individual Differences, 26,* 209-222.

Elovainio, M., Kivimäki, M., Vahtera, J., Virtanen, M., & Keltikangas-Jarvinen, L. (2003). Personality as a moderator in the relations between perceptions of organizational justice and sickness absence. *Journal of Vocational Behavior, 63,* 379-395.

Ensari, N., & Murphy, S. E. (2003). Cross-cultural variations in leadership perceptions and attribution of charisma to the leader. *Organizational Behavior and Human Decision Processes, 92,* 52-66.

Erickson, R. J., Nichols, L., & Ritter, C. (2000). Family influences on absenteeism: Testing an expanded process model. *Journal of Vocational Behavior, 57,* 246-272.

Escorpizo, R. (2008). Understanding work productivity and its application to work-related musculoskeletal disorders. *International Journal of Industrial Ergonomics, 38,* 291-297.

Euwema, M. C., Wendt, H., & van Emmerik, H. (2007). Leadership styles and group organizational citizenship behavior across cultures. *Journal of Organizational Behavior, 28,* 1035-1057.

Evans, D. C. (2003). A comparison of the other-directed stigmatization produced by legal and illegal forms of affirmative action. *Journal of Applied Psychology, 88,* 121-130.

Eyde, L. D. (1983). Evaluating job evaluation: Emerging research issues for comparable worth analysis. *Public Personnel Management, 12,* 425-444.

Farh, J.-l., Podsakoff, P. M., & Organ, D. W. (1990). Accounting for organizational citizenship behavior: Leader fairness and task scope versus satisfaction. *Journal of Management, 16,* 705-721.

Farr, J. L., Hofmann, D. A., & Ringenbach, K. L. (1993). Goal orientation and action control theory: Implications for industrial and organizational psychology. In C. L. Cooper & I. T. Robertson (Eds.), *International review of industrial and organizational psychology: 1993* (pp. 193-232). Chichester, England: John Wiley.

Farrell, D., & Stamm, C. L. (1988). Meta-analysis of the correlates of employee absence. *Human Relations, 41,* 211-227.

Fassina, N. E., Jones, D. A., & Uggerslev, K. L. (2008). Meta-analytic tests of relationships between organizational justice and citizenship behavior: Testing agentsystem and shared-variance models. *Journal of Organizational Behavior, 29,* 805-828.

Faucett, J. (2005). Integrating "psychosocial" factors into a theoretical model for work-related musculoskeletal disorders. *Theoretical Issues in Ergonomics Science, 6,* 531-550.

Federal Bureau of Investigation. (2010a). 2008 crime in the United States. Retrieved June 6, 2010, from http://www.fbi.gov/ucr/cius2008/data/table_07.html

Federal Bureau of Investigation. (2010b). 2008 law enforcement officers killed & assaulted. Retrieved June 6, 2010, from table_01.html

Federation of Irish Employers. (1991). *Personnel policies and procedures guidelines.* Dublin, Ireland: Baggot Bridge House.

Feldman, J. M. (1981). Beyond attribution theory: Cognitive processes in performance appraisal. *Journal of Applied Psychology, 66,* 127-148.

Fernet, C., Guay, F., & Senecal, C. (2004). Adjusting to job demands: The role of work self-determination and job control in predicting burnout. *Journal of Vocational Behavior, 65,* 39-56.

Ferris, G. R., Judge, T. A., Rowland, K. M., & Fitzgibbons, D. E. (1994). Subordinate influence and the performance evaluation process: Test of a model. *Organizational Behavior and Human Decision Processes, 58,* 101-135.

Ferris, G. R., Treadway, D. C., Kolodinsky, R. W., Hochwarter, W. A., Kacmar, C. J., Douglas, C., & Frink, D. D. (2005). Development and validation of the Political Skill Inventory. *Journal of Management, 31,* 126-152.

Fiedler, F. E. (1978). The contingency model and the dynamics of the leadership process. In L. Berkowitz (Ed.), *Advances in experimental social psychology* (pp. 59-112). New York: Academic Press.

Field, R. H., & House, R. J. (1990). A test of the Vroom-Yetton model using manager and subordinate reports. *Journal of Applied Psychology, 75,* 362-366.

Fine, S. A., & Wiley, W. W. (1971). *An introduction to functional job analysis methods for manpower analysis* [Monograph No. 4]. W. E. Upjohn Institute.

Fisher, C. D. (2000). Mood and emotions while working: Missing pieces of job satisfaction? *Journal of Organizational Behavior, 21,* 185-202.

Fitzgerald, L. F., Drasgow, F., Hulin, C. L., Gelfand, M. J., & Magley, V. J. (1997). Antecedents and consequences of sexual harassment in organizations: A test of an integrated model. *Journal of Applied Psychology, 82,* 578-589.

Flanagan, J. C. (1954). The critical incident technique. *Psychological Bulletin, 51,* 327-358.

Fleishman, E. A., & Harris, E. F. (1962). Patterns of leadership behavior related to employee grievances and turnover. *Personnel Psychology, 15,* 43-56.

Fletcher, C., & Baldry, C. (2000). A study of individual differences and self-awareness in the context of multi-source feedback. *Journal of Occupational and Organizational Psychology, 73,*

303-319.

Ford, J. K., & Kraiger, K. K. (1995). The application of cognitive constructs and principles to the instructional systems model of training: Implications for needs assessment, design, and transfer. In C. L. Cooper & I. T. Robertson (Eds.), *International review of industrial and organizational psychology: 1995* (pp. 1-48). Chichester, England: John Wiley.

Ford, J. K., & Wroten, S. P. (1984). Introducing new methods for conducting training evaluation and for linking training evaluation to program redesign. *Personnel Psychology, 37,* 651-665.

Ford, M. T., Heinen, B. A., & Langkamer, K. L. (2007). Work and family satisfaction and conflict: A meta-analysis of cross-domain relations. *Journal of Applied Psychology, 92,* 57-80.

Foust, M. S., Elicker, J. D., & Levy, P. E. (2006). Development and validation of a measure of an individual's lateness attitude. *Journal of Vocational Behavior, 69,* 119-133.

Fowler, F. J., Jr. (1988). *Survey research methods* (Rev.ed.). Thousand Oaks, CA: Sage.

Fox, S., Spector, P. E., & Miles, D. (2001). Counterproductive work behavior (CWB) in response to job stressors and organizational justice: Some mediator and moderator tests for autonomy and emotions. *Journal of Vocational Behavior, 59,* 291-309.

Fox, S., & Stallworth, L. E. (2005). Racial/ethnic bullying: Exploring links between bullying and racism in the US workplace. *Journal of Vocational Behavior, 66,* 438-456.

Frankenhaeuser, M., & Johansson, G. (1986). Stress at work: Psychobiological and psychosocial aspects. *International Review of Applied Psychology, 35,* 287-299.

French, J. R. P., Jr., & Raven, B. (1959). The bases of social power. In D. Cartwright (Ed.), *Studies in social power* (pp. 150-167). Ann Arbor, MI: Institute for Social Research.

Frese, M. (1987). Human-computer interaction in the office. In C. L. Cooper & I. T. Robertson (Eds.), *International review of industrial and organizational psychology: 1987* (pp. 117-165). Chichester, England: John Wiley.

Frese, M., & Zapf, D. (1988). Methodological issues in the study of work stress: Objective vs subjective measurement of work stress and the question of longitudinal studies. In C. L. Cooper & R. Payne (Eds.), *Causes, coping and consequences of stress at work* (pp. 375-411). Oxford, England: John Wiley.

Frese, M., & Zapf, D. (1994). *Action as the core of work psychology: A German approach.* Palo Alto, CA: Consulting Psychologists Press.

Fried, Y., Ben-David, H. A., Tiegs, R. B., Avital, N., & Yeverechyahu, U. (1998). The interactive effect of role conflict and role ambiguity on job performance. *Journal of Occupational and Organizational Psychology, 71,* 19-27.

Fried, Y., & Ferris, G. R. (1987). The validity of the Job Characteristics Model: A review and meta-analysis. *Personnel Psychology, 40,* 287-322.

Fritz, C., & Sonnentag, S. (2006). Recovery, well-being, and performance-related outcomes: The role of workload and vacation experiences. *Journal of Applied Psychology, 91,* 936-945.

Fritz, C., Yankelevich, M., Zarubin, A., & Barger, P. (2010). Happy, healthy, and productive: The role of detachment from work during nonwork time. *Journal of Applied Psychology, 95,* 977-983.

Frone, M. R. (2008). Are work stressors related to employee substance use? The importance of temporal context assessments of alcohol and illicit drug use. *Journal of Applied Psychology, 93,* 199-206.

Fugate, M., Kinicki, A. J., & Prussia, G. E. (2008). Employee coping with organizational change: An examination of alternative theoretical perspectives and models. *Personnel Psychology, 61,* 1-36.

Fullagar, C. J., Gallagher, D. G., Clark, P. F., & Carroll, A. E. (2004). Union commitment and participation: A 10-year longitudinal study. *Journal of Applied Psychology, 89,* 730-737.

Fuller, J. A., Stanton, J. M., Fisher, G. G., Spitzmuller, C., Russell, S. S., & Smith, P. C. (2003). A lengthy look at the daily grind: Time series analysis of events, mood, stress, and satisfaction. *Journal of Applied Psychology, 88,* 1019-1033.

Funke, J. (1998). Computer-based testing and training with scenarios from complex problem-solving research: Advantages and disadvantages. *International Journal of Selection and Assessment, 6,* 90-96.

Furnham, A., & Stringfield, P. (1994). Congruence of self and subordinate ratings of managerial practices as a correlate of supervisor evaluation. *Journal of Occupational and Organizational Psychology, 67,* 57-67.

Furst, S. A., & Cable, D. M. (2008). Employee resistance to organizational change: Managerial influence tactics and leader-member exchange. *Journal of Applied Psychology, 93,* 453-462.

Gallupe, R., Bastianutti, L. M., & Cooper, W. H. (1991). Unblocking brainstorms. *Journal of Applied Psychology, 76,* 137-142.

Gallupe, R., Cooper, W. H., Grisé, M.-L., & Bastianutti, L. M. (1994). Blocking electronic brainstorms. *Journal of Applied Psychology, 79,* 77-86.

Gammon, J., Morgan-Samuel, H., & Gould, D. (2008). A review of the evidence for suboptimal compliance of healthcare practitioners to standard/universal infection control precautions. *Journal of Clinical Nursing, 17,* 157-167.

Ganzach, Y., Kluger, A. N., & Klayman, N. (2000). Making decisions from an interview: Expert measurement and mechanical combination. *Personnel Psychology, 53,* 1-20.

Gardner, W. L., & Avolio, B. J. (1998). The charismatic relationship: A dramaturgical perspective. *Academy of Management Review, 23,* 32-58.

Gaudine, A. P., & Saks, A. M. (2001). Effects of an absenteeism feedback intervention on employee absence behavior. *Journal of Organizational Behavior, 22,* 15-29.

Gerhart, B. (1990). Voluntary turnover and alternative job opportunities. *Journal of Applied Psychology, 75,* 467-476.

Gerstner, C. R., & Day, D. V. (1997). Meta-analytic review of leader-member exchange theory: Correlates and construct issues. *Journal of Applied Psychology, 82,* 827-844.

Giacalone, R. A., & Knouse, S. B. (1990). Justifying wrongful employee behavior: The role of personality in organizational sabotage. *Journal of Business Ethics, 9,* 55-61.

Glasscock, D. J., Rasmussen, K., Carstensen, O., & Hansen, O. N. (2006). Psychosocial factors and safety behaviour as predictors of accidental work injuries in farming. *Work and Stress, 20,* 173-189.

Glazer, S., & Beehr, T. A. (2005). Consistency of implications of three role stressors across four countries. *Journal of Organizational Behavior, 26,* 467-487.

Glick, W. H., Jenkins, G., & Gupta, N. (1986). Method versus substance: How strong are underlying relationships between job characteristics and attitudinal outcomes? *Academy of Management Journal, 29,* 441-464.

Glomb, T. M., & Tews, M. J. (2004). Emotional labor: A conceptualization and scale development. *Journal of Vocational Behavior, 64,* 1-23.

Goff, S. J., Mount, M. K., & Jamison, R. L. (1990). Employer supported child care, work/family conflict, and absenteeism: A field study. *Personnel Psychology, 43,* 793-809.

Goldberg, C. B., Finkelstein, L. M., Perry, E. L., & Konrad, A. M. (2004). Job and industry fit: The effects of age and gender matches on career progress outcomes. *Journal of Organizational Behavior, 25,* 807-829.

Goldberg, L. R., Johnson, J. A., Eber, H. W., Hogan, R., Ashton, M. C., Cloninger, C., & Gough, H. G. (2006). The International Personality Item Pool and the future of public-domain personality measures. *Journal of Research in Personality, 40,* 84-96.

Goldman, B. M., Gutek, B. A., Stein, J. H., & Lewis, K. (2006). Employment discrimination in organizations: Antecedents and consequences. *Journal of Management, 32,* 786-830.

Goldstein, I. L. (1993). *Training in organizations: Needs assessment, development, and evaluation* (3rd ed.). Monterey, CA: Brooks/Cole.

Gomez-Mejia, L. R., Page, R. C., & Tornow, W. W. (1982). A comparison of the practical utility of traditional, statistical, and hybrid job evaluation approaches. *Academy of Management Journal, 25,* 790-809.

Gorman, C., & Rentsch, J. R. (2009). Evaluating frame-of-reference rater training effectiveness using performance schema accuracy. *Journal of Applied Psychology, 94,* 1336-1344.

Graen, G. B., Novak, M. A., & Sommerkamp, P. (1982). The effects of leader-member exchange and job design on productivity and satisfaction: Testing a dual attachment model. *Organizational Behavior and Human Performance, 30,* 109-131.

Grandey, A. A., & Diamond, J. A. (2009). Interactions with the public: Bridging job design and emotional labor perspectives. *Journal of Organizational Behavior, 31,* 338-350.

Grandey, A. A., Fisk, G. M., Mattila, A. S., Jansen, K. J., & Sideman, L. A. (2005). Is "service with a smile" enough? Authenticity of positive displays during service encounters. *Organizational Behavior and Human Decision Processes, 96,* 38-55.

Grandey, A. A., Fisk, G. M., & Steiner, D. D. (2005). Must "service with a smile" be stressful? The moderating role of personal control for American and French employees. *Journal of Applied Psychology, 90,* 893-904.

Grant, A. M., Curtayne, L., & Burton, G. (2009). Executive coaching enhances goal attainment, resilience and workplace well-being: A randomised controlled study. *Journal of Positive Psychology, 4,* 396-407.

Green, S. B., & Stutzman, T. M. (1986). An evaluation of methods to select respondents to structured job-analysis questionnaires. *Personnel Psychology, 39,* 543-564.

Greenberg, J. (1990). Employee theft as a reaction to underpayment inequity: The hidden cost of pay cuts. *Journal of Applied Psychology, 75,* 561-568.

Greenberg, J. (2002). Who stole the money, and when? Individual and situational determinants of employee theft. *Organizational Behavior and Human Decision Processes, 89,* 985-1003.

Greenhaus, J. H., Parasuraman, S., & Wormley, W. M. (1990). Effects of race on organizational experiences, job performance evaluations, and career outcomes. *Academy of Management Journal, 33,* 64-86.

Greguras, G. J., & Diefendorff, J. M. (2009). Different fits satisfy different needs: Linking person-environment fit to employee commitment and performance using self-determination theory. *Journal of Applied Psychology, 94,* 465-477.

Greiner, B. A., & Krause, N. (2006). Observational stress factors and musculoskeletal disorders in urban transit operators. *Journal of Occupational Health Psychology, 11,* 38-51.

Griffeth, R. W., Hom, P. W., & Gaertner, S. (2000). A meta-analysis of antecedents and correlates of employee turnover: Update, moderator tests, and research implications for the next millennium. *Journal of Management, 26,* 463-488.

Griffin, R. W. (1991). Effects of work redesign on employee perceptions, attitudes, and behaviors: A longterm investigation. *Academy of Management Journal, 34,* 425-435.

Groth, M., Thurau, T. H., & Walsh, G. (2009). Customer reactions to emotional labor: The roles of employee acting strategies and customer detection accuracy. *Academy of Management Journal, 52,* 958-974.

Groves, K. S. (2005). Linking leader skills, follower attitudes, and contextual variables via an integrated model of charismatic leadership. *Journal of Management, 31,* 255-277.

Gutenberg, R. L., Arvey, R. D., Osburn, H. G., & Jeanneret, P. (1983). Moderating effects of decisionmaking/information-processing job dimensions on test validities. *Journal of Applied Psychology, 68,* 602-608.

Guzzo, R. A., Jette, R. D., & Katzell, R. A. (1985). The effects of psychologically based intervention programs on worker productivity: A meta-analysis. *Personnel Psychology, 38,* 275-291.

Hacker, G. R. (1996). *theoretical approach to the selection of job analysis respondents.* Unpublished doctoral dissertation, University of South Florida.

Hackett, R. D., Bycio, P., & Hausdorf, P. A. (1994). Further assessments of Meyer and Allen's (1991) three-component model of organizational commitment. *Journal of Applied Psychology, 79,* 15-23.

Hackman, J. R., & Oldham, G. R. (1976). Motivation through the design of work: Test of a theory. *Organizational Behavior and Human Performance, 16,* 250-279.

Hackman, J. R., & Oldham, G. R. (1980). *Work redesign.* Reading, MA: Addison-Wesley.

Hammer, L. B., Bauer, T. N., & Grandey, A. A. (2003). Work-family conflict and work-related withdrawal behaviors. *Journal of Business and Psychology, 17,* 419-436.

Hanson, G. C., Hammer, L. B., & Colton, C. L. (2006). Development and validation of a multidimensional scale of perceived work-family positive spillover. *Journal of Occupational Health Psychology, 11,* 249-265.

Harris, M. M., Becker, A. S., & Smith, D. E. (1993). Does the assessment center scoring method affect the crosssituational consistency of ratings? *Journal of Applied Psychology, 78,* 675-678.

Harris, M. M., & Schaubroeck, J. (1988). A meta-analysis of self-supervisor, self-peer, and peer-supervisor ratings. *Personnel Psychology, 41,* 43-62.

Harvey, R. J., & Wilson, M. A. (2000). Yes Virginia, there is an objective reality in job analysis. *Journal of Organizational Behavior, 21,* 829-854.

Hausknecht, J. P., Day, D. V., & Thomas, S. C. (2004). Applicant reactions to selection procedures: An updated model and meta-analysis. *Personnel Psychology, 57,* 639-683.

Häusser, J. A., Mojzisch, A., Niesel, M., & Schulz-Hardt, S. (2010). Ten years on: A review of recent research on the Job Demand-Control (-Support) model and psychological well-being. *Work and Stress, 24,* 1-35.

Hedge, J. W., & Kavanagh, M. J. (1988). Improving the accuracy of performance evaluations: Comparison of three methods of performance appraiser training. *Journal of Applied Psychology, 73,* 68-73.

Heggestad, E. D., Morrison, M., Reeve, C. L., & McCloy, R. A. (2006). Forced-choice assessments of personality for selection: Evaluating issues of normative assessment and faking resistance. *Journal of Applied Psychology, 91,* 9-24.

Heilman, M. E., & Alcott, V. B. (2001). What I think you think of me: Women's reactions to being viewed as beneficiaries of preferential selection. *Journal of Applied Psychology, 86,* 574-582.

Heilman, M. E., Battle, W. S., Keller, C. E., & Lee, R. (1998). Type of affirmative action policy: A determinant of reactions to sex-based preferential selection? *Journal of Applied Psychology, 83,* 190-205.

Heilman, M. E., Kaplow, S. R., Amato, M. A., & Stathatos, P. (1993). When similarity is a liability: Effects of sex-based preferential selection on reactions to like-sex and different-sex others. *Journal of Applied Psychology, 78,* 917-927.

Heilman, M. E., McCullough, W. F., & Gilbert, D. (1996). The other side of affirmative action: Reactions of nonbeneficiaries to sex-based preferential selection. *Journal of Applied Psychology, 81,* 346-357.

Hempel, P. S., Zhang, Z.-X., & Tjosvold, D. (2009). Conflict management between and within teams for trusting relationships and performance in China. *Journal of Organizational Behavior, 30,* 41-65.

Herold, D. M., Davis, W., Fedor, D. B., & Parsons, C. K. (2002). Dispositional influences on transfer of learning in multistage training programs. *Personnel Psychology, 55,* 851-869.

Hershcovis, M. S. (2010). Towards a multi-foci approach to workplace aggression: A meta-analytic review of outcomes from different perpetrators. *Journal of Organizational Behavior, 31,* 24-44.

Hershcovis, M. S., Turner, N., Barling, J., Arnold, K. A., Dupré, K. E., Inness, M., ... Sivanathan, N. (2007). Predicting workplace aggression: A meta-analysis. *Journal of Applied Psychology, 92,* 228-238.

Herzberg, F. (1968, January/February). One more time: How do you motivate employees? *Harvard Business Review,* 52-62.

Heslop, P., Smith, G. D., Metcalfe, C., Macleod, J., & Hart, C. (2002). Change in job satisfaction, and its association with self-reported stress, cardiovascular risk factors and mortality. *Social Science and Medicine, 54,* 1589-1599.

Hirschfeld, R. R., Jordan, M. H., Feild, H. S., Giles, W. F., & Armenakis, A. A. (2006). Becoming team players: Team members' mastery of teamwork knowledge as a predictor of team task proficiency and observed teamwork effectiveness. *Journal of Applied Psychology, 91,* 467-474.

Hochwarter, W. A., Kacmar, C., Perrewé, P. L., & Johnson, D. (2003). Perceived organizational support as a mediator of the relationship between politics perceptions and work outcomes. *Journal of Vocational Behavior, 63,* 438-456.

Hochwarter, W. A., Witt, L., Treadway, D. C., & Ferris, G. R. (2006). The interaction of social skill and organizational support on job performance. *Journal of Applied Psychology, 91,* 482-489.

Hoffman, B. J., Blair, C. A., Meriac, J. P., & Woehr, D. J. (2007). Expanding the criterion domain? A quantitative review of the OCB literature. *Journal of Applied Psychology, 92,* 555-566.

Hofstede, G. (2001). *Culture's consequences* (2nd ed.). Thousand Oaks, CA: Sage.

Hogan, J., Barrett, P., & Hogan, R. (2007). Personality measurement, faking, and employment selection. *Journal of Applied Psychology, 92,* 1270-1285.

Hogan, J., & Holland, B. (2003). Using theory to evaluate personality and job-performance relations: A socioanalytic perspective. *Journal of Applied Psychology, 88,* 100-112.

Hogan, R., Curphy, G. J., & Hogan, J. (1994). What we know about leadership: Effectiveness and personality. *American Psychologist, 49,* 493-504.

Holland, J. L. (1994). *Self-Directed Search Form R* (4th ed.). Lutz, FL: Psychological Assessment Resources.

Hollinger, R. C., Dabney, D. A., Lee, G., Hayes, R., Hunter, J., & Cummings, M. (1996). *1996 national retail security survey final report.* Gainesville, FL: University of Florida.

Holman, D. J., Axtell, C. M., Sprigg, C. A., Totterdell, P., & Wall, T. D. (2010). The mediating role of job characteristics in job redesign interventions: A serendipitous quasi-experiment. *Journal of Organizational Behavior, 31,* 84-105.

House, R. J., Hanges, P. J., Ruiz-Quintanilla, S. A., Dorfman, P. W., Javidan, M., Dickson, M., et al. (1999). Cultural influences on leadership and organizations: Project GLOBE. *Advances in global leadership* (Vol. 1, pp. 171-233). Us: Elsevier Science/JAI Press.

House, R. J., & Mitchell, T. R. (1974). Path-goal theory of leadership. *Contemporary Business, 3,* 81-98.

Huang, X., & Van de Vliert, E. (2003). Where intrinsic job satisfaction fails to work: National moderators of intrinsic motivation. *Journal of Organizational Behavior, 24,* 159-179.

Huffcutt, A. I., Conway, J. M., Roth, P. L., & Stone, N. J. (2001). Identification and meta-analytic assessment of psychological constructs measured in employment interviews. *Journal of Applied Psychology, 86,* 897-913.

Huffcutt, A. I., Roth, P. L., & McDaniel, M. A. (1996). A meta-analytic investigation of cognitive ability in employment interview evaluations: Moderating characteristics and implications for incremental validity. *Journal of Applied Psychology, 81,* 459-473.

Hui, C., Lam, S. S., & Law, K. K. (2000). Instrumental values of organizational citizenship behavior for promotion: A field quasi-experiment. *Journal of Applied Psychology, 85,* 822-828.

Hui, C., Yee, C., & Eastman, K. L. (1995). The relationship between individualism-collectivism and job satisfaction. *Applied Psychology: An International Review, 44,* 276-282.

Humphrey, S. E., Moon, H., Conlon, D. E., & Hofmann, D. A. (2004). Decision-making and behavior fluidity: How focus on completion and emphasis on safety changes over the course of projects. *Organizational Behavior and Human Decision Processes, 93,* 14-27.

Hunter, J. E., & Schmidt, F. L. (1990). *Methods of meta-analysis: Correcting error and bias in research findings.* Thousand Oaks, CA: Sage.

Hurtz, G. M., & Donovan, J. J. (2000). Personality and job performance: The Big Five revisited. *Journal of Applied Psychology, 85,* 869-879.

Iaffaldano, M. T., & Muchinsky, P. M. (1985). Job satisfaction and job performance: A meta-analysis. *Psychological Bulletin, 97,* 251-273.

Ilgen, D. R., Barnes-Farrell, J. L., & McKellin, D. B. (1993). Performance appraisal process research in the 1980s: What has it contributed to appraisals in use? *Organizational Behavior and Human Decision Processes, 54,* 321-368.

Ilies, R., Hauserman, N., Schwochau, S., & Stibal, J. (2003). Reported incidence rates of work-related sexual harassment in the United States: Using meta-analysis to explain reported rate disparities. *Personnel Psychology, 56,* 607-631.

Ilies, R., Nahrgang, J. D., & Morgeson, F. P. (2007). Leader-member exchange and citizenship behaviors: A meta-analysis. *Journal of Applied Psychology, 92,* 269-277.

Ironson, G. H., Smith, P. C., Brannick, M. T., Gibson, W. M., & Paul, K. B. (1989). Constitution of a Job in General Scale: A comparison of global, composite, and specific measures. *Journal of Applied Psychology, 74,* 193-200.

Ispas, D., Ilie, A., Iliescu, D., Johnson, R. E., & Harris, M. M. (2010). Fairness reactions to selection methods: A Romanian study. *International Journal of Selection and Assessment, 18,* 102-110.

Iverson, R. D., & Deery, S. J. (2001). Understanding the "personological" basis of employee withdrawal: The influence of affective disposition on employee tardiness, early departure, and absenteeism. *Journal of Applied Psychology, 86,* 856-866.

Iverson, R. D., & Roy, P. (1994). A causal model of behavioral commitment: Evidence from a study of Australian blue-collar employees. *Journal of Management, 20,* 15-41.

Jackson, C. J., Furnham, A., & Willen, K. (2000). Employer willingness to comply with the Disability Discrimination Act regarding staff selection in the UK. *Journal of Occupational and Organizational Psychology, 73,* 119-129.

Jackson, C. L., Colquitt, J. A., Wesson, M. J., & Zapata-Phelan, C. P. (2006). Psychological collectivism: A measurement validation and linkage to group member performance. *Journal of Applied Psychology, 91,* 884-899.

Jackson, C. L., & LePine, J. A. (2003). Peer responses to a team's weakest link: A test and extension of LePine and Van Dyne's model. *Journal of Applied Psychology, 88,* 459-475.

Jackson, S. E., & Joshi, A. (2004). Diversity in social context: A multi-attribute, multilevel analysis of team diversity and sales performance. *Journal of Organizational Behavior, 25,* 675-702.

Jackson, S. E., Joshi, A., & Erhardt, N. L. (2003). Recent research on team and organizational diversity: SWOT analysis and implications. *Journal of Management, 29,* 801-830.

Jackson, S. E., & Schuler, R. S. (1985). A meta-analysis and conceptual critique of research on role ambiguity and role conflict in work settings. *Organizational Behavior and Human Decision Processes, 36,* 16-78.

Jacobs, R., & Solomon, T. (1977). Strategies for enhancing the prediction of job performance from job satisfaction. *Journal of Applied Psychology, 62,* 417-421.

Jago, A. G., & Ragan, J. W. (1986). The trouble with {leader match} is that it doesn't match Fiedler's contingency model. *Journal of Applied Psychology, 71,* 555-559.

Jamal, M. (1990). Relationship of job stress and Type-A behavior to employees' job satisfaction, organizational commitment, psychosomatic health problems, and turnover motivation. *Human Relations, 43,* 727-738.

Janis, I. L. (1972). Victims of groupthink: A psychological study of foreign-policy decisions and fiascoes. 277.

Jaramillo, F., Locander, W. B., Spector, P. E., & Harris, E. G. (2007). Getting the job done: The moderating role of initiative on the relationship between intrinsic motivation and adaptive selling. *Journal of Personal Selling and Sales Management, 27,* 59-74.

Jeanneret, P., & Strong, M. H. (2003). Linking O*Net job analysis information to job requirement predictors: An O*Net application. *Personnel Psychology, 56,* 465-492.

Jelley, R., & Goffin, R. D. (2001). Can performancefeedback accuracy be improved? Effects of rater priming and rating-scale format on rating accuracy. *Journal of Applied Psychology, 86,* 134-144.

Jex, S. M., & Beehr, T. A. (1991). Emerging theoretical and methodological issues in the study of work-related stress. *Research in Personnel and Human Resources Management, 9,* 311-365.

Jex, S. M., Bliese, P. D., Buzzell, S., & Primeau, J. (2001). The impact of self-efficacy on stressor-strain relations: Coping style as an explanatory mechanism. *Journal of Applied Psychology, 86,* 401-409.

Jex, S. M., & Gudanowski, D. M. (1992). Efficacy beliefs and work stress: An exploratory study. *Journal of Organizational Behavior, 13,* 509-517.

Johansson, G. (1981). Psychoneuroendocrine correlates of unpaced and paced performance. In G. Salvendy & M. J. Smith (Eds.), *Machine pacing and occupational stress* (pp. 277-286). London, England: Taylor & Francis.

Johansson, G. (1989). Stress, autonomy, and the maintenance of skill in supervisory control of automated systems. *Applied Psychology: An International Review, 38,* 45-56.

Johnson, H.-A. M., & Spector, P. E. (2007). Service with a smile: Do emotional intelligence, gender, and autonomy moderate the emotional labor process? *Journal of Occupational Health Psychology, 12,* 319-333.

Johnson, J. W. (2001). The relative importance of task and contextual performance dimensions to supervisor judgments of overall performance. *Journal of Applied Psychology, 86,* 984-996.

Johnson, R. E., & Chang, C.-H. (2006). "I" is to continuance as "We" is to affective: The relevance of the self-concept for organizational commitment. *Journal of Organizational Behavior, 27,* 549-570.

Jones, D. A. (2009). Getting even with one's supervisor and one's organization: Relationships among types of injustice, desires for revenge, and counterproductive work behaviors. *Journal of Organizational Behavior, 30,* 525-542.

Joseph, D. L., & Newman, D. A. (2010). Emotional intelligence: An integrative meta-analysis and cascading model. *Journal of Applied Psychology, 95,* 54-78.

Judge, T. A., Bono, J. E., Ilies, R., & Gerhardt, M. W. (2002). Personality and leadership: A qualitative and quantitative review. *Journal of Applied Psychology, 87,* 765-780.

Judge, T. A., Higgins, C. A., & Cable, D. M. (2000). The employment interview: A review of recent research and recommendations for future research. *Human Resource Management Review, 10,* 383-406.

Judge, T. A., & Piccolo, R. F. (2004). Transformational and transactional leadership: A meta-analytic test of their relative validity. *Journal of Applied Psychology, 89,* 755-768.

Judge, T. A., Thoresen, C. J., Bono, J. E., & Patton, G. K. (2001). The job satisfaction-job performance relationship: A qualitative and quantitative review. *Psychological Bulletin, 127,* 376-407.

Judge, T. A., Woolf, E. F., & Hurst, C. (2009). Is emotional labor more difficult for some than for others? A multilevel, experience-sampling study. *Personnel Psychology, 62,* 57-88.

Kacmar, K., & Carlson, D. S. (1997). Further validation of the Perception of Politics Scale (POPs): A multiple sample investigation. *Journal of Management, 23,* 627-658.

Kahn, J. H., Schneider, K. T., Jenkins-Henkelman, T. M., & Moyle, L. L. (2006). Emotional social support and job burnout among high-school teachers: Is it all due to dispositional affectivity? *Journal of Organizational Behavior, 27,* 793-807.

Kalton, G. (1983). *Introduction to survey sampling.* Thousand Oaks, CA: Sage.

Kaminski, M. (2001). Unintended consequences: Organizational practices and their impact on workplace safety and productivity. *Journal of Occupational Health Psychology, 6,* 127-138.

Kane, J. S., & Bernardin, H. (1982). Behavioral observation scales and the evaluation of performance appraisal effectiveness. *Personnel Psychology, 35,* 635-641.

Kanfer, R. (1992). Work motivation: New directions in theory and research. In C. L. Cooper & I. T. Robertson (Eds.), *International review of industrial and organizational psychology: 1992* (pp. 1-53). Chichester, England: John Wiley.

Kaplan, S., Bradley, J. C., Luchman, J. N., & Haynes, D. (2009). On the role of positive and negative affectivity in job performance: A meta-analytic investigation. *Journal of Applied Psychology, 94,* 162-176.

Karasek, R. A. (1979). Job demands, job decision latitude, and mental strain-implications for job redesign. *Administrative Science Quarterly, 24,* 285-308.

Karasek, R. A., Gardell, B., & Lindell, J. (1987). Work and non-work correlates of illness and behaviour in male and female Swedish white collar workers. *Journal of Occupational Behaviour, 8,* 187-207.

Karl, K. A., O'Leary-Kelly, A. M., & Martocchio, J. J. (1993). The impact of feedback and self-efficacy on performance in training. *Journal of Organizational Behavior, 14,* 379-394.

Karlson, B., Eek, F., Orbaek, P., & Osterberg, K. (2009). Effects on sleep-related problems and self-reported health after a change of shift schedule. *Journal of Occupational Health Psychology, 14,* 97-109.

Katz, D., & Kahn, R. L. (1978). *The social psychology of organizations* (2nd ed.). New York, NY: John Wiley.

Katzell, R. A., & Austin, J. T. (1992). From then to now: The development of industrial-organizational psychology in the United States. *Journal of Applied Psychology, 77,* 803-835.

Keenan, T. (1995). Graduate recruitment in Britain: A survey of selection methods used by organizations. *Journal of Organizational Behavior, 16,* 303-317.

Keller, R. T. (1989). A test of the path-goal theory of leadership with need for clarity as a moderator in research and development organizations. *Journal of Applied Psychology, 74,* 208-212.

Keller, R. T. (1997). Job involvement and organizational commitment as longitudinal predictors of job performance: A study of scientists and engineers. *Journal of Applied Psychology, 82,* 539-545.

Keller, R. T. (2006). Transformational leadership, initiating structure, and substitutes for leadership: A longitudinal study of research and development project team performance. *Journal of Applied Psychology, 91,* 202-210.

Kessler, S. R., Spector, P. E., Chang, C.-H., & Parr, A. D. (2008). Organizational violence and aggression: Development of the three-factor Violence Climate Survey. *Work and Stress, 22,* 108-124.

Khanna, C., & Medsker, G. J. (2010). 2009 income and employment survey results for the Society for Industrial and Organizational Psychology. *Industrial/Organizational Psychologist, 48* (1), 23-38.

Kirkman, B. L., & Mathieu, J. E. (2005). The dimensions and antecedents of team virtuality. *Journal of Management, 31,* 700-718.

Kirkpatrick, D. L. (1977). Evaluating training programs: Evidence versus proof. *Training and Development Journal, 31,* 9-12.

Klein, C., DiazGranados, D., Salas, E., Le, H., Burke, C. S., Lyons, R., & Goodwin, G. F. (2009). Does team building work? *Small Group Research, 40,* 181-222.

Klein, H. J. (1989). An integrated control theory model of work motivation. *Academy of Management Review, 14,* 150-172.

Klein, H. J., & Kim, J. S. (1998). A field study of the influence of situational constraints, leader-member exchange, and goal commitment on performance. *Academy of Management Journal, 41,* 88-95.

Klein, H. J., Wesson, M. J., Hollenbeck, J. R., & Alge, B. J. (1999). Goal commitment and the goal-setting process: Conceptual clarification and empirical synthesis. *Journal of Applied Psychology, 84,* 885-896.

Klein, K. J., Conn, A. B., & Sorra, J. S. (2001). Implementing computerized technology: An organizational analysis. *Journal of Applied Psychology, 86,* 811-824.

Kleinmann, M., & Strauss, B. (1998). Validity and application of computer-simulated scenarios in personnel assessment. *International Journal of Selection and Assessment, 6,* 97-106.

Kogan, N., & Wallach, M. A. (1964). *Risk taking: A study in cognition and personality.* New York, NY: Holt, Rinehart & Winston.

Kohler, S. S., & Mathieu, J. E. (1993). Individual characteristics, work perceptions, and affective reactions influences on differentiated absence criteria. *Journal of Organizational Behavior, 14,* 515-530.

Koller, M., Kundi, M., & Cervinka, R. (1978). Field studies of shift work at an Austrian oil refinery: I. Health and psychosocial wellbeing of workers who drop out of shiftwork. *Ergonomics, 21,* 835-847.

Kompier, M. A., Aust, B., van den Berg, A.-M., & Siegrist, J. (2000). Stress prevention in bus drivers: Evaluation of 13 natural experiments. *Journal of Occupational Health Psychology, 5,* 11-31.

Koppes, L. L. (1997). American female pioneers of industrial and organizational psychology during the early years. *Journal of Applied Psychology, 82,* 500-515.

Korsgaard, M., & Roberson, L. (1995). Procedural justice in performance evaluation: The role of instrumental and non-instrumental voice in performance appraisal discussions. *Journal of Management, 21,* 657-669.

Koslowsky, M. (2000). A new perspective on employee lateness. *Applied Psychology: An International Review, 49,* 390-407.

Koslowsky, M., Sagie, A., Krausz, M., & Singer, A. D. (1997). Correlates of employee lateness: Some theoretical considerations. *Journal of Applied Psychology, 82,* 79–88.

Kozlowski, S. W., & Bell, B. S. (2006). Disentangling achievement orientation and goal setting: Effects on self-regulatory processes. *Journal of Applied Psychology, 91,* 900–916.

Kozlowski, S. W. J., Chao, G. T., Smith, E. M., & Hedlund, J. (1993). Organizational downsizing: Strategies, interventions, and research implications. In C. L. Cooper & I. T. Robertson (Eds.), *International review of industrial and organizational psychology: 1993* (pp. 263–332). Chichester, England: John Wiley.

Kravitz, D. A. (2008). The diversity-validity dilemma: Beyond selection—The role of affirmative action. [Comment/Reply]. *Personnel Psychology, 61,* 173–193.

Kravitz, D. A., Harrison, D. A., Turner, M. E., Levine, E. L., Chaves, W., Brannick, M. T., . . .Conard, M. A. (1997). *Affirmative action: A review of psychological and behavior research.* Bowling Green, OH: Society for Industrial and Organizational Psychology.

Kravitz, D. A., & Martin, B. (1986). Ringelmann rediscovered: The original article. [Comment/Reply]. *Journal of Personality and Social Psychology, 50,* 936–941.

Kreis, S. (1995). Early experiments in British scientific management: The Health of Munitions Workers' Committee, 1915–1920. *Journal of Management History, 1,* 65–78.

Kuhl, J., & Beckmann, J. (1994). *Volition and personality: Action versus state orientation.* Seattle, WA: Hogrefe & Huber.

Kwiatkowski, R., Duncan, D. C., & Shimmin, S. (2006). What have we forgotten—and why? *Journal of Occupational and Organizational Psychology, 79,* 183–201.

Lamm, H., & Myers, D. G. (1978). Group-induced polarization of attitudes and behavior. In L. Berkowitz (Ed.), *Advances in experimental and social psychology* (pp. 145–195). New York, NY: Academic Press.

Lance, C. E., Foster, M. R., Gentry, W. A., & Thoresen, J. D. (2004). Assessor cognitive processes in an operational assessment center. *Journal of Applied Psychology, 89,* 22–35.

Lance, C. E., Lambert, T. A., Gewin, A. G., Lievens, F., & Conway, J. M. (2004). Revised estimates of dimension and exercise variance components in assessment center postexercise dimension ratings. *Journal of Applied Psychology, 89,* 377–385.

Lance, C. E., LaPointe, J. A., & Fisicaro, S. A. (1994). Tests of three causal models of halo rater error. *Organizational Behavior and Human Decision Processes, 57,* 83–96.

Landy, F. J. (1992). Hugo Munsterberg: Victim or visionary? *Journal of Applied Psychology, 77,* 787–802.

Landy, F. J. (2005). Some historical and scientific issues related to research on emotional intelligence. *Journal of Organizational Behavior, 26,* 411–424.

Landy, F. J., Farr, J. L., & Jacobs, R. R. (1982). Utility concepts in performance measurement. *Organizational Behavior and Human Performance, 30,* 15–40.

Langan-Fox, J. (1998). Women's careers and occupational stress. In C. L. Cooper & I. T. Robertson (Eds.), *International review of industrial and organizational psychology: 1998* (pp. 273–304). Chichester, England: John Wiley.

Langfred, C. W. (2005). Autonomy and performance in teams: The multilevel moderating effect of task interdependence. *Journal of Management, 31,* 513–529.

Larsman, P., & Hanse, J. J. (2009). The impact of decision latitude, psychological load and social support at work on the development of neck, shoulder and low back symptoms among female human service organization workers. *International Journal of Industrial Ergonomics, 39,* 442–446.

Larson, L. M., Rottinghaus, P. J., & Borgen, F. H. (2002). Meta-analyses of Big Six interests and Big Five personality factors. *Journal of Vocational Behavior, 61,* 217–239.

Latané, B., Williams, K., & Harkins, S. (1979). Many hands make light the work: The causes and consequences of social loafing. *Journal of Personality and Social Psychology, 37,* 822–832.

Latham, G. P. (1986). Job performance and appraisal. In C. L. Cooper & I. T. Robertson (Eds.), *International review of industrial and organizational psychology: 1986* (pp. 117–155). Chichester, England: John Wiley.

Latham, G. P., Skarlicki, D. P., Irvine, D., & Siegel, J. P. (1993). The increasing importance of performance appraisals to employee effectiveness in organizational settings in North America. In C. L. Cooper & I. T. Robertson (Eds.), *International review of industrial and organizational psychology: 1993* (pp. 87–132). Chichester, England: John Wiley.

Latham, G. P., & Wexley, K. N. (1977). Behavioral observation scales for performance appraisal purposes. *Personnel Psychology, 30,* 255–268.

Lavelle, J. J., Brockner, J., Konovsky, M. A., Price, K. H., Henley, A. B., Taneja, A., & Vinekar, V. (2009). Commitment, procedural fairness, and organizational citizenship behavior: A multifoci analysis. *Journal of Organizational Behavior, 30,*

337-357.

LeBlanc, M. M., & Kelloway, E. (2002). Predictors and outcomes of workplace violence and aggression. *Journal of Applied Psychology, 87,* 444-453.

Lee, H., Wilbur, J., Kim, M. J., & Miller, A. M. (2008). Psychosocial risk factors for work-related musculoskeletal disorders of the lower-back among longhaul international female flight attendants. *Journal of Advanced Nursing, 61,* 492-502.

Lee, K., & Allen, N. J. (2002). Organizational citizenship behavior and workplace deviance: The role of affect and cognitions. *Journal of Applied Psychology, 87,* 131-142.

Lee, K., Carswell, J. J., & Allen, N. J. (2000). A meta-analytic review of occupational commitment: Relations with person- and work-related variables. *Journal of Applied Psychology, 85,* 799-811.

Lefkowitz, J. (2000). The role of interpersonal affective regard in supervisory performance ratings: A literature review and proposed causal model. *Journal of Occupational and Organizational Psychology, 73,* 67-85.

Levenson, A. R., Van der Stede, W. A., & Cohen, S. G. (2006). Measuring the relationship between managerial competencies and performance. *Journal of Management, 32,* 360-380.

Levine, E. L., Ash, R. A., Hall, H., & Sistrunk, F. (1983). Evaluation of job analysis methods by experienced job analysts. *Academy of Management Journal, 26,* 339-348.

Liden, R. C., Wayne, S. J., Jaworski, R. A., & Bennett, N. (2004). Social loafing: A field investigation. *Journal of Management, 30,* 285-304.

Lievens, F. (2001). Assessor training strategies and their effects on accuracy, interrater reliability, and discriminant validity. *Journal of Applied Psychology, 86,* 255-264.

Lievens, F., Chasteen, C. S., Day, E. A., & Christiansen, N. D. (2006). Large-scale investigation of the role of trait activation theory for understanding assessment center convergent and discriminant validity. *Journal of Applied Psychology, 91,* 247-258.

Lievens, F., & Sackett, P. R. (2006). Video-based versus written situational judgment tests: A comparison in terms of predictive validity. *Journal of Applied Psychology, 91,* 1181-1188.

Lim, B.-C., & Ployhart, R. E. (2004). Transformational leadership: Relations to the five-factor model and team performance in typical and maximum contexts. *Journal of Applied Psychology, 89,* 610-621.

Lim, S., Cortina, L. M., & Magley, V. J. (2008). Personal and workgroup incivility: Impact on work and health outcomes. *Journal of Applied Psychology, 93,* 95-107.

Lindell, M. K., Clause, C. S., Brandt, C. J., & Landis, R. S. (1998). Relationship between organizational context and job analysis task ratings. *Journal of Applied Psychology, 83,* 769-776.

Liu, C., Spector, P. E., & Jex, S. M. (2005). The relation of job control with job strains: A comparison of multiple data sources. *Journal of Occupational and Organizational Psychology, 78,* 325-336.

Liu, C., Spector, P. E., & Shi, L. (2007). Cross-national job stress: A quantitative and qualitative study. *Journal of Organizational Behavior, 28,* 209-239.

Liu, G., Shah, R., & Schroeder, R. G. (2006). Linking work design to mass customization: A sociotechnical systems perspective. *Decision Sciences, 37,* 519-545.

Liu, S., Wang, M., Zhan, Y., & Shi, J. (2009). Daily work stress and alcohol use: Testing the cross-level moderation effects of neuroticism and job involvement. *Personnel Psychology, 62,* 575-597.

Locke, E. A. (1980). Latham versus Komaki: A tale of two paradigms. *Journal of Applied Psychology, 65,* 16-23.

Locke, E. A. (2000). Motivation, cognition, and action: An analysis of studies of task goals and knowledge. *Applied Psychology: An International Review, 49,* 408-429.

Locke, E. A., & Henne, D. (1986). Work motivation theories. In C. L. Cooper & I. T. Robertson (Eds.), *International review of industrial and organizational psychology: 1986* (pp. 1-35). Chichester, England: John Wiley.

Locke, E. A., & Latham, G. P. (1990). *A theory of goal setting and task performance.* Englewood Cliffs, NJ: Prentice-Hall.

Loher, B. T., Noe, R. A., Moeller, N. L., & Fitzgerald, M. P. (1985). A meta-analysis of the relation of job characteristics to job satisfaction. *Journal of Applied Psychology, 70,* 280-289.

Lord, R. G., Binning, J. F., Rush, M. C., & Thomas, J. C. (1978). The effect of performance cues and leader behavior on questionnaire ratings of leadership behavior. *Organizational Behavior and Human Performance, 21,* 27-39.

Lord, R. G., & Maher, K. J. (1989). Cognitive processes in industrial and organizational psychology. In C. L. Cooper & I. T. Robertson (Eds.), *International review of industrial and organizational psychology: 1989* (pp. 49-91). Chichester, England: John Wiley.

Lowin, A., & Craig, J. R. (1968). The influence of level of performance on managerial style: An experimental object-lesson in the ambiguity of correlational data. *Organizational Behavior and Human Performance, 3,* 440-458.

Ludwig, T. D., & Geller, E. (1997). Assigned versus participative goal setting and response generalization: Managing injury control among professional pizza deliverers. *Journal of Applied Psychology, 82,* 253-261.

Ludwig, T. D., & Goomas, D. T. (2009). Real-time performance monitoring, goal-setting, and feedback for forklift drivers in a distribution centre. *Journal of Occupational and Organizational Psychology, 82,* 391-403.

Luthar, H. K., & Pastille, C. (2000). Modeling subordinate perceptions of sexual harassment: The role of superior-subordinate social-sexual interaction. *Human Resource Management Review, 10,* 211-244.

Lyness, K. S., & Thompson, D. E. (1997). Above the glass ceiling? A comparison of matched samples of female and male executives. *Journal of Applied Psychology, 82,* 359-375.

Lyness, K. S., & Thompson, D. E. (2000). Climbing the corporate ladder: Do female and male executives follow the same route? *Journal of Applied Psychology, 85,* 86-101.

Machin, M., & Fogarty, G. J. (2003). Perceptions of training-related factors and personal variables as predictors of transfer implementation intentions. *Journal of Business and Psychology, 18,* 51-71.

MacKenzie, S. B., Podsakoff, P. M., & Fetter, R. (1991). Organizational citizenship behavior and objective productivity as determinants of managerial evaluations of salespersons' performance. *Organizational Behavior and Human Decision Processes, 50,* 123-150.

Maertz, C. P., Jr., & Griffeth, R. W. (2004). Eight motivational forces and voluntary turnover: A theoretical synthesis with implications for research. *Journal of Management, 30,* 667-683.

Majchrzak, A., & Borys, B. (1998). Computer-aided technology and work: Moving the field forward. In C. L. Cooper & I. T. Robertson (Eds.), *International review of industrial and organizational psychology: 1998* (pp. 305-354). Chichester, England: John Wiley.

Major, V. S., Klein, K. J., & Ehrhart, M. G. (2002). Work time, work interference with family, and psychological distress. *Journal of Applied Psychology, 87,* 427-436.

Man, D. C., & Lam, S. S. (2003). The effects of job complexity and autonomy on cohesiveness in collectivistic and individualistic work groups: A crosscultural analysis. *Journal of Organizational Behavior, 24,* 979-1001.

Mannix, E., & Neale, M. A. (2005). What differences make a difference? The promise and reality of diverse teams in organizations. *Psychological Science in the Public Interest, 6,* 31-55.

Marcus, B. (2009). "Faking" from the applicant's perspective: A theory of self-presentation in personnel selection settings. *International Journal of Selection and Assessment, 17,* 417-430.

Marcus, B., Lee, K., & Ashton, M. C. (2007). Personality dimensions explaining relationships between integrity tests and counterproductive behavior: Big Five, or one in addition? *Personnel Psychology, 60,* 1-34.

Marks, M. L., Mirvis, P. H., Hackett, E. J., & Grady, J. F. (1986). Employee participation in a quality circle program: Impact on quality of work life, productivity, and absenteeism. *Journal of Applied Psychology, 71,* 61-69.

Martins, L. L., Gilson, L. L., & Maynard, M. (2004). Virtual teams: What do we know and where do we go from here? *Journal of Management, 30,* 805-835.

Maslach, C. (1998). A multidimensional theory of burnout. In C. L. Cooper (Ed.), *Theories of organizational stress* (pp. 68-85). Oxford, England: Oxford University Press.

Maslow, A. H. (1943). A theory of human motivation. *Psychological Review, 50,* 370-396.

Mastrangelo, P. M., & Popovich, P. M. (2000). Employees' attitudes toward drug testing, perceptions of organizational climate, and withdrawal from the employer. *Journal of Business and Psychology, 15,* 3-18.

Mathieu, J. E., & Kohler, S. S. (1990). A cross-level examination of group absence influences on individual absence. *Journal of Applied Psychology, 75,* 217-220.

Mathieu, J. E., Martineau, J. W., & Tannenbaum, S. I. (1993). Individual and situational influences on the development of self-efficacy: Implications for training effectiveness. *Personnel Psychology, 46,* 125-147.

Maurer, T. J., Mitchell, D. R., & Barbeite, F. G. (2002). Predictors of attitudes toward a 360-degree feedback system and involvement in post-feedback management development activity. *Journal of Occupational and Organizational Psychology, 75,* 87-107.

Maurer, T. J., Solamon, J. M., Andrews, K. D., & Troxtel, D. D.

(2001). Interviewee coaching, preparation strategies, and response strategies in relation to performance in situational employment interviews: An extension of Maurer, Solamon, and Troxtel (1998). *Journal of Applied Psychology, 86,* 709-717.

Mayer, R. C., & Davis, J. H. (1999). The effect of the performance appraisal system on trust for management: A field quasi-experiment. *Journal of Applied Psychology, 84,* 123-136.

McBride, J. R. (1998). Innovations in computer-based ability testing: Promise, problems, and perils. In M. D. Hakel (Ed.), *Beyond multiple choice: Evaluating alternatives to traditional testing for selection* (pp. 23-39). Mahwah, NJ: Lawrence Erlbaum.

McCormick, E. J., Jeanneret, P. R., & Mecham, R. C. (1972). A study of job characteristics and job dimensions as based on the Position Analysis Questionnaire (PAQ). *Journal of Applied Psychology, 56,* 347-368.

McCulloch, S. (1993). Recent trends in international assessment. *International Journal of Selection and Assessment, 1,* 59-61.

McGlynn, R. P., McGurk, D., Effland, V. S., Johll, N. L., & Harding, D. J. (2004). Brainstorming and task performance in groups constrained by evidence. *Organizational Behavior and Human Decision Processes, 93,* 75-87.

McGregor, D. M. (1960). *The human side of enterprise.* New York, NY: McGraw-Hill.

McIntire, S. A., & Levine, E. L. (1991). Combining personality variables and goals to predict performance. *Journal of Vocational Behavior, 38,* 288-301.

McKay, P. F., & McDaniel, M. A. (2006). A reexamination of black-white mean differences in work performance: More data, more moderators. *Journal of Applied Psychology, 91,* 538-554.

McMahan, G. C., & Woodman, R. W. (1992). The current practice of organization development within the firm. *Group and Organization Management, 17,* 117-134.

McManus, M. A., & Ferguson, M. W. (2003). Biodata, personality, and demographic differences of recruits from three sources. *International Journal of Selection and Assessment, 11,* 175-183.

McManus, M. A., & Kelly, M. L. (1999). Personality measures and biodata: Evidence regarding their incremental predictive value in the life insurance industry. *Personnel Psychology, 52,* 137-148.

McNeely, B. L., & Meglino, B. M. (1994). The role of dispositional and situational antecedents in prosocial organizational behavior: An examination of the intended beneficiaries of prosocial behavior. *Journal of Applied Psychology, 79,* 836-844.

Meglino, B. M., DeNisi, A. S., & Ravlin, E. C. (1993). Effects of previous job exposure and subsequent job status on the functioning of a realistic job preview. *Personnel Psychology, 46,* 803-822.

Meglino, B. M., Ravlin, E. C., & DeNisi, A. S. (2000). A meta-analytic examination of realistic job preview effectiveness: A test of three counterintuitive propositions. *Human Resource Management Review, 10,* 407-434.

Melamed, S., Fried, Y., & Froom, P. (2001). The interactive effect of chronic exposure to noise and job complexity on changes in blood pressure and job satisfaction: A longitudinal study of industrial employees. *Journal of Occupational Health Psychology, 6,* 182-195.

Melamed, S., Shirom, A., Toker, S., Berliner, S., & Shapira, I. (2006). Burnout and risk of cardiovascular disease: Evidence, possible causal paths, and promising research directions. *Psychological Bulletin, 132,* 327-353.

Merchant, J. A., & Lundell, J. A. (2001). *Workplace violence: A report to the nation.* Iowa City, IA: University of Iowa.

Meyer, J. P., Allen, N. J., & Smith, C. A. (1993). Commitment to organizations and occupations: Extension and test of a three-component conceptualization. *Journal of Applied Psychology, 78,* 538-551.

Meyer, J. P., Stanley, D. J., Herscovitch, L., & Topolnytsky, L. (2002). Affective, continuance, and normative commitment to the organization: A meta-analysis of antecedents, correlates, and consequences. *Journal of Vocational Behavior, 61,* 20-52.

Michel, J. S., Mitchelson, J. K., Kotrba, L. M., LeBreton, J. M., & Baltes, B. B. (2009). A comparative test of work-family conflict models and critical examination of work-family linkages. *Journal of Vocational Behavior, 74,* 199-218.

Milam, A. C., Spitzmueller, C., & Penney, L. M. (2009). Investigating individual differences among targets of workplace incivility. *Journal of Occupational Health Psychology, 14,* 58-69.

Mitchell, K. E., Alliger, G. M., & Morfopoulos, R. (1997). Toward an ADA-appropriate job analysis. *Human Resource Management Review, 7,* 5-26.

Mitra, A., Jenkins, G., & Gupta, N. (1992). A meta-analytic review of the relationship between absence and turnover. *Journal of Applied Psychology, 77,* 879-889.

Mohammed, S., & Angell, L. C. (2004). Surface- and deep-level diversity in workgroups: Examining the moderating effects of team orientation and team process on relationship conflict. *Journal of Organizational Behavior, 25,* 1015-1039.

Mohammed, S., & Dumville, B. C. (2001). Team mental models in a team knowledge framework: Expanding theory and measurement across disciplinary boundaries. *Journal of Organizational Behavior, 22,* 89-106.

Moorhead, G., Ference, R., & Neck, C. P. (1991). Group decision fiascoes continue: Space shuttle *Challenger* and a revised groupthink framework. *Human Relations, 44,* 539-550.

Morgeson, F. P., & Campion, M. A. (1997). Social and cognitive sources of potential inaccuracy in job analysis. *Journal of Applied Psychology, 82,* 627-655.

Morgeson, F. P., Campion, M. A., & Maertz, C. P. (2001). Understanding pay satisfaction: The limits of a compensation system implementation. *Journal of Business and Psychology, 16,* 133-149.

Morgeson, F. P., Delaney-Klinger, K., Mayfield, M. S., Ferrara, P., & Campion, M. A. (2004). Self-presentation processes in job analysis: A field experiment investigating inflation in abilities, tasks, and competencies. *Journal of Applied Psychology, 89,* 674-686.

Morgeson, F. P., Reider, M. H., & Campion, M. A. (2005). Selecting individuals in team settings: The importance of social skills, personality characteristics, and teamwork knowledge. *Personnel Psychology, 58,* 583-611.

Morin, L., & Latham, G. P. (2000). The effect of mental practice and goal setting as a transfer of training intervention on supervisors' self-efficacy and communication skills: An exploratory study. *Applied Psychology: An International Review, 49,* 566-578.

Morrow, C. C., Jarrett, M., & Rupinski, M. T. (1997). An investigation of the effect and economic utilityof corporate-wide training. *Personnel Psychology, 50,* 91-119.

Moser, K. (2005). Recruitment sources and post-hire outcomes: The mediating role of unmet expectations. *International Journal of Selection and Assessment, 13,* 188-197.

Mount, M. K., Witt, L., & Barrick, M. R. (2000). Incremental validity of empirically keyed biodata scales over GMA and the five factor personality constructs. *Personnel Psychology, 53,* 299-323.

Mowday, R. T., Steers, R. M., & Porter, L.W. (1979). The measurement of organizational commitment. *Journal of Vocational Behavior, 14,* 224-247.

Mullarkey, S., Jackson, P. R., Wall, T. D., Wilson, J. R., & Grey-Taylor, S. M. (1997). The impact of technology characteristics and job control on worker mental health. *Journal of Organizational Behavior, 18,* 471-489.

Mumford, M. D. (1999). Construct validity and background data: Issues, abuses, and future directions. *Human Resource Management Review, 9,* 117-145.

Munene, J. (1995). "Not-on-seat": An investigation of some correlates of organisational citizenship behaviour in Nigeria. *Applied Psychology: An International Review, 44,* 111-122.

Murphy, K. R. (2000). Impact of assessments of validity generalization and situational specificity on the science and practice of personnel selection. *International Journal of Selection and Assessment, 8,* 194-206.

Murphy, K. R., Cronin, B. E., & Tam, A. P. (2003). Controversy and consensus regarding the use of cognitive ability testing in organizations. *Journal of Applied Psychology, 88,* 660-671.

Murphy, K. R., Gannett, B. A., Herr, B. M., & Chen, J. A. (1986). Effects of subsequent performance on evaluations of previous performance. *Journal of Applied Psychology, 71,* 427-431.

Murphy, K. R., Jako, R. A., & Anhalt, R. L. (1993). Nature and consequences of halo error: A critical analysis. *Journal of Applied Psychology, 78,* 218-225.

Narayanan, L., Menon, S., & Spector, P. (1999). A cross-cultural comparison of job stressors and reactionsamong employees holding comparable jobs in two countries. *International Journal of Stress Management, 6,* 197-212.

Nathan, B. R., & Lord, R. G. (1983). Cognitive categorization and dimensional schemata: A process approach to the study of halo in performance ratings. *Journal of Applied Psychology, 68,* 102-114.

Nathan, B. R., & Tippins, N. (1990). The consequences of halo "error" in performance ratings: A field study of the moderating effect of halo on test validation results. *Journal of Applied Psychology, 75,* 290-296.

National Institute for Occupational Safety and Health. (1996). Violence in the workplace: Risk factors and prevention strategies. Retrieved May 29, 2010, from http://www.cdc.gov/niosh/violcont.html

National Institute for Occupational Safety and Health. (2004). Workplace violence prevention strategies and research needs. Retrieved June 6, 2010, from http://www.cdc.gov/niosh/docs/2006-144/pdfs/2006-144.pdf

National Safety Council. (1992). *Sound sense.* Itasca, IL: Author.

National Safety Council. (2005-2006). *Injury facts* (2005-2006 ed.). Itasca, IL: Author.

Neal, A., & Griffin, M. A. (2006). A study of the lagged relationships among safety climate, safety motivation, safety behavior, and accidents at the individual and group levels. *Journal of Applied Psychology, 91,* 946-953.

Neininger, A., Lehmann-Willenbrock, N., Kauffeld, S., & Henschel, A. (2010). Effects of team and organizational commitment—A longitudinal study. *Journal of Vocational Behavior, 76,* 567-579.

Neuman, G. A., Edwards, J. E., & Raju, N. S. (1989). Organizational development interventions: A metaanalysis of their effects on satisfaction and other attitudes. *Personnel Psychology, 42,* 461-489.

Neuman, J. H., & Baron, R. A. (1997). Aggression in the workplace. In R. A. Giacalone & J. Greenberg (Eds.), *Antisocial behavior in organizations* (pp. 37-67). Thousand Oaks, CA: Sage.

Newell, S., & Tansley, C. (2001). International uses of selection methods. In C. L. Cooper & I. T. Robertson (Eds.), *International review of industrial and organizational psychology* (pp. 195-213). Chichester, England: John Wiley.

Newnam, S., Griffin, M. A., & Mason, C. (2008). Safety in work vehicles: A multilevel study linking safety values and individual predictors to work-related driving crashes. *Journal of Applied Psychology, 93,* 632-644.

Newton, R., & Doonga, N. (2007). Corporate e-learning: Justification for implementation and evaluation of benefits. A study examining the views of training managers and training providers. *Education for Information, 25,* 111-130.

Newton, T., & Keenan, T. (1991). Further analyses of the dispositional argument in organizational behavior. *Journal of Applied Psychology, 76,* 781-787.

Ng, T. W., Butts, M. M., Vandenberg, R. J., DeJoy, D. M., & Wilson, M. G. (2006). Effects of management communication, opportunity for learning, and work schedule flexibility on organizational commitment. *Journal of Vocational Behavior, 68,* 474-489.

Ng, T. W., & Feldman, D. C. (2008a). Long work hours: A social identity perspective on meta-analysis data. *Journal of Organizational Behavior, 29,* 853-880.

Ng, T. W., & Feldman, D. C. (2008b). The relationship of age to ten dimensions of job performance. *Journal of Applied Psychology, 93,* 392-423.

Ng, T. W., Sorensen, K. L., & Eby, L. T. (2006). Locus of control at work: A meta-analysis. *Journal of Organizational Behavior, 27,* 1057-1087.

Nicholson, N., & Johns, G. (1985). The absence culture and the psychological contract: Who's in control of absence? *Academy of Management Review, 10,* 397-407.

Noe, R. A., & Schmitt, N. (1986). The influence of trainee attitudes on training effectiveness: Test of a model. *Personnel Psychology, 39,* 497-523.

Nordander, C., Ohlsson, K., Akesson, I., Arvidsson, I., Balogh, I., Hansson, G.-A., ... Skerfving, S. (2009). Risk of musculoskeletal disorders among females and males in repetitive/constrained work. *Ergonomics, 52,* 1226-1239.

Northhouse, P. G. (2004). *Leadership theory and practice* (3rd ed.). Thousand Oaks, CA: Sage.

O'Brien, K. E., Biga, A., Kessler, S. R., & Allen, T. D. (2010). A meta-analytic investigation of gender differences in mentoring. *Journal of Management, 36,* 537-554.

O'Connor, E. J., Peters, L. H., Rudolf, C. J., & Pooyan, A. (1982). Situational constraints and employee affective reactions: A partial field replication. *Group and Organization Studies, 7,* 418-428.

Oiry, E. (2009). Electronic human resource management: Organizational responses to role conflicts created by e-learning. *International Journal of Training and Development, 13,* 111-123.

Oldham, G. R., Cummings, A., Mischel, L. J., Schmidtke, J. M., & Zhou, J. (1995). Listen while you work? Quasi-experimental relations between personal-stereo headset use and employee work responses. *Journal of Applied Psychology, 80,* 547-564.

Ones, D. S., & Anderson, N. (2002). Gender and ethnic group differences on personality scales in selection: Some British data. *Journal of Occupational and Organizational Psychology, 75,* 255-276.

Ones, D. S., Dilchert, S., Viswesvaran, C., & Salgado, J. F. (2010). Cognitive abilities. In J. L. Farr & N. Tippins (Eds.), *Handbook of employee selection* (pp. 255-275). New York, NY: Routledge.

Ones, D. S., & Viswesvaran, C. (1998). Gender, age, and race differences on overt integrity tests: Results across four large-scale job applicant datasets. *Journal of Applied Psychology, 83,* 35-42.

Organ, D. W., & Konovsky, M. (1989). Cognitive versus affective determinants of organizational citizenship behavior. *Journal of Applied Psychology, 74,* 157-164.

Osborn, A. F. (1957). *Applied imagination* (Rev. ed.). New York, NY: Scribner.

Osgood, C. E., Teannenbaum, P. H., & Suci, G. J. (1957). *The measurement of meaning.* Urbana, IL: University of Illinois Press.

Ouchi, W. G. (1981). *Theory Z.* New York, NY: Avon.

Palliser, C., Firth, H., Feyer, A., & Paulin, S. (2005). Musculoskeletal discomfort and work-related stress in New Zealand dentists. *Work and Stress, 19,* 351-359.

Parasuraman, S., & Purohit, Y. S. (2000). Distress and boredom among orchestra musicians: The two faces of stress. *Journal of Occupational Health Psychology, 5,* 74-83.

Paronto, M. E., Truxillo, D. M., Bauer, T. N., & Leo, M. C. (2002). Drug testing, drug treatment, and marijuana use: A fairness perspective. *Journal of Applied Psychology, 87,* 1159-1166.

Parry, E., & Wilson, H. (2009). Factors influencing the adoption of online recruitment. *Personnel Review, 38,* 655-673.

Pasmore, W. A., Francis, C., Haldeman, J., & Shani, A. (1982). Sociotechnical systems: A North American reflection on empirical studies of the seventies. *Human Relations, 35,* 1179-1204.

Paulus, P. B. (2000). Groups, teams, and creativity: The creative potential of idea-generating groups. *Applied Psychology: An International Review, 49,* 237-262.

Paunonen, S. V., Rothstein, M. G., & Jackson, D. N. (1999). Narrow reasoning about the use of broad personality measures for personnel selection [Comment/Reply]. *Journal of Organizational Behavior, 20,* 389-405.

Payne, S. C., Youngcourt, S. S., & Beaubien, J. (2007). A meta-analytic examination of the goal orientation nomological net. *Journal of Applied Psychology, 92,* 128-150.

Pearson, C. A., & Chong, J. (1997). Contributions of job content and social information on organizational commitment and job satisfaction: An exploration in a Malaysian nursing context. *Journal of Occupational and Organizational Psychology, 70,* 357-374.

Pedalino, E., & Gamboa, V. U. (1974). Behavior modification and absenteeism: Intervention in one industrial setting. *Journal of Applied Psychology, 59,* 694-698.

Penfield, R. D. (2006). Applying Bayesian item selection approaches to adaptive tests using polytomous items. *Applied Measurement in Education, 19,* 1-20.

Penney, L. M., & Spector, P. E. (2005). Job stress, incivility, and counterproductive work behavior (CWB): The moderating role of negative affectivity. *Journal of Organizational Behavior, 26,* 777-796.

Pensri, P., Janwantanakul, P., & Chaikumarn, M. (2009). Prevalence of self-reported musculoskeletal symptoms in salespersons. *Occupational Medicine, 59,* 499-501.

Pervin, L. A. (1993). *Personality: Theory and research* (6th ed.). New York, NY: John Wiley.

Peters, L. H., Hartke, D. D., & Pohlmann, J. T. (1985). Fiedler's Contingency Theory of Leadership: An application of the meta-analysis procedures of Schmidt and Hunter. *Psychological Bulletin, 97,* 274-285.

Peters, L. H., & O'Connor, E. J. (1980). Situational constraints and work outcomes: The influences of a frequently overlooked construct. *Academy of Management Review, 5,* 391-397.

Peterson, N. G., Mumford, M. D., Borman, W. C., Jeanneret, P., Fleishman, E. A., Levin, K. Y., ... Dye, D. M. (2001). Understanding work using the occupational information network (O*NET). *Personnel Psychology, 54,* 451-492.

Pew Research Center. (2002). Online job hunting: A Pew internet project data memo. Retrieved September 29, 2010, from http://www.pewinternet.org/Press-Releases/2002/Online-Job-Hunting-A-Pew-Internet-Project-Data-Memo.aspx

Pichler, F., & Wallace, C. (2009). What are the reasons for differences in job satisfaction across Europe? Individual, compositional, and institutional explanations. *European Sociological Review, 25,* 535-549.

Pillai, R., Schriesheim, C. A., & Williams, E. S. (1999). Fairness perceptions and trust as mediators for transformational and transactional leadership: A two-sample study. *Journal of Management, 25,* 897-933.

Podsakoff, N. P., Whiting, S. W., Podsakoff, P. M., & Blume, B. D. (2009). Individual- and organizationallevel consequences of organizational citizenship behaviors: A meta-analysis. *Journal of Applied Psychology, 94,* 122-141.

Podsakoff, P. M., Ahearne, M., & MacKenzie, S. B. (1997). Organizational citizenship behavior and the quantity and quality of work group performance. *Journal of Applied Psychology, 82,* 262-270.

Podsakoff, P. M., MacKenzie, S. B., Ahearne, M., & Bommer, W. H. (1995). Searching for a needle in a haystack: Trying to identify the illusive moderators of leadership behaviors. *Journal of Management, 21,* 423-470.

Potosky, D., & Bobko, P. (2004). Selection testing via the internet: Practical considerations and exploratory empirical findings. *Personnel Psychology, 57,* 1003-1034.

Powell, G. N., & Butterfield, D. (1994). Investigating the "glass ceiling" phenomenon: An empirical study of actual promotions to top management. *Academy of Management Journal, 37,* 68-86.

Powell, G. N., Butterfield, D., & Parent, J. D. (2002). Gender and managerial stereotypes: Have the times changed? *Journal of Management, 28,* 177-193.

Premack, S. L., & Wanous, J. P. (1985). A meta-analysis of realistic job preview experiments. *Journal of Applied Psychology, 70,* 706-719.

Raabe, B., & Beehr, T. A. (2003). Formal mentoring, versus supervisor and coworker relationships: Differences in perceptions and impact. *Journal of Organizational Behavior, 24,* 271-293.

Raabe, B., Frese, M., & Beehr, T. A. (2007). Action regulation theory and career self-management. *Journal of Vocational Behavior, 70,* 297-311.

Rafferty, A. E., & Griffin, M. A. (2006). Perceptions of organizational change: A stress and coping perspective. *Journal of Applied Psychology, 91,* 1154-1162.

Raggatt, P. T. (1991). Work stress among long-distance coach drivers: A survey and correlational study. *Journal of Organizational Behavior, 12,* 565-579.

Rain, J. S., Lane, I. M., & Steiner, D. D. (1991). A current look at the job satisfaction/life satisfaction relationship: Review and future considerations. *Human Relations, 44,* 287-307.

Raju, N. S., Burke, M. J., & Normand, J. (1990). A new approach for utility analysis. *Journal of Applied Psychology, 75,* 3-12.

Ralston, D. A. (1989). The benefits of flextime: Real or imagined? *Journal of Organizational Behavior, 10,* 369-373.

Randle, C. W. (1956). How to identify promotable executives. *Harvard Business Review, 34,* 122-134.

Raver, J. L., & Nishii, L. H. (2010). Once, twice, or three times as harmful? Ethnic harassment, gender harassment, and generalized workplace harassment. *Journal of Applied Psychology, 95,* 236-254.

Rayner, C., & Keashly, L. (2005). Bullying at work: A perspective from Britain and North America. In S. Fox & P. E. Spector (Eds.), *Counterproductive work behavior: Investigations of actors and targets.* (pp. 271-296). Washington, DC: American Psychological Association.

Reilly, R. R., Henry, S., & Smither, J. W. (1990). An examination of the effects of using behavior checklists on the construct validity of assessment center dimensions. *Personnel Psychology, 43,* 71-84.

Reynolds, D. H., & Dickter, D. N. (2010). Technology and employee selection. In J. L. Farr & N. T. Tippins (Eds.), *Handbook of employee selection* (pp. 171-193). New York, NY: Routledge.

Rice, R. W., Phillips, S. M., & McFarlin, D. B. (1990). Multiple discrepancies and pay satisfaction. *Journal of Applied Psychology, 75,* 386-393.

Richman, W. L., Kiesler, S., Weisband, S., & Drasgow, F. (1999). A meta-analytic study of social desirability distortion in computer-administered questionnaires, traditional questionnaires, and interviews. *Journal of Applied Psychology, 84,* 754-775.

Rickett, B., Orbell, S., & Sheeran, P. (2006). Socialcognitive determinants of hoist usage among health care workers. *Journal of Occupational Health Psychology, 11,* 182-196.

Robbins, T. L., & DeNisi, A. S. (1994). A closer look at interpersonal affect as a distinct influence on cognitive processing in performance evaluations. *Journal of Applied Psychology, 79,* 341-353.

Robert, C., Probst, T. M., Martocchio, J. J., Drasgow, F., & Lawler, J. J. (2000). Empowerment and continuous improvement in the United States, Mexico, Poland, and India: Predicting fit on the basis of the dimensions of power distance and individualism. *Journal of Applied Psychology, 85,* 643-658.

Robertson, I. T., & Kandola, R. S. (1982). Work sample tests: Validity, adverse impact and applicant reaction. *Journal of Occupational and Organizational Psychology, 55,* 171-183.

Robinson, D. D., Wahlstrom, O. W., & Mecham, R. C. (1974). Comparison of job evaluation methods: A "policy-capturing" approach using the Position Analysis Questionnaire. *Journal of Applied Psychology, 59,* 633-637.

Rode, J. C., Mooney, C. H., Arthaud-Day, M. L., Near, J. P., Baldwin, T. T., Rubin, R. S., & Bommer, W. H. (2007). Emotional intelligence and individual performance: Evidence of direct and moderated effects. *Journal of Organizational Behavior, 28,* 399-421.

Rodgers, R., & Hunter, J. E. (1991). Impact of management by objectives on organizational productivity. *Journal of Applied Psychology, 76,* 322-336.

Roethlisberger, F. J. (1941). *Management and morale.* Cambridge, MA: Harvard University Press.

Roethlisberger, F. J., & Dickson, W. J. (1939). *Management and the worker.* Cambridge, MA: Harvard University Press.

Rohrer, D., Taylor, K., Pashler, H., Wixted, J. T., & Cepeda, N. J. (2005). The effect of overlearning on long-term retention. *Applied Cognitive Psychology, 19,* 361-374.

Rosenthal, R. (1991). *Meta-analytic procedures for social research* (Rev. ed.). Thousand Oaks, CA: Sage.

Roth, P. E., & Campion, J. E. (1992). An analysis of the predictive power of the panel interview and preemployment tests. *Journal of Occupational and Organizational Psychology, 65,* 51-60.

Roth, P. L., Bobko, P., & Switzer, F. S., III. (2006). Modeling the behavior of the 4/5ths rule for determining adverse impact: Reasons for caution. *Journal of Applied Psychology, 91,* 507-522.

Rottinghaus, P. J., Hees, C. K., & Conrath, J. A. (2009). Enhancing job satisfaction perspectives: Combining Holland themes and basic interests. *Journal of Vocational Behavior, 75,* 139-151.

Rotundo, M., & Sackett, P. R. (2002). The relative importance of task, citizenship, and counterproductive performance to global ratings of job performance: A policy-capturing approach. *Journal of Applied Psychology, 87,* 66-80.

Rowson, A.-M. (1998). Using 360 degree feedback instruments up, down and around the world: Implications for global implementation and use of multi-rater feedback. *International Journal of Selection and Assessment, 6,* 45-48.

Russell, C. J., Colella, A., & Bobko, P. (1993). Expanding the context of utility: The strategic impact of personnel selection. *Personnel Psychology, 46,* 781-801.

Russell, C. J., & Domm, D. R. (1995). Two field tests of an explanation of assessment centre validity. *Journal of Occupational and Organizational Psychology, 68,* 25-47.

Ryan, A. M., McFarland, L., Baron, H., & Page, R. (1999). An international look at selection practices: Nation and culture as explanations for variability in practice. *Personnel Psychology, 52,* 359-391.

Saari, L. M., Johnson, T. R., McLaughlin, S. D., & Zimmerle, D. M. (1988). A survey of management training and education practices in U.S. companies. *Personnel Psychology, 41,* 731-743.

Sagie, A., & Koslowsky, M. (1994). Organizational attitudes and behaviors as a function of participation in strategic and tactical change decisions: An application of path-goal theory. *Journal of Organizational Behavior, 15,* 37-47.

Salgado, J. F. (2003). Predicting job performance using FFM and non-FFM personality measures. *Journal of Occupational and Organizational Psychology, 76,* 323-346.

Salovey, P., & Mayer, J. D. (1989). Emotional intelligence. *Imagination, Cognition and Personality, 9,* 185-211.

Sanchez, J. I., & Fraser, S. L. (1992). On the choice of scales for task analysis. *Journal of Applied Psychology, 77,* 545-553.

Sanchez, J. I., & Levine, E. L. (1994). The impact of raters' cognition on judgment accuracy: An extension to the job analysis domain. *Journal of Business and Psychology, 9,* 47-57.

Sanchez, J. I., & Levine, E. L. (2000). Accuracy or consequential validity: Which is the better standard for job analysis data? *Journal of Organizational Behavior, 21,* 809-818.

Sarafino, E. P. (1990). *Health psychology: Biopsychosocial interactions.* New York, NY: John Wiley.

Savery, L. K., & Wooden, M. (1994). The relative influence of life events and hassles on work-related injuries: Some Australian evidence. *Human Relations, 47,* 283-305.

Scandura, T. A., & Lankau, M. J. (1997). Relationships of gender, family responsibility and flexible work hours to organizational commitment and job satisfaction. *Journal of Organizational Behavior, 18,* 377-391.

Scandura, T. A., Von Glinow, M. A., & Lowe, K. B. (1999). When East meets West: Leadership "best practices" in the United States and the Middle East. In W. H. Mobley, M. J., Gessner, & V. Arnold (Eds.). *Advances in global leadership* (Vol. 1, pp. 235-248). New York City: Elsevier Science/JAI Press.

Schaubroeck, J., & Kuehn, K. (1992). Research design in industrial and organizational psychology. In C. L. Cooper & I. T. Robertson (Eds.), *International review of industrial and organizational psychology: 1992* (pp. 99-121). Chichester, England: John Wiley.

Schein, V. E., Mueller, R., Lituchy, T., & Liu, J. (1996). Think manager—think male: A global phenomenon? *Journal of Organizational Behavior, 17,* 33-41.

Schippers, M. C., Den Hartog, D. N., Koopman, P. L., & Wienk, J. A. (2003). Diversity and team outcomes: The moderating effects of outcome interdependence and group longevity and the mediating effect of reflexivity. *Journal of Organizational Behavior, 24,* 779-802.

Schleicher, D. J., Watt, J. D., & Greguras, G. J. (2004). Reexamining the job satisfaction-performance relationship: The complexity of attitudes. *Journal of Applied Psychology, 89,* 165-177.

Schmidt, F. L., & Hunter, J. E. (1977). Development of a general solution to the problem of validity generalization. *Journal of Applied Psychology, 62,* 529-540.

Schmidt, F. L., & Rader, M. (1999). Exploring the boundary condition for interview validity: Meta-analytic validity findings for a new interview type. *Personnel Psychology, 52,* 445-464.

Schmidt, F. L., & Zimmerman, R. D. (2004). A counterintuitive hypothesis about employment interview validity and some supporting evidence. *Journal of Applied Psychology, 89,* 553-561.

Schmitt, N., & Chan, D. (1998). *Personnel selection: A theoretical approach.* Thousand Oaks, CA: Sage.

Schmitt, N., Gooding, R. Z., Noe, R. A., & Kirsch, M. (1984). Meta-analyses of validity studies published between 1964 and 1982 and the investigation of study characteristics. *Personnel Psychology, 37,* 407-422.

Schneider, K. T., Hitlan, R. T., & Radhakrishnan, P. (2000). An examination of the nature and correlates of ethnic harassment experiences in multiple contexts. *Journal of Applied Psychology, 85,* 3-12.

Schneider, K. T., Swan, S., & Fitzgerald, L. F. (1997). Job-related and psychological effects of sexual harassment in the workplace: Empirical evidence from two organizations. *Journal of Applied Psychology, 82,* 401-415.

Schriesheim, C. A., Powers, K. J., Scandura, T. A., Gardiner, C. C., & Lankau, M. E. (1993). Improving construct measurement in management research: Comments and a quantitative approach for assessing the theoretical content adequacy of paper-and-pencil survey-type instruments. *Journal of Management, 19,* 385-417.

Schriesheim, J. F. (1980). The social context of leader-subordinate relations: An investigation of the effects of group cohesiveness. *Journal of Applied Psychology, 65,* 183-194.

Schwab, D. P., & Grams, R. (1985). Sex-related errors in job evaluation: A "real-world" test. *Journal of Applied Psychology, 70,* 533-539.

Shadish, W. R., Cook, T. D., & Campbell, D. T. (2002). *Experimental and quasi-experimental designs for generalized causal inference.* Boston, MA: Houghton Mifflin.

Shechtman, Z. (1992). A group assessment procedure as a predictor of on-the-job performance of teachers. *Journal of Applied Psychology, 77,* 383-387.

Shields, M. (2006). Unhappy on the job. *Health Reports, 17,* 33-37.

Shockley, K. M., & Allen, T. D. (2010). Investigating the missing link in flexible work arrangement utilization: An individual difference perspective. *Journal of Vocational Behavior, 76,* 131-142.

Simon, S. J., & Werner, J. M. (1996). Computer training through behavior modeling, self-paced, and instructional approaches: A field experiment. *Journal of Applied Psychology, 81,* 648-659.

Sinclair, R. C. (1988). Mood, categorization breadth, and performance appraisal: The effects of order of information acquisition and affective state on halo, accuracy, information retrieval, and evaluations. *Organizational Behavior and Human Decision Processes, 42,* 22-46.

Sitzmann, T., Kraiger, K., Stewart, D., & Wisher, R. (2006). The comparative effectiveness of web-based and classroom instruction: A meta-analysis. *Personnel Psychology, 59,* 623-664.

Siu, O.-l., Lu, L., & Cooper, C. L. (1999). Managerial stress in Hong Kong and Taiwan: A comparative study. *Journal of Managerial Psychology, 14,* 6-25.

Smith, C., Organ, D. W., & Near, J. P. (1983). Organizational citizenship behavior: Its nature and antecedents. *Journal of Applied Psychology, 68,* 653-663.

Smith, J. E., & Hakel, M. D. (1979). Convergence among data sources, response bias, and reliability and validity of a structured job analysis questionnaire. *Personnel Psychology, 32,* 677-692.

Smith, M. J., Hurrell, J. J., Jr., & Murphy, R. K., Jr. (1981). Stress and health effects in paced and unpaced work. In G. Salvendy & M. J. Smith (Eds.), *Machine pacing and occupational stress* (pp. 261-267). London, England: Taylor & Francis.

Smith, P. C., & Kendall, L. (1963). Retranslation of expectations: An approach to the construction of unambiguous anchors for rating scales. *Journal of Applied Psychology, 47,* 149-155.

Smith, P. C., Kendall, L. M., & Hulin, C. L. (1969). The measurement of satisfaction in work and retirement: A strategy for the study of attitudes. 186.

Smith-Jentsch, K. A., Mathieu, J. E., & Kraiger, K. (2005). Investigating linear and interactive effects of shared mental models on safety and efficiency in a field setting. *Journal of Applied Psychology, 90,* 523-535.

Sobeih, T. M., Salem, O., Daraiseh, N., Genaidy, A., & Shell, R. (2006). Psychosocial factors and musculoskeletal disorders in the construction industry: A systematic review. *Theoretical Issues in Ergonomics Science, 7,* 329-344.

Society for Human Resource Management. (2009). 2009 employee job satisfaction: Understanding the factors that make work gratifying. Retrieved June 1, 2010, from http://www.shrm.org/Research/SurveyFindings/Articles/Documents/09-0282_Emp_Job_Sat_Survey_FINAL.pdf

Society for Industrial and Organizational Psychology. (1985). *Guidelines for education and training at the doctoral level in industrial/organizational psychology*. College Park: University of Maryland.

Solomonson, A. L., & Lance, C. E. (1997). Examination of the relationship between true halo and halo error in performance ratings. *Journal of Applied Psychology, 82,* 665-674.

Somech, A. (2006). The effects of leadership style and team process on performance and innovation in functionally heterogeneous teams. *Journal of Management, 32,* 132-157.

Somech, A., Desivilya, H. S., & Lidogoster, H. (2009). Team conflict management and team effectiveness: The effects of task interdependence and team identification. *Journal of Organizational Behavior, 30,* 359-378.

Somers, M. J. (2009). The combined influence of affective, continuance and normative commitment on employee withdrawal. *Journal of Vocational Behavior, 74,* 75-81.

Somers, M. J., & Birnbaum, D. (2001). Racial differences in work attitudes: What you see depends on what you study. *Journal of Business and Psychology, 15,* 579-591.

Sonnentag, S. (1998). Expertise in professional software design: A process study. *Journal of Applied Psychology, 83,* 703-715.

Sparks, K., Cooper, C., Fried, Y., & Shirom, A. (1997). The effects of hours of work on health: A meta-analytic review. *Journal of Occupational and Organizational Psychology, 70,* 391-408.

Spector, P. E. (1982). Behavior in organizations as a function of employee's locus of control. *Psychological Bulletin, 91,* 482-497.

Spector, P. E. (1985). Measurement of human service staff satisfaction: Development of the Job Satisfaction Survey. *American Journal of Community Psychology, 13,* 693-713.

Spector, P. E. (1986). Perceived control by employees: A meta-analysis of studies concerning autonomy and participation at work. *Human Relations, 39,* 1005-1016.

Spector, P. E. (1992). A consideration of the validity and meaning of self-report measures of job conditions. In C. L. Cooper & I. T. Robertson (Eds.), *International review of industrial and organizational psychology: 1992* (pp. 123-151). West Sussex, England: John Wiley.

Spector, P. E. (2008). Job Satisfaction Survey norms. Retrieved June 1, 2010, from http://shell.cas.usf.edu/?pspector/scales/jssnormstotal.html

Spector, P. E., Brannick, M. T., & Coovert, M. D. (1989). Job analysis. In C. L. Cooper & I. T. Robertson (Eds.), *International review of industrial and organizational psychology: 1989* (pp. 281-328). Oxford, England: John Wiley.

Spector, P. E., Cooper, C. L., Sanchez, J. I., O'riscoll, M., Sparks, K., Bernin, P., ... Yu, S. (2001). Do national levels of individualism and internal locus of control relate to well-being: An ecological level international study. *Journal of Organizational Behavior, 22,* 815-832.

Spector, P. E., Dwyer, D. J., & Jex, S. M. (1988). Relation of job stressors to affective, health, and performance outcomes: A comparison of multiple data sources. *Journal of Applied Psychology, 73,* 11-19.

Spector, P. E., Fox, S., Penney, L. M., Bruursema, K., Goh, A., & Kessler, S. (2006). The dimensionality of counterproductivity: Are all counterproductive behaviors created equal? *Journal of Vocational Behavior, 68,* 446-460.

Spector, P. E., & Jex, S. M. (1991). Relations of job characteristics from multiple data sources with employee affect, absence, turnover intentions, and health. *Journal of Applied Psychology, 76,* 46-53.

Spielberger, C. D. (1996). *State-Trait Anger Expression Inventory, research edition: Professional manual.* Lutz, FL: Psychological Assessment Resources.

Sprigg, C. A., Stride, C. B., Wall, T. D., Holman, D. J., & Smith, P. R. (2007). Work characteristics, musculoskeletal disorders, and the mediating role of psychological strain: A study of call center employees. *Journal of Applied Psychology, 92,* 1456-1466.

Spychalski, A. C., Quiñones, M. A., Gaugler, B. B., & Pohley, K. (1997). A survey of assessment center practices in organizations in the United States. *Personnel Psychology, 50,* 71-90.

Stajkovic, A. D., & Luthans, F. (2003). Behavioral management and task performance in organizations: Conceptual background, meta-analysis, and test of alternative models. *Personnel Psychology, 56,* 155-194.

Stauffer, J. M., & Buckley, M. (2005). The existence and nature of racial bias in supervisory ratings. *Journal of Applied Psychology, 90,* 586-591.

Staw, B. M., Bell, N. E., & Clausen, J. A. (1986). The dispositional approach to job attitudes: A lifetime longitudinal test. *Administrative Science Quarterly, 31,* 56–77.

Staw, B. M., & Cohen-Charash, Y. (2005). The dispositional approach to job satisfaction: More than a mirage, but not yet an oasis: Comment [Comment/Reply]. *Journal of Organizational Behavior, 26,* 59–78.

Stevens, M. J., & Campion, M. A. (1999). Staffing work teams: Development and validation of a selection test for teamwork settings. *Journal of Management, 25,* 207–228.

Stewart, G. L. (2006). A meta-analytic review of relationships between team design features and team performance. *Journal of Management, 32,* 29–55.

Stewart, G. L., Dustin, S. L., Barrick, M. R., & Darnold, T. C. (2008). Exploring the handshake in employment interviews. *Journal of Applied Psychology, 93,* 1139–1146.

Stogdill, R. M. (1963). *Manual for the Leader Behavior Description Questionnaire—Form XII.* Columbus, OH: Ohio State University.

Stokes, G. S., & Searcy, C. A. (1999). Specification of scales in biodata form development: Rational vs. empirical and global vs. specific. *International Journal of Selection and Assessment, 7,* 72–85.

Stokes, G. S., Toth, C. S., Searcy, C. A., Stroupe, J. P., & Carter, G. W. (1999). Construct/rational biodata dimensions to predict salesperson performance: Report on the U.S. Department of Labor sales study. *Human Resource Management Review, 9,* 185–218.

Straus, S. G., Miles, J. A., & Levesque, L. L. (2001). The effects of videoconference, telephone, and face-to-face media on interviewer and applicant judgments in employment interviews. *Journal of Management, 27,* 363–381.

Strauss, A., & Corbin, J. (1990). *Basics of qualitative research.* Thousand Oaks, CA: Sage.

Strube, M. J., & Garcia, J. E. (1981). A metaanalytic investigation of Fiedler's contingency model of leadership effectiveness. *Psychological Bulletin, 90,* 307–321.

Sundvik, L., & Lindeman, M. (1998). Performance rating accuracy: Convergence between supervisor assessment and sales productivity. *International Journal of Selection and Assessment, 6,* 9–15.

Sweeney, P. D., & McFarlin, D. B. (1997). Process and outcome: Gender differences in the assessment of justice. *Journal of Organizational Behavior, 18,* 83–98.

Swider, B. W., & Zimmerman, R. D. (2010). Born to burnout: A meta-analytic path model of personality, job burnout, and work outcomes. *Journal of Vocational Behavior, 76,* 487–506.

Sy, T., Tram, S., & O'Hara, L. A. (2006). Relation of employee and manager emotional intelligence to job satisfaction and performance. *Journal of Vocational Behavior, 68,* 461–473.

Sygnatur, E. F., & Toscano, G. A. (2000, Spring). Workrelated homicides: The facts. *Compensation and Working Conditions,* 3–.

Sylva, H., & Mol, S. T. (2009). E-recruitment: A study into applicant perceptions of an online application system. *International Journal of Selection and Assessment,* 17, 311–323.

Talas, M. S. (2009). Occupational exposure to blood and body fluids among Turkish nursing students during clinical practice training: Frequency of needlestick/sharp injuries and hepatitis B immunisation. *Journal of Clinical Nursing, 18,* 1394–1403.

Taylor, F. W. (1911). *Scientific management.* New York, NY: Harper & Row.

Taylor, M. S., Tracy, K. B., Renard, M. K., Harrison, J. K., & Carroll, S. J. (1995). Due process in performance appraisal: A quasi-experiment in procedural justice. *Administrative Science Quarterly, 40,* 495–523.

Taylor, P. J., Russ-Eft, D. F., & Chan, D. W. (2005). A meta-analytic review of behavior modeling training. *Journal of Applied Psychology, 90,* 692–709.

Taylor, P. J., Russ-Eft, D. F., & Taylor, H. (2009). Transfer of management training from alternative perspectives. *Journal of Applied Psychology, 94,* 104–121.

Tesluk, P. E., & Mathieu, J. E. (1999). Overcoming roadblocks to effectiveness: Incorporating management of performance barriers into models of work group effectiveness. *Journal of Applied Psychology, 84,* 200–217.

Tett, R. P., & Burnett, D. D. (2003). A personality traitbased interactionist model of job performance. *Journal of Applied Psychology, 88,* 500–517.

Tett, R. P., Steele, J. R., & Beauregard, R. S. (2003). Broad and narrow measures on both sides of the personality–job performance relationship. *Journal of Organizational Behavior, 24,* 335–356.

Tharenou, P. (1993). A test of reciprocal causality for absenteeism. *Journal of Organizational Behavior, 14,* 269–287.

Thorndike, E. L. (1913). *Educational psychology: The psychology of learning* (Vol. 2). New York, NY: Teachers College Press.

Timmerman, G., & Bajema, C. (2000). The impact of organizational culture on perceptions and experiences of sexual harassment. *Journal of Vocational Behavior, 57,* 188-205.

Totterdell, P., Spelten, E., Smith, L., Barton, J., & Folkard, S. (1995). Recovery from work shifts: How long does it take? *Journal of Applied Psychology, 80,* 43-57.

Towler, A. J. (2003). Effects of charismatic influence training on attitudes, behavior, and performance. *Personnel Psychology, 56,* 363-381.

Treiman, D. J. (1979). *Job evaluation: An analytical review (Interim report to the Equal Employment Opportunity Commission).* Washington, DC: National Academy of Sciences.

Trevor, C. O. (2001). Interactions among actual easeof-movement determinants and job satisfaction in the prediction of voluntary turnover. *Academy of Management Journal, 44,* 621-638.

Trevor, C. O., Gerhart, B., & Boudreau, J. W. (1997). Voluntary turnover and job performance: Curvilinearity and the moderating influences of salary growth and promotions. *Journal of Applied Psychology, 82,* 44-61.

Triandis, H. C. (2003). The future of workforce diversity in international organisations: A commentary. *Applied Psychology: An International Review, 52,* 486-495.

Triplett, N. (1897). The dynamogenic factors in pacemaking competition. *American Journal of Psychology, 8,* 507-533.

Trist, E. L., & Bamforth, K. W. (1951). Some social and psychological consequences of the longwall method of coal-getting. *Human Relations, 4,* 3-38.

Tubre, T. C., & Collins, J. M. (2000). Jackson and Schuler (1985) revisited: A meta-analysis of the relationships between role ambiguity, role conflict, and job performance. *Journal of Management, 26,* 155-169.

Turban, D. B., & Cable, D. M. (2003). Firm reputation and applicant pool characteristics. *Journal of Organizational Behavior, 24,* 733-751.

U.S. Department of Labor. (1977). *Dictionary of occupational titles* (4th ed.). Washington DC: U.S. Government Printing Office.

U.S. Department of Labor. (1991). *Dictionary of occupational titles* (5th ed.). Washington, DC: U.S. Government Printing Office.

U.S. Department of Labor. (1998). *O*NET98 data dictionary release 1.0.* Washington, DC: Department of Labor Employment and Training Administration.

U.S. Department of Labor. (2010). Top 50 fastest-growing occupations. Retrieved September 30, 2010, from http://www.acinet.org/acinet/oviewl.asp?Level=BAplus

Uniform Guidelines on Employee Selection Procedures, 3 Fed. Reg. 38 295 (1978, August 25). Valacich, J. S., Dennis, A. R., & Nunamaker, J. (1992). Group size and anonymity effects on computer-mediated idea generation. *Small Group Research, 23,* 49-73.

Van De Water, T. J. (1997). Psychology's entrepreneurs and the marketing of industrial psychology. *Journal of Applied Psychology, 82,* 486-499.

Van Der Vegt, G. S., Emans, B., & Van De Vliert, E. (2000). Team members affective responses to patterns of intragroup interdependence and job complexity. *Journal of Management, 26,* 633-655.

Van der Vegt, G. S., & Janssen, O. (2003). Joint impact of interdependence and group diversity on innovation. *Journal of Management, 29,* 729-751.

Van Eerde, W. (2000). Procrastination: Self-regulation in initiating aversive goals. *Applied Psychology: An International Review, 49,* 372-389.

Van Eerde, W., & Thierry, H. (1996). Vroom's expectancy models and work-related criteria: A meta-analysis. *Journal of Applied Psychology, 81,* 575-586.

Van Fleet, D. D., & Griffin, R. W. (1989). Quality circles: A review and suggested research directions. *International review of industrial and organizational psychology: 1989* (pp. 213-233). Oxford, England: John Wiley.

Van Iddekinge, C. H., Eidson, C. E., Jr., Kudisch, J. D., & Goldblatt, A. M. (2003). A biodata inventory administered via interactive voice response (IVR) technology: Predictive validity, utility, and subgroup differences. *Journal of Business and Psychology, 18,* 145-156.

Van Iddekinge, C. H., Ferris, G. R., Perrewé, P. L., Perryman, A. A., Blass, F. R., & Heetderks, T. D. (2009). Effects of selection and training on unitlevel performance over time: A latent growth modeling approach. *Journal of Applied Psychology, 94,* 829-843.

Van Iddekinge, C. H., Taylor, M. A., & Eidson, C. E., Jr. (2005). Broad versus narrow facets of integrity: Predictive validity and subgroup differences. *Human Performance, 18,* 151-177.

van Vianen, A. E., & Fischer, A. H. (2002). Illuminating the glass ceiling: The role of organizational culture preferences. *Journal of Occupational and Organizational Psychology, 75,* 315-337.

Vandenberghe, C., Bentein, K., & Stinglhamber, F. (2004). Affective commitment to the organization, supervisor, and work group: Antecedents and outcomes. *Journal of Vocational Behavior, 64,* 47-71.

Verquer, M. L., Beehr, T. A., & Wagner, S. H. (2003). A meta-analysis of relations between person-organization fit and work attitudes. *Journal of Vocational Behavior, 63,* 473-489.

Vidyarthi, P. R., Liden, R. C., Anand, S., Erdogan, B., & Ghosh, S. (2010). Where do I stand? Examining the effects of leader-member exchange social comparisonon employee work behaviors. *Journal of Applied Psychology, 95,* 849-861.

Vigoda, E. (2002). Stress-related aftermaths to workplace politics: The relationships among politics, job distress, and aggressive behavior in organizations. *Journal of Organizational Behavior, 23,* 571-591.

Vinchur, A. J., Schippmann, J. S., Smalley, M., & Rothe, H. F. (1991). Productivity consistency of foundry chippers and grinders: A 6-year field study. *Journal of Applied Psychology, 76,* 134-136.

Viswesvaran, C., Schmidt, F. L., & Ones, D. S. (2005). Is there a general factor in ratings of job performance? A meta-analytic framework for disentangling substantive and error influences. *Journal of Applied Psychology, 90,* 108-131.

Vroom, V. H. (1964). *Work and motivation.* New York, NY: John Wiley.

Vroom, V. H., & Jago, A. G. (1988). *The new leadership: Managing participation in organizations.* Englewood Cliffs, NJ: Prentice-Hall.

Vroom, V. H., & Yetton, P. W. (1973). *Leadership and decision-making.* Pittsburgh, PA: University of Pittsburgh Press.

Wagner, J. A. (1994). Participation's effects on performance and satisfaction: A reconsideration of research evidence. *Academy of Management Review, 19,* 312-330.

Walker, G. H., Stanton, N. A., Salmon, P. M., & Jenkins, D. P. (2008). A review of sociotechnical systems theory: A classic concept for new command and control paradigms. *Theoretical Issues in Ergonomics Science, 9,* 479-499.

Wall, T. D., Corbett, J., Martin, R., Clegg, C. W., & Jackson, P. R. (1990). Advanced manufacturing technology, work design, and performance: A change study. *Journal of Applied Psychology, 75,* 691-697.

Wall, T. D., & Davids, K. (1992). Shopfloor work organization and advanced manufacturing technology. In C. L. Cooper & I. T. Robertson (Eds.), *International review of industrial and organizational psychology: 1992* (pp. 363-398). Chichester, England: John Wiley.

Wall, T. D., Jackson, P. R., Mullarkey, S., & Parker, S. K. (1996). The demands-control model of job strain: A more specific test. *Journal of Occupational and Organizational Psychology, 69,* 153-166.

Wall, T. D., Jackson, P. R., & Davids, K. (1992). Operator work design and robotics system performance: A serendipitous field study. *Journal of Applied Psychology, 77,* 353-362.

Wall, T. D., Kemp, N. J., Jackson, P. R., & Clegg, C. W. (1986). Outcomes of autonomous workgroups: A long-term field experiment. *Academy of Management Journal, 29,* 280-304.

Walsh, B. R., & Clarke, E. (2003). Post-trauma symptoms in health workers following physical and verbal aggression. *Work and Stress, 17,* 170-181.

Walumbwa, F. O., Avolio, B. J., & Zhu, W. (2008). How transformational leadership weaves its influence on individual job performance: The role of identification and efficacy beliefs. *Personnel Psychology, 61,* 793-825.

Walumbwa, F. O., Cropanzano, R., & Hartnell, C. A. (2009). Organizational justice, voluntary learning behavior, and job performance: A test of the mediating effects of identification and leader-member exchange. *Journal of Organizational Behavior, 30,* 1103-1126.

Walumbwa, F. O., Wang, P., Lawler, J. J., & Shi, K. (2004). The role of collective efficacy in the relations between transformational leadership and work outcomes. *Journal of Occupational and Organizational Psychology, 77,* 515-530.

Wanberg, C. R., & Banas, J. T. (2000). Predictors and outcomes of openness to changes in a reorganizing workplace. *Journal of Applied Psychology, 85,* 132-142.

Wanek, J. E. (1999). Integrity and honesty testing: What do we know? How do we use it? *International Journal of Selection and Assessment, 7,* 183-195.

Wanek, J. E., Sackett, P. R., & Ones, D. S. (2003). Towards an understanding of integrity test similarities and differences: An item-level analysis of seven tests. *Personnel Psychology, 56,* 873-894.

Wang, M., Liu, S., Zhan, Y., & Shi, J. (2010). Daily workfamily conflict and alcohol use: Testing the cross-level moderation effects of peer drinking norms and social support. *Journal of Applied Psychology, 95,* 377-386.

Wang, Q., Bowling, N. A., & Eschleman, K. J. (2010). A meta-analytic examination of work and general locus of control. *Journal of Applied Psychology, 95,* 761-768.

Wanous, J. P. (1989). Installing a realistic job preview: Ten tough choices. *Personnel Psychology, 42,* 117-134.

Warr, P. (2001). Age and work behaviour: Physical attributes, cognitive abilities, knowledge, personality traits, and motives. In C. L. Cooper & I. T. Robertson (Eds.), *International review of industrial and organizational psychology: 2001* (pp. 1-36). Chichester, England: John Wiley.

Warr, P. B. (2007). Some historical developments in I-O psychology outside the United States. In L. L. Koppes, P. W. Thayer, A. J. Vinchur, & E. Salas (Eds.), *Historical perspectives in industrial and organizational psychology* (pp. 81-107). Mahwah, NJ: Lawrence Erlbaum.

Wasti, S. (2005). Commitment profiles: Combinations of organizational commitment forms and job outcomes. *Journal of Vocational Behavior, 67,* 290-308.

Watson, D., Pennebaker, J. W., & Folger, R. (1986). Beyond negative affectivity: Measuring stress and satisfaction in the workplace. *Journal of Organizational Behavior Management, 8,* 141-157.

Wayne, J. H. (2000). Disentangling the power bases of sexual harassment: Comparing gender, age, and position power. *Journal of Vocational Behavior, 57,* 301-325.

Wayne, J. H., Musisca, N., & Fleeson, W. (2004). Considering the role of personality in the work-family experience: Relationships of the Big Five to work-family conflict and facilitation. *Journal of Vocational Behavior, 64,* 108-130.

Weber, M. (1947). *The theory of social and economic organization* (A. M. Henderson & T. Parsons, Trans. and Eds.). New York, NY: Oxford University Press.

Weiss, D. J., Dawis, R., Lofquist, L. H., & England, G. W. (1966). *Instrumentation for the theory of work adjustment. (Minnesota Studies in Vocational Rehabilitation, XXI).* Minneapolis, MN: University of Minnesota.

Werner, J. M. (1994). Dimensions that make a difference: Examining the impact of in-role and extrarole behaviors on supervisory ratings. *Journal of Applied Psychology, 79,* 98-107.

Werner, J. M., & Bolino, M. C. (1997). Explaining U.S. courts of appeals decisions involving performance appraisal: Accuracy, fairness, and validation. *Personnel Psychology, 50,* 1-24.

West, J., & Karas, M. (1999). Biodata: Meeting clients' needs for a better way of recruiting entry-level staff. *International Journal of Selection and Assessment, 7,* 126-131.

West, M. A., Borrill, C. S., & Unsworth, K. L. (1998). Team effectiveness in organizations. In C. L. Cooper & I. T. Robertson (Eds.), *International review of industrial and organizational psychology: 1998* (pp. 1-48). Chichester, England: John Wiley.

Wickens, C. D., Lee, J., Liu, Y., & Becker, S. G. (2004). *An introduction to human factors engineering.* Upper Saddle River, NJ: Parson Prentice Hall.

Wiesner, W. H., & Cronshaw, S. F. (1988). A metaanalytic investigation of the impact of interview format and degree of structure on the validity of the employment interview. *Journal of Occupational Psychology, 61,* 275-290.

Wilk, S. L., & Cappelli, P. (2003). Understanding the determinants of employer use of selection methods. *Personnel Psychology, 56,* 103-124.

Williams, C. R. (1999). Reward contingency, unemployment, and functional turnover. *Human Resources Management Review, 9,* 549-576.

Williams, M. L., McDaniel, M. A., & Nguyen, N. T. (2006). A meta-analysis of the antecedents and consequences of pay level satisfaction. *Journal of Applied Psychology, 91,* 392-413.

Willis, T. A., O'Connor, D. B., & Smith, L. (2008). Investigating effort-reward imbalance and work-family conflict in relation to morningness-eveningness and shift work. *Work and Stress, 22,* 125-137.

Willness, C. R., Steel, P., & Lee, K. (2007). A metaanalysis of the antecedents and consequences of workplace sexual harassment. *Personnel Psychology, 60,* 127-162.

Wilson, M. A., Harvey, R. J., & Macy, B. A. (1990). Repeating items to estimate the test-retest reliability of task inventory ratings. *Journal of Applied Psychology, 75,* 158-163.

Winterton, J. (1994). Social and technological characteristics of coal-face work: A temporal and spatial analysis. *Human Relations, 47,* 89-118.

Witt, L., & Nye, L. G. (1992). Gender and the relationship between perceived fairness of pay or promotion and job satisfaction. *Journal of Applied Psychology, 77,* 910-917.

Wofford, J., & Liska, L. Z. (1993). Path-goal theories of leadership: A meta-analysis. *Journal of Management, 19,* 857-876.

Wong, C., Hui, C., & Law, K. S. (1998). A longitudinal study of the job perception?job satisfaction relationship: A test of the three alternative specifications. *Journal of Occupational and Organizational Psychology, 71,* 127-146.

Yanchus, N. J., Eby, L. T., Lance, C. E., & Drollinger, S. (2010). The impact of emotional labor on workfamily outcomes. *Journal of Vocational Behavior, 76,* 105-117.

Yang, H., Schnall, P. L., Jauregui, M., Su, T. C., & Baker, D. (2006).

Work hours and self-reported hypertension among working people in California. *Hypertension, 48,* 744-750.

Yang, L.-Q., Che, H., & Spector, P. E. (2008). Job stress and well-being: An examination from the view of person-environment fit. *Journal of Occupational and Organizational Psychology, 81,* 567-587.

Yearta, S. K., Maitlis, S., & Briner, R. B. (1995). An exploratory study of goal setting in theory and practice: A motivational technique that works? *Journal of Occupational and Organizational Psychology, 68,* 237-252.

Young, A. M., & Perrewé, P. L. (2004). The role of expectations in the mentoring exchange: An analysis of mentor and prótegé expectations in relation to perceived support. *Journal of Managerial Issues, 16,* 103-126.

Yukl, G. A. (1989). *Leadership in organizations.* Englewood Cliffs, NJ: Prentice Hall.

Yukl, G. A., & Latham, G. P. (1975). Consequences of reinforcement schedules and incentive magnitudes for employee performance: Problems encountered in an industrial setting. *Journal of Applied Psychology, 60,* 294-298.

Yun, G. J., Donahue, L. M., Dudley, N. M., & McFarland, L. A. (2005). Rater personality, rating format, and social context: Implications for performance appraisal ratings. *International Journal of Selection and Assessment, 13,* 97-107.

Zajonc, R. B. (1965). Social facilitation. *Science, 149,* 269-274.

Zapf, D. (2002). Emotion work and psychological wellbeing: A review of the literature and some conceptual considerations. *Human Resource Management Review, 12,* 237-268.

Zapf, D., & Einarsen, S. (2005). Mobbing at work: Escalated conflicts in organizations. In S. Fox & P. E. Spector (Eds.), *Counter-productive work behavior: Investigations of actors and targets* (pp. 237-270). Washington, DC: American Psychological Association.

Zellars, K. L., Perrewé, P. L., Rossi, A. M., Tepper, B. J., & Ferris, G. R. (2008). Moderating effects of political skill, perceived control, and job-related self-efficacy on the relationship between negative affectivity and physiological strain. *Journal of Organizational Behavior, 29,* 549-571.

Zibarras, L. D., & Woods, S. A. (2010). A survey of UK selection practices across different organization sizes and industry sectors. *Journal of Occupational and Organizational Psychology, 83,* 499-511.

Zickar, M. J. (2003). Remembering Arthur Kornhauser: Industrial psychology's advocate for worker wellbeing. *Journal of Applied Psychology, 88,* 363-369.

Zickar, M. J., & Gibby, R. E. (2007). Four persistent themes throughout the history of I-O psychology in the United States. In L. L. Koppes, P. W. Thayer, A. J. Vinchur, & E. Salas (Eds.), *Historical perspectives in industrial and organizational psychology* (pp. 61-80). Mahwah, NJ: Lawrence Erlbaum.

Zohar, D. (2010). Thirty years of safety climate research: Reflections and future directions. *Accident Analysis and Prevention, 42,* 1517-1522.

Zottoli, M. A., & Wanous, J. P. (2000). Recruitment source research: Current status and future directions. *Human Resource Management Review, 10,* 353-382.

찾아보기

인 명

내 용

저자 소개

▷ **Paul E. Spector**

폴 스펙터 박사는 1949년 뉴욕에서 태어나서 1958년에 플로리다 주 새러소타로 가족과 함께 이사하였다. 사우스플로리다 대학교에서 1968년에 심리학 학사학위를 받았으며, 동 대학교 대학원 심리학과에서 산업 및 조직 심리학 전공으로 석사와 박사 학위를 취득하였다. 1982년 사우스플로리다 대학교 교수로 부임한 이래로 현재 동 대학교 특훈교수(Distinguished University Professor)로 재직 중이며, 산업 및 조직 심리학 박사과정과 직업건강심리학 과정 주임교수를 맡고 있다.

홈페이지: http://chuma.cas.usf.edu/~spector

역자 소개

▷ 박동건(Park Donggun)

서울대학교 자연대학 졸업(이학사)

미국 미네소타 대학교 심리학과 졸업(BS)

미국 조지아 대학교 심리학과 졸업(MS, Ph.D.)

전) 고려대학교 문과대학 부학장, 교육대학원 산업심리전공 주임교수

심리학회 재무이사 및 심리검사 심의위원회 위원장

한국 산업 및 조직 심리학회 회장

현) 고려대학교 문과대학 심리학과 교수

〈저 · 역서〉

현대 심리학 이해(2판, 공저, 학지사, 2008)

조직감성역량 키우기(공저, 삼성경제연구소, 2006)

직업심리 및 상담(공저, 학지사, 2000)

핵심역량모델의 개발과 활용(공역, PSI 컨설팅, 1998)

조직개발 이론과 적용(공역, 박영사, 1997)

현장연구방법론 각론(공저, 성원사, 1991)

이메일: sykhpark@korea.ac.kr

산업 및 조직 심리학

Industrial and Organizational Psychology:
Research and Practice (6th edition)

2015년 2월 25일 1판 1쇄 발행
2019년 6월 20일 1판 3쇄 발행

지은이 • Paul E. Spector
옮긴이 • 박 동 건
펴낸이 • 김 진 환
펴낸곳 • (주) 학지사
04031 서울특별시 마포구 양화로 15길 20 마인드월드빌딩 5층
대표전화 • 02) 330-5114 팩스 • 02) 324-2345
등록번호 • 제313-2006-000265호
홈페이지 • http://www.hakjisa.co.kr
페이스북 • https://www.facebook.com/hakjisabook

ISBN 978-89-997-0610-3 93180

정가 22,000원

역자와의 협약으로 인지는 생략합니다.

이 도서의 국립중앙도서관 출판시도서목록(CIP)은 서지정보유통지원시스템 홈페이지(http://seoji.nl.go.kr)와 국가자료공동목록시스템(http://www.nl.go.kr/kolisnet)에서 이용하실 수 있습니다.
(CIP제어번호: CIP2015002236)